МОСКВА
„НЕДРА"
1991

A.I. BULATOV
V.V. PALCHIKOV

ENGLISH-RUSSIAN
DICTIONARY
ON WELL DRILLING AND COMPLETION

About 24000 words

A-Z

NEDRA PUBLISHING HOUSE
MOSCOW 1991

А.И. БУЛАТОВ
В.В. ПАЛЬЧИКОВ

АНГЛО-РУССКИЙ СЛОВАРЬ
по бурению и заканчиванию скважин

Около 24000 слов

A-Z

МОСКВА „НЕДРА" 1991

ББК 33.131
Б 90
УДК 622.24(038)-20-82

Булатов А. И., Пальчиков В. В.
Б 90 Англо-русский словарь по бурению и заканчиванию скважин. — М.: Недра, 1991 — 383 с.: ил.
ISBN 5-247-01776-5

Приведены термины и выражения, относящиеся к бурению, промывке, креплению и цементированию нефтяных и газовых скважин, разработке нефтяных и газовых месторождений, подземной гидравлике, физике пласта, добыче нефти, методам обработки призабойной зоны скважин. Даны термины по буровому и эксплуатационному оборудованию. Включена морская буровая терминология.

Для инженерно-технических работников буровых предприятий нефтяной и газовой промышленности, будет полезна студентам нефтяных вузов и факультетов.

Б $\frac{2503010300-427}{043(01)-91}$ 280—90

ББК 33.131

ISBN 5-247-01776-5 © А. И. Булатов, В. В. Пальчиков, 1991

Предисловие

В словаре содержатся слова и термины, относящиеся главным образом к бурению и заканчиванию скважин. Впервые в словарь вошла морская буровая терминология, а также слова и термины геологического, геофизического значения и характеризующие технику, материалы и технологические процессы бурения и заканчивания скважин (гидравлика, оборудование, сварка, монтаж, вызов притока, освоение скважин и другие этапы этих сложных и трудоемких работ).

При составлении словаря были использованы периодические и монографические издания последних лет, технические издания по данным областям, проспекты, каталоги зарубежных фирм.

В конце словаря приведены таблицы, дающие возможность пересчета применяемых в бурении неметрических единиц в метрические и в единицы СИ. Часть таблиц рассчитана составителями специально для данного словаря.

Словарь предназначен для переводчиков нефтяной литературы, инженеров-нефтяников, аспирантов, а также может быть использован студентами нефтяных вузов.

О ПОЛЬЗОВАНИИ СЛОВАРЕМ

Ведущие английские термины расположены в словаре в алфавитном порядке, например:
 backfill 1. ликвидационный тампонаж (*скважины*)...
 bit 1. долото, головка бура, буровая коронка...
 circulation циркуляция (*промывочной жидкости или газа в скважине*); круговорот; круговое движение.

Различные грамматические категории разделены знаком ||, например:
 barrel бочка, бочонок || разливать по бочкам...
 concrete бетон || бетонный || бетонировать.

Для составных терминов принята алфавитно-гнездовая система, по которой термины, состоящие из определений и определяемых слов, следует искать по ведущим терминам.

В гнезде термины расположены следующим образом: фразеологические сочетания с ведущим термином, термины с последующими определениями — в алфавитном порядке этих определений, термины с предшествующими определениями — также в алфавитном порядке. Ведущий термин в гнезде отмечается знаком ~, например:
 casing 1. обсадная труба [колонна] || крепление обсадными трубами...
 pull ~ поднимать (*обсадные*) трубы, извлекать обсадную колонну...
 ~s for pipelines предохранительные обоймы [кожухи] для трубопроводов
 add-on ~ наращиваемая обсадная труба.

Если ведущий термин употребляется только в сочетаниях, вместо перевода ставится двоеточие,
 например, cat:
 bear ~ 1. скважина с трудными условиями эксплуатации...

Пояснения в переводе заключены в круглые скобки и набраны курсивом, например:
 anchorage закрепление конца (*подъемного каната и т. п.*)...

Факультативная часть как английского термина, так и перевода также заключена в круглые скобки.

Переводы-синонимы помещены в квадратных скобках. Слово, заключенное в квадратные скобки, может быть употреблено вместо стоящего перед скобками слова, например:
 nozzle boss прилив [«бобышка»] под промывочное сопло.

В переводах принята следующая система разделительных знаков: синонимы отделены запятой, более далекие значения — точкой с запятой, разные значения — арабскими цифрами.

Вследствие того, что при составлении словаря использовались в основном американские источники, в словаре принята американская орфография, отличающаяся от традиционной английской.

Настоящий словарь по бурению и заканчиванию скважин составлен впервые, поэтому могут быть неточности. Авторы будут благодарны за замечания, которые учтут при переиздании.

СОКРАЩЕННЫЕ ОБОЗНАЧЕНИЯ, ПРИНЯТЫЕ В СЛОВАРЕ

авт. — автоматика
англ. — английский; употребительно в Англии
амер. — американский; употребительно в США
выч. — вычислительная техника
геод. — геодезия
геол. — геология
геофиз. — геофизика
гидр. — гидротехника
горн. — горное дело
ж. д. — железнодорожный транспорт
карт. — картография
КПД — коэффициент полезного действия
матем. — математика
мет. — металлургия
мин. — минералогия
мор. — морское дело

напр. — например
опт. — оптика
ПАВ — поверхностно-активное вещество
рад. — радиотехника
разг. — разговорный термин
РУО — раствор на углеводородной основе
св. — сварка
сейсм. — сейсмотехника
см. — смотри
строит. — строительство
топ. — топография
физ. — физика
фирм. назв. — фирменное название
фото — фотография
хим. — химия
эл. — электротехника
pl — множественное число

abandon оставлять, покидать; ликвидировать
~ a well ликвидировать скважину
abandonment оставление; упразднение
temporary ~ временное оставление (*скважины буровым судном*)
ability способность
adhesive ~ адгезионная способность
absorbing ~ абсорбционная [поглотительная] способность
sealing ~ герметизирующая [уплотняющая] способность
wetting ~ смачивающая способность
abnormal аномальный, ненормальный; с отклонением; нарушенный, осложнённый (*ствол*)
abradant абразив, абразивный [шлифовальный] материал
abrade 1. шлифовать; очищать абразивным материалом 2. истирать, изнашивать
abrasion 1. абразия, смыв, смывание 2. истирание, обдирка, царапание, абразивное действие, износ 3. шлифование 4. *геол.* абразия
abrasive 1. абразив, абразивный [шлифовальный] материал 2. абразивный, шлифовальный, шлифующий 3. *pl* твёрдые частицы, вызывающие износ
absorb 1. абсорбировать, поглощать, впитывать; всасывать 2. амортизировать (*толчки*)
absorbability абсорбционная [поглотительная] способность; всасываемость, впитываемость, поглощаемость
absorbent 1. абсорбент, поглотитель 2. абсорбирующий, поглощающий 3. гигроскопическое вещество
absorber 1. абсорбер, поглотитель 2. абсорбционная колонна (*для извлечения бензина из газа*) 3. гигроскопическое вещество 4. амортизатор
shock ~ буфер, амортизатор, демпфер
absorption 1. абсорбция, поглощение (*не бурового или цементного растворов*) 2. впитывание, всасывание
heat ~ поглощение тепла
selective ~ избирательная абсорбция
absorptivity абсорбционная [поглотительная] способность, поглощаемость, всасывающая способность, коэффициент поглощения
abut 1. прилегать, примыкать, граничить; соединять впритык 2. упираться 3. торец, упор, пята
abutment 1. устой; контрфорс; пята свода; опорная стена; укосина 2. осевая нагрузка 3. примыкание
accelerant ускоритель; катализатор

accelerate ускорять (*процессы структурообразования и твердения цементов*); разгонять
acceleration 1. ускорение; пуск, разгон 2. приёмистость (*двигателя*)
angular ~ угловое ускорение
piston ~ ускорение хода поршня
accelerator 1. ускоритель; катализатор 2. присадка
cement ~ ускоритель схватывания цементных растворов
access 1. доступ; подход; подъезд; проход; приближение 2. *выч.* выборка данных, доступ к получению информации; считка показаний
accessories 1. принадлежности (*к станку, машине*) 2. арматура; детали; приспособления 3. вспомогательные приборы 4. вспомогательные соединения обвязки превенторов
accident авария; крушение; поломка; повреждение; несчастный случай
account 1. расчёт; учёт; счёт 2. отчёт; доклад; донесение 3. оценивать
accounting ведение отчётности
cost ~ калькуляция себестоимости
accumulate аккумулировать; накапливать; собирать; скопляться
accumulation аккумуляция, скопление, накопление; залежь (*нефти, газа*); формирование залежи
~ of gas скопление газа
~ of oil скопление нефти
oil ~ залежь нефти; формирование нефтяных залежей
screened oil ~ экранированная залежь нефти
tectonic screened oil ~ тектонически экранированная залежь нефти
accumulator 1. аккумулятор 2. собирающее устройство 3. *выч.* накопитель, сумматор, накапливающий счётчик
bladder type ~ аккумулятор с эластичной разделительной диафрагмой
cylindrical guided float ~ цилиндрический аккумулятор с направляемым поплавком (*используемый на гидросиловой установке системы управления подводным оборудованием*)
downhole ~ придонный (*гидравлический*) аккумулятор (*системы управления*)
pneumatic ~ резервуар [баллон] сжатого воздуха
separator type ~ аккумулятор с разделительной диафрагмой
spherical guided float ~ сферический аккумулятор с направляемым поплавком
accuracy точность; правильность; тщательность
"pin-point" ~ большая точность
accurate точный, правильный; тщательный; калиброванный
~ to... с точностью до...
acid кислота ǁ кислый, кислотный
acetic ~ уксусная кислота

concentrated ~ концентрированная кислота
dilute ~ разбавленная кислота
fatty ~ жирная кислота, кислота жирного ряда
formic ~ муравьиная кислота
gelled ~ загущенная кислота
glacial acetic ~ ледяная уксусная кислота
green ~s водорастворимые сульфонафтеновые кислоты
humic ~s гуминовые кислоты
hydrochloric ~ хлористо-водородная [соляная] кислота (HCl)
hydrofluoric ~ фтористо-водородная [плавиковая] кислота (HF)
inhibited ~ ингибированная кислота (*содержащая добавки, замедляющие ее действие*)
intensified ~ активированная кислота (*содержащая добавки, усиливающие или ускоряющие ее действие*)
mahogany ~ (*нефтяная*) сульфоновая кислота, растворимая в нефтепродуктах
mud ~ 1. глинокислота 2. загрязненная соляная кислота
muriatic ~ *см.* hydrochloric acid
nitric ~ азотная кислота (HNO_3)
retarded ~ медленнодействующая эмульсия кислоты в керосине (*для кислотной обработки*)
silicate control ~ кислота, растворяющая силикаты
spent ~ отработанная [истощенная] кислота
weak ~ слабая [разбавленная] кислота
  acidic кислотный, кислый
  acidity кислотность, степень кислотности
  acidize окислять; проводить кислотную обработку
  acidizing кислотная обработка
~ of wells кислотная обработка скважин
acid-proof кислотоупорный, кислотостойкий
  acme:
tapered ~ трапецеидальная резьба на конусном замковом соединении
  acoustic акустический, звуковой
  acreage площадь в акрах;
~ per well площадь, приходящаяся на одну скважину
  Acripol *фирм. назв.* жидкий полиакрилат натрия (*понизитель водоотдачи буровых растворов на водной основе*)
  Acrotone *фирм. назв.* щелочная вытяжка бурого угля (*понизитель водоотдачи и разжижитель буровых растворов*)
  acrylonitril акрилонитрил, цианистый винил ($CH_2 \cdot CHCN$) (*синтетический полимер с высокой молекулярной массой*)
  acting действующий, работающий
direct ~ непосредственно приложенный (*о силе, нагрузке и т. п.*), с непосредственным приводом (*напр. насос*); прямого действия; double ~ двойного действия
single ~ одностороннего действия, простого действия

action действие, ход, воздействие; действие механизма
bridging ~ закупоривающее действие [воздействие]
capillary ~ капиллярность, капиллярное действие
chipping-crushing ~ скалывающе-дробящее действие (*зубьев шарошек, работающих в твердых породах*)
corrosive ~ коррозионное действие

delayed ~ замедленное действие; инерционность действия (*прибора и т. п.*)
disagglutinating ~ разобщающее действие; диспергирование агломерата на индивидуальные частицы
flywheel ~ действия вращающихся масс, инерция; маховой момент
gouging ~ скоблящее действие наружной поверхности периферийного ряда зубьев шарошек долота, способствующее сохранению диаметра ствола скважины
gouging scrapping ~ калибрующе-фрезерующее действие; калибровка ствола скважины перед спуском обсадной колонны
impact ~ ударное действие
jet ~ действие струи, струйный эффект долота
jetting ~ размывающее действие струи (*бурового раствора*), гидромониторное действие
joint ~ совместное действие, одновременное действие
local ~ местное действие
mudding ~ глинизирующее действие
percussive ~ ударное действие
plastering ~ глинизирующее [штукатурящее] действие (*бурового раствора*)
precipitating ~ осаждающее действие
scouring ~ скоблящее [эрозионное] действие; разрушение (*забоя*) абразивным материалом
shear ~ срезывающее [сдвигающее] действие
shock ~ ударное действие
time lag ~ замедленное действие, с выдержкой времени
twisting ~ скручивающее действие
twisting tearing ~ поворотно-скалывающее действие (*шарошек*)
washing ~ вымывающее [смывающее] действие
  activate активировать, повышать (*физическую или химическую*) активность, активировать (*цемент*)
  activated активированный
  activation активация (*лежалого цемента*); активирование
  activator активатор, диспергатор гидравлический для активации лежалого цемента; возбудитель, повыситель чувствительности; активирующая присадка; ускоритель времени схватывания, загустевания и твердения тампонажных растворов

polymerization ~ активатор [возбудитель] полимеризации

active активный, энергичный; действующий; свежемолотый (*цемент*)

activity активность, деятельность
bacterial ~ жизнедеятельность бактерий
equilibrium ~ равновесная активность
lease ~ деятельность промысла
production ~ добыча, эксплуатация

actual фактический, действительный, актуальный

actuate 1. приводить в действие или движение 2. возбуждать

actuated приведенный в действие

actuation 1. приведение в действие или в движение 2. возбуждение

actuator 1. привод; исполнительный механизм, пускатель; силовой привод 2. рукоятка, приводящая в действие некоторый механизм

adapter 1. адаптер; держатель; зажим; переходная деталь; переходная втулка [муфта, колодка] 2. ствол сварочной горелки или газового резака 3. переводник, переходной ниппель (*или патрон*), соединительная муфта
casing ~ переводник для обсадных труб; воронка для обсадных труб; соединительная муфта двух колонн (*труб*) разного диаметра
cage ~ переводник для клапана глубинного насоса
cementing ~ цементировочный переводник
choke and kill line stab ~ стыковочный переводник линий штуцерной и глушения скважины
logging ~ подвеска отклоняющего блока каротажного кабеля
mandrel ~ стыковочный переводник, переводник-сердечник
reaming pilot ~ переходник с безниппельных обсадных труб на расширитель (*при бурении вращением обсадной колонны*)
rod ~ переходный ниппель

add 1. прибавлять, добавлять, присоединять, складывать 2. наращивать

adder суммирующий блок, суммирующий узел, сумматор, суммирующее устройство 2. суммирующий каскад 3. счетная машина

addition 1. прибавление, добавление; присоединение 2. сложение, суммирование 3. *хим.* примесь
water ~ добавка воды

additive компонент; присадка; добавка (*напр. ускорителя в тампонажный или буровой раствор*)
antifoam ~ антипенная присадка; присадка, препятствующая вспениванию
bulk ~ наполнитель, сухая добавка (*напр. к цементу*)
fluid loss ~ добавка, снижающая водоотдачу; понизитель водоотдачи
reverse-wetting ~ добавка, изменяющая смачиваемость (*пород*)

adequate отвечающий требованиям, пригодный; соразмерный; соответствующий; адекватный; достаточный

adhere прилипать; сцепляться; приставать

adherence сцепление; прилипание; приставание; слипаемость; плотное соединение
~ to specification соблюдение технических условий

adherent присоединенный, прилипший, приставший

adhesion прилипание (*вследствие смачивания*); адгезия; слипание (*частиц*); сцепление; трение; липкость; способность прилипать к поверхности; молекулярное притяжение

adhesive 1. клей; клейкое [липкое] вещество; связывающее вещество 2. клейкий, липкий, прилипающий, связывающий 3. сила сцепления

adhesiveness сцепляемость; адгезионная способность; приставание к поверхности; клейкость, липкость

adipping *геол.* в направлении падения

adjacent примыкающий, смежный, прилегающий, околошовный (*о металле*)

adjoining *см.* adjacent

adjust регулировать, настраивать, подстраивать, налаживать; прилаживать; вносить поправку; выверять; юстировать (*прибор*); притесывать
~ to zero установить (*стрелку*) на нуль

adjustable регулируемый; передвижной; приспособляемый

adjuster 1. уравнитель; соединитель для штанг и балансира (*при канатном бурении*) 2. приспособление для регулирования
slack ~ стягивающая муфта; натяжной винт

adjusting регулирование; регулировка, настройка, юстировка || регулирующий, регулировочный; установочный

adjustment регулирование; регулировка, настройка, наладка, выверка, юстировка; пригонка; калибровка; корректировка; согласование
~ for... поправка на...
belt ~ регулировка натяжения ремня
coarse ~ грубая регулировка
fine ~ точная регулировка; точная пригонка
pressure ~ регулирование давления
time ~ регулировка по времени, выдержка по времени

admissible допустимый, допускаемый

admission выпуск, подвод, подача, допуск; пропуск; наполнение, степень наполнения; отсечка
full stroke ~ полное наполнение
single ~ односторонний впуск

admix примешивать; смешивать

admixture примесь, смесь, добавка; присадка; включение

Adofoam *фирм. назв.* вспенивающий реагент для получения стабильной пены при бурении с очисткой забоя газообразными агентами

Adofoam BF-1 *фирм. назв.* вспенивающий анионный реагент для получения стабильной пены при бурении с очисткой забоя газообразными агентами

Adomall *фирм. назв.* поверхностно-активное вещество, обладающее бактерицидными свойствами

adsorbate адсорбируемое вещество, адсорбат

adsorbent адсорбент, адсорбирующее вещество

adsorber адсорбер, поглотитель

adsorption адсорбция, поверхностное поглощение

preferential ~ избирательная адсорбция

adulterant 1. примесь, фальсифицирующее вещество 2. утяжелитель

adulterate фальсифицировать; подмешивать

adulteration фальсификация; подмешивание

advance опережение, упреждение, предварение; наступление, продвижение ‖ опережать, упреждать, предварять; наступать, продвигаться

~ of tool подача инструмента (*бурового, колонны и т. д.*)

angle of ~ угол опережения

frontal ~ продвижение фронта нагнетаемого в пласт агента

adverse вредный, неблагоприятный; противоположный

adviser консультант; советник

aerate 1. аэрировать; проветривать, вентилировать 2. насыщать газом, газировать

aerating аэрирование, насыщение воздухом

aeration 1. аэрация; проветривание, вентилирование 2. насыщение газом 3. вспенивание

bubble ~ продувка воздухом

aerometer аэрометр, прибор для определения газов

aerosol аэрозоль

Aerosol *фирм. назв.* ПАВ, эмульгатор водных буровых растворов

AF-4 *фирм. назв.* нефтерастворимый понизитель водоотдачи для высокоминерализованных буровых растворов

affect 1. воздействовать, влиять, оказывать влияние 2. вредить; поражать

affected 1. поврежденный, нарушенный 2. пораженный

affinity 1. свойство 2. *хим.* сродство

affix закреплять, прикреплять, присоединять

affixture присоединение; продукт присоединения

afflux приток, прилив

afloat по течению, на плаву ‖ плавающий

Afrox *фирм. назв.* неионное поверхностно-активное вещество для бурения с очисткой забоя газообразными агентами

Afrox 100 (200) *фирм. назв.* неионное ПАВ (*вспенивающий агент для бурения с очисткой забоя газообразными агентами*)

aft 1. корма 2. на корме, сзади 3. кормовой, задний

aftereffect последействие; результат, выявившийся позднее

elastic ~ упругое последействие

after-expansion остаточное расширение

afterflow остаточная пластическая деформация

afterflush последующая промывка (*скважины*)

afterproduct вторичный продукт; низший продукт

afterproduction дополнительная добыча за счет применения вторичных методов воздействия на пласт; вторичная добыча

aftershrinkage дополнительная усадка

aftertreatment последующая обработка; обработка после сварки

age 1. срок службы 2. подвергать старению, стареть (*о металле*) 3. возраст (*геологический*), период, эпоха, век

geological ~ геологический возраст

ice ~ ледниковый период

ageing 1. старение, изнашивание 2. дисперсионное твердение; выдерживание (*бетона*)

accelerated ~ ускоренное старение

artificial ~ искусственное старение

natural ~ естественное старение

thermal ~ старение в результате термообработки

agent агент; среда; вещество; реактив; действующая сила; фактор; реагент

addition ~ добавка, присадка

antifoam ~ антивспениватель, пеногаситель

antifreezing ~ присадка, понижающая температуру замерзания (*жидкости*), антифриз

binding ~ связующее [цементирующее, вяжущее] вещество

breakdown ~ жидкость разрыва (*при гидравлическом разрыве пласта*)

carrying ~ несущая среда

catalytic ~ катализатор

cementing ~ цементирующее [вяжущее] вещество

chelating ~ вещество, вызывающее образование хелатных соединений; комплексон

chemical ~ химическое вещество; реагент; реактив

coagulating ~ 1. коагулятор 2. коагулянт

cooling ~ охладитель, охлаждающая среда; охлаждающий агент, хладагент

corroding ~ 1. вещество, вызывающее коррозию 2. вещество, поддающееся коррозии

corrosive ~ вещество, вызывающее коррозию

curing ~ катализатор отверждения; вулканизирующий агент

demulsifying ~ деэмульгатор

deoxidizing ~ раскислитель

dispersing ~ диспергирующий агент

emulsifying ~ эмульгатор, эмульгирующий агент
filling ~ наполнитель
filter-loss ~ реагент для регулирования фильтрации бурового раствора
filtrate reducing ~ понизитель водоотдачи [фильтрации]
flocculating ~ флокулянт, коагулятор
fluid loss ~ понизитель водоотдачи
foaming ~ вспенивающий агент, пенообразователь, вспениватель
frothing ~ *см.* foaming agent
modifying ~ 1. модификатор, модифицирующая присадка 2. обогащающий реагент
multipurpose ~ полифункциональный (*или универсальный*) реагент
oxidizing ~ окислитель
plasticizing ~ пластификатор
plugging ~ закупоривающий материал
propping ~ расклинивающий агент (*при гидроразрыве пласта*)
protective ~ ингибитор, защитное средство
reducing ~ восстановитель
saponification ~ омыляющее вещество
sequestering ~ связывающее [комплексообразующее] соединение; комплексон
thickening ~ загуститель
thinning ~ разжижающее вещество, разжижитель
water control ~ химреагент, применяемый для ликвидации водопритоков в скважине
water-loss control ~ реагент для регулирования водоотдачи
wetting ~ смачивающий агент; смачивающая среда

agglomerate агломерат, скопление || агломерировать, скапливать(ся)

aggregate 1. агрегат, установка; совокупность; комплект 2. наполнитель, заполнитель, инертный материал (*бетона*) 3. *геол.* агрегат 4. полный, суммарный
clustered ~s скопление агрегатов (*напр. при гидроразрыве*)

aggregation собирание, скопление, масса, накопление; соединение частиц, агрегация; конгломерат; сила сцепления

agitate мешать, перемешивать; встряхивать, взбалтывать

agitation 1. перемешивание; взбалтывание, встряхивание; колебание 2. турбулентность, завихренность
rotary ~ перемешивание вращением

agitator 1. мешалка; глиномешалка; цементомешалка 2. лопасть мешалки
anchor ~ якорная мешалка
mud ~ мешалка бурового раствора, глиномешалка
oscillating ~ вибрационная мешалка, качающаяся мешалка
travelling ~ передвижная мешалка

Agrifoam *фирм. назв.* вспенивающий реагент на стабильной белковой основе

air воздух; атмосфера || обдувать воздухом; проветривать || воздушный; атмосферный
compressed ~ 1. сжатый воздух 2. пневматический; приводимый в действие сжатым воздухом
control ~ рабочий воздух пневматической системы управления
entrained ~ вовлеченный [захваченный] воздух
excess ~ избыточный воздух
free ~ атмосферный воздух
incoming ~ поступающий воздух
induced ~ засосанный воздух
scavenging ~ продувочный воздух
uncontaminated ~ чистый воздух
used ~ отработанный [использованный] воздух

air-actuated пневматический, с воздушным приводом

air-controlled с пневматическим управлением

air-foam буровой раствор, аэрированный с помощью вспенивающих агентов; пенообразующий [вспенивающий] агент

Airfoam AP-50 *фирм. назв.* вспенивающий реагент для бурения с очисткой забоя газообразными агентами

Airfoam B *фирм. назв.* вспенивающий реагент для бурения с очисткой забоя газообразными агентами

air-operated пневматический, с пневмоприводом, пневматического действия

air-powered пневматический, с пневмоприводом

airproof воздухонепроницаемый, герметичный

airsetting воздушно-твердеющий, затвердевающий в воздушных условиях

air-tight непроницаемый для воздуха, герметический, воздухонепроницаемый

Aktaflo-E *фирм. назв.* неионный эмульгатор нефти в воде

Aktaflo-S *фирм. назв.* неионное поверхностно-активное вещество (*флокулянт*)

Ala-Bar *фирм. назв.* баритовый утяжелитель

Ala-Clay *фирм. назв.* высококачественный глинопорошок

Ala-Fiber *фирм. назв.* смесь волокнистых материалов (*нейтральный наполнитель для борьбы с поглощением бурового раствора*)

Ala-Flake *фирм. назв.* целлофановая крошка (*нейтральный наполнитель для борьбы с поглощением бурового раствора*)

Ala-Gel *фирм. назв.* высококачественный глинопорошок

Ala-Lig *фирм. назв.* щелочная вытяжка из бурого угля (*аналог углещелочного реагента*)

Ala-Mica *фирм. назв.* слюдяная крошка (*нейтральный наполнитель для борьбы с поглощением бурового раствора*)

Ala-Plug *фирм. назв.* скорлупа грецкого ореха (*нейтральный наполнитель для борьбы с поглощением бурового раствора*)

Ala-Sol *фирм. назв.* аттапульгитовый глинопорошок для приготовления солестойких буровых растворов

Alamo-CMC *фирм. назв.* натриевая карбоксиметилцеллюлоза (*стабилизатор глинистых буровых растворов*)

Ala-Shell *фирм. назв.* скорлупа ореха пекан (*нейтральный наполнитель для борьбы с поглощением бурового раствора*)

alarm тревога, аварийная сигнализация; сигнал тревоги, сирена, сигнальное устройство
boiler ~ сигнал понижения уровня воды в котле
fire ~ пожарная тревога
heat ~ сигнальный указатель температуры

Ala-Tan *фирм. назв.* щелочная вытяжка танинов (*аналог углещелочного реагента*)

Ala-Thin *фирм. назв.* товарный бурый уголь

Albar *фирм. назв.* баритовый утяжелитель

albertite альбертит (*твердый битум*)

Al-Clay *фирм. назв.* высококачественный глинопорошок

alcohol спирт; винный [этиловый] спирт

Aldacide *фирм. назв.* бактерицид

Alflake *фирм. назв.* слюдяная крошка (*нейтральный наполнитель для борьбы с поглощением бурового раствора*)

Al-Gel *фирм. назв.* высококачественный глинопорошок, состоящий из чистого натриевого монтмориллонита

alidade алидада, визирная линейка мензулы

align 1. устанавливать в одну линию; выравнивать; выпрямлять (*в плане*) 2. центрировать, центровать (*об осях*)

alignment 1. выравнивание; выпрямление (*в плане*) 2. горизонтальная проекция 3. центровка (*осей*); соосность; совпадение осей 4. выверка, установка по прямой

aliquant *матем.* некратный

aliquot *матем.* кратный

alite алит (*один из основных компонентов портландцемента*)

alive 1. действующий, работающий; продуктивный 2. под током; под напряжением

alkali щелочь
caustic ~ едкая щелочь

alkali-free не содержащий щелочи, свободный от щелочи

alkaline щелочной

alkalinity щелочность, щелочные свойства
~ M щелочность (*по метилоранжу*)
~ P щелочность (*по фенолфталеину*)
~ Pf щелочность фильтрата бурового раствора
~ Pm щелочность бурового раствора

alkalinous щелочный

alkali-proof щелочеупорный

Alkatan *фирм. назв.* экстракт коры квебрахо (*разжижитель буровых растворов на водной основе*)

alkyl *хим.* алкил

alleviate облегчать, смягчать

Alloid *фирм. назв.* желатинизированный крахмал

alloprene аллопрен (*хлорированный каучук*)

allowable 1. допускаемый, допустимый 2. допустимый дебит; разрешенная норма добычи из скважины, квота; допустимый отбор

allowance 1. допуск, припуск 2. разрешение, допущение
depletion ~ скидка (*с налога*) на истощение недр
negative ~ натяг
positive ~ зазор
shrinkage ~ припуск на усадку

alloy сплав || сплавлять; легировать (*сталь*)
antifriction ~ антифрикционный сплав (*для подшипников*)
facing ~ твердый сплав, наплавляемый на рабочую поверхность инструмента для продления срока службы
hard ~ твердый сплав
high ~ высоколегированный сплав
metal ~ металлический сплав
tungsten ~ сплав с вольфрамом или карбидом вольфрама в качестве основного компонента
tungsten-carbide ~ сплав карбида вольфрама (*обычно с кобальтом в качестве связующего компонента*)
welding ~ припой

alluvial *геол.* аллювиальный, наносный

alluvium *геол.* аллювий, аллювиальные формации; наносные образования

Al-Seal *фирм. назв.* смесь древесных опилок и хлопкового волокна (*нейтральный наполнитель для борьбы с поглощением бурового раствора*)

Alta-Mud *фирм. назв.* бентонитовый глинопорошок

Altan *фирм. назв.* экстракт коры квебрахо (*разжижитель буровых растворов на водной основе*)

Altan Pur *фирм. назв.* очищенный экстракт коры квебрахо (*разжижитель буровых растворов на водной основе*)

alteration 1. изменение; перемена 2. деформация 3. *геол.* изменение пород по сложению и составу; метаморфическое вытеснение

alternate 1. чередоваться || очередной, переменный, перемежающийся, чередующийся || заменитель; вариант 2. запасный, дополнительный

alternating переменный, изменяющийся, перемежающийся; периодически действующий

alternation перемежаемость, чередование

altitude высота, высота над уровнем моря, высотная отметка

alumina оксид алюминия, глинозём (Al_2O_3)
aluminate соль алюминиевой кислоты, алюминат
tricalcium ~ трехкальциевый алюминат
aluminous глиноземистый, глиноземный
A.M.-9 *фирм. назв.* жидкая смесь акриловых мономеров (*отвердитель для получения непроницаемой пленки на стенках скважины при бурении с очисткой забоя газообразными агентами*)
A.M.-9 Grout *фирм. назв.* порошкообразная смесь акриловых мономеров (*отвердитель для получения непроницаемой пленки на стенках скважины при бурении с очисткой забоя газообразными агентами*)
amalgamation объединение
amides *хим.* амиды
hydrogenated tallow ~ производные амидов жирных кислот гидрогенизованного сала
amines *хим.* амины
~ cured отвержденный аминами
fatty ~ амины жирного ряда
aminocompound аминосоединение
Ami-tec *фирм. назв.* ингибитор коррозии для буровых растворов на водной основе
ammeter амперметр
Amoco Drillaid 401 *фирм. назв.* эмульгатор углеводородов в буровом растворе
Amoco Drillaid 402 *фирм. назв.* неионное поверхностно-активное вещество (*разжижитель буровых растворов и диспергатор глин*)
Amoco Drillaid 403 *фирм. назв.* поверхностно-активное вещество (*применяется для ликвидации прихватов, возникших под действием перепада давления*)
Amoco Drillaid 405 *фирм. назв.* жидкость — заменитель нефти
Amoco Drillaid 407 *фирм. назв.* селективный флокулянт (*ингибитор неустойчивых глин*)
Amoco Drillaid 412 *фирм. назв.* ингибитор коррозии для всех типов буровых растворов
Amoco Drillaid 420 Lo Sol *фирм. назв.* селективный флокулянт (*диспергатор бентонитовых глин*)
Amoco Drillaid 425 SPA *фирм. назв.* полиакрилат натрия (*понизитель водоотдачи буровых растворов*)
Amoco Flo-Treat *фирм. назв.* антикоагулянт
Amoco Kla-Free *фирм. назв.* смесь органических биополимеров (*эмульгатор глин*)
Amoco Select-Floc *фирм. назв.* селективный флокулянт
Amoco Vama *фирм. назв.* сополимер винилацетата и малеинового ангидрида (*диспергатор глин*)
amorphous аморфный
amount 1. количество 2. сумма, итог 3. величина; степень ‖ доходить до ...
~ of compression сила сжатия
~ of inclination 1. угол падения (*пласта*) 2. степень искривления (*ствола скважины*)
amperage сила тока в амперах
amplification 1. усиление, коэффициент усиления 2. увеличение, расширение
amplifier усилитель
note ~ усилитель звуковой частоты
Ampli-Foam *фирм. назв.* вспенивающий реагент для получения стабильной пены при бурении с очисткой забоя газообразными агентами
amplitude 1. амплитуда 2. широта, размах 3. полнота; обилие 4. радиус действия
analogy аналогия; сходство
analysis 1. анализ; исследование 2. химический состав
bulk ~ валовой анализ, общий анализ вяжущих материалов
check ~ контрольный анализ; проверочный [поверочный] анализ
chemical ~ химический анализ
destructive ~ испытание, контроль или исследование с разрушением образца
differential thermal ~ дифференциальный термографический анализ, ДТА
fluorescence ~ люминесцентный анализ
fractional ~ фракционный анализ
gas ~ газовый анализ
grade ~ гранулометрический анализ; гранулометрический состав
grading ~ *см.* grade analysis
grain-size ~ ситовый анализ, гранулометрический анализ
gravimetric ~ весовой анализ; количественный анализ
measure ~ объемный анализ
mechanical ~ механический анализ
mesh ~ *см.* screen analyses
polarographic ~ поляриметрический анализ
proximate ~ приближенный [технический] анализ, экспресс-анализ
qualitative ~ качественный анализ
quantitative ~ количественный анализ
reservoir ~ пластовые исследования
retort ~ реторный анализ (*метод определения количества твердой фазы, содержащейся в буровом растворе*)
routine ~ промысловый анализ
screen ~ ситовый анализ
sieve ~ *см.* screen analysis
size ~ фракционный [ситовый] анализ
sizing ~ *см.* size analysis
spectral ~ спектральный анализ
spectroscopic ~ спектроскопический анализ
thin-section ~ шлифовой анализ
ultimate ~ полный элементарный анализ
wet screen ~ мокрый ситовый анализ
X-ray ~ рентгенографический анализ; рентгеноструктурный анализ
X-ray crystal ~ рентгеноструктурный анализ

analyst 1. химик-аналитик 2. лаборант
analytical аналитический
analyze 1. делать анализ, анализировать 2. *хим.* разлагать
analyzer 1. анализатор 2. *опт.* рассеивающая [дисперсионная] призма
gas ~ газоанализатор
oil reservoir ~ электроинтегратор для моделирования нефтеносного пласта
pulse-height ~ анализатор амплитуды импульсов (*в радиокаротаже*)
spectrum ~ спектроскоп
anchor 1. якорь ‖ ставить на якорь; становиться на якорь; 2. анкер ‖ анкеровать, закреплять ‖ анкерный; 3. связной болт ‖ крепить, закреплять намертво
dead line ~ крепление неподвижного конца (*талевого каната*)
gas ~ газовый якорь
guy ~ якорь, к которому крепится оттяжка
light-weight ~ легкий якорь
line ~ устройство для крепления
offshore drill ~ якорь буровой платформы; якорь бурового судна
pipe line ~ якорь для подводных трубопроводов
replaceable guide line ~ *см.* retrievable cable anchor
retrievable cable ~ съемный замок направляющего каната
tubing ~ трубный якорь
anchorage закрепление конца (*подъемного каната и т. п.*); крепление наглухо (*или намертво*), анкерное крепление
leg base ~ крепление ног вышки
anchoring 1. постановка на якорь; 2. анкеровка
angle 1. угол 2. уголок (*вид профиля*) 3. угольник
~ of bedding *геол.* угол наклона пластов; угол простирания
~ of bend угол изгиба
~ of deviation угол отклонения [девиации]
~ of dip угол падения; магнитная широта, угол магнитного склонения
~ of dispersion угол рассеивания
~ of elevation угол подъема; угол возвышения; вертикальный угол
~ of emergence угол выхода (*сейсмической радиации*)
~ of entry угол входа (*в пласт*)
~ of flange угол отбортовки
~ of gradient угол наклона; угол подъема, угол уклона
~ of hade угол отклонения от вертикали
~ of incidence угол падения; угол входа (*сейсмической радиации*)
~ of inclination угол отклонения (*ствола скважины*)
~ of lean угол наклона (*мачты*)
~ of pitch угол склонения, угол смещения (*кулачка, эксцентрика*); угол наклона (*лопасти винта*); угол боковой качки; угол смещения второго ствола скважины
~ of preparation угол скоса кромки
~ of reflection угол отражения
~ of refraction *см.* refraction angle
~ of repose угол естественного откоса
~ of slide угол скольжения
~ of slip угол смещения (*в плоскости сбрасывателя*), угол скольжения
~ of slope угол откоса, угол наклона
~ of taper(ing) угол конусности, угол раствора конуса; угол заострения
~ of thread угол профиля резьбы, угол подъема средней винтовой линии резьбы
~ of throat угол заострения, угол сужения
~ of torsion угол кручения
~ of unconformity *геол.* угол стратиграфического несогласия
~ of underlay угол с вертикалью
acute ~ острый угол
advancing ~ наступающий угол (*смачивания*)
alternate ~ *мат.* противолежащий угол
back ~ 1. *топ.* азимут пройденного направления 2. задний угол (*режущего инструмента*)
bend ~ угол изгиба
bending ~ угол изгиба, угол загиба
broad ~ тупой угол
contact ~ угол касания; краевой угол (*смачивания*)
cutoff ~ угол отсечки
cutting ~ угол резания
deflection ~ угол отклонения от вертикали
digging ~ угол резания
dip ~ *см.* angle of dip
drift ~ набор кривизны (*наклонной скважины*); угол искривления, угол отклонения; угол сноса
emergence ~ угол выхода (*сейсмической радиации*)
finite ~ конечный угол контакта (*смачивания*)
friction ~ угол трения
high drift ~ большой угол отклонения (*от вертикали*)
incidence ~ угол наклона, угол падения
interfacial ~ краевой угол смачивания
negative cutting ~ отрицательный угол резания
obtuse ~ тупой угол
pitch ~ угол падения, угол наклона
pivot ~ угол качания [наклона, поворота]
receding ~ отступающий угол (*смачивания*)
refraction ~ угол преломления (*сейсмоволны*)
right ~ прямой угол
thread ~ угол профиля резьбы
torsion ~ угол кручения, угол поворота
angled угловой, углообразный
angular угловой; коленчатый
angularity угловатость; изгиб; угол перекоса
Anhib *фирм. назв.* ингибитор коррозии для

жидкостей для заканчивания скважин на водной основе

anhydride *хим.* ангидрид
acid ~ ангидрид кислоты
basic ~ ангидрид основания, основной оксид
anhydrite *хим.* ангидрит, безводный гипс
anhydrous безводный
Anhydrox *фирм. назв.* порошок, применяемый как добавка к буровому раствору для сохранения его качества при проходке ангидритов
anion анион
annual годовой, годичный; периодический; ежегодный
annular круглый, кольцеобразный; кольцевой
annulus 1. кольцевое пространство, затрубное [межтрубное] пространство 2. зазор
hole ~ кольцевое пространство; затрубное пространство
tubular ~ межтрубное пространство между наружной и внутренней трубами (*у двойной колонковой трубы*)
anode 1. анод, положительный электрод 2. антикатод (*рентгеновской трубки*)
expandable ~ анод в системе протекторной защиты (*борьба с почвенной коррозией*)
magnesium ~ магниевый анод
sacrifice ~ протектор (*в катодной защите*)
anomalous аномальный; неправильный
anomaly аномалия
gravity ~ аномалия силы тяжести
magnetic ~ магнитная аномалия
regional ~ региональная аномалия
residual gravity ~ остаточная аномалия силы тяжести
antacid нейтрализующий кислоту
anticline *геол.* антиклиналь
carinate ~ *геол.* килевидная антиклиналь
composite ~ сложная антиклиналь; антиклинорий; повторенная антиклинальная складка
cross ~ *геол.* поперечная антиклиналь
elongated ~ вытянутая антиклинальная складка
gentle ~ пологая антиклиналь
plunging ~ *геол.* погружающаяся антиклиналь
recumbent ~ *геол.* опрокинутая антиклиналь
regional ~ *геол.* геоантиклиналь, региональная антиклиналь
anticoagulant противокоагулирующее средство
antifermentatives противобродильные препараты, добавляемые в буровые растворы
antifoam противовспениватель
Anti-Foam *фирм. назв.* каприловый спирт (*пеногаситель*)
antifreeze антифриз
A.P.-25 *фирм. назв.* щелочная вытяжка танинов (*понизитель водоотдачи буровых растворов*)
A.P.-44 *фирм. назв.* щелочная вытяжка танинов (*диспергатор глин*)
aperture отверстие; щель; прорезь; апертура

~ of screen размер отверстия сита
unloading ~ разгрузочное окно
apex 1. вершина, верхушка, пик 2. нижнее сливное отверстие гидроциклона
upper ~ of fold *геол.* вершина седла [складки]
apparatus аппарат, прибор, приспособление, устройство, установка, машина; аппаратура
bending ~ приспособление для испытания на изгиб
boring ~ буровая установка
charging ~ 1. загрузочное устройство; 2. зарядное устройство
extraction ~ экстрагирующая аппаратура
heat-exchanging ~ теплообменник
pendant drop ~ прибор для измерения поверхностного натяжения методом висячей капли
sandblast ~ пескоструйный аппарат; пескоструйная установка
sanding ~ *см.* sandblast apparatus
shaking ~ аппарат для встряхивания [взбалтывания]; шейкер; вибратор
welding ~ сварочный аппарат; сварочная установка, сварочная машина
X-ray ~ рентгеновская установка
apparent 1. кажущийся 2. видимый; явный
appearance 1. внешний [наружный] вид 2. появление
~ of fracture вид излома; характер излома
appliance приспособление; оборудование; устройство, прибор
casing ~s принадлежности и инструменты для спуска обсадных труб
mud mixing ~s оборудование для приготовления глинистых растворов
protective ~ защитное устройство
safety ~ предохранительное устройство
application область применения, область приложения; применение, приложение (*силы, усилий*); приведение в действие, включение
brake ~ торможение, приведение в действие тормозной системы
field ~ применение в промысловых условиях, применение в условиях буровой
practical ~ практическое применение
technical ~ промышленное применение
apply 1. прилагать; применять, употреблять 2. прикладывать 3. касаться, относиться; быть приемлемым
appraisal оценка, экспертиза; смета; расценка
appraising оценка
approach 1. приближение 2. подступ; подход (*к решению проблемы*) 3. принцип (*измерения и т. п.*)
approximate близкий, приблизительный ‖ приближаться ‖ приближенный

approximation 1. приближение 2. приближенное представление функции; аппроксимация
Aquagel *фирм. назв.* высококачественный глинопорошок тонкого помола

Aqua Magic *фирм. назв.* несульфатный эмульгатор

Aqua Tec *фирм. назв.* неионное поверхностно-активное вещество

aquation *хим.* гидратация, соединение с водой

aqueous 1. водоносный, водонасыщенный, водный; водянистый; водяной 2. *геол.* осадочный

aquifer водоносный горизонт; водоносный пласт; водоносная формация; законтурная зона пласта

common ~ общая гидродинамическая система

arbitrary произвольный, условный; независимый

arc дуга, вольтова дуга
electric ~ вольтова дуга
pitch ~ дуга, соответствующая одному шагу (*зубьев*)
power ~ *см.* electric arc
welding ~ сварочная дуга

arch 1. арка, свод 2. антиклиналь, антиклинальная складка 3. целик 4. зависание

arched 1. арочный, сводчатый; кривой; выгнутый; изогнутый 2. выпученный (*о грунте*)
low ~ слабовыпуклый

arching 1. выпучивание (*грунта*) 2. образование свода (*в грунте*) 3. зависание

Arcoban *фирм. назв.* пеногаситель на базе высших спиртов

Arcobar *фирм. назв.* баритовый утяжелитель

arcogen *св.* газоэлектрическая сварка

Arcomul *фирм. назв.* первичный эмульгатор для инвертных эмульсий

Arcosol *фирм. назв.* неионный анионный эмульгатор для водных буровых растворов

Arcotrim *фирм. назв.* смесь поверхностно-активных веществ (*смазывающая добавка к водным буровым растворам*)

Arco Van *фирм. назв.* стабилизатор РУО для условий высоких температур

Arco Vis *фирм. назв.* загуститель и структурообразующий агент для РУО

area 1. площадь, площадка, поверхность 2. зона, район, область, территория, участок
critical ~ of formation призабойная зона пласта
~ of bearing опорная поверхность, площадь опоры
~ of fracture 1. поверхность излома 2. площадь поперечного сечения в месте разрушения
~ of influence of a well площадь влияния [интерференции] скважины
~ of passage живое [пропускное, проходное] сечение
~ per unit volume удельная поверхность
affected ~ зона влияния
bearing ~ опорная или несущая поверхность
closely drilled ~ площадь, разбуренная по плотной сетке

contact ~ поверхность соприкосновения [контакта]
contacted ~ площадь, подвергшаяся воздействию какого-либо процесса
contaminated ~ зона (*призабойная*), загрязненная буровым раствором
cross sectional ~ площадь поперечного сечения
dead ~ мертвая зона (*в пятиточечной системе размещения скважин*)
discharge ~ площадь выходного отверстия
drainage ~ площадь, дренируемая скважиной
effective ~ действующая [эффективная] площадь; полезная [рабочая] площадь
effective cross-section(al) ~ полезная [рабочая] площадь поперечного сечения
equivalent cross-sectional ~ эквивалентная площадь поперечного сечения
exhausted ~ истощенная площадь
flow ~ 1. проходное сечение 2. зона притока (*в скважине*)
free ~ свободное сечение (*трубы, колонны*), живое сечение
infiltration ~ площадь дренирования (*скважины*)
initial productive ~ начальная продуктивная площадь
injection ~ площадь нагнетания
interfacial ~ поверхность раздела
interstitial surface ~ суммарная поверхность пор
land ~ материковая область
net ~ действующая [эффективная] площадь; полезная [рабочая] площадь
oil ~ нефтеносная площадь
original cross-section(al) ~ начальная площадь поперечного сечения
petroliferous ~ нефтеносная площадь
plan ~ площадь поперечного сечения
potential ~ площадь возможной нефтеносности, разведочная площадь
problem ~ район, характеризующийся осложненными условиями (*напр. бурения или эксплуатации*)
producing ~ промышленная [продуктивная] площадь
proved ~ разведанная площадь
sectional ~ площадь поперечного сечения
set back ~ площадь под свечи (*бурильных труб*), подсвечник
shearing ~ площадь сдвига, площадь среза
slip ~ 1. участок бурильной трубы, зажимаемый роторными клиньями 2. зона оползающих пород
source ~ источник сноса (*обломочных пород*)
unit ~ единица площади
unproductive ~ непродуктивная площадь
urban ~ городская местность, городской район
useful ~ живое сечение

water to oil ~ переходная зона (*от водоносной к нефтеносной*)
weld ~ 1. площадь поперечного сечения сварного шва 2. место сварки, зона сварки
well pattern dead ~ наличие мертвых зон между скважинами при существующей сетке размещения
wild cat ~ разведочная площадь, разведочный район
work ~ рабочая площадь; рабочая поверхность

arenaceous 1. песчаный, песчанистый 2. содержащий песок 3. *геол.* рассыпчатый

areometer ареометр

argillaceous аргиллитовый, глинистый, содержащий глину

argillite аргиллит (*глинистая порода, сцементированная кремнеземом*)

argonarc аргонодуговой (*о сварке*)

arid безводный, засушливый, сухой

arm 1. плечо; рычаг; рукоятка; коромысло; кронштейн; консоль; стрела 2. хобот, консоль (*контактной сварочной машины*) 3. лапа долота
actuating ~ привод; рабочее плечо (*рычага*)
balance ~ коромысло, балансир
breakaway guide ~s срезные направляющие балки (*для ориентированного спуска по направляющим канатам инструмента к подводному устью скважины*)
conductor guide ~ направляющая штанга колонны направления (*для ориентированного спуска колонны по направляющим канатам и ввода ее конца в устье подводной скважины*)
crank ~ плечо кривошипа; кривошип
cutter ~s плашки (*фрезера*)
extension ~ добавочный рычаг, надставка
index ~ рычажок контрольного указателя
lever ~ плечо рычага
mixing ~ крыло [пропеллер] мешалки
pen ~ рычажок для регистрирующего пера
shearable guide ~ срезная направляющая рама
wind ~ плечо ветровой нагрузки (*на буровом судне или плавучей полупогружной платформе*)

armature 1. якорь (*электрической машины, магнита*) 2. обкладка (*конденсатора*) 3. броня (*кабеля*) 4. арматура

around-the-clock круглосуточно ‖ круглосуточный

arrange располагать; прилаживать; приготовлять; устраивать; приспосабливать; устанавливать; закреплять

arrangement расположение; расстановка; схема; устройство; приспособление
damping ~ устройство для успокоения колебаний (*напр. сейсмографа*)
fulcrum ~ поворотное устройство
linear ~ линейное расположение (*скважин*)
pattern ~ плотность сетки (*скважин*)
pipe ~ расположение труб
piping ~ трубопроводная обвязка
serial ~ последовательное расположение
series ~ *см.* serial arrangement

array строй; ряд; серия (*выпускаемого оборудования*); гамма (*цветов, продуктов*)
well ~ расстановка скважин

arrest прекращение действия; торможение; защемление ‖ останавливать, выключать (*машину*); тормозить; задерживать; защелкивать

arrester 1. предохранительный затвор 2. задерживающее устройство, задерживающее приспособление 3. арретир, стопорный механизм; останов; ограничитель хода; успокоитель
dust ~ пылеуловитель
motion ~ успокоитель качки

arrival 1. вступление (*сейсмоволны*) 2. прибытие, приход
late ~ *сейсм.* последующее вступление
refraction ~ *сейсм.* вступление преломленных волн

arrow стрелка (*напр. условного графического обозначения сварки*); стрелка, указатель

artesian артезианский

article 1. изделие, продукт 2. статья
feature ~ статья в журнале по актуальному вопросу

articulate коленчатый; шарнирный, сочлененный ‖ связывать, соединять, сочленять

articulated шарнирный, сочлененный (*подвижно или шарнирно*); поворотный

asbestos асбест

asbestos-cement асбоцемент

as-cast в литом состоянии

ascending восходящий, возрастающий (*о кривой*)
~ pipe напорный или нагнетательный патрубок (*насоса*); напорная или нагнетательная труба; стояк, вертикальная труба

ascent подъем
capillary ~ капиллярный подъем

aseismic асейсмичный

ash зола
caustic ~ кальцинированная сода с содержанием едкого натра
fly ~ летучая зола, зольная пыль
lava ~ вулканический пепел
light soda ~ легкая сода, сода Сольвэ
soda ~ безводная кальцинированная сода (Na_2CO_3)

aslope на склоне, на скате, на откосе

ASP-222 *фирм. назв.* ингибитор коррозии

aspect вид, перспектива; взгляд, положение; свойство; оценка; *pl* проблемы; вопросы

Aspen Fiber *фирм. назв.* волокна древесины осины (*нейтральный наполнитель для борьбы с поглощением бурового раствора*)

asphalt асфальт, нефтяной битум
oil ~ нефтяной битум
rock ~ природный асфальтовый битум; песчаник или известняк, содержащий до 10 % битума
water proofing ~ водонепроницаемый битум

asphaltite асфальтит
asphaltum *см.* **asphalt**
as-quenched в состоянии после закалки
as-rolled в состоянии после прокатки
assembly 1. сборка, монтаж 2. комплект, подузел; узел; агрегат
ball joint extension ~ удлинитель шарового соединения; переводник шарового соединения (*водоотделяющей колонны*)
control ~ узел управления
cross-over ~ узел перекрестного потока (*в насосной установке для одновременно-раздельной эксплуатации двух горизонтов*)
diverter ~ отводное устройство (*для отвода газированного бурового раствора в газосепаратор*)
diverter insert ~ узел вставки отводного устройства
diverter support ~ устройство для подвески отводного устройства
insert ~ узел вставки (*отводного устройства для бурового раствора*)
instrument ~ щит управления
kill line support ~ устройство для подвески линии глушения
lower yoke ~ нижнее коромысло; нижняя траверса (*на компенсаторе бурильной колонны*)
lower riser ~ нижний блок водоотделяющей колонны
male choke and kill stab ~ ниппельный и стыковочный узлы линий штуцерной и глушения скважины
marine riser stab ~ стыковочный узел водоотделяющей колонны
no-torque casing ~ безмоментное уплотнительное устройство обсадной колонны
one-step seal ~ уплотнительное устройство, устанавливаемое в один прием
packed hole ~ комбинация расширителей с желобчатыми удлинителями (*применяется для борьбы с искривлением скважин*)
packing ~ уплотняющее устройство; пакер в сборе
plug ~ пробковый узел (*состоит из скребковой и воротниковой пробок*)
positive choke ~ блок постоянного штуцера
rigid bottom hole ~ жесткий утяжеленный низ (*бурильной колонны*)
riser ~ комплект водоотделяющей колонны
riser pipe locking ~ замковый узел секции водоотделяющей колонны
riser stab ~ стыковочный узел водоотделяющей колонны
riser sub ~ нижний блок водоотделяющей колонны
rotating seal ~ вращающееся уплотнительное устройство (*в отводном устройстве водоотделяющей колонны*)
set ~ спусковое устройство; спусковое оборудование

setting ~ *см.* set assembly
single pack-off ~ унифицированное уплотнительное устройство (*для уплотнения подвесных головок различных обсадных колонн*)
single trip hanger ~ однорейсовый узел подвесной головки (*спускаемый и устанавливаемый в подводном устье за один рейс*)
skid-mounted pump ~ насосная установка на салазках
swab ~ поршневое устройство
torque-down seal ~ уплотнительный узел, срабатывающий при приложении крутящего момента (*для герметизации подвесной головки обсадной колонны*)
torque-set pack-off ~ уплотнительный узел, срабатывающий при приложении крутящего момента
two-arm guide ~ двуплечее направляющее устройство
upper yoke ~ верхняя траверса (*на компенсаторе бурильной колонны*)
weld(ed) ~ сварная конструкция; сварное изделие; сварной узел
wellhead ~ оборудование устья скважины, устьевое оборудование
wellhead cap ~ устьевой колпак (*для герметизации устья подводной скважины в случае временного ее оставления*)
wellhead housing ~ узел устьевой головки
wire line guide ~ устройство для укладки каната, канатоукладчик

assets актив
current ~ оборотные средства
gross ~ общая сумма актива
associated 1. связанный, ассоциированный; 2. дочерний (*о предприятии*)
association 1. связь; ассоциация 2. объединение
American ~ of Petroleum Geologists Американская ассоциация нефтяных геологов
American Gas ~ Американская газовая ассоциация
American Natural Gas ~ Американская ассоциация по природному газу
American Standard ~ Американская ассоциация по стандартам
Oil Companies Materials ~ Американская ассоциация по снабжению нефтяных компаний
mineral ~ минеральная ассоциация
assort сортировать, классифицировать; снабжать
assorted отсортированный, отборный, рассортированный, подобранный
assumed принятый; расчетный
assuming принимая, допуская, предполагая
assumption предположение, допущение
astringency вяжущее свойство
astringent вяжущее средство ‖ вяжущий
as-welded в состоянии после сварки

asymmetrical несимметричный, асимметричный

asymmetry асимметрия

asynchronous асинхронный

Atlas Bar *фирм. назв.* баритовый утяжелитель

Atlas Corrosion Inhibitor 100 *фирм. назв.* полярное органическое вещество (*ингибитор коррозии*)

Atlas Drilling Surfactant 100 *фирм. назв.* анионное поверхностно-активное вещество (*эмульгатор*)

Atlas Drilling Surfactant 200 *фирм. назв.* нефтяной сульфонат (*пеногаситель*)

Atlas Drilling 300 *фирм. назв.* неионное поверхностно-активное вещество

Atlas Drilling Surfactant 500 *фирм. назв.* неионное поверхностно-активное вещество

Atlas Emulso 500 *фирм. назв.* неионное поверхностно-активное вещество (*эмульгатор*)

Atlas Fiber *фирм. назв.* измельченные отходы сахарного тростника (*нейтральный наполнитель для борьбы с поглощением бурового раствора*)

Atlas Floc *фирм. назв.* смола-флокулянт (*разжижитель буровых растворов и ингибитор неустойчивых глин*)

Atlas Gel *фирм. назв.* глинопорошок из вайомингской бентонитовой глины

Atlas Hi-Foam *фирм. назв.* неионное поверхностно-активное вещество, применяемое для получения стабильной пены при бурении с очисткой забоя газообразными агентами

Atlas Invert 400 *фирм. назв.* производное полиоксиэтилена, используемое для приготовления буровых растворов на базе инвертных эмульсий

Atlas Invert YEO *фирм. назв.* производное полиоксиэтилена, применяемое для приготовления буровых растворов на базе инвертных эмульсий

Atlas Mica *фирм. назв.* отсортированная по размерам слюдяная крошка (*нейтральный наполнитель для борьбы с поглощением бурового раствора*)

Atlas Salt Gel *фирм. назв.* аттапульгитовый глинопорошок для приготовления солестойких буровых растворов

Atlas Sol-Gel *фирм. назв.* анионное и неионное поверхностно-активное вещество (*эмульгатор для высокоминерализованных буровых растворов*)

atmosphere атмосфера, газовая среда

absolute ~ абсолютная единица давления, абсолютная атмосфера

artificial ~ кондиционированный воздух

controlled ~ регулируемая газовая среда

atom атом

tagged ~s меченые атомы

atomization распыление; тонкое измельчение

oil ~ распыление нефти

atomize распылять; тонко измельчать

atomizer 1. форсунка; распылитель жидкости, атомизатор 2. машина для тончайшего измельчения

atomizing распыление

Atpet 277 *фирм. назв.* поверхностно-активное вещество, применяемое для улучшения притока жидкости в скважину

attach прикреплять, присоединять

attachment 1. прикрепление, крепление, приспособление; соединение 2. приставка; принадлежность

~ for continuous recording приставка к прибору для непрерывной регистрации измеряемой характеристики

external casing ~s оснастка обсадной колонны

Garbutt ~ шток Гарбута (*для глубинных насосов*)

indexing ~ делительное приспособление

long-stroke pumping ~ удлинитель хода качалки

recording ~ регистрирующее устройство [приспособление]

rigid ~ жесткое закрепление, жесткое крепление

taper ~ конусное приспособление

attack коррозия; разъедание; разрушение ∥ корродировать; разъедать; разрушать; воздействовать

corrosion ~ коррозионное разрушение, коррозия

galvanic ~ электрохимическая коррозия

intergranular ~ межкристаллитная [межзерновая] коррозия

knifeline ~ ножевая коррозия

selective ~ избирательная коррозия

attapulgite аттапульгит, водный магний-алюмосиликат

Attapulgus 150 *фирм. назв.* глинопорошок тонкого помола из аттапульгитовой глины

attend обслуживать; посещать

attendance 1. обслуживание; уход (*за машиной*) 2. служба; выход на работу

attenuate 1. ослаблять; разбавлять; разжижать 2. затухать 3. уменьшать толщину

attenuation 1. затухание 2. ослабление; уменьшение

attenuator экран; ослабитель, аттенюатор

attitude 1. характер (*напр. залегания пластов*); свойство 2. отношение; положение, расположение

attraction притяжение; тяготение

capillary ~ капиллярность, волосность; капиллярное притяжение

chemical ~ химическое средство

mutual ~ взаимное притяжение

attribute свойство, характерный признак, характерная черта ∥ приписывать, относить (*к чему-либо*)

auger ложечный бур, бурав, сверло; спиральный бур; шнекобурильная машина

clean-out jet ~ промывочный короткий шнек в цилиндрическом корпусе

autogenous *св.* автогенный, газовый
autolock автозатвор; муфта с автозатвором (*для соединения компонентов подводного оборудования друг с другом или с устьем подводной скважины*)
automanual полуавтоматический
automation автоматизация; автоматика
automatic автоматический, самодействующий ‖ автоматический аппарат
automotive самодвижущийся, самоходный; автомобильный
autonomous автономный, самоуправляющийся
auxiliary 1. вспомогательный, дополнительный 2. *pl* вспомогательное оборудование, вспомогательные устройства; запасные [резервные] агрегаты 3. флюс, добавка, присадка
availability пригодность; возможность использования; возможность получения (*на рынке*); доступность
~ of oil потенциальная добыча нефти
commercial ~ возможность получения на рынке, наличие в продаже
available доступный, имеющийся в распоряжении, наличный; (при)годный, полезный
average среднее число ‖ выводить среднее число, усреднять
on an ~ в среднем
representative ~ характерная средняя (*величина*)
axial аксиальный, осевой
axial-flow с осевым потоком
axifugal центробежный
axipetal центростремительный
axis 1. ось 2. *геол.* осевая плоскость складки
~ of abscissas ось абсцисс
~ of rotation ось вращения
cone ~ ось шарошки
fold ~ *геол.* ось складки, шарнир складки; гребень антиклинали
fore-and-aft ~ продольная ось
hole ~ 1. ось скважины 2. ось отверстия
lateral ~ поперечная ось
reference ~ базисная [исходная, координатная] ось
revolution ~ ось вращения
saddle ~ *геол.* ось антиклинали; ось мульды; ось синклинали
tectonic ~ тектоническая ось
trough ~ *геол.* ось мульды; ось синклинали
axle ось, полуось; ведущий мост
brake ~ тормозная ось
crank ~ коленчатый вал; коленчатая ось; ось кривошипа
axled осевой
axle-tree колесный вал, ось
A-XMDL *фирм. назв.* концентрат многофункционального реагента для буровых растворов на водной основе всех типов
azimuth 1. азимут 2. азимутальный

babbit баббит ‖ заливать баббитом
baby малый, малых размеров, маломощный
bacillicide бактерицид
back 1. обратная сторона; задняя сторона 2. подкладка; подложка; основа; изнанка 3. *геол.* трещина по простиранию пласта, продольная [кливажная] трещина 4. поддерживать, подпирать; подкреплять 5. субсидировать, финансировать 6. *pl геол.* породы кровли, налегающие породы
~ the line of the hoist смотать канат с барабана лебедки
~ off развинчивание инструмента или оставшейся в скважине оборванной колонны бурильных труб ‖ отвинчивать, вывинчивать
~ out вывинчивать, отвинчивать
~ up 1. устанавливать подкладку; поддерживать, подкреплять, создавать опору; создавать подпор 2. давать задний ход
back-draft задний ход (*двигателя*)
backed 1. имеющий опору 2. с подложкой; с изнанкой
backfill 1. ликвидационный тампонаж (*скважины*) ‖ тампонировать ‖ тампонажный материал 2. закладка; засыпка ‖ закладывать; засыпать
backfiller машина для засыпки траншей (*после укладки трубопровода*); экскаватор
backfilling 1. заполнение ствола скважины при подъеме бурильного инструмента 2. засыпка траншей (*для трубопроводов*)
backflow обратная промывка (*ток жидкости из пласта при прекращении промывки*); обратное течение, противоток
background 1. *сейсм.* фон 2. задний план
low ~ *сейсм.* слабый фон
noise ~ *сейсм.* акустический фон, помеха
back-guy оттяжной трос
backing 1. опора, поддержка 2. основа; подкладка; подложка 3. вкладыш (*подшипника*) 4. забутовка; закладка; засыпка 5. задний ход; обратный ход 6. вращение в обратную сторону (*против часовой стрелки*)
backing-out выбивание (*напр. болтов*)
back-lash 1. «мертвый» ход, «игра», зазор; боковой зазор; зазор по окружности (*между зубьями шестерен*) 2. потеря хода (*при механической передаче*)
backoff *см.* back off
tubing ~ развинчивание (*по частям*) прихваченной колонны насосно-компрессорных труб
backsight взгляд назад (*при инструментальной съемке местности*)

backup *св.* подварочный шов
backwash 1. промывка, очистка (*фильтра*) 2. обратный поток
backwashing промывка в обратном направлении, обратная промывка
bactericide бактерицид
Bactiram *фирм. назв.* бактерицид для водных буровых растворов
Bactron KM-5 *фирм. назв.* бактерицид для обработки буровых растворов на основе пресной или слабоминерализованной воды
Bactron KM-7 *фирм. назв.* бактерицид для высокоминерализованных буровых растворов
Bactron KM-31 *фирм. назв.* бактерицид с повышенной термостойкостью для высокоминерализованных буровых растворов
baffle 1. перегородка; перегородка в желобах, служащая для очистки бурового раствора от породы или изменяющая направление потока; направляющий лоток; дефлектор 2. глушитель 3. щит, экран, отражатель 4. турбулизатор (*потока*)
mud ~ 1. перегородка в желобе наземной циркуляционной системы; отражатель бурового раствора 2. грязеуловитель
baffler 1. перегородка; отражатель 2. дроссельная заслонка 3. глушитель
baffling 1. изменение направления, отклонение потока 2. регулирование дроссельной заслонкой 3. отклоняющий
bag 1. полость в породе (*заполненная водой или газом*) 2. мешок ‖ насыпать [упаковывать] в мешки 3. пневматическая подушка
~ of cement мешок цемента (*42, 64 кг*)
breather ~ баллон из прорезиненной ткани для улавливания паров бензина (*из резервуара*)
diverter ~ уплотнительный элемент отводного устройства
gas ~ газовая пробка (*в трубопроводе*)
seed ~ льняной сальник
bail 1. дужка желонки; штроп 2. черпак 3. тартать (*нефть*), откачивать
~ down оттартать, оттартывать; откачивать
~ out 1. оттартать, оттартывать 2. черпак, вычерпывать
~ the well dry оттартать скважину досуха
bailer 1. желонка (*для тартания нефти*) 2. черпак
clean-out ~ желонка для чистки скважин
dump ~ желонка для выкачки жидкости; цементировочная желонка
sectional ~ секционная желонка
bailing тартание (*нефти*); откачка; очистка скважины желонкой
~ up очистка скважины желонкой
bakelite бакелит ‖ бакелитовый
Bakerlock *фирм. назв.* специальная паста для предотвращения самоотвинчивания резьбовых соединений обсадных труб, обладающая герметизирующими и смазывающими свойствами

Bakerseal *фирм. назв.* специальный состав для смазывания и уплотнения резьбы труб, работающих в условиях повышенных температур
balance 1. равновесие 2. противовес 3. остальное (*в данных о химическом составе*) 4. весы; балансир 5. баланс ‖ подводить баланс 6. взвешивать; уравновешивать, (с)балансировать 7. симметрия ‖ симметрировать
~ of forces равновесие сил
~ of heat тепловой баланс
~ against уравновешивать (*чем-либо*); измерять путем уравновешивания (*чем-либо*); сравнивать с (*чем-либо*)
~ out нейтрализовать
buoyancy ~ поплавковые гидростатические весы
beam ~ рычажные весы
beam density ~ рычажные гидростатические весы
coarse ~ грубая регулировка
dynamic ~ динамическое равновесие
energy ~ энергетический баланс
equal ~ изостазия, равновесие
heat ~ тепловое равновесие, тепловой баланс
Jolly ~ пружинные весы для определения плотности по методу взвешивания в воде и воздухе
mass ~ весовая компенсация
material ~ материальный баланс
mud ~ рычажные весы (*для определения плотности бурового раствора*)
mud weight ~ *см.* mud balance
precision ~ точные [прецизионные] весы
pressure ~ равновесное давление
recording ~ самопишущие весы
specific gravity ~ гидростатические весы, весы Мора — Вестфаля
temperature ~ температурное равновесие
thermal ~ тепловой баланс, тепловое равновесие
torsion ~ вариометр; крутильные весы
torsion pendulum adsorption ~ торсионные весы
unstable ~ неустойчивое равновесие
weight ~ балансирное уравновешивание (*станка-качалки*)
balanced уравновешенный, компенсированный, сбалансированный
balancer 1. балансир; балансировочное устройство 2. уравнитель; симметрирующее устройство 3. стабилизатор 4. делитель напряжения
balancing 1. уравновешивание; балансировка, установка на нуль 2. компенсация 3. симметрирование 4. уравновешивающий, компенсирующий; балансировочный
partial ~ частичная разгрузка, частичное уравновешивание
balk 1. бревно; балка; брус 2. поперечная связь, затяжка, анкерная балка 3. *геол.* пережим, выклинивание пласта 4. *геол.* включение пустой породы в угольном пласте 5. препятствовать, задерживать

balking застревание, задержка
ball 1. шар, шарик; шаровой наконечник 2. балл (*мера силы ветра*)
~ up 1. наматывать глинистый сальник на долото 2. закупоривать, засорять
Brinell ~ шарик Бринеля (*в приборе для испытания твердости*)
governor ~ шар центробежного регулятора
moth ~s нафталиновые шарики (*применяемые при гидроразрыве*)
setting ~ *см*. trip ball
trip ~ сбрасываемый шар (*при цементировании скважин*)
ball-and-seat «шар и седло» (*части приемного и выкидного клапанов глубинного насоса*)
ball-bearing шарикоподшипник
balling 1. налипание разбуренной породы на трубы и долото; образование сальников 2. комкование
~ up of valves застревание шариков в клапанах
ball-up 1. закупорка, засорение 2. образование глинистого сальника (*на буровом инструменте*)
baloon шарик, микросфера
tiny ~s микрошарики (*из пластмассы для покрытия поверхности нефтепродуктов с целью снижения потерь от испарения*)
Balsam Wool *фирм. назв.* хлопковое волокно (*нейтральный наполнитель для борьбы с поглощением бурового раствора*)
band 1. лента; тесьма; полоса 2. полоска на шлифе 3. ленточная связь; обод; бандаж 4. диапазон; зона; область 5. *геол.* прослоек, слой, включение
absorption ~ полоса поглощения
back ~ тормозная лента (*вала станка канатного бурения*)
brake ~ тормозная лента
belly ~ 1. предохранительный пояс верхового рабочего 2. хомут для ликвидации течи труб
clay ~ глинистый прослоек
frequency ~ полоса [диапазон] частот
proportional ~ предел пропорциональности (*контрольно-измерительных приборов*)
reflection ~ запись отражений, сейсмограмма отраженных волн
spectral ~ полоса спектра
temperature ~ температурный интервал
bank 1. вал, насыпь || окружать валом, делать насыпь 2. берег (*реки*) 3. отмель, банка 4. нанос, занос || образовывать наносы, запруживать 5. батарея, группа, набор, серия, ряд || группировать, соединять для совместной работы 6. блок (*цилиндров*); пучок (*труб*); пакет 7. уступ; забой; залежь (*руды*); пачка пласта 8. банк || держать в банке || банковый || банковский
~ of condensers батарея конденсаторов
~ of gas газовый вал (*при вытеснении нефти из пласта*)
~ of oil нефтяная зона

~ of sieves набор сит
~ of transformers группа трансформаторов
accumulator ~ блок аккумуляторов (*устанавливаемый на гидросиловой установке системы управления подводным оборудованием или отдельно*)
oil ~ перемещающаяся нефтяная зона
sand ~ отмель, банка (*песчаная*)
water ~ водяной вал
banking образование перемежающейся нефтяной зоны перед фронтом наступающего агента
bar 1. пруток, стержень; брусок; полоса; балка 2. шина (*электрическая*) 3. ламель (*пластина коллектора*) 4. буровая штанга, бур, колонка перфоратора 5. преграда || преграждать, загораживать 6. исключать
~ the engine проворачивать вал (*двигателя*)
boiler grate ~ колосник
boring ~ бурильная [ударная] штанга
channel ~ швеллер
chill ~ теплоотводящая подкладка, теплоотводящая накладка; холодильник
cross ~ поперечина, траверса
deflecting ~ штанга для перевода ремня; отклоняющая штанга
flat ~ полосовой металл
sand ~ песчаный вал (*у морских берегов*); песчаная отмель
side ~s щечки (*цепи*)
sinker ~ ударная штанга (*применяется в канатном бурении*)
T-~ тавровая балка, тавровая сталь
Barafloc *фирм. назв.* поверхностно-активное вещество (*флокулянт для буровых растворов с низким содержанием твердой фазы*)
Barafos *фирм. назв.* тетрафосфат натрия (*разжижитель, понизитель вязкости и статического напряжения сдвига буровых растворов*)
bare 1. голый, неизолированный (*о проводе*) 2. пустой, бедный (*о руде, породе*) 3. обнаженный, лишенный растительности
Bar-Gain *фирм. назв.* утяжелитель, имеющий плотность 4,57 г/см^3
barge баржа; катер
bulk ~ нефтеналивная баржа
cargo ~ грузовая баржа
derric ~ крановая баржа
drilling ~ буровая баржа
floating ~ баржа для морского бурения
gas separate ~ баржа для сепарации газа
jetting ~ размывочная баржа (*для образования траншеи под подводный трубопровод размывом грунта дна моря*)
launching ~ баржа для спуска на воду (*морского стационарного основания при его установке на точку*)
lay ~ баржа для прокладки подводных трубопроводов, баржа-трубоукладчик
pipe burying ~ баржа для заглубления труб (*подводного трубопровода*)

pipe-lay-derrick ~ трубоукладочная крановая баржа для укладки подводного трубопровода и выполнения грузовых операций
pipeline dredge ~ баржа для заглубления трубопровода
pipeline trenching ~ баржа для рытья траншеи под трубопровод
self-elevating work ~ самоподъемная рабочая баржа (*для строительства морских нефтепромысловых сооружений*)
supply ~ баржа обеспечения, баржа снабжения (*для доставки труб и других материалов*)
tank ~ нефтеналивная баржа

barging перевозка баржами, перевозка на баржах

bark 1. оболочка, кора (*древесная*) 2. цементированный слой (*металла*)
mangrove ~ кора мангрового дерева (*разжижитель для буровых растворов*)
redwood ~ кора красного дерева (*разжижитель для буровых растворов*)
tree ~ древесная кора (*материал для борьбы с поглощением*)

Bark-Seal *фирм. назв.* дробленая древесная кора (*нейтральный наполнитель для борьбы с поглощением бурового раствора*)

Baroco *фирм. назв.* глинопорошок для приготовления бурового раствора при проходке соленосных пластов

barograph записывающий барометр-анероид, барограф

Baroid *фирм. назв.* молотый барит (*добавка для утяжеления бурового раствора*)

barrel 1. бочка, бочонок ǁ разливать по бочкам 2. баррель (*мера вместимости: англ.= =163,3 л; амер.=119 л; для нефти=159 л; для цемента=170,5 кг*) 3. барабан, цилиндр, вал 4. втулка, гильза; колонковая труба 5. барабан лебедки
~ of cement масса объема сухого цемента, равная 4 фут^3 (*0,11 м^3*) или 376 фунтам (*170,5 кг*), бочка цемента
~ s of reservoir crude объем нефти в пластовых условиях
~ of slurry 42 галлона (*0,159 м^3*) цементного раствора
~ of the boiler корпус [барабан] котла
core ~ колонковая труба; грунтоноска; колонковый бур, цилиндр (*при алмазном бурении*)
full flow core ~ двойная колонковая труба с увеличенными каналами для промывочного агента (*бурового раствора или воздуха*)
inner ~ внутренняя труба (*телескопической секции водоотделяющей колонны*)
liner ~ вставной цилиндр насоса
mud ~ 1. желонка для извлечения выбуренной породы при ударно-канатном бурении 2. двойная колонковая труба для бурения с промывкой глинистыми растворами
outer ~ наружный цилиндр, наружная труба (*телескопической секции водоотделяющей колонны*)
pressure core ~ прибор для отбора керна с сохранением давления
pump ~ цилиндр насоса, корпус насоса; втулка насоса
sludge ~ шламовая труба
reservoir ~s объем [количество] нефти в пласте (*в баррелях*)
retractable core ~ съемная грунтоноска
travelling ~ подвижной цилиндр (*насоса*)
wire line core ~ съемная грунтоноска
working ~ цилиндр глубинного насоса

barrel-bulk объемный баррель (*0,142 м^3*)
barreler продуктивная нефтяная скважина
barren 1. пустой, не содержащий полезного ископаемого; нефтепродуктивный; безрудный 2. засушливый, сухой
barrier 1. барьер; преграда; перегородка 2. перемычка, целик
chemical ~ химический барьер (*препятствующий распространению разлившейся нефти*)
corrosion ~ антикоррозионный барьер
natural ~ естественная преграда
pneumatic ~ пневматический барьер (*для создания ограждения вокруг разлившейся нефти с целью предотвращения дальнейшего ее распространения*)

barytes барит, тяжелый шпат (*утяжелитель для буровых растворов*)

basal 1. *геол.* базальный 2. основной
basalt базальт

Basco 50 *фирм. назв.* специально обработанный неферментирующийся крахмал
Basco 300 *фирм. назв.* хромлигносульфонат
Basco Ben *фирм. назв.* загуститель и диспергатор глин
Basco Bestos *фирм. назв.* неорганический загуститель для буровых растворов
Basco Cau-Lig *фирм. назв.* щелочная вытяжка бурого угля (*аналог углещелочного реагента УЩР*)
Basco Cedar *фирм. назв.* обезжиренная скорлупа кедрового ореха (*нейтральный наполнитель для борьбы с поглощением бурового раствора*)
Basco CMC *фирм. назв.* натриевая карбоксиметилцеллюлоза
Basco Defoamer *фирм. назв.* смесь высших спиртов (*реагент-пеногаситель*)
Basco DMC *фирм. назв.* поверхностно-активное вещество (*применяется как ингибитор неустойчивых глин, диспергатор, разжижитель и понизитель водоотдачи буровых растворов*)
Basco Double-Wate *фирм. назв.* специальный утяжелитель, имеющий высокую плотность
Basco Double-Yield *фирм. назв.* высокодисперсный бентонитовый глинопорошок
Basco Drilfas *фирм. назв.* ПАВ (*эмульгатор для буровых растворов на водной основе*)

Basco Drilflo *фирм. назв.* феррохромлигносульфонат

Basco Drilfloc *фирм. назв.* флокулирующий агент для глин

Basco Drilube *фирм. назв.* смазывающая добавка к буровым растворам (*заменитель дизельного топлива*)

Basco Drilmul *фирм. назв.* анионно-неионное поверхностно-активное вещество

Basco Fiber *фирм. назв.* измельченное волокно сахарного тростника (*нейтральный наполнитель для борьбы с поглощением бурового раствора*)

Basco Filter Rate *фирм. назв.* смесь нефтяных битумов (*смазывающая добавка и ингибитор неустойчивых глин*)

Basco Flake *фирм. назв.* целлофановая крошка (*нейтральный наполнитель для борьбы с поглощением бурового раствора*)

Basco Gel *фирм. назв.* бентонитовый глинопорошок

Basco Lig *фирм. назв.* товарный бурый уголь

Basco Mica *фирм. назв.* измельченная слюда (*нейтральный наполнитель для борьбы с поглощением бурового раствора*)

Basco Mud *фирм. назв.* суббентонитовый глинопорошок

Basco Pipe Free *фирм. назв.* эмульсия дизельного топлива в воде с поверхностно-активными веществами (*применяется для освобождения прихваченных труб*)

Basco Plug *фирм. назв.* измельченная скорлупа грецкого ореха (*нейтральный наполнитель для борьбы с поглощением бурового раствора*)

Basco Preservative *фирм. назв.* реагент, предотвращающий брожение буровых растворов, обработанных крахмалом

Basco Quebracho *фирм. назв.* экстракт коры квебрахо (*понизитель водоотдачи буровых растворов*)

Basco Salt Mud *фирм. назв.* аттапульгитовый глинопорошок для приготовления солестойких буровых растворов

Basco Starch *фирм. назв.* желатинизированный крахмал в гранулах

Basco Surf *фирм. назв.* вспенивающий реагент для буровых растворов

Basco T *фирм. назв.* вторичный эмульгатор для буровых растворов на углеводородной основе

Basco Wate *фирм. назв.* баритовый утяжелитель

Basco Y *фирм. назв.* добавка к буровым растворам на углеводородной основе, дающая стойкую стабильную пену

Bascoil *фирм. назв.* концентрат для приготовления бурового раствора на углеводородной основе

base 1. основание; база; фундаментная плита; основная доска (*прибора*) 2. *геол.* подошва, подстилающий слой 3. *хим.* основание 4. основа, базис 5. цоколь

~ of petroleum основание нефти (*парафиновое, асфальтовое, нафтеновое или смешанное*), характер нефти

cellular ~ многокамерная опорная конструкция железобетонного основания

gravity ~ гравитационный фундамент (*морского стационарного основания для обеспечения устойчивости платформы под действием силы тяжести*)

landing ~ постоянное направляющее основание

main ~ опорная плита для бурения

mooring ~ швартовый фундамент (*в системе беспричального налива типа качающейся башни*)

oil ~ 1. основание нефти, характер нефти, тип нефти 2. на углеводородной [нефтяной] основе (*о буровом растворе*)

permanent guide ~ постоянное направляющее основание (*предназначено для центрирования и ориентации комплектов подводного оборудования при стыковке их с подводным устьем или друг с другом*)

pertoleum ~ *см.* oil base

rock ~ монолитная, коренная порода (*подстилающая наносы*)

rotary ~ подроторное основание

seafloor foundation drilling ~ установка для бурения в подстилающем слое ложа моря

temporary guide ~ направляющая опорная плита

water ~ на водной основе (*о буровом растворе*)

basement 1. основание, фундамент 2. подвал; подвальный этаж

basic 1. основной, номинальный (*о размерах элементов с сопрягаемыми поверхностями*) 2. *хим.* основной

basicity *хим.* валентность; основность

basin 1. бассейн; водоем; резервуар 2. *геол.* синклиналь; мульда 3. котлован

closed ~ замкнутый бассейн

collecting ~ *геол.* коллектор естественного скопления нефти

drainage ~ дренирующий бассейн

fold ~ структурный бассейн

geological ~ мульда

intermount ~ структурный или синклинальный бассейн

settling ~ отстойный бассейн

sludge-catchment ~ шламосборник

basing крепление к фундаменту

basining *геол.* образование впадин

basis 1. основание 2. основа 3. базис

basket 1. паук, ловильный инструмент, ловушка для поднятия с забоя скважины предметов 2. сетка (*всасывающей трубы*) 3. сетка-фильтр в головке керноприемной трубы 4. кернорватель 5. брезентовый конус (*устройство в виде воронки, надеваемое на трубу при цементировании*

скважины для предупреждения проникновения цементного раствора ниже перфорационных отверстий)
boarding ~ корзина [люлька] для пересадки (людей с судна обслуживания на плавучую буровую платформу или буровое судно)
cement ~ заливочная манжета для цементирования; лепестковая корзина, устраняющая возможность ухода вниз находящегося за трубами цементного раствора
fishing ~ ловильный паук
junk ~ паук (инструмент для ловли мелких предметов на забое скважины)
petal ~ лепестковая корзина
pipe ~ смонтированная на автоприцепе платформа для бурильных труб (один из блоков передвижной буровой установки)
pump ~ заборный фильтр насоса
bass твердая глина
cannel ~ угленосный сланец, приближающийся по характеру к нефтеносному сланцу
basset выход (на поверхность) жилы или каких-либо отложений; выход пластов, обнажение пород
bastard 1. помесь, гибрид 2. включение крепкой породы 3. грубый; очень твердый 4. необычной формы, необычного размера, нестандартный 5. комбинированная система
bat сланцеватая глина; битуминозный сланец
batch 1. партия (нефтепродуктов) при последовательной перекачке различных нефтепродуктов по трубопроводу 2. загрузка сырья 3. серия, комплект 4. периодического действия 5. дозировка, порция; замес; партия, группа
in ~es периодически; отдельными порциями
batcher бункер; дозатор; питатель
batching 1. последовательная перекачка (нефтепродуктов) 2. дозировка, дозирование; загрузка
~ by volume подбор (рецептуры цементного или бурового раствора) по объёму составляющих компонентов
~ by weight подбор (рецептуры цементного или бурового раствора) по массе составляющих компонентов
bath ванна, бак, чан || погружать в ванну; окунать
bathoclase геол. горизонтальная трещина
batice геол. падение (пласта)
batt глинистый сланец; битуминозный сланец с большим количеством летучих веществ
batter откос; уклон; скат; уступ
battery 1. батарея 2. аккумуляторная батарея 3. гальванический элемент 4. группа одинаковых деталей, комплект 5. ряд крекинг-кубов; ряд отстойников очистной установки
accumulator ~ аккумуляторная батарея
booster ~ добавочная батарея
secondary ~ аккумуляторная батарея
tank ~ резервуарный парк

bauxite боксит, алюминиевая руда
BDO фирм. назв. смесь бентонита с дизельным топливом, применяемая для временной изоляции поглощающих интервалов
beacon маяк; радиомаяк; бакен; буй
marker ~ маркерный радиомаяк
riser angle ~ маяк угла наклона водоотделяющей колонны
bead 1. св. валик; металл, наплавленный за один проход; узкий шов || наплавлять валик; сваривать узким швом (без поперечных колебаний горелки) 2. св. усиление с обратной стороны шва (при полном проплавлении); контрольный [замыкающий] валик 3. кромка, буртик, закраина, загиб || загибать кромку, отбортовывать, делать буртик 4. шарик; королёк 5. пузырёк газа или воздуха 6. бусина
weld ~ наварной слой; сварной шов
beading 1. загибание кромки; забортовка; обсадка концов 2. развальцовка; чеканка труб 3. наплавка валика
beaker мензурка, мерный стакан, химический стакан
beam 1. луч, пучок лучей 2. балка; брус; перекладина 3. балансир, коромысло 4. излучать, испускать лучи
on the ~ индивидуальная насосная скважина
balance ~ коромысло (весов); балансир
BOP support ~s опорные балки блока превенторов (для подвески блока превенторов перед его спуском к подводному устью скважины)
corner ~ угловая балка (основания вышки)
H-~ двутавровая балка (с широкими полками); двутавровая сталь
I-~ двутавровая балка (с узкими полками)
laser ~ световой луч лазера
load ~s см. spider beams
moon pool ~s см. spider beams
pump ~ коромысло насоса
skid ~ роторный брус
spider ~s спайдерные балки (опорные балки створок буровой шахты)
torsion balance ~ коромысло вариометра
walking ~ балансир насосной установки; балансир станка канатного бурения
water table ~s подкронблочные брусья [балки]
bean штуцер, фонтанный штуцер
~ back снижать производительность скважины путём установки штуцера или регулирования его диаметра
~ up увеличивать производительность скважины путём изменения диаметра штуцера
adjustable ~ регулируемый штуцер
bottom hole flow ~ забойный штуцер
flow ~ фонтанный штуцер
pump-out ~ штуцер для извлечения керна из колонковой трубы давлением промывочной жидкости
bear нести нагрузку; подпирать; поддерживать; выдерживать

bearing 1. подшипник; вкладыш (*подшипника*) 2. опора; опорная поверхность 3. шейка вала, цапфа 4. пеленг, направление по компасу, азимут 5. простирание (*пласта или рудного тела*)
~ of trend направление простирания (*пласта, жилы*)
alignment ~ радиальный [центрирующий] подшипник
antifriction ~ подшипник качения, шариковый [роликовый] подшипник, антифрикционный подшипник
ball-and-roller ~ шарико- и роликовый подшипник
ball thrust ~ шариковый подпятник
base ~ *см.* crankshaft bearing
block ~ опорный подшипник
carbon ~ содержащий углерод
conical ~ конический подшипник
connecting rod ~ подшипник шатуна
crankshaft ~ коренной подшипник
end ~ концевой [крайний] подшипник
end thrust ~ *см.* thrust bearing
fixed ~ неподвижная опора
floating ~ плавающий подшипник (*не закрепленный в осевом положении*)
fluid lubricated ~ подшипник, смазываемый промывочной жидкостью
free ~ шарнирная опора
fulcrum ~ призматическая опора, ножевая опора
guide ~ радиальный [центрирующий] подшипник
head ~ верхний подшипник
journal ~ коренной подшипник, опорный (*или радиальный*) подшипник, подшипник скольжения
knuckle ~ *см.* free bearing
main ~ *см.* crankshaft bearing
oil ~ нефтеносный
ore ~ рудоносный, рудосодержащий
pivoted ~ самоустанавливающийся подшипник
plain ~ подшипник скольжения; подшипник без вкладышей
radial ~ опорный [радиальный] подшипник
reverse ~ обратное визирование
ring-oil ~ подшипник с кольцевой смазкой
roller ~ роликовый подшипник
roller stop ~ роликовый упорный подшипник, подпятник
rolling ~ подшипник качения
sealed ~s герметизированные опоры (*долота*)
self-aligning ~ самоустанавливающийся подшипник
sleeve ~ подшипник скольжения; опора скольжения (*долота*)
spherical ~ сферический подшипник
throw ~ шейка кривошипа
thrust ~ упорный подшипник, подпятник
water ~ водоносный (*пласт, порода, горизонт*), содержащий воду

beat 1. насосные скважины, обслуживаемые одним оператором 2. биение (*вала*), пульсация; колебание 3. удар; толчок ‖ ударять; бить; отбивать 4. выход жилы или пласта на поверхность ‖ отбивать руду, породу

Beaver Dam *фирм. назв.* крупномолотый гильсонит (*нейтральный наполнитель для борьбы с поглощением бурового раствора*)

becket кольцо; крючок; строп; обойма; грузоподъемное устройство

becky верхняя серьга талевого блока

bed 1. станина; рама 2. основание; постель (*под фундаментом*) 3. фундамент; плита 4. слой, пласт 4. залежь 5. русло, ложе 6. стенд, установка для проведения испытаний 7. ставить на основание; укладывать, устанавливать 8. заделывать 9. прирабатывать
~s of precipitation *геол.* хемогенные отложения
~ of the truck платформа грузовика
boulder ~ галечник
brea ~s кировые отложения
capping ~ порода, покрывающая нефтяную залежь
carrier ~ пласт-проводник; пласт, по которому возможно движение нефти
commercial ~ пригодный для разработки пласт
confining ~ ограничивающий слой
contorted ~ смятый, складчатый слой
engine ~ станина двигателя
expanding ~ пласт с увеличивающейся мощностью
filter ~ фильтрующий слой
fixed ~ неподвижная насадка; неподвижный слой
impermeable ~ непроницаемый пласт
intercalated ~s включенные или промежуточные пласты [прослои, пропластки]
key ~ 1. опорный горизонт, маркирующий горизонт 2. шпоночная канавка
marker ~ *геол.* маркирующий горизонт
overturned ~ *геол.* опрокинутый пласт
packed ~ плотный слой; насадка
pay ~ промышленный пласт
recent ~s современные отложения
red ~ глинистый красный песчаник; красноцветные отложения
reservoir ~s пласты-коллекторы
river ~ русло [ложе] реки
source ~ нефтематеринская порода
terrestrial ~s континентальные отложения
thick ~ мощный пласт
thin ~ тонкий [маломощный] пласт
underlying ~ *геол.* ложе, подстилающий пласт
water bearing ~ водоносный пласт

bedded 1. слоистый, пластовый; правильно залегающий (*в порядке напластования*); напластованный 2. приработавшийся; пригнанный; пришлифованный

bedding 1. *геол.* напластование, наслоение; залегание 2. фундамент, основание 3. притирка; приработка; пришлифовка
cradle ~ опора трубы (*в виде подушки*)
cross ~ *геол.* поперечное напластование; угловое несогласие пластов; косая слоистость
discordant ~ *геол.* несогласное напластование
false ~ *геол.* диагональное напластование, косое напластование; неправильное [ложное] напластование
graded ~ *геол.* сортированная слоистость
irregular ~ *см.* discordant bedding
laminar ~ *геол.* слоистое залегание
oblique ~ *геол.* наклонное наслоение, наклонная слоистость
original ~ первичное напластование
regular ~ *геол.* согласное, параллельное или правильное напластование

bedplate фундаментная плита, рама или станина; опорная плита; подушка; цоколь

bedrock коренная порода; подстилающая порода; постель [почва] залежи
underlying ~ *геол.* подстилающая коренная порода, подошва

Beet Pulp *фирм. назв.* свекольная стружка (*отходы свеклосахарного производства — жом, нейтральный наполнитель для борьбы с поглощением бурового раствора*)

behavior работа; поведение (*системы*); режим (*работы, пласта*); характер (*движения жидкости*)
~ of well состояние [поведение] скважины
coking ~ коксуемость (*нефти*)
corrosion ~ коррозионные свойства или характеристики
gas cap ~ состояние газовой шапки
phase ~ фазовое поведение
reservoir ~ поведение пласта
single-phase ~ однофазное состояние
thermal ~ термическая характеристика

beidellite *мин.* бейделлит

bell 1. колокол, раструб; диффузор; конус 2. куполообразное включение в кровле, нависшая порода, купол 3. звонок
box ~ ловильный колокол
floating ~ колокол мокрого газгольдера
gas ~ *см.* gas-holder bell
gas-holder ~ колокол газгольдера
personnel transfer ~ колокол для транспортировки людей (*к подводному устьевому оборудованию*)

Bella-Seal *фирм. назв.* мелко расщепленная древесная стружка (*нейтральный наполнитель для борьбы с поглощением бурового раствора*)

belled уширенный, расширенный, имеющий раструб

bellied *геол.* вспученный

bellows 1. сильфон; гармониковая мембрана, гофрированная мембрана; гофрированная трубка 2. пневматический амортизатор; пневматическая опора 3. мембранная коробка 4. мехи
expansion ~ сильфонный компенсатор (*для трубопроводов*)

belly раздутие [утолщение] пласта
possum ~ отстойник перед виброситом

bellying выпуклость; выпучивание; утолщение; расширение

belt 1. ремень, приводной ремень; лента; пояс; бандаж 2. зона, географический пояс 3. связь; звено 4. узкий пролив
~ of weathering *геол.* пояс [зона] выветривания
chain ~ цепная передача; цепной привод; трансмиссионная цепь
disturbed ~ пояс [зона] дислокаций
driving ~ приводной ремень
foothill ~ пояс предгорий, предгорье
rubber ~ резиновый ремень
safety ~ предохранительный пояс для верхового рабочего; спасательный пояс

belting 1. ременная передача, приводной ремень 2. бельтинг (*прорезиненная ткань для ремней*) 3. ремни
angular ~ приводные ремни клиновидного сечения
leather ~ кожаные ремни

Ben-Ex *фирм. назв.* полиакрилат натрия (*флокулянт и диспергатор глин*)

bench 1. верстак; станок ‖ верстачный, настольный 2. скамья 3. уступ; берма 4. стенд 5. слой, пачка (*пласта*) 6. *геол.* речная или озерная терраса; береговая платформа
laboratory ~ лабораторный стенд, испытательный стенд
offshore ~ береговая платформа

bend 1. изгиб, сгиб, загиб ‖ изгибать, сгибать 2. колено; поворот; отвод 3. изогнутая часть трубы, петлевой компенсатор 4. излучина
~ of strata перегиб пластов
angle ~ угловой фитинг
cross-over ~ фитинг; перекрестная дужка
double ~ двойное колено; двойной изгиб
easy ~ полуотвод
elbow ~ угольник; изгиб под прямым углом; прямое колено, прямой отвод
expansion ~ изгиб для температурной компенсации; компенсатор расширения
half normal ~ полуотвод (*угол сгиба 135°*)
normal ~ отвод; колено трубы с углом 90°
pipe ~ колено [отвод] трубопровода
return ~ U-образное колено; ретурбенд
saddle ~ *геол.* перегиб свода складки, флексурное седло
saturation ~ изгиб кривой насыщения
T- ~ тройник, трехходовой фитинг, трехходовая деталь
U- ~ U-образное колено; U-образный изгиб; сифон; ретурбенд
upper ~ *геол.* седло, перегиб свода

bender гибочная машина; гибочный пресс

bending 1. изгиб, кривизна 2. изгибание; сгибание; искривление
~ due to axial compression продольный изгиб
cross ~ поперечный изгиб
pipe ~ сгибание труб
bend-over изгиб, загиб
Bengum *фирм. назв.* смесь порошкообразного битума с дизельным топливом, используемая для борьбы с поглощением бурового раствора
bent 1. изогнутый, кривой, гнутый; коленчатый 2. осадка [прогибание] кровли выработки 3. склон, откос
cold ~ изогнутый в холодном состоянии
hot ~ изогнутый в горячем состоянии
inward ~ изогнутый внутрь
Bentobloc *фирм. назв.* отверждаемый компаунд для ликвидации поглощений всех типов буровых растворов
bentonite бентонит — высокопластичная высококоллоидная глина, состоящая в основном из монтмориллонитовых минералов (*используется как добавка к глинистым буровым растворам для улучшения их коллоидальности*)
beneficiated ~ модифицированный бентонитовый глинопорошок для приготовления буровых растворов
coarse ~ грубоизмельчённая бентонитовая глина
benzene бензол
bergmeal горная мука, инфузорная земля, трепел, диатомит
bevel 1. скос; заострение; уклон, наклон; обрез, фаска || скашивать; снимать фаску 2. конус || конусный
clutch ~ конус муфты сцепления
single ~ односторонний скос кромки
bevelled 1. со скошенной кромкой; со снятой фаской || скошенный 2. конический, конусный
bevelling скашивание кромки; разделка кромок; срезывание
Bex *фирм. назв.* полимерный безглинистый буровой раствор
B-Free *фирм. назв.* жидкость для установки ванн с целью освобождения прихваченных труб
bias 1. склон, уклон, покатость || склонять, наклонять 2. смещение 3. нарушение равновесия
biaxial двухосный
bicarb двууглекислый натрий, бикарбонат натрия ($NaHCO_3$)
Bicarb *фирм. назв.* бикарбонат натрия, двууглекислый натрий ($NaHCO_3$) (*используется для удаления ионов кальция из бурового раствора*)
bicarbonate кислая соль угольной кислоты, углекислая соль, бикарбонат
~ of soda бикарбонат натрия, двууглекислый натрий (*используется для удаления ионов кальция из бурового раствора*)
calcium ~ кислый углекислый кальций, двууглекислый кальций, бикарбонат кальция ($CaCO_3$)
sodium ~ двууглекислый натрий, бикарбонат натрия
bid заявка, предложенная цена на торгах
bidder подрядчик, выступающий на торгах
bidding заявка на получение подряда
Big Bertha 1. цепной ключ большого размера с короткими ручками 2. перфоратор большого размера для простреливания отверстий в трубах
bilateral двусторонний, двунаправленный
bill счёт
~ of lading транспортный документ, накладная, коносамент
billion миллиард (*тысяча миллионов — во всех странах за исключением Англии, где биллион равен миллиону миллионов*)
bin бункер; ларь; ящик; ковш; резервуар; камера
feed ~ загрузочный бункер; расходный бункер; питательный бункер
bind 1. скрепление; соединительная деталь; связь || скреплять; связывать 2. заедать, защемлять; застревать 3. затвердевать
~ up связывать; закупоривать; засорять
binder 1. связующее вещество или раствор 2. зажим 3. связывающая деталь 4. хомут, распорка, поперечина, связь; бандаж; связка 5. запирающая [стопорная] рукоятка, зажимная [фиксирующая] рукоятка 6. крышка подшипника
hydraulic ~ гидравлическое вяжущее вещество
binding 1. скрепление, соединение; связь || связующий 2. обвязка, обшивка, бандаж 3. сращивание проводов 4. заедание; защемление || заедающий; защемляющий 5. вяжущий; цементирующий
biocide бактерицид
biogenic биогенный, органический
Biotrol *фирм. назв.* жидкий бактерицид для буровых растворов на водной основе
bipolar *матем.* биполярный, дву(х)полярный; двухполюсный
bit 1. долото, головка бура, буровая коронка 2. сверло; перка; зенковка 3. кусочек; отрезок; частица 4. лезвие; режущая кромка 5. *выч.* двоичная единица информации, бит; знак в двоичной системе (*1 или 0*)
~ weight per unit area удельная нагрузка на долото
all-purpose ~ универсальное долото со сменной головкой
auger ~ сверло, шнековый бур
balanced ~ центрированное долото
basket ~ долото с воронкой в верхней части для выноса образцов породы; зубчатая коронка-паук
blank ~ короночное кольцо (*без матрицы с алмазами*); долото, подготовленное к заправке алмазами

blunt ~ тупое долото
bore ~ 1. долото, лопастное долото, коронка (*для бурения*) 2. режущая кромка бура, головка бура
boring ~ бур, буровой резец
box type ~ корпусное долото
button ~ штыревое долото (*с округлыми вставками из карбида вольфрама*)
cable tool ~ долото для ударно-канатного бурения
carbide type ~ штыревое долото (*с округлыми вставками из карбида вольфрама*)
center ~ центровое долото
center-hole ~ головка бура с промывочным отверстием в центре
chert ~ специальное долото для бурения в кремнистых породах
clean-out ~ инструмент для чистки забоя
collapsible ~ раздвижное долото
combination pilot, drilling and reaming ~ комбинированное долото, состоящее из трех частей: направляющей, бурящей и расширяющей
concave ~ долото с вогнутой рабочей поверхностью
cone rock ~ шарошечное долото
core ~ колонковое долото, колонковый бур
cross ~ крестообразное долото
cross roller rock ~ шарошечное долото с расположением шарошек в двух взаимно перпендикулярных направлениях
cross section cone ~ крестообразное шарошечное долото
deflecting ~ отклоняющее долото
demountable ~ разборное долото
diamond ~ алмазное долото, алмазная буровая коронка; пикообразное долото
diamond point ~ остроконечное долото; пикообразное долото
disk ~ дисковое долото
double taper ~ коронка головки бура с двойным уклоном перьев
drag ~ долото режущего типа, лопастное долото
dress ~ оправочное долото (*для работ по исправлению обсадной колонны*)
drill ~ буровая головка, буровая коронка
drilling ~ буровое долото
dull ~ сработанное долото
eccentric ~ эксцентричное долото
expansion ~ универсальное долото (*с переменным диаметром*)
face-discharge буровая коронка с каналами для вывода промывочной жидкости на торец
fish tail ~ двухлопастное долото («*рыбий хвост*», РХ)
four point ~ крестообразное долото, крестовое долото
four roller ~ четырехшарошечное долото
four-way ~ четырехлопастное долото
four-wing ~ *см.* four-way bit

full gauge deflecting ~ полноразмерное отклоняющее долото
hard faced ~ долото, наваренное твердым сплавом
hard formation ~ долото для крепких пород
hollow ~ колонковый бур, колонковое долото
Hughes ~ долото фирмы «Хьюз Тул Ко»
hydraulic HP ~ гидравлическая мощность, подводимая к долоту
impact action ~ долото ударного действия
insert ~ штыревое долото
gumbo ~ долото для бурения в вязких глинах
jet ~ струйное [гидромониторное] долото, долото с нижней промывкой
jet nozzled rock ~ *см.* jet bit
junk ~ торцевая фреза
long toothed ~ долото с длинными зубьями
off-balance ~ *см.* eccentric bit
opening ~ оправочное долото (*для исправления труб*)
paraffin ~ скребок для очистки труб в скважине от парафина
pilot ~ пилотное долото, направляющее долото
pilot reaming ~ пилотное долото с расширителем
reamer ~ проверочное долото
reaming ~ *см.* reamer bit
redrill ~ долото-расширитель (*в ударном бурении*); долото для перебуривания скважин
Reed roller ~ шарошечное долото фирмы «Рид Тул Ко» (*с крестообразным расположением шарошек*)
rock ~ 1. шарошечное долото; долото для твердых пород; головка бура для бурения по твердым породам 2. съемная головка бура
roller ~ шарошечное долото
rolling cutter rock ~ *см.* roller bit
rotary ~ 1. долото для вращательного бурения 2. сверло 3. шестиугольная головка бура, звездчатая головка бура
side-tracking ~ долото для ухода в сторону (*при забуривании нового ствола*)
three-roller ~ трехшарошечное долото
three-way ~ трехлопастное долото
three-winged ~ *см.* three-way bit
tricone ~ *см.* three-roller bit
trigger ~ колонковое долото с керноpвателем; долото с защелкой [собачкой] при замерах кривизны
tungsten insert ~ долото со вставными штырями из карбида вольфрама
twin-cone ~ *см.* two-cone bit
two-cone ~ двухшарошечное долото
two roller ~ *см.* two-cone bit
two-way ~ *см.* fish tale bit
underreaming ~ эксцентричное долото канатного бурения для расширения ствола скважины
used ~ отработанная [затупленная] коронка (*или долото*)

windged scraping ~ *см.* drag bit
wire line ~ бросовое долото, поднимаемое (*по окончании бурения*) на канате
wire line core ~ долото со съемной грунтоноской
Zublin ~ долото Зублина
Zublin differential ~ дифференциальное долото Зублина для проходки глинистых сланцев

bitch 1. ловильный инструмент 2. прямоугольная скоба

bite 1. зажатие; захватывание ‖ зажимать; захватывать 2. травление; разъедание ‖ травить; разъедать

Bitlube *фирм. назв.* смазывающая добавка для всех типов водных буровых растворов для условий высоких давлений

Bitlube III *фирм. назв.* смазывающая добавка для буровых растворов на пресноводной основе

bitumastic битумная мастика

bitumen битум, горная смола; асфальт

asphaltic ~ битум

bituminiferous битуминозный

bituminous битуминозный, битумный

Back Magic *фирм. назв.* концентрат для приготовления буровых растворов на углеводородной основе

Black Magic Premix *фирм. назв.* концентрат для приготовления неутяжеленных буровых растворов на углеводородной основе

Black Magic SPF *фирм. назв.* жидкость для установки ванн с целью освобождения прихваченных бурильных труб

Black Magic Supermix *фирм. назв.* концентрат для приготовления буровых растворов на углеводородной основе для высокотемпературных скважин

Black Magic Universal *фирм. назв.* концентрат для приготовления буровых растворов на углеводородной основе в условиях буровой

blacksmith кузнец

blade 1. лезвие 2. лопасть долота 3. крыло вентилятора 4. лопатка турбины 5. контактный рычажок, лапка переключателя или коммутатора 6. перо руля или стрелки
cutting ~ режущее лезвие долота
four ~ четырехперый (*о режущем инструменте*), четырехлопастное (*долото*)
lead ~ направляющая лопасть (*долота*)
profile ~ профилированная лопатка (*турбины*)

bladder вкладыш гидроциклона

bladed снабженный лопатками

blae 1. твердый песчаник 2. глинистый сланец
shaly ~ нефтеносный сланец

blaize твердый песчаник

blank 1. пустой; бесцветный; чистый 2. глухой (*напр. фланец*); сплошной (*напр. участок колонны*) 3. *хим.* слепой опыт 4. болванка; заготовка
~ off 1. выключить часть трубопровода вставкой глухих фланцев; перекрыть заглушкой, заглушить, закрыть пробкой (*канал, трубопровод, отверстие*) 2. обсадить пласт сплошными трубами

blanket 1. покрытие, поверхностный слой, защитный слой 2. *геол.* отложение, пласт, слой; покров; нанос
water ~ вода, закачиваемая в скважину для увеличения противодавления на пласт

Blanose *фирм. назв.* натриевая карбоксиметилцеллюлоза

blast 1. дутье; форсированная тяга ‖ дуть, продувать; вздувать 2. вентилятор, воздуходувка 3. взрыв ‖ взрывать, подрывать 4. подрывной заряд 5. пескоструйный аппарат; дробеструйный аппарат
air ~ 1. воздуходувка 2. взрывная воздушная волна 3. воздушная струя; дутье
sand ~ пескоструйная очистка

blaster 1. пескоструйный аппарат; дробеструйный аппарат 2. взрывник; взрыватель

blasting 1. дутье, продувка 2. пескоструйная очистка; дробеструйная обработка 3. подрывные или взрывные работы 4. торпедирование скважины
air ~ обдувка или продувка сжатым воздухом
flame ~ (газо)пламенная очистка
grift ~ *см.* shot blasting
sand ~ пескоструйная очистка
shot ~ дробеструйная обработка

blast-proof взрывостойкий; взрывоопасный; выдерживающий давление взрыва

bleed 1. продувать (*паровой цилиндр*); спускать воду, выпускать воздух, опорожнять резервуар; выделять жидкость или газ (*из пласта*) 2. сливное отверстие; слив; отсос
~ a well down 1. вытеснить нефть из скважины 2. закачать кислоту в скважину для воздействия на породу
~ off снизить давление в скважине открытием задвижки; выпустить конденсат из воздухо- или газопровода; выпустить отстоявшуюся воду или грязь из резервуара

bleeder 1. предохранительный клапан (*газопровода*) 2. спускной кран 3. *эл.* делитель напряжения 4. *эл.* гасящее сопротивление

bleeding 1. выпуск воды и грязи через нижнюю задвижку нефтяного резервуара 2. спуск жидкости; выпуск пара 3. выступание цементного молока (*на поверхности бетона*)
tank ~ спуск воды и грязи из резервуара

blend 1. смесь 2. смешение ‖ смешивать(ся), составлять смесь

blended смешанный; составной, сложный

blender смеситель; мешалка
batch ~ смеситель периодического действия
sand-oil ~ пескосмеситель (*при гидравлическом разрыве пласта*)

blending 1. смешивание, смешение 2. введение добавок
pipeline ~ смешение нефтепродуктов при перекачке по трубопроводу

blind 1. слепой, не выходящий на дневную поверхность; потайной 2. пробка, заглушка (*для трубы*) 3. бурить без выхода бурового раствора на поверхность (*при полном поглощении*) 4. тупик 5. сплошной, глухой 6. ширма; экран; штора; жалюзи

blister 1. раковина; пора; пузырь (*в металле*) ‖ образовывать раковины или пузыри 2. плена; окалина

block 1. блок, шкив; полиспаст, тали 2. колодка; чурбан; брусок 3. *геол.* глыба, массив, сплошная масса; целик 4. пробка; препятствие, преграда, заграждение ‖ преграждать, препятствовать, заграждать 5. *геол.* тектонический блок 6. узел, блок (*прибора или аппарата*) 7. *pl* блочной конструкции, смонтированный из блоков

~ and falls таль, полиспаст
~ and tackle полиспаст; система двух или нескольких блоков, соединенных канатом
in ~s блочная конструкция; смонтированный в блоки
~ a line заглушить трубопровод
~ off изолировать, перекрыть (*обрушающиеся, поглощающие или водоносные горизонты трубами или цементом*); изолировать (*подземную горную выработку устройством перегородки*); оградить (*опасные места*)
backing ~ упорная колодка
bearing ~ основание подшипника
brake ~ тормозная колодка, тормозной башмак
casing ~ талевый блок
chain ~ тали, подъемный цепной блок
crown ~ кронблок
double ~ двойной блок
friction ~ фрикционная колодка (*тормоза*)
hoisting ~ подвижный (*талевый*) подъемный блок, нижний блок полиспаста
impression ~ печать для определения положения инструмента, оставшегося в скважине
in-line crown ~ одновальный кронблок
load sharing ~ амортизатор
mono-steel ~ стальной моноблок, стальной одиночный [одинарный] блок
pulley ~ полиспаст, тали, сложный блок; многороликовый блок
roller ~ роликовый башмак
running ~ *см.* travelling block
snatch ~ блочок для изменения направления каната
tackle ~ *см.* travelling block
three-fold ~ трехшкивный блок (*полиспаст*)
travelling ~ талевый блок
water ~ внезапное прекращение поступления промывочной жидкости на забой (*во время бурения*)

blockage закупоривание; засорение; загромождение; блокирование; образование пробки (*в трубе*)

blocked 1. блокированный, заблокированный; закрытый 2. заторможенный

blocking 1. блокирование; блокировка; запирание; загораживание; перегораживание 2. система блоков, полиспаст, тали
water ~ образование водного барьера

block-squeeze изоляция горизонта затрубным тампонажем под давлением

bloodstone гематит, красный железняк, гелиотроп, кровавик (Fe_2O_3)

bloom 1. крупная заготовка; стальная болванка 2. флуоресценция (*нефтепродуктов*)
oil ~ флуоресценция нефти

blotting отсос, осушка

blow 1. удар; толчок 2. взрыв 3. дутье, продувка; обдувка ‖ дуть, продувать; подавать [нагнетать] воздух 4. внезапный выброс, фонтан (*из скважины*) 5. перегорать, плавиться, сгорать (*о предохранителе*)
~ a well clean продуть скважину, законченную бурением
~ itself into water выброс соленой воды (*о скважине, ранее дававшей нефть*)
~ down продуть; спустить (*воду*); выдувать; выпускать (*воздух*)
~ in фонтанировать
~ off продуть (*паровую машину, котел*), выпустить (*газ, пар*), спустить (*воду*)
~ out выбрасывать (*о скважине*)
~ up взрывать, взорвать ‖ взрыв; выброс
impact ~ динамический удар
impulsive ~ *см.* impact blow

blow-by прорыв [просачивание] газов

blower 1. вентилятор, воздуходувка; нагнетатель 2. эжектор 3. фонтанная скважина
cleansing ~ *см.* sand blower
sand ~ пескоструйный аппарат

blowing 1. фонтанирование, внезапный выброс 2. подача, нагнетание (*воздуха*) 3. утечка, просачивание (*газа, пара*) 4. перегорание (*предохранителя*)
~ down продувка (*котла*)
~ in wild открытое фонтанирование (*скважины*)

blowout 1. начать фонтанировать (*о скважине*) ‖ выброс (*из скважины*) 2. разрыв 3. *горн.* выклинивание 4. искрогаситель, дугогаситель
shallow ~ выброс с небольшой глубины

blow-test испытание на удар

blunt затуплять, тупить ‖ тупой; тупоносый; округленный

BM-Nite *фирм. назв.* хромлигнит

board 1. правление, управление; совет; коллегия; департамент; министерство 2. щит; пульт, табло 3. коммутатор
access ~ помост, мостки
belly ~ площадка в буровой вышке на половине расстояния от пола до полатей верхового
casing stabbing ~ стойка для направления обсадной трубы (*при наращивании обсадной колонны*)

control ~ контрольный щит, пульт управления
finger ~ палец на верхних полатях буровой
gauge ~ щит с измерительными приборами
instrument ~ распределительная доска, щит управления, станция управления
notice ~ доска для объявлений; предупреждающая надпись
press-button ~ пульт кнопочного управления
remotely controlled finger ~ дистанционно управляемый палец (*для расстановки свечей бурильной колонны*)
riffle ~ ловушка (*на трубопроводе*)
rod ~ хомут (*вышки*)
warning ~ предупреждающая надпись
boat лодка; судно
bulk ~ нефтеналивная баржа
core ~ изыскательское судно (*для отбора керна с морского дна или бурения изыскательских скважин*)
bob 1. отвес, груз отвеса 2. балансир (*насоса или двигателя*) 3. маятник ‖ качаться, раскачиваться
balance ~ уравновешивающий рычаг, балансир, рычаг с противовесом
plumb ~ ватерпас; отвес, лот, грузило

bob-tail 1. инструмент для ударно-канатного бурения, применяемый для вскрытия пласта в скважине, пробуренной вращательным способом 2. *разг.* грузовик, оборудованный подъемной стрелой и лебедкой
bob-weight противовес

body 1. тело; корпус, станина 2. кузов, остов 3. консистенция (*смазочного материала*)
bit ~ корпус долота
casing hanger ~ корпус подвесной головки обсадной колонны
foreign ~ примесь, постороннее [инородное] тело
engine ~ корпус двигателя
mud ~ структура глинистого раствора
ore ~ рудное тело, массивное месторождение
piston ~ корпус поршня
sealing cup ~ корпус манжетного уплотнения крепления (*глубинного насоса*)
twin pin ~ двухниппельный переводник
wellhead ~ корпус устья, корпус устьевой головки (*толстостенная втулка, закрепляемая на конце направления, кондуктора или промежуточной колонны и служащая для соединения с устьевым оборудованием, а также подвески и обвязки в ней обсадных колонн*)
boil кипение, закипание ‖ кипеть; кипятить; выпаривать
~ down сгущать(ся), выпаривать(ся)
boiler 1. (*паровой*) котел 2. кипятильник; испаритель; бойлер
upright tubular ~ вертикальный трубчатый котел
water tube ~ водотрубный котел

boiling 1. кипение, кипячение 2. бурное газообразование
bolster 1. брус, поперечина 2. подбалка; подушка 3. втулка, шейка 4. буфер 5. обшивка; набивка
bolt 1. болт; стержень; палец; ось; шкворень; шпилька ‖ скреплять [прикреплять] болтами; крепить шпильками 2. засов; задвижка; запор ‖ запирать на засов 3. грохот; решето, сито ‖ рассеивать на ситах; просеивать сквозь сито
adjuster ~ натяжной болт; регулирующий болт, установочный болт
anchor ~ анкерный [фундаментный] болт
bearing ~ подшипниковый болт
bonnet ~ болт для крепления крышки
cap ~ болт крышки (*подшипника*)
clamping ~ стяжной [зажимной] болт
coupling ~ стяжной [соединительный] болт; винтовая стяжка
double-end ~ болт с нарезкой на обоих концах; шпилька
eye ~ болт с ушком на одном конце и резьбой на другом, болт с кольцом, болт с рымом
foundation ~ фундаментный [анкерный] болт
jag ~ анкерный (*зазершенный*) болт
locking ~ 1. резьбовая пробка, пробка на резьбе 2. индикаторный болт
nut ~ болт с гайкой
packing ~ нажимной болт сальника
patch ~ аварийный или ремонтный болт
pivoted ~ откидной болт
rag ~ *см.* jag bolt
screw ~ болт, нормальный болт
set ~ установочный [стопорный] болт
tension ~ стяжной болт
U- ~ U-образный болт; скоба
bolted скрепленный [прикрепленный] болтами; привинченный
bomb бомба (*сосуд высокого давления для лабораторных испытаний*)
bottom hole pressure ~ бомба для измерения забойного давления
rocking ~ качающаяся бомба (*для лабораторных испытаний*)
time ~ бомба с часовым механизмом для торпедирования
bond 1. связь; соединение; сцепление ‖ связывать; соединять; сцеплять 2. связка, связующий материал, связующее [цементирующее] вещество
bonded связанный; соединенный; сцепленный
bonding связь; соединение, сцепление; крепление
bonnet колпак; крышка; покрышка; кожух, капот (*двигателя*)
preventer ~ крышка превентора
pump ~ крышка насоса
bonus премия ‖ премирование
book:

3- Булатов А. И., Пальчиков В. В.

log ~ буровой журнал
reference ~ справочник
booklet:
~ of operating conditions рабочий журнал (*на буровом судне или плавучей полупогружной буровой платформе для записи условий работы за буровой цикл*).
 boom 1. стрела, вылет (*крана, экскаватора*) 2. промышленный подъём, бум
oil ~ нефтезадерживающий бон
retractable unloading ~ убирающаяся стрела для отгрузки (*при беспричальном наливе*)
 boom-cat трактор со стрелой, трубоукладчик
 boost 1. усиление; увеличение; повышение; форсаж || усиливать; увеличивать; повышать 2. наддув, повышение давления; форсирование (*двигателя*)
pressure ~ увеличение напора, рост давления
 booster 1. усилитель; бустер; сервомеханизм; вспомогательный двигатель; вспомогательное средство 2. гидроусилитель 3. вольтодобавочное устройство, вольтодобавочный трансформатор
 boosting 1. наддув; усиление; форсирование; стимулирование 2. добавочный, вспомогательный
 BOP *см.* blowout preventer
cartridge type ~ противовыбросовое оборудование, устанавливаемое на тележке; блок превенторов тележечного типа
spherical ~ противовыбросовый превентор со сферическим уплотнительным элементом
 borate соль борной кислоты, борат
barium ~ борнокислый барий, борат бария
 border граница, рубеж; край, кромка; борт || граничить; окаймлять
 borderland *геол.* бордерленд (*невысокий порог, отделяющий геосинклиналь от океана*), окраинная зона
 bore 1. бур || бурить (*вращательным способом*) 2. скважина, ствол скважины 3. диаметр (*цилиндра двигателя или насоса*) 4. расточенное отверстие; высверленное отверстие || растачивать; сверлить 5. проходное отверстие; диаметр в свету
~ out 1. выбуривать 2. растачивать отверстие
crank ~ отверстие большой головки шатуна
full ~ свободное проходное сечение (*скважины*)
pipe ~ внутренний диаметр трубы
shank ~ внутренняя полость
well ~ 1. ствол скважины 2. диаметр скважины
wind ~ всасывающая труба насоса
 borehole буровая скважина; ствол скважины
prospecting ~ поисковая скважина
 borer 1. бурильщик 2. бур, забурник 3. перфоратор
well ~ 1. буровой станок 2. бур 3. бурильщик
 boring 1. бурение 2. сверление 3. буровая скважина; шпур 4. отверстие 5. буровой, бурильный
~ for gas бурение на газ
~ for oil бурение на нефть

~ for water бурение на воду
~ with line канатное бурение
rotary ~ вращательное бурение
shot ~ вращательное дробовое бурение
test ~ разведочное бурение
trial ~ *см.* test boring
well ~ бурение скважин
 bort борт (*мелкий нечистый технический алмаз*); чёрный алмаз (*применяющийся для бурения*); алмазные осколки
 boss 1. бобышка, утолщение, выступ, прилив; выпуклость; лапка; упор; распорка 2. втулка колеса; ступица колеса 3. *геол.* купол, шток
manual override ~ прилив для ручного отцепления (*дистанционно управляемой муфты в случае отказа системы управления*)
nozzle ~ прилив [«бобышка»] под промывочное сопло
 bossed с насечкой; выпуклый, с выпуклостью
 bottle бутылка, бутыль, колба; склянка; флакон; баллон || разливать в склянки [бутылки, колбы]; закупоривать в склянках [бутылках, колбах]
acid ~ пробирка для плавиковой кислоты (*для замера угла искривления скважины*)
density ~ пикнометр
gas sample ~ ёмкость для отбора проб газа
gravity ~ *см.* density bottle
specific gravity ~ *см.* density bottle

 bottled содержащийся [закупоренный] в склянке; разлитый в склянки
 bottle-neck узкое место; узкий проход
 bottletight герметически закрытый

 bottom 1. забой (*скважины*), плоскость забоя 2. опустить (*долото на забой*) 3. закончить (*бурение скважины*) 4. нижний клапан песочного насоса 5. подошва пласта 6. добурить до подошвы 7. дно, днище 8. *pl* донные осадки
~ of oil horizon подошва нефтеносного горизонта
~ of the groove основание канавки (*резьбы*)
bore-hole ~ конечная глубина; забой буровой скважины или шпура
«fanned» ~ разгруженный забой (*снижение нагрузки на долото*)
flat ~ плоское днище
floating ~ 1. плавающий колокол 2. плавающее днище
lower hull ~ днище нижнего корпуса (*полупогружного бурового основания*)
plugged back total ~ глубина скважины после трамбования забоя
thread ~ основание резьбы

 bottomed at ... пробуренная до глубины ... (*о скважине*)
 bottom-set *геол.* подстилающий слой
 boulder валун; булыжный камень; галька
 bounce 1. пружинить, колебаться в продоль-

ном направлении 2. способ ударно-канатного бурения

bouncing вертикальные колебания, подпрыгивание долота в результате вибрации бурильных труб; подскакивание

bound 1. граница; межа; линия раздела; предел ‖ граничить; ограничивать ‖ граничащий; ограниченный 2. связанный; скрепленный 3. прыжок, скачок ‖ прыгать, скакать ‖ прыгающий, скачущий
sludge ~ зашламованный, забитый шламом
water ~ ограниченный водой

boundary граничная поверхность; граница; предел, порог; линия раздела; поверхность раздела ‖ граничный; пограничный
external ~ at infinity внешняя граница бесконечного пласта
external ~ of reservoir внешние границы пласта; контур питания пласта
closed ~ отсутствие притока на контуре питания (замкнутая залежь)
drainage ~ контур области дренирования
electrical ~ распределение электрических потенциалов
oil-water ~ граница водонефтяного контакта
outflow ~ выходная граница (керна); граничный эффект на выходе из образца
phase ~ граница фаз ‖ межфазный
reservoir ~ контур пласта

bowl 1. воронка для направления ловильных инструментов 2. переходная муфта 3. конусный вкладыш 4. ротор (центрифуги) 5. поплавковая камера
adapter ~ переходная втулка, используемая как переходник между двумя подвесными головками обсадных колонн
casing ~ 1. шлипс с промывкой 2. колокол [воронка] для ловли обсадных труб
pump ~ цилиндр насоса
single-slip casing ~ одинарный трубный шлипс с промывкой
slip socket ~ направляющая воронка для шлипса

box 1. замковая муфта, муфта соединительного замка; соединение с внутренней замковой резьбой 2. коробка, ящик; кожух
~ and pin муфтовое [замковое] соединение
~ of tool joint муфта бурильного замка
axle ~ подшипниковая коробка
balance ~ противовес, уравновешивающий груз
bastard ~ нестандартная муфта
batch ~ дозировочный ящик, мерник
bearing ~ подшипник
bull wheel ~ втулка концевого шипа инструментального барабана
condenser ~ ящик конденсатора, холодильника (иногда конденсационный горшок)
control ~ контрольный шкаф
coupling ~ соединительная муфта; втулка муфты

crank ~ шатунный или кривошипный подшипник
dehydration ~ отстойник
dump ~ отстойник; яма для опоражнивания желонки
exhaust ~ глушитель звука, шумоглушитель
fire ~ топка, огневое пространство топки, огневая коробка
gear ~ коробка скоростей, коробка передач; редуктор
grease ~ масленка
junction ~ 1. коллектор (водотрубного котла) 2. соединительная или ответвительная коробка; муфта; клеммная коробка
knock-out ~ газосепаратор, газоотделитель, дегазатор
quick disconnect junction ~ быстроразъемная соединительная коробка
mud ~ приемник для бурового раствора, изливающегося из скважины или из поднимаемых бурильных труб
packing ~ 1. сальник; корпус сальника 2. упаковочный ящик
polished rod stuffing ~ сальник полированного штока
pump ~ стакан насоса; цилиндр насоса
receiving ~ приемник, приемный бак или чан
riser lock ~ замковая муфта водоотделяющей колонны
safety ~ спасательная люлька (буровой)
sand ~ желоб с перегородками для осаждения песка из бурового раствора
screen ~ 1. прибор с набором сит (для сортировки алмазов) 2. вибросито
screw ~ гайка, винтовая стяжка
screw coupling ~ см. screw box
sediment ~ грязевик (в паровом котле); отстойник
sending ~ датчик; извещатель (в системе сигнализации)
sensor signal input ~ блок приема сигналов датчиков (напр. в системе позиционирования бурового судна)
settling ~ отстойная емкость для бурового раствора
sludge ~ отстойный ящик, шламовый ящик
speed ~ см. gear box
tool joint ~ замковая муфта

brace 1. обвязка; оттяжка; скрепление; связь; растяжка, расчалка, распорка, укосина; подкос, крестовина (вышки) ‖ расчаливать; притягивать; скреплять 2. связь жесткости ‖ придавать жесткость 3. pl раскосы вышки
angle ~ угловое крепление; угловая связь; раскос, подкос, диагональная распорка
cable ~s тросовое крепление, канатные оттяжки
circle ~ упор для поддержки бурильного инструмента во время отвинчивания (при канатном бурении)
interior leg ~s внутренние раскосы (вышки)

transverse ~ распорка, поперечная связь

braced 1. расчаленный 2. жесткий; усиленный ребрами

bracing 1. крепление; связь; раскос; поперечина; растяжка, расчалка 2. связь жесткости
~ the bit крепление долота
cross ~ крестовая связь, поперечная связь

bracket кронштейн, консоль, подпорка, опора, подвеска; держатель; выступ
mounting ~ монтажный кронштейн [консоль]

brackish солоноватый (*о воде*)

bradding смятие [сплющивание] зуба шарошки

bradenhead устьевая головка с сальниковым устройством (*для насосно-компрессорных труб*); фонтанная елка

brake тормоз, тормозное устройство ‖ тормозить ‖ тормозной
air ~ воздушный (*или пневматический*) тормоз
air-over-hydraulic ~ пневмогидравлический тормоз
automatic ~ автоматический тормоз
back ~ тормоз инструментального вала (*в канатном бурении*)
band ~ *см.* drum brake
belt ~ *см.* drum brake
block ~ колодочный тормоз
bull wheel ~ тормоз инструментального барабана
deadweight ~ автоматический тормоз (*с противовесом*)
differential ~ дифференциальный тормоз
drag ~ храповой тормоз
drum ~ ленточный тормоз
dynamatic ~ электродинамический тормоз
eddy current ~ тормоз, основанный на действии токов Фуко
electromagnetic ~ электромагнитный тормоз
hoisting drum ~ тормоз подъемного барабана
hydraulic ~ гидравлический тормоз
hydromatic ~ гидродинамический тормоз для буровых установок
inertia ~ инерционный тормоз
jointed ~ ленточный тормоз с деревянными колодками
knee ~ коленчатый (*ленточный*) тормоз
liquid ~ *см.* hydraulic brake
load ~ тормоз (*с грузом*) подъемного механизма
magnetic particle ~ магнитный тормоз с добавкой железного порошка в зазор между стационарным магнитным полем и ротором электромагнитного тормоза
oil ~ *см.* hydraulic brake
pneumatic ~ пневматический тормоз
power ~ 1. мощность или сила торможения 2. механический тормоз
sand ~ тормоз тартального барабана
shoe ~ 1. колодочный тормоз 2. тормозной башмак

water ~ гидравлический тормоз

braked 1. заторможенный 2. снабженный тормозом

braker тормозной, рабочий на тормозе

braking торможение ‖ тормозящий, тормозной
~ to a stop торможение до полной остановки

branch 1. ответвление, отвод; рукав; патрубок; тройник 2. фаза (*многофазной цепи*) 3. *геол.* бедро [крыло, сторона] складки 4. *геол.* ответвление жилы 5. отрасль; филиал
connecting ~ соединительный патрубок; штуцер
fault ~ *геол.* ветвь разлома
flange ~ патрубок с фланцем
pipe ~ патрубок
T- ~ тройник, Т-образная труба

branching 1. отклонение ствола скважины, зарезка бокового ствола 2. разветвление, ответвление ‖ ответвляющийся

brand 1. фабричная марка; товарный знак; клеймо ‖ клеймить; маркировать 2. сорт; качество

braze паять твердым припоем

brazing плавка тугоплавким припоем; пайка твердым припоем, твердая пайка

brea 1. кир, минеральный деготь, минеральная смола; закированный песок 2. выход нефтеносного слоя на поверхность

breach прорыв; пролом, брешь; отверстие ‖ прорывать; проламывать; разламывать

Break *фирм. назв.* пеногаситель для высокоминерализованных буровых растворов

break 1. поломка; обрыв, разрыв; разрушение ‖ ломаться; взламывать; разрушаться; разрываться 2. трещина, брешь 3. разъединитель; выключатель, прерыватель ‖ выключать, отключать 4. *геол.* прослоек 5. *геол.* малый сброс
«~» an emulsion разрушать эмульсию
~ the gel разрушать структуру (*бурового раствора*)
~ down ломаться; сломаться; разрушаться; разрываться; обрываться
~ in приработаться (*напр. при работе каната по ролику*)
~ off разрыв бурильных труб
~ out 1. развинчивать (*трубы, инструмент*), откреплять 2. поднимать буровой снаряд
drilling ~s 1. осколки выбуренной породы 2. ненормальности при проходке; временные перерывы в бурении
fatigue ~ поломка, вызванная усталостью металла
fire ~ заградительная противопожарная перегородка
shot ~ *сейсм.* отметка момента взрыва на записи
time ~ 1. *сейсм.* отметка взрыва 2. отметка времени
torsion ~ разрушение в результате скручивания

upper ~ верхний перерыв (*продуктивной толщи*)

breakable ломкий, хрупкий

breakage перелом; поломка; авария, разрушение; обрыв, разрыв

breakdown 1. авария; поломка; неисправность (*машины, механизма*) 2. разрыв, разрушение; распад 3. *хим.* анализ нефти 4. аварийный 5. разложение на компоненты, классификация

~ of emulsion разрушение эмульсии
fatigue ~ усталостное разрушение
pressure ~ падение давления
rock ~ разрушение горных пород действием долота

breaker 1. выключатель, разъединитель, прерыватель (*тока*) 2. дробилка
bit ~ приспособление для навинчивания и отвинчивания долота
circuit ~ выключатель
core ~ кернорватель
emulsion ~ деэмульгатор, реагент для разложения или разрушения эмульсий
oil circuit ~ масляный выключатель
span ~ распорка

breaking 1. размывание; прерывание 3. обрыв, разрыв; поломка 3. дробление 4. расслоение; распадение 5. излом; трещина 6. предельный, разрушающий (*о нагрузке*)
emulsion ~ разрушение эмульсии, расслоение эмульсии

breaking-out развинчивание (*напр. бурильных замков*)

breakthrough прорыв рабочего агента, подход фронта рабочего агента (*при заводнении или закачке газа в пласт*)
oil bank ~ момент подхода нефтяной зоны к скважине

break-thrust *геол.* надвиг разрыва

breather 1. дыхательный клапан (*резервуара*) 2. респиратор, противогаз; дыхательный аппарат

breathing 1. дыхание || дыхательный 2. вентиляция; выпуск газов

breccia *геол.* брекчия (*обломочная порода*)

bridge 1. мост, мостик || установить мост; соединять мостом 2. хомут, скоба; перегородка; перемычка; сужение || устанавливать перемычку 3. *эл.* параллельное соединение, шунт || шунтировать

~ of the bit крестовина (*многошарошечного долота*)
~ the hole поставить мост в стволе скважины
~ over образование пробки из обвалившейся породы в стволе скважины (*выше забоя*)
conducting ~ шунт, мостик
loading ~ мостовой кран
mud ~ отложения фильтрационной корки в отдельных интервалах ствола скважины
piping ~ трубопроводный мост
sand ~ песчаная перемычка, пробка или мост

bridging 1. перекрывание; заполнение; закупоривание (*пор породы цементным раствором*) 2. *эл.* шунтирование

Brigeheal *фирм. назв.* кальцийлигносульфонаткарбонатный комплекс для обессоливания глин

brine соляной раствор, рапа, насыщенный минеральный раствор (*для разбуривания солей и многолетнемерзлых пород*); рассол (*из скважин*); соленая вода; минерализованная вода
non-freezing ~ незамерзающий солевой раствор
oil-field ~ буровые воды (*соленые*)
return ~ рассол, выходящий из скважины (*при бурении с промывкой солевым раствором в многолетнемерзлых породах*)
salt ~ соляной раствор, раствор соли

Brinefoam *фирм. назв.* вспенивающий агент для бурения с очисткой забоя газообразными агентами

Brine Saver *фирм. назв.* нефтерастворимый понизитель водоотдачи для высокоминерализованных буровых растворов

Brine-S *фирм. назв.* полимерно-лигносульфонатный комплекс (*понизитель водоотдачи для безглинистых буровых растворов*)

bring:
~ in a well 1. добурить скважину до продуктивного пласта 2. ввести скважину в эксплуатацию
~ into action приводить в действие; пускать в ход
~ into production ввести (*скважину*) в эксплуатацию
~ the fire under control локализовать пожар, пламя
~ up gradually постепенно повышать (*напр. температуру или давление*)

Bristex *фирм. назв.* свиная щетина (*нейтральный наполнитель для борьбы с поглощением бурового раствора*)

Bristex Seal *фирм. назв.* смесь свиной щетины и хлопковой корпии (*нейтральный наполнитель для борьбы с поглощением бурового раствора*)

brittle хрупкий, ломкий

brittleness хрупкость, ломкость
acid ~ травильная хрупкость; водородная хрупкость
blue ~ синеломкость
caustic ~ щелочное растрескивание
cold ~ хладноломкость
corroding ~ коррозионная хрупкость; травильная хрупкость
hot ~ красноломкость; горячеломкость
notch ~ хрупкость при надрезе, чувствительность к надрезу
pickle ~ *см.* acid brittleness
red ~ красноломкость
temper ~ хрупкость отпуска

tension ~ хрупкость вследствие внутренних напряжений
work ~ хрупкость, вызванная наклепом
Brixel *фирм. назв.* хромлигносульфонат
broken 1. разбитый; ломаный; разрушенный; оборванный 2. рваный; расщепленный; прерывистый 3. пересеченный (*о местности*)
broken-down сломанный, поврежденный; потерпевший аварию
broken-in приработанный, притертый
broken-up перебитый трещинами, трещиноватый; изрезанный
brush кисть; щетка
wire ~ проволочная щетка
wire thread ~ проволочная щетка для очистки резьбы
wire wheel ~ круглая проволочная щетка
bubble пузырек воздуха или газа в жидкости; раковина (*в металле*)
~ up пузыриться, вскипать; газировать
gas ~ газовый пузырек
Bucal *фирм. назв.* ингибитор неустойчивых глин
bucket 1. ведро, бадья, черпак, ковш 2. стакан воздушного насоса; поршень всасывающего насоса 3. лопатка, лопасть (*турбины*)
mud saver ~ разъемный кожух (*надеваемый на бурильные трубы при развинчивании*)
pump ~ манжета
bucking:
~ the tool joint навинчивание замка на бурильные трубы
buckle 1. скоба, хомут, подвеска; стяжная муфта 2. прогиб; продольный изгиб 3. коробиться, выпучиваться; терять устойчивость при продольном изгибе
buckling продольный изгиб; коробление; выпучивание; искривление; кручение, скручивание

buffalo *разг.* трактор-амфибия (*для прокладки трубопровода в болотистой местности*)
buffer 1. буфер, амортизатор, демпфер 2. глушитель 3. *хим.* буферный раствор 3. *выч.* буферное запоминающее устройство
buffered 1. амортизированный 2. *хим.* содержащий буферный раствор
bug 1. устройство для очистки внутренней поверхности трубопровода 2. повреждение, неисправность; помеха
technical ~s технические неполадки, неполадки технического характера
build 1. строить, сооружать 2. конструкция; форма
~ the pressure поднимать или создавать давление
~ in встраивать, вмонтировать
~ up 1. составлять; соединять (*разъемные детали*); собирать, монтировать (*машину*) 2. поднимать (*давление*); возрастать (*о давлении*) 3. скапливаться, накапливаться || накопление 4. *св.* наращивать, наваривать, наплавлять
~ a joint *св.* наращивать сварной шов
build-up:
~ of fluid подъем уровня жидкости
~ of pressure повышение [восстановление] давления
~ of the mud solids повышение содержания твердой фазы в буровом растворе
~ of water production увеличение количества воды в добываемой из скважины жидкости
pressure ~ восстановление давления; подъем давления; график подъема давления после остановки скважины; наращивание давления
building-up 1. сборка, монтаж 2. *эл.* повышение напряжения
built:
~ in sections разбираемый на секции
built-in встроенный, вмонтированный, вделанный
built-up составной, сборный, разъемный
bulb 1. шарик (*термометра*) 2. колба, сосуд 3. пузырек 4. термопатрон 5. выпуклость, утолщение
bulge 1. выпуклость; выпучина; выгнутость; кривизна || выпучиваться; вздуваться; деформироваться 2. *геол.* раздув (*жилы*)
~ of a curve горб кривой
bulged-in смятый, вдавленный (*о трубах и т. п.*)
bulging 1. выпучивание, вздутие 2. выпуклость; выгнутость || выпучивающийся, вздувающийся; деформирующийся
bulging-in вдавливание
bulk 1. масса, большая часть (*напр. продукции*) 2. навал; сыпучий материал || наваливать; насыпать || лежащий навалом; насыпной 3. объем; вместимость
in ~ наливом (*о транспорте нефтепродуктов*); насыпью, навалом
~ of reservoir rock мощность [толща] пласта
bulky 1. большой, громоздкий, огромный, объемистый 2. навалочный 3. рыхлый
bulldoggen захваченный, зажатый «намертво»
bullet 1. пуля 2. боек (*грунтоноса*)
bullnose стыковочный ниппель (*напр. для стыковки подводного трубопровода с выкидными линиями подводной фонтанной арматуры*)
bottom ~ нижняя насадка (*у перфораторов*)
bump удар, толчок || ударять
bumper 1. амортизатор; буфер; буферный брус; демпфер 2. бампер 3. тарелка клапана
jar ~ ловильный инструмент для работы с ясом
bumping подпрыгивание; толчок
bunch 1. пучок; связка; пачка 2. бухта (*проволоки*) 3. гнездо, небольшая залежь, местное скопление руды; раздутие жилы 4. горб; припухлость

bunched проложенный пучком (*о проводах*)
bundle моток, бухта; пучок, тюк; связка
flow ~ связка выкидных линий (*подводной фонтанной арматуры*)
jumper hose ~ соединительный многоканальный шланг
unarmored hose ~ неармированный многоканальный шланг (*системы управления подводным устьевым оборудованием*)
bung втулка, затычка ‖ затыкать, закупоривать
buoy буй, маркер
anchor position marker ~ маркерный [опознавательный] буй местоположения якоря (*полупогружной буровой платформы, бурового судна и т. п.*)
bow position marker ~ передний опознавательный [маркерный] буй (*для обозначения передней кромки нижних понтонов полупогружной буровой платформы или трубоукладочной баржи*)
exposed location single ~ незащищенный одиночный буй (*для беспричального налива нефти в танкеры*)
heading marker ~ основной опознавательный буй (*бурового судна или полупогружного бурового основания*)
mooring ~ швартовная бочка
pop-up ~ головной буй (*для маркировки подводного оборудования*)
buoyancy плавучесть, способность держаться на поверхности воды или в воздухе; подъемная сила; запас плавучести
buoyant легкий, плавучий, держащийся на поверхности
burden 1. наносы, покрывающие породы, покрывающий пласт, пустая порода 2. груз; ноша ‖ нагружать; отягощать
bureau:
~ of Mines Горное бюро США
~ of Standards Палата мер и весов, Бюро стандартов США
buried 1. погребенный 2. погруженный 3. заделанный; уложенный (*в каналах или пазах*)
deeply ~ находящийся на большой глубине, глубоко погребенный
burlap брезент; грубая ткань для обмотки труб
burner 1. газорезчик 2. газовый резак 3. горелка, многопламенная горелка для газопрессовой сварки; форсунка 4. горелка для полного сжигания нефти (*используемая при пробной эксплуатации морской скважины*)
clean burning oil ~ горелка для полного сжигания нефти (*используемая при пробной эксплуатации подводной скважины для сжигания продуктов скважины*)
crude ~ горелка для сжигания сырой нефти (*при пробной эксплуатации морской скважины*)
downhole gas ~ забойная газовая горелка
fuel oil ~ *см.* oil burner

gas ~ газовая горелка
oil ~ нефтяная форсунка
pilot ~ вспомогательная горелка (*для зажигания факела*)
well test ~ горелка для пробной эксплуатации (*для сжигания продуктов скважины при ее пробной эксплуатации*)
burnout 1. *св.* прожог; прогар 2. *св.* перегорание; пережигание
Buromin *фирм. назв.* гексаметафосфат натрия
burr 1. заусенец (*напр. при простреливании труб*) 2. известняк 3. коренная порода 4. клинкер
burst 1. взрыв ‖ взрываться 2. вспышка ‖ вспыхивать 3. разрыв 4. выброс; стреляние (*пород*)
bursting 1. взрыв ‖ взрывной 2. стреляние (*пород*); горный удар
bush 1. втулка, вкладыш 2. букса, гильза 3. изоляционная трубка
collar ~ втулка с заплечиком
inlet ~ вводная втулка
sealing ~ уплотнительная втулка

bushing 1. переводник, переводной ниппель; переводная муфта; трубный переводной фитинг 2. втулка, вкладыш 3. проходной изолятор; вводной изолятор, бушинг
collar ~ ниппель (*глубинного насоса*)
drill stem ~ малый вкладыш в стволе ротора; зажим для рабочей трубы
drive ~s направляющие вкладыши ротора
kelly ~s вкладыши [зажимы] под рабочую (*или ведущую*) трубу, зажимы под квадрат
loose ~ съемная втулка
master ~s основные вкладыши (*ротора*)
nozzle ~ насадка (*долота*), вставное сопло
one-step wear ~ защитная втулка, устанавливаемая в один прием
orienting ~ ориентирующий вкладыш (*съемный втулкообразный вкладыш для ориентации подвески НКТ в устьевой головке*)
plunger ~ втулка плунжера
roller kelly ~ зажимное приспособление с роликами для рабочей трубы [квадрата]
spider ~ кольцо лафетного хомута
tubing hanger orienting ~ втулка для ориентации подвесной головки насосно-компрессорной колонны
wear ~ сменный вкладыш; вкладыш, работающий на истирание [износ]; защитная втулка (*для защиты рабочих поверхностей подвесной или устьевой головки обсадных колонн от износа*)
wellhead body wear ~ защитная втулка корпуса устьевой головки
bushwash 1. эмульсия нефти и воды, не разрушающаяся без подогрева 2. отстой на дне нефтяного резервуара
business 1. дело, занятие; торговля 2. промышленное предприятие; торговое предприятие

buster пневмоперфоратор
collar ~ инструмент для разрыва обсадных труб в скважине; вертикальная труборезка
butadiene бутадиен, дивинилэритрен
butane бутан (C_4H_{10})
butaprene «бутапрен» (*синтетический каучук*)
butt 1. стык, соединение встык ‖ стыковать, соединять встык 2. конец; торец; хвостовик 3. бочка (*вместимостью 490,96 л*)
~ up устанавливать впритык
close ~ *св.* стык без зазора, плотный стык
lap ~ соединение внахлестку
tight ~ *св.* стык без зазора, плотный стык
butted состыкованный, соединенный встык
butterfly 1. угольник (*для полевых штанг*); бабочка (*передаточное устройство, изменяющее направление движения тяг в горизонтальной плоскости*) 2. впускной клапан; дроссельная заслонка
button 1. *св.* рельеф, выступ (*на свариваемой детали*) 2. кнопка 3. королек 4. сферическая головка 5. тарелка клапана 6. *св.* ядро сварной точки
danger ~ аварийная кнопка; кнопка экстренного действия
orifice ~ шайбовая пробка
press ~ контактная кнопка, нажимная кнопка (*управления*)
push ~ кнопка
buttress контрфорс; подпорка, подставка; устой; бык ‖ подпирать, поддерживать
butylene бутилен (C_4H_8)
bypass 1. обход 2. перепуск; перепускной клапан ‖ перепускать 3. *св.* канал в резаке, соединяющий трубку подогревающего кислорода с трубкой, идущей от кислородного штуцера 4. шунт
safety ~ предохранительный или перепускной клапан
by-passing 1. перепуск 2. проскальзывание, прохождение мимо; обход 3. образование каналов 4. *эл.* шунтирование
gas ~ проскальзывание газа (*при нагнетании в пласт*)
by-effect побочное явление, побочный эффект
by-product побочный продукт, субпродукт

cab кабина
cabinet 1. шкаф; ящик 2. отделение; ячейка; отсек
main control ~ главный шкаф управления
cable 1. кабель, многожильный провод 2. трос, канат ‖ закреплять тросом или канатом
arc-welding ~ *см.* welding cable
armo(u)r(ed) ~ бронированный кабель
bell ~ сигнальный кабель
BOP multitube ~ многоканальный шланг для подачи гидравлических управляющих сигналов с плавучей буровой платформы к подводному превентору
conductor ~ проводящий кабель, электрокабель
deck jumper ~ палубный соединительный кабель
drilling ~ бурильный канат
duplex ~ *см.* twin cable
electrode ~ *св.* провод, идущий к электроду
feeder ~ питающий кабель; питающий провод
flexible ~ гибкий кабель [провод]
ground ~ заземленный (*сварочный*) провод; провод, идущий к свариваемому изделию
hoisting ~ подъемный канат
hollow ~ шланговый кабель; шланговый провод
insulated ~ изолированный кабель; изолированный провод
lead ~ *см.* electrode cable
left regular lay ~ канат с левой свивкой
logging ~ каротажный кабель
main ~ магистральный кабель; магистральный провод
multiconductor ~ *см.* multicore cable
multicore ~ многожильный кабель; многожильный провод
multiple-core ~ *см.* multicore cable
multistrand ~ *см.* multicore cable
multi-tube ~ многоканальный шланг (*для подачи рабочей и управляющих жидкостей с бурового судна к подводному оборудованию*)
power ~ силовой кабель; сварочный провод
retrieving ~ извлекающий канат (*для подъема на буровое судно или основание спущенных к подводному устью приспособлений*)
right regular lay ~ канат правой свивки
single ~ *см.* single core cable
single core ~ одножильный кабель
thermistor ~ кабель с установленными на нем термисторными датчиками температуры, термисторный кабель
three-conductor ~ трехжильный кабель
twin ~ двухжильный кабель [провод]
welding ~ сварочный кабель; сварочный провод
wire ~ стальной трос [канат], металлический трос
cage 1. «фонарь», пружинный стабилизатор для бурильных труб 2. клетка (*устройство над шаровым клапаном, ограничивающее движение шара*) 3. коробка, кожух, корпус; обойма подшипника
ball ~ шариковая коробка, сепаратор шарикоподшипника
closed ~ клетка клапана закрытого типа (*в глубинном трубном насосе*)

open ~ клапанная клетка (*глубинного насоса*) открытого типа

Cainozoic *геол.* кайнозой ‖ кайнозойский

cake 1. затвердевший шлам 2. фильтрационная корка на стенках скважины 3. сальник (*уплотненные частицы породы, забившие промежутки между алмазами и матрицей в коронке*) 4. отжатый осадок на фильтре

filter ~ *см.* mud cake

mud ~ фильтрационная корка бурового раствора на стенках скважины

slurry ~ цементная корка (*на стенках скважины*)

wall ~ *см.* mud cake

Cal Perl *фирм. назв.* гранулированный (*крупномолотый*) перлит (*нейтральный наполнитель для борьбы с поглощением бурового раствора*)

Cal Stop *фирм. назв.* крошка из автомобильных покрышек (*нейтральный наполнитель для борьбы с поглощением бурового раствора*)

calcareous известковый, содержащий известь

calcite кальцит

calcium кальций (Ca)

calc-spar кальцит, известковый шпат

calculate 1. вычислять; подсчитывать 2. рассчитывать

calculated расчетный

calculation 1. вычисление; подсчет 2. расчет

~ of reserves подсчет запасов

active oil ~s подсчет активных (*извлекаемых*) запасов нефти

field ~ промысловые вычисления

multicomponent flash ~s расчет однократного испарения многокомпонентных систем

power ~ расчет мощности

calculator счетно-решающее устройство, вычислительная машина, калькулятор

pipe-line fluid network ~ электроинтегратор для расчета распределения потока в трубопроводных системах

robot ~ электронная счетная машина

caldron *геол.* котлообразный провал, сбросовая долина без выхода; кальдера

Calgon *фирм. назв.* препарат гексаметафосфата натрия, содержащий 67 % P_2O_5 (*применяется в качестве поверхностно-активного вещества для обработки воды и разжижения буровых растворов на пресноводной основе*)

caliber 1. внутренний диаметр (*трубы, цилиндра*) 2. калибр, размер; диаметр

calibrate 1. калибровать; градуировать; тарировать 2. проверять, выверять

calibrated калиброванный; выверенный; градуированный

calibration калибрование; эталонирование; градуировка; проверка по калибру; тарирование

tank ~ измерение вместимости резервуара, калибровка резервуара

caliper кавернометр; нутромер ‖ измерять кавернометром [нутромером]

hole ~ кавернометр

inside ~ нутромер

Calnox *фирм. назв.* ингибитор окалинообразования

calorimeter калориметр

calorimetric калориметрический

calorimetry калориметрия (*измерение количества теплоты*)

calp глинистый известняк

Calseal *фирм. назв.* гипсоцемент

Caltrol *фирм. назв.* хлорид кальция

cam 1. кулак, кулачок (*вала*); палец, распределительный кулак, кулачковый диск; эксцентрик 2. шаблон; лекало 3. криволинейный паз

brake ~ кулак тормоза

control ~ управляющий кулачок

deflecting ~ кулачок расцепления; спусковая собачка

locking ~ запорная защелка (*узла крепления стингера к трубоукладочной барже*)

camber 1. выпуклость 2. кривизна, изгиб, прогиб, изогнутость ‖ выгибать 3. утолщение, вздутие

Cambrian *геол.* кембрий, кембрийский период, кембрийская система ‖ кембрийский

camera:

TV ~ телевизионная камера (*для контроля подводного оборудования*)

camshaft кулачковый вал; распределительный вал; управляющий вал; вал эксцентрика

can 1. жестяная банка; бидон; канистра 2. масленка 3. консервная банка 4. каркас (*протектора*)

spud ~ понтон опоры (*самоподъемного основания*)

canal 1. канал; русло; проток 2. отверстие 3. желоб

cancel 1. аннулировать; погашать; отменять 2. *матем.* приводить подобные члены 3. *выч.* отмена (*команды или сигнала*)

cane тростник; камыш ‖ плести из камыша

cank базальтовая порода; твердая кристаллическая порода; трапп

cannelure продольная выемка, продольный паз; кольцевая канавка; нарезка; насечка

cant скос, фаска, скошенный край ‖ скашивать, стесывать рёбра или углы

canted косоугольный, гранёный; клинчатый; искривленный; перекошенный

cantilever кронштейн; консоль; укосина; стрела

cantilevered консольный; заделанный одним концом; свободно висящий

cap 1. головка, колпак, шляпка, крышка 2. трубная головка 3. порода кровли пласта 4. предохранительный колпак газового баллона 5. сопло; мундштук 6. закрыть пробкой; запечатать (*скважину*)

base ~ нижняя крышка

blasting ~ капсюль-детонатор, запал, воспламенитель
choke and kill line test ~ колпак для опрессовки линий штуцерной и глушения скважины
corrosion ~ антикоррозийный колпак (*для защиты от коррозии устья временно оставляемой подводной скважины*)
drive ~ головная насадка для забивных труб
driving ~ *см.* drive cap
end ~ глухая муфта, пробка, заглушка
gas ~ газовая шапка
lifting ~ колпачок для предохранения резьбы бурового инструмента (*при подъеме*)
"no-lag" seismograph ~ специальный детонатор (*без запаздывания*) для сейсморазведки
protector ~ защитный колпак (*для предохранения устья скважины в случае временного оставления скважины буровым судном или платформой*)
screw ~ колпачок (*или крышка*) с резьбой
temporary abandonment ~ колпак временно оставляемой морской скважины
tree ~ колпак фонтанной арматуры
wellhead ~ устьевой колпак (*для герметизации устья подводной скважины в случае временного ее оставления*)

capability способность
capacitance 1. емкостное сопротивление 2. емкость

capacitor конденсатор; емкость
adjustable ~ конденсатор переменной емкости
bypass ~ шунтирующий конденсатор
filter ~ конденсатор фильтра
fixed ~ конденсатор постоянной емкости

capacity 1. объем, величина; вместимость 2. производительность; выработка; (*производственная*) мощность; нагрузка 3. пропускная способность; 4. способность 5. электрическая емкость
productive ~ of reservoir отдача пласта
productive ~ of a well производительность скважины
racking ~ of derrick емкость вышки (*по количеству устанавливаемых за пальцем бурильных труб*)
specific ~ of a well удельная производительность скважины
water-intake ~ of a well поглощающая способность скважины, приемистость скважины
~ in tons per hour производительность, т/ч
~ of a well *см.* productive capacity of a well
~ of drum *см.* drum capacity
~ of field to produce потенциальная добыча из месторождения
absorption ~ абсорбционная [поглотительная] способность, поглощающая способность
actual ~ фактическая производительность
adhesive ~ адгезионная способность, способность сцепляться; коэффициент сцепления
adsorptive ~ адсорбционная способность
available ~ полезная мощность; располагаемая мощность
basic ~ основность
battery ~ емкость аккумуляторной батареи
bearing ~ несущая способность (*опор, грунта*); грузоподъемность; подъемная сила
boiler ~ паропроизводительность [мощность] котла
calculated ~ расчетная мощность [производительность]
capillary ~ капиллярная емкость
carrying ~ 1. грузоподъемность 2. несущая способность 3. подъемная сила 4. пропускная способность 5. эл. предельно допустимая нагрузка
cation exchange ~ катионообменная емкость
compensation hook ~ компенсируемая нагрузка на крюке
cutting-carrying ~ выносящая способность (*бурового раствора*)
daily ~ суточная производительность, суточная пропускная способность
damping ~ поглощающая способность
delivery ~ пропускная способность
dischargeable ~ полезная емкость (*газгольдера*)
drum ~ емкость барабана (*общая длина каната, навиваемого на барабан*)
engine ~ мощность двигателя
fracture flow ~ пропускная способность трещины (*при гидроразрыве*)
gross ~ максимальная нагрузка
hauling ~ тяговое усилие
heat ~ теплоемкость
heat absorption ~ теплопоглощательная способность
high ~ высокопроизводительный
high resolution ~ высокая разрешающая способность
hoisting ~ грузоподъемная сила, грузоподъемность
holding ~ вместимость, емкость
idle ~ резервная мощность
injection ~ приемистость (*скважины*)
intake ~ приемистость, поглотительная способность
jacking ~ грузоподъемность подъемника
leak off ~ пропускная способность (*пород*)
lifting ~ 1. подъемная мощность, высота всасывания (*насоса*) 2. грузоподъемность механизма гидравлической подачи (*при использовании шпинделя как домкрата*) 3. грузоподъемность лебедки бурового станка 4. несущая способность (*бурового раствора*)
liquid ~ наливной объем
load (bearing) ~ грузоподъемность; нагрузочная способность, допускаемая нагрузка; номинальная мощность (*мотора*)
load-carrying ~ подъемная способность или сила; допускаемое давление; допускаемая нагруз-

ка; несущая способность; грузоподъемность; нагрузочная способность
methylene blue ~ *см.* cation exchange capacity
nominal *см.* rated capacity
overload ~ способность работать с перегрузкой, способность выдерживать перегрузку
pipe ~ пропускная способность трубопровода
pipeline transmission ~ *см.* pipe capacity
piston load ~ расчетное усилие штока
plant ~ мощность установки
producing ~ *см.* production capacity
production ~ производительность [отдача] пласта
pump ~ подача насоса
pumping ~ *см.* pump capacity
rated ~ 1. номинальная [расчетная] мощность или производительность, проектная производительность 2. номинальная грузоподъемность; номинальная вместимость; расчетная пропускная способность
refrigerating ~ способность охлаждать, охлаждающая способность
relative ~ относительная мощность [производительность]
reservoir ~ вместимость резервуара
riser tensioner system ~ грузоподъемность системы натяжения водоотделяющей колонны
safe working ~ безопасная рабочая нагрузка
sand ~ продуктивность нефтеносного песчаника
saturation ~ 1. поглощательная способность 2. способность насыщаться
short-time ~ кратковременная мощность
solids-carrying ~ несущая способность, удерживающая способность (*бурового раствора*)
specific ~ удельная мощность (*на единицу массы*)
tank ~ емкость резервуара, цистерны или бака
tested ~ установленная производительность (*скважины*)
thermal ~ *см.* heat capacity
throughput ~ производительность, пропускная способность (*установки, склада и т. п.*)
torsional ~ способность (*детали или узла*) передавать крутящий момент определенной величины
total ~ 1. общая емкость 2. суммарная производительность, общая или полная производительность (*скважины*)
ultimate ~ полная мощность
useful ~ 1. полезная мощность или производительность 2. полезная емкость
water ~ влагоемкость
wind load ~ ветровая нагрузка (*на вышку*)
work ~ работоспособность
working ~ 1. грузоподъемность 2. работоспособность

capillarity капиллярность, волосность
capillary капиллярный, волосной

caplastometer вискозиметр или реометр капиллярного типа
capper фонтанная задвижка
capping 1. перекрытие (*притока пластовой воды или газа герметизирующим устройством на устье скважины*), каптаж, закрытие скважины 2. закупоривание 3. наносы, покров; вскрыша
~ the well закрытие (*устья подводной скважины*) колпаком (*при временном оставлении законченной бурением скважины*)
pipe ~ закрытие трубопровода колпаком (*для спуска под воду и оставления на дне в случае штормовой погоды*)
caprock покрывающая порода, покров продуктивной свиты
capsule 1. капсуль 2. тигель 3. мембрана 4. капсула, оболочка
life saving ~ спасательная капсула
separable instrument ~ отделяемый контрольно-измерительный модуль
service ~ капсула обслуживания (*подводного нефтепромыслового оборудования*)
wellhead ~ съемный устьевой модуль
capture улавливать; захватить ǁ захват
neutron ~ захват нейтронов (*при радиокаротаже*)
car 1. вагон 2. вагонетка; тележка; электрокар 3. (*легковой*) автомобиль
dump ~ вагонетка с опрокидывающимся кузовом; самосвал
oil ~ железнодорожная нефтеналивная цистерна
road tank ~ автоцистерна
tank ~ железнодорожная цистерна; автоцистерна
carbide карбид
tungsten ~ карбид вольфрама
Carbo-Free *фирм. назв.* концентрированный материал различной плотности на углеводородной основе для установки ванн с целью освобождения прихваченных труб
Carbo-Gel *фирм. назв.* загуститель для инвертных эмульсий
Carbo-Mul *фирм. назв.* буровой раствор на углеводородной основе
carbon 1. углерод (C) 2. карбонадо (*черный алмаз*)
fixed ~ связанный углерод
carbonaceous 1. углистый 2. углеродистый; карбонатный 3. каменноугольный
carbonado карбонадо (*черный технический алмаз*)
carbonate 1. карбонат (*черный алмаз*) 2. углекислая соль, соль угольной кислоты, карбонат, эфир угольной кислоты 3. карбонатный 4. карбонизировать
barium ~ карбонат бария ($BaCO_3$), карбонат бария (*витерит*) (*применяется для удаления ионов кальция из бурового раствора*)
calcium ~ карбонат кальция ($CaCO_3$)

magnesium ~ карбонат магния, магнезит (MgCO$_3$)
potassium ~ карбонат калия, поташ (K$_2$CO$_3$)
sodium ~ карбонат натрия, кальцинированная сода (Na$_2$CO$_3$)

carbon-free не содержащий углерода, безуглероженный

carboniferous 1. углесодержащий 2. каменноугольный 3. углеродистый

carbonization 1. цементация 2. науглероживание 3. обугливание; карбонизация

Carbonox *фирм. назв.* органический разжижитель для буровых растворов

Carbo-Seal *фирм. назв.* нейтральный наполнитель для борьбы с поглощением буровых растворов на углеводородной основе

Carbo-Tec *фирм. назв.* эмульгатор для получения инвертной эмульсии

Carbo-Tec D *фирм. назв.* эмульгатор для получения инвертной эмульсии

Carbo-Trol *фирм. назв.* регулятор фильтрации буровых растворов на углеводородной основе

carboxymethylcellulose карбоксиметилцеллюлоза, КМЦ

carboxymethylhydroxyethylcellulose карбоксиметилгидроксиэтилцеллюлоза, КМГЭЦ

Carboze CMC *фирм. назв.* натриевая карбоксиметилцеллюлоза

carburizing карбюризация; науглероживание; цементация (*металла*)

card 1. карточка; бланк 2. расчетная или учетная карточка 3. перфокарта
dynamometer ~ динамограмма
identification ~ ярлык с кратким паспортом детали
indicator ~ индикаторная диаграмма или карта
recording ~ бланк для самопишущих приборов
time ~ хронометражная карта

care уход (*напр. за машиной*), содержание (*в эксплуатации*), обслуживание

carinate 1. килевидный 2. *геол.* изоклинальный

carnallite *мин.* карналлит

carnotite *мин.* карнотит

carriage 1. вагонетка, вагон; тележка 2. каретка; салазки 3. несущее устройство, несущая конструкция 4. дренажная труба; канализационная труба
pipeline-up ~ тележка для центровки труб (*при сварке*)

carrier 1. несущее или поддерживающее устройство; подпорка; держатель; державка; кронштейн; хомутик; салазки; ходовой механизм; ходовая часть; ползун 2. носитель 3. транспортер 4. транспортное судно 5. транспортный самолет 6. каркас перфоратора 7. *эл.* несущий ток 8. *рад.* несущая частота
heat ~ теплоноситель, проводник тепла
hose ~ 1. кронштейн или футляр для рукавов (*в автоцистернах*) 2. тележка для перевозки рукавов
oil ~ нефтеналивное судно, танкер
pipe ~ хомут для труб
pull rod ~s ролики для насосных полевых тяг
rod line ~s опоры под полевые тяги
wheel ~ адаптер шарошек (*в долоте Зублина*)

carry 1. спускать трубы по мере углубления скважины ‖ спуск труб по мере углубления скважины 2. содержать (*нефть, залежь*)
~ a dry hole бурить сухую скважину (*без притока воды*)
~ a wet hole бурить скважину, в которой приток воды не закрыт
~ off отводить (*жидкость, газ, теплоту*)

carry-over переброс (*механический вынос частиц нефтепродуктов*); вынос нефти газом

cartridge 1. патрон 2. втулка, в которой монтируются подшипники качения 3. гильза
battery ~ гильза для батареи (*при гамма-методе*)

case 1. кожух; обшивка; оболочка; чехол 2. корпус 3. крепить обсадными трубами
in ~ of emergency про запас, на резерв; на случай крайней необходимости; при несчастных случаях
~ off крепить ствол скважины трубами; перекрыть трубами; закрыть (*воду*) трубами; изолировать
air ~ колпак
plunger ~ плунжерный цилиндр
pump ~ кожух насоса; спиральная камера центробежного насоса

cased 1. выложенный снаружи 2. заключенный (*в чем-либо*) 3. обсаженный (*о стволе*)
~ off изолированный [закрепленный] (*обсадными*) трубами
~ off in the hole оставленный в скважине за трубами (*инструмент и т. п.*)
~ with wood обшитый деревом, в деревянной обшивке

case-harden цементировать; подвергать поверхностной закалке

casing 1. обсадная труба [колонна] ‖ крепление обсадными трубами 2. обойма, коробка, футляр, кожух, оболочка, обшивка
pull ~ поднимать (*обсадные*) трубы, извлекать (*обсадную*) колонну
reduce ~ перейти на обсадную колонну меньшего диаметра
run ~ обсадить трубами; спустить [установить] обсадную колонну
running ~ спуск обсадных труб
set ~ задавить трубы
~s for pipelines предохранительные обоймы [кожухи] для трубопроводов
add-on ~ наращиваемая обсадная труба
blank flush ~ обсадные трубы с фасками под сварку встык
boring ~ *см.* casing 1

cemented ~ зацементированная колонна обсадных труб
collared joint ~ обсадная колонна, составленная из труб, свинченных между собой
full hole ~ обсадная колонна, спущенная на всю глубину скважины
hoist ~ корпус подъемника
insert(ed) joint ~ безмуфтовые обсадные трубы (*один конец трубы развальцован до размеров муфты*)
intermediate ~ промежуточная колонна труб, промежуточная обсадная колонна
logy ~ прихватываемая, туго идущая обсадная колонна (*вследствие трения о стенки скважины*)
oil-well ~ 1. муфтовые обсадные трубы нефтяного стандарта 2. обсадная колонна нефтяной скважины
parted ~ обрыв [разрыв, нарушение цельности] обсадной колонны
perforated ~ перфорированная или простреленная обсадная колонна
pipe ~ обсадная колонна из муфтовых труб
premium ~ обсадные трубы повышенной прочности
production ~ эксплуатационная колонна
protection ~ последняя промежуточная колонна
protective ~ 1. колонна-направление (*первая обсадная колонна, служащая для крепления верхних слабых слоев донного грунта*) 2. защитный кожух 3. последняя промежуточная колонна
riveted ~ клёпаные обсадные трубы
screw joint ~ винтовые обсадные трубы
seamless ~ бесшовные обсадные трубы
semi-flush coupling ~ обсадные трубы с полуобтекаемыми соединениями (*концы труб высажены внутрь, муфты тонкостенные одинакового наружного диаметра с трубой*)
slip joint ~ ненарезные обсадные трубы, соединяемые накладными привариваемыми муфтами; раструбные обсадные трубы
speedite ~ безмуфтовые обсадные трубы с высаженными концами и модифицированной квадратной ступенчатой резьбой
spiral ~ спиральная обсадная труба; спиральная обсадная колонна (*со спиральной канавкой по всей длине для улучшения условий спуска*)
surface ~ направление (*первая обсадная колонна*)
threaded-joint ~ трубы с резьбовыми соединениями
upset-end ~ обсадные трубы с высаженными концами
waterproof ~ 1. водонепроницаемый кожух [оболочка] 2. тампонажная колонна для изоляции водоносных пластов
well ~ обсадные трубы ‖ обсаживание скважины трубами

Casing-Kote *фирм. назв.* способ обработки поверхности обсадных труб гранулированным материалом с целью улучшения качества сцепления цементного камня с обсадной колонной
Caso *фирм. назв.* стеарат калия (*пеногаситель для буровых растворов*)
cassiterite *мин.* касситерит
cast 1. образец 2. оттенок; флюоресценция (*нефти*) 3. расстояние, пройденное брошенным телом 4. отклонение, поворот 5. лить (*металл*); отливать ‖ литой; отлитый 6. коробиться, трескаться (*о дереве*)
unit ~ отлитый за одно целое
casting металлическое литье; литье; отливка ‖ литье
casualty 1. авария, несчастный случай 2. раненый; убитый; *pl* потери
cat:
bear ~ 1. скважина с трудными условиями эксплуатации 2. предохранительный пояс из брезента
wild ~ разведочная [поисковая] скважина на новой площади
cataclinal *геол.* катаклинальный, простирающийся в направлении падения
catalysis катализ
catalyst катализатор
catalyze катализировать
catalyzer катализатор
catch 1. захват; захватывающий замок; захватывающее приспособление ‖ зацеплять, захватывать 2. сцепляющий болт; стяжной болт 3. защелка; фиксатор; задвижка; щеколда; запор; собачка 4. арретир ‖ арретировать 5. улавливать 6. заедать
tubing ~ труболовка
catch-all ловильный инструмент (*универсальный*)
catcher 1. трубодержатель 2. ограничитель (*хода*) 3. улавливающее приспособление, улавливатель; ловушка; коллектор
core ~ керноловитель
flow ~ приспособление для отвода в сторону струи фонтанирующей скважины (*во время работы у устья*)
oil ~ маслоуловитель, маслосборник
plug ~ устройство для задержки пробки
sample ~ отстойник; виброустройство (*для отбора образцов шлама*); шламоотборник
tubing ~ держатель для установки насосно-компрессорных труб; трубодержатель; лафетный хомут; шарнирный хомут; предохранительное приспособление, страхующее насосные трубы от падения в скважину при подъеме
catching улавливание; перехват; зацепление (*зубчатых колес*)
catenary 1. *матем.* цепная линия 2. несущий трос 3. кривая провеса (*цепи, каната*)
caterpillar гусеница; гусеничный ход; гусеничный трактор

cathead безопасная катушка, шпилевая катушка (*катушка для затягивания инструмента и труб в вышку, для подъема хомутов и элеваторов, свинчивания и развинчивания бурильных труб*)
automatic ~ автоматическая безопасная катушка
  cathode 1. катод 2. электрод
  cathodic катодный
  cation катион
  catwalk мостки, площадка; лестница на верхнем поясе резервуара
  caulking чеканка, уплотнение шва
overhead ~ подчеканка кромок поясов резервуара снизу вверх
  caustic каустическая сода, каустик
  caustobiolith каустобиолит (*горючее полезное ископаемое*)
  caution осторожность, предосторожность
  cave 1. каверна, полость, впадина 2. обрушение породы, обвал ‖ обрушаться, обваливаться
~in обвалиться внутрь; обрушиться
  caved обрушенный, обвалившийся; имеющий каверны
  cavern 1. каверна 2. пещера; впадина
  cavernous кавернозный (*с большими порами*); пещеристый; ячеистый; пористый
  caving обрушение, обвал стенок скважины; кавернообразование; образование пустот, провалов или каверн
  cavitation 1. кавитация, нарушение сплошности струи; образование пустот 2. пустота, углубление
wall ~ кавернообразование в стенках скважины; раздутие или расширение ствола скважины (*вследствие обрушения, размыва или механического разрушения вращающимся снарядом*)
  cavity 1. *геол.* каверна, пустота или трещина в породе; впадина 2. полость, углубление, выемка 3. газовый пузырь; раковина
ram ~ плашечная полость (*противовыбросового превентора*)
rock ~ каверна в породе
  cawk барит, тяжелый шпат, сернокислый барий
  СС-16 *фирм. назв.* натриевая соль гуминовых кислот
  Cecol *фирм. назв.* молотые оливковые косточки (*нейтральный наполнитель для борьбы с поглощением бурового раствора*)
  Cectan *фирм. назв.* кора квебрахо особо тонкого помола (*разжижитель для буровых растворов*)
  Cedar Seal *фирм. назв.* волокно кедровой древесины (*нейтральный наполнитель для борьбы с поглощением бурового раствора*)
  Cegal *фирм. назв.* порошок сернокислого свинца (*утяжелитель для буровых растворов*)
  Cel Flakes *фирм. назв.* целлофановая крошка (*нейтральный наполнитель для борьбы с поглощением бурового раствора*)
  Celatex *фирм. назв.* крошка из отработанной резины (*нейтральный наполнитель для борьбы с поглощением бурового раствора*)
  celite целит (*промежуточное вещество цементного клинкера*)
  cell 1. ячейка; камера; бомба (*для лабораторных исследований*) 2. *эл.* элемент
accumulator ~ 1. сборник (*в опробователе*) 2. аккумуляторный элемент
fuel ~ 1. тепловой элемент 2. топливный бак
load ~ датчик веса
local ~ локальный гальванический элемент (*при коррозии*)
tank weighing load ~ датчик веса для взвешивания глинопорошка в бункере
unit ~ элементарная ячейка
  cellar 1. шахта под полом вышки; котлован или шурф под шахтное направление 2. устье (*нефтяной*) скважины
well ~ шахта для буровой скважины
wellhead ~ устьевая шахта
  Cellex *фирм. назв.* натриевая карбоксиметилцеллюлоза
  Cell-o-Phane *фирм. назв.* целлофановая крошка (*нейтральный наполнитель для борьбы с поглощением бурового раствора*)
  cellophane целлофан
shredded ~ целлофановая стружка
  Cellophane Flaxes *фирм. назв.* целлофановая крошка (*нейтральный наполнитель для борьбы с поглощением бурового раствора*)
  Cell-o-Seal *фирм. назв.* целлофановая крошка (*нейтральный наполнитель для борьбы с поглощением бурового раствора*)
  cellular ячеистый, сотовый
  cellulose целлюлоза, клетчатка
  Cemad-1 *фирм. назв.* понизитель водоотдачи цементных растворов
  cement цемент; вяжущее вещество ‖ цементировать, тампонировать цементом, скреплять цементным раствором
acid-soluble ~ известковый цемент, размягчающийся в соляной кислоте
additive ~ цемент с добавками
air-entraining ~ цемент с воздухововлекающей добавкой
alumina ~ глиноземный цемент, глиноземистый цемент, бокситовый цемент, алюминатный цемент
aluminate ~ *см.* alumina cement
anhydrite ~ ангидритовый цемент
artificial ~ цемент из искусственной смеси сырьевых материалов; портландцемент
asbestos ~ асбестоцемент
asphalt ~ асфальтовое вяжущее вещество, асфальтовый цемент, дорожный битум
autoclaved ~ автоклавированный цемент
bakelite ~ бакелитовый цемент
bauxite ~ *см.* alumina cement

bentonite ~ гельцемент (*с добавкой бентонита*)
blast ~ шлаковый цемент (*цемент из доменных шлаков*)
blast-furnace ~ шлакопортландцемент
blast-furnace slag ~ *см.* blast-furnace cement
bulk ~ рассыпной цемент, цемент насыпью (*без упаковки*), цемент навалом
calcareous ~ гидравлическая известь, известковое вяжущее
clay ~ глиноцементный раствор
clinker-bearing slag ~ шлакопортландцемент
coarse-ground ~ цемент крупного помола
commercial portland ~ заводской портландцемент
completely hydrated ~ полностью гидратированный цемент
construction ~ строительный цемент
diesel-oil ~ смесь цемента с дизтопливом, схватывающаяся в контакте с водой
early-strength ~ быстротвердеющий цемент
expanding ~ расширяющийся цемент
fast-setting ~ быстросхватывающийся цемент
fiber ~ волокнистый цемент
fine ground ~ цемент тонкого помола
furan-resin ~ цемент из фурановой смолы
general purpose portland ~ *см.* commercial portland cement
green ~ *см.* unset cement
gypsum ~ гипсоцемент (*приготовленный из гипса тампонажный материал*)
gypsum-retarded ~ цемент с гипсом в качестве замедлителя
high-alkali ~ высокощелочной цемент, цемент с большим содержанием щелочей
high-alumina ~ (высоко)глиноземистый цемент
high-early ~ быстротвердеющий цемент
high-early strength ~ *см.* high-early cement
high-grade ~ высокосортный цемент
high-speed ~ *см.* high-early cement
high-strength ~ высокопрочный цемент
honeycombed ~ пористый [ячеистый, сотообразный] цемент
hydraulic ~ гидравлический цемент (*затвердевающий в воде*)
hydrophobic ~ водоотталкивающий [гидрофобный] цемент
iron-oxide ~ железистый цемент (*с увеличенным содержанием оксида железа за счет глинозема*)
ironportland ~ шлакопортландцемент
jelled ~ загустевший цементный раствор, не поддающийся перекачке насосом
lean ~ песчано-цементная смесь с низким содержанием цемента
low-alkali ~ низкощелочной цемент, цемент с низким содержанием щелочи
low-early-strength ~ цемент с низкой начальной прочностью
low-grade ~ низкосортный цемент, цемент низкой марки

low-heat ~ *см.* low-heat of hydration cement
low-heat of hydration ~ цемент с малой экзотермией [теплотой гидратации]; низкотермичный цемент
low-limed ~ цемент с малым содержанием извести
low-slag ~ цемент с малым содержанием шлака
low-strength ~ *см.* low grade cement
low-water-loss ~ цемент с малым водоотделением, цемент с низкой водоотдачей
low-water-retentive portland ~ портландцемент с малой водоудерживающей способностью
lumnite ~ люмнитовый цемент
LWL ~ *см.* low-water-loss cement
magnesia ~ магнезиальный цемент
medium-setting ~ цемент со средним сроком схватывания
metallurgical ~ шлакопортландцемент, металлургический портландцемент
mixed ~ смешанный цемент
modified ~ модифицированный цемент
modified portland ~ модифицированный портландцемент; портландцемент типа II (*США*)
natural ~ роман-цемент, естественный цемент, цемент из естественного мергеля
neat ~ чистый цемент; клинкерный цемент
neat portland ~ чистый портландцемент (*без добавок и примесей*)
non-shrinking ~ безусадочный цемент
normal portland ~ обыкновенный портландцемент
normally hydrated ~ нормально гидратированный цемент
oil-well ~ цемент для нефтяных скважин, тампонажный цемент
ordinary ~ цемент, используемый при отсутствии сульфатной агрессии (*классов А, С по стандарту API и I, III типов по стандарту ASTM*)
oxychloride ~ магнезиальный цемент
permetallurgical ~ шлаковый цемент
phenolic-resin ~ бакелитовый цемент
plain ~ *см.* neat cement
portland ~ портландцемент
portland blast-furnace ~ шлакопортландцемент
portland blast-furnace-slag ~ шлакопортландцемент
portland-pozzolana ~ пуццолановый портландцемент
portland-slag ~ шлакопортландцемент
pozzolana ~ *см.* portland-pozzolana cement
radioactive ~ радиоактивный цемент (*позволяющий определить высоту подъема цементного раствора по затрубному пространству с помощью гамма-счетчика*)
quick-hardening ~ *см.* rapid-hardening cement
quick setting ~ быстросхватывающийся цемент
rapid-hardening ~ быстротвердеющий цемент

rapid-setting ~ быстросхватывающийся цемент
regular ~ 1. цемент класса А по стандарту API 2. цемент типа I по стандарту ASTM
resin ~ цемент с добавлением смол
retarded ~ цемент с замедленным сроком схватывания
retarded oil-well ~ тампонажный цемент с замедлителем
sacked ~ цемент в мешках, затаренный цемент
sand ~ песчаный цемент (*механическая смесь портландцемента с молотым песком*)
set ~ затвердевший [схватившийся] цемент; цементный камень
slag ~ бесклинкерный шлаковый цемент
slag-gypsum ~ гипсошлаковый цемент
slag-lime ~ шлакоизвестковый цемент
slag-magnesia portland ~ шлакомагнезиальный портландцемент
slag-portland ~ шлакопортландцемент
slag-sand ~ шлакопесчаный цемент
slow ~ *см.* slow-setting cement
slow-setting ~ медленносхватывающийся цемент
sorel ~ магнезиальный цемент
sound ~ цемент, обладающий постоянством объёма; цемент, обладающий равномерностью изменения объёма
special ~ быстротвердеющий цемент; специальный цемент
standard ~ стандартный цемент; нормально схватывающийся цемент
straight ~ *см.* neat cement
sulphate-resistant ~ сульфатостойкий цемент
sulphate-resisting portland ~ сульфатостойкий портландцемент
sulpho-aluminous ~ сульфоглинозёмистый цемент

super ~ высокосортный портландцемент
super-rapid hardening ~ очень быстротвердеющий цемент
super-sulphated ~ сульфатно-шлаковый цемент
super-sulphated metallurgical ~ сульфатостойкий портландцемент
surface hydrated ~ цемент, гидратированный с поверхности
sursulphate ~ *см.* super-sulphated cement
trass ~ пуццолановый цемент; трассовый цемент
unretarded ~ *см.* neat cement
unset ~ несхватившийся [незатвердевший] цементный раствор
unsound ~ цемент, не обладающий равномерностью изменения объёма
water ~ гидравлический цемент
waterproof ~ водонепроницаемый цемент
water-repellent ~ водоотталкивающий [гидрофобный] цемент
water-retentive portland ~ водоудерживающий [гидрофильный] портландцемент
weighted ~ тяжёлый цемент
 cementation цементирование, тампонаж цементом, заполнение цементом (*трещин, пустот*); придание устойчивости
fissure ~ цементирование трещин
natural ~ естественная цементация (*песков*)
 cemented зацементированный
closely ~ крепко сцементированный
 cementer 1. турбулизатор (*стальное кольцо с лопатками, надеваемое на обсадную трубу и вызывающее вихревое движение цементного раствора*) 2. цементировочный пакер или пробка 3. цементировочная муфта
multiple stage ~ муфта для ступенчатого цементирования
removable ~ извлекаемый цементировочный пакер или пробка
 cementing 1. цементирование (*скважин*) 2. вяжущий; цементирующий 3. цементировочный
~ between two moving plugs тампонаж с разделяющими пробками
~ through цементирование через перфорированные трубы
~ through the production zone цементирование скважины с подъёмом столба цемента за трубами по всей мощности продуктивного пласта
~ under pressure цементирование под давлением, заливка цементного раствора через отверстия в колонне
bailer method of ~ тампонаж заливочной желонкой
casing method of ~ способ цементирования скважин нагнетанием цементного раствора непосредственно по обсадным трубам
basic ~ первичное цементирование
continuous stage ~ непрерывное цементирование
hydraulic ~ гидравлическое цементирование, цементирование с применением скважинного цементного инжектора
multiple-stage ~ ступенчатая заливка цементного раствора, ступенчатое цементирование
multistage ~ *см.* multiple-stage cementing
oil-well ~ цементирование нефтяных скважин
pressure ~ *см.* squeeze cementing
squeeze ~ цементирование под давлением
stage ~ ступенчатое цементирование
two-plug ~ цементирование скважины при помощи двух пробок
two-stage ~ двухступенчатое цементирование
 cementitious цементирующий; вяжущий
 Cemusol NP2 *фирм. назв.* жидкий пеногаситель для буровых растворов на водной основе
 cenosite *геол.* ценозит, кайнозит
 Cenozoic *геол.* кайнозой, кайнозойская группа; кайнозойская эра ‖ кайнозойский
 census статистика
 center 1. центр, середина ‖ центрировать;

устанавливать между центрами 2. сердцевина ‖ кернить
~ of borehole ось буровой скважины
~ of gravity центр тяжести
~ of pressure центр давления
~ of rotation центр вращения
~ of similitude центр подобия
bearing ~s расстояние между центрами подшипников
bottom dead ~ наружная (*нижняя*) «мертвая» точка (*поршня в цилиндре*)
dead ~ 1. нулевая точка; «мертвая» точка 2. неподвижный или упорный центр
hemp ~ пеньковая или джутовая сердцевина (*проволочного каната*)
pivot ~ ось вращения; ось качания
upper dead ~ верхняя «мертвая» точка
well ~ центр буровой шахты
  centering центрирование
  centigrade стоградусный; со стоградусной шкалой
  centipoise сантипуаз (*единица абсолютной вязкости*)
  centistoke сантистокс (*единица кинематической вязкости*)
  central 1. центральный; расположенный в центре, расположенный в середине. 2. главный
anchor tension ~ панель контроля натяжения якорных связей
drill ~ 1. панель контроля параметров бурения. 2. пост бурильщика
mud ~ панель контроля параметров бурового раствора
  centralize центрировать (*обсадную колонну в стволе скважины*)
  centralizer центрирующий фонарь (*для центрирования колонны обсадных труб*); центратор
casing ~ центратор; фонарь для центрирования обсадной колонны
turbogen ~ центратор-турбулизатор
  centrifugal центробежный
  centrifuge центрифуга ‖ центрифугировать; очищать (*буровой раствор*) на центрифуге
decanting ~ осадительная центрифуга
nozzle (discharge) ~ центрифуга с выгрузкой осадка через сопла; центрифуга с выгружающими соплами
oscillating-basket ~ центрифуга с вибрационной выгрузкой; вибрационная центрифуга (*фильтрующая центрифуга непрерывного действия с вибрирующим коническим ротором*)
screen bowl ~ центрифуга с сетчатым ротором; центрифуга с сетчатой корзиной
screen-oscillating ~ вибрационная сетчатая центрифуга
scroll conveyor ~ шнековая центрифуга
sedimentation ~ осадительная центрифуга
single-stage ~ одноступенчатая центрифуга
solid bowl ~ центрифуга со сплошным ротором

centripetal центростремительный
centroclinal *геол.* центроклинальный
Ceox *фирм. назв.* растворимое маслянистое поверхностно-активное вещество (*эмульгатор*)
ceresine церезин
certificate удостоверение, свидетельство, сертификат, паспорт
~ of fitness сертификат качества, удостоверение о годности к эксплуатации
certification 1. удостоверение, паспорт. 2. выдача свидетельства
~ of proof акт или свидетельство об испытании
certified проверенный, снабженный сертификатами, кондиционный
Cert-N-Seal *фирм. назв.* специально обработанный медленнораспускающийся бентонитовый глинопорошок для борьбы с поглощением бурового раствора
ceyssatite инфузорная земля, диатомит, кизельгур
CFR-1 *фирм. назв.* реагент, добавляемый в цементный раствор для снижения трения, понизитель трения
CFR-2 *фирм. назв.* ускоритель схватывания цементных растворов
chain 1. цепь 2. *геол.* горный хребет
caterpillar ~ гусеничная цепь
continuous ~ бесконечная цепь
control ~ цепь механизма управления или регулирования; приводная цепь
Gall's ~ цепь Галля
link belt ~ пластическая приводная цепь
roller ~ втулочно-роликовая цепь
rotary ~ втулочно-роликовая цепь
safety ~ *эл.* цепь для заземления
chainomatic цепной
chalk мел; карбонат кальция
Chalk Stabilizer *фирм. назв.* гранулированный угольный порошок (*эмульгатор для приготовления инвертных эмульсий*)
chalk-stone известняк; мел
challenge 1. запрос; опрос 2. вызов (*на соревнование*) 3. цель; направление (*поисковых работ*)
chamber 1. камера; полость; отсек 2. камера замещения 3. цилиндр насоса 4. котел (*после прострелки шпура или скважины*) ‖ простреливать (*шпур или скважину*); расширять (*забой скважины*) 5. *геол.* рудное тело 6. *pl геол.* камерное месторождение
air ~ воздушная камера, воздушный колпак, колпак-компенсатор насоса
atmospheric wellhead ~ устьевая камера с атмосферным давлением (*герметичная камера, устанавливаемая на подводном устье скважины и служащая для обслуживания и ремонта устьевого оборудования*)
buffer ~ буферная камера (*штуцерного манифольда противовыбросового оборудования*)
central manifold ~ камера центрального ма-

нифольда (*обеспечивающая обслуживание подводного устьевого оборудования в сухом объеме*)
control ~ камера для контроля, водолазный колокол для осмотра подводного оборудования
curing ~ 1. камера для выдержки образцов цементного раствора; автоклав 2. вулканизационная камера
delivery ~ камера сжатия; нагнетательная камера
discharge air ~ нагнетательный или воздушный колпак
down-hole ~ камера накопления (*в газлифте*)
drying ~ осушитель; сушильный шкаф; сушильная камера
exhaust ~ отсасывающий коллектор; отсасывающая камера
firing ~ пороховая камера
gas ~ воздушная камера
high pressure ~ камера высокого давления
personnel transfer ~ камера для транспортировки людей
powder ~ зарядная камера
pressure ~ напорная камера
pump ~ насосная камера
wellhead ~ устьевая камера (*для размещения эксплуатационного оборудования скважины с подводным устьем*)
chambering 1. прострелка шпура или скважины; расширение буровой скважины 2. разделка, расточка или обработка полости
chamfer 1. скос, фаска 2. желоб; выемка; буртик
change 1. смена, изменение, перемена, замена; переключение 2. менять(ся), изменять(ся), заменять; переключать
~ over 1. переключение; перевод (*напр. ремня*); перестройка (*станка*) 2. переключать; переводить; переходить (*напр. с электрического управления на механическое*)
~ in length of stroke изменение хода (*плунжера*)
~ in sand conditions изменение в поведении песков
~ of colour игра цветов (*нефти*)
~ of tools смена инструмента
bit ~ смена долота
environmental ~ изменение среды или окружающих условий
facies ~s фациальные изменения
heat ~ теплообмен
operational ~s изменения режимов работы или эксплуатации
speed ~ переключение скорости, ступени изменения скорости
temperature ~s температурные изменения
changeable 1. непостоянный, неустойчивый, изменчивый 2. поддающийся изменениям 3. сменный (*о детали*)
changer 1. устройство для изменения чего-либо 2. переключатель 3. преобразователь
channel 1. канал; ход, путь (*в породе*) 2. желоб; паз; выемка; канавка; борозда 3. швеллер 4. сток; сточная канава 5. пускать по каналу; направлять
discharge ~ 1. сливной [спускной] желоб 2. выходной канал (*в вентиле*)
effluent ~ выводящий канал
guide ~ направляющий канал
mud ~ желоб для бурового раствора, растворопровод
ring ~ кольцевой канал (*на поршне*)
tapered ~ суживающийся канал
channelled 1. бороздчатый; желобчатый 2. направленный в русло 3. текущий по каналу
channelling образование каналов или протоков в пласте, в цементном растворе за обсадными трубами; проскальзывание; просачивание (*воды, газа*); каналообразование
character 1. отличительный признак; характерная особенность 2. условное обозначение 3. цифра; буква; литера; знак, символ
~ of classification of a ship основной символ класса судна (*или плавучей полупогружной буровой платформы*)
rock ~ литологический характер
characteristic 1. характеристика ‖ характеристический 2. характерный, типичный 3. *pl* параметры
averaged ~ усредненная характеристика
drooping ~ *см.* falling characteristic
dynamic ~ динамическая характеристика
external ~ внешняя (*динамическая*) характеристика машины
falling ~ падающая характеристика
filtration ~s фильтрационные свойства (*бурового раствора*); фильтрация, водоотдача
flat ~ жесткая характеристика
flow ~s реологические свойства (*буровых растворов*)
flow friction ~s коэффициент трения потока
formation ~s характеристика пласта
frequency ~ частотная характеристика
full load ~ нагрузочная характеристика
gas ~ газовая константа
no-load ~s характеристика холостого хода (*двигателя*)
operating ~ эксплуатационная [рабочая] характеристика
operational ~ технологическая характеристика
physical ~s физические свойства; механические свойства
priming ~s характеристика заполнения (*цилиндра насоса*)
producing ~s эксплуатационная характеристика (*пласта*), характеристика продуктивности
production ~ *см.* producing characteristics
reservoir ~s параметры пласта
response ~ частотная характеристика
running ~s технологические характеристики

speed-torque ~ кривая зависимости крутящего момента от частоты вращения
stability ~ характеристика устойчивости
surge ~ переходная характеристика
torque ~s рабочая характеристика (*гидропривода*)
welding ~s сварочные характеристики; сварочные свойства; свариваемость

charcoal древесный уголь; растительный или животный уголь
wood ~ древесный уголь

charge 1. нагрузка, загрузка 2. заряд (*пороха, электричества*); заряд шпура 3. заливка, заправка 4. засыпать; загружать; заряжать 5. заливать; заправлять; нагнетать 6. оценивать, ставить в счет 7. *pl* расходы
blasting ~ заряд взрывчатого вещества
carrotless ~ перфорация, дающая чистый, незасоренный канал
detonating ~ заряд капсюля-детонатора
fuel and water ~ статья расходов на горючее и воду
hauling ~s *см.* transportation charges
negative ~ отрицательный заряд
operating ~s производственные или эксплуатационные расходы
overhead ~s накладные расходы
positive ~ положительный заряд
priming ~ 1. детонирующий заряд, запальный заряд 2. заливная вода; заливка (*насоса*) перед пуском
shaped ~ кумулятивный заряд
slow-burning ~ медленногорящее взрывчатое вещество
space ~ пространственный заряд
transportation ~s стоимость перевозки, транспортные расходы

charger 1. загрузочное устройство; бункер 2. зарядное устройство; зарядный агрегат

charging 1. зарядка 2. загрузка; наполнение; нагнетание
pressure ~ наддув (*двигателя внутреннего сгорания*)

chart 1. диаграмма; схема; чертеж; таблица; график; карта || наносить на карту; чертить диаграмму, схему, чертеж на карту 2. лента (*или бумага*) для самопишущего прибора
~ of symbols таблица условных обозначений
alignment ~ номограмма
correction ~ таблица поправок
dot ~ палетка (*точечная*)
flow ~ карта технологического процесса, маршрутная технологическая карта, технологическая схема
graphical ~ график; диаграмма; кривая зависимости
index ~ сборочный лист
isomagnetic ~ изомагнитная карта (*с линиями равных магнитных элементов*)
loading ~ схема распределения нагрузки
lubrication ~ схема смазки
oiling ~ *см.* lubrication chart
pressure-loss conversion ~ номограмма для расчета потерь давления
process ~ *см.* flow chart
record(ing) ~ лента с записью самопишущего прибора; бумага для самопишущего прибора
semi-logarithmic ~ полулогарифмическая диаграмма
service ~ карта обслуживания
trouble ~ таблица неполадок (*при эксплуатации*)
trouble shooting ~ *см.* trouble chart
well spacing ~ план с нанесенной сеткой размещения скважин

charted 1. нанесенный на карту 2. схематический; показанный условным знаком, условный

charter 1. сдача напрокат 2. фрахтовать (*судно, самолет*) 3. заказывать 4. нанимать

charting 1. картирование, нанесение на карту 2. составление диаграмм

chase:
~the threads очистить резьбу труб (*до свинчивания*)

chaser 1. продавочная жидкость 2. винторезная плашка; лерка; метчик для зачистки нарезанных отверстий

chasing 1. нарезание резьбы 2. *геол.* прослеживание жилы по простиранию

chat 1. порода, состоящая из крупного песка [гравия] и ракушек; пустая порода 2. обломок, осколок

chatter дрожать; вибрировать; дребезжать || вибрация; дрожание; дребезжание

chattering вибрация в бурильных трубах (*подпрыгивание долота*)

cheater отрезок трубы, надетый на ручку ключа (*для увеличения момента*)

check 1. контроль, проверка || контролировать, проверять || контрольный, проверочный 2. препятствие (*при миграции нефти*) 3. запорный клапан, вентиль 4. стопор; защелка; собачка; тормозное устройство; останавливающий механизм, останов || останавливать; запирать 5. дросселировать 6. трещина 7. *геол.* сброс; бок жилы 8. квитанция 9. чек
close ~ строгий контроль
leak ~ проверка герметичности
safety ~ предохранительный клапан (*в цилиндре гидравлической подачи*)

checker 1. испытательное устройство 2. контролер

checking контроль

Chek Loss *фирм. назв.* крошка неопреновой резины (*нейтральный наполнитель для борьбы с поглощением бурового раствора*)

Chemcide *фирм. назв.* смесь пленкообразующих аминов (*ингибитор коррозии*)

Chemco Floc Out *фирм. назв.* селективный флокулянт бентонитовых глин

Chemco Gel *фирм. назв.* глинопорошок из вайомингского бентонита

Chemco No Foam *фирм. назв.* жидкий пеногаситель

Chemco No Sluff *фирм. назв.* сульфированный битум (*понизитель водоотдачи буровых растворов на водной основе*)

Chemco NPL-40 *фирм. назв.* термостойкая смазывающая добавка

Chemco Salt Gel *фирм. назв.* аттапульгитовый глинопорошок для приготовления солестойких глинистых буровых растворов

Chemco Surf-ten *фирм. назв.* пенообразующий агент (*детергент*) для буровых растворов на водной основе

chemical химический реагент [продукт] ‖ химический

delayed action ~ реагент замедленного действия

treating ~ реагент для обработки (*бурового раствора*)

water-shutoff ~s химреагенты, применяемые для закрытия водопритоков в скважинах

Chemical V *фирм. назв.* незагустевающая органическая жидкость, применяемая для увеличения притока нефти, а также как структурообразователь растворов на углеводородной основе

Chemical W *фирм. назв.* незагустевающая органическая жидкость (*разжижитель буровых растворов на углеводородной основе*)

chemist химик

chemistry химия

mud ~ химический состав бурового раствора

Chemmist *фирм. назв.* пенообразующий агент для буровых растворов на водной основе

chert кремнистый сланец, кремнистые породы, окремнелые известняки

chill холод; охлаждение ‖ охлаждать

chiller холодильник

chink трещина; щель; расщелина; раскол ‖ трескаться; раскалываться

chip 1. кусочек, осколок (*породы*) 2. выкрашивать 3. *pl* мелкий щебень

chipping 1. вырубка (*дефектного шва*); скалывание 2. *pl* мелкий щебень, осколки породы

Chip-Seal *фирм. назв.* смесь опилок кедровой древесины и хлопкового волокна (*нейтральный наполнитель для борьбы с поглощением бурового раствора*)

chipway промывочная канавка в буровой коронке

chisel зубило; долото, резец; стамеска ‖ долбить, вырубать (*стамеской*), рубить, обрубать, отрубать (*зубилом*); работать (*долотом, зубилом и т. п.*)

chloride хлорид, соль хлористоводородной [соляной] кислоты

calcium ~ хлорид кальция ($CaCl_2$)

hydrogen ~ хлорид водорода, соляная кислота (HCl)

potassium ~ хлорид калия (KCl)

sodium ~ хлорид натрия, поваренная соль (NaCl)

choke 1. штуцер, фонтанный штуцер 2. дроссельная катушка, дроссель 3. воздушная заслонка, дроссель; заглушка ‖ глушить; запирать; дросселировать

flow bean ~ фонтанный штуцер

orifice ~ диафрагменный штуцер

plug ~ пробковый штуцер

positive manual ~ постоянный штуцер ручного управления

retrievable ~ съемный или сменный штуцер

side-door ~ штуцер с боковым входом

choking 1. дросселирование 2. закупорка, засорение

chop 1. рубка; (*рубящий*) удар ‖ рубить; колоть; раскалывать; крошить 2. трещина ‖ трескаться; раскалываться 3. долбежка ‖ долбить 4. клеймо; фабричная марка 5. сорт

chopper:

rope ~ инструмент для обрубки каната в скважине

chord:

circular ~ стойка трубчатого сечения (*элемент опорной колонны самоподъемного основания*)

leg ~ рейка опорной колонны, стойка опорной колонны (*самоподъемного основания*)

Chrome Leather *фирм. назв.* мелкорубленые отходы кожевенной промышленности («кожа-горох») (*нейтральный наполнитель для борьбы с поглощением бурового раствора*)

chromelignite хромлигнит

chromelignosulphonate хромлигносульфонат

chuck 1. патрон (*зажимной*) ‖ зажимать в патроне 2. планшайба ‖ закреплять планшайбой

sleeve ~ зажим в головке перфоратора

chute 1. лоток; желоб 2. крутой скат 3. стремнина 4. быстроток 5. спускать самотеком 6. рудное тело 7. парашют

CIB *фирм. назв.* пленкообразующий амин, ингибитор коррозии

Ciment Fondu *фирм. назв.* алюмокальциевый цемент (*Канада*)

cipher 1. шифр, код ‖ зашифровать, кодировать 2. *выч.* цифра; нуль 3. считать; вычислять, высчитывать

circle круг; окружность

rack ~ зубчатый сегмент; зубчатая рейка, изогнутая по дуге

Circotex *фирм. назв.* гранулированный угольный порошок (*адсорбент свободной жидкости в буровом растворе*)

Circotex Max *фирм. назв.* гранулированный угольный порошок (*адсорбент свободной жидкости в буровом растворе*)

circuit 1. цикл; совокупность известных операций; 2. цепь, контур 3. схема 4. эл. сеть
branch ~ 1. ответвленная цепь; параллельная цепь 2. групповая цепь
cementing ~ схема цементирования (*трубопроводов*)
charging ~ зарядная цепь
clearing ~ цепь отблокирования; цепь размыкания; цепь отбоя
closed ~ замкнутая цепь; замкнутый контур
communication ~ цепь [линия] связи
connecting ~ соединительная линия
control ~ цепь управления; цепь регулирования
filtering ~ фильтрующий контур
flare gas ~ газопровод системы сжигания
flow ~ маршрут перекачки (*нефти*)
input ~ входной контур
levelling ~ эл. выравнивающий контур
output ~ выходной контур
short ~ 1. короткое замыкание 2. цепь короткого замыкания

circuitry (*электронные*) схемы (*регулирования*)
basic ~ основные схемы (*телеуправления*)
electronic ~ электронные схемы

circular 1. круглый; круговой, кольцевой 2. циркуляр 3. реклама; проспект

circulate 1. промывать скважину (*раствором*) 2. циркулировать; иметь круговое движение 3. распространять(ся)
~ out выкачивать

circulation циркуляция (*промывочной жидкости или газа в скважине*); круговорот; круговое движение
break ~ возобновить циркуляцию бурового раствора (*после остановки*)
restore ~ восстановить циркуляцию (*закрытием трещин в стенках скважины*)
bottom ~ нижняя промывка, промывка через нижние циркуляционные отверстия
cross-over ~ обратная промывка скважины
fluid ~ жидкостная циркуляция
forced ~ принудительная циркуляция
gravity ~ циркуляция самотеком, естественная циркуляция
induced ~ принудительная циркуляция, насосная циркуляция
lost ~ потеря циркуляции: уход бурового раствора; поглощение (*бурового раствора*)
mud ~ циркуляция бурового раствора
natural ~ естественная циркуляция
normal ~ прямая циркуляция промывочного раствора при бурении, прямая промывка
return ~ восходящий поток промывочной жидкости (*от долота до устья скважины*)
reverse ~ обратная циркуляция, обратная промывка
sludge ~ циркуляция глинистого раствора
water ~ циркуляция воды

Circulite *фирм. назв.* вспученный перлит (*нейтральный наполнитель для борьбы с поглощением бурового раствора*)

circumference 1. окружность 2. периметр; периферия
developed ~ развернутая поверхность (*напр. трубы*)
inside ~ внутренняя окружность
outside ~ наружная окружность

circumferential 1. относящийся к окружности; круговой; кольцевой 2. окружающий 3. периферический

circumflexion кривизна, изгиб
circumfluent обтекающий
circumjacent окружающий

clack:
ball ~ шариковый клапан

clad 1. плакированный, покрытый; бронированный 2. армированный

claim заявка (*на торгах*)
patented ~ отвод, зарегистрированная заявка (*на участок*)

clamp зажим; зажимное приспособление; скоба; крепление; хомут; струбцина; фиксатор ‖ зажимать; закреплять; фиксировать
safety ~ for drill collars предохранительный хомут для утяжеленных бурильных труб
anchor ~ якорный хомут
belt ~s планки с болтами для соединения приводных ремней
bull wheel shaft ~ хомут для вала инструментального барабана
cable ~ канатный зажим, кабельный зажим
casing ~s хомуты для спуска и подъема обсадных труб
collar ~ хомут из двух половин
drilling ~ канатный зажим (*при канатном бурении*)
hose ~ хомут(ик) для крепления рукава или бурового шланга к патрубку
leak ~ аварийный хомут (*для трубопровода*)
liner ~ прижимной стакан цилиндровой втулки насоса
line-up ~ зажим для центровки труб
packing ~ уплотняющий хомут
pipe ~ хомут или скоба для труб, трубный зажим, поддерживающая скоба при опускании трубопровода в траншею
pipeline ~ хомут (*для ремонта трубопровода*)
pipeline-up ~ центратор труб (*соединяемых сваркой*)
pull rod ~ *см.* rod clamp
pulling rope ~ зажим тягового каната
river ~ балластный хомут для удержания трубопровода на дне реки
rod ~ зажим для насосных [полевых] тяг
rope ~ зажим для каната, канатный замок; канатный наконечник
saddle repair ~ седлообразный хомут для ремонта трубопровода

screw ~ винтовой зажим, струбцина
travelling pipe ~ перемещающийся трубный зажим (*установки для бурения дна моря*)
tubing ~ хомут для насосно-компрессорных труб
unit ~ специальный зажим

clamping зажатие; закрепление ‖ зажимной; закрепляющий

clarification 1. очищение; осветление 2. отмучивание; процеживание

clarify очищать [отделять] от примесей; осветлять

class класс; разряд; категория; сорт ‖ классифицировать, относить к категории
API Cement ~es классы [марки] цементов Американского нефтяного института

classification 1. классификация 2. систематика
air ~ воздушная сепарация
hydraulic ~ гидравлическая классификация
settling ~ осадительная классификация
wet ~ мокрая классификация

classified 1. сортированный, классифицированный 2. засекреченный

classifier гидроциклон, классификатор

classify классифицировать, сортировать

clastate разламывать, дробить (*породу*)

clastic *геол.* обломочный, кластический

clastogene *геол.* кластогенный

clastomorphic *геол.* кластоморфный

claw лапа; кулак (*муфты*); захват; зажимная щека

clay глина; глинозем ‖ обмазывать [покрывать] глиной
activated ~ активированная глина
ball ~ комовая глина; пластичная глина
bauxitic ~ глина, расположенная в пластах боксита, пригодная для приготовления бурового раствора
bentonitic ~ бентонитовая глина
boulder ~ валунная глина
drilling ~ глина, пригодная для приготовления бурового раствора
gumbo ~ гумбо (*темная липкая глина*)
native ~s местные глины
natural ~ природная глина (*без искусственных примесей*)
plastic ~ пластичная [жирная] глина, суглинок
sandy ~ тощая глина
sedimentary ~ осажденная [отмученная] глина
soft ~ пластичная [мягкая] глина
time setting ~ отверждаемый глинистый раствор, ОГР

Clay Stabilizer L42 *фирм. назв.* раствор соли циркония, предохраняющий выбуренные частицы от диспергирования

clayjector глиноотделитель

Claymaster *фирм. назв.* двухступенчатый гидроциклон для удаления жидкости и коллоидных частиц из утяжеленных буровых растворов

clean 1. пустой 2. чистый, свободный от примесей 3. очистить (*скважину от осыпи или постороннего материала*)
~ out очистка забоя от песка
~ up откачка скважины до получения чистой нефти

cleaner 1. очиститель 2. фильтр 3. обезжиривающий раствор 4. скребок
gas ~ скруббер; газоочиститель
mud ~ 1. устройство для очистки бурового раствора 2. глиноотделитель 3. ситогидроциклонная установка
pipeline ~ приспособление для очистки трубопроводов
wall ~ скребок для очистки стенок скважины

cleaning 1. очистка 2. осветление 3. обогащение
blast ~ пескоструйная очистка
in-place pipe ~ очистка уложенных трубопроводов; очистка труб без демонтажа

Cleanmaster *фирм. назв.* 102-мм гидроциклон для очистки воды и нефти

cleanout очистка (*скважины*); очистное отверстие

cleansing (*пескоструйная*) очистка

clear 1. ясный; светлый ‖ осветлять 2. прозрачный ‖ становиться прозрачным 3. отчетливый 4. свободный 5. свободное пространство 6. чистый ‖ очищать 7. зеркальный (*о поверхности*) 8. в свету 9. без ограничений 10. вписываться в габаритные размеры; проходить, не задев 11. рассчитать 12. отбой (*в радиотелефонии*)
in ~ в свету

Clear S20 *фирм. назв.* поверхностно-активное вещество, применяемое для вызова притока нефти из пластов, экранированных фильтратом бурового раствора

clearance 1. зазор; промежуток; просвет 2. вредное пространство (*в цилиндре*) 3. габарит 4. клиренс, просвет (*расстояние по вертикали от статического уровня моря до нижней кромки корпуса плавучей буровой платформы*)
platform ~ at drilling draught просвет платформы при буровой осадке
~ in the derrick клиренс в вышке (*расстояние от пола буровой площадки до кронблочной площадки*)
adjustable ~ регулируемый зазор
axial ~ осевой зазор
bottom ~ донный клиренс (*расстояние от днища плавучего основания хранилища до дна моря*)
casing ~ просвет между колонной обсадных труб и стенкой скважины
diameter ~ зазор по диаметру
hole ~ зазор между обсадными трубами и стенками скважины
operating ~ эксплуатационный просвет (*расстояние между днищем плавучего бурового*

основания и уровнем невозмущенной поверхности воды)
outside ~ наружный зазор, внешний зазор (*половина разницы диаметров скважины и колонковой или иной трубы*)
piston ~ зазор поршня; вредное пространство между поршнем и крышкой цилиндра в конце хода
radial ~ кольцевой [радиальный] зазор
rotary beam ~ проем подротора, просвет между роторными балками (*подвышечного портала плавучей буровой установки*)
running ~ зазор между валом и подшипником
safe ~ допускаемый габарит; допускаемый зазор
tip ~ зазор по головкам зубьев или по вершинам витков резьбы
wall ~ зазор между буровым инструментом и стенками скважины
working ~ *см.* operating clearance

Clearatron 7 *фирм. назв.* селективный флокулянт глин

cleat 1. зажим, клемма; скоба; планка 2. слоистость; кливаж

cleavage 1. расщепление; раскалывание 2. слоистость; кливаж; отдельность; трещиноватость

cleave раскалывать(ся); расщеплять(ся); трескаться

clench захват; скрепа; скоба; зажим ‖ захватывать; зажимать

click 1. кулачок, собачка, защелка 2. храповик

clinker 1. клинкер 2. клинкерный кирпич 3. котельный шлак
cement ~ цементный клинкер
portland cement ~ портландцементный клинкер (*твердая гранулированная конкреция, состоящая из гидросиликата кальция с небольшим содержанием кальциевого алюмината и железа*)

clinkering 1. спекание 2. клинкерование, образование клинкера 3. шлакование 4. удаление шлака

clinometer (ин)клинометр (*прибор для измерения угла падения пластов*)

Clinton Flakes *фирм. назв.* целлофановая крошка (*нейтральный наполнитель для борьбы с поглощением бурового раствора*)

clip 1. зажим ‖ зажимать 2. скрепка ‖ скреплять 3. хомут 4. струбцина 5. зажимные клещи; щипцы 6. хомутик или скоба для подвешивания труб
brake ~ тормозной зажим
eccentric ~ хомут эксцентрика
hose supporting ~ скоба-подвеска для наливного шланга
indicator ~ пружинная пластинка для закрепления диаграммы на барабане
pipe ~ хомутик [скоба] для подвешивания трубы [трубопровода]

clockwise направление по часовой стрелке ‖ по часовой стрелке
turn ~ повернуть по часовой стрелке

clock-work 1. часовой механизм 2. точный 3. заводной
dial ~ стрелка и колесный механизм счетчика
recording ~ самопишущий механизм

clod 1. глыба 2. ком, комок ‖ превращаться в комья 3. сгусток 4. свертываться

clog засорение ‖ засорять(ся); закупоривать(ся), загромождать

clogged забитый, засоренный (*напр. фильтр*)

clogging закупорка (*труб, пор в пласте*); загрязнение, засорение; забивание (*фильтра*)
line ~ засорение трубопровода

close 1. закрывать(ся) 2. смыкать(ся); сходиться 3. замыкать (*цепь*) 4. включать (*рубильник*) 5. закрытый 6. близкий 7. сближение; соединение

closed 1. закрытый 2. запертый 3. замкнутый (*о залежи*) 4. законченный

close-meshed с мелкими отверстиями (*о сите*)

closer 1. *эл.* замыкатель 2. обжимка 3. глухой фланец, заглушка
circuit ~ включатель, рубильник

closing 1. замыкание (*антиклинали*) 2. смыкание 3. отсечка; перекрытие
~ in остановка, закрытие скважины
~ of fractures смыкание трещин (*при гидроразрыве пласта*)
positive ~ принудительное закрытие; принудительное замыкание

closure 1. *геол.* замкнутая структура; куполообразная складка, амплитуда поднятия складки 2. закрытие; замыкание 3. перекрытие 4. затвор 5. перегородка

cloth ткань; полотно; холст
asbestos ~ асбестовая ткань
bolting ~ ткань для сит
filter ~ фильтрующая ткань на фильтр-прессах
glass ~ стеклянная ткань
waterproof ~ прорезиненная ткань, водонепроницаемая материя
wire ~ проволочная ткань или сетка

cluster 1. кисть; пучок; гроздь 2. скопление, концентрация 3. группировать, собирать(ся) пучками

clustered групповой; пучковидный; гроздевидный

clutch 1. муфта сцепления, фрикционная муфта 2. включение муфты ‖ сцеплять; соединять
bayonet ~ муфта с защелкой; байонетная [штыковая] муфта
bevel ~ конусное сцепление, коническая муфта
claw ~ *см.* dog clutch
cone ~ коническая фрикционная муфта
coupling ~ *см.* dog clutch
dog ~ кулачковая муфта, сцепная муфта

drum ~ муфта включения барабанного вала буровой лебедки
fluid ~ гидравлическая муфта
friction ~ 1. фрикционная муфта, фрикцион 2. конический тормоз
magnetic ~ электромагнитная муфта
master ~ главная фрикционная муфта, муфта включения
power ~ фрикционная муфта привода качалки (*при глубинно-насосной эксплуатации*)
power pinion ~ приводная фрикционная муфта для станков-качалок
reverse ~ фрикцион с обратным ходом, реверсивный фрикцион
reverse gear ~ реверсивная зубчатая муфта
safety ~ предохранительная муфта или стопор
unit power ~es муфты для индивидуальных качалок

coagulability свертываемость, коагулируемость
coagulant коагулянт ‖ свертывающий, коагулирующий
coagulate коагулировать, сгущаться, осаждать(ся), свертывать(ся)
coagulating коагулирующий, вызывающий коагуляцию
coagulation коагуляция (*свертывание и осаждение взвешенного в жидкости коллоидного вещества*), коагулирование, свертывание
coagulative коагулирующий, свертывающий
coagulator 1. коагулятор 2. коагулянт
coal уголь; каменный уголь
absorbent ~ активированный уголь
bituminous ~ битуминозный уголь, жирный уголь
black ~ каменный уголь
bone ~ сланцеватый уголь; углистый сланец
brown ~ бурый уголь, лигнит
coal-bearing угленосный; содержащий уголь
coalesce соединяться, срастаться, слипаться
coalescence 1. соединение, слипание, сращение (*мелких частиц*); коалесценция 2. слияние, соединение нефтяных капель эмульсии под действием реагента 3. столкновение
coalescing смешивающийся (*в растворе*)
coarse 1. грубый; необработанный; неотделанный; сырой (*о материале*) 2. крупный 3. неточный
coarse-crystalline крупнокристаллический
coarse-fibered грубоволокнистый
coarse-grained крупнозернистый, грубозернистый
coarsen делать грубым; укрупняться; огрублять
coast берег, побережье (*морское*)
Gulf ~ северное побережье Мексиканского залива
coastal береговой, прибрежный, расположенный на берегу
coat грунтовка; покрытие; плакировка; слой; обшивка; облицовка ‖ наносить покрытие; обшивать; облицовывать; грунтовать
priming ~ грунтовочный слой, первый слой окраски
seal ~ защитный слой; изоляционный слой

Coat-C1815 *фирм. назв.* пленкообразующий амин (*ингибитор коррозии*)
Coat-415 *фирм. назв.* пленкообразующий амин (*ингибитор коррозии*)
coated 1. покрытый, имеющий покрытие 2. плакированный 3. окрашенный
coating 1. слой (*напр. краски*); покрытие; облицовка; обмазка 2. нанесение покровного слоя 3. шпатлевка, грунтовка
bitumastic pipeline ~ битумный лак для покрытия трубопроводов
clay ~ глинистая корка
concrete ~ бетонная рубашка (*для удержания подводного трубопровода на дне моря*)
concrete weight ~ *см.* concrete coating
metal ~ термическая металлизация
pipe ~ защитное покрытие трубы
protecting ~ защитное покрытие
unbonded ~s многослойная изоляция (*трубопроводов*) без взаимной связи между слоями
coaxial коаксиальный; соосный, с общей осью
cock 1. кран; затвор 2. стрелка весов 3. ставить на (*боевой*) взвод, взводить
angle ~ угловой кран
blow-off ~ спускной кран, продувочный кран
by-pass ~ регулировочный кран; перепускной [обводной] кран
control ~ регулировочный кран
cut-out ~ разобщающий кран; кран отсечки
drain ~ спускной кран
gauge ~ контрольный краник, пробоотборный кран
indicator ~ индикаторный кран
kelly ~ задвижка, устанавливаемая над рабочей [ведущей] трубой
test ~ пробный кран
two-way ~ двухходовой кран
water ~ водоспускной кран
code 1. код; шифр ‖ кодировать; шифровать 2. правила; нормы
API ~ нормаль АНИ
safety ~ правила техники безопасности
coder кодирующее устройство; шифратор; кодовый датчик; пересчетчик
coefficient коэффициент; постоянная (*величина*)
~ of absorption *см.* absorbtion coefficient
~ of admission коэффициент наполнения (*цилиндра*)
~ of conductivity коэффициент приводимости
~ of correction поправочный коэффициент; коэффициент коррекции (*зубчатого зацепления*)
~ of coupling коэффициент связи
~ of cubic(al) expansion коэффициент объемного расширения

~ of efficiency коэффициент отдачи; КПД
~ of elasticity модуль упругости
~ of expansion коэффициент расширения
~ of extension коэффициент удлинения; относительное удлинение
~ of friction *см.* friction coefficient
~ of hardness коэффициент твердости
~ of impact динамический коэффициент
~ of irregularity коэффициент неравномерности
~ of linear expansion коэффициент линейного расширения
~ of performance коэффициент полезного действия
~ of permeability *см.* permeability coefficient
~ of safety *см.* safety coefficient
~ of self-induction коэффициент самоиндукции, индуктивность
~ of thermal conductivity коэффициент теплопроводности
~ of viscosity коэффициент вязкости
~ of wear степень износа
absorption ~ коэффициент поглощения, коэффициент абсорбции
adhesion ~ коэффициент сцепления
assurance ~ коэффициент запаса (*прочности*); запас прочности
attenuation ~ коэффициент затухания
compression ~ коэффициент сжимаемости
contraction ~ коэффициент усадки, коэффициент сжатия
expansion ~ коэффициент расширения, коэффициент объемного расширения
dielectric ~ диэлектрическая постоянная
discharge ~ коэффициент расхода при истечении
diffusion ~ коэффициент диффузии
friction ~ коэффициент трения
heat transfer ~ коэффициент теплопередачи
heat transmission ~ коэффициент теплопередачи
orifice ~ коэффициент расхода (*жидкости при истечении ее из отверстий*)
output ~ коэффициент использования, коэффициент отдачи
partition ~ коэффициент распределения
permeability ~ коэффициент проницаемости; коэффициент фильтрации
propagation ~ постоянная распространения
quality ~ коэффициент прочности
radiation ~ коэффициент излучения; коэффициент лучистого теплоотдачи
reduction ~ переводной коэффициент, поправочный коэффициент или множитель
reflection ~ коэффициент отражения
safety ~ коэффициент безопасности; запас прочности; коэффициент надежности
saturation ~ коэффициент насыщения
temperature ~ температурный коэффициент
transfer ~ коэффициент переноса
uniformity ~ коэффициент однородности

coercibility сжимаемость
coercible сжимаемый
coffer кессон для подводных работ
cog кулачок; выступ, палец (*деревянный*); зуб шестерни || зацепляться
cohere сцепляться, связываться
coherence сцепление, связь
coherency когерентность, связность
coherent 1. сцементированный (*о породе*) 2. когерентный, сцепленный, связный
cohesion связь, сцепление, сила сцепления, межмолекулярная связь, когезия
cohesiveness когезионная способность, способность к сцеплению
coil 1. виток; завиток; спираль; катушка, обмотка 2. бухта (*провода*) 3. змеевик 4. наматывать, мотать; свертывать
armature ~ катушка обмотки якоря
exciting ~ 1. катушка обмотки возбуждения 2. катушка электромагнита
magnet ~ катушка электромагнита
magnetizing ~ 1. намагничивающая катушка 2. катушка обмотки возбуждения
pipe ~ змеевик
primary ~ катушка первичной обмотки
relay ~ катушка реле
secondary ~ катушка вторичной обмотки
wire ~ бухта проволоки
coiled 1. спирально свернутый 2. намотанный, обмотанный
coincide 1. *матем.* совмещать 2. совпадать; сходиться
coincidence совпадение, согласованное положение; схождение
coke кокс; отложение кокса; осадок из кислого масла || коксовать || коксовый
oil ~ нефтяной кокс
petroleum ~ *см.* oil coke
coking 1. коксование, спекание 2. коксуемость 3. коксующийся; спекающийся
cold-drawn холоднотянутый
cold-rolled холоднокатаный, в холодном состоянии
cold-short хладноломкий
cold-shortness хладноломкость
cold-worked деформированный в холодном состоянии; наклепанный, негартованный; холоднообработанный
collapse 1. обвал; разрушение; осадка || рушиться; обваливаться; оседать 2. поломка; авария; выход из строя 3. продольный изгиб 4. смятие (*бурильных или обсадных труб*)
casing ~ смятие обсадной колонны
collapsible складной, разборный; раздвижной, телескопический
collar 1. переходная муфта 2. втулка; подшипник 3. сальник 4. буртик; кольцо; хомут 5. закраина, заплечик 6. наплыв вокруг термитного шва 7. устье (*ствола*) || закреплять устье скважины (*обсадной трубой*)

baffle ~ муфта обсадной трубы с перегородкой для задержки пробки при цементировании
bearing ~ обойма подшипника
bottom ~ наддолотник, нижняя утяжеленная труба
bypass ~ устройство для перепуска жидкости
cement baffle ~ установленное в муфте обсадных труб упорное кольцо для задержки пробок при цементировании скважин
cementing ~ муфта, применяемая при цементировании; цементировочная муфта
die ~ ловильный колокол
double box ~ удлинитель с замковыми муфтами на обоих концах
drill ~ удлинитель; утяжеленная бурильная труба, УБТ
float ~ муфта обсадной трубы с обратным клапаном; обратный клапан
guard ~ предохранительное кольцо
landing ~ муфта для подвешивания труб; муфта с упором (*для задерживания цементировочной пробки*)
latch-in ~ муфта с фиксатором; муфта с упором
loose ~ установочное кольцо; зажимное кольцо
monel ~ УБТ из монель-металла
mud ~ утяжеленная бурильная труба с перепускными клапанами для бурового раствора
non-magnetic drill ~ немагнитный удлинитель или УБТ
No-Wall-Stick drill ~ утяжеленная бурильная труба со спиральной канавкой
N-W-S ~ *см.* No-Wall-Stick drill collar
pipe ~ трубная соединительная муфта
port ~ муфта с отверстиями
ribbed ~ ребристая утяжеленная бурильная труба
set ~ установочное кольцо; зажимное кольцо
stage ~ *см.* stage cementing collar
stage cementing ~ муфта для ступенчатого цементирования
thrust ~ упорное кольцо, упорный заплечик
travel ~ скользящая муфта
collateral 1. параллельный; побочный; второстепенный; косвенный 2. *геол.* параллельный, коллатеральный
collection 1. собирание, сбор 2. скопление
gas ~ сбор газа
collector 1. коллектор; сборник 2. щетка электрической машины 3. токосниматель
dust ~ пылеуловитель
gas ~ газоуловитель, газосборник
sand ~ отстойник для песка
collet 1. патрон; зажимной патрон; цанговый патрон; цанга 2. конусная втулка; разрезная гильза; разрезной конусный замок
collimate 1. придавать параллельность 2. *геол.* визировать
collision столкновение; соударение
colloid коллоид ‖ коллоидный
colloidal коллоидный; коллоидальный

colloidity коллоидальность
Colmacel *фирм. назв.* волокно целлюлозы (*нейтральный наполнитель для борьбы с поглощением бурового раствора*)
colmatage кольматаж, намыв почвы
colorimeter колориметр, цветомер
colorimetry колориметрия, цветовые измерения
colo(u)r 1. цвет; оттенок; тон 2. краска; красящее вещество; пигмент; колер ‖ красить, окрашивать
code ~ цветная маркировка
colo(u)ring окрашивание; окраска; раскраска; крашение
colo(u)rless бесцветный; неокрашенный
column 1. колонка 2. колонна 3. столб (*жидкости*)
~ of mud (gas, oil) столб бурового раствора (*газа, нефти*) в скважине
~ of water столб воды
combined casing ~ 1. комбинированная колонна, составленная из двух и более секций с разной толщиной стенок 2. обсадная колонна, выполняющая одновременно назначение водозакрывающей и эксплуатационной
drainage ~ дренируемый столб
eduction ~ эдуктор, подъемная колонна (*газлифта*); подъемник
flow ~ колонна насосно-компрессорных труб
fluid ~ столб жидкости
gas ~ этаж газоносности
geological ~ сводный геологический разрез; геологическая колонка
mud ~ столб бурового раствора
oil ~ нефтяная часть залежи; столб нефти (*в скважине*)
outrigger type stability ~ стабилизирующая колонна выносного типа
packed ~ 1. искусственный керн 2. ректификационная колонна насадочного типа, насадочная колонна
perforated plate ~ перфорированная колонна с сетчатыми вкладышами в отверстиях
stabilizing ~ стабилизирующая колонна; колонна остойчивости
columnar 1. колоннообразный; в виде колонны 2. поддерживаемый на столбах 3. столбчатый
combination 1. соединение; состав 2. комбинация; сочетание ‖ комбинированный
~ of zones сообщение пластов (*в результате нарушения тампонажа*)
chemical ~ химическое соединение
liner packer ~ хвостовик, устанавливаемый на пакере
overlapping ~ комбинированное группирование (*сейсмографов*)
plug ~ комбинированная (*цементировочная*) пробка

combined 1. связанный, присоединенный (*о химическом соединении*) 2. комбинированный, составной, сложный
combustible топливо; горючее ‖ воспламеняемый, горючий
combustion 1. горение; сгорание; сжигание; воспламенение 2. *хим.* окисление
in situ ~ создание фронта горения в пласте путем частичного сжигания нефти (*с целью повышения нефтеотдачи*); горение нефти в пласте
come:
~ down обрушать, обрушаться
~on water полное обводнение (*скважины*)
command сигнал; команда
commercial 1. коммерческий; торговый 2. заводской; промышленный (*процесс или оборудование*); промышленного значения 3. рентабельный, прибыльный 4. серийный (*о машинах, агрегатах*)
commercially в промышленных масштабах
commingle смешивать, соединять
commingler смеситель
comminute 1. растирать, толочь, превращать в порошок; измельчать 2. распылять
comminution 1. измельчение, дробление 2. распыление
commission 1. вводить в эксплуатацию, вводить в действие 2. комиссия 3. полномочия
Interstate Oil Compact ~ Междуштатная нефтяная координирующая комиссия (*США*)
commix смешивать
commixture 1. смешивание 2. смесь
communicate 1. сообщаться 2. сообщать, делать сообщение
communication связь; коммуникация; сообщение
wire ~ связь по проводам, проводная связь
commutator 1. коллектор 2. коммутатор, токораспределитель; переключатель
compact 1. компактный 2. уплотнять ‖ плотный, уплотненный 3. прессовка ‖ прессовать 4. *pl* вставки в штыревые долота (*напр. из карбида вольфрама*)
compactedness уплотненность
compact-grained плотного строения; плотной структуры; мелкозернистый
compactibility уплотняемость
compaction сжатие, уплотнение
company фирма, компания
drilling mud ~ *см.* mud company
independent oil ~ независимая нефтяная компания
integrated oil ~ многоотраслевая нефтяная компания (*в сферу действия которой входит добыча, переработка, транспорт*)
major oil ~ крупная нефтяная компания
mud ~ фирма, специализирующаяся на приготовлении и поставке реагентов для приготовления буровых растворов буровым подрядчикам
service ~ специализированная обслуживающая фирма (*напр. по каротажу, ремонту скважин, цементированию и т. п.*)
well surveying ~ специализированная фирма по каротажу и исследованию скважин
compartment отделение; камера; отсек
pumping ~ насосное отделение
compatibility возможность совместного использования (*напр. разных реагентов*); совместимость
compatible 1. совместимый 2. сходный
compensate компенсировать; уравнивать, балансировать
compensated компенсированный; уравновешенный, сбалансированный
compensation компенсация, уравнивание; возмещение; выравнивание; коррекция
wave motion ~ компенсация перемещения от волнового воздействия
compensator 1. компенсатор 2. автотрансформатор
crown block ~ кронблочный компенсатор (*компенсатор бурильной колонны, встроенный между кронблоком и вышкой; компенсирует перемещение бурового судна или плавучей полупогружной буровой платформы относительно подводного устья скважины*)
crown mounted heave ~ кронблочный компенсатор (*вертикальной качки*)
deadline heave ~ компенсатор вертикальной качки
downhole heave ~ скважинный компенсатор вертикальной качки; забойный компенсатор вертикальной качки
drill string ~ компенсатор бурильной колонны (*устройство, обеспечивающее постоянство нагрузки на долото*)
drilling heave ~ компенсатор бурильной колонны
dual cylinder motion ~ компенсатор перемещения с двумя цилиндрами, компенсатор бурильной колонны с двумя цилиндрами
in-line heave ~ компенсатор качки, установленный в линию с талевым блоком и крюком
motion ~ компенсатор бурильной колонны
single-cylinder ~ одноцилиндровый компенсатор
unicode heave ~ компенсатор качки «юникод»
complete закончить (*скважину бурением*)
completion 1. заканчивание скважины 2. вскрытие (*нефтяного пласта*) 3. процесс бурения, начиная с момента входа в пласт 4. скважина, законченная бурением
barefoot ~ законченная бурением скважина с открытым [необсаженным] забоем
bottom supported marine ~ заканчивание морской скважины с опорой на дно
casingless ~ малогабаритная скважина, скважина малого диаметра (*диаметр скважины 171 мм и менее, диаметр эксплуатационной колонны менее 140 мм*)

dry subsea ~ скважина с подводным устьем, законченная с фонтанной арматурой, изолированной от морской воды
dual ~ заканчивание скважины в двух горизонтах, двухпластовая скважина
marine ~ морское заканчивание (*нефтяной или газовой скважины*); установка фонтанной арматуры на дне или на основании
multiple ~ заканчивание скважины для одновременной совместной эксплуатации нескольких продуктивных горизонтов; многопластовое заканчивание скважины
multiple zone ~ *см.* multiple completion
one string pumpdown ~ заканчивание скважины для одноколонного газлифта
open hole ~ заканчивание скважины при необсаженном забое
permanent ~ *см.* permanent type completion
permanent type ~ заканчивание скважины при стационарном оборудовании; заканчивание скважины после спуска насосно-компрессорных труб
permanent well ~ *см.* permanent type completion
quadruple ~ заканчивание (*скважины*) для одновременной эксплуатации четырех продуктивных горизонтов
single zone ~ однопластовое заканчивание
small diameter multiple ~ скважина, пробуренная для одновременной и раздельной эксплуатации нескольких продуктивных горизонтов, в которую спущены две и более эксплуатационных колонн малого диаметра
tubingless ~ беструбное завершение нефтяных скважин; малогабаритная скважина, скважина малого диаметра
unique ~ скважина, стоящая особняком; отдельно стоящая скважина
well ~ завершение скважины (*бурение от кровли продуктивного горизонта до конечной глубины, кислотная обработка, гидроразрыв, оборудование скважины для эксплуатации*), заканчивание скважины, освоение скважины
wet subsea ~ 1. заканчивание скважины с открытым подводным устьевым оборудованием 2. скважина, законченная с открытым подводным устьевым оборудованием

complex комплекс; совокупность ‖ комплексный; совокупный; сложный
sedimentary ~ комплекс [свита] осадочных пород

component 1. узел; блок; деталь 2. компонент, составная часть, составной элемент 3. компонента, слагающая, составляющая 4. составной; сложный
resolve into ~s разлагать на составляющие
active ~ активная составляющая
axial ~ продольная составляющая
compose составлять

composite смесь; что-либо составное ‖ составной, сложный
composition 1. структура; строение; состав 2. соединение; смесь 3. монтаж
~ of salt in solution солевой состав
~ of well stream состав газированной нефти
anti-scaling ~ антинакипин
belt dressing ~ состав для смазки приводных ремней
chemical ~ химический состав
equilibrium ~ равновесный состав (*фаз*)
fractional ~ фракционный состав
grain ~ *см.* granulometric composition
granulometric ~ гранулометрический состав
original ~ исходный состав
petroleum ~ состав нефти
size ~ состав по крупности (*зерна*)
compound 1. смесь; состав; химическое соединение 2. силовая трансмиссия 3. компаунд 4. соединять, составлять, смешивать 5. смешанный; составной, сложный 6. компаундировать ‖ компаундный, со смешанным возбуждением
aliphatic ~ алифатическое соединение
antifouling ~ состав для устранения загрязнений; противогнилостный состав
antifreezing ~ антифриз
antigalling ~ смазка для предохранения соединительной резьбы (*напр. замковой*) от повреждения при свинчивании
aromatic ~ *хим.* соединение ароматического ряда
chelate ~ хелатное [внутрикомплексное] соединение
complex ~ комплексное соединение
epoxy ~ эпоксисоединение, кислородное соединение
fatty ~ соединение жирного ряда
hydrocarbon ~ углеводородное соединение
low friction ~ смазка для снижения трения (*напр. при свинчивании*); маловязкое соединение
organic ~ органическое соединение
quaternary ammonium ~ четвертичное аммониевое основание
sealing ~ уплотняющая резьбовая смазка для труб, герметизирующий состав
wall-sealing ~s тампонирующие добавки, добавки для борьбы с поглощением бурового раствора
welding ~ флюс для сварки
compounded 1. составной; смешанный 2. компаундированный; со смешанным возбуждением
compounding 1. объединение двигателей при помощи общей трансмиссии 2. смешивание, составление смеси, приготовление массы, компаундирование
~ in parallel параллельное соединение (*насосов*)
~ in series последовательное соединение (*насосов*)

compress сжимать
compressed сжатый; сдавленный
compressibility сжимаемость, способность сжиматься
formation ~ коэффициент сжимаемости породы
voluminal ~ объемная сжимаемость
compressible сжимаемый
highly ~ с высокой сжимаемостью
compressing 1. сжимание 2. сжимающий
compression 1. сжатие, компрессия, давление; сдавливание 2. уплотнение, набивка, прокладка 3. обжатие; прессование 4. элемент, работающий на сжатие
adiabatic ~ адиабатическое сжатие
axial ~ осевое сжатие; продольное сжатие
compound ~ многоступенчатое сжатие
reversed ~ переменное сжатие
simple ~ простое сжатие
single-stage ~ простое [однократное] сжатие
stage ~ ступенчатое сжатие
triaxial ~ трехосное сжатие, трехосное нагружение
compressometer компрессометр (*прибор для измерения деформации сжатия или давления*)
compressor компрессор
air ~ 1. воздушный компрессор 2. краскораспылитель; аэрограф; пульверизатор
angle ~ компрессор с угловым расположением цилиндров
auxiliary ~ вспомогательный [пусковой] компрессор
axial-flow ~ осевой компрессор
booster ~ дожимной компрессор, вспомогательный компрессор
centrifugal ~ турбокомпрессор, центробежный компрессор
centrifugal gas ~ газотурбокомпрессор
displacement ~ объемный компрессор
gas ~ газовый компрессор
gas jet ~ струйный газовый компрессор
gas turbine centrifugal ~ компрессор с газотурбинным приводом
high-pressure ~ компрессор высокого давления
high stage ~ компрессор второй ступени; дожимной компрессор
hydraulic ~ гидравлический компрессор
low-pressure ~ компрессор низкого давления
multiple-stage ~ *см.* multistage compressor
multistage ~ многоступенчатый компрессор
non-positive ~ *см.* centrifugal compressor
piston ~ поршневой компрессор
piston ring ~ приспособление для сжатия поршневых колец (*при введении поршня с кольцами в цилиндр*)
power take-off ~ компрессор с приводом от вала отбора мощности
radial flow ~ *см.* centrifugal compressor
reciprocating ~ *см.* piston compressor
rotary ~ ротационный компрессор
rotary displacement ~ ротационный компрессор вытеснения
single-stage ~ одноступенчатый компрессор
sliding vane ~ *см.* rotary compressor
turbine ~ *см.* centrifugal compressor
two-stage single-acting ~ двухступенчатый компрессор одностороннего действия
computation вычисление; расчет; выкладка; определение
compute считать, подсчитывать; вычислять; делать выкладки
computed расчетный; проектный; исчисленный
computer счетно-решающее устройство; вычислительная машина; вычислитель; счетчик; электронный калькулятор, компьютер; ЭВМ
analog(ue) ~ моделирующее счетное устройство; вычислительное устройство непрерывного действия; машина-аналог
control ~ вычислительное устройство системы автоматического регулирования
digital ~ счетная машина дискретного типа, цифровая вычислительная машина
electronic ~ электроинтегратор, электронная счетная машина, ЭВМ
high-speed digital ~ высокоскоростной прибор дискретного счета
concave 1. вогнутый 2. *св.* ослабленный (*шов*)
concavity 1. вогнутость, вогнутая поверхность 2. *св.* ослабление шва
concealed потайной; уплотненный; утопленный; скрытый (*о проводке или монтаже*)
concentrate 1. концентрат ‖ концентрировать 2. обогащенный продукт ‖ обогащать руду 3. выпаривать; сгущать
emulsifier ~ концентрированный эмульгатор
concentrated 1. концентрированный; сосредоточенный 2. обогащенный
concentration 1. концентрация, сосредоточение 2. обогащение (*руд*) 3. сгущение; выпаривание
dry ~ сухое обогащение
equilibrium ~ равновесная концентрация
gravity ~ гравитационное обогащение
impurity ~ концентрация примесей
hydrogen ion ~ концентрация водородных ионов (pH)
mass ~ концентрация по массе (*масса вещества на единицу массы смеси*)
mole ~ мольная концентрация
mole-fraction ~ мольная долевая концентрация
residual ~ остаточная концентрация
stress ~ концентрация напряжений
weight ~ весовая концентрация
concentric 1. концентрический 2. коаксиальный (*о кабеле*)
concept:
cancellation ~ принцип гашения (*энергии ветра и волн, применяется в конструировании морских плавучих платформ*)

concept

modular ~ модульная концепция; модульный метод (*сооружения морских платформ из готовых блоков*)
tension-leg ~ принцип создания плавучих платформ на оттяжках с минимальными перемещениями относительно подводного устья
total cementing ~ метод комплексного цементирования

conchoidal конхоидальный, раковистый (*излом минерала*)

concordant 1. согласный; согласующийся 2. согласно напластованный

concrete 1. бетон || бетонный || бетонировать 2. конкретный; определенный
acid-resisting ~ кислотоупорный бетон
aerated ~ газобетон
agglomerate-foam ~ агломератопенобетон, пенобетон с мелким заполнителем
air-placed ~ торкрет-бетон
armoured ~ армированный бетон
cellular ~ ячеистый бетон
cement ~ цементный бетон, цементобетон, бетон на цементе
cinder ~ шлакобетон, бетон на котельном шлаке
early strength ~ быстротвердеющий бетон
expanded slag ~ бетон с заполнителем из вспученного шлака
fibrous ~ фибробетон, бетон с волокнистым заполнителем
fine ~ мелкозернистый бетон
foam ~ пенобетон
fresh ~ свежеуложенная бетонная смесь
green ~ не вполне затвердевший бетон, свежий бетон
plain ~ неармированный бетон
poor ~ тощий бетон, тощая бетонная смесь
prestressed ~ предварительно напряженный бетон
reinforced ~ железобетон

concrete-mixer бетономешалка

concretion 1. конкреция, минеральное включение 2. срастание 3. твердение 4. сгущение; осаждение; оседание; коагуляция

concurrent одновременный, идущий параллельно; совпадающий, сопутствующий, одновременно действующий

concurrently одновременно

condensate конденсат; газоконденсат || конденсировать; сгущать; сжижать || сгущенный; сжиженный
gas ~ газоконденсат
lease ~ конденсат из попутного газа
liquid hydrocarbon ~ жидкий конденсат углеводородов

condensation конденсация; сгущение; уплотнение; сжижение
retrograde ~ ретроградная или обратная конденсация, конденсация в условиях пониженного давления

condense конденсировать; сгущать; сжижать; уплотнять

condensed конденсированный; сгущенный; уплотненный

condenser 1. конденсатор, холодильник; газоохладитель 2. конденсор

Con Det *фирм. назв.* анионоактивный пенообразующий агент (*детергент для буровых растворов с низким содержанием твердой фазы*)

condition 1. условие || обусловливать 2. состояние; положение 3. *pl* обстоятельства 4. прорабатывать ствол скважины (*перед спуском обсадной колонны*) 5. кондиционировать
meet service ~s удовлетворять условиям эксплуатации
under reservoir ~s в пластовых условиях
~s of fluids свойства жидкостей
acid ~ кислотная среда
alkaline ~ щелочная среда
artificial ~s искусственное воздействие на пласт
asymmetrical loading ~s несимметрично распределенная нагрузка
atmospheric ~s атмосферные условия
bore-hole ~ состояние ствола скважины
boundary ~s граничные условия; контурные условия; условия на краях, краевые условия
deposition ~s условия отложения
down-hole ~s условия, существующие на забое скважины, забойные условия
environmental ~s фациальные условия, условия окружающей среды
field ~s полевые или эксплуатационные условия
formation ~s пластовые условия
geological ~s геологические условия
hydrological ~s гидрологические условия
initial ~ начальные условия
limiting ~ предельное состояние, предельное условие, ограничивающее условие
limiting wave ~ ограничение по волнению моря (*предельные параметры волнения, на которые рассчитано плавучее буровое основание*)
load ~s режим нагрузки
molten ~ расплавленное состояние
natural ~s естественные условия
no-flow ~ отсутствие потока; нетекучее состояние
non-stabilized ~s неустановившиеся условия
normal ~ нормальные условия
operating ~s условия работы, режим работы или эксплуатации, эксплуатационные условия, эксплуатационный режим
operative ~s *см.* operating conditions
plant ~s заводские [производственные] условия
plastic ~ пластическое состояние
process ~s режим процесса

pumpable ~ вязкостная характеристика раствора, позволяющая перекачивать его насосом
rated ~s номинальные условия
regular service ~s нормальные эксплуатационные условия
representative ~s характерные условия
reservoir ~s пластовые условия
room ~s комнатные условия
sampling ~s условия отбора проб
semisubmerged ~ полупогруженное состояние (*рабочее положение полупогружной буровой платформы*)
service ~s рабочие условия
simulated ~s аналогичные условия, моделированные [искусственно созданные] условия
static ~s статические условия
steady-state ~s 1. стабилизированные параметры 2. стационарные условия
technical ~s технические условия
top ~ хорошее состояние
topographic ~s топографические условия
transit ~ транспортное положение, состояние при перегоне
turbulent ~ турбулентное состояние
two zone ~s условия, соответствующие наличию двух зон
unballasted ~ дебалластированное состояние (*плавчего полупогружного бурового основания*)
uncracked ~ состояние без трещин
underground ~ подземные условия
welding ~s условия, в которых производится сварка; режим сварки
well ~ режим скважины; состояние скважины
working ~s *см.* operating conditions
workshop ~s *см.* plant conditions

conditioning доведение до требуемых параметров; прорабатывание (*ствола*); кондиционирование; установление требуемого состава или состояния
gas ~ подготовка (*природного*) газа
mud ~ регулирование свойств бурового раствора, кондиционирование бурового раствора

conductance *эл.* активная проводимость
conducting (токо)проводящий
conduction проводимость
heat ~ теплопередача

conductivity проводимость; удельная проводимость, электропроводность
fluid ~ of well проницаемость призабойной зоны; интенсивность притока жидкости [газа] к забою скважины
eddy thermal ~ теплопередача за счет турбулентной диффузии
heat ~ *см.* thermal conditions
thermal ~ теплопроводность

conductor 1. направление (*первая колонна обсадных труб*), направляющая колонна (*спускаемая иногда вместо кондуктора*) 2. *геол.* направляющая жила 3. проводник (*тока*)

bailer ~ желонка для углубления скважины
marine ~ водоотделяющая колонна; морской стояк; морское направление
outer ~ наружное направление (*первая колонна направления*)
subsea ~ подводное направление (*скважин с подводным устьем*)

conduit 1. труба; трубопровод; канал; ход 2. водовод; напорный трубопровод 3. кабелепровод; изоляционная труба
delivery ~ напорный или нагнетательный трубопровод

cone 1. конус 2. воронка 3. шарошка (*долота*) 4. колокол 5. коническое сопло, конический насадок
agitation ~ воронка для перемешивания
atomizing ~ распылитель, форсунка, распыляющий конус, диффузор
blister ~ *геол.* экструзивный купол
detrital ~ конус выноса
grout flow ~ конус для испытания цементного раствора на растекаемость
mixer ~ бункер струйной глиномешалки
mud ~ конус, образованный грязевым вулканом
pitch ~ основной делительный конус (*у конических шестерен*)
re-entry ~ воронка для повторного ввода (*спускаемого инструмента в устье подводной скважины*)
roller ~ шарошка долота
truncated ~ усеченный конус
vortex ~ вихревой конус

configuration форма; очертание; контур; конфигурация
pendular ~ каплеобразование (*на стенках капилляра при движении смачивающей фазы*)
confine граница || ограничивать
confined 1. ограниченный 2. приуроченный
confinement 1. ограничение 2. размещение (*оборудования*) 3. герметизация
conformability *геол.* согласное залегание; согласное напластование
conformable *геол.* согласный, согласно напластованный
conformance охват (*площади заводнением*)
conformity *геол.* согласное напластование
congeal застывать, замерзать; замораживать
congest 1. перегружать; переполнять 2. скоплять(ся), накоплять(ся)
congestion скопление; затор; уплотнение, сгущение
~ of bottom-hole zone закупоривание призабойной зоны
conglomerate конгломерат, обломочная горная порода || собираться; скопляться
conglomeration конгломерация; накопление, скопление; сгусток
conic конический
conical конический; конусный
coning 1. образование в скважине водяного

конуса, образование конуса обводнения 2. придание (*чему-либо*) конической формы
~ into the well подход [прорыв] конуса обводнения к скважине
lateral ~ язык обводнения
water ~ образование конуса обводнения

conjecture предположение, догадка ‖ предполагать

connate 1. *геол.* реликтовый; погребенный 2. врожденный 3. одновременный

connect соединять; присоединять, связывать
non-galling ~ соединение без заедания

connected 1. соединенный 2. сочлененный 3. связанный
direct ~ непосредственно соединенный; на одном валу
rigidly ~ жесткосвязанный

connection 1. соединение; включение; сообщение; связь 2. сочленение; наращивание инструмента 3. соединительная деталь; соединительная муфта 4. *геол.* привязка; увязка 5. патрубок, штуцер
~ in parallel параллельное соединение
~ in series последовательное соединение
bastard ~ нестандартное соединение (*труб*)
bias cut hydrocouple ~ муфтовое соединение с косыми фланцами (*для ремонта подводных трубопроводов*)
bolted ~ болтовое соединение
clamp ~ хомутное соединение (*для соединения элементов подводного оборудования друг с другом*)
delta ~ *эл.* соединение треугольником
drill-pipe ~ наращивание (*колонны*) бурильных труб
earth ~ *эл.* заземление, соединение с заземлением; замыкание на землю
electrical ~ электрическая схема
filling ~ соединительная муфта наливного рукава с приемным нефтепроводом
flanged ~ фланцевое соединение
flexible hose ~ гибкое соединение, гибкий наливной рукав, гибкий патрубок
gastight ~ газонепроницаемое [герметичное] соединение
ground ~ соединение с землей, заземление
hose ~ соединительная муфта или хомут для рукавов [шлангов]; соединение шлангов; шланговый ниппель, переходная муфта
inlet ~ впускной патрубок, входной штуцер
jumper ~ штепсельный соединитель (*напр. шланга кабеля управления подводным оборудованием к пульту управления*)
jump-over ~ переключение (*трубопроводных линий*) при помощи задвижек и клапанов
key ~ шпоночное соединение
leaky ~ неплотное соединение
link ~ шарнирное соединение
multiple ~ параллельное соединение
outlet ~ выпускной патрубок, выпускной штуцер

permanent ~ неразъемное соединение
pin-and-eye ~ болтовое, шарнирное соединение
pipe ~ 1. соединение труб 2. соединительная муфта; штуцер для присоединения труб
plug and socket ~ штепсельное соединение
RCK riser ~ замок секции водоотделяющей колонны с секциями линий штуцерной и глушения скважины, выполненными заодно с этой секцией
rigid ~ жесткое соединение
riser lock ~ замковое соединение водоотделяющей колонны
series ~ последовательное соединение или включение
series-parallel ~ последовательно-параллельное соединение
side ~ боковое соединение, боковое примыкание
sledge pin ~s соединение (*отдельных блоков*) при помощи вставных стержней
star ~ *эл.* соединение звездой
suction ~ всасывающий патрубок
tapered ~ конусное соединение (*головки бура со штангой или штанг между собой*)
thread ~ *см.* threaded connection
threaded ~ резьбовое соединение
threaded hose ~ шланговый ниппель
tight ~ плотное соединение

connective соединяющий элемент ‖ соединительный

connector 1. соединитель; соединительная часть; соединительная муфта; соединительное звено; ниппель; соединительный зажим 2. штепсельный разъем
autolock ~ автоматически закрывающееся соединительное устройство; муфта с автозатвором
bell-shaped ~ колоколообразный соединитель (*предназначен для соединения каната с цепью*)
BOP stack ~ муфта блока превенторов для соединения с устьем скважины
BOP wellhead ~ *см.* BOP stack connector
box ~ муфта замка (*секции водоотделяющей колонны для стыковки с другой секцией*)
collet ~ цанговый соединитель, цанговая муфта (*для соединения компонентов подводного оборудования друг с другом или с устьем подводной скважины*)
control pod ~ замок коллектора управления (*служащий для соединения коллектора со своим гнездом, установленным на узле шарового шарнира водоотделяющей колонны или блоке превенторов*)
double fluid ~ двухходовой гидравлический соединитель (*гидравлического коллектора управления многоштырьковой конструкции*)
flow line ~ соединитель выкидной линии (*подводной фонтанной арматуры*)
marine riser ~ соединитель водоотделяющей колонны; муфта водоотделяющей колонны (*для стыковки секций водоотделяющей колонны друг с другом*)

pin ~ ниппельная часть соединения
quick lock ~ быстросоединяемый замок (*для соединения обсадных труб большого диаметра друг с другом*)
RCK box ~ муфта замка секции водоотделяющей колонны с секциями линий штуцерной и глушения скважины, выполненными заодно с этой секцией
RCK pin ~ ниппель замка секции водоотделяющей колонны с секциями линий штуцерной и глушения скважины, выполненными заодно с этой секцией
remote guide line ~ дистанционно управляемый замок направляющего каната
riser ~ *см.* marine riser connector
riser collet ~ цанговая муфта водоотделяющей колонны
running and tie-back ~ соединитель для спуска и наращивания (*обсадной колонны*)
snap-latch ~ замок с пружинными защелками (*для соединения труб большого диаметра*)
torus ~ *фирм. назв.* торовидная муфта (*для соединения подводного оборудования с устьем подводной скважины или друг с другом*)
waterproof ~ водонепроницаемый разъем, водонепроницаемая муфта
wellhead ~ устьевая муфта; муфта для соединения подводного устьевого оборудования с устьем подводной части скважины
wellhead collet ~ устьевая цанговая муфта (*муфта на блоке превенторов или водоотделяющей колонны для стыковки их с устьевой головкой подводной скважины*)

consequent 1. последовательный; следующий 2. направленный согласно падению пластов; консеквентный

conservation 1. ограничение добычи; охрана недр 2. консервация
~ of resources сохранение запасов (*нефти или газа*), охрана недр
gas ~ 1. сохранение газа в пласте 2. охрана запасов газа
oil ~ сохранение нефтяных ресурсов

conserve 1. сохранять, предохранять 2. консервировать

consistence *см.* **consistency**

consistency 1. консистенция; плотность; консистентность 2. последовательность 3. постоянство 4. согласованность 5. однородность (*сварных соединений*)

consistent 1. плотный; твердый; консистентный 2. постоянный 3. совместимый; согласующийся

consistometer консистометр

console 1. консоль 2. пульт управления
control ~ пульт управления
drill-central control ~ пульт управления на посту бурильщика
driller's ~ пульт бурильщика

floorman's ~ пульт оператора на буровой площадке
operating ~ пульт управления
running control ~ пульт управления спуском (*подводного оборудования*)

consolidate 1. твердеть, затвердевать; уплотнять(ся) 2. укреплять(ся)

consolidated 1. затвердевший; уплотненный 2. укрепленный

consolidation 1. твердение, затвердение; уплотнение 2. укрепление

constant постоянная величина, константа; коэффициент ‖ постоянный, неизменный
absolute ~ абсолютная постоянная
affinity ~ константа равновесия реакции
arbitrary ~ произвольная постоянная
attraction ~ постоянная притяжения
dielectric ~ диэлектрическая постоянная
elastic ~ константа упругости, постоянная упругости
equilibrium ~ константа равновесия
gas ~ газовая постоянная
gas law ~ *см.* gas constant
gravitational ~ гравитационная постоянная
gravity ~ *см.* gravitational constant
lattice ~ параметр кристаллической решетки
numerical ~ числовой коэффициент, численная постоянная
textural ~ структурная постоянная пласта
thermal ~ теплофизический коэффициент
time ~ постоянная времени
universal gas ~ универсальная газовая постоянная

constituent составная часть; составной компонент; составляющая ‖ составной
rock ~s породообразующие минералы

constitution строение, состав; структура
chemical ~ химическое строение

construct строить, сооружать, возводить

construction 1. конструкция, сооружение 2. стройка, строительство
all-welded ~ цельносварная конструкция
frame ~ рамная [каркасная] конструкция
girder ~ балочная конструкция, жесткая конструкция
light-weight ~ облегченная конструкция
one-piece ~ цельная [неразъемная] конструкция
pipeline ~ сооружение трубопровода, укладка трубопровода на трассе
unit ~ блочная конструкция
unitized ~ *см.* unit construction
welded ~ сварная конструкция

consume потреблять, расходовать
consumer потребитель
consuming:
time ~ длительный, требующий много времени

consumption потребление, расход (*воздуха, энергии*), затрата (*энергии*)
bit ~ расход долот

energy ~ затрата [потребление] энергии
fuel ~ расход [потребление] горючего
gas ~ расход [потребление] газа
heat ~ расход [потребление] тепла
no-load ~ расход [потребление] при холостом ходе
power ~ расход мощности, потребление энергии
rated ~ номинальное потребление или расход (*напр. топлива*)
specific ~ удельный расход (*топлива, смазки*)

contact 1. контакт, соприкосновение || находиться в контакте, соприкасаться || контактный, соприкасающийся 2. сцепление, связь || устанавливать связь 3. *матем.* касание || касаться
abnormal ~ тектонический контакт; ненормальный [прерывистый] контакт
fluid ~ межфлюидный (*или жидкостный*) контакт
gas-oil ~ газонефтяной контакт, ГНК
loose ~ неплотный контакт
plug ~ разъемное соединение; штепсельное соединение
sliding ~ 1. скользящий контакт, ползунок 2. трущийся контакт
tectonic ~ тектонический контакт
thermal ~ термоконтакт
tilted fluid ~ наклонный контакт (*воды и нефти*)
water-oil ~ водонефтяной контакт, ВНК
wedge ~ штепсельный контакт

contactor контактор; замыкатель; электромагнитный пускатель

contain содержать в себе, вмещать

container контейнер; резервуар; бак; сосуд; баллон; приемник; корпус
oil ~ тара для нефтепродукта; масляный резервуар; маслобак
sample ~ контейнер для образцов [проб]

contaminant загрязняющее вещество, примесь

contaminate загрязнять, засорять; заражать

contamination загрязнение; механические примеси (*в нефтепродуктах*); заражение

content 1. содержание (*вещества*) 2. объем, вместимость 3. *pl* содержимое
carbon ~ содержание углерода
fractional oil ~ доля нефти (*в чем-либо*)
gasoline ~ содержание бензиновых углеводородов (*в промысловом газе*)
heat ~ теплосодержание, теплоемкость; теплота нагрева
low solids ~ с малым содержанием твердой фазы (*о буровом растворе*)
moisture ~ содержание влаги, влажность
oil ~ содержание нефти; количество нефти в пласте
organic ~ содержание органических веществ (*в осадках*)
residual fluid ~ остаточная насыщенность (*пласта*)
salt ~ концентрация солей
sand ~ содержание песка (*в буровом растворе*)
solids ~ содержание твердой фазы (*в буровом растворе*)
water ~ содержание воды [влаги]

contingencies непредвиденные расходы

contingency случайность, непредвиденное обстоятельство

continuity 1. непрерывность, неразрывность; целостность 2. постоянство пласта (*в структурном отношении*) 3. сплошность 4. электропроводность цепи, отсутствие обрывов цепи

continuous продолжительный, длительный, непрерывный, сплошной

contorted искривленный, изогнутый, смятый, скрученный, искаженный

contour 1. контур, очертание || наносить контур 2. *геод.* горизонталь || вычерчивать в горизонталях
~ of oil sand структурная карта нефтеносного пласта

contouring вычерчивание [нанесение] горизонталей; вычерчивание горизонталей, оконтуривание, картирование

contract 1. подряд, контракт, договор 2. уплотнять; сжимать; стягивать (*объем цемента*) 3. давать усадку 4. спекаться
gas purchase ~ контракт о закупке газа

contractible сжимаемый

contraction 1. сжатие; сокращение; уплотнение; стягивание, контракция 2. усадка
after ~ дополнительная усадка, послеусадочные явления
hindered ~ замедленная усадка
solidification ~ усадка в процессе затвердевания

contractor (*буровой*) подрядчик
cement ~ специалист или фирма, выполняющие работы по цементированию скважин на договорных условиях
drilling ~ буровой подрядчик

control 1. управление || управлять 2. контроль || контролировать 3. *pl* органы управления; рычаги управления 3. борьба (*напр. с проявлениями в скважине*), контроль; наблюдение
facies ~ of oil occurence фациальные условия образования скоплений нефти
~ of formation pressure борьба с проявлениями пластового давления при бурении, сдерживание пластового давления
~ of gas oil ratio регулирование газового фактора
~ of high pressure wells контроль скважин высокого давления, сдерживание давления в высоконапорных скважинах
air ~ 1. пневматическое регулирование 2. регулирование подвода воздуха
automatic ~ автоматическое [регулирование] управление; автоматический контроль
automatic drilling ~ автоматизированное управление бурением
automatic volume ~ автоматический регулятор

усиления, автоматический регулятор громкости
automatic winch ~ автоматическое управление лебедкой (*напр. якорной лебедкой полупогружной буровой платформы*)
blowout ~ борьба с выбросом из скважины; предотвращение выброса из скважины
blowout preventer ~ управление противовыбросовыми превенторами
BOP ~ *см.* blowout preventer control
brake ~ управление тормозами
capillary ~ капиллярный режим
centralized ~ централизованное управление
choke ~ управление (*фонтанным*) штуцером
clay ~ стабилизация глин (*в процессе проходки*)
coarse ~ грубая регулировка
continuous ~ непрерывное регулирование
day-to-day ~ текущий учет; ежедневный учет
direct ~ прямое управление
direct supporting type of feed ~ регулятор подачи долота прямого действия
discontinuous ~ прерывистое регулирование, регулирование с периодическим выключением
distance ~ дистанционное управление
driller's ~ пульт бурильщика
drilling ~ 1. регулирование скорости подачи долота в процессе бурения 2. прибор для автоматического регулирования подачи долота
dual ~ с двойным управлением [регулированием]; двойное управление
elastic ~ упругий режим пласта
electrohydraulic ~ электрогидравлическое управление
electronic ~ 1. электронное управление 2. электронный регулятор времени
electropneumatic ~ электропневматическое управление
feed ~ 1. автоматическое регулирование подачи (*долота на забой*) 2. регулятор (*подачи долота*)
fine ~ плавная регулировка
fire ~ борьба с пожарами, тушение пожаров
flow ~ 1. регулирование расхода (*жидкости или газа*) 2. контроль технологического процесса
formation pressure ~ борьба с проявлениями высокого давления пласта при бурении
frequency ~ 1. регулировка частоты 2. стабилизация частоты
gear ~ механизм переключения передач
gravity ~ гравитационный режим
hand ~ ручное регулирование [управление]
hoist ~ механизм управления подъемником
hydraulic ~ 1. гидравлический режим 2. гидравлическое управление
idle ~ регулировка холостых оборотов
independent ~ раздельное [независимое, несвязанное, автономное] регулирование
interface ~ регулирование уровня раздела двух несмешивающихся жидкостей
lever ~ управление при помощи рычага, рычажное управление

liquid level ~ регулятор уровня жидкости
local ~ непосредственное управление (*в отличие от дистанционного*)
loss ~ борьба с потерями (*при хранении нефтепродуктов*)
magnetic tape ~ управление с помощью магнитной ленты
manual ~ ручное управление, управление от руки
master ~ центральное управление
mechanical ~ механическое управление
mud ~ 1. кондиционирование бурового раствора; регулирование свойств бурового раствора 2. контроль качества бурового раствора
multiple ~ сложное управление
noise ~ борьба с шумом
nuclear powered BOP ~s ядерная система управления подводным противовыбросовым оборудованием
oil losses ~ борьба с потерями нефти
operating ~s органы управления
paraffin ~ борьба с отложением парафина
pollution ~ борьба с загрязнением
power ~ пусковой рычаг, рычаг включения
process ~ регулирование технологического процесса
production ~ контроль добычи, ограничение добычи
program ~ программное управление
press-button ~ *см.* push button control
pressure ~ регулирование давления; контроль давления
pressure limitation ~ ограничение давления
push button ~ кнопочное управление
quality ~ контроль качества
ratio flow ~ регулирование пропорциональности потока
remote ~ дистанционное управление, телеуправление, управление на расстоянии
sand pressure ~ регулирование пластового давления
selective ~ селекторная система управления
sequence ~ регулятор времени
solids ~ регулирование содержания твердой фазы в буровом растворе
speed ~ регулирование скорости
temperature ~ 1. регулирование температуры 2. регулятор температуры
tie-to-bottom ~ система ориентации (*бурового судна*), связанная с дном моря
time code ~ программное регулирование
timing ~ регулятор времени
tong torque ~ указатель крутящего момента при свинчивании труб
total mechanical solids ~ замкнутая система механической очистки бурового раствора
water ~ борьба с водопритоками в скважине, борьба с водопроявлениями
weight ~ регулирование нагрузки (*на долото*)

well ~ управление скважиной, контроль за скважиной

Control Bar *фирм. назв.* баритовый утяжелитель

Control Cal *фирм. назв.* кальциевый лигносульфонат

Control Emulsion Oil *фирм. назв.* неионогенное поверхностно-активное вещество

Control Fiber *фирм. назв.* смесь волокнистых материалов (*нейтральный наполнитель для борьбы с поглощением бурового раствора*)

Control Flow *фирм. назв.* поверхностно-активное вещество, хорошо растворимое в маслах и нефти

Control Foam *фирм. назв.* реагент-пеногаситель

Controlgel *фирм. назв.* бентонитовый глинопорошок

Control Invert *фирм. назв.* концентрат для приготовления инвертной эмульсии

Controlite *фирм. назв.* вспученный перлит (*нейтральный наполнитель для борьбы с поглощением бурового раствора*)

controlled:
scoop ~ с регулируемым наполнением (*напр. гидромуфты*)

controller автоматический регулятор; автоматическое регулирующее устройство; контроллер
air-operated ~ пневматический регулятор
automatic ~ автоматический регулятор
continuous ~ регулятор непрерывного действия
current ~ *св.* регулятор тока
float level ~ поплавковый автоматический регулятор уровня жидкости
floatless liquid level ~ указатель уровня стационарного типа
flow ~ регулятор потока, регулятор расхода
pressure ~ регулятор давления
recording ~ самопишущий автоматический регулятор
reset ~ регулятор с механизмом обратной связи
reversing ~ реверсивный контроллер

Control MD *фирм. назв.* вспенивающий реагент для буровых растворов

Controloid *фирм. назв.* желатинизированный крахмал

Control Sol *фирм. назв.* неионогенное поверхностно-активное вещество

Control Tan *фирм. назв.* товарный бурый уголь

Control Wool *фирм. назв.* кислоторастворимое волокно из искусственной шерсти (*нейтральный наполнитель для борьбы с поглощением бурового раствора в продуктивных пластах*)

convection конвекция
forced ~ вынужденная конвекция, конвекция с побуждением
free ~ естественная конвекция
heat ~ конвективный теплообмен
natural ~ *см.* free convection

conventional 1. общепринятый, нормальный, обычного типа 2. серийный, стандартный 3. условный

converge сходиться в одной точке, сводить в одну точку; сливаться

convergence 1. схождение между опорным горизонтом и нефтяным пластом; схождение пластов 2. течение 3. *матем.* сходимость 4. схождение в одной точке 5. конвергенция
areal ~ of reserves распределение запасов (*нефти*) по площади
~ of flow сходимость потока
~ of reserves стягивание резервов (*пластовой нефти*); распределение запасов (*нефти, газа*)

conversion 1. превращение; переход (*из одного состояния в другое*); перевод (*из одной системы измерения в другую*) 2. *матем.* освобождение от дробей 3. гидролиз крахмала 4. конверсия

convert 1. преобразовывать, превращать; переводить (*единицы, меры*) 2. переоборудовать; перерабатывать

converter преобразователь, конвертер
hydraulic torque ~ гидротрансформатор
multistage ~ многоступенчатый гидротрансформатор
torque ~ 1. гидротрансформатор 2. преобразователь крутящего момента
two-stage ~ двухступенчатый гидротрансформатор
unicode ~ *фирм. назв.* преобразователь «юникод» (*устройство для поддержания постоянного давления рабочего газа или рабочей жидкости в системе компенсатора бурильной колонны*)

convex 1. выпуклый, вздутый 2. *св.* усиленный (*шов*)

convexity 1. выпуклость 2. *св.* усиление (*шва*)

convey 1. транспортировать; перевозить 2. передавать 3. проводить

conveyer конвейер, транспортер
belt ~ ленточный конвейер
bucket ~ многоковшовый элеватор, нория; ковшовый конвейер
cable ~ канатный конвейер со скребками
chain ~ скребковый конвейер, цепной конвейер
gravity ~ гравитационный транспортер
helical ~ *см.* screw conveyer
screw ~ винтовой [шнековый] конвейер; шнек
spiral ~ *см.* screw conveyer

conveying 1. транспортировка; передача; перемещение; подача 2. транспорт

cool охлаждать ‖ холодный, прохладный

coolant охлаждающее вещество; охладитель; охлаждающий агент, хладоагент; смазочно-охлаждающая эмульсия

cooled:
air ~ 1. с воздушным охлаждением 2. охлажденный на воздухе
oil ~ 1. с масляным охлаждением 2. охлажденный в масле

cooler 1. охладитель 2. градирня 3. холодильник
air ~ воздухоохладитель; воздушный холодильник
fan ~ холодильник [охладитель] с вентилятором
liquid ~ жидкостный охладитель

cooling охлаждение; поглощение тепла ‖ охлаждающий
air ~ воздушное охлаждение
controlled ~ регулируемое охлаждение
ebullition ~ парофазное [испарительное] охлаждение (*двигателя*)
evaporative ~ охлаждение испарением; парофазное охлаждение
jacket ~ охлаждение при помощи водяной рубашки
natural ~ естественное или термосифонное охлаждение
oil ~ масляное охлаждение
water ~ водяное охлаждение

coordinate 1. координата; *pl* оси координат 2. координировать, согласовывать, устанавливать правильные соотношения
Cartesian ~s декартовы координаты, прямоугольные [ортогональные] координаты
curvilinear ~s криволинейные координаты
grid ~ *геод.* координата сетки
polar ~s полярные координаты
rectangular ~s прямоугольные координаты
space ~s пространственные координаты

coordination 1. координация, согласование 2. приведение данных различных съемок к общей системе координат

copolymer сополимер (*продукт совместной полимеризации*)

copper 1. медь 2. омеднять, покрывать медью

copperplated омедненный (*гальваническим путем*), с гальваническим покрытием медью

copperplating меднение, гальваническое покрытие медью

Corban *фирм. назв.* органический ингибитор коррозии

cord 1. шнур, веревка; жгут ‖ связывать веревкой 2. кордная нить, кордная ткань
detonating ~ детонирующий шнур
reverse ~ трос для реверсирования
telegraph ~ трос для регулирования работы двигателей в буровых

Cord *фирм. назв.* крошка из отработанных автомобильных покрышек (*нейтральный наполнитель для борьбы с поглощением бурового раствора*)

cordage канаты, такелаж, снасти

core 1. керн; колонка породы 2. сердечник каната, сердцевина 3. стержень, электродный стержень 4. столб (*дуги*) 5. жила (*кабеля*) 6. дорн
~ of anticline ядро антиклинали
bleeding ~ керн, пропитанный нефтью
cable ~ сердцевина каната
diamond drill ~ колонка алмазного бурения
fiber ~ сердечник из волокна
friable ~ ломкий, хрупкий керн
full hole ~ сплошной керн
oil-base ~ керн, насыщенный нефтью
oil wet ~ керн, смачиваемый нефтью; гидрофобный керн
percussion ~ керн, получаемый при ударном бурении
punch ~ керн, взятый грунтоносом ударного бурения или боковым грунтоносом (*стреляющего типа*)
representative ~ типичный керн, характерный керн, представительный образец керна
target ~ искусственный керн
trough ~ *геол.* ядро мульды
uncontaminated ~ керн, не загрязненный фильтратом (*бурового раствора*)
water wet ~ гидрофильный керн

coregraph керновая диаграмма

corer кернорватель, керноотборник, грунтонос
controlled release ~ керноотборник с дистанционным управлением

coreless без сердечника, не имеющий сердечника

coring 1. отбор керна, взятие керновой пробы, получение колонки породы 2. колонковое бурение; бурение с отбором керна
chop ~ специальный метод отбора образцов породы при канатном бурении
electrical ~ получение колонки керна электробуром
side-wall ~ отбор образцов боковым грунтоносом
wire line ~ отбор керна с применением съемной грунтоноски

corporation 1. объединение, общество 2. корпорация; акционерное общество

correct исправлять, корректировать; устранять (*искажение*)

correction коррекция, поправка, исправление
elevation ~ поправка на высоту
gravity ~ поправка на силу тяжести
kinetic energy ~ коэффициент скоростного напора
power factor ~ улучшение коэффициента мощности
topographic ~ топографическая поправка
weathering ~ *сейсм.* поправка на зону малых скоростей

correlate коррелировать, сопоставлять, устанавливать, соотношение; соотносить, связывать

correlation 1. связь, соотношение; сопоставление, корреляция 2. параллелизация (*пластов*)

correspondence совпадение, согласованность

corresponding соответствующий, соответственный

Correxit 7671 *фирм. назв.* концентрированный раствор трихлорфенолята, бактерицид

Correxit Corrosion Inhibitors *фирм. назв.* органический ингибитор коррозии
Correxit Surfactants *фирм. назв.* неионогенное анионное и катионное поверхностно-активное вещество
corrode подвергать действию коррозии; покрываться коррозией; разъедать; ржаветь
corrodibility способность подвергаться коррозии, разъедаемость
corrodible поддающийся коррозии
corrosion 1. коррозия, разъедание 2. размыв 3. химическое растворение; химическая денудация; вымывание (*пород*)
acid ~ кислотная коррозия
atmospheric ~ атмосферная коррозия
chemical ~ химическая коррозия
contact ~ контактная коррозия
crevice ~ щелевая коррозия
down-the-hole ~ внутрискважинная коррозия
electrochemical ~ электрохимическая коррозия
electrolytic ~ электролитическая коррозия
fretting ~ коррозия трущихся поверхностей
galvanic ~ *см.* electrochemical corrosion
gas ~ газовая коррозия
general ~ общая коррозия
grain-boundary *см.* interctystalline corrosion
hydrogen(-tupe) ~ кислородная коррозия
interctystalline ~ межкристаллитная коррозия
intergranular ~ *см.* intercryctalline corrosion
knifeline ~ ножевая коррозия
localized ~ местная коррозия
hydrogen(-type) ~ кислородная коррозия
pit ~ язвенная [точечная] коррозия
pointed ~ пятнистая коррозия
sacrificial ~ защитная коррозия
selective ~ селективная [избирательная] коррозия
soil ~ почвенная коррозия
tubercular ~ оспенная [точечная] коррозия
underground ~ *см.* soil corrosion
corrosion-proof коррозионно-устойчивый, не поддающийся коррозии, коррозионно-стойкий, коррозиеустойчивый, нержавеющий
corrosive 1. разъедающий, едкий, коррозионный 2. вещество, вызывающее коррозию
corrugate образовывать складки [рифли], делать волокнистым, сморщивать, гофрировать
corrugated гофрированный, ребристый, волокнистый, складчатый, сморщенный, рифленый
corrugation 1. рифление, сморщивание, гофрировка 2. волнистость, складка
Cortron R-174 *фирм. назв.* органический ингибитор коррозии
Cortron 2207 *фирм. назв.* органический ингибитор коррозии для буровых растворов на водной основе
Cortron RDF-18 *фирм. назв.* ингибитор коррозии для всех типов буровых растворов
Cortron RDF-21 *фирм. назв.* пленкообразующий амин (*ингибитор коррозии*)

Cortron RU-126 *фирм. назв.* ингибитор коррозии (*нейтрализатор кислорода*)
Cortron RU-135 *фирм. назв.* аэрированный ингибитор коррозии
Cortron RU-137 *фирм. назв.* ингибитор коррозии для буровых растворов с низким содержанием твердой фазы
cost 1. стоимость, цена ‖ оценивать 2. расход, счет 3. *pl* издержки, затраты
~ of development стоимость разработки (*месторождения*) в целом
~ of drilling стоимость бурения
~ of maintenance стоимость содержания
~ of operation стоимость работы, стоимость эксплуатации, эксплуатационные расходы
~ of production себестоимость добычи нефти [газа]
~ of supervision административные расходы
~ of trucking and transportation *см.* trucking costs
~ per foot стоимость одного фута проходки
~ per well drilled стоимость пробуренной скважины
actual ~s фактические издержки
amortization ~s амортизационные расходы
capital ~s капитальные затраты
direct ~s прямые затраты
estimated ~ расчетная себестоимость
final ~ окончательная стоимость
first ~ *см.* initial cost
indirect ~s косвенные расходы
initial ~ капитальные затраты, первоначальная стоимость
investment ~ сумма первоначальных затрат, капитальные затраты, капиталовложения
labo(u)r ~ затраты на рабочую силу
lifting ~ эксплуатационные расходы (*на промысле*)
maintenance ~s стоимость содержания или обслуживания, эксплуатационные расходы
manual ~ стоимость рабочей силы (*при работе вручную*)
net ~ себестоимость
operating ~s *см.* maintainance costs
original ~ начальная стоимость
overall ~s общая стоимость, полная стоимость
overhead ~s накладные расходы
power ~s стоимость энергии, расход на энергию
production ~ себестоимость добычи
repair ~ стоимость ремонта
running ~s эксплуатационные расходы; текущие расходы
setup ~ стоимость наладки
standard ~ нормативная стоимость
total ~ полная стоимость
trucking ~s транспортные расходы, стоимость перевозки
ultimate ~ конечная стоимость
unit ~ цена за единицу
upkeep ~ стоимость содержания (*машин*)

welding ~ стоимость сварочных работ
working ~s см. running costs
   costimating сметная калькуляция стоимости
   costings смета расходов
   Coto Fiber *фирм. назв.* отходы хлопка-сырца (*нейтральный наполнитель для борьбы с поглощением бурового раствора*)
   Cotton-Seed Hulls *фирм. назв.* кожура хлопковых семян (иногда хлопковые коробочки и хлопковый жмых) (*нейтральный наполнитель для борьбы с поглощением бурового раствора*)
   count 1. счет, отсчет, число отсчетов ‖ считать, подсчитывать 2. одиночный импульс (*в счетчике излучений*)
   counter 1. счетчик 2. измеритель скорости 3. тахометр 4. сумматор 5. пересчетное устройство; пересчетная схема 6. счетчик излучения (*в радиокаротаже*) 7. противостоять 8. противоположный
cycle ~ 1. счетчик периодов, счетчик циклов 2. измеритель времени сварки
revolution ~ счетчик числа оборотов
stroke ~ счетчик числа ходов (*поршня*)
   counteract противодействовать, уравновешивать, нейтрализовать
   counterbalance 1. уравновешивание ‖ уравновешивать 2. контргруз балансира станка-качалки; противовес
crank ~ контргруз, закрепленный на кривошипе качалки (*при насосной эксплуатации*)
   counterbalancing уравновешивание (*установки*)
   counterbore 1. раззенкованная часть замков бурильных труб 2. развертка; отверстие, обработанное разверткой ‖ развертывать отверстие
   counter-clockwise движение [вращение] против часовой стрелки
   counterflow противоток, противотечение, встречное течение
   counterflush обратная циркуляция, обратная промывка
   counterpart взаимозаменяемая часть; дубликат
   countershaft контрпривод, передаточный (*или промежуточный*) вал
   counterweight противовес, контргруз
   country 1. страна, область, территория, район; местность 2. боковые породы; толща, пересекаемая жилой
~ whence consigned страна-поставщик
crooked hole ~ район с таким залеганием пород и свойствами, которые приводят к искривлению ствола скважины
hard rock ~ район с крепкими породами
rolling ~ пенеплен, предельная равнина; холмистая местность
   county 1. округ (*в США*) 2. графство (*в Англии*)
   couple 1. пара ‖ спаривать; соединять, сцеплять, связывать 2. пара сил 3. элемент

pyrometer ~ термопара
thermoelectric ~ термопара
   coupler 1. соединительная муфта, хомут, соединительное устройство 2. штепсельный соединитель
female ~ охватывающая соединительная часть
hose ~ соединитель для шлангов; соединительная муфта
male ~ охватываемая соединительная часть
   coupling 1. соединение; сцепление; муфта; соединительный фланец; сцепка 2. сопряжение, сцепление, сочленение, спаривание
adapter ~ переходная муфта
ball ~ шаровое шарнирное соединение
band ~ 1. ленточная муфта 2. ремённая передача
box ~ втулочная муфта, соединение муфтой
brake ~ тормозная муфта
casing ~ муфта обсадной трубы
choke and kill line ~ муфта линий штуцерной и глушения скважины
claw ~ см. dog coupling
clutch ~ кулачковое соединение
die ~ ловильный колокол
direct ~ прямое зацепление, непосредственная связь
dog ~ кулачковая муфта
drill pipe ~ муфта свечи бурильных труб
drilling ~ переводник для бурильной трубы
dynamatic ~ см. eddy current coupling
eddy current ~ электромагнитная муфта сцепления
elastic ~ упругая муфта
electromagnetic ~ электромагнитная муфта
flange ~ фланцевое соединение, фланцевая муфта
float ~ муфта обсадной трубы с обратным клапаном, обратный клапан
floating ~ 1. шарнирное сочленение 2. плавающее соединение, плавающая муфта
fluid ~ гидравлическая муфта, гидравлическое сцепление
friction ~ фрикционная муфта, фрикционное сцепление, фрикцион
guide ~ направляющий стержень при расширении скважины на следующий диаметр
hardened ~ каленая муфта
hose ~ муфта (*или гайка*) для соединения рукавов [шлангов]
hydraulic ~ гидравлическая муфта
jaw ~ см. dog coupling
loose ~ свободное соединение
make-and-break ~ быстроразъемное соединение
oriented ~ ориентирующая муфта клина Томпсона
pin-to-pin ~ соединительный ниппель или замок с наружной резьбой на обоих концах
pipe ~ трубная (*соединительная*) муфта
pull rod ~s муфты насосных тяг

quick-release ~ быстроразъемное соединение для труб
reducing ~ переходная муфта; переходник (*в буровом снаряде*), переходный ниппель
rigid ~ 1. переходник с винтового шпинделя на штанги при бурении без зажимного патрона 2. глухая муфта, жесткая муфта; жесткое соединение
rod ~ штанговый ниппель
rod reducing ~ переходной ниппель для соединения штанг разного диаметра
safety ~ предохранительная муфта
screw ~ винтовая стяжка
shaft ~ соединение валов; соединительная муфта
shear pin type ~ муфта со срезной шпилькой
sleeve ~ патронная муфта; втулочная муфта
threadless riser ~ безрезьбовая муфта водоотделяющей колонны
tubing ~ муфта для насосно-компрессорных труб
turned-down ~ муфта со скошенными фасками
working barrel ~ муфта цилиндра глубинного насоса
  coupon контрольная пластинка (*для определения коррозионного эффекта*); образец для испытания
  course 1. простирание (*залежи, пласта*) 2. направление, курс; маршрут, следование, путь 3. порядок, очередь, постепенность
~ of the hole направление ствола. скважины, профиль скважины
jet type water ~ промывочный канал в долотах струйного гидромониторного типа
water ~ промывочное отверстие (*обычно в долотах*); канал для выхода бурового раствора
  cover 1. крышка, колпак, колпачок, кожух, футляр, чехол; покрытие; оболочка; обшивка 2. покрывающая порода; толща покрывающих пород; наносы; покров; перекрывающий пласт; кровля (*ловушки*)
pod ~ кожух подводного коллектора
  coverage 1. охват; распространение; зона действия; дальность действия; обзор; 2. покрытие
~ by water flood площадь, охваченная заводнением
bottom hole ~ площадь контакта долота с забоем, перекрытие забоя
hole ~ поражение забоя (*шарошками долота*)
reservoir ~ охват пласта вытесняющим агентом
  crack 1. растрескиваться, трескаться; давать трещины; расщепляться, разрушаться 2. трещина, щель, расселина, раскол 3. крекировать
base-metal ~ трещина в основном металле
bending ~ трещина, образовавшаяся при изгибе или загибе
check ~ *см.* hair crack
cooling ~ трещина, возникающая при охлаждении; холодная трещина

cross ~ поперечная трещина
endurance ~ *см.* fatigue crack
fatigue ~ усталостная трещина
flake ~ *см.* hair crack
hair ~ волосовина, волосная трещина
hard ~ образование трещин в зоне термического влияния (*при сварке легированных сталей*)
hardening ~ *см.* guench(ing)crack
heat-treatment ~ трещина, образовавшаяся в результате термообработки
hot(-short) ~ горячая трещина
incipient ~ микротрещина
longitudinal ~ продольная трещина
low-temperature ~ низкотемпературная трещина, холодная трещина
plate ~ *см.* base-metal crack
quench(ing) ~ закалочная трещина
root ~ *св.* трещина в корне шва
service ~ трещина, возникшая во время эксплуатации
shear ~ трещина скалывания
shearing ~ трещина, возникшая при (*механической*) резке
shrinkage ~ усадочная трещина
water ~ закалочная трещина при охлаждении в воде
weld ~ трещина в сварном шве, трещина в металле шва
weld-metal ~ *см.* weld crack
  Crackchek-97 *фирм. назв.* ингибитор сероводородной коррозии
  cracker 1. особая компоновка «гибкого» низа бурильной колонны для набора угла искривления ствола скважины 2. дробилка 3. крекинг-установка
  cracking 1. образование трещин, растрескивание 2. расщепление; крекинг, крекинг-процесс
base-metal ~ образование трещин в основном металле
cold(-short) ~ образование холодных трещин
corrosion ~ коррозионное растрескивание
edge ~ образование трещин на кромке
high-temperature ~ *см.* thermal cracking
hot(-short) ~ *см.* thetmal cracking
intercrystalline ~ образование межкристаллитных трещин
intergranular ~ *см.* intercrystalline cracking
season(ed) ~ сезонное (*коррозионное*) растрескивание
shrinkage ~ образование усадочных трещин
thermal ~ образование горячих трещин
weld ~ образование трещин в сварном шве, образование трещин в металле шва
weld-metal ~ *см.* weld cracking
  crack-free не имеющий трещин
  cracky имеющий трещины
  cradle рама фундамента для машины, подвесная платформа для производства ремонтных работ; люлька; лотковая опора для трубопровода; гнездо

~ of a pump рама фундамента под насос
cradling поддержка труб при укладке трубопровода
crag 1. *геол.* песчанистый мергель 2. обломок породы
crane 1. кран || поднимать краном 2. изогнутая трубка, сифон
bit dressing ~ кран для заправки долот
BOP ~ *см.* BOP travelling crane
BOP travelling ~ кран для перемещения блока превенторов (*на плавучей буровой платформе*)
full revolving ~ полноповоротный кран (*для выполнения грузовых операций на плавучем буровом основании*)
pedestal ~ пьедестальный кран (*устанавливается на барбете полупогружного бурового основания*)
wall bracket ~ консольный кран в буровой
crank 1. кривошип 2. коленчатое соединение 3. выемка в станине 4. угловой рычаг; рукоятка 5. заводная ручка 6. изгибать в виде колена
bell ~ шатун, рычаг, кривошип
brake ~ ручка тормоза
crankcase картер, кривошипная камера
crankshaft кривошипный вал, коленчатый вал
crater кратер, воронка
crawler:
ball-and-chain ~ шаровой скребок для очистки трубопроводов
internal X-ray ~ устройство для внутренней рентгеновской дефектоскопии
craze волосная трещина, волосовина || трескаться
crazing образование волосных трещин || волосные трещины
creep 1. ползучесть (*металла*); вытягивание (*ремня*); скольжение (*ремня*); пластическая деформация 2. оползание; оползень; провисание (*кровли*) 3. ползти, сползать
~ in the fracture оползание породы в трещине
belt ~ вытягивание ремня; скольжение ремня
creepage 1. ползучесть 2. утечка (*тока по поверхности изолятора*)
~ of the coupler сползание муфты
crest 1. сводная часть складки; хребет 2. гребень (*волны*) 3. кромка [вершина] зуба 4. вершина 5. пик (*нагрузки*); пиковое [амплитудное] значение || пиковый
cretaceous *геол.* меловой
Cretaceous *геол.* меловой период, меловая система || меловой
crevice щель, расщелина; трещина в породе
crew 1. бригада 2. партия
clean-out ~ бригада, выполняющая работы по очистке эксплуатационных скважин от грязи, песка, парафина
drilling ~ буровая бригада
exploration ~ разведывательная партия
cricondenbar криконденбара (*наибольшее давление, при котором жидкость и пар могут находиться в равновесном состоянии*)
cricondentherm криконденterma (*наивысшая температура, при которой жидкость и пар могут находиться в равновесном состоянии*)
crippling 1. деформация, выпучивание; потеря устойчивости, излом, разрушение 2. критический (*о нагрузке*)
crisp 1. хрупкость, ломкость 2. делать(ся) хрупким, ломким; растрескиваться 3. хрупкий, ломкий, шероховатый
criss-cross перекрещивающийся, расположенный крест-накрест, поперек
critical 1. нормируемая (*величина*) 2. узкое (*место*) 3. критический 4. дефицитный 5. решающее (*значение*)
Cronox *фирм. назв.* пленкообразующий амин (*ингибитор коррозии*)
Cronox 211 *фирм. назв.* ингибитор коррозии для буровых растворов на пресноводной основе
Cronox 609 *фирм. назв.* ингибитор коррозии для буровых рстворов на основе минерализованной воды
crooked искривленный, кривой, перекошенный; извилистый
crop *геол.* обнажение
~ out *геол.* выход (*пласта*) на дневную поверхность
cross 1. пересечение; крестовина, крест 2. пересекать(ся); скрещивать(ся) 3. пересекающийся; перекрестный
flat ~ полосовой металл
male and female ~ крестовик с наружной и внутренней нарезкой
cross-bedded *геол.* косослоистый
crosshead 1. ползун; крейцкопф 2. крестовина
crossing 1. пересечение реки (*при прокладке трубопровода*), прокладка трубопроводов через реку или другое препятствие 2. перекресток, переезд
aerial ~ воздушный переход (*трубопровода через препятствие*)
dual ~ пересечение трубопроводами (*рек, оврагов, дорог*) путем прокладки двух линий
river ~ пересечение реки (*при прокладке трубопровода*)
road ~ пересечение дорог (*при прокладке трубопроводов*)
cross-over переходный, перепускной
cross-section поперечный разрез, поперечное сечение, профиль
bulk ~ полное сечение
crowfoot ловильный инструмент для бурильных штанг
crown 1. наивысшая точка, вершина 2. коронка [головка] бура 3. *геол.* перегиб, лоб (*складки, свода*)
~ of the weld верхушка сварочного шва
piston ~ днище поршня
crown-block кронблок

bailer ~ шкив над кронблоком для тартального каната
motion compensated ~ кронблок с компенсацией качки
sliding ~ перемещающийся кронблок
 crown-o-matic *фирм. назв.* противозатаскиватель талевого блока под кронблок
 crude 1. сырой; необработанный, неочищенный; грубый 2. сырая нефть 3. необогащенная руда
degassed ~ дегазированная нефть
extremely high gravity ~ очень легкая нефть
gelled ~ желатинизированная [загущенная] нефть
heavy ~ тяжелая нефть
lease ~ нефть местного происхождения (*добытая на данном участке*)
light ~ нефть парафинового основания; легкая нефть
live ~ газированная нефть
paraffin-base ~ нефть парафинового основания
reduced ~ отбензиненная нефть, мазут
sour ~ сернистая нефть, нефть с высоким содержанием серы
 crumble 1. крошиться; осыпаться; обваливаться 2. крошить; дробить; толочь; растирать (*в порошок*) 3. распадаться; разрушаться; гибнуть
 crumbling трещиноватый (*о породе*)
 crush дробление; измельчение; раздавливание ‖ дробить(ся), крошить(ся), обрушать(ся)
 crushed раздробленный, размельченный
 crusher 1. приспособление, сминающее конец газовой трубы и дающее плотное закрытие (в экстренных случаях) 2. дробилка, мельница; бегуны
ball ~ шаровая мельница
boulder ~ дробилка крупного (*первичного*) дробления
hammer ~ молотковая дробилка
 crushing дробление; измельчение, раздавливание; обрушение
coarse ~ первичное [крупное] дробление
fine ~ мелкое дробление, тонкое измельчение
wet ~ мокрое дробление
 crystallization кристаллизация
primary ~ первичная кристаллизация
 crystallize кристаллизовать(ся)
 culled забракованный
 culling отбор; выбраковка
 cumulative 1. суммарный; накопленный, кумулятивный 2. *матем.* интегральный
 cup 1. манжета; манжетное уплотнение 2. колпак, колпачок; кольцо; гильза 3. лунка 4. масленка 5. чаша, чашка 6. *эл.* юбка изолятора
grease ~ масленка, тавотница
oil ~ масленка, лубрикатор, резервуар для масла
piston ~ манжета поршня
pump ~ манжета насоса

seating ~ манжета для уплотнения крепления (*в глубинном насосе*)
test ~ опрессовочная манжета
working barrel ~s манжеты для плунжерных клапанов
 cupping желобообразный износ зуба (*шарошки*)
 cure 1. вулканизация (*резины*) ‖ вулканизировать 2. выдерживание (*бетона*) ‖ выдерживать 3. термообработка 4. *хим.* отверждение
 curing 1. вулканизация 2. отверждение; выдержка (*бетона*) 3. термообработка 4. *хим.* отверждение
 current 1. течение, поток, струя 2. электрический ток 3. текущий, находящийся в обращении
active ~ активный ток
alternating ~ переменный ток; *амер.* однофазный ток
arc (welding) ~ *св.* сварочный ток
average ~ среднее значение тока
back ~ обратный ток
body ~ ток, протекающий через (*человеческое*) тело
charging ~ зарядный ток
circulating ~ уравнительный ток (*в приборе*)
control ~ ток в цепи управления, управляющий ток
conventional welding ~ номинальный сварочный ток
direct ~ постоянный ток
discharge ~ ток разряда
earth ~s блуждающий ток
eddy ~ 1. токи Фуко, вихревые токи 2. вихревое движение
effective ~ эффективное значение тока
electric ~ электрический ток
field ~ ток возбуждения
filament ~ ток накала
gas ~ поток [струя] газа
ground ~ 1. ток замыкания на землю, ток заземления 2. *pl* токи в земле, блуждающие токи
harmonic ~ синусоидальный ток
high amperage ~ ток большой величины
high frequency ~ высокочастотный ток
high tension ~ *см.* high voltage current
high voltage ~ ток высокого напряжения
impressed ~ наложенный ток
induced ~ индуктивный ток
let-go ~ безопасный ток (*протекающий через человеческое тело*); ток, не вызывающий мышечных спазм
load ~ ток нагрузки
long line ~s *геофиз.* токовые линии
low voltage ~ ток низкого напряжения
maximum welding ~ *св.* максимальный сварочный ток (*при номинальном напряжении*)
multiphase ~ многофазный [трехфазный] ток
multiple ~ сложная, комбинированная распределительная сеть или цепь тока
natural earth ~s естественные земные токи

no-load ~ ток при отсутствии нагрузки, ток холостого хода
nominal ~ номинальный ток
one-phase ~ однофазный ток
operating ~ *см.* рабочий ток
periodic ~ переменный ток
polyphase ~ *см.* multiphase current
power ~ ток промышленной частоты
price ~ прейскурант
pulsating ~ пульсирующий ток
rated ~ *см.* номинальный ток
rated carrying ~ *см.* номинально допустимый ток
rated maximum ~ *см.* максимально допустимый ток
rated short-circuit ~ *см.* номинальный ток короткого замыкания
rated welding ~ *см.* номинальный сварочный ток
rectified ~ выпрямленный ток
reversed ~ противоток, обратный ток
rising ~ восходящий поток (*промывочной жидкости*)
running ~ *см.* рабочий ток
single-phase ~ однофазный ток
three-phase ~ трехфазный ток
turbidity ~s мутные течения
 current-carrying токонесущий; под током, пропускающий ток
 curtailment ограничение
~ of drilling ограничение масштаба буровых работ
 curtain:
grout ~ цементный барьер, образованный закачкой цемента в ряд скважин
seal ~ герметизирующее уплотнение (*плавающей крыши резервуара*)
 curvature изгиб, линия изгиба; кривизна; кривая; искривление
interfacial ~ кривизна поверхности раздела
pronounced ~ резко выраженная кривая
 curve 1. кривая 2. эпюра, характеристика, график 3. дуга
holo-type of ~ кривая, характеризующая соляной купол при газовой съемке
accumalation ~ суммарная кривая
air-brine capillary pressure ~ кривая соотношения соленого раствора и воздуха в пористой среде в зависимости от капиллярного давления
appraisal ~ оценочная кривая; кривая, построенная на основании прошлой добычи скважины (*предполагаемый средний дебит скважины*)
backwater ~ кривая подпора
best ~ плавная кривая, построенная с максимальным приближением к экстремальным точкам
borderline ~ граничная линия (*между двумя состояниями*)
brine-into-oil ~ кривая вытеснения нефти водой
build-up ~ кривая нарастания, кривая восстановления давления

calibrated (gamma ray) ~ тарировочная кривая для гамма-метода
calibration ~ градуированная кривая
characteristic ~ характеристическая кривая, характеристика (*графическая*)
composite decline ~ средняя кривая истощения
composition history ~ кривая, отражающая процесс изменения состава жидкости
cooling ~ кривая охлаждения
cumulative кумулятивная кривая
decline ~ кривая падения добычи; кривая истощения
departure ~ отправная кривая
drainage relative permeability ~ кривая относительной проницаемости в зависимости от изменения насыщенности в результате дренирования
draw-down ~ кривая отбора (*нефти из пласта*), кривая падения давления
draw-down bottom pressure ~ кривая забойного давления в период откачки
easy ~ пологая кривая
efficiency ~ кривая КПД; кривая мощности; кривая производительности (*агрегата*)
empirical ~ эмпирическая кривая
equilibrium condensation ~ кривая равновесной конденсации
expansion ~ кривая расширения
exponential ~ показательная кривая
fair ~ согласная кривая
flash yield ~ кривая однократного испарения
flat ~ пологая кривая
frequency response ~ частотная характеристика
full ~ сплошная кривая
gas ~ кривая проницаемости для газа
gravity drainage ~ кривая гравитационного режима
head capacity ~ кривая зависимости подачи (*насоса*) от напора
high ~ крутая кривая
imbibition relative permeability ~ кривая относительной проницаемости, характеризующая изменение насыщенности в результате вытеснения; кривая относительной проницаемости при всасывании
index ~ кривая показателей
lateral ~ *геофиз.* кривая градиент-зонда
load ~ кривая нагрузки
moment ~ эпюра моментов
normal ~ *геофиз.* кривая потенциал-зонда
percentage decline ~ кривая процентного падения производительности (*скважин*)
performance ~s характеристики, выраженные кривыми; рабочие характеристики
permeability ratio ~ кривая отношения проницаемостей
permeability saturation ~ кривая относительной проницаемости, кривая «проницаемость — насыщенность»
potential decline ~ вероятная кривая произво-

дительности (*скважины*)
pressure ~ кривая давления
pressure build-up ~ кривая подъема [восстановления] давления
pressure-log time ~ кривая зависимости давления от логарифма времени, кривая «давление — логарифм времени»
pressure-volume ~ кривая зависимости объема от давления, кривая «объем — давление»
production ~ кривая производительности
production-decline ~ кривая падения дебита
record ~ записанная кривая
relative permeability ~ кривая относительной проницаемости
resistivity ~ кривая кажущегося удельного сопротивления
response ~ динамическая характеристика
resultant ~ результирующая кривая
sagging ~ провисающая кривая
saturation ~ 1. кривая насыщенности 2. кривая намагниченности
smooth ~ плавная [пологая, сглаженная] кривая
SP ~ кривая ПС [самопроизвольной поляризации]
temperature distritution ~ кривая распределения температур
temperature-pressure ~ кривая зависимости давления от температуры, кривая «давление — температура»
temperature-time ~ кривая «температура — время», кривая термического цикла
three-dimensional ~ пространственная кривая
time ~ годограф; кривая времени пробега сейсмических волн; кривая, построенная в координатах времени и пространства
time-depth ~ вертикальный годограф
time-travel ~ *см.* time curve
torque-speed ~ кривая «скорость — вращающий момент»
transient ~ кривая неустановившегося режима
transmission ~ переводная кривая, пересчетная кривая
travel time ~ *см.* time curve

cushion 1. упругая прокладка, подкладка 2. подушка 3. буфер, амортизатор 4. подстилающий слой, постель, основание
blind end hydraulic ~ гидравлический амортизатор бесштоковой полости (*цилиндра пневмогидравлического компенсатора вертикальных перемещений*)
rod end hydraulic ~ гидравлический амортизатор штоковой полости (*напр. цилиндра компенсатора бурильной колонны*)
water ~ водяная подушка (*при опробовании испытателем пласта на бурильных трубах*)

cusping образование языков обводнения
custom-built выполненный по особому заказу, изготовленный по заказу
cut 1. фракция, погон; содержание воды и грязи в нефти 2. рез, разрез; обрезок 3. отключать, выключать 4. вырезать
bevel ~ косой срез
chamfer ~ косой срез
flame ~ газопламенная [кислородная] резка
gas ~ газированный (*о жидкости, растворе*)
machine ~ 1. *св.* рез при машинной [механизированной] резке 2. обработанный резанием на станке
manual ~ *св.* рез при ручной резке
water ~ содержание воды (*в пластовой жидкости*), обводненность
well ~s содержание примесей в добываемой нефти

cut-off 1. отсечка пара; выключение (*тока*) 2. отсечка; отрезка (*талевого каната*)
cut-out выключатель; рубильник; прерыватель; плавкий предохранитель цепи
automatic ~ автоматический выключатель
fuse ~ плавкий предохранитель
safety ~ *см.* fuse cut-out
time ~ выключатель с часовым механизмом

cutter 1. режущий элемент, резец, фреза; шарошка 2. газовый [кислородный] резак 3. газорезчик 4. *геол.* поперечная трещина 5. бур, коронтатый бур
acetylene ~ ацетиленокислородный резак
biscuit ~ короткий грунтонос для отбора керна при канатном бурении
boring ~ 1. резец для рассверливания, растачивающий резец 2. долото
casing ~ труборезка для обсадных труб
conical ~ коническая шарошка
cross ~s крестообразно расположенные шарошки (*долота*)
cross section ~s крестообразно расположенные режущие элементы
drill pipe ~ *см.* drill cutter
explosive ~ взрывной резак (*для резки поврежденной части подводного трубопровода*)
flame ~ *см.* gas cutter
gas ~ газовый [кислородный] резак
gauge ~ калибрующая шарошка (*долота*)
marine casing ~ резак для резки морской обсадной колонны
milling ~ 1. фрезер; фреза 2. шарошка
outside circular ~ наружный круговой резак (*для отрезания трубчатых опор стационарных морских сооружений взрывом*)
oxy-acetylene ~ *см.* acetylene cutter
oxygen ~ *св.* газорезчик
pipe ~ труборезка
pipe piling ~ резак для трубных свай
sample ~ кернователь
sand-jet pipe ~ пескоструйный резак для труб
side ~s боковые шарошки (*долота*), периферийные шарошки
tube ~ *см.* pipe cutter
wire ~ кусачки
wire line cable ~ резак для отрезания направ-

ляющего каната (*в случае его обрыва*)

cutting 1. резание, резка; срезание, перерезание; фрезерование 2. отсечка 3. *pl* (*буровой*) шлам, обломки выбуренной породы
~ of mud by gas газирование бурового раствора
arc ~ *св.* дуговая резка
autogenous ~ *см.* gas cutting 1
bit ~s осколки породы, откалываемые долотом; буровой шлам
drill ~s буровой шлам; выбуренная порода
gas ~ 1. *св.* газовая резка, автогенная резка, резка пламенем 2. газирование
rock ~s частицы выбуренной породы, шлам
rod ~ истирание внутренней поверхности насосных труб штангами

cycle цикл; период; круговой [замкнутый] процесс, кругооборот; круг || совершать кругооборот
accumulation ~ цикл накопления
closed ~ замкнутый цикл
complete ~ полный цикл; полный период
continuous ~ цикл с непрерывной последовательностью операций
cooling ~ цикл охлаждения, пауза
drilling ~ цикл бурения
duty ~ продолжительность включения (*ПВ*), рабочий цикл
hoisting and drilling load ~s нагрузка при спуско-подъемных операциях
long-time ~ продолжительный рабочий период
operating ~ рабочий цикл
pumping ~ насосный цикл
time ~ продолжительность цикла
weld(ing) ~ цикл сварки

cyclic циклический

cycling 1. добыча нефти при помощи рециркуляции газообразного агента 2. отбензинивание газоконденсата с последующей закачкой сухого газа в пласт 3. проведение цикла [циклического режима] 4. чередование 5. циклический, периодический
gas ~ циркуляция газа, круговая закачка газа

cyclomite 25-мм гидроциклон для очистки воды и масел от механических примесей

cyclon 1. циклон (*устройство для отделения твердых частичек от газа*) 2. гидроциклон (*устройство для очистки жидкости от твердых частичек*)

cyclothem циклотема, осадочный цикл

Cyfloc *фирм. назв.* синтетический флокулянт

Cyfloc 326 *фирм. назв.* синтетический флокулянт (*ингибитор неустойчивых глин*)

cylinder 1. цилиндр, барабан; валик 2. (*газовый*) баллон
actuating ~ силовой цилиндр
brake ~ тормозной цилиндр
drive ~ приводной цилиндр
flanged ~ ребристый цилиндр
fluid ~ цилиндр гидравлической части насоса
measuring ~ измерительный [мерный, градуированный] цилиндр
piston valve ~ распределительный цилиндр
power ~ цилиндр усилителя или сервомеханизма
ratchet ~ барабан с храповиком
round-ended ~ горизонтальный резервуар со сферическими днищами

Cypan *фирм. назв.* полиакрилат натрия (*аналог гипана*)

dagger рукоятка бура
daily ежедневный, суточный
Dakolite *фирм. назв.* товарный бурый уголь из месторождений Северной Дакоты
damage 1. вред; повреждение, порча; разрушение 2. убыток, ущерб 3. дефект 4. повреждать, разрушать
formation ~ нарушение эксплуатационных качеств пласта
well bore ~ закупорка пор призабойной зоны (*скин-эффект*)

damp 1. затухать, успокаивать(ся); заглушать; притуплять; ослаблять 2. амортизировать; демпфировать, тормозить, поглощать вибрации

damped 1. затухающий, успокоенный; заглушенный; притупленный, ослабленный 2. амортизированный, демпфированный

dampener глушитель, гаситель, амортизатор
pulsation ~ глушитель [гаситель] пульсаций, компенсатор пульсаций давления

damper 1. демпфер; амортизатор; успокоитель; глушитель 2. *эл.* успокоительная обмотка 3. увлажнитель
oil pressure ~ гидравлический амортизатор

damping 1. затухание, успокоение (*колебаний*); заглушение; ослабление; притупление 2. амортизация; демпфирование; смягчение (*толчков*), торможение, поглощение вибраций

danger опасность, аварийная ситуация
~ of ignition опасность воспламенения

darcy дарси (*единица проницаемости пористой среды*)

dart:
bailer ~ клапан в нижней части желонки
unlocking ~ отсоединяющий наконечник (*для снятия защитного колпака с устья подводной скважины*)

dash 1. штрих, тире || штриховать 2. незначительная примесь || подмешивать 3. рукоятка молота 4. строительный раствор

data данные, сведения; показатели
~ from crossed lines данные наблюдения по крестам (*в геофоне*)

core ~ данные кернового анализа
equilibrium ~ результаты, относящиеся к равновесному состоянию
field ~ полевые [промысловые] данные
production ~ промысловые данные; данные по добыче
quantitative ~ количественные данные
reference ~ справочные данные
seismo-magnetic ~ сейсмомагнитная запись
service ~ эксплуатационные данные
soil boring ~ данные бурения грунта (дна моря)
tabulated ~ данные, сведенные в таблицу
tentative ~ предварительные данные
test ~ опытные данные, результаты испытаний
welding ~ данные об условиях выполнения сварки; данные о режиме сварки
well ~ данные о скважине; характеристика скважины

date дата; срок; продолжительность, период (времени)
depletion ~ of a water flood время прекращения нагнетания воды вследствие истощения пласта
~ of location дата заложения скважины

datum 1. отметка, репер 2. заданная величина; условная величина 3. начало, нуль отсчета 4. база; базовая линия ǁ базисный
liquid-gas ratio ~ данные, характеризующие соотношение жидкости и газа

day 1. сутки, день 2. верхний пласт
net drilling ~s время (сут), затраченное на бурение скважины

daylight 1. дневная поверхность 2. естественное освещение, дневной свет

D-D фирм. назв. вспенивающий агент [детергент] для буровых растворов

dead 1. мертвый, неподвижный 2. не содержащий полезного ископаемого 3. обесточенный, лишенный напряжения, отключенный; глухой, наглухо закрытый, затянутый до отказа 4. использованный, исчерпанный; 5. раскисленный (о стали)

deaden 1. отключать 2. заглушать, ослаблять
dead-ended наглухо закрепленный
deadeye коуш (кольцо с желобком, заделанное в канат)
deadline неподвижный конец талевого каната
deadlock полная остановка, полное прекращение действия
deadman якорь, к которому крепится оттяжка вышки; анкерный столб
deadweight 1. водоизмещение (массовое), грузоподъемность, дедвейт 2. собственный вес, вес конструкции
deadwood объем, занимаемый конструкциями, расположенными внутри резервуара
debonding нарушение [ухудшение, потеря] сцепления
debris 1. мусор; обрезки; лом 2. наносы 3. обломки породы; пустая порода, обломочная порода

debug устранять неполадки [неисправности], налаживать
decant 1. декантировать, сцеживать, фильтровать 2. переливать
decantation декантация, отмучивание (при механическом анализе пород), фильтрование
decanter отстойник
decay 1. затухание, спад 2. распад 3. разрушение, выветривание; разложение ǁ разрушаться, выветриваться; разлагаться
rock ~ выветривание пород
decelerate замедлять [уменьшать] скорость
deceleration замедление (скорости); отрицательное ускорение
decelerometer децелерометр (прибор для измерения замедления)
deck 1. настил; палуба 2. крыша резервуара 3. дека (грохота, вибросита)
anchoring ~ палуба для якорных устройств (на полупогружной платформе)
manifold ~ палуба манифольда (противовыбросового оборудования)
spider ~ монтажная площадка (на буровом судне) (служит для монтажа и испытания подводного оборудования перед спуском к подводному устью)
declination 1. магнитное склонение 2. отклонение 3. падение
magnetic ~ магнитное склонение, отклонение магнитной стрелки от географического меридиана
decline 1. наклонять 2. отклонять 3. убывать, ослабевать 4. понижение; падение; спуск
~ of production снижение добычи
~ of well истощение скважины
production ~ падение добычи (или дебита)
decolo(u)rize обесцвечивать; изменять окраску
decolo(u)rizing 1. обесцвечивание; изменение окраски; отбеливание 2. осветление (жидких нефтепродуктов)
decompose расщеплять, разлагать (напр. силу); распадаться; разрушать(ся)
decomposition распад; разложение; расщепление; крекинг
decompression 1. падение давления, снижение давления; декомпрессия 2. ступенчатый подъем (водолаза)
decrease уменьшение, убывание, падение, упадок, понижение ǁ уменьшаться, падать, убывать, понижаться
~ in dip уменьшение угла падения (пласта)
deenergization выключение, отключение (тока); лишение энергии [напряжения]; снимать возбуждение
deenergize лишать напряжения; снимать возбуждение; выключать, обесточивать
deep 1. глубокий ǁ глубина 2. насыщенный, густой (о цвете) 3. низкий (о звуке)
deepen углублять (ствол)

deepening углубление, проходка (*ствола*)
deep-seated глубокозалегающий, глубоко посаженный; глубинный, плутонический
deep-water глубоководный
defect 1. порок; дефект; неисправность 2. повреждение
casting ~ дефект отливки, дефект литья
dimensional ~ отклонение размеров
macroscopic ~ крупный [макроскопический] дефект
pouring ~ литейный дефект
rolling ~ дефект прокатки
welding ~ дефект сварного соединения; дефект сварки
weldment ~ *см.* welding defect
defect-free не имеющий дефектов
defective дефектный, бракованный, поврежденный; имеющий погрешность; с изъяном, с браком, с дефектом
defectoscope дефектоскоп
deficiency недостаток, дефицит, нехватка, отсутствие
deficient:
~ in water с недостаточным количеством воды
deflate выкачивать или выпускать воздух
deflation 1. выпуск, опорожнение, спуск 2. *геол.* выветривание, дефляция, выдувание, развеивание; ветровая эрозия
deflect 1. отклонять(ся), прогибать(ся), провисать 3. преломляться (*о лучах*)
deflection 1. прогиб; относительный прогиб; стрела прогиба; изгиб 2. отклонение (*стрелки*); склонение магнитной стрелки; деривация 3. преломление (*лучей*)
~ of pipeline стрела прогиба или провеса (*висящего*) трубопровода
~ of the bit отклонение долота от оси скважины
bending ~ стрела прогиба, стрела провисания
bit ~ отклонение долота
needle ~ отклонение стрелки прибора
torsional ~ деформация при скручивании
deflectometer дефлектометр, прогибомер (*прибор для измерения прогиба*)
deflector отражатель, отражательная заслонка, козырек, дефлектор, шибер
jet ~ отражатель струи; устройство для отклонения струи
defloculant стабилизатор (*раствора*), дефлокулянт
deflocculate дефлокулировать [удалять] хлопья
deflocculated дефлокулированный; распыленный, измельченный; растворенный
deflocculation дефлокуляция; исчезновение хлопьев (*в растворе, в смеси*)
Defoam N23 *фирм. назв.* пеногаситель для буровых растворов
defoamant *см.* **defoamer**
defoamer пеногаситель

Defoamer *фирм. назв.* пеногаситель на базе высших спиртов
defoaming пеноудаление, уничтожение пены ‖ пеноудаляющий, пеноуничтожающий, пеногасящий
deform деформировать; коробить(ся), искажать; портить форму
deformability способность подвергаться деформации
deformable способный деформироваться
deformation деформация; искажение; коробление
angular ~ угловая деформация
cold ~ деформация в холодном состоянии; наклеп, нагартовка
compressive ~ деформация при сжатии; относительное сжатие; относительное укорочение образца
elastic ~ упругая деформация, исчезающая деформация
flowing ~ деформация текучести
hyper-elastic ~ деформация за пределом упругости
inelastic ~ пластическая деформация, неупругая [остаточная] деформация
lateral ~ поперечная деформация; деформация, нормальная к оси элемента
linear ~ линейная деформация, изменение длины
permanent ~ постоянная [остаточная] деформация
plane ~ плоская деформация
plastic ~ пластическая деформация
relative ~ относительная деформация; относительное удлинение
residual ~ остаточная деформация
reversible ~ обратимая деформация
tectonic ~ тектоническая деформация
volumetric ~ относительная объемная деформация; отношение уменьшения объема к первоначальному объему при всестороннем сжатии
defrosting оттаивание (*напр. вечномерзлого грунта*)
degas дегазировать
degasser устройство для дегазирования бурового раствора, дегазатор
degassing 1. дегазация 2. вакуумирование, откачка
degellant реагент, вызывающий разрушение геля
degree 1. степень 2. градус 3. пропорция; величина; уровень
~ of accuracy степень точности
~ of admission степень наполнения, величина отсечки (*пара*)
~ of balance степень уравновешивания
~ of curve степень уравнения кривой, кривизна кривой
~ of dip угол падения (*пласта*) в градусах
~ of dispersion степень дисперсности

~ of elevation угол возвышения
~ of expansion степень расширения, расширяемость
~ of inclination угол падения (*пласта*), наклон (*пласта*) в градусах
~ of ionization степень ионизации
~ of regulation точность регулировки
~ of rounding of grains степень окатанности зерен
~ of safety коэффициент запаса; запас прочности
~ of saturation степень насыщения
geothermic ~ геотермический градиент
dehumidification удаление гидратов [влаги] из нефтяных газов, сушка, обезвоживание
dehydrate обезвоживать, удалять влагу
dehydrating:
~ of crude oil *см.* oil dehydrating
oil ~ обезвоживание нефтяных эмульсий

dehydration дегидратация, обезвоживание
electric ~ электрообезвоживание нефти с разрушением нефтяной эмульсии
dehydrator 1. аппарат для разрушения эмульсии; водоотделитель 2. обезвоживающее средство 3. сушилка
oil ~ установка для отделения воды от нефти

dehydrogenate дегидрировать, дегидрогенизировать
dehydrogenation дегидрогенизация, отнятие водородного атома от молекулы углеводорода
deionization деионизация
delay 1. задержка, запаздывание ‖ задерживать, запаздывать 2. выдержка времени
time ~ 1. выдержка времени, запаздывание 2. реле времени; приспособление для выдержки времени
delime удалять известь; обеззоливать
delimitation граница (*отвода*), оконтуривание; разграничение, размежевание, установка межевых знаков; постановка вех; закрепление опорных точек
delineate оконтуривать, очерчивать; определять (*размеры, очертания*)
delineation 1. очерчивание, оконтуривание 2. чертеж; изображение; очертания
deliver 1. доставлять, поставлять, снабжать 2. питать; подводить, подавать 3. нагнетать, перекачивать 4. вырабатывать, производить
delivery 1. выдача, поставка, доставка 2. питание, снабжение (*током, водой*); подача (*угля, газа*) 3. расход 4. нагнетание ‖ нагнетательный (*насос*) 5. выработка, производительность
~ of energy подводка энергии; питание энергией; энергоснабжение
~ of pump *см.* pump delivery
fluid ~ подача промывочной жидкости при бурении; расход жидкости
gas ~ выделение газа
offshore oil ~ перекачка нефтепродуктов (*с судна на берег или с берега на судно*) по подводному трубопроводу
oil ~ перекачка нефти; транспорт нефти, доставка нефти
power ~ подача энергии
pump ~ подача насоса, высота нагнетания насоса
terminal ~ пропускная способность перевалочной нефтебазы
water ~ подача воды
  delta 1. дельта (*реки*) 2. *эл.* треугольник
  delta-connected *эл.* соединенный треугольником
  deltageosyncline *геол.* дельта-геосинклиналь
  deltaic дельтовый
  demand 1. спрос; требование; потребность 2. потребление
oil ~ потребность в нефти; спрос на нефть
power ~ расход [потребление] тока; потребная мощность
  demarcation разграничение
  demount разбирать, демонтировать
  demountable съемный, разборный
  demulsibility способность к деэмульгированию
  demulsification деэмульгация, разрушение (*нефтяной эмульсии*), деэмульгирование
  demulsify разрушать эмульсию, деэмульгировать
  dense 1. плотный 2. густой 3. компактный 4. непроницаемый

  densimeter *см.* densitometer
  densifier 1. загуститель 2. утяжелитель
  densiometer (*радиоактивный*) плотномер
  densitometer денсиметр, денситометр; ареометр; плотномер

  density 1. плотность 2. густота; концентрация, скопление 3. магнитная индукция 4. напряженность (*поля*) 5. интенсивность
reservoir ~ of oil плотность нефти в пластовых условиях
actual ~ фактическая плотность
apparent ~ кажущаяся плотность
bulk ~ объемная плотность; объемная масса (*сыпучего тела*); насыпная масса
equivalent circulating ~ эквивалентная плотность (*циркулирующего бурового раствора*)
grain ~ плотность зерен
magnetic ~ напряженность магнитного поля
mud ~ плотность бурового раствора
relative ~ относительная плотность
relative vapour ~ удельная плотность паров (*отнесенная к воздуху или водороду*)
shale ~ плотность сланцевых глин
shot ~ плотность перфорации
sludge ~ 1. консистенция шлама 2. плотность глинистого раствора
specific ~ удельная плотность
submerged ~ плотность в воде, плотность в погруженном состоянии

water-mass ~ плотность воды

dent 1. зуб, зубец; насечка, нарезка 2. выбоина, впадина, вогнутое или вдавленное место 3. *pl* вмятины, царапины

dentist *разг.* специалист по цементированию скважин

denudation 1. *хим.* десорбция 2. *геол.* денудация, обнажение смывом, эрозия, процесс смыва

denude 1. *хим.* десорбировать 2. *геол.* обнажать смывом

deoiling обезмасливание, обезжиривание || обезмасливающий, обезжиривающий

deoxidant раскислитель, восстановитель

deoxidate раскислять, восстанавливать

deoxidation раскисление, восстановление

deoxidizer раскислитель; восстановитель

department 1. отдел 2. ведомство; служба; департамент; управление 3. цех; отделение; участок 4. *амер.* министерство
Civil Engineering ~ отдел гражданского строительства
drilling ~ отдел бурения
exploration ~ отдел разведочных работ
fire ~ пожарное депо
inspection ~ отдел технического контроля
research ~ исследовательский отдел

departure 1. отступление 2. отправление 3. расстояние от осей координат 4. отклонение (*от заданной величины*)

dependability надежность (*оборудования*)

dependence 1. зависимость 2. надежность

deplete истощать, исчерпывать, (*запасы*), хищнически эксплуатировать

depleted истощенный, обедненный, исчерпанный (*о запасах нефти, угля*)

depletion 1. уменьшение, истощение, обеднение, исчерпание (*запасов ископаемого*) 2. погашение стоимости (*участка, месторождения*) по мере выработки
differential ~ истощение отдельных участков пласта
gravity ~ гравитационный режим (*пласта*)
primary ~ первичная добыча [разработка]
quick ~ быстрые темпы разработки (*месторождения*)

deposit 1. залежь, месторождение 2. осадок; отложение; отстой 3. налет 4. отлагаться; осаждать(ся), давать осадок
abyssal ~ глубинное месторождение
aeolian ~ эоловые отложения
alluvial ~ аллювиальное месторождение, россыпь
bedded ~ напластованное месторождение
blanket ~ пластовая залежь, пластовое месторождение
blind ~ слепое [скрытое] месторождение
bottom ~s донные осадки
channel ~ рукавообразная залежь (*нефти*)
commercial ~ месторождение промышленного значения
continental ~s континентальные отложения
detrital ~ обломочное месторождение
dislocated ~ месторождение с нарушенной структурой
drift ~ отложение ледникового происхождения; гляциальное отложение; флювиогляциальное отложение
faulted ~ *см.* dislocated deposit
glacial ~s ледниковые отложения
interstitial ~s отложения, заполняющие поры в породе
marine ~s морские отложения
mineral ~ месторождение полезных ископаемых, полезное ископаемое
offshore ~s прибрежные отложения
oil ~ залежь нефти; нефтяное месторождение
ore ~ рудное месторождение
organic ~ органогенные отложения
petroleum ~ *см.* oil deposit
sedimentary ~s *геол.* осадочные отложения
sheet ~ *геол.* пластообразное месторождение; пластовая залежь
shell ~s ракушечные отложения, ракушечник
shore ~s отложения береговой зоны, береговые отложения
tabular ~ пластообразная залежь
terrigenous ~s *геол.* терригенные отложения
wind ~s *см.* aeolian deposits
workable ~ месторождение промышленного значения

deposited 1. отложенный, осажденный 2. наплавленный, наваренный

deposition 1. отложение, нанос, напластование 2. накипь, осадок
~ of sediments отложение осадков

depot 1. склад, сарай 2. база снабжения 3. депо 4. *амер.* станция, вокзал 5. гараж
loading ~ погрузочный пункт, наливной пункт
repair ~ ремонтная база

depreciation 1. амортизация; изнашивание; моральный износ (*оборудования*) 2. обесценивание

depress 1. подавлять; снижать, понижать 2. опускать 3. нажимать (*напр. на кнопку*)

depressant депрессор, подавитель (*флотационный реагент*)

depression 1. *геол.* впадина, лощина, выемка; депрессия 2. понижение; разрежение, вакуум 3. оседание; опускание; углубление 4. подавление, ослабление

depth 1. глубина 2. *геол.* мощность (*пласта*) 3. густота (*цвета*)
maximum ~ of seismic rays максимальная глубина проникновения сейсмических лучей
~ of case толщина цементированного слоя (*стали*)
~ of freezing глубина промерзания
~ of penetration 1. глубина проникновения 2. *св.* глубина провара
~ of plunger глубина подвески насоса

~ of setting глубина заделки (*столба, опоры*)
~ of thread глубина [высота] нарезки
budgeted ~ проектная глубина (*в контракте на бурение с пометровой оплатой*)
casing ~ глубина установки башмака обсадной колонны
casing cemented ~ глубина, на которой зацементирована обсадная колонна
casing setting ~ глубина спуска обсадной колонны
contract ~ глубина скважины по контракту
design water ~ расчетная глубина воды
diver ~ глубина, доступная водолазу
drilled out ~ окончательная глубина бурения
drilling total ~ конечная глубина бурения
hole ~ глубина скважины или шпура
geothermic ~ геотермический градиент, геотермическая ступень
landing ~ глубина спуска обсадной колонны труб
log total ~ конечная глубина каротажа
measured total ~ измеренная конечная глубина скважины
new total ~ новая конечная глубина
old plug-back ~ глубина скважины до установки цементного моста (*с целью эксплуатации вышележащего горизонта*)
old total ~ конечная глубина (*до углубления*)
operating water ~ рабочая глубина моря (*на которой расположено подводное устье скважины*)
platform ~ высота борта буровой платформы
plugged back ~ глубина установки моста
plugged back total ~ глубина скважины после установки моста
producing ~ глубина залегания продуктивного горизонта
proposed ~ предполагаемая глубина
selected ~ заданная глубина
true ~ истинная глубина скважины; глубина по вертикали
true vertical ~ фактическая вертикальная глубина (*скважины*)
tubing ~ глубина спуска насосно-компрессорных труб
weathering ~s *сейсм.* мощности зоны малых скоростей
well ~ глубина скважины
whipstock ~ глубина установки отклонителя
wireline total ~ конечная глубина, измеренная зондом на тросе

depthometer глубиномер
derivation 1. отклонение 2. происхождение 3. *эл.* ответвление, шунт 4. *матем.* решение, вывод
derive 1. отводить; ответвлять 2. брать производную; выводить
derived *геол.* переотложенный
petroleum ~ нефтяной дериват
derrick 1. буровая вышка 2. копёр 3. деррик-кран 4. грузовая стрела (*на судне*)
beam leg dynamic ~ динамическая вышка с ногами в виде ферм
bulge ~ вышка с боковыми карманами (*для размещения труб*)
cantilever ~ складывающаяся (*при перевозке*) вышка, консольная вышка
oil ~ *см.* oil well derrick
oil well ~ вышка для бурения на нефть
operating ~ *см.* pumping derrick
pumping ~ эксплуатационная вышка
three-pole ~ тренога
tubular ~ вышка из стальных труб
desalting опреснение, обессоливание
desander пескоотделитель
mud ~ устройство для очистки бурового раствора от песка, пескоотделитель
desanding удаление песка, очистка (*бурового раствора*) от песка
desaturation осушение; уменьшение насыщенности (*керна*)
capillary ~ капиллярное вытеснение
descale удалять окалину [осадок, накипь]
descend снижаться; опускаться, спускаться, сходить
descending снижающийся, спускающийся; нисходящий; убывающий
descent 1. спуск, снижение; опускание; падение; нисхождение 2. скат; склон; покатость
~ of piston ход поршня вниз
Desco *фирм. назв.* органический разжижитель буровых растворов
desiccant осушитель, сиккатив || осушающий
desiccate сушить; высушивать; обезвоживать, удалять влагу; высыхать, сохнуть
desiccator сушильная печь, сушильный шкаф, сушильный барабан; эксикатор; испаритель
design 1. проект, чертёж, план || проектировать 2. конструкция || конструировать || рисунок, эскиз 3. устройство
alternative ~ вариант проекта [конструкции]
coat and wrap ~ конструкция с покрытием и изоляцией (*о подводном трубопроводе*)
joint ~ конструкция соединения; тип соединения
limit ~ расчет по предельным нагрузкам
revised ~ переработанный [исправленный] проект
unit ~ одноблочная конструкция, конструкция, выполненная в одном блоке; агрегатное конструирование (*с использованием готовых агрегатов*)
welded ~ сварная конструкция
weldment ~ конструкция сварного изделия
designation назначение; обозначение; маркировка; название; указание
desilter илоотделитель (*устройство для тонкой очистки бурового раствора*)
desilting очистка (*бурового раствора*) от частиц, имеющих размер ила
desintegration *см.* **disintegration**

desk 1. пульт 2. стол 3. панель
control ~ пульт управления

destroy 1. разрушать; уничтожать; аннулировать 2. нейтрализовать; противодействовать

destruction разрушение; уничтожение; деструкция

desulfuration удаление серы, десульфурация

desulfurizer десульфуратор; вещество, удаляющее серу

desuperheater пароохладитель (*с отводом тепла перегрева*)

detach отцеплять; разъединять; отсоединять; отделять

detachable 1. съемный, разъемный, сменный; отделимый; отцепляемый 2. *геол.* отжатый, раздавленный, отделившийся

detaching отцепка; разъединение; отключение; отсоединение

detachment отделение; отслоение

detail 1. деталь, элемент, часть ‖ детализировать 2. подробность

detect 1. обнаруживать, открывать, прослеживать 2. детектировать, выпрямлять

detection 1. обнаружение, выявление 2. детектирование, выпрямление
crack ~ обнаружение [выявление] трещин
flaw ~ дефектоскопия
leak ~ обнаружение течи; обнаружение неплотности
magnetic crack ~ магнитная дефектоскопия
oil ~ обнаружение нефти
ultrasonic flaw ~ ультразвуковая дефектоскопия, ультразвуковой контроль

detector 1. индикатор излучения; детектор; локатор 2. чувствительный элемент, воспринимающий элемент; следящий механизм
acceleration ~ сейсмограф, измеряющий ускорение
combustible gas ~ детектор горючих газов (*в закрытых помещениях*)
fire ~ прибор, сигнализирующий о возникновении пожара или некотором повышении температуры, пожарный детектор
flaw ~ дефектоскоп
gas ~ газовый детектор; газоанализатор; прибор, отмечающий присутствие метана или сероводорода
halogen-sensitive leak ~ галоидный течеискатель
helium leak ~ гелиевый течеискатель
holiday ~ электрический детектор (*прибор высокого напряжения для проверки изоляции труб*)
kick ~ указатель выброса, индикатор проявления (*скважины*)
leak ~ прибор для обнаружения утечки, течеискатель
lost-circulation ~ локатор зоны поглощения [потери циркуляции]
magnetic ~ магнитный дефектоскоп
seismic ~ сейсмограф
tilt ~ детектор угла наклона
ultrasonic (flaw) ~ ультразвуковой дефектоскоп

detent 1. собачка, защелка; крючок, кулачок; палец 2. упор, упорный рычаг 3. стопор; арретир, останов; скоба

detention 1. захват; задержка; защелкивание 2. арретирование; остановка

detergent 1. моющее средство; дезинфицирующее вещество 2. вспенивающий агент для буровых растворов, детергент

deteriorate ухудшать(ся); изнашивать(ся); срабатывать(ся); портить(ся), истирать(ся)

deterioration ухудшение; порча; повреждение; износ, истирание; срабатывание

determination определение; решение
~ of position определение (место)положения; определение координат точек, *геод.* определение точки стояния
gravimetric ~ гравиметрическое определение
gravity ~ определение плотности
quantitative ~ количественное определение
moisture ~ определение влажности
relative permeability ~ определение относительной проницаемости

detonate детонировать, взрываться от детонации

detonation 1. детонация, взрыв 2. стук в моторе

detonator детонатор; капсюль-детонатор; взрыватель

detrimental 1. приносящий убыток 2. вредный

detrital *геол.* наносный, детритовый, обломочный, кластический

develope 1. вырабатывать; создавать 2. развивать, совершенствовать 3. разрабатывать (*конструкцию*) 4. (*фото*) проявлять 5. *матем.* выводить формулу; развертывать проекцию

development 1. разработка месторождения, разбуривание 2. развитие 3. усовершенствование; улучшение; доводка, отладка 4. *матем.* вывод (*формулы*), разложение (*в ряд*)
~ of oil fields объединенная разработка нефтяных месторождений
~ of gas газовыделение, газообразование
~ of heat тепловыделение, образование тепла
advanced ~ разработка опытного образца
crestal ~ разработка нефтяного месторождения от центра к периферии
delayed ~ замедленное разбуривание месторождения с одновременной эксплуатацией его
early ~ первоначальная разработка, первый период разработки месторождения
marginal ~ разбуривание месторождения от периферии к центру
oil field ~ разработка нефтяного месторождения
recent ~ последние усовершенствования, последние достижения техники
simultaneous ~ одновременная разработка месторождения с купола и с крыльев
wave ~ образование волн

deviate отклонять(ся), менять направление
~ from the vertical отклоняться от вертикали
deviation отклонение; искривление (*скважины*); девиация
~ of the hole отклонение ствола скважины от вертикали, искривление скважины
hole ~ *см.* deviation of the hole
lateral ~ величина горизонтального отклонения скважины (*в проекции на горизонтальную плоскость*)
plumb line ~ отклонение от вертикали

device устройство, приспособление, аппарат, прибор, механизм
actuating ~ датчик, привод
adjusting ~ установочное [регулирующее] приспособление
arresting ~ ограничитель хода; стопор, стопорный механизм; храповой механизм; защелка
blocking ~ блокирующее устройство, блокировочное устройство
calibrating ~ эталон
catching ~ захватывающее устройство
clean sweep ~ мусоросборщик (*на морских буровых платформах*)
constant hydrostatic head ~ гидростатический регулятор для поддержания постоянного уровня
constant tension ~ устройство постоянного натяжения (*водоотделяющей колонны или направляющих канатов*)
control ~ управляющее устройство, контрольный прибор [элемент]
controlling ~ регулирующее устройство
delivering ~ разгрузочное приспособление
desanding ~ *см.* **desander**
desilting ~ *см.* **desilter**
deverting ~ 1. отводное устройство 2. отражатель (*в эрлифте*)
drill string compensating ~ компенсирующее устройство бурильной колонны, компенсатор бурильной колонны
electric logging ~ электрокаротажный прибор
flow control ~ устройство для регулирования дебита; фонтанная задвижка
focused logging ~ общее название для методов СЭЗ с управляемым током
gripping ~ зажимное приспособление; приспособление, устанавливаемое на роторе для захвата круглой рабочей трубы (*в роторах некоторых конструкций*)
indicating ~ индикаторное устройство
labor-saving ~ механическое приспособление
lateral ~ *геофиз.* градиент-зонд
lateral resistivity ~ *см.* lateral device
levelling ~ 1. выравнивающее приспособление 2. ориентирующее приспособление (*для ориентировки прибора в скважине*)
lifting ~ подъёмное приспособление
limiting ~ ограничитель (*хода, подъема, отклонения*)
load safety ~ устройство для предохранения от перегрузки
lockating ~ установочное приспособление
locking ~ запирающее [арретировочное, стопорное] приспособление; блокирующее устройство
long lateral ~ *геофиз.* большой градиент-зонд
long normal ~ *геофиз.* большой потенциал-зонд
measuring ~ измерительное приспособление или прибор
metering ~ 1. приспособление для подачи определенного количества; дозатор 2. любое измерительное устройство или приспособление
monitoring ~ контрольный прибор
multiple recording ~ прибор с несколькими записями на одной диаграмме
normal ~ *геофиз.* потенциал-зонд
plugging ~ отклоняющая заглушка
positioning ~ манипулятор
proportioning ~ дозирующее устройство, дозатор
protective ~ защитное устройство, предохранитель
normal resistivity ~ *геофиз.* градиент-зонд
pipe collapsing ~ приспособление для сплющивания труб (*при замене труб без опорожнения трубопровода*)
pipe stabber ~ устройство для направления труб (*при спускоподъемных операциях*)
pipe tension ~ устройство для натяжения труб (*на трубоукладочной барже*)
pit level ~ устройство для измерения уровня (*в ёмкости для бурового раствора*)
receiving ~ приёмное устройство, приёмник
regulating ~ регулирующее приспособление
releasing ~ разобщающий механизм, приспособление для расцепления
relieving ~ уравновешивающее приспособление, разгрузочное приспособление
resistivity ~ *геофиз.* электрокаротажный зонд
retaining ~ стопорное устройство, приспособление для закрепления; стопор, замок, фиксатор, арретир
reverse-thrust ~ устройство для реверса тяги
safety ~ предохранительное приспособление, защитное устройство
sampling ~ пробоотборник
screw locking ~ приспособление против развинчивания
self-recording ~ самопишущий прибор
short lateral ~ *геофиз.* малый градиент-зонд
short normal ~ *геофиз.* малый потенциал-зонд
shutting-off ~ устройство для отключения или выключения, запорный механизм
sounding ~ эхолот (*для исследования морского дна*)
speed-limit ~ ограничитель скорости
starting ~ пусковое устройство
take-up ~ компенсаторное устройство
time-delay ~ задерживающее устройство

timing ~ 1. переключающее устройство; регулирующее устройство 2. регулятор времени 3. отметчик времени
tripping ~ 1. расцепляющее приспособление; выключающий механизм 2. опрокидыватель
water locating ~ аппарат, указывающий границу нефти и воды или место притока воды (*в скважине*)
withdrawing ~ съемник, выталкиватель, извлекатель

devitrification *геол.* девитрификация, расстеклование

Devonian *геол.* девон, девонский период; девонская система ‖ девонский

dewatering обезвоживание, удаление воды; осушка
gas ~ осушка [дегидратация] газа

dewaxing депарафинизация

Dextrid *фирм. назв.* органический полимер (*селективный флокулянт неустойчивых глин*)

dextrorotary правовращающий

dextrorsal с правой резьбой

DFM *фирм. назв.* пеногаситель на базе высших спиртов

DG-55 *фирм. назв.* загуститель для буровых растворов на углеводородной основе

D-Gasser *см.* degasser

Diacel *фирм. назв.* диатомова земля

Diacel A *фирм. назв.* ускоритель схватывания цементного раствора

Diacel LWL *фирм. назв.* понизитель водоотдачи и замедлитель схватывания цементного раствора

diagenesis *геол.* диагенез

diagram диаграмма; чертеж; схема; график; пояснительный чертеж, эпюра
bending moment ~ эпюра изгибающих моментов
binary ~ диаграмма состояний двойной системы
block ~ блок-схема, скелетная схема; пространственная диаграмма, блок-диаграмма
circuit ~ принципиальная электрическая схема; схема соединений
collective ~ сводная диаграмма
connection ~ схема соединений
constitution(al) ~ диаграмма состояний
contour ~ диаграмма с изолиниями
elementary ~ принципиальная схема
equilibrium ~ диаграмма состояния; диаграмма равновесия
flow ~ схема [последовательность] операции [процесса]; карта технологического процесса; схема технологического потока; схема движения материала
indicator ~ индикаторная диаграмма
installation ~ схема установки
load ~ кривая нагрузки (*на долото*)
performance ~ характеристическая диаграмма; характеристика
petrofabric ~ петротектоническая диаграмма

phase ~ фазовая диаграмма
piping ~ схема трубопроводов, схема трубной обвязки
power flow ~ схема распределения энергии (*силовых агрегатов*)
pressure-volume ~ кривая зависимости объема от давления, диаграмма объем — давление
process flow ~ схема процесса, маршрутная технологическая карта
record ~ диаграмма записи
wiring ~ схема электропроводки

dial 1. циферблат; шкала (*прибора*); диск-указатель, круговая шкала 2. лимб, градуированный диск 3. круговой конус
calibrated ~ калиброванная [градуированная] шкала
index ~ циферблат; диск с делениями
large reading ~ дисковая шкала самопишущего прибора (*манометра или индикатора давления*)
meter ~ шкала [циферблат] счетчика [прибора]

diameter диаметр
gauge tip ~ of the cone калибрующий диаметр шарошки
~ at bottom of thread внутренний диаметр (*резьбы*)
angle ~ *см.* effective diameter
bore ~ *см.* inside diameter
bottom ~ внутренний диаметр (*резьбы*)
coiling ~ диаметр окружности наматывания (*каната на барабан подъемного устройства*)
conjugate ~s сопряженные диаметры
core ~ 1. *см.* bottom diameter 2. диаметр керна
drift ~ проходной диаметр
effective ~ средний диаметр (*резьбы*)
external ~ *см.* outside diameter
full ~ *см.* outside diameter
inner ~ *см.* inside diameter
inside ~ внутренний диаметр, диаметр в свету
internal ~ *см.* inside diameter
jet ~ диаметр струи
major ~ *см.* outside diameter
minor ~ *см.* inside diameter
nominal ~ номинальный диаметр, наружный диаметр (*резьбы*)
outer ~ *см.* outside diameter
outside ~ наружный диаметр (*резьбы, трубы и др.*)
pitch ~ диаметр делительной окружности (*цилиндрической шестерни*)
root ~ внутренний диаметр (*резьбы*); диаметр окружности расположения впадин у шестерни
top ~ начальный диаметр (*скважины*)
uniform internal ~ постоянный диаметр в свету

diamond 1. алмаз 2. алмазный конус, алмазная пирамида
black ~ черный алмаз, карбонадо, карбонат (*для алмазного бурения*)

diamorphism диаморфизм

diaphragm мембрана, диафрагма; перегородка; перепонка
~ of the weight indicator датчик индикатора веса
Diaseal M *фирм. назв.* смесь реагентов, способствующих ускорению отделения свободной жидкости из бурового раствора
diastrophism *геол.* дислокация, нарушение, процесс деформации земной коры
diatomite диатомит; кизельгур, инфузорная земля
dice нефтеносные сланцы
Dick's Mud Seal *фирм. назв.* мелко нарезанная бумага (*нейтральный наполнитель для борьбы с поглощением бурового раствора*)
. **die** 1. плашка, сухарь; матрица (*в машине для заправки буров*); оправка 2. инструмент для нарезки внешней винтовой резьбы
~ out выклиниваться; исчезать, затухать (*о складках*)
fishing ~s ловильные плашки
tong ~s сухари или плашки трубных ключей
dielectric диэлектрический ‖ диэлектрик
diesel дизель, двигатель Дизеля ‖ дизельный
twin ~ спаренный дизель
difference 1. разница, различие 2. разность, перепад (*давления, температуры*) 3. *матем.* разность
facial ~s фациальные различия
log mean temperature ~ разница средних температур, определенная при температурном каротаже
potential ~ разность потенциалов
pressure ~ перепад давления, разность давлений
temperature ~ разность температур
differential 1. дифференциальный; разностный ‖ дифференциал 2. перепад (*давления, температуры*)
driving pressure ~ перепад давления, обусловливающий приток жидкости в скважину
negative ~ отрицательный градиент
orifice ~ разность давлений по обе стороны отверстия диафрагмы
pressure ~ перепад давления, разность давлений
diffuse диффундировать; рассеивать, распространять ‖ диффузный
diffusion диффузия; рассеяние, распространение
eddy ~ турбулентная диффузия
diffusivity 1. коэффициент диффузии 2. способность диффундировать 3. диффузность; распыляемость
dig 1. рыть; копать; бурить вручную 2. заедать, застревать (*о режущем инструменте*), защемлять
~ in врезаться в породу (*о долоте*)
dike 1. насыпь, оградительная дамба, защитная плотина, гать 2. *геол.* дайка

fire ~ противопожарная насыпь (*вокруг резервуаров*)
dilatation разрежение (*сейсмических волн*); расширение; распространение; растяжение; увеличение объема
dilatometer дилатометр (*прибор для измерения объемных изменений*)
diluent разбавитель, растворитель; разжижитель ‖ разжижающий; растворяющий
dilute разбавлять, разводить, разжижать; растворять
dilution разбавление, разведение, разжижение; растворение
diluvium *геол.* делювий; ледниковые отложения; делювиальное образование
dimension 1. размер, объем 2. *pl* габарит 3. мера, размерность 4. измерение 5. протяженность (*во времени*)
critical ~s габаритные размеры (*имеющие основное или важное значение*)
cross sectional ~s поперечный размер
lateral ~ горизонтальные размеры, размеры в длину и ширину; поперечный размер
overall ~s габаритные размеры; предельные размеры
principal ~s основные [главные] размеры
dimensional 1. пространственный 2. имеющий размерность
three ~ трехмерный, объемный
two ~ двухмерный, плоскостной
dimensioning расчет; определение размеров; подбор размеров
dimensionless 1. безразмерный 2. в относительных единицах 3. бесконечно малая (*величина*)
dinge вмятина; царапина; углубление
dioxide диоксид
carbon ~ диоксид углерода (CO_2), углекислота, углекислый газ
silicon ~ диоксид кремния
sulphur ~ диоксид серы, сернистый ангидрид
dip 1. падение (*пласта*); линия падения 2. наклон; уклон, откос, наклонение 3. падать, залегать вниз (*о пластах*) 4. погружение (*в жидкость*) ‖ погружать, окунать, макать
down ~ по падению (*пласта*)
~ at high angle крутое падение (*пласта*)
~ at low angle пологое падение (*пласта*)
apparent ~ *геол.* ложное падение
fault ~ *геол.* падение плоскости сброса
high ~ *геол.* крутое падение (*пластов*)
local ~ *геол.* местное ненормальное падение (*пластов*)
low ~ *геол.* пологое падение (*пласта*)
magnetic ~ магнитное наклонение (*от горизонтального положения*)
moderate ~ *геол.* пологое падение; падение до 30°
normal ~ *геол.* региональное [нормальное] падение (*пластов*)

original ~ естественный откос
regional ~ *геол.* региональное падение (*пластов*)
reversal ~ *геол.* обратное падение (*пластов*)
reversed ~ *см.* reversal dip
true ~ истинный угол падения; истинный угол наклона (*буровой скважины*)
dip-circle стрелочный инклинатор, инклинометр
dipmeter пластовый наклономер
caliper ~ пластовый наклономер, основанный на применении каверномера
high-resolution ~ пластовый наклономер с высокой разрешающей способностью
microlog continuous ~ многокаротажный пластовый наклономер непрерывного действия
resistivity ~ пластовый наклономер, основанный на измерении сопротивления
SP ~ пластовый наклономер
dipping 1. погружение, окунание 2. падающий
gently ~ пологопадающий
direct 1. направлять 2. руководить
direct-acting прямого действия
directed направленный
direction 1. направление 2. инструкция; указание 3. руководство; управление
~ of strata *геол.* простирание пластов
base ~ направление базиса (*выраженное через азимут*); начальное направление
reference ~ основное направление, направление профиля
reverse ~ обратное направление, реверсирование
rift ~ направление трещиноватости
transverse ~ поперечное направление
directional 1. направленный 2. зависящий от направления
directionally направленно
director 1. направляющее устройство 2. прибор управления 3. директор
managing ~ технический директор, директор
dirt 1. грунт; наносы; пустая порода 2. грязь || загрязнять; засорять
paraffin ~ парафиновая грязь (*в осадках*)
dirty грязный, загрязненный (*неметаллическими включениями*)
disassemble разбирать (*на части*), демонтировать
disassembly демонтаж, разборка
disassociation *см.* dissociation
disc *см.* disk
discard 1. брак || выбраковывать, браковать 2. списывать (*в утиль*)
discharge 1. выпуск, подача (*насоса*); расход; выход; спуск, сток || выпускать; спускать; выливать 2. разгрузка, выгрузка; опорожнение, выхлоп || разгружать, выгружать, опорожнять 3. спускное отверстие; спускная труба 4. *эл.* разряд
~ of pump подача насоса; выкид насоса

air ~ выпуск [выброс] воздуха
average ~ средний расход
constant ~ равномерная подача (*насоса*), равномерный расход
electric ~ электрический разряд
fluid ~ выкид жидкости
free ~ свободное истечение
gas ~ 1. выход газа 2. приток газа
oil ~ слив нефти
orifice ~ расход через отверстие (*диафрагмы*)
peak ~ максимальный [пиковый] расход
pump ~ 1. выкид насоса; нагнетательное отверстие насоса 2. нагнетательный шланг или трубопровод
water ~ расход воды; выпуск воды; дебит воды
disconformity *геол.* перерыв в отложении, параллельное несогласие
disconnect отсоединять, разъединять; отключать; выключать
non-galling ~ отсоединение без заедания
riser ~ отсоединение водоотделяющей колонны
disconnecting 1. отсоединение, отключение; размыкание 2. разобщающий; выключающий
discontinuity 1. нарушение непрерывности, разрыв, обрыв 2. перегиб (*кривой*) 3. *матем.* разрывность (*функции*) 4. разрыв непрерывности, неоднородность 5. *геол.* нарушение непрерывности, неоднородность; большой разрыв, отсутствие закономерности
discontinuous 1. прерывистый 2. *физ., хим., матем.* дискретный 3. быстроменяющийся
discordance *геол.* несогласное залегание, несогласие
discordant *геол.* несогласный, несогласно залегающий, дискордантный
discover открывать, обнаруживать
discovered:
first oil ~ время обнаружения первой нефти (*в скважине*)
discovery обнаружение, открытие (*месторождения*)
new pool ~ открытие нового месторождения
wildcat field ~ открытие месторождения скважиной, построенной без детальной предварительной разведки
discrepancy разногласие; противоречие; расхождение; различие; рассогласование; неточность; отклонение (*от точного размера*)
disengage выключать; расцеплять; выводить из зацепления; освобождать; отделять; отцеплять
disengagement расцепление, разъединение, выключение (*напр. муфты сцепления*)
disintegrate 1. распадаться 2. разбить, раздробить, размельчать, растолочь; разделять на составные части; выветриваться
disintegration механическое разрушение, механический распад; разделение; дезинтеграция; раздробление; разложение; измельчение; распыление; выветривание

disk диск; круг; тарелка; шайба
bearing ~ вкладыш подпятника, упорный диск
brake ~ тормозной диск
clutch ~ фрикционный диск, диск муфты сцепления
marcel ~ диск долота с волнообразной режущей кромкой
piston ~ диск поршня
pump ~ манжета насоса

dislocate дислоцировать, сдвигать, перемещать; нарушать

dislocated дислоцированный; нарушенный (*о месторождении*)

dislocation 1. дислокация, нарушение, смещение 2. сброс

dismantle разбирать (*машину, станок*), демонтировать, разбирать на части

dismantling демонтаж, разборка (*станка*)

dismount 1. снимать, разбирать, разнимать 2. спускаться, сходить

dispersant диспергатор

disperse 1. диспергировать; диспергироваться 2. рассеивать

dispersion 1. диспергирование, дисперсия, дисперсность (*глинистых частиц в растворе*) 2. рассеяние (*света*), дисперсия

dispersity дисперсность

dispersoid коллоидное или мелко раздробленное вещество

displace смещать; вытеснять; перемещать; замещать

~ mud 1. откачать буровой раствор 2. вытеснить буровой раствор (*напр. цементным*)

displaced вытесненный, замещенный

displacement 1. смещение, перемещение, замещение; вытеснение 2. количество жидкости, подаваемое насосом за один ход поршня 3. рабочий объем цилиндра; подача насоса 4. *геол.* сдвиг, наклонная высота сброса

bottom ~ смещение [уход] забоя
horizontal ~ of the bottom of the hole горизонтальное смещение забоя скважин
miscible ~ of reservoir oil вытеснение нефти нагнетанием жидкостей, смешивающихся с нефтью
~ at drilling draft водоизмещение в процессе бурения (*плавучей полупогружной буровой установки*)
~ in transit condition водоизмещение в транспортном положении (*плавучей полупогружной буровой установки*)
~ of pump подача насоса
angular ~ угловое смещение
drilling ~ водоизмещение при бурении (*водоизмещение плавучей полупогружной буровой установки, погруженной с целью уменьшения волновых воздействий*)
field tow ~ водоизмещение при буксировке в районе эксплуатации
fluid ~ вытеснение жидкости; продвижение контура (*при заводнении*); замена жидкости
gas-oil ~ вытеснение нефти газом
horizontal ~ горизонтальное смещение
liquid-liquid ~ взаимное вытеснение жидкостей
magnetic ~ магнитное смещение
ocean tow ~ водоизмещение при буксировке по океану
operating ~ водоизмещение при эксплуатации, рабочее водоизмещение
piston ~ рабочий объем цилиндра, литраж цилиндра; ход поршня
plunger ~ ход плунжера
pump ~ подача насоса; объемная подача насоса; высота нагнетания насоса
relative ~ относительное смещение, относительное перемещение
survival ~ водоизмещение в режиме выживания
tanker ~ водоизмещение танкера
total ~ *геол.* общее или полное смещение в плоскости сброса
towing ~ водоизмещение при буксировке, водоизмещение в транспортном положении
vertical ~ вертикальное смещение
water-oil ~ вытеснение нефти водой

disposal 1. удаление, устранение 2. размещение, расположение
~ of brine спуск [сброс] промысловых вод
~ of sewage *см.* sewage disposal
mud ~ утилизация (*отработанного*) бурового раствора
sea ~ сброс в море
sewage ~ удаление [сброс, очистка] сточных вод

disposition расположение, размещение

dissipate рассеивать, разгонять; уничтожать

dissipation 1. рассеяние; преобразование; гашение 2. утечка; диссипация (*энергии*)
~ of energy рассеяние энергии, преобразование энергии; гашение энергии
power ~ потеря мощности, рассеяние мощности

dissociate диссоциировать; распадаться, разлагаться; разъединять, разобщать

dissociation диссоциация; распад; разложение
electrolytic ~ электролитическая диссоциация

dissolubility растворимость

dissoluble растворимый, растворяющийся

dissolution 1. растворение; разжижение; разложение (*на составные части*) 2. размывание; рассеяние

dissolvant растворитель

dissolve растворять(ся); разлагать; разжижать; испарять(ся)

dissolved растворенный; разжиженный, жидкий

distance 1. расстояние; интервал; дистанция; промежуток; пролет; удаление 2. отрезок; промежуток, период (*времени*)
center ~ расстояние между центрами
focal ~ фокусное расстояние
free ~ зазор, просвет

leg center ~ межцентровое расстояние опор (*у плавучих оснований самоподъемного типа*)
seepage ~ расстояние фильтрации

distill дистиллировать, перегонять, подвергать сухой перегонке

distillate дистиллят, погон ‖ перегонять, дистиллировать
gas ~ природный газ, богатый бензиновой фракцией
oil ~ нефтяной или масляный дистиллят

distillation фракционная перегонка, дистилляция; разгонка; ректификация
batch ~ периодическая перегонка (*нефти*)
flash ~ однократное испарение

distort искривлять(ся); искажать(ся), деформировать(ся), перекашивать(ся), коробить(ся)

distorted искаженный (*профиль*), искривленный; деформированный; перекошенный

distortion искажение; смещение; искривление (*крепи*); деформация; перекашивание; коробление
local ~ 1. местная деформация; местное искривление 2. выпучивание
scale ~ искажение масштаба
transient ~ искажение вследствие переходных процессов

distribute распределять; распространять, размещать

distribution 1. распределение 2. распространение, рассредоточение
~ in time последовательность во времени, распределение во времени
~ of stresses распределение напряжений
equilibrium ~ равновесное распределение
geographic ~ географическое распределение (*нефти*)
geological ~ геологическое распределение (*нефти*)
grain-size ~ гранулометрический состав; распределение зерен по крупности
gravity ~ распределение под действием силы тяжести или самотеком, гравитационное распределение
hyperbolic stress ~ гиперболический закон распределения напряжений
moment ~ распределение [разложение] моментов
particle-size ~ *см.* grain-size distribution
pore size ~ распределение пор по размерам (*в породе*)
pressure ~ 1. распределение давления 2. подача под давлением; распределение под давлением
regional ~ региональное распределение (*нефти*)
size ~ распределение по крупности (*зерна*), гранулометрический состав, фракционный состав
stress ~ распределение напряжений
velocity ~ распределение скоростей
weight ~ распределение нагрузки

distributor 1. распределитель; загрузочное [распределительное] устройство 2. поставщик (*оборудования*)

district район; округ; участок

disturbance 1. нарушение, повреждение; возмущение, нарушение стационарного режима; нарушение нормальной работы 2. *геол.* дислокация, разрыв
~ of sand смещение песка
transient ~s помехи от переходных процессов

disturbed:
highly ~ сильно нарушенная (*порода, структура*)

ditch 1. канава, траншея, ров; кювет 2. желоб 3. выемка, котлован
canal ~ желоб (*для отвода бурового раствора к отстойникам*)
cutting ~ шламовый желоб, шламопровод
mud ~ амбар для хранения бурового раствора

dive погружать(ся) (*на дно*), опускаться (*в воду*)

diver водолаз

divergence расхождение, расходимость, дивергенция; несходимость, отступление, отклонение
wave ~ расхождение волн

diversion обход, отвод; ответвление; отвлечение; отклонение

diversity 1. разнообразие, разнородность 2. разновременность

divert отклонять; отвлекать, отводить

diverter направляющий лист, направляющая [отклоняющая] перегородка; отводное устройство; отклонитель
telescoping joint ~ отводное устройство телескопической секции (*водоотделяющей колонны*)

divide 1. делить; разделять 2. наносить деления, градуировать 3. подразделять, дробить
drainage ~ водораздел между дренирующими бассейнами; водораздел речных бассейнов

divided 1. раздельный; разъемный, составной 2. подразделенный, секционный; парциальный 3. градуированный

diving водолазное дело
oil-field ~ нефтепромысловое водолазное дело

DMS *фирм. назв.* жидкое поверхностно-активное вещество для буровых растворов

dock 1. пирс, причал 2. погрузочная эстакада
loading ~ наливная эстакада (*для нефтепродуктов*)

doctor 1. вспомогательный механизм 2. адаптер; переходный патрон 3. установочный клин, регулирующая прокладка 4. налаживать (*аппарат, машину*); устранять неполадки, ремонтировать 5. обессеривающий раствор

dodge механизм; приспособление

dog 1. хомутик; поводок; палец; замыкающий зуб; кулак; кулачок; зуб; останов; крючок; скоба; захват; зажимные клещи; зажим 2. зажимать, захватывать 3. курок, собачка; защелка

4. башмак; зажимная щека 5. *pl* щеки, зажимные плашки
casing ~ труболовка (*ловильный инструмент*)
latch ~ захватывающее приспособление с защелкой
lifting ~ серьга, ушко
locking ~ замковая защелка, запорная собачка
pipe ~ трубный ключ

dog-leg 1. резкое изменение направления ствола скважины 2. резкий перегиб в проволочном (*талевом*) канате 3. *горн.* отклонение жилы 4. ломаный (*о линии*)

dolly 1. каток; тележка для перевозки деталей 2. оправка, круглая обжимка
launching ~ плавающая каретка или люлька для спуска трубопровода на воду
travelling block guide ~ каретка талевого блока (*для перемещения талевого блока по вертикальным направляющим с целью предотвращения его раскачивания при качке бурового судна или плавучей полупогружной буровой платформы*)

dolomite доломит

dolomitic доломитовый, доломитизированный

dome 1. свод, купол 2. колпак (*печи*); сухопарник (*котла*) 3. *геол.* антиклинальное поднятие без отчетливого простирания
coastal ~s прибрежная группа соляных куполов (*в Техасе и Луизиане*)
deep-seated salt ~ глубокозалегающий соляной купол
interior ~s внутренняя группа соляных куполов
piercement salt ~ соляной купол протыкающего типа
piercement-type salt ~ *см.* piercement salt dome
producing ~ продуктивный купол
salt ~ соляной купол

domed выпуклый; куполообразный

dome-shaped куполообразный

domestic 1. коммунального назначения 2. вырабатываемый в пределах страны; местный; внутренний; отечественный

dominate преобладать, господствовать

donkey 1. вспомогательный механизм 2. небольшой поршневой насос 3. вспомогательный

door дверь, дверца; заслонка; входное или выпускное отверстие; люк
sliding cellar ~ раздвижная створка буровой шахты
sliding side ~ раздвижная боковая дверца (*в скважинном оборудовании для опробования*)

dope 1. густая смазка; паста 2. присадка, (*корректирующая*) добавка; антидетонатор 3. поглотитель
oil ~ присадка к маслам
pipe ~ густая трубная смазка
thread ~ смазка для герметизации резьбового соединения

DOS-3 *фирм. назв.* рафинированная маслянистая жидкость (*нефлюоресцирующая и нетоксичная смазывающая добавка, понизитель трения буровых растворов*)

dosage 1. дозировка, доза 2. дозирование

dose доза ∥ дозировать

doser дозировочное устройство; дозер

dosimeter дозиметр; дозатор, дозирующее устройство, мерник

dot 1. точка ∥ ставить точки 2. отмечать пунктиром

dotted точечный; пунктирный, нанесенный пунктиром

double 1. двойной, сдвоенный 2. двухтрубка 3. удваивать, сдваивать 4. дублировать

double-acting двойного действия

Dowcide G *фирм. назв.* бактерицид

Dow Corning *фирм. назв.* кремнийорганическое соединение (*пеногаситель*)

downfaulted сброшенный (*о части пласта*)

downflow 1. нисходящий поток 2. переливная труба

downhill наклонный, покатый

downhole 1. забой скважины 2. *горн.* нисходящая скважина, нисходящий шпур

down-pump погружной насос
low ~ погружной насос для небольших глубин

downstream нагнетательный [напорный] поток; по потоку, вниз по течению, по направлению струи

downstroke ход поршня вниз; ход всасывания

downward нисходящий, понижающийся, опускающийся

draft 1. тяга, сквозняк; приспособление для регулирования тяги в топке, дутье 2. эскиз, чертеж, план, набросок 3. осадка судна 4. тащить
~ of platform in drilling position осадка платформы при бурении
designed load ~ расчетная грузовая осадка, грузовая осадка (*плавучего бурового основания*)
drilling ~ осадка при бурении (*у плавучей полупогружной буровой установки*)
forced ~ принудительная тяга; искусственная вентиляция
induced ~ искусственная тяга
operating ~ эксплуатационная осадка (*плавучей полупогружной буровой платформы при бурении*)
survival ~ осадка в режиме выживания
towing ~ осадка при буксировке (*полупогружной буровой платформы*)
transit ~ транспортная осадка (*плавучей полупогружной буровой платформы при ее транспортировке*)

drag 1. натяжение; волочение 2. торможение; захватывание; задержка; отставание 3. тормоз; тормозной башмак
magnetic ~ магнитное притяжение
wall ~ трение снаряда о стенки скважины

drain 1. сток; спускное отверстие; спускной

патрубок 2. сброс жидкости, дренаж; стравливание ‖ дренировать; подсасывать
~ off спускать, выпускать, сливать
air ~ 1. стравливание воздуха 2. отдушина, вентиляционный канал
floor ~ спускное отверстие в полу
oil ~ отверстие для слива масла
plug ~ дренажное отверстие с пробкой
roof ~ дренажная система в резервуарах с плавающими крышами

drainage дренирование, дренаж; отбор жидкости; осушение, осушка, сток
cylinder ~ удаление конденсационной воды из цилиндра
equilibrium ~ установившееся дренирование
gravity ~ гравитационный режим пласта
natural ~ естественное дренирование
radial ~ радиально-дренируемая площадь
well ~ площадь дренирования скважины

draw 1. тяга; вытягивание ‖ тащить, тянуть; вытягивать, протягивать, волочить 2. усадочная раковина 3. отпускать (*сталь*) 4. чертить; рисовать; делать эскизы 5. всасывать, втягивать

drawback препятствие; помеха; недостаток; отрицательная сторона

draw-down депрессия; перепад давления (*создающийся по мере отбора жидкости из пласта или движения жидкости к скважине*); снижение давления в пласте
~ of a well понижение уровня в скважине
production ~ снижение темпа отбора

drawer устройство для вытаскивания; приспособление для выдерживания
packing ~ крючок для извлечения набивки из сальника

drawing 1. чертеж; рисунок 2. вытягивание; протягивание
dimensional ~ чертеж, на котором проставлены все размеры и допуски; чертеж с соблюдением масштаба

drawn 1. тянутый, протянутый 2. отпущенный (*о стали*)

draw-off 1. спускное устройство, спуск, отвод 2. выпускать; сливать; выгребать; отводить; откачивать

drawworks лебедка

dredge 1. драга, землечерпалка, экскаватор; землесосный снаряд 2. взвесь, суспензия

dress 1. заправлять (*инструмент*) 2. отделывать
~ a bit заправлять долото

dressed 1. отделанный 2. заправленный
~ with армированный

dressing 1. заправка сработанного инструмента 2. армирование твердыми сплавами 3. выпрямление, правка
brake ~ смазка для тормозов
tool ~ заправка бурового инструмента

Dri-Job *фирм. назв.* низкосортный баритовый утяжелитель

drier сушилка; сушильный шкаф
batch ~ сушилка периодического действия
blast ~ воздушная сушилка

driff off закончить бурение (*морской скважины*)

drift 1. снос, сдвиг, отклонение (*от вертикали*) 2. оправка, пробойник 3. остаточная деформация (*металла*) 4. лобовое сопротивление 5. *геол.* ледниковое отложение; нанос, делювий, моренный материал
glacial ~ ледниковый период

drifter колонковый перфоратор
boom-mounted ~ перфоратор, смонтированный на колонке буровой каретки

driftmeter дрифтметр (*инструмент для измерения отклонения скважины от вертикали*)

drift-sand зыбучий песок, наносимый ветром; плывун

drill 1. сверло; дрель 2. сверлить, просверливать 3. бур; перфоратор; бурильный молоток 4. бурить 5. инструктаж; практика; тренировка
~ by бурить мимо (*оставшегося в скважине инструмента*)
~ out 1. выбуривать, разбуривать 2. высверливать
~ over разбуривать (*площадь*)
~ upward расширять ствол скважины снизу вверх
air ~ пневматический перфоратор
air-driven hammer ~ пневматический молотковый бур
anvil type percussion ~ ударный бур
auger ~ 1. шнековая буровая установка 2. сверлильный вращательный перфоратор
blunt ~ затупленный бур
cable ~ станок ударно-канатного бурения
Calix ~ цилиндрический бур Каликса с зубчатой коронкой
churn ~ канатный бур; станок для ударного бурения
churn tyre percussion ~ *см.* churn drill
column ~ колонковый бур
diamond ~ алмазный бур, алмазная коронка для отбора керна
double core barrel ~ двойная колонковая труба для отбора керна в слабосцементированных породах
flexible ~ долото для бурения на гибком шланге
hammer ~ инструмент для ударно-вращательного пневматического бурения
lateral ~ горизонтальный бур
machine ~ станок механического бурения (*в отличие от ручного*); перфоратор
magnetostrictive ~ магнитострикционный бур
non-diamond core ~ станок для бурения с отбором керна любым наконечником, кроме алмазного
percussion ~ ударный перфоратор
rock ~ 1. бурильная машина; перфоратор; станок для бурения по твердым породам 2. шаро-

шечное долото; долото ударного бурения для твердых пород
shot ~ дробовой бур, станок дробового бурения
skid-mounted ~ станок, смонтированный на раме с салазками
sonic ~ акустический бур
twist ~ спиральное сверло
water ~ перфоратор для бурения с промывкой водой

drillability буримость

drilled пройденный бурением, пробуренный
~ in пробурена (*о скважине*)
footage ~ проходка бурением в футах

driller бурильщик
assistant ~ помощник бурильщика
automatic ~ автоматический бурильщик
undersea ~ подводный бурильный инструмент

drilling бурение; сверление; высверливание
~ in 1. вскрытие пласта 2. добуривание
~ out выбуривание
~ by flame термическое бурение
~ by jetting method бурение гидравлическим способом
~ submarine wells бурение подводных скважин, бурение скважин с подводным устьем
~ the pay разбуривание продуктивного пласта
~ to completion бурение до проектной глубины
~ with air бурение с очисткой забоя воздухом
~ with counterflow бурение с обратной промывкой
~ with mud бурение с промывкой буровым раствором
~ with oil бурение с промывкой раствором на углеводородной основе
~ with salt water бурение с промывкой соленой водой
~ with sound vibration вибробурение со звуковыми частотами
aeration ~ бурение с промывкой аэрированными растворами
air ~ 1. бурение с очисткой забоя воздухом 2. пневматическое бурение
air and gas ~ бурение с продувкой воздухом или газом
air-hammer ~ пневматическое ударно-вращательное бурение, вибробурение
balanced ~ бурение при сбалансированных изменениях гидродинамического давления в скважине
bench ~ бурение на уступе; бурение с бермы; бурение по трассе
blind ~ бурение с потерей циркуляции (*без выхода бурового раствора на поверхность*)
bore-hole ~ *см.* well drilling
bottom supported marine ~ бурение скважин с опорой на дно (*со стационарной свайной платформы*)
cable ~ ударно-канатное бурение
cable tool ~ *см.* cable drilling

calibration ~ бурение скважины номинального диаметра
churn ~ канатное или ударное бурение
city-lot ~ бурение скважин на небольших городских участках
clean ~ бурение с очисткой ствола скважины глинистым буровым раствором (*в отличие от раствора на углеводородной основе*)
cluster ~ кустовое бурение
contract ~ подрядное бурение
core ~ колонковое бурение; структурное бурение
deep ~ глубокое бурение, бурение на большие глубины
deep water ~ глубоководное бурение, бурение при большой глубине воды
dense ~ бурение на уплотненной сетке
development ~ эксплуатационное бурение
diamond ~ алмазное бурение
diamond core ~ алмазное колонковое бурение
directed ~ *см.* directional drilling
directional ~ наклонно направленное бурение
double barreled ~ двухствольное бурение
dry ~ сухое бурение (*без промывки*)
dual bore cluster ~ двухствольное кустовое бурение
exploration ~ *см.* exploratory drilling
exploratory ~ разведочное бурение
full diameter ~ бескерновое бурение, бурение сплошным забоем
full hole ~ *см.* full diameter drilling
gas ~ бурение с продувкой забоя природным газом высокого давления, бурение с очисткой забоя газом
hard ~ бурение по крепким породам
heavy weight ~ бурение с промывкой утяжеленным буровым раствором
high velocity jet ~ бурение с помощью высоконапорных струй жидкости
hydraulic ~ гидравлическое бурение
hydraulic percussion ~ ударное бурение с промывкой
hydraulic rotary ~ вращательный способ бурения с промывкой (*буровым*) раствором, роторное бурение
infill ~ бурение с целью уплотнения сетки скважин
jet ~ 1. гидромониторное бурение, гидравлическое бурение 2. термическое бурение 3. прожигание струей
jet bit ~ бурение со струйной промывкой под давлением, гидромониторное бурение
jetting ~ *см.* jet drilling
large-hole ~ бурение скважины большого диаметра
machine ~ механическое бурение
marine ~ бурение на море, морское бурение, бурение морских скважин
mechanized ~ машинное бурение
mist ~ бурение с очисткой забоя воздухом и введением туманообразующих агентов

drilling   93   drive

moderate ~ бурение пород средней твердости
multi-hole ~ многозабойное бурение
multiple ~ *см.* cluster drilling
offshore ~ бурение на некотором расстоянии от берега; бурение в открытом море, морское бурение
oil well ~ бурение нефтяных скважин
old-well deeper ~ углубление старой нефтяной скважины
optimized ~ оптимизированное бурение (*с поддержанием заданных оптимальных параметров*)
original ~ первоначальное бурение
outstep ~ ползущая сетка разработки
overbalanced ~ бурение при повышенном гидростатическом давлении в стволе скважины
pellet impact ~ шариковое импульсное бурение
percussion ~ ударное бурение; вибрационно-вращательное бурение
permafrost ~ бурение в многолетнемерзлых породах
petroleum ~ бурение на нефть
pier ~ бурение с пирса (*в море*)
plug ~ разбуривание пробки; бурение по обрушенной породе
pressure ~ бурение под давлением
probe ~ *см.* exploratory drilling
prospect ~ поисковое бурение, поисково-разведочное бурение
random ~ бурение скважины, заложенной наугад
reduced-pressure ~ бурение при пониженном гидростатическом давлении (*напр. при промывке аэрированными растворами*)
rock ~ бурение по коренным породам
rod ~ штанговое бурение
rotary ~ вращательное [роторное] бурение
rotary-percussion ~ ударно-вращательное бурение
rough ~ бурение в твердых породах
salt-dome ~ разбуривание соляного купола
scattered ~ беспорядочное бурение (*не по схеме*)
self-cleaning ~ бурение с выносом шлама пластовой жидкостью или газом, бурение восстающего шпура
shallow ~ 1. бурение на малой глубине (*в море*) 2. бурение неглубоких скважин
shelf ~ бурение на мелководье, бурение на шельфе, морское бурение
shot ~ дробовое бурение
simultaneous ~ двухствольное бурение
slant hole ~ бурение наклонных скважин
test ~ структурно-поисковое бурение, бурение опорных скважин
top hole ~ проходка верхнего интервала глубины скважины
tough ~ бурение в крепких [труднобуримых] породах
underbalanced ~ бурение при пониженном гидростатическом давлении в стволе скважины
underwater ~ подводное бурение (*бурение скважин с подводным расположением устья*)
up-hole ~ бурение восстающих скважин
water flush ~ бурение с промывкой водой
water jet ~ гидравлическое бурение (*способом размыва породы сильной струей жидкости высокого давления*)
water well ~ бурение артезианских скважин, бурение на воду
well ~ бурение скважин(ы)
wild-cat ~ поисковое бурение

Drilling Milk *фирм. назв.* поверхностно-активное вещество (*эмульгатор*)

Drilling Bar *фирм. назв.* баритовый утяжелитель

drillship буровое судно
DP ~ буровое судно с динамическим позиционированием
turret-moored ~ буровое судно с турельной якорной системой (*позволяющей судну вращаться вокруг вертикальной оси*)

drillstem бурильная колонна
flexible ~ гибкая бурильная колонна. шланго-кабель

Drilltex *фирм. назв.* трепел [кизельгур, инфузорная земля] (*наполнитель для низкоминерализованных буровых растворов*)

Drillube *фирм. назв.* поверхностно-активное вещество (*смазывающая добавка*)

Driloil *фирм. назв.* структурообразователь для буровых растворов на углеводородной основе

Driltreat *фирм. назв.* стабилизатор буровых растворов на углеводородной основе

drip 1. сепаратор для спуска жидкости из газопровода 2. капля ‖ капать ‖ капельный
gas well ~ водоотделитель для газовой скважины

Driscose *фирм. назв.* натриевая карбоксиметилцеллюлоза

Drispac *фирм. назв.* полианионная целлюлоза (*понизитель водоотдачи*)

Drispac Superflo *фирм. назв.* специально обработанная легкорастворимая полианионная целлюлоза (*понизитель водоотдачи*)

drive 1. привод, передача 2. вытеснение нефти (*газом, водой*), пластовый режим 3. приводить в движение, вращать
~ back отводить
~ down уменьшать частоту вращения
~ in забивать
~ out выбивать, выколачивать
~ up увеличивать частоту вращения, ускорять (*движение*)
air ~ нагнетание воздуха в пласт; воздушная репрессия, вытеснение воздухом
air oil ~ вытеснение нефти воздухом
belt ~ ременный привод, ременная передача
bevel gear ~ коническая зубчатая передача
bottom ~ 1. забойный привод 2. напор в пласте

bottom water ~ напор подошвенных вод (*в пласте*)
cam ~ кулачковый привод
chain ~ цепная передача, цепной привод
combination ~ смешанный режим (*пласта*)
combination gas and water ~ смешанный газо- и водонапорный режим (*пласта*)
combination solution gas and water ~ смешанный режим (*пласта*): растворенного газа и водонапорный
combustion ~ вытеснение нефти из пласта продуктами сгорания
condensation gas ~ газонапорный режим с конденсацией
condensing gas ~ вытеснение нефти обогащенным газом (*при котором компоненты газа растворяются в вытесняемой нефти*); перевод нефти в конденсатное состояние
coupling ~ привод с непосредственным соединением валов
depletion ~ *см.* dissolved gas drive
diesel electric ~ дизель-электрический привод
direct ~ привод с непосредственным соединением валов; прямая передача; индивидуальный привод
direct motor ~ индивидуальный привод от мотора
dissolved gas ~ режим растворенного газа
dual ~ двойной привод
eccentric ~ групповой привод для нескольких насосных скважин
edge water ~ режим вытеснения нефти краевой водой
elastic ~ упругий режим пласта
elasto-plastic ~ *см.* elastic drive
electric ~ электрический привод
engine ~ привод от двигателя
external ~ режим эксплуатации под действием постороннего источника энергии; вытеснение агентом, нагнетаемым извне
fluid ~ гидравлический двигатель
flywheel ~ привод от маховика
forward ~ передний ход
friction ~ фрикционная передача, фрикционный привод
frontal ~ 1. поршневое вытеснение нефти 2. линейное перемещение фронта вытеснения
gas ~ 1. газонапорный режим пласта, метод эксплуатации с закачкой газа в пласт 2. привод от двигателя внутреннего сгорания
gas cap ~ режим газовой шапки
gear ~ зубчатая передача, привод с зубчатой передачей, редукторный привод
generator ~ привод генератора
gravity ~ гравитационный режим (*пласта*)
group ~ групповой привод
high pressure gas ~ вытеснение газом высокого давления (*в случае вытеснения в условиях смешиваемости*); газовый режим с испарением
Hild differential ~ дифференциальное устройство системы Хилда для автоматической подачи долота при бурении
hydraulic ~ гидравлический привод
hydraulic pressure ~ *см.* hydraulic drive
independent ~ *см.* individual drive
individual ~ одиночный [индивидуальный] привод
intermediate ~ промежуточная передача
internal gas ~ режим растворенного газа (*вытеснение нефти из пласта за счет расширения пузырьков окклюдированного газа*)
kelly ~ вкладыши для вращения рабочей [ведущей] трубы
line ~ перемещение линейного контура (*при заводнении*)
link ~ кулисный привод; передача движения через шарнирный механизм
magnetic ~ привод с электромагнитной муфтой
miscible ~ вытеснение в условиях смешиваемости фаз (*или вытеснение нефти смешивающейся фазой*)
motor ~ привод от электродвигателя, электропривод
natural reservoir ~ естественный режим пласта [залежи]
natural water ~ естественный водонапорный режим
oil-electric ~ дизель-электрический привод
open belt ~ привод прямым [неперекрещивающимся] ремнем
partial water ~ частично водонапорный режим
pattern ~ 1. контур расположения скважин 2. площадное вытеснение
pedal ~ ножной [педальный] привод
pinion ~ шестеренная передача
pneumatic ~ пневматический привод
positive ~ принудительная передача, жесткая передача
power ~ привод от двигателя, механический привод
probable ~ вероятный режим залежи
pulley ~ передача через шкив
pump ~ привод насоса
rack and gear ~ реечная передача
ram ~ поршневой привод (*превентора*)
rope ~ канатный привод, канатная передача
runaround ~ обходной привод
segregation ~ *см.* gas cap drive
separate ~ *см.* individual drive
separate table ~ индивидуальный привод ротора
single ~ *см.* individual drive
solution gas ~ *см.* dissolved gas drive
solution-gas-gas cap ~ смешанный пластовый режим растворенного газа и газовой шапки
solution-gas-gas cap water ~ смешанный пластовый режим растворенного газа, газовой шапки и водонапорного
speed fluid ~ гидропреобразователь для бесступенчатого изменения скорости
tandem ~ привод тандем

техгоре ~ клиноременная передача
thermal ~ термическое воздействие на пласт
torque tube ~ карданная передача
turbine ~ турбопривод
unit ~ *см.* individual drive
water ~ вытеснение нефти нагнетаемой водой, водонапорный режим пласта
worm-gear ~ червячный привод; червячная передача
worm-wheel ~ *см.* worm-gear drive

driveability:
predicting pile ~ прогнозная заглубляемость сваи

drivehead наголовник для забивки обсадных труб или свай

driven 1. работающий от привода, с приводом 2. приводимый в действие; запускаемый 3. ведомый (*о шестерне или колесе*)
air ~ пневматический, с пневматическим приводом
belt ~ с ременным приводом, (*работающий*) от ременного привода
direct motor ~ имеющий индивидуальный (*или отдельный*) привод
electrically ~ с электрическим приводом
engine ~ механизированный; с приводом от двигателя
gasoline ~ с приводом от двигателя внутреннего сгорания
gear ~ действующий от зубчатого привода
hand ~ с ручным приводом
manually ~ *см.* hand driven
motor ~ *см.* power driven
pedal ~ с педальным [ножным] приводом
power ~ приводной, с механическим приводом
traction ~ работающий в качестве прицепа (*не имеющий собственного двигателя*)

driver 1. ведущий шкив 2. машинист; водитель, шофер
pile ~ копер, молот для забивки свай
underwater pile ~ подводной молот [копер] для забивки свай

driving 1. передача; привод; приведение в действие || приводной; ведущий 2. проходка
pipe ~ бестраншейная прокладка трубопровода под каким-либо препятствием; продавка трубопровода (*через насыпь*)

droop спад || спадать (*о кривой*); ослабление; понижение; провисание

drooping 1. падение (*частоты вращения машины*), спад, понижение 2. падающий (*о характеристике*)

drop 1. капля || капать 2. падение; спад; перепад; понижение; потеря || опускаться, падать; снижаться 3. перепад, градиент
~ out 1. слив 2. осаждаться (*из раствора*) 3. выпадать
~ of potential падение напряжения

~ of pressure падение давления; перепад давления
ohmic ~ of potential омическое падение напряжения
partial ~ of pressure 1. местное падение давления [напора] 2. *эл.* падение напряжения на участке сети
pressure ~ across the core падение давления вдоль керна
annular pressure ~ снижение давления в затрубном пространстве (*при закрытой превентором скважине*)
heat ~ перепад тепла, падение температуры
potential ~ падение напряжения
pressure ~ падение давления, потеря давления, перепад давления
recovery bbl/psi ~ дебит в баррелях на единицу снижения давления
revolution ~ снижение частоты вращения
speed ~ падение [снижение] скорости
temperature ~ падение температуры

dropoff выполаживание (*кривой*)

drowned 1. затопленный, обводненный 2. заглушенный (*о звуке*)

drowning обводнение пласта [скважины]

drum 1. барабан; цилиндр 2. металлическая бочка (*тара для перевозки нефтепродуктов и химреагентов*)
bailing ~ тартальный барабан
boom hoist ~ лебедка изменения вылета стрелы (*подъемного крана*)
brake ~ тормозной барабан
heavy steel ~ бочка из толстолистовой стали
hoist ~ *см.* hoisting drum
hoisting ~ подъемный барабан лебедки
indicator card ~ барабан для индикаторной ленты
load ~ *см.* hoisting drum
main line hoist ~ лебедка главного подъема (*крана бурового судна*)
oil ~ бочка для нефтепродуктов

dry сушить, высушивать || «сухая» (*о скважине*)
~ up a well откачать жидкость из скважины
bailed ~ оказавшаяся сухой (*о скважине при пробной эксплуатации*)
boil ~ выпаривать досуха
run ~ 1. бурить всухую 2. работать без смазки

dry-batched смесь, приготовленная в сухом состоянии

D-sander *см.* desander
D-silter *см.* desilter
D-Tron S-18 *фирм. назв.* вспенивающий реагент для буровых растворов на водной основе

dual двойной; сдвоенный; состоящий из двух частей
~ a well 1. эксплуатировать одновременно два горизонта в скважине 2. использовать

силовую установку одной скважины для эксплуатации другой

duct 1. канал, проход 2. труба; трубопровод
access ~ входной канал
air ~ воздушный канал; воздуховод; вентиляционная труба
drainage ~ дренажная труба
oil ~ маслопроводная трубка или канавка; смазочный канал

ductile пластичный; вязкий, тягучий; дуктильный, ковкий

dull тупой, изношенный, (*о долоте, коронке*), тусклый (*о минералах*) || притуплять, затуплять, делать тупым

dump 1. свалка || сваливать 2. опрокидыватель || опрокидывать; разгружать, сбрасывать 3. склад || складировать 4. отвал (*породы*) || сбрасывать в отвал
bailer ~ желоночный замок
cement ~ желонка для заливки цементного раствора в скважину

dumping 1. разгрузка; опорожнение; опрокидывание; сваливание 2. качающийся; перекидной; откидной
returns ~ сброс промывочной жидкости с выбуренной породой (*на дно моря*)

Duovis *фирм. назв.* ксантановая смола с высокой молекулярной массой и длинной полимерной цепью

duplex 1. двойной; сдвоенный; спаренный 2. двухсторонний 3. двухфазный

durability 1. долговечность; продолжительность службы 2. прочность; стойкость

durable 1. прочный 2. долговечный 3. износоустойчивый

duration продолжительность

Duratone *фирм. назв.* регулятор водоотдачи и стабилизатор эмульсионных буровых растворов

dust 1. пыль || удалять пыль 2. порошок; пудра || припудривать; посыпать порошком; превращать в порошок
~ off удалять пыль

duster непродуктивная [безрезультатная] скважина

dustproof защищенный от пыли; пыленепроницаемый

duty 1. нагрузка 2. работа (*машины*); режим работы; рабочий цикл 3. производительность; мощность; продолжительность включения 4. обязанность; круг обязанностей; сфера деятельности 5. вахта; дежурство 6. пошлина; налог
constant ~ постоянный режим работы
continuous ~ длительный [продолжительный] режим
extra ~ дополнительная производительность; перегрузка
heavy ~ тяжелого типа (*о машинах*); предназначенный для тяжелых работ

large ~ высокопроизводительный
operating ~ рабочий режим
periodic ~ периодический режим; периодическая работа
pump ~ подача насоса
sea ~ работа в море, работа на морской буровой
severe ~ тяжелые условия работы; тяжелые эксплуатационные условия, тяжелый режим эксплуатации
short-time ~ кратковременный режим
specific ~ удельная производительность

DV-22 *фирм. назв.* реагент для регулирования фильтрационной способности буровых растворов на углеводородной основе

DV-33 *фирм. назв.* понизитель поверхностного натяжения для обработки буровых растворов нефтью и приготовления инвертных эмульсий

dying-out *геол.* выклинивание

dynagraph *см.* dynamograph

dynamograph регистрирующий динамометр, динамограф

dynamometer динамометр || динамометрический

ear ухо; ушко; проушина; петля; гнездо; отверстие; зажим (*контактного провода*)

early 1. ранний, прежний; преждевременный; нижний (*о геологических свитах*), древний 2. опережающий; предваряющий

earth 1. земля 2. почва, грунт 3. суша, 4. эл. заземление || заземлять 5. эл. замыкание на землю
alum ~ глинозем, окись алюминия Al_2O_3
diatomaceous ~ *см.* infusorial earth
infusorial ~ диатомит, инфузорная земля, кизельгур
siliceous ~ диатомит

earthed заземленный

earth-free незаземленный

earthing заземление

ease 1. разгружать; облегчать; освобождать; ослаблять; смягчать; отпускать (*напр. гайку*) 2. убавлять (*подачу, ход и т. п.*), уменьшать (*скорость, частоту вращения*)
~ off 1. убавлять обороты (*двигателя*) 2. отпускать (*гайку*); ослаблять затяжку
~ an engine уменьшать обороты двигателя

easer вспомогательный шпур; вспомогательная скважина; разгрузочная скважина, бурящаяся при открытом фонтанировании основной скважины

easy 1. удобный, легкий 2. пологий

ebb 1. отлив ‖ убывать (*о воде*) 2. неглубокий; близкий к поверхности

ebullition образование пузырей; кипение, бурное вскипание

eccentric эксцентрик; кулак ‖ эксцентрический, эксцентричный; эксцентриковый; внецентренный; нецентральный (*напр. удар*)
adjustable ~ регулируемый эксцентрик
counterbalanced ~ уравновешивающий эксцентрик

echo 1. эхо 2. ложный сигнал, эхо-сигнал, отраженный сигнал ‖ отражаться

eccentricity эксцентриситет; эксцентричность

Economagic *фирм. назв.* эмульгатор сырой нефти в растворах с низким содержанием твердой фазы и регулятор тиксотропных свойств буровых растворов на углеводородной основе

Economaster *фирм. назв.* гидроциклонный илоотделитель со сменным вкладышем и алюминиевым корпусом

ectogenic посторонний (*о включениях и вкраплениях в породе*)

eddy вихрь, завихрение; вихревое движение; турбулентное движение ‖ завихряться ‖ вихревой

eddying завихрение; вихревое движение, турбулентное движение

edge 1. гребень; ребро; край; кромка, грань, фаска 2. острие ‖ заострять 3. опорная призма
~ away *геол.* выклиниваться
bevel ~ скошенный край, фаска
bevelled ~ скошенная кромка
cutting ~ лезвие, режущий край, режущая кромка (*бура, долота, башмака обсадных труб*)
gauge ~ калибрующая кромка (*долота*)
knife ~ ножевая [призматическая] опора; лезвие
leading ~ передняя кромка (*напр. фронта горения*)
linear cutting ~ суммарная длина режущей кромки
reaming ~ рабочая грань (*поверочного долота или расширителя*)
trailing ~ задняя кромка; сторона сбегания

edgewater краевая вода

eduction выпуск; выход; сток; удаление; извлечение; продувка; выхлоп

eductor 1. эдуктор, подъемная колонна (*газлифта*); подъемник 2. эжектор

effect 1. действие, эффект, влияние, результат, полезное действие 2. производительность, работа; результат, следствие ‖ выполнять; производить, осуществлять, действовать
air blast ~ эффект воздушной звуковой волны
braking ~ тормозной эффект, тормозящее действие
bore hole ~ влияние диаметра скважины и ее гидродинамического совершенства
boundary ~ «граничный» [краевой, «концевой»] эффект

electrolytic ~ электролиз
end ~ концевой эффект
flywheel damping ~ инерция вращающихся масс, сглаживающее действие махового колеса
heat ~ тепловой эффект
impact ~ ударный эффект, ударное действие
Jamin ~ эффект Жамэна
magnetic ~ магнетизм
mechanical ~ полезная [эффективная] мощность
osmotic ~ осмотический эффект
pendulum ~ «эффект отвеса» [маятника] при бурении в условиях искривления ствола (*закон Вудса — Лубинского*)
pressure ~ результат давления (*или сжатия*)
scale ~ влияние масштаба
side ~ побочный эффект
shielding ~ эффект заслона [экранирования]
skin ~ 1. скин-эффект (*явление ненормальной, ухудшенной проницаемости в призабойной зоне скважины*) 2. *эл.* поверхностный эффект
temperature ~ влияние температуры
useful ~ полезная работа, полезное действие, отдача

effervescence вскипание, шипение (*происходящее при выделении газов*); бурное выделение газов

efficiency 1. отдача; производительность (*машины, рабочего*); мощность 2. коэффициент полезного действия; коэффициент использования 3. эффективность; показатели; экономичность; продуктивность
~ of control совершенство управления
~ of pump *см.* operating efficiency of a pump
operating ~ of a pump коэффициент наполнения насоса
actual ~ действительная или эффективная мощность
areal sweep ~ площадный коэффициент охвата пород вытесняющей фазой
average ~ 1. средний коэффициент полезного действия 2. средняя производительность
boiler ~ КПД котла
commercial ~ коэффициент экономической эффективности
displacement ~ эффективность вытеснения; коэффициент вытеснения (*при заводнении*)
heat ~ тепловой КПД
high ~ высокая производительность, высокий КПД
hydraulic ~ гидравлический коэффициент полезного действия
lifting ~ эффективность лифта; КПД насоса или газлифта
mechanical ~ механический КПД; механическая отдача
het ~ общий КПД
operating ~ производительность
overall ~ общий (*экономический*) коэффициент полезного действия, общая отдача

pattern ~ 1. эффективность размещения скважин 2. эффективность заводнения
pattern sweep ~ эффективность вытеснения при данном расположении скважин
peak ~ максимальный КПД, максимальная производительность (*установки*)
peak operating ~ максимально эффективный режим (*работы*)
poor ~ низкая производительность, слабая эффективность; низкий КПД
power ~ коэффициент полезного действия, производительность
relative ~ относительный КПД
thermal ~ тепловой (*или термический*) КПД, полезная теплоотдача
total ~ общий КПД
unit displacement ~ удельная эффективность вытеснения, коэффициент полноты вытеснения
useful ~ эффективная мощность; используемая мощность или производительность
efficient эффективный; действительный; продуктивный; экономичный; исправный
effluent истечение, сток; исток; выпуск || просачивающийся, истекающий, вытекающий
well ~ s жидкость и газ, притекающие к скважине
efflux 1. истечение; утечка (*жидкости*), вытекание, исток 2. реактивная струя, струя выхлопных газов
effort усилие, сила; попытка; напряжение
braking ~ тормозящее усилие; сила торможения
centrifugal ~ центробежная сила
compactive ~ уплотняющее усилие
cutting ~ режущее усилие
eject выбрасывать, извергать; выпускать; выталкивать
ejection выброс; выбрасывание, выталкивание
face ~ подача промывочной жидкости на забой скважины через отверстия в торце алмазной коронки
ejector 1. эжектор; отражатель; выталкиватель 2. струйный вакуумный насос
elastic упругий, эластичный, пружинящий; гибкий
elasticity упругость, эластичность
impact ~ ударная вязкость
perfect ~ предельная упругость
residual ~ упругое последействие, остаточная упругость, упругая деформация
shear ~ упругость при срезе, модуль сдвига
torsional ~ упругость при скручивании [кручении]
transverse ~ упругость при изгибе; упругость при сдвиге
elbow колено, коленчатая труба, патрубок
inlet ~ входной патрубок
reducing ~ прямой переходный угольник
reducing taper ~ переводник для соединения двух труб разного диаметра без переводной муфты

twin ~ двойное колено
elbowed коленчатый; изогнутый
electric электрический
electrical электротехнический; относящийся к электричеству
electrification 1. электрификация 2. электризация
electrode электрод
bare ~ *св.* голый электрод, необмазанный электрод
coated ~ *св.* обмазанный электрод
current ~ питающий или токовый электрод
guarded ~ экранированный электрод
potential ~ измерительный электрод
reference ~ электрод сравнения, стандартный полуэлемент
reversible ~ s *геофиз.* обратимые электроды
towed ~ электрод, буксируемый за судном при электроразведке на воде
transmitting ~ питающий [токовый] электрод
welding ~ сварочный электрод
electrodrill электробур
electrolinking создание электропроводящих каналов в пласте
electrologging электрокаротаж, электрометрия (*скважин*)
electrolyte электролит
electron 1. электрон || электронный 2. электрон (*магниевый сплав*)
conduction ~ электрон проводимости
orbital ~ орбитальный [внешний] электрон
outer-shell ~ электрон внешней оболочки
thermal ~ термоэлектрон
trapped ~ захваченный электрон
electroosmosis электроосмос
element 1. элемент 2. часть; деталь; звено; секция 3. параметр
part ~ узел (*насоса и т. п.*)
constituent ~ элементы (*составные части*)
contact ~s соприкасающиеся элементы (*напр. глубинного насоса*)
measuring ~ измерительный элемент (*прибора*)
primary ~s первичные элементы или датчики (*в контрольно-измерительных приборах*)
sensitive ~ чувствительный [воспринимающий] элемент; датчик
structural ~ элемент конструкции
trace ~ микроэлемент, рассеянный элемент
tracer ~ меченый атом; радиоактивный индикатор
elementary 1. элементарный; первоначальный 2. первичный 3. *хим.* неразложимый

elevate поднимать, повышать
elevated 1. приподнятый, находящийся на возвышении 2. надземный
elevation 1. высота (*над уровнем моря*); подъём, поднятие (*суши*); возвышенность, пригорок; профиль 2. вертикальная проекция, вертикальный разрез

~ of well высота устья скважины (*над уровнем моря*)
derrick floor ~ высота пола буровой над уровнем земли
front ~ вид спереди, передний фасад
kelly drive bushing ~ высота расположения верхнего торца вкладыша под ведущую трубу
rear ~ вид сзади
side ~ вид сбоку
wellhead ~ высота устья скважины над уровнем моря
elevator 1. элеватор 2. лифт; подъемник
bucket ~ ковшовый элеватор, нория
casing ~ трубный элеватор; элеватор для спуска-подъема обсадных труб
center latch ~ элеватор с центральной защелкой
double gate ~ двухшарнирный элеватор
latch type ~ элеватор замкового типа
pipe ~ элеватор для труб, трубный элеватор
rod ~ элеватор для насосных штанг
slip-type ~ элеватор плашечного [клинового] типа
tubing ~ элеватор для насосно-компрессорных труб
unclamped ~ открытый элеватор
elevator-spider элеватор-спайдер
eliminate исключать; предотвращать, освобождать (*от...*); ликвидировать, удалять; устранять
elimination 1. удаление; устранение; исключение 2. *матем.* приведение к уравнению с одним неизвестным
ell колено *трубы*; угольник; фитинг
female ~ угольник [отвод] с внутренней резьбой
male ~ отвод с наружной резьбой
weld ~ приварное колено
elongate удлинять(ся), растягивать(ся) ‖ вытянутый
elongation 1. удлинение; направление удлинения, протяжение 2. относительное удлинение; коэффициент удлинения
axial ~ осевое удлинение; продольное удлинение
effective ~ истинное относительное удлинение
extension ~ удлинение в результате растяжения
local ~ местное удлинение; образование шейки при растяжении
permanent ~ остаточное удлинение
relative ~ относительное удлинение
specific ~ относительное удлинение; удельное удлинение; удлинение на единицу длины
tensile ~ удлинение при разрыве, относительное удлинение
ultimate ~ относительное удлинение при разрыве, критическое удлинение
uniform ~ равномерное относительное удлинение (*образца при разрыве*)

unit ~ удельное удлинение; относительная продольная деформация, относительное удлинение
Elseal *фирм. назв.* дробленая скорлупа грецкого ореха (*нейтральный наполнитель для борьбы с поглощением бурового раствора*)
eltranslog электроразведка методом становления поля
elutriate декантировать, сливать жидкость с осадка; отмучивать
elutriation 1. отмучивание, промывка, декантация 2. классификация (*при обогащении*)
elutriator отстойник, прибор для отмучивания
elutriometer прибор для определения содержания песка в буровых растворах
eluvial элювиальный
eluvium элювий
embayment залив, лиман (*иногда для погребенных элементов — ответвление бассейна осадконакопления*)
embed 1. *геол.* залегать 2. заделывать; заливать; погружать
embedded погребенный, внедренный, заключенный (*в породе*); залегающий среди пластов, пластовый, слоистый; заделанный, погруженный
embedment *геол.* вдавливание; утопленность (*способ внедрения*)
embodiment воплощение
embossed рельефный, выпуклый, тисненый
embrittlement *мет.* хрупкость; придание хрупкости
caustic ~ щелочное растрескивание
corrosion ~ коррозионная хрупкость
graphitic ~ графитная хрупкость
hydrogen ~ водородная хрупкость
notch ~ ударная хрупкость
temper ~ отпускная хрупкость
emerge выступать (*из воды*); подниматься, возникать
emergence 1. выход на поверхность; появление 2. прирост [поднятие] суши 3. вырост
~ of phase нарастание фазы
emergency 1. критические обстоятельства; крайность ‖ вспомогательный, запасной, аварийный, экстренный, предохранительный 2. авария
emersion 1. появление 2. всплывание, выход на поверхность
emery корунд; наждак
emission эмиссия, испускание, эманация, излучение, выделение; распространение
emit испускать, излучать; распространять
emitter 1. излучатель 2. передатчик 3. эмиттер
empty выгружать, опорожнять; сливать, выкачивать; выпускать (*жидкость, газ*) ‖ пустой
Emulfor ER *фирм. назв.* порошкообразный эмульгатор (*понизитель водоотдачи инвертных эмульсий*)

Emulfor GE *фирм. назв.* порошкообразная гелеобразующая добавка для инвертных эмульсий

Emulfor SA *фирм. назв.* порошкообразный регулятор реологических свойств инвертных эмульсий

Emulfor ST *фирм. назв.* жидкая стабилизирующая добавка для инвертных эмульсий

Emulgo *фирм. назв.* поверхностно-активный мел *(наполнитель для инвертных эмульсий)*

emulsifiable эмульгируемый, эмульгирующийся

emulsification образование эмульсии, эмульгирование; приготовление эмульсии

emulsifier 1. эмульгатор *(вещество, способствующее эмульгированию)* 2. эмульсификатор *(аппарат для эмульгирования)*

Emulsifier E *фирм. назв.* неионогенное ПАВ *(эмульгатор)*

Emulsifier S *фирм. назв.* анионактивное ПАВ *(эмульгатор)*

Emulsifier SMB *фирм. назв.* неорганический эмульгатор для пресных буровых растворов

emulsify эмульгировать, приготовлять эмульсию, превращать в эмульсию

emulsion эмульсия; эмульсионный слой
invert ~ эмульсия «вода в масле» [нефти]; обратная [обращенная, инвертная] эмульсия
oil ~ нефтяная [масляная] эмульсия
oil-field ~ промысловая нефтяная эмульсия
oil-in-water ~ эмульсия типа «нефть [масло] в воде»
quick-breaking ~ быстрораспадающаяся эмульсия
slow-breaking ~ медленнораспадающаяся [устойчивая] эмульсия
soap ~ эмульсия со щелочным эмульгатором
water-in-oil ~ эмульсия «вода в нефти», обращенная [инвертная] эмульсия
water-oil ~ водонефтяная эмульсия

Emulsite *фирм. назв.* щелочная вытяжка бурого угля *(аналог углещелочного реагента)*

Emulsoid *фирм. назв.* поглощающие воду коллоидные частицы

encapsulate заключать в капсулу, покрывать оболочкой, заключать в камеру, герметизировать

encase надевать кожух, заделывать, упаковывать; обшивать; возвести опалубку; облицовывать

encased защищенный футляром; помещенный в кожух; заключенный в оболочку

encasement обшивка, облицовка; упаковка; кожух; футляр

encasing опалубка, кожух; покрытие; облицовка

enclave *геол.* включение

enclose ограждать, загораживать; вмещать, заключать, содержать в себе

enclosed закрытый; защищенный; замкнутый

enclosed-type закрытого типа; защищенного типа

enclosure 1. ограждение, ограда; загороженное место 2. *геол.* включение
manned work ~ рабочая камера с экипажем *(для ремонта скважин с подводным устьем)*
personnel work ~ обитаемая рабочая камера

encroach 1. *геол.* захватывать; вторгаться 2. затоплять *(о краевой воде)*

encroachment 1. *геол.* захват 2. наступление *(фронта воды)*
~ of edge water наступление [вторжение] краевой воды
water ~ наступление воды, продвижение контурных вод; обводнение

end 1. конец, край, окончание, оконечность, торец, днище || кончать, прекращать || крайний, конечный 2. фракция
~ off выклиниваться
~ on в продольном направлении
collar ~ (*of the casing*) муфтовый конец *(трубы)*
female ~ (*of pipe*) раструбный конец *(трубы)*
fluid ~ (*of pump*) гидравлическая часть *(насоса)*
inner ~ (*of tooth*) внутренняя грань зуба шарошки *(долота)*
mud ~ (*of pump*) см. fliud end (*of pump*)
open ~ of tubing верхний конец колонны без муфты или без фланцевого соединения
outer ~ of the cone тыльная часть шарошки
spigot ~ of pipe конец трубы с наружной резьбой
back ~ днище
bell ~ открытый конец колокола [раструба, воронки]
bevel both ~s конический на обоих концах, со скосами на обоих концах
bevel small ~ с конусным концом меньшего диаметра
bevelled ~ со скошенным концом, с коническим концом
big ~ кривошипная головка шатуна
coupling ~ муфтовый конец *(труб)*
dead ~ «глухой» конец *(трубы, каната)*
discharge ~ напорная [нагнетательная] сторона *(насоса)*
fast line ~ ходовой конец талевого каната *(наматываемый на барабан)*
field ~ резьбовой [ниппельный] конец трубы
free ~ 1. подвижная опора 2. свободный конец *(каната)*
internal upset ~s высаженные внутрь концы *(труб)*
light ~s легкие фракции нефти, фракции нефтепродуктов
little ~ поршневой [верхний] конец *(шатуна)*
live ~ ходовой или барабанный конец *(талевого каната)*

mill wrapped plain ~ гладкий конец трубы с заводской обмоткой
non-upset ~ s невысаженные концы
pin ~ конец трубы или штанги, имеющий наружную резьбу
plain ~ гладкий конец (*трубы*)
power ~ приводная часть (*насоса*)
running ~ ходовой конец (*каната, цепи*)
top ~ верхний конец
upset ~ высаженный конец (*трубы*)
water ~ холодная часть парового насоса
welding ~ s свариваемые края
   end-to-end впритык, непрерывной цепью
   endurance стойкость, выносливость, сопротивление усталости [износу]
   energize включать ток, включать питание; возбуждать
   energy энергия; сила
~ added to... энергия, передаваемая...
~of flow энергия потока
bond ~ энергия связи, сила сцепления
driving ~ движущая сила, энергия
drop ~ кинетическая энергия (*молота для забивки сваи в дно моря*)
elastic ~ сила упругости, энергия упругости
interfacial ~ энергия на поверхности раздела фаз
mechanical ~ механическая энергия
potential ~ потенциальная энергия
producing ~ энергия пласта
recoil ~ энергия отдачи
released ~ высвобождаемая энергия
specific ~ удельная энергия
stored ~ запасенная энергия
strain ~ работа деформации, потенциальная энергия деформации
thermal ~ тепловая или термическая энергия
waste ~ непроизводительная затрата энергии
   engage зацеплять(ся), вводить в зацепление; включать; заскакивать (*напр. о собачке, штифте*); блокировать
   engagement 1. соприкосновение 2. сцепление, зацепление, заскакивание (*напр. собачки и т. п.*); защелкивание 3. включение
~ with the fish захват инструмента, оставшегося в скважине
   engine машина; двигатель
bare ~ двигатель без вспомогательных агрегатов
constant duty ~ двигатель, работающий с постоянной нагрузкой
Diesel ~ дизель, двигатель Дизеля
drilling ~ буровой двигатель
dual fuel ~ двигатель, работающий на двух видах топлива (*жидком и газообразном*)
fired ~ работающий двигатель
four cycle ~ четырехтактный двигатель
four stroke ~ *см.* four cycle engine
gas ~ газовый двигатель
gas blowing ~ воздуходувка, непосредственно соединенная с газовым двигателем
geared ~ двигатель с редуктором
high-speed ~ быстроходный [скоростной] двигатель
internal combustion ~ двигатель внутреннего сгорания
jet ~ реактивный двигатель
medium speed ~ двигатель с умеренной частотой вращения
motor ~ двигатель, мотор
oil ~ двигатель, работающий на тяжелом топливе
oil-electric ~ дизель-генератор; агрегат, состоящий из двигателя, работающего на тяжелом топливе и динамомашины
piston ~ поршневой двигатель
ram ~ копер
rear ~ двигатель для привода бурового насоса
reciprocating ~ поршневая машина, поршневой двигатель
scavenging ~ (*двухтактный*) двигатель внутреннего сгорания с продувкой
slow speed ~ тихоходный двигатель
throttle ~ двигатель с торможением
traction ~ тяговый двигатель; тракторный двигатель
turbocharged gas ~ газовый двигатель с турбонаддувом или с турбонагнетателем
turbosupercharged ~ двигатель с турбокомпрессором для наддува
twin ~ сдвоенная паровая машина
twin cylinder drilling ~ паровая двухцилиндровая машина для бурения
two-cycle ~ двухтактный двигатель
two-stroke ~ *см.* two-cycle engine
   engined:
oil ~ с приводом от двигателя, работающего на тяжелом топливе
   engineer 1. инженер 2. механик 3. машинист 4. сапер
chief ~ 1. старший механик 2. главный инженер
drilling ~ инженер-буровик
field ~ промысловый инженер
licensed ~ инженер, прошедший квалификационные испытания и зарегистрированный как специалист в данной отрасли
mechanical ~ инженер-механик; машиностроитель
mining ~ горный инженер
mud ~ инженер по буровым растворам
oil ~ инженер-нефтяник; инженер-эксплуатационник
petroleum ~ инженер-нефтяник
professional ~ *см.* licensed engineer
reservoir ~ инженер-промысловик; инженер-эксплуатационник
safety ~ инженер по технике безопасности
   engineer-in-practice инженер, не зарегистрированный как специалист в данной отрасли

engineering 1. техника; конструирование; прикладная область (*о науках*) ‖ технологический; технический; инженерный 2. машиностроение ‖ машиностроительный 3. строительство
environmental ~ техника моделирования эксплуатационных условий, энвироника
mechanical ~ (*общее*) машиностроение
oil reservoir ~ технология разработки нефтяных залежей
petroleum ~ технология добычи нефти
petroleum reservoir ~ технология разработки нефтяного пласта
power ~ энергетика
reservoir ~ технология нефтеотдачи; технология разработки пласта; техника пластовых исследований

enlargement расширение, уширение
~ in section расширение сечения (*труб*)

enrichment обогащение, насыщение, повышение калорийности (*коммунального газа примешиванием бутана*)

enrockment каменная наброска, каменная отсыпь

enthalpy *физ.* энтальпия, теплосодержание
entrainment увлечение (*жидкостью, газом*), вовлечение
air ~ засасывание [вовлечение] воздуха (*в цементный раствор*)
liquid ~ увлечение жидкости

entrap улавливатель; задерживать (*нефть, воду*); захватывать

entropy энтропия

entry 1. вход 2. ввод 3. *выч.* заполнение (*граф*), запись; введение числа в машину
formation ~ поступление песка из пласта в скважину
loop ~ петлеобразный ввод (*в подводную скважину*)

envelope 1. огибающая; объемлющая 2. обволакивать; окружать 3. оболочка; обертка; обшивка; кожух; покрытие 4. защитная среда

environment 1. фация 2. окружающие породы, вмещающие породы 3. обстановка седиментации 4. окружающая среда

Environmul *фирм. назв.* РУО на основе минеральных масел

Eocene эоценовая эпоха, эоцен
eolian эоловый (*нанесенный ветром*)
Eopaleozoic эопалеозойский
Eozoic эозойский, докембрийский

EP Mudlube *фирм. назв.* противозадирная смазывающая добавка для буровых растворов на водной основе

epoch *геол.* эпоха
recent ~ современная эпоха; новейшая эпоха послеледникового периода

Epomagic *фирм. назв.* реагент для закрепления водонасыщенных песков

epoxides *хим.* эпоксиды

epuration очистка
equal равный, одинаковый, равносильный
~ in strength равнопрочный
equalization выравнивание, уравнивание; компенсация; стабилизация
~ of pressure выравнивание давления
equalize уравнивать, выравнивать; уравновешивать
equalizer 1. балансир; компенсатор; уравнитель 2. коромысло 3. стабилизатор 4. дифференциальная передача; стабилизирующее звено
pressure ~ уравнитель давления
equalizing уравновешивание; компенсация; уравнивание ‖ уравнительный, уравновешивающий; компенсационный; поправочный (*о коэффициенте*)
equation *матем.* уравнение
energy ~ for viscous flow уравнение энергии для вязкого потока
biquadratic ~ *матем.* биквадратное уравнение
exponential ~ показательное уравнение
flow ~ уравнение течения
fluid flow ~ уравнение потока жидкости
material balance ~ уравнение материального баланса
equilibr|ium 1. равновесие 2. равновесное состояние
~ of forces равновесие сил
apparent ~ кажущееся равновесие
chemical ~ химическое равновесие
elastic ~ упругое равновесие
indifferent ~ безразличное равновесие
phase ~ фазовое равновесие
stable ~ устойчивое равновесие
static ~ статическое равновесие
thermodynamic ~ термодинамическое равновесие
unstable ~ неустойчивое равновесие
three-phase ~ ia равновесная трехфазная система

equip оборудовать; снабжать; оснащать; экипировать; снаряжать

equipment оборудование; снаряжение; оснащение; арматура; аппаратура
accessory ~ *см.* auxiliary equipment
auxiliary ~ вспомогательное оборудование
blasting ~ пескоструйная установка; дробеструйная установка
blowout ~ противовыбросовое оборудование
BOP handling ~ *см.* BOP stack handling equipment
BOP stack handling ~ оборудование для обслуживания блока превенторов
bottom ~ забойное оборудование (*нижняя часть бурового снаряда, фильтр, насос и т. д.*)
brazing ~ оборудование для пайки
bulk mixing ~ оборудование для приготовления сухих смесей
cable tool well drilling ~ оборудование для

ударно-канатного бурения
casing handling ~ оборудование для работы с обсадной колонной
casing hanger ~ оборудование для подвески обсадных колонн на устье скважины
cement ~ оборудование для цементирования скважин
cementation pumping ~ цементировочное оборудование
combination drilling ~ оборудование для комбинированного (*канатного и вращательного*) бурения
comissary ~ *см.* auxiliary equipment
communication ~ оборудование связи
completion ~ оборудование для заканчивания скважин
control ~ 1. контрольно-измерительные приборы 2. фонтанная арматура 3. аппаратура управления, аппаратура регулирования, пускорегулирующая аппаратура
disposal ~ оборудование для ликвидации (*продуктов скважины при пробной эксплуатации с бурового судна или плавучей полупогружной буровой установки*)
downhole ~ скважинное оборудование
drilling wellhead ~ устьевое буровое оборудование
electronic yaw ~ электронное оборудование для измерения углов отклонения (*для наклонно направленного бурения*)
emergency mooring ~ оборудование аварийной постановки на якорь
extended casing wellhead ~ устьевое оборудование для обсадной колонны-надставки
fire fighting ~ противопожарное оборудование
fixed ~ стационарное [несъемное, закрепленное] оборудование
floating ~ оборудование с обратным клапаном
handling ~ погрузочно-разгрузочное оборудование; транспортное оборудование
installation ~ монтажное оборудование
life saving ~ спасательные средства
marine riser handling ~ оборудование для монтажа и демонтажа водоотделяющей колонны
material handling ~ *см.* handling equipment
mud ~ оборудование циркуляционной системы
oil ~ нефтяное оборудование
on-board drilling ~ палубное буровое оборудование

optional ~ 1. дополнительное оборудование, не входящее в стандартный комплект и поставляемое по особому требованию покупателя 2. стандартное оборудование
outdoor ~ оборудование, устанавливаемое вне помещения
personnel survival ~ средства спасения персонала (*на морской буровой*)
pipeline ~ оборудование трубопровода

portable jacking ~ переносное подъемное устройство
position monitoring ~ оборудование слежения за местоположением (*бурового судна*)
position mooring ~ якорное оборудование позиционирования
power ~ силовое оборудование; источники питания
power supply ~ источники питания
production test ~ оборудование для пробной эксплуатации
pumping ~ насосное оборудование
reconditioning ~ ремонтное оборудование
remote control ~ оборудование для дистанционного управления
reusable drilling ~ буровое оборудование многократного использования
riser pipe ~ оборудование секции водоотделяющей колонны
rotary ~ оборудование для вращательного [роторного] бурения
running ~ оборудование для спуска (*колонн, хвостовиков и т. п.*)
safety ~ аппаратура, обеспечивающая безопасность работы
sandblast ~ пескоструйная установка, пескоструйный аппарат
service ~ оборудование для обслуживания и ремонта
single well completion ~ оборудование для заканчивания одиночной скважины
snubbing ~ оборудование для спуска бурильных труб и подачи инструмента при наличии давления в скважине
solids control ~ механическое оборудование для очистки бурового раствора
support ~ опорное оборудование (*для подвески частей подводного трубопровода при подводном ремонте*)
temporary mooring ~ оборудование для временного якорного крепления
tensioning ~ натяжное оборудование
testing ~ оборудование для испытания; оборудование для опробования
through tubing ~ инструменты, спускаемые на тросе в насосно-компрессорные трубы для замеров или ремонтных работ в скважине
tie-back ~ оборудование надставки (*хвостовиков*)
towing ~ прицепное оборудование
treating ~ оборудование для подготовки (*продукта скважины при пробной эксплуатации*)
underwater drilling ~ подводное буровое оборудование (*предназначенное для бурения морских скважин с подводным расположением устья*)
underwater wellhead ~ подводное устьевое оборудование
well-control ~ фонтанная арматура
wellhead ~ оборудование устья скважины

wet-type completion ~ оборудование для заканчивания в водной среде
workover ~ ремонтное оборудование
equivalence равноценность, равносильность, равнозначность, эквивалентность
equivalent эквивалент || эквивалентный, равноценный, равнозначный
era *геол.* эра
Cainozoic ~ *см.* Cenozoic era
Cenozoic ~ кайнозойская эра, кайнозой
Kainozoic ~ *см.* Cenozoic era
erect 1. сооружать, устанавливать, монтировать, собирать, воздвигать 2. выпрямлять
erection 1. установка, сборка, монтаж 2. сооружение
~ of tank сборка резервуара, сооружение резервуара
~ of overhead line проводка воздушной линии
erode 1. *геол.* размывать, смывать; выветривать 2. разъедать, вытравлять 3. вызывать эрозию, разрушать
erosion 1. *геол.* эрозия; выветривание; размывание 2. разъедание; разрушение
erosion-resistant устойчивый против эрозии, эрозионно стойкий
erratic 1. неправильный, неточный; ошибочный 2. переходящий 3. блуждающий; неустойчивый
error ошибка, погрешность; отклонение (*от заданной величины*)
~ of adjustment *геол.* ошибка в согласовании
absolute ~ абсолютная погрешность
accidental ~ случайная ошибка
accumulated ~ накопленная [суммарная, общая] ошибка
admissible ~ допустимая [предельная] ошибка
aggregate ~ *см.* accumulated error
appreciable ~ грубая [явная] ошибка
instrumental ~ погрешность прибора или инструмента, инструментальная погрешность
lead ~ ошибка в шаге (*резьбы*)
nominal ~ номинальная [относительная] погрешность
relative ~ относительная погрешность

eruptive изверженный, вулканический, эруптивный
escape 1. выход, утечка || вытекать, выделяться 2. мигрировать из пласта или ловушки 3. выпускное отверстие; выпускной клапан 4. просачивание; улетучивание 5. *геол.* миграция
gas ~ выделение газа, утечка газа
establish устанавливать, основывать, создавать
establishment 1. учреждение; предприятие 2. установление, создание 3. хозяйство
ester сложный эфир
estimate оценка; смета; исчисление; калькуляция || оценивать, определять, рассчитывать; составлять смету

~ s of petroleum reserves подсчет запасов нефти
rough ~ приблизительный подсчет
estimated приблизительный, расчетный
estimating составление сметы
~ of crude oil подсчет запасов нефти
cost ~ сметная калькуляция стоимости, составление сметы
estimation расчет, подсчет; оценка
~ of reserves подсчет запасов, оценка запасов
estuary лиман; морской рукав; устье реки; эстуарий
etch травить, протравливать (*кислотой*)
ethane этан (C_2H_6)
ethanol этиловый спирт
ether 1. эфир, простой эфир 2. диэтиловый эфир
ethylene этилен
evacuate откачивать, разрежать (*воздух*)
evacuation 1. вакуумирование 2. эвакуация
evaluate оценивать, находить значение величины
evaluation оценка
formation ~ оценка параметров продуктивного пласта (*пористости, проницаемости, нефте-, водо- и газонасыщенности, электросопротивления и т. д.*)
evaporable испаряемый; испаряющийся
evaporate испарять(ся), выпаривать(ся), улетучиваться
evaporation 1. испарение; выпаривание, парообразование; превращение в пар 2. улетучивание 3. паропроизводительность
evaporator 1. испаритель, выпарной аппарат 2. газификатор
flash ~ испаритель
evaporites эвапориты (*отложения, возникающие в результате испарения растворов*)
evaporization 1. испарение, превращение в пар 2. улетучивание
even 1. четный 2. равномерный; ровный
evenly равномерно
event 1. явление; акт; событие 2. такт (*двигателя внутреннего сгорания*)
reflection ~ *сейсм.* вступление отраженных волн
ever-frost *см.* permafrost
everlasting прочный; выносливый; бесконечный; вечный
evidence 1. доказательство существования, очевидность 2. признак
field ~ полевые данные
evolution 1. эволюция, постепенное развитие 2. выделение (*газа, тепла*)
~ of gas выделение газа
~ of heat выделение тепла
~ of petroleum образование нефти
evolve 1. выделять(ся) (*о газах*), издавать (*запах*) 2. развиваться, эволюционировать
examination осмотр; исследование; освидетельствование; экспертиза

destructive ~ контроль с разрушением образца
gamma-ray ~ контроль просвечиванием гамма-лучами, гамма-графирование
Magnaflux ~ дефектоскопия методом магнитного порошка
non-destructive ~ контроль без разрушения (*образца*)
radio (graphic) ~ контроль просвечиванием рентгеновскими или гамма-лучами
semidestructive ~ контроль с частичным разрушением (*образца*)
ultrasonic ~ контроль ультразвуком, ультразвуковой контроль
X-ray ~ рентгеноскопия

examine исследовать, обследовать, рассматривать; проверять, испытывать

example 1. *матем.* пример 2. образец
numerical ~ числовой пример

excavate копать [рыть] котлован; вынимать грунт; производить земляные работы; работать экскаватором; разрабатывать открытым способом

excavation 1. выемка грунта, земляные работы 2. горная выработка

excavator экскаватор
bucket ~ ковшовый экскаватор
clamshell ~ грейферный экскаватор
crawler-mounted ~ гусеничный экскаватор
trench ~ канавокопатель; траншейный экскаватор

exceed превосходить, превышать

Excelsior *фирм. назв.* древесная щепа или стружка (*нейтральный наполнитель для борьбы с поглощением бурового раствора*)

excentricity эксцентриситет

excess 1. избыток, излишек 2. *матем.* остаток

excessive чрезмерный, избыточный

exchange 1. обмен, замена ‖ обменивать 2. телефонная станция 3. биржа
anion ~ анионный обмен
chemical ~ химический обмен
heat ~ теплообмен, теплоотдача
ion ~ ионный обмен

exchanger теплообменник
anion ~ анионообменник
heat ~ 1. теплообменник 2. холодильник, радиатор
ion ~ ионит, ионообменный материал, ионообменник

excitation 1. возбуждение 2. намагничивание током 3. электризация
impact ~ ударное возбуждение
pulse ~ ударное возбуждение
separate ~ независимое возбуждение, постороннее возбуждение
series ~ *эл.* последовательное возбуждение
shock ~ ударное возбуждение
shunt ~ *эл.* параллельное возбуждение

excite *эл.* возбуждать

exciter 1. возбудитель 2. вибратор 3. задающий генератор, задающий контур или резонатор

exhaust 1. выхлопная труба для отработанных газов; выхлоп, выпуск 2. отработанный (*пар*) 3. истощение 4. выпускать; откачивать; разрежать
air ~ выпуск воздуха

exhauster вытяжной вентилятор; эксгаустер
exit выход; отвод; проход; проток

expand 1. расширять(ся) (*о газах*), увеличивать(ся) в объёме, растягивать(ся) 2. вальцевать; раскатывать

expanded 1. растянутый 2. развальцованный 3. молотый 4. вспученный 5. расширенный

expander 1. расширитель 2. вальцовка, труборасширитель 3. расширитель [испаритель] холодильной машины; детандер
tube ~ оправка для исправления смятых труб

expansion 1. расширение 2. растяжение 3. развальцовка; вальцовка 4. понижение давления 5. увеличение мощности пласта 6. приращение (*в статистике*) 7. раскатка 8. протяжённость
~ of gas *см.* gas expansion
~ of gas into oil распространение газа в нефти
autoclave ~ автоклавное испытание
cubic(al) ~ объёмное расширение
free ~ свободное расширение
gas ~ расширение газа
heat ~ *см.* thermal expansion
isothermal ~ изотермическое расширение
lateral ~ поперечное расширение
linear ~ линейное расширение
measure ~ объёмное расширение

multistage ~ ступенчатое понижение давления
permanent ~ остаточное расширение
polar ~ линейное расширение
thermal ~ тепловое или термическое расширение

expansivity способность к расширению; коэффициент расширения

expansiveness способность к расширению

Expaso Seal *фирм. назв.* торфяной мох (*нейтральный наполнитель для борьбы с поглощением бурового раствора*)

expectancy предполагаемый срок службы
life ~ ожидаемый срок службы

expel вытеснять, удалять

expendable 1. имеющий разовое применение 2. неспасаемый 3. расходуемый
drilling ~ s материалы и детали бурового оборудования, полностью расходуемые в процессе бурения

expenditure расход, затрата; издержки
capital ~ капитальные затраты

expense расход, затрата; статья расхода; издержки

direct operating ~ s прямые производственные расходы
initial ~ s предварительные расходы
lifting ~ s эксплуатационные расходы (*на промысле*)
maintenance ~ s стоимость содержания; стоимость технического обслуживания; стоимость ремонта
operating ~ s текущие расходы; рабочие расходы; эксплуатационные расходы
working ~ s *см.* operating expenses

experience 1. опыт, практика, квалификация, мастерство 2. знания
field ~ полевые испытания, испытания в рабочих условиях; промысловый опыт

experiment опыт, эксперимент || экспериментировать, проводить [ставить] опыт
field ~ опыт в промысловых условиях
flood-pot ~ лабораторный опыт по заводнению
laboratory ~ s лабораторные испытания [исследования, опыты]
large-scale ~ широко поставленный опыт
model ~ испытание на модели
pattern type field ~ промысловые опыты на площади, разбуренной сплошной сеткой скважин

experimental экспериментальный, опытный
explode взрывать(ся), подрывать
exploit 1. эксплуатировать 2. разрабатывать (*месторождение*)
exploitation эксплуатация месторождения, разработка
exploration детальная разведка, разведочные работы по месторождению; разведка и подготовка; разведка с попутной добычей; пробная эксплуатация с целью изучения месторождения и выявления запасов
draw-down ~ техника исследования скважин, позволяющая по однократному исследованию понижения уровня определить основные параметры пласта-коллектора
gravitational ~ гравитационная разведка
oil ~ разведка на нефть
reflection-seismic ~ сейсмическая разведка методом отраженных волн

explore разведывать, производить разведку; исследовать
explored обследованный, разведанный
explosion 1. взрыв 2. вспышка
underground ~ взрыв в скважине, подземный взрыв (*производимый с целью интенсификации притока*)
explosion-proof взрывобезопасный, взрывозащищенный
explosive взрывчатое вещество || взрывчатый, взрывной
exponent 1. показатель степени, экспонента 2. образец, тип
saturation ~ коэффициент насыщения

exponential *матем.* экспонентный, показательный
expose выставлять; оставлять незащищенным (*от влияния атмосферы*), обнажать; выходить на поверхность
exposed обнаженный, незащищенный; открытый, поверхностный (*о проводке*)
~ to atmospheric action подверженный атмосферному влиянию
exposure обнажение, выход (*пласта, залежи*) на поверхность
artificial ~ искусственное обнажение
natural ~ естественное обнажение
expression выражение
algebraic ~ алгебраическое выражение
average ~ усредненное выражение
topographic ~ топография местности
express-laboratory экспресс-лаборатория, лаборатория для проведения экспресс-анализов
expulsion выхлоп, выпуск; удаление (*воздуха, газа*), продувка
extend вытягивать(ся), растягивать(ся), удлинять(ся), расширять(ся), увеличивать(ся)
extended уширенный; вытянутый
extender 1. наполнитель (*в производстве пластмасс*) 2. удлинитель 3. модифицирующий агент (*увеличивающий выход глинистого раствора*)
extending выдающийся, выступающий
rearward ~ выдающийся назад (*элемент конструкции*)
extension 1. растяжение, удлинение, вытягивание 2. выступ, удлиненный конец, консольная часть 3. вылет (*электрода*) 4. установочная длина (*при стыковой сварке*)
~ of field размеры месторождения
~ of the shaft удлиненный конец вала
wellhead housing ~ удлинитель корпуса устьевой головки
extent степень, мера
~ of correction величина поправки
~ of error величина погрешности
~ of fluid movement область дренирования, радиус дренирования
extenuation ослабление, уменьшение
external внешний, наружный
extinguisher гаситель; огнетушитель
fire ~ огнетушитель
extract экстракт, вытяжка || извлекать, экстрагировать
hemlock bark ~ экстракт коры гемлока (*применяется для разжижения буровых растворов*)
extraction извлечение, экстракция; экстрагирование; отжим
~ of oil добыча нефти
extractor 1. экстрактор 2. клещи, щипцы
drill ~ ловильные клещи (*инструмент для извлечения оставшегося в скважине долота*)
core ~ устройство для извлечения керна из колонковой [керноприемной] трубы

magnetic bit ~ магнитный ловильный инструмент
mist ~ влагоотделитель; сепаратор для отделения газа от мельчайших капелек жидкости; каплеотбойник
tool ~ ловильный инструмент, приспособление для извлечения инструмента из буровой скважины
tube ~ приспособление для извлечения труб
extra-hard особо твердый
extraneous 1. чуждый 2. внешний
extreme крайний, предельный; экстремальный
exudation просачивание; проступание; выделение
eye кольцо, петля, ушко, проушина; очко; глазок; отверстие; рым; коуш
pipe ~ наконечник с ушком (*для труб*)
pod lifting ~ проушина для подъема коллектора (*морской буровой скважины*)
towing ~ проушина для буксировочного троса
eykometer эйкометр (*прибор для измерения прочности геля и напряжения сдвига бурового раствора*)
EZ Mul *фирм. назв.* эмульгатор хлорида кальция в буровых растворах на углеводородной основе
EZ Spot *фирм. назв.* концентрат бурового раствора на углеводородной основе
Ezeflo *фирм. назв.* поверхностно-активное вещество с низкой температурой застывания

F

fabric 1. структура; текстура; строение; устройство 2. ткань ‖ тканевый, матерчатый
fabricate 1. изготовлять; производить; выделывать 2. сооружать
fabrication производство; изготовление
fabriform конструкция оборудования, представляющая собой сварную комбинацию стальных отливок
face 1. забой; лава 2. фаска; торец; торцевая поверхность; грань; срез; наружная поверхность 3. лицо; лицевая сторона; фасад 4. наплавлять твердым сплавом 5. головка зуба (*зубчатого колеса*) 6. циферблат
~s machined flat отшлифованные торцы (*керна*)
~ off отшлифовать торцы (*напр. керна*)
~ of bed *геол.* головка пласта
~ of fault *геол.* фас сброса
~ of fissure плоскость трещины
~ of pulley щека блока; боковая сторона шкива
~ of the channel устье канала в породе
~ of the wellbore поверхность призабойной зоны
~ of tool передняя грань резца
~ of tooth боковая поверхность [очертание] резца
~ of weld наружная поверхность шва
~ of well *см.* face of the wellbore
bearing ~ 1. торец (*трубы*) 2. ширина торцевой части муфты 3. опорная поверхность
bevel ~ поверхность скоса; поверхность разделки
box ~ торец конца (*штанги*) с внутренней резьбой
coupling ~ торец муфты
cutting ~ режущая поверхность
end ~ торец, торцевая поверхность
hardened ~ цементированная поверхность
inflow ~ входное сечение (*керна*)
joint ~ поверхность разъема
outer ~ внешний торец
outflow ~ выходная поверхность, выходное сечение (*керна*)
pin shoulder ~ торец заплечика
piston ~ площадь днища поршня
rock ~ плоскость забоя или горной выработки
sand ~ вскрытая поверхность забоя и стенок скважины в песчаном пласте
shoulder ~ торцевая поверхность буртика
upper ~ верхняя поверхность
weld ~ внешняя [лицевая] сторона шва, поверхность шва
faced облицованный; покрытый
hard ~ наваренный твердым сплавом
face-hardened с повышенной твердостью поверхности
facet фаска; фацет, грань
facial 1. лицевой 2. фациальный
facies фация; вид или разновидность горных изверженных пород
continental ~ континентальные фации
facilities 1. средства, устройства, приспособления, оборудование 2. средства обслуживания
handling ~ 1. погрузочно-разгрузочные устройства 2. сливоналивные устройства
mud-handling ~ оборудование для транспортировки, хранения и приготовления бурового раствора
oil loading ~ оборудование для налива нефтепродуктов
production ~ оборудование и устройства для ведения добычи
pumping ~ насосное оборудование
transportation ~ транспортные средства
water ~ водоснабжение
facing 1. наварка (*инструмента*); облицовка, покрытие; наружная отделка 2. подрезка торца 3. наплавка поверхности 4. съемный наконечник 5. *геол.* главные вертикальные трещины, вертикальный кливаж

hard ~ наварка [покрытие] твердым слоем, упрочнение поверхности

factor фактор; коэффициент; множитель; показатель
~ of adhesion коэффициент сцепления
~ of assurance *см.* safety factor
~ of expansion *см.* expansion factor
~ of ignorance *см.* safety factor
~ of porosity коэффициент пористости
~ of safety *см.* safety factor
absorption ~ коэффициент поглощения, коэффициент абсорбции
assurance ~ *см.* safety factor
balance ~ коэффициент уравновешенности (*многофазной системы*)
basicity ~ степень основности (*напр. шлака*)
buoyancy ~ коэффициент потери веса при погружении в жидкость
capacity ~ коэффициент мощности; коэффициент использования; показатель производительности
cementation ~ коэффициент (*или показатель*) цементации (*породы*)
channeling ~ коэффициент проскальзывания
compressibility ~ коэффициент сжимаемости
conformance ~ коэффициент охвата или распределения
controlling ~ главный [определяющий] фактор, важнейшее условие
conversion ~ переводной множитель [коэффициент]
deviation ~ коэффициент отклонения (*газа от идеального при данных условиях*)
drainage-recovery ~ коэффициент зависимости добычи от дренирования
duty ~ продолжительность включения, ПВ
enrichment ~ коэффициент обогащения
expansion ~ коэффициент расширения
fill ~ коэффициент заполнения
flash ~ коэффициент расширения (*конденсата*)
flowing gas ~ газовый фактор при фонтанировании
formation ~ фактор формации, пластовый коэффициент (*отношение удельного сопротивления пористого тела, насыщенного жидкостью, к удельному сопротивлению насыщающей жидкости*); влияние условий залегания
formation resistivity ~ отношение удельного сопротивления пород к удельному сопротивлению насыщающей жидкости
formation volume ~ объёмный коэффициент нефти или газа в пластовых условиях
friction ~ коэффициент трения
gas ~ газовый фактор (*число кубических футов газа на один баррель нефти или число м^3 добытого газа на 1 м^3 извлечённой нефти*)
gas input ~ газовый фактор (*при нагнетании*)
gas deviation ~ коэффициент сжимаемости газа
grading ~ фактор разнородности, показывающий степень сортировки материала; гранулометрический фактор
human ~ фактор субъективности; ошибка, обусловленная субъективными факторами
load ~ коэффициент нагрузки; коэффициент эксплуатационной мощности
magnification ~ коэффициент нарастания (*колебаний*); коэффициент усиления
output ~ коэффициент отдачи
output gas ~ газовый фактор (*замеренный на поверхности*)
paramount ~ преобладающий фактор
peak ~ отношение максимального значения к эффективному
power ~ коэффициент мощности, cos φ
pressure loss ~ фактор или коэффициент потери давления или напора
productivity ~ коэффициент продуктивности
recovery ~ коэффициент нефтеотдачи
reflection ~ коэффициент отражения
reservoir ~ s пластовые параметры
reservoir volume ~ s объёмный коэффициент пласта, пластовый фактор
safety ~ запас прочности, коэффициент безопасности
short-term ~ кратковременно действующий фактор
shrinkage ~ коэффициент усадки
sliding ~ коэффициент скольжения
solubility ~ коэффициент растворимости
temperature ~ температурный коэффициент
toughness ~ показатель вязкости; ударная прочность; коэффициент сопротивления удару
transmission ~ коэффициент передачи
use ~ коэффициент использования
water ~ водяной фактор [коэффициент]
yield ~ коэффициент запаса (*до предела текучести*)

factory завод, фабрика

factory-made заводского изготовления

fail 1. повреждаться; выходить из строя; отказывать в действии; давать перебои; глохнуть; не удаваться 2. ослабевать; истощаться

fail-safe надёжный; безопасный; бесперебойный; прочный

failure 1. авария; повреждение; неисправность; отказ в работе 2. неудачная скважина 3. разрушение; обрушение; обвал; оседание; сползание
bending ~ разрушение при изгибе или загибе
brittle ~ хрупкое разрушение
compression ~ разрушение при сжатии [раздавливании]
endurance ~ усталостное разрушение, усталостный излом
engine ~ авария двигателя; выход двигателя из строя; поломка двигателя
fatigue ~ излом, разрушение металла от усталости; усталостная поломка, усталостное разрушение, усталостный излом

impact compressive ~ разрушение породы ударом-сжатием
last-thread ~ обрыв по последнему витку резьбы у замка
operating ~ s повреждения в процессе эксплуатации
repeated stress ~ усталостный излом от повторных нагрузок
rock ~ разрушение горной породы действием долота
shear ~ разрушение вследствие скалывающего усилия
tensile ~ разрушение при растяжении; разрыв
thread ~ срыв резьбы
torque ~ скручивание бурильных труб; разрушение при кручении
torsion ~ разрушение при кручении
   fair-lead направляющая воронка
   fair-leader направляющий (*блок, шкив*)
   fairway продуктивный пояс нефтяной залежи
   fake 1. слюдистый сланец; песчанистый сланец 2. бухта (*каната, троса*) || укладывать трос
   fall 1. падение; снижение, понижение, уклон; наклон 2. разрушение, обвал, обрушение 3. разрушать(ся), обваливать(ся), обрушать(ся)
~ in совпадать, сходиться
~ into разделяться, распадаться (*на части*)
~ off резкое снижение, резкое падение || отпадать, отделять(ся)
~ out выпадение || выпадать; выходить из строя
free ~ свободное падение
pressure ~ падение давления
   falling 1. падение, понижение || падающий 2. на уклоне, с уклоном 3. обвал; оползень
   fallout выпадение
sand ~ выпадение песка (*из жидкости разрыва, тампонажного или бурового раствора*)
   false 1. ложный 2. вспомогательный (*напр. элемент конструкции*)
   family 1. семейство (*в систематике организмов*) 2. ряд (*углеводородов*)
~ of curves семейство кривых
characteristic ~ семейство характеристик
   famp 1. породное включение 2. разложившийся известняк 3. пласт тонкозернистого глинистого сланца
   fan 1. вентилятор; лопасть вентилятора || вентилировать; подавать воздух 2. *геол.* конус выноса
~ bottom снизить нагрузку на долото для выправления кривизны ствола
blade type ~ вентилятор лопастного типа (*системы сжигания продуктов при пробной эксплуатации*)
cooling ~ вентилятор
   fasten 1. закреплять, прикреплять, скреплять, укреплять 2. затвердевать, схватываться
~ down затягивать; зажимать

   fastener скоба; застежка; захват; зажим; соединитель; замок
belt ~ приспособление для соединения ремней, ременная застежка
Jackson's belt ~ болт Джексона для сшивания ремней
   fastening 1. скрепление, крепление, закрепление, заклинивание (*напр. шпонкой*) 2. захват; затвор; скоба; деталь крепления, зажим
   fast-hardening быстротвердеющий
   fat 1. жир, сало || жирный, сальный, маслянистый 2. смазка; консистентная смазка; тавот
mineral ~ озокерит
   fatigue усталость
corrosion ~ коррозионная усталость
metal ~ усталость металла
thermal ~ тепловая усталость
   fault 1. сброс, сдвиг (*породы*), разрыв, разлом 2. повреждение, неисправность 3. дефект; порок; изъян
bedding ~ *геол.* сброс по залеганию, пластовый сброс
clock ~ *геол.* глыбовый сброс
branch ~ *геол.* второстепенный сброс
branching ~ *геол.* ступенчатый сброс
dip ~ *геол.* сброс по падению; поперечный сброс
low angle ~ *геол.* пологий сброс
open ~ *геол.* открытый сброс
overlap ~ *геол.* надвиг
reverse ~ *геол.* взброс; обратный сброс
tension ~ *геол.* нормальный сброс
thrust ~ *геол.* взброс, открытый сброс, надвиг
   faulted 1. поврежденный; аварийный 2. *геол.* сброшенный, нарушенный, разорванный
badly ~ *геол.* сильно нарушенный сбросами
   faulting сброс, дизъюнктивная дислокация; образование сбросов, сбросообразование
block ~ *геол.* глыбовое опускание, сбросово-глыбовое строение
   faulty 1. непригодный, забракованный; поврежденный, неисправный; аварийный 2. дефектный; испорченный 3. ошибочный
   favorable благоприятный
   Fazethin *фирм. назв.* жидкий разжижитель для буровых растворов на углеводородной основе
   feasible выполнимый, осуществимый; возможный, вероятный
   feature 1. вид; деталь, часть; особенность (*процесса, конструкции*), черта, свойство; признак 2. характер (*местности*); подробность (*рельефа*)
design ~ s детали конструкции
geological ~ геологическое строение, геологическая структура
   Feather Stop *фирм. назв.* дробленые птичьи перья (*нейтральный наполнитель для борьбы с поглощением бурового раствора*)

feathers рубленые перья, применяемые для борьбы с поглощением бурового раствора
feed 1. питание, подача (*напр. инструмента на забой*); приток 2. сырье 3. питающая линия ‖ питать; подводить; подавать; нагнетать; снабжать
automatic ~ автоматическая подача, автоматическое питание
closed water ~ 1. подача промывочной воды без ее аэрации 2. боковая подача промывочной воды
drill ~ подача долота
free ~ свободная подача
forced ~ принудительная подача, подача под давлением
gravity ~ подача (*бурового*) снаряда под действием его тяжести; подача самотеком
hand ~ ручная подача
hydraulic ~ гидравлическая подача
hydraulic cylinder ~ гидравлический регулятор подачи
manual ~ ручная подача (*бурового снаряда*)
mechanical ~ 1. винтовая подача (*шпинделя*) 2. автоматическая подача
oil ~ подача масла, подвод масла
penetration ~ 1. скорость углубления 2. подача бурового инструмента (*дюймы в минуту; дюймы на один оборот коронки; количество оборотов на дюйм углубки; футы в час*)
positive ~ принудительная [механическая] подача
powder ~ порошковый питатель
power ~ автоматическая [механическая] подача
pressure ~ подача под давлением
ratchet ~ подача при помощи храпового колеса и собачки
regular ~ нормальная подача; рабочая подача (*инструмента*)
roller ~ роликовая [вальцовая] подача
feed-back обратная связь
feeder 1. эл. фидер; питающий провод 2. загрузочное устройство (*для сыпучих материалов*), питатель; подающий механизм
air ~ всасывающий патрубок; подающий воздушный трубопровод; устройство для подачи воздуха
bin ~ бункерный питатель
oil ~ лубрикатор для автоматической смазки; капельная масленка
worm ~ шнек, червячный транспортер
feed-off подача инструмента в скважину
feeler 1. щуп 2. чувствительный элемент 3. калибр толщины, толщиномер 4. *pl* мерные ножки кавернометра
gauge ~ щуп
feldspar полевой шпат
felite фелит (*минеральная составляющая портландцемента и цементного клинкера*)

female 1. какая-либо деталь (*механизма*), в которую входит другая деталь 2. охватывающий, внешний, раструбный; с внутренней резьбой
male and ~ с наружной и внутренней нарезкой
uррег ~ верхнее гнездо (*коллектора управления с двойным гнездом*)
Fergie Seal Flakes *фирм. назв.* хлопьевидный материал из кукурузных початков (*нейтральный наполнитель для борьбы с поглощением бурового раствора*)
Fergy Seal Granular *фирм. назв.* измельченные кукурузные початки (*нейтральный наполнитель для борьбы с поглощением бурового раствора*)
ferment фермент ‖ бродить; вызывать брожение; ферментировать
fermentation ферментация; брожение
fermenter возбудитель брожения
fermenting брожение; ферментирование
Fer-O-Bar *фирм. назв.* специальный утяжелитель для буровых растворов, имеющий плотность 4,7 г/см^3 и способный вступать в реакцию с H_2S
ferric 1. окисные соединения железа 2. содержащий трехвалентное железо
ferrocement ферроцемент
ferro-chromelignosulfonate лигносульфонат железа и хрома, феррохромлигносульфонат, ФХЛС
ferrocrete феррокрит (*быстротвердеющий портландцемент*)
ferrous 1. закисные соединения железа 2. содержащий двухвалентное железо
fiber 1. волокно, клетчатка 2. нить, волосок
leather ~ кожаные волокна (*применяемые для борьбы с поглощением*)
glass ~ стекловолокно
quartz ~ кварцевая нить (*в оптических приборах*)
wood ~ древесное волокно (*для борьбы с поглощением бурового раствора*)
Fibermix *фирм. назв.* смесь волокнистых, минеральных и текстильных материалов с древесными опилками (*нейтральный наполнитель для борьбы с поглощением бурового раствора*)
Fiberseal *фирм. назв.* волокнистый материал из льняных отходов (*нейтральный наполнитель для борьбы с поглощением бурового раствора*)
Fibertex *фирм. назв.* измельченные отходы сахарного тростника (*нейтральный наполнитель для борьбы с поглощением бурового раствора*)
field 1. месторождение; бассейн; промысел 2. поле; пространство 3. область науки; область применения; сфера деятельности
~ going to water месторождение, начинающее обводняться
condensate ~ конденсатное месторождение
developed ~ разбуренное месторождение
electromagnetic ~ электромагнитное поле

gas ~ газовое месторождение
gas condensate ~ газоконденсатное месторождение
gas controlled ~ месторождение с газонапорным режимом
geomagnetic ~ земное магнитное поле, магнитное поле Земли
high pressure ~ месторождение с высоким пластовым давлением
maiden ~ месторождение, еще не вступившее в разработку
oil ~ нефтяное месторождение, нефтяной промысел
telluric ~ поле теллурических токов
test ~ подопытный пласт
thermal ~ температурное поле
   figure 1. фигура, чертеж 2. число, цифра
biaxial interference ~ двухосная интерференционная фигура
Brinell ~ число твердости по Бринелю
conservative ~ заниженное [ограниченное] значение
control ~ s контрольные цифры
dimension ~ число, обозначающее размер на чертеже
well ~ s данные скважинных измерений
   filament 1. нить; волосок; волокно 2. нить накала, накал 3. катод, нить катода
   file 1. напильник 2. картотека; дело ‖ регистрировать 3. ряд, колонна
   fill 1. насыпь; заполнение ‖ насыпать, наполнять(ся), наливать(ся)
~ in 1. наливать (*нефтепродукт в тару*) 2. заправлять топливом (*машину*) 3. засыпать (*траншею для трубопровода*)
~ up наполнять, заполнять, заправлять (*горючим*); заделывать
deep ~ высокая насыпь
   filler 1. наполнитель; заполняющий материал 2. наплавочный материал (*при сварке*); присадочный металл 3. загрузочное устройство
back ~ машина для засыпки канав
barrel ~ автоматическое устройство для налива нефтепродуктов в бочки
belt ~ смазка для приводных ремней
oil ~ маслозаправочное отверстие
   filling 1. налив (*нефтепродуктов в тару*); заправка (*топливом или маслом*) 2. *геол.* заполнение (*пустот или трещин*) 3. насыпка; наполнение
barrel ~ затаривание бочек
   fillet 1. угловой шов ‖ угловой (*о шве*) 2. округление; заточка; поясок; буртик; утолщение; фланец; ободок; заплечик; закраина; гребень; желобок 3. валик, полуваликм; шов валиком
   fill-up 1. наполнение пласта нагнетаемой водой; наполнение скважины промывочной жидкостью 2. образование угла естественного откоса (*условного*) при растекании раствора

   film 1. пленка, оболочка, тонкий слой, лента ‖ покрывать пленкой 2. фотопленка; кинопленка 3. туман
barrier ~ запирающий слой
coupling ~ согласующая прокладка [среда]
fluid ~ жидкостная пленка
interfacial ~ граничная пленка
iridescent ~ флуоресцирующая или радужная пленка (*нефти на воде*)
oil ~ нефтяная [масляная] пленка
   filter 1. фильтр ‖ фильтровать 2. *геофиз.* фильтрующий контур 3. светофильтр, поглотитель; темное защитное стекло
~ out отфильтровывать
   Anthrafilt ~ *фирм. назв.* фильтр со специальной фильтрующей средой из угля
band ~ ленточный фильтр; полосовой фильтр (*пропускающий колебания только определенной полосы частот*)
diatomite ~ диатомовый фильтр
gravity ~ гравитационный [самотечный] фильтр
grease ~ маслоотделитель
mesh ~ *см.* screen filter
millipore ~ микропористый фильтр (*для лабораторных целей*)
pressure ~ фильтр-пресс; напорный фильтр
sand ~ песочный фильтр
screen ~ сетчатый фильтр
slow sand ~ гравитационный песочный фильтр
well tube ~ трубный фильтр
   filterability фильтруемость
   filtering фильтрация, фильтрование, процеживание
   filtrate фильтрат (*бурового или тампонажного раствора*)
mud ~ фильтрат бурового раствора
relaxed ~ нефтяной фильтрат бурового раствора, свободный фильтрат
   filtration фильтрация, фильтрование; водоотдача (*бурового раствора*)
self-weight ~ гравитационное фильтрование
sludge ~ фильтрация глинистого раствора
   final конечный; окончательный; остаточный; завершающий
   find 1. находить, обнаруживать 2. вычислять 3. новое месторождение
   finder 1. искатель, прибор для обнаружения 2. видоискатель, визир
water ~ прибор для определения содержания воды в нефти
   fine 1. мелкий, тонкий, мелкозернистый 2. чистый 3. точный; с мелким шагом; мелкий (*о резьбе*) 4. *pl* мелкодисперсный материал; пыль; мельчайшие частицы
formation ~ s мелкие, илистые частицы продуктивной толщи
   fine-crystalline мелкокристаллический
   fine-divided тонкоизмельченный

fine-fibrous тонковолокнистый
fine-meshed мелкоячеистый
fineness 1. чистота; (высоко)качественность отделки 2. точность (*напр. настройки*) 3. тонкость; мелкозернистость
~ of aggregate крупность заполнителя
~ of grinding тонкость помола
fine-pored мелкопористый, с мелкими порами
finger 1. палец; штифт; контакт 2. указатель, стрелка
~s of bit пальцы долота (*особой конструкции*)
~s of drag bits пальцы долот режущего типа
guide ~ направляющий палец
fingering образование языков обводнения
finish обработка поверхности; отделка; доводка; характер обработки поверхности, чистота поверхности, окончательная обработка ‖ обработать начисто, шлифовать, отделывать; снимать острые углы; сглаживать
finished отделанный [обработанный] начисто; законченный обработкой
~ by grinding отшлифованный
finishing окончательная отделка; чистовая обработка; доводка
finite конечный; ограниченный; имеющий предел; определимый
finned 1. ребристый, оребренный 2. пластинчатый
fire 1. огонь; пламя ‖ зажигать; поджигать; воспламенять(ся) 2. костер 3. пожар
~ the hole взорвать шпур
downhole ~ пожар в скважине (*при бурении с очисткой забоя газообразными агентами*)
fireflooding внутрипластовое горение (*создаваемое в целях повышения нефтеотдачи пласта*)
fireman 1. кочегар 2. пожарный
fireproof несгораемый; огнестойкий; безопасный в пожарном отношении
fire-resistant *см.* fireproof
firing взрывание (*шпура*), простреливание
~ under fluid простреливание труб при погруженном в жидкость перфораторе
Firmjel *фирм. назв.* стойкий, загущенный керосин, применяемый в качестве блокирующего агента при корректировании газового фактора
fish 1. предмет, упущенный в скважину 2. ловить бурильный инструмент
~ up выловить инструмент из скважины
fishing ловильные работы в скважине
~ for casing ловля обсадных труб
fishtail долото «рыбий хвост»
plain ~ ненаваренное долото «рыбий хвост»
fissile сланцевый, листоватый, расщепляющийся пластами
fissility сланцеватость; способность расщепляться на пластинки; трещиноватость
fissure трещина, разрыв, щель (*в породе*)
fault ~ сбросовая трещина; сбрасыватель
fissured трещиноватый

fissuring растрескивание (*породы*); сетка мелких трещин
fit 1. пригонять, подгонять; прилаживать; подходить; точно соответствовать 2. устанавливать, монтировать; собирать 3. годный, соразмерный; пригнанный; соответствующий
~ of the plunger посадка плунжера
forced ~ тугая посадка
leak-proof ~ плотная посадка (*не допускающая утечки*)
loose ~ свободная [неплотная] посадка, подвижная широкоходовая посадка
shrink ~ напряженная [горячая] посадка
sliding ~ свободноскользящее соединение
tight ~ туго посаженный, посаженный с усилием
fitting 1. фасонная часть трубы; фитинг; арматура; соединительная часть трубы 2. сварка; монтаж; пригонка, приладка 3. приспособление, устройство 4. патрубок; штуцер; ниппель
casing ~ трубный фитинг
gas ~ газовая арматура, фитинг для газопровода
inlet ~ насадка
latch ~ замыкающее приспособление
fit-up сборка (*соединение под сварку*)
fix 1. укреплять; устанавливать 2. стопорить; зажимать 3. затвердевать; сгущать
fixed 1. неподвижный, стационарный 2. фиксированный, застопоренный; заклиненный (*на оси*) 3. *хим.* связанный; нелетучий
fixing 1. крепление, закрепление, застопоривание, фиксация 2. стопорный, установочный, крепежный, фиксирующий
flag 1. ставить метки (*на кабеле*) 2. *геол.* плита; плитняк; тонкий слой породы
flake флокен; волосовина; чешуйка ‖ отслаиваться; *pl* хлопья, чешуйки
~ off отслаиваться
graphite ~ пластинчатый графит, чешуйка графита
flaking превращение в чешуйки; превращение в хлопья; отслаивание; шелушение
flaky пластинчатый; чешуйчатый; хлопьевидный
flameproof огнестойкий, невоспламеняющийся; взрывобезопасный
flame-resistant *см.* flameproof
flammability воспламеняемость
flammable воспламеняемый, воспламеняющийся, огнеопасный
flange 1. фланец, выступ, борт; гребень; реборда (*колеса*) 2. отбортовка; полка; пояс фермы 3. загибать кромку, отбортовывать
attachment ~ соединительный фланец
blank ~ фланец без отверстия, глухой фланец, заглушка
blind ~ *см.* blank flange
brake ~ фланец тормозной шайбы

casing ~ фланец обсадной колонны
casing head ~ фланец головки обсадной колонны
collar ~ фланец с буртиком
companion ~ соединительный (*двойной*) фланец
discharge ~ нагнетательный [выкидной] фланец
drum ~ реборда барабана
joint ~ фланцевое соединение, соединительный фланец
loose ~ свободный фланец
pipe ~ фланец трубы
reducing ~ переходный фланец
sleeve ~ соединительный фланец
union ~ фланцевое соединение
welded ~ приварной фланец
welded neck ~ фланец, насаженный на трубы и приваренный

flanged с отогнутым фланцем, отбортованный; ребристый, имеющий фланец; фланцевого исполнения; с отбортовкой

flanging загибание кромки, отбортовка

flank 1. крыло (*складки*), склон (*холма*), бок, край, сторона; очертание 2. ножка (*зуба*)
~ of least dip крыло с наименьшим падением
front ~ сбегающая [передняя] сторона (*зуба шарошки*)
leading ~ *см*. front flank
rear ~ набегающая [тыльная] сторона (*зуба шарошки*)
trailing ~ *см*. rear flank

flap 1. заслонка; створка 2. клапан; вентиль 3. хлопать; бить (*о ремне*)

flapper клапан; захлопка; откидной щиток

flare 1. факел для сжигания неиспользуемого попутного газа (*на нефтепромысле*) 2. раструб; конусность; коническое отверстие; расширение; расхождение раструбом
articulated ~ шарнирный факел (*сооружение с шарнирным узлом в нижней части, опирающееся на морское дно и служащее для сжигания скважинного газа*)
semi-submersible ~ полупогружное факельное основание (*плавучая металлоконструкция для сжигания скважинного газа*)

flared расширяющийся, идущий раструбом

flaring 1. раструб; развальцовка 2. конусный; расширяющийся

flash 1. мгновенное испарение 2. вспышка 3. мгновение
~ down быстро [мгновенно] снизить давление

flashing 1. мгновенное [однократное] испарение 2. вспышка, вспыхивание
~ to atmosphere дросселирование конденсата до атмосферного давления

flash-off оплавление (*при стыковой сварке*)

flask 1. бутыль, колба, флакон, баллон, склянка 2. баллон, резервуар со сжатым воздухом

bubble ~ U-образная трубка для пропуска газа через жидкость
receiving ~ измерительная колба к вискозиметру, приемная колба

flat 1. плоскость, плоский срез; грань, фаска; лыска, плоская площадка 2. плоский; ровный; пологий; горизонтальный 3. притупленный (*напр. о резьбе*) 4. *геол*. горизонтально залегающий пласт; пологая залежь 5. *pl* полосовая сталь, полосовое железо
wrench ~ срезы под ключ (*в муфте*)

flatten 1. выравнивать; выпрямлять 2. *геол*. выполаживать; затухать (*о складке*); сплющивать
~ out 1. выполаживаться (*о кривой*), делаться пологим 2. расплющивать

flattening 1. выравнивание; правка (*листового металла*), сплющивание, расплющивание 2. *геол*. выполаживание; сглаживание; уменьшение крутизны

flaw трещина; разрыв; дефект; изъян; порок; пузырь; свищ; раковина, каверна, плена (*в металле или отливке*); рванина

flax лен
fossil ~ асбест

Flax Plug *фирм. назв.* льняная солома (*нейтральный наполнитель для борьбы с поглощением бурового раствора*)

Flaxseal *фирм. назв.* дробленое льняное волокно (*нейтральный наполнитель для борьбы с поглощением бурового раствора*)

fleet 1. парк (*буровых станков*) 2. флот

flexibility 1. гибкость, упругость, эластичность, пластичность 2. приспособляемость (*машины*)

flexible 1. гибкий, упругий, эластичный 2. легко приспособляемый

flexing изгиб, изгибание; испытание на изгиб

flexure 1. *геол*. флексура, небольшая моноклинальная складка 2. изгиб; изгибание 3. прогиб, сгиб 4. искривление; кривизна
~ due to axial compression продольный изгиб
bending ~ прогиб
lateral ~ поперечный изгиб

flint кремень, кремневая галька, мелкозернистый песчаник

flint-dry высушенный полностью

flinty кремнистый

float 1. поплавок 2. обратный клапан 3. всплывать, плавать 4. быть в равновесии
~ into position сборка на плаву
ball ~ шаровой поплавковый затвор
casing ~ обратный клапан, применяемый при спуске колонны обсадных труб
displacement type ~ поплавковый указатель уровня
drill pipe ~ обратный клапан, установленный в бурильных трубах
pivoted ~ шарнирный поплавок
string ~ обратный клапан бурильной колон-

ны *(для подачи бурового агента в скважину и предотвращения обратного потока)*
floatability плавучесть, способность держаться на поверхности воды или в воздухе
floating 1. плавающий, плавучий 2. разгруженный; самоустанавливающийся; подвижный; качающийся; шарнирный; маятниковый; свободно вращающийся, не закрепленный на оси
~ in casing спуск колонны обсадных труб с обратным клапаном
~ of tank транспортировка резервуара на плаву
float-on наплавной способ *(приема и снятия тяжеловесных грузов на специальные морские грузовые суда)*
flocculate флокулировать, выпадать хлопьями, осаждаться хлопьями
flocculated флокулированный
flocculating выпадение хлопьями, флокулирование
flocculation флокуляция, образование хлопьев *(в буровом растворе)*; появление хлопьевидных образований
slime ~ флокуляция шлама
flocculator хлопьеобразователь
flocculent 1. флокулянт, пептизатор, осадитель 2. хлопьевидный; образующий хлопья, флокулирующий
floccules *см.* flocs
Flocele *фирм. назв.* хлопья целлюлозной пленки *(нейтральный наполнитель для борьбы с поглощением бурового раствора)*
Flo-Chilled *фирм. назв.* безводная каустическая сода
flocs хлопья
flood 1. заводнение, обводнение 2. наводнение; паводок, половодье, разлив
~ of the suction of the pump заполнение приема насоса
center to edge ~ центральное или сводовое заводнение *(внутриконтурное заводнение от центра к периферии)*
edge water ~ законтурное заводнение
line ~ линейное заводнение, линейный контур заводнения
LPG ~ закачка в пласт сжиженных бутана и пропана для увеличения нефтеотдачи
marginal ~ приконтурное заводнение
perimeter ~ законтурное заводнение
pilot ~ опытное заводнение
solution ~ процесс закачки в пласт газа под высоким давлением с предшествующим нагнетанием жидкого пропана
water ~ заводнение
floodability способность к заводнению
flooding заводнение
artificial water ~ искусственное заводнение
combination of forward combustion and water ~ влажный внутрипластовый движущийся очаг горения
fire ~ создание в пласте движущегося очага горения
fractional ~ частичное заводнение
natural water ~ естественное заводнение
pattern ~ площадное заводнение
peripheral ~ приконтурное кольцевое заводнение
polymer ~ полимерное «заводнение»
premature ~ преждевременное обводнение
underground ~ подземное заводнение
water ~ заводнение
floor 1. пол вышки; настил 2. поверхность, плоскость 3. подстилающая порода, постель, подошва *(выработки)* 4. *геол.* ярус, горизонт 5. грунт, почва 6. дно *(моря)*
drill ~ 1. буровая площадка 2. пол буровой
drilling ~ *см.* drill floor
maintenance ~ площадка для обслуживания *(оборудования)*
ocean ~ дно моря, морское дно
Florigel *фирм. назв.* аттапульгитовый глинопорошок для приготовления солестойких буровых растворов
Flosal *фирм. назв.* регулятор вязкости и напряжения сдвига буровых растворов с ультранизким содержанием твердой фазы
flotation флотация
Flotex *фирм. назв.* смесь лигносульфоната, углеводородов и угольного порошка *(понизитель водоотдачи буровых растворов)*
flour 1. мука 2. порошок, пудра 3. размалывать, молоть, превращать в муку
fossil ~ инфузорная земля, кизельгур
silica ~ силикатная мука, молотый песок *(тонкость помола которого такая же, как у портландцемента)*
flow 1. поток, струя, течение, истечение; движение жидкости [газа] 2. фильтрация; расход жидкости; прокачка 3. текучесть 4. технологический процесс 5. циркуляция в замкнутой системе
~ in втекать, вливаться
~ off стекать
~ over переливаться
~ out вытекать
~ through перекачивать, пропускать через; протекать
~ by gravity двигаться самотеком
~ by heads фонтанировать
~ from a pump подача насоса
~ of fluid движение жидкости, течение жидкости
~ of gas движение газа; выделение газа; выброс газа
~ of ground выпирание грунта; пластическая деформация грунта
~ of water приток воды

absolute open ~ максимально возможный дебит (*газовой скважины*)
artesian water ~ артезианский самотек воды
backward ~ противоток
calculated absolute open ~ расчетный абсолютный дебит скважины
calculated open ~ расчетный дебит скважины (*потенциальный*)
capillary ~ капиллярный поток, капиллярное течение
channel ~ раздельное движение двух фаз в поровых каналах
compressible ~ сжимаемый поток
constant ~ установившееся течение
continuous ~ непрерывный поток
countercurrent ~ противоток, встречный поток
cross ~ поперечный поток, поперечное по отношению к трубам движение жидкостей; перекрестный ток; переток
daily ~ суточный дебит
erratic ~ *см.* turbulent flow
estimated ~ приблизительная производительность (*скважины*)
experimental ~ экспериментальное изучение течения
fluctuating ~ пульсирующий поток
fluid ~ течение жидкости; расход жидкости
forward ~ поступательное течение [движение]
fractional ~ движение отдельных фаз в многофазном потоке
free ~ свободное течение
gravity ~ движение самотеком; самотек
gas ~ газопроявление; поток газа, движение газа (*в газопроводе*)
heat ~ тепловой поток
heavy ~ сильный поток
initial ~ начальная производительность (*скважины*); начальный дебит
intermittent ~ 1. перемежающийся выброс жидкости, пульсирующий выброс или излив 2. перемежающееся течение
jet ~ струйный режим потока.
laminar ~ ламинарное (*безвихревое*) течение, ламинарный поток
linear ~ линейный поток; линейное движение
mass ~ массовый расход (*жидкостей и газов*)
multiphase ~ многофазное течение
natural ~ фонтанирование, естественный поток
non-steady ~ неустановившийся режим (*потока*)
non-viscous ~ неламинарное движение или течение
open ~ свободное фонтанирование
parallel ~ движение (*жидкости или газа*) параллельными потоками; прямоток (*в технологическом процессе*)
plastic ~ 1. пластическое течение 2. пластическая деформация; ползучесть
plug ~ структурное течение; течение структурированной жидкости с неразрушенным ядром потока

plug-type ~ течение жидкости в виде отдельных столбиков (*четок*), разделенных пузырьками («*четочное течение*»)
polyphase ~ многофазный поток
radial ~ радиальный поток; радиальная фильтрация
ready ~ текучесть
retarded ~ замедленное течение
slug ~ «четочное течение» (*в виде отдельных шариков*), глобулярное течение
sluggish ~ инертное [замедленное] течение
spherical ~ сферическое течение
three-dimensional ~ трехмерное течение
total ~ суммарный поток
transient ~ неустановившийся поток, неустановившаяся фильтрация
turbulent ~ турбулентный [вихревой] поток, турбулентное течение
uncontrolled ~ *см.* open flow
undisturbed ~ *см.* free flow
unrestricted ~ *см.* free flow
unstable ~ неустановившаяся фильтрация (*в пласте*); неустановившееся движение (*в трубах*)
unsteady ~ неустановившийся поток (*в трубах*); неустановившаяся фильтрация (*в пласте*)
upward ~ восходящий поток
well ~ проявление скважины
wide-open ~ свободное фонтанирование скважины

flowing 1. течение ‖ текущий, разливающийся 2. плавный, гладкий
~ of well переливание нефти из скважины, фонтанирование
wild ~ открытое фонтанирование; фонтанирование, которое не удается закрыть

flowmeter расходомер, измеритель расхода; водомер, гидрометр; объемный счетчик, реометр
bellows ~ сильфонный расходомер
recording ~ регистрирующий расходомер

Floxit *фирм. назв.* флокулирующий агент для глин

fluctuate колебаться (*о ценах*); изменяться, быть неустойчивым, пульсировать

fluctuation колебание, неустойчивость; неравномерность работы; нарушение однородности жидкости или газа; флуктуация, пульсирование; отклонение (*от заданного режима или параметра*)
~ of level колебание уровня
pressure ~ колебания давления

Fludex *фирм. назв.* полифункциональная добавка, применяемая на водообрабатывающих установках

flue 1. дымовая труба; дымоход 2. вытяжная труба 3. жаровая [огневая] труба

fluid флюид; жидкость; газ; жидкая или газообразная среда; раствор; газонефтяная си-

стема || жидкий
acid-kerosene emulsion ~ керосино-кислотная эмульсия (*для гидроразрыва пласта*)
acid-base fracture ~ жидкость разрыва на кислотной основе
behind-the-packer ~ надпакерная жидкость (*жидкость в скважине, остающаяся над пакером*)
braking fluid ~ жидкость для гидравлического тормоза
breakdown ~ рабочая жидкость, жидкость разрыва (*при гидравлическом разрыве пласта*)
carrying ~ жидкость-носитель
circulating ~ промывочная жидкость, буровой раствор
circulation ~ *см.* circulating fluid
completion ~ жидкость для заканчивания скважин
compressible ~ сжимаемая жидкость
coring ~ жидкость для отбора керна
displacing ~ вытесняющая жидкость
drill ~ *см.* drilling fluid
drilling ~ буровой раствор, промывочная жидкость
driving ~ рабочая жидкость
fast drilling ~ буровой раствор, позволяющий вести проходку с высокой скоростью
flush ~ *см.* flushing fluid
flushing ~ 1. промывочная жидкость 2. буферная жидкость 3. промывающая жидкость
fracturing ~ жидкость разрыва, рабочая жидкость
gas cut ~ газированная жидкость
gassy ~ *см.* gas cut fluid
hydraulic transmission ~ жидкость для заполнения системы гидравлической передачи
incompressible ~ несжимаемая жидкость
injection ~ нагнетаемый агент
interfacial ~ s контактирующие жидкости (*на границе раздела*)
invading ~ вытесняющий агент
kick ~ 1. жидкость, вызвавшая выброс 2. изверженная жидкость (*при выбросе*)
load ~ жидкость, заливаемая в скважину для увеличения противодавления на пласт
miscible ~s смешивающиеся жидкости
mixed ~ жидкая смесь (*специальная жидкость для гидравлической системы управления подводным оборудованием*)
mud ~ глинистый буровой раствор
mud laden ~ глинистый раствор плотностью 1,2 г/см^3 и более
Newtonian ~ истинная жидкость, ньютоновская жидкость
oil emulsion drilling ~ (нефте)эмульсионный буровой раствор
operating ~ *см.* working fluid
packer ~ (над)пакерная жидкость
plastic ~ пластическая [высоковязкая] жидкость

power ~ напорная жидкость, рабочая жидкость (*в гидравлических механизмах*)
pressure ~ *см.* power fluid
processed drilling ~ химически обработанный буровой раствор
produced ~ добываемая (*или добытая*) жидкость
refrigerating ~ охлаждающая жидкость, хладагент
return ~ возвратная вода или буровой раствор, выходящий из скважины
sealing ~ жидкость гидравлического затвора
shear thinning ~ жидкость, разжижающаяся при сдвиге
top ~ уровень жидкости (*в скважине*)
torque converter ~ жидкость, применяемая в гидротрансформаторе
total ~ общее количество добытой жидкости (*включая нефть, воду, эмульсию и т. п.*)
water-base rotary drilling ~ буровой раствор на водной основе для роторного бурения
working ~ рабочая жидкость
workover ~ жидкость для ремонта скважин

fluidimeter вискозиметр

fluidity 1. текучесть; подвижность; степень густоты 2. жидкое состояние

fluidization ожижение, флюидизация; образование псевдоожиженного слоя

fluidize ожижать, образовывать суспензию, псевдоожижать

fluid-tight герметичный; непроницаемый для жидкости; влагонепроницаемый

Fluid Trol *фирм. назв.* эмульгатор нефти в буровых растворах с низкой степенью минерализации

fluidways промывочные канавки

fluke желонка для очистки буровой скважины

flume лоток, желоб; подводящий канал
mud ~ желоб для бурового раствора, раствopoпровод

fluorescence флуоресценция, люминесценция

fluorhydric фтористоводородная [плавиковая] кислота (HF)

fluoric фтористый

fluoride фторид, соль фтористоводородной [плавиковой] кислоты
calcium ~ фторид кальция, флюорит (CaF$_2$)
hydrogen ~ фторид водорода (HF), плавиковая кислота
lithium ~ фторид лития (LiF)
sodium ~ фторид натрия (NaF)
halogen ~ фторгалогенид

fluorite *см.* fluorspar

fluorspar флюорит, плавиковый шпат

flush 1. струя жидкости, промывка струей жидкости; быстрый приток 2. фонтанный 3. со снятым усилием 4. впритык, вровень; впотай || потайной, утопленный, заподлицо; гладкий; без высадки || выравнивать
~ away смыть

~ out промывать или вымывать струей жидкости; очищать напором жидкости; выдувать
mud ~ промывка глинистым буровым раствором
return ~ обратная циркуляция, обратная промывка
water ~ промывка водой (*при бурении*); ударное бурение с промывкой водой

flushing промывка (*при бурении*); смывание
~ of core 1. размывание керна буровым раствором 2. подъем керна через бурильные трубы промывочной жидкостью (*при обратной циркуляции*)
clay ~ промывка глинистым раствором
direct ~ прямая промывка (*при бурении*)
semi-liquid ~ полужидкая промывка при бурении
thick ~ промывка густым глинистым раствором
water ~ промывка водой

flute 1. продольный или спиральный промывочный желобок на боковой поверхности буровой коронки или расширителя 2. выемка, канавка, паз, бороздка, желобок ‖ делать выемки [канавки, пазы, бороздки, желобки] 3. гофр ‖ гофрировать

fluted желобчатый, с канавками, рифленый, гофрированный

fluvial *геол.* речной

fluviatile речные осадки

flux 1. расход (*жидкости*); поток; течение 2. флюс ‖ обрабатывать флюсом, флюсовать 3. плавить, расплавлять 4. разжижитель
eddy ~ турбулентный поток
heat ~ тепловой поток
total ~ суммарный приток

flysh *геол.* флиш

flywheel маховик, маховое колесо

foam пена ‖ пениться
fire ~ пена для тушения пожаров

Foamatron V-2 *фирм. назв.* вспенивающий агент [детергент] для пресных буровых растворов

Foamatron V-12 *фирм. назв.* вспенивающий агент [детергент] для всех типов буровых растворов на водной основе

foamed вспененный

foamer 1. пеногенератор 2. пенообразователь

foaming 1. вспенивание, пенообразование 2. пенящийся 3. тушение пеной нефтяного пожара 4. переброс воды в паропровод (*в котлах*)

Foaming Agent-2 *фирм. назв.* пеногенный [вспенивающий] агент [детергент] для ликвидации поглощений буровых растворов

Foamite *фирм. назв.* пенный состав для огнетушения

focus фокус; фокусировка, фокусирование ‖ собирать в фокус, фокусировать

fogger увлажнитель (для осаждения пыли из газа)

foil 1. фольга 2. пленка

fold 1. сгиб, изгиб, флексура, перегиб, фальц 2. *геол.* складка ‖ образовывать складки
monoclinal ~ *геол.* моноклинальная складка
overturned ~ *геол.* опрокинутая складка взброса
prominent ~ *геол.* главная складка
recumbent ~ *геол.* лежачая или опрокинутая складка
refolded ~ *геол.* складка с вторичной складчатостью на крыльях
reversed ~ *геол.* опрокинутая складка
similar ~ s *геол.* параллельные складки

folded 1. складчатый 2. гнутый
~ and faulted перемятые и нарушенные сбросами (*породы*)

folding 1. *геол.* складчатость; пликативная дислокация, складкообразование 2. складной, складывающийся; створчатый, откидной; убирающийся
acute ~ *геол.* резко выраженная складчатость

fold-fault складка-сброс

foliated листоватый, пластинчатый; сланцеватый; слоистый (*о породе*)

foliation слоистость; расслоение; полосчатость; расщепление; рассланцевание; сланцеватость

follower 1. нажимная втулка сальника 2. крышка сальника; крышка поршня 3. ведомый механизм, ведомый элемент передачи 4. следящее устройство 5. копирное устройство, копир; копирный ролик 6. *pl* следящие системы
piston ~ прижимающая шайба поршня (*насоса*)

foolproof защищенный от неосторожного обращения; защищенный от повреждения при неправильном обращении; не требующий квалифицированного обслуживания; несложный

foot 1. фут (*0,3048 м*) 2. нога; ножка; опора; подошва; стойка; основание; нижняя часть; пята 3. постель, почва (*пласта*); лежачий бок; подножье, подошва
column ~ основание колонны
cubic ~ кубический фут ($0,02832$ м^3)
running ~ погонный фут

footage 1. длина в футах 2. площадь в квадратных футах 3. проходка (*в футах*)
~ from... to... интервал бурения от... до...
make ~ бурить; «давать проходку»

foothills предгорье, подошва, нижние склоны холма или горного кряжа

footing 1. фундамент; основание; опора; нижний слой; подстилающий слой 2. опорный башмак 3. опора для ноги
support ~ опорный башмак

footnote примечание, ссылка

force 1. сила, усилие, мощность 2. принуждать, нагнетать, подавать, напрягать, перегружать (*двигатель*); вставлять с усилием
~ down прижимать книзу, отжимать
~ out вытеснять, выдавливать, выкачивать
~ up 1. вытеснять вверх 2. подбросить
~ of compression *см.* compressive force
~ of gravity сила тяжести, земное притяжение
~ of inertia сила инерции
adhesive ~ сила сцепления, сила прилипания
aggregation ~ сила агрегации [сцепления]
angular ~ вращающий момент
attractive ~ сила притяжения
balance ~ уравновешивающая сила
bearing ~ 1. грузоподъемность 2. несущая способность
bending ~ изгибающее усилие
binding ~ сила сцепления [когезии, связи]
braking ~ тормозящее усилие, сила торможения
buckling ~ критическая сила, вызывающая потерю устойчивости (*при продольном изгибе*)
buoyancy ~ архимедова [выталкивающая] сила
capillary ~ капиллярная сила
cohesive ~ сила сцепления [когезии]
compensator ~ грузоподъемность компенсатора
compressive ~ сжимающая нагрузка, сжимающее усилие
damping ~ демпфирующая сила, заглушающая сила; балансирующая сила, усилие баланса
deflecting ~ 1. отклоняющая сила 2. изгибающая сила
destructive ~ разрушающее усилие, разрушающая нагрузка
differential ~ s ориентированные силы
disruptive ~ разрывающая сила
disturbing ~ разрушающая [возмущающая] сила
drag ~ срезающая сила, сила торможения
driving ~ движущая сила
electromotive ~ электродвижущая сила, ЭДС
expulsive ~ *см.* driving force
floating ~ выталкивающая сила
flywheel ~ сила инерции вращающихся масс
friction ~ сила трения
hydrodynamic drag ~ гидродинамическая сила сопротивления (*подводного трубопровода*)
hydrodynamic inertia ~ гидродинамическая сила инерции
hydrodynamic lift ~ гидродинамическая подъемная сила (*действующая на подводный трубопровод*)
lateral compressive ~ сила бокового сжатия
mooring ~ усилие от якорного крепления
overturning ice ~ опрокидывающая ледовая нагрузка (*на морские нефтепромысловые сооружения*)
raising ~ подъемная сила; давление снизу вверх

reacting ~ противодействующая сила, сила реакции или обратного действия
resistance ~ сила сопротивления
resultant ~ равнодействующая или результирующая сила
retarding ~ задерживающая [замедляющая] сила, тормозящий момент
shearing ~ срезающая [скалывающая] сила, сдвигающее усилие
shrinkage ~ сила усадки; усилие, развивающееся при (*тепловой*) усадке
tangent friction ~ тангенциальная сила трения
tangential ~ касательная [тангенциальная] сила
telluric magnetic ~ сила земного магнетизма
tensile ~ растягивающее усилие, растягивающая сила
thrust ~ осевая нагрузка
twisting ~ скручивающее [окружное] усилие
forced принудительный; вынужденный; искусственный; усиленный
force-feed принудительная подача, подача под давлением
forcer 1. поршень (*насоса или компрессора*) 2. небольшой нагнетательный насос
forecast(ing) прогноз, предсказание
foredeep передовой прогиб, краевая впадина
foreign 1. импортный, иностранный 2. покупной, приобретаемый на стороне 3. посторонний, чуждый (*о включениях*)
foreland *геол.* предгорье, фронтальная область, форлянд
foreman 1. мастер; прораб; десятник; бригадир; старший рабочий 2. горный техник; штейгер
foreword предисловие
forge кузница; горн || ковать
~ on наковывать
~ out оттягивать под молотом
~ cold ковать входолодную
forgeability ковкость
forgeable ковкий, тягучий
forged кованый
forging ковка, поковка || ковочный, кузнечный
fork подкладочная вилка (*инструмент, применяемый при штанговом и канатном бурении для подвешивания штанг и бурового снаряда на устье скважины при свинчивании или развинчивании*)
devil's pitch ~ ловильные клещи
form 1. вид, тип; форма; модель; образец || придавать форму; принимать вид 2. очертание, контур 3. формовка || формовать 4. бланк
~ of fracture вид излома, характер разрушения
Formaplug *фирм. назв.* глиноцементная смесь для изоляции зон поглощения бурового раствора

Formaseal *фирм. назв.* гранулированный асфальт (*нейтральный наполнитель для борьбы с поглощением бурового раствора на углеводородной основе*)

formation 1. формация; образование; ярус; свита пластов; порода одного возраста 2. формирование, образование 3. конструкция, строение
~ of deposits образование отложений
broken down ~ 1. пласт, подвергнутый гидроразрыву 2. сильнотрещиноватый пласт
cake ~ образование глинистой корки (*на стенках скважины*)
cavey ~ обваливающаяся порода
competent ~ устойчивая [необваливающаяся] порода
creviced ~ трещиноватая порода
falling rock ~ обваливающаяся горная порода
flat-lying ~ пласты с горизонтальным залеганием
floc ~ образование хлопьев
flowing rock ~ пластичная [текучая] горная порода
gas bearing ~ газоносная свита
geological ~ геологическая формация
gum ~ смолообразование
gummy ~ налипающая порода
hard ~ крепкая порода
incompetent ~ слабосцементированный пласт; слабая [мягкая] порода
marker ~ *геол.* маркирующий горизонт
mud making ~ порода, способная образовывать естественный глинистый раствор в процессе бурения скважины
non-productive ~ пустая порода
oil-bearing ~ нефтеносная свита
overlying ~ вышележащий горизонт
porous ~ пористая порода
predominant ~ господствующая (*в данном разрезе*) порода; наиболее часто встречающаяся при бурении порода
producing ~ нефтеносный (*или газоносный*) пласт, продуктивная свита
resin ~ смолообразование (*в топливе*)
rock ~ литогенезис; формация, геологический горизонт
sandy ~ песчанистая порода
smooth drilling ~ порода, дающая хороший керн при большой механической скорости бурения; порода, допускающая бурение на высоких частотах вращения снаряда без вибрации
soft ~ мягкая [рыхлая] порода
thirsty ~ поглощающая порода
tight ~ малопроницаемые пласты; плотная устойчивая порода (*не требующая крепления трубами*)
unplugged ~ неуплотненная порода, порода с незакрытыми порами и трещинами; неизолированный слой породы
unstable ~ неустойчивая порода

vortex ~ вихреобразование (*напр. под трубопроводом, лежащим на дне моря*)
water producing ~ водоносный пласт
weak ~ слабосцементированная порода
wet ~ порода с водопроявлениями

Formjel *фирм. назв.* керосин, загущенный металлическими мылами и утяжеленный добавками (*применяется для закупорки высокопроницаемых зон при селективной обработке*)

formula 1. формула; аналитическое выражение 2. рецептура; композиция; состав
constitutional ~ структурная формула
five-spot flow ~ формула для расчета притока жидкости при пятиточечной системе размещения скважин
Kutter's ~ уравнение потока жидкости в длинных трубах при низких входных давлении и скорости

formulation 1. разработка рецептуры или композиции 2. рецептура, состав (*бурового или тампонажного раствора*)
~ of the cement blend состав цементной смеси, рецептура
mud ~ рецептура [состав] бурового раствора

fossil ископаемое, окаменелость || ископаемый
index ~ руководящее ископаемое
zone ~ *см.* index fossil

fossiliferous содержащий ископаемые организмы [окаменелости]

foul грязный, загрязненный; засоренный; издающий дурной запах; гнилой || загрязнять(ся); засорять(ся); гнить
~ the core загрязнить керн (*буровым раствором*)

fouling 1. засорение; загрязнение; примесь; образование накипи 2. неисправность, неполадки, плохая работа; неверное показание (*прибора*)

foundation фундамент, основание; база
concrete ~ бетонное основание
piling ~ свайное основание
pump ~ фундамент насоса

foundered 1. *геол.* погрузившийся 2. проплавленный

foundering 1. *геол.* погружение, опускание 2. проплавление

four-bladed четырехлопастный

fourble свеча, состоящая из двух двухтрубок (*четырех бурильных труб*)

four-way четырехходовой; крестовидный

frac *см.* fracturing

fraction 1. фракция, частичный продукт перегонки 2. дробь || дробить 3. частица 4. излом; разрыв, перерыв
~ of oil recovered доля извлеченной нефти
close cut ~ узкая фракция
coarse ~ крупнозернистая фракция
mol(ar) ~ молярная [мольная] доля, мольная долевая концентрация

fractional 1. дробный 2. фракционный (*о

перегонке) 3. парциальный 4. менее 1 л. с. (*о двигателе*)

fracture 1. трещина; разлом; перелом; разрыв 2. раздроблять (*породу*), образовывать трещины
~ with displacement *геол.* сброс
~ without displacement *геол.* диаклаз, разрыв без смещения
brittle ~ хрупкое разрушение, хрупкий излом
coarse-grained ~ крупнозернистый излом
conjugated ~ s система трещин
ductile ~ упругое разрушение; вязкое разрушение, вязкий излом
even ~ ровный излом; мелкозернистый излом
fatigue ~ усталостное разрушение, усталостный излом; усталостная трещина
fiber ~ волокнистый излом
fine-grained ~ мелкозернистый [мелкокристаллический] излом
flaky ~ шиферный [чешуйчатый] излом; излом с флокенами
gliding ~ вязкое разрушение, вязкий излом
granular ~ зернистый излом
intrinsic ~ s естественные, природные трещины (*в пласте*)
lamellar ~ *см.* laminated fracture
laminar ~ *см.* laminated fracture
laminated ~ слоистый излом
plastic ~ пластическое разрушение
porcelain ~ фарфоровидный излом
smooth ~ мелкозернистый излом
tension ~ разрушение от растяжения; разрыв
tension-shear ~ разрушение от среза [сдвига] при растяжении
torsion ~ спиральная трещина скручивания (*в керне, как результат самозаклинивания*)
wavy ~ волнистый излом; пластинчатый излом

fractured трещиноватый

fracturing 1. гидравлический разрыв пласта (*разрыв пород пласта закачкой жидкости под большим давлением*) 2. трещиноватость; растрескивание, образование трещин
formation ~ (гидравлический) разрыв пласта
hydraulic ~ гидравлический разрыв пласта
multiple ~ 1. многократное пересечение рудного тела способом многозабойного бурения 2. многократный разрыв пласта
reservoir ~ *см.* formation fracturing
well ~ *см.* formation fracturing

fragile ломкий, хрупкий

fragment фрагмент, остаток, кусок, обломок; осколок; часть

fragmental *геол.* обломочный, кластический

frame 1. станина (*напр. насоса*); рама; корпус; остов; каркас 2. ферма; балка 3. конструкция; сооружение, строение
~ of axes система координат
~ of the bit корпус долота
A- ~ А-образная опора; А-образная рама; двуногая станина

bit ~ корпус долота
BOP guide ~ направляющая рама противовыбросового оборудования (*для спуска его к подводному устью скважины по направляющим канатам*)
BOP stack shipping ~ транспортная рама блока превенторов
boring ~ буровая вышка
girder ~ раскосная ферма
jacking ~ портал подъемника (*самоподнимающегося бурового основания*)
lattice ~ решетчатая конструкция
load-bearing ~ несущая конструкция
lower BOP ~ направляющая рама нижней части блока превенторов
lower marine riser guide ~ направляющая рама низа водоотделяющей колонны
machine ~ корпус машины; станина машины
middle BOP guide ~ средняя направляющая рама превенторов
modular guide ~ сборная направляющая рама (*блока превенторов*)
motor ~ корпус двигателя
pod running ~ рама для спуска коллектора
reference ~ система координат в пространстве
retrieving ~ извлекаемая рама
riser connector ~ рама муфты водоотделяющей колонны
riser guide ~ направляющая рама водоотделяющей колонны
rotary support ~ опорная рама ротора
shear-off guide ~ срезная направляющая рама
space ~ пространственная конструкция
subsurface manipulation ~ подводная манипуляторная рама (*для ремонта подводного трубопровода*)
telescoping guide ~ телескопическая направляющая рама (*для спуска подводной телевизионной камеры к подводному устью скважины*)
TV guide line ~ кронштейн направляющего каната телевизионной камеры (*для крепления конца направляющего каната*)
universal guide ~ универсальная направляющая балка или рама (*предназначена для ориентированного спуска бурового инструмента и оборудования по направляющим канатам к подводному устью*)
utility guide ~ универсальная направляющая балка или рама (*предназначена для ориентированного спуска бурового инструмента и оборудования по направляющим канатам к подводному устью*)

framework 1. остов, скелет, каркас; конструкция; решетка 2. *геол.* обрамление
tectonic ~ тектоническое строение, основные элементы тектонического строения

freefall фрейфал; яс (*раздвижная часть инструмента при ударном бурении*)

free-flowing 1. жидкотекучий 2. сыпучий

freeze 1. прихват, заедание 2. прихватывать, заедать 3. примерзать, замерзать; замораживать; застывать

freeze-back повторное замерзание (*растепленной вечной мерзлоты*)

freezing 1. прихват (*инструмента в скважине*) 2. замерзание, застывание, примерзание; замораживание

freight 1. груз, фрахт ‖ фрахтовать 2. фрахт, плата за провоз груза

bulk ~ груз внавалку или насыпью (*без тары*), намывной груз, навалочный груз, насыпной груз

frequency частота; периодичность (*включения чего-либо*)

base ~ собственная частота, основная частота
beat ~ частота биения
cut-off ~ предельная частота
low ~ низкая частота
natural ~ характеристическая или собственная частота колебаний
nominal ~ номинальная частота (*приборов переменного тока*)
upper ~ наибольшая частота

fresh пресный (*о воде*); свежий (*о растворе*)

friable рыхлый; крошащийся; сыпучий, рассыпчатый; ломкий; хрупкий

friction 1. трение; сцепление 2. фрикционный 3. фрикционная муфта, фрикцион

fluid ~ жидкостное трение; трение жидкости или газа
liquid ~ см. fluid friction
mechanical ~ механическое трение
minute ~ капиллярное трение
rod ~ гидравлическое сопротивление бурильной колонны; трение бурильной колонны о стенки скважины
rolling ~ трение качения
skin ~ поверхностное трение
wall ~ 1. частичное прихватывание или подклинивание (*труб осыпавшейся породой*) 2. гидравлическое сопротивление (*в трубах*) 3. трение о стенки; поверхностное трение

fringe 1. граница (*нефтеносной площади*); зона выклинивания пласта; кайма; оторочка 2. *сейсм.* интерференционная полоса

frit спекаться, сплавлять, сплавляться (*о наварочных материалах*)

front 1. передняя сторона, лицевая часть; фронт 2. лобовой, торцевой 3. *геол.* фас сброса

combustion ~ фронт горения [сгорания]
drainage ~ фронт дренирования, граница области дренирования
flood ~ фронт заводнения, фронт продвижения воды
rounded ~ растянутый фронт вытеснения (*напр. при наличии большой переходной зоны при заводнении*)

sharp ~ резкий фронт вытеснения (*при заводнении*)
spherical wave ~ *сейсм.* сферический фронт волны
wave ~ фронт волны

frontier 1. неисследованная или неразработанная область 2. граница, предел 3. пограничный

froth 1. пена, вспенивание; пенный продукт (*при флотации*) 2. пениться

frothing вспенивание, пенообразование

frozen 1. захваченный, застрявший (*о трубах, инструменте*) 2. замерзший, застывший; замороженный

F-S Clay *фирм. назв.* аттапульгитовый глинопорошок для приготовления солестойких буровых растворов

fuel 1. топливо; горючее 2. питать топливом [горючим], заправлять

~ up заправлять горючим, заливать топливом
diesel ~ дизельное топливо
domestic ~ местное топливо; топливо коммунального назначения
engine ~ моторное топливо (*бензин, керосин, дизельное топливо*)
gas ~ горючий газ, газовое моторное топливо
gaseous ~ газовое [газообразное] топливо
heavy ~ тяжелое топливо; нефть
high-gravity ~ топливо с высоким значением плотности по шкале АНИ, легкое горючее
liquid ~ жидкое топливо
motor ~ см. engine fuel
oil ~ жидкое топливо, топливная жидкость (*нефть, мазут, нефтетопливо*)

fuelling заправка горючим [топливом]; обеспечение топливом

fugacity летучесть; фугативность; фугитивность

fulcrum 1. точка опоры (*рычага*); центр шарнира, центр вращения; точка приложения силы; опорная призма 2. поворотный, шарнирный

fume испарение, пары; газы [дым, ядовитые газы] после отпалки ‖ выделять газы; испаряться; превращаться в пар

function 1. функция, назначение, действие; принцип действия 2. функционировать, действовать; срабатывать 3. *pl* зависимости

algebraic ~ алгебраическая функция
arbitrary ~ произвольная функция
BOP ~ исполнительная функция противовыбросового превентора
exponential ~ показательная функция
logarithmic ~ логарифмическая функция

funnel воронка, раструб
filling ~ наливная воронка
Marsh ~ вискозиметр [воронка] Марша
re-entry ~ воронка для повторного ввода (*спускаемого инструмента в устье подводной скважины*)

funnel-shaped с раструбом; воронкообразный

furnace печка, топка; горн
boiler ~ котельная топка
electric ~ электропечь
furrow борозда, паз, продольная канавка; выемка
fuse 1. фитиль, запал, бикфордов шнур; взрыватель, воспламенитель детонатора 2. плавкий предохранитель, плавкая вставка 3. плавиться, сплавляться, расплавляться
plug ~ плавкий предохранитель, предохранительная пробка
fused 1. плавленый (*о флюсе*); расплавленный 2. снабженный плавкими предохранителями
fusibility плавкость, расплавляемость
fusible плавкий
fusion расплавление, сплавление, плавка, плавление; сплав

G

G-2 *фирм. назв.* вспенивающий агент [детергент] для буровых растворов
G-7 Super Weight *фирм. назв.* железотитановый утяжелитель, используемый для приготовления раствора для глушения скважин
gabbro габбро
gadder отбойный молоток; бурильный молоток; перфоратор
gadget приспособление; устройство; техническая новинка
Gafen Fa-1 *фирм. назв.* вспенивающий агент для пресной, слабо- и среднеминерализованной воды
Gafen Fa-5 *фирм. назв.* вспенивающий реагент для высокоминерализованной [насыщенной солью] воды
Gafen Fa-7 *фирм. назв.* вспенивающий агент для пресной и слабоминерализованной воды
gaff кран с талями (*для перемещения нефтепродуктовых рукавов на пристанях*)
gage *см.* **gauge**
gagging холодная правка, холодная рихтовка; выпрямление
gaging *см.* **gauging**
gain прирост; усиление; повышение, возрастание
~ in yield увеличение выхода (*продукта*)
heat ~ прирост [увеличение] тепла; избыточное тепло
volumetric ~ прирост объема
water ~ выступание воды на поверхности; отслоение воды бетона
galena свинцовый блеск, сульфид свинца, галенит

gallery 1. галерея 2. штрек, горизонтальная выработка; штольня 3. туннель; продольный канал 4. помост; площадка
galling 1. износ; истирание металла 2. фрикционная коррозия 3. механическое повреждение поверхности; заедание; выработка (*поверхности трения*)
gallon галлон (*англ.*—4,546 л; *амер.*—3,785 л)
imperial ~ английский [имперский] галлон (4,546 л)
gallonage объем в галлонах
galvanic гальванический
galvanize покрывать один металл другим (*электролитическим способом*); оцинковывать, гальванизировать
galvanizing гальванизация, цинкование; гальваностегия; электролитическое осаждение металла
gammagraphy гаммаграфия, радиография
gamma-radiography гамма-дефектоскопия
gang 1. партия; бригада рабочих; смена 2. полный набор, комплект (*инструментов*) 3. агрегат
laying ~ бригада по прокладке трубопровода
right-of-way ~ бригада, расчищающая трассу трубопровода
gangway 1. переходной откидной мостик 2. переходная площадка 3. проход 4. мостки, подмостки
gap 1. зазор, промежуток, люфт; разрыв, щель, просвет, впадина резьбы 2. разрыв (*трубы и т. п.*) 3. зазор между свариваемыми кромками 4. интервал; пропуск, пробел 5. *геол.* горизонтальное смещение при сбросе
air ~ at drilling condition просвет при бурении (*расстояние по вертикали от уровня спокойного моря до нижней кромки верхнего корпуса полупогружной буровой платформы во время бурения*)
air ~ 1. воздушный зазор; 2. искровой промежуток; разрядник
annular ~ кольцевой зазор
barren ~ участок месторождения, не содержащий нефти
fit up ~ зазор, полученный при сборке
joint ~ *св.* зазор в соединении; зазор между свариваемыми кромками
spacing ~ зазор
spark ~ разрядник; искровой промежуток
gapless не имеющий зазора, без зазора
gapping неплотное прилегание, неплотное соприкосновение, зазор; расхождение швов
gas 1. газ, газообразное вещество ‖ выделять газ; наполнять газом, насыщать газом 2. горючее; газолин; бензин ‖ заправлять горючим
~ in solution растворенный газ
accompanying ~ *см.* associated gas
acetylene ~ газообразный ацетилен
acid ~ кислый газ (H_2S или CO_2)

actual ~ реальный газ
adsorbed ~ адсорбированный газ
artifical ~ промышленный газ
associated ~ попутный газ
background ~ фоновый газ
blow-down ~ продувочный газ
bottled ~ жидкий пропан или бутан; газ в баллонах
butane-propane ~ бутано-пропановая смесь
carbon-dioxide ~ углекислый газ (CO_2)
casing head ~ *см.* associated gas
coercible ~ сжимаемый газ
coke oven ~ коксовый газ
combination ~ *см.* fat gas
combustible ~ горючий газ
combustion ~ es дымовые газы, продукты горения
compressed ~ сжатый газ
condensed ~ *см.* liquid gas
cushion ~ буферный газ (*общее количество газа, которое повышает давление в коллекторе от нуля до давления, необходимого для обеспечения потребного дебита в процессе извлечения*)
cylider ~ газ в баллонах
dispersed ~ диспергированный газ
dissolved ~ растворенный (*в нефти*) газ
domestic ~ коммунальный газ (*расходуемый на бытовые нужды*)
dry ~ сухой газ, состоящий в основном из метана и этана
end ~ отходящий или хвостовой газ
enriched ~ обогащенный газ
escaping ~ улетучивающийся газ; выделяющийся газ
exhaust ~ отработанный [выхлопной] газ
exit ~ *см.* exhaust gas
extraneous ~ посторонний, непластовый газ
fat ~ жирный газ, газ с большим содержанием паров бензина
flash ~ мгновенно выделяющийся газ
flue ~ дымовой газ; топочный газ
flush ~ газ, вышедший из-под контроля; уход газа
formation ~ пластовый газ
free ~ газ, выделившийся из раствора
fuel ~ газообразное топливо, топливный газ
high line ~ бутан (C_4H_{10})
high pressure ~ газ высокого давления
hydrocarbon ~ газообразный углеводород
ideal ~ *см.* perfect gas
imperfect ~ реальный газ
inactive ~ *см.* inert gas
included ~ включенный газ; газ, изолированный в пустотах породы; растворенный в нефти газ
indifferent ~ нейтральный [индифферентный] газ
inert ~ инертный газ
inflammable ~ горючий газ

injected ~ газ, нагнетаемый в пласт
lean ~ тощий [сухой] газ (*с низким содержанием паров бензина*)
liquefied natural ~ сжиженный природный газ, СПГ
liquefied petroleum ~ сжиженный нефтяной газ, СНГ
liquid ~ сжиженный газ
marsh ~ метан, болотный газ
native ~ местный газ
natural ~ природный газ
net ~ *см.* dry gas
noble ~ инертный [благородный] газ
noxious ~ вредный или ядовитый газ
occluded ~ включенный [окклюдированный] газ; газ, содержащийся в пустотах горных пород
oil ~ нефтяной газ
oxyhydrogen ~ гремучий газ
perfect ~ идеальный [совершенный] газ
petroleum ~ *см.* oil gas
power ~ генераторный [топливный] газ
processed ~ очищенный (*от сероводорода*) нефтяной газ
producer ~ генераторный газ
raw natural ~ неочищенный природный [нефтяной] газ
recirculated ~ газ, закачиваемый в пласт после отбензинивания
residual ~ остаточный газ
residue ~ сухой [отбензиненный] газ
retained ~ сорбированный газ
rich ~ жирный, неотбензиненный газ
rock ~ *см.* natural gas
shallow ~ газ, поступающий с небольших глубин
solution ~ растворенный в нефти газ
sour ~ высокосернистый нефтяной газ
town ~ коммунальный [бытового назначения] газ
trip ~ скважинный газ (*при подъеме бурильной колонны*)
unstripped ~ сырой [жирный] газ
waste ~ отходящий газ; отработавший газ
wellhead ~ *см.* associated gas
wet ~ *см.* fat gas
wet field ~ жирный попутный газ

gaseous газообразный; газовый
gas-field месторождение природного газа
gas-fired работающий на газе, отапливаемый газом
gas-holder газгольдер; газометр
dish ~ мокрый газгольдер, газгольдер с жидкостным затвором
dry seal ~ сухой газгольдер
multisphere ~ сотовый газгольдер, секционный газгольдер

gasification газификация, превращение в газ
in situ ~ *см.* underground gasification
oil ~ газификация нефти

underground ~ подземная газификация
gasket 1. прокладка; набивка; уплотнение 2. сальник
asbestos ~ асбестовая прокладка
cover ~ уплотняющая прокладка для крышки
heat-resisting ~ теплостойкая прокладка
lead ~ свинцовая прокладка
ring ~ кольцеобразная прокладка, кольцевая набивка
rubber ~ резиновая прокладка
teflon ~ тефлоновая прокладка, прокладка из политетрафторэтилена
gasketed собранный на прокладках, уплотненный прокладкой
gas-lift газлифт, газлифтная эксплуатация
combination ~ комбинированный газлифт
continuous ~ непрерывный газлифт
intermittent ~ периодический [перемежающийся] газлифт
gas-oil газойль, сжиженный нефтяной газ
gasoline газолин, *амер.* бензин
casing head ~ *см.* natural gasoline
natural ~ газовый бензин
raw natural ~ нестабилизированный газовый бензин
gasometer 1. газгольдер; газометр 2. газовый счётчик, газомер
gas-producer 1. газогенератор 2. скважина, дающая газ
gas-proof газонепроницаемый, защищённый от газа
gasser 1. газовая скважина 2. газовый фонтан
gassing 1. выделение газа; газообразование 2. отравление газом 3. газовая дезинфекция
gassy 1. газовый; газообразный 2. наполненный газом
gas-tight газонепроницаемый, герметичный
gate затвор; шибер; вентиль; заслонка; клинкетная задвижка
automatic ~ автоматический затвор
blow-off ~ спускная задвижка
bottom ~ донный затвор (*бункера*)
butterfly ~ дроссельный затвор
cellar control ~ задвижка с регулировкой величины открытия плашек, устанавливаемая в шахте буровой скважины
control ~ регулирующий затвор
deep ~ глубинный затвор
deflecting ~ отклоняющая заслонка
discharge ~ задвижка на выкиде насоса, задвижка на напорном трубопроводе
drum ~ секторный затвор
emergency ~ аварийный затвор
flap ~ клапанный затвор
full ~ полностью открытый затвор
hydraulic ~ гидравлический затвор
in ~ входной клапан
master (control) ~ фонтанная задвижка
out ~ выходной клапан
self-opening ~ автоматический затвор

Shaffer cellar control ~ превентор фирмы «Шеффер»
slide ~ 1. скользящий плоский затвор 2. шибер, шиберный затвор
gathering собирание, сборка; комплектование
~ of gas сбор газа (*на нефтепромыслах*)
~ of oil сбор нефти
gauge 1. мера; масштаб; размер, калибр 2. шаблон, лекало; эталон 3. манометр; грубый измерительный прибор 4. сортамент 5. прибор для измерения жидкости и газов, измерительный прибор ‖ измерять, проверять; калибровать, тарировать
air ~ воздушный манометр
alarm ~ *см.* alarm pressure gauge
alarm pressure ~ сигнальный манометр
bit ~ шаблон или калибр для долота
bob ~ поплавковый указатель уровня (*в резервуарах*)
caliper ~ нутромер, кавернометр
casing ~ калибр для резьбы обсадных труб
clearance ~ щуп
cone ~ калибр для контроля конусности
control ~ контрольный калибр
depth ~ глубинный манометр
diaphragm ~ диафрагменный измерительный прибор
differential pressure ~ дифференциальный манометр
draft ~ *см.* differential pressure gauge
drift diameter ~ проходной шаблон
drill pipe ~ калибр для проверки резьбы бурильных труб
flow ~ расходомер
gas ~ газовый манометр
gas pressure ~ *см.* gas gauge
high-pressure ~ манометр высокого давления
hole ~ нутромер
indicating liquid level ~ указатель уровня жидкости со шкалой
internal thread ~ метчик-калибр
level ~ указатель уровня, уровнемер
line tension ~ индикатор натяжения каната
liquid level ~ *см.* level gauge
low-pressure ~ манометр низкого давления
make up ~ проверочный шаблон (*при спуске труб*)
master ~ эталонный калибр
measuring ~ измерительный прибор (*для грубых измерений*)
mercury ~ ртутный манометр
mesh ~ шкала сит
«no-go» thread ~ непроходной резьбовой калибр
oil ~ 1. указатель уровня нефтепродукта (*в резервуаре*); масляный щуп 2. нефтяной ареометр
oil pressure ~ масляный манометр
plug ~ цилиндрический калибр или шаблон, вставной калибр, калибр для внутренних измерений
pressure ~ манометр

reference ~ контрольный [эталонный] калибр
reference master ~ контрольный эталонный калибр
ring ~ 1. пружинный манометр 2. калибр-кольцо, кольцевой калибр
siphon ~ манометр для низких давлений, вакуумметр
strain ~ тензометр
subsurface recording pressure ~ глубинный самописец давления, глубинный самопишущий манометр давления
subsurface recording temperature ~ скважинный самопишущий термометр
tape depth ~ измеритель уровня в скважине
test ~ проверочный манометр; контрольный калибр; эталон
thread ~ резьбовой калибр [шаблон]; прибор для контроля параметров резьбы
tong torque ~ прибор для измерения момента, приложенного к машинным ключам
torque ~ указатель крутящего момента; торсиометр
tubular ~ трубный калибр
water ~ 1. водяной манометр, водомер; водомерное стекло 2. давление в единицах измерения водяного столба
weather ~ барометр

gauged калиброванный, измеренный, тарированный; номинального диаметра

gauger замерщик (*нефти*)

gauging замер, измерение высоты налива нефтепродукта (*в резервуаре*); калибровка; выверка; проверка; контроль
remote ~ of tanks дистанционное измерение высоты налива резервуаров
~ of oil wells учет производительности нефтяных скважин
push-button tank ~ автоматическое измерение продукции в резервуарах
well ~ измерение дебита скважины

gauze тонкая металлическая сетка, проволочная ткань

gear 1. шестерня, зубчатое колесо, зубчатая передача || сцепляться, входить в зацепление 2. привод 3. механизм; приспособление; устройство || приводить в движение (*механизм*) 4. инструмент
~ down переключать на более низкую скорость, уменьшать скорость, замедлять
belt ~ ременная передача; приводной ремень
cam ~ кулачковый механизм
change over speed ~ *см.* **gearbox**
clutch ~ кулачковая передача
control ~ механизм управления, распределительный механизм
differential ~ 1. компенсатор, уравнитель 2. дифференциальная передача
differential reversing ~ реверсивная передача коническими зубчатыми колесами
friction ~ фрикционная передача

friction bevel ~ коническая фрикционная передача
hand ~ ручной привод; механизм с ручным приводом
hoisting ~ подъемное приспособление
lifting ~ подъемный механизм
low ~ первая [малая] скорость; шестерня первой передачи
oil ~ гидравлический привод, гидравлическая передача
pinion ~ ведущая шестерня
planetary ~ планетарная передача [шестерня]
pumping ~ редукционная передача станка-качалки
radial ~ эксцентричный привод
reducing ~ *см.* reduction gear
reduction ~ редуктор, редукционная передача
reversing ~ реверсивный механизм, механизм перемены направления движения; переходное устройство (*в трубопроводе*)
safety ~ предохранительное устройство
speed ~ передача для изменения скорости; ускоряющая передача
tackle ~ талевый червяк; детали талей
worm ~ червячный редуктор, червячная передача

gear-box коробка передач, коробка скоростей

geared 1. сцепленный; имеющий привод 2. с зубчатой передачей

geared-down с замедляющей передачей; с уменьшенной скоростью

geared-up с повышающей передачей; с увеличенной скоростью

gearing 1. зубчатая передача; зубчатое зацепление 2. механизм привода 3. кинематика
positive ~ непосредственная передача, прямое соединение

gearless без зубчатых колес, не имеющий зубчатой передачи

gearmotor редукторный двигатель

gearshift 1. коробка передач, коробка скоростей 2. переключение передач; переключение механизма

gel 1. гель, студенистый осадок || застудневать, загустевать, желатинизировать 2. глина
~ 10 min статическое напряжение сдвига после 10 мин покоя
~ initial начальное статическое напряжение сдвига
aqueous ~ водный гель
flat ~ состояние, при котором прочность геля через 10 мин покоя практически равна начальной прочности
hydrocarbon ~ углеводородный гель, гидрогель
initial ~ *см.* gel initial
silica ~ силикагель, гель кремневой кислоты
zero-zero ~ раствор с нулевым (*начальным и 10-мин*) предельным статическим напряжением сдвига

Gel Air *фирм. назв.* анионный вспенивающий

агент для бурения с очисткой забоя воздухом
Gel Con *фирм. назв.* смесь неорганических материалов и органических полимеров, применяемая для регулирования вязкости и фильтрационных свойств буровых растворов с низким содержанием твердой фазы
Gel Flake *фирм. назв.* целлофановая стружка (*нейтральный наполнитель для борьбы с поглощением бурового раствора*)
Gel Foom *фирм. назв.* гранулированный материал из пластмассы (*нейтральный наполнитель для борьбы с поглощением бурового раствора*)
gelatine 1. желатин; студень 2. нитроглицерин
blasting ~ гремучий студень; динамит; гремучая смесь
gelatination застудневание, желатинизация, образование студня
gelatinous студенистый, желатинозный; коллагеновый
gelation структурообразование, гелеобразование; застудневание, желатинирование
gel-cement гельцемент (*с добавкой бентонита*)
gel-forming структурообразующий
gelled загущенный, желатинизированный
gelling гелеобразование, превращение в гель, желатинизация, желатинирование, застудневание
~ on standing переход раствора в гель в состоянии покоя, тиксотропия раствора
gelometer гелеметр
Geltone *фирм. назв.* реагент-структурообразователь для буровых растворов на углеводородной основе
general 1. общий; генеральный 2. капитальный (*о ремонте*)
generalize обобщать, сводить к общим законам
generate 1. генерировать; вырабатывать; производить 2. *матем.* образовывать поверхность
generation 1. генерация; генерирование; создание; воспроизведение; образование 2. *матем.* функциональное преобразование
eddy ~ вихреобразование
putrefactive ~ образование (*нефти*) гнилостным разложением
generator генератор (*тока, газа*); всякий источник энергии (*тепловой, электрической и пр.*)
alternating current ~ генератор переменного тока
direct current ~ генератор постоянного тока
foam ~ пеногенератор
gas ~ газогенератор
producer gas ~ *см.* gas generator
turbine ~ турбогенератор
generatix 1. *матем.* образующая (*поверхности*) 2. генератриса, производящая функция
~ of tank образующая стенка резервуара

genesis происхождение, генезис
~ of oil *см.* oil genesis
~ of sediment генезис осадочной породы
oil ~ генезис [происхождение] нефти
gentle 1. пологий, плавный 2. легкий (*об ударе*) 3. слабый (*о ветре*)
genuine настоящий, подлинный
geoanticline геоантиклиналь, региональная антиклиналь
geochemistry геохимия
geochronology геохронология, геологическое летоисчисление
geodesy геодезия
geodetic геодезический
Geograph *фирм. назв.* джеограф (*устройство для сейсморазведки, состоящее из груза, падающего с высоты для возбуждения сейсмических волн*)
geological геологический
geologist геолог
field ~ полевой геолог
geolograph автоматический прибор, регистрирующий скорость проникновения долота в породу
geology геология
areal ~ региональная геология
economic ~ прикладная геология
exploration ~ поисковая геология
field ~ полевая геология
oil ~ геология нефти
petroleum ~ *см.* oil geology
practical ~ прикладная геология
tectonic ~ структурная геология, тектоника
geometry геометрия
field ~ геометрия месторождения
geophone сейсмограф, геофон
uphole ~ контрольный сейсмограф, установленный около устья скважины
geophysical геофизический
geophysics геофизика
geopotential геопотенциал || геопотенциальный
geosyncline геосинклиналь
geotectocline геотектоклиналь
geotectonic тектонический, геотектонический, структурный
geothermal геотермический
geothermic *см.* geothermal
get 1. доставать; получать 2. делаться, становиться 3. добывать; вынимать; извлекать
~ a ball on налипание [«наматывание»] глинистого сальника на буровой снаряд
~ out of control начать выбрасывать; фонтанировать (*о скважине*)
~ under ликвидировать
gib планка; направляющая рейка; направляющая призма; клин, контрклин, вкладной клин; прижимной клин; шпонка с выступом; натяжная чека
gilsonite гильсонит (*твердый углеводородный*

минерал; блестящая хрупкая разновидность асфальтита)
gimbals универсальное шарнирное соединение, универсальный подвес
gin подъемный кран; лебедка; ворот; козлы
girder пояс крепления (*вышки*), балка, брус; перекладина; прогон, ферма; распорка; опора
box ~ коробчатая [пустотелая] балка
girth пояс вышки; распорка; перемычка; продольная балка; прогон
give 1. давать; отдавать 2. податливость; упругость; эластичность || подаваться; быть эластичным; прогибаться; коробиться 3. усадка, сжатие крепи (*под давлением*) 4. зазор, «игра», люфт
glacial 1. ледниковый, гляциальный 2. ледяной
gland уплотнение, набивка; сальник; прокладка сальника, нажимная втулка сальника
bellows seal ~ сальник с сильфонным уплотнением
packing ~ набивной сальник
sealing ~ уплотнительная [сальниковая] набивка
glass 1. стекло || остеклять (*вставлять стекла*) 2. стеклянная посуда
fiber ~ стекловолокно
gauge ~ 1. нефтемерное стекло 2. указатель уровня 3. водоуказатель
liquid (silica) ~ жидкое стекло
water ~ 1. жидкое стекло (Na_2SiO_3) 2. водомерное стекло; водомерная трубка
glass-concrete стеклобетон
glide скольжение; плавное движение || скользить; плавно двигаться
globe 1. колпак, чаша 2. шар 3. колокол (*воздушного насоса*) 4. земной шар
globule шарик; капля; глобула
glycol гликоль, двухатомный спирт (*общее название, напр. этиленгликоль*)
polyethylene ~ полиэтиленгликоль
gneiss гнейс
go-devil 1. приспособление, сбрасываемое в скважину (*шток для разрушения диафрагмы, для открытия клапана*) 2. скребок для чистки нефтяных трубопроводов
radioactive isotope ~ трубопроводный скребок с радиоактивным элементом (*для прослеживания пути скребка в трубопроводе*)
go-gauge проходной калибр
go-off 1. перестать давать добычу (*о скважине*) 2. взрываться; выстреливать
going 1. идущий; движущийся 2. работающий, действующий (*о механизме*)
going-in спуск инструмента (*в скважину*)
goniometer гониометр, угломер, зеркальный эккер
reflecting ~ отражательный гониометр
goods товар(ы); изделия; материалы; груз
oil country tubular ~ трубы, применяемые в нефтяной промышленности; трубы нефтяного сортамента
tubular ~ трубные изделия; трубная арматура; трубы, применяемые в нефтяной промышленности
gooseneck 1. предмет S-образной формы 2. двойное колено S-образной формы 3. S-образная труба 4. гибкая муфта 5. горловина (*вертлюга*)
gouge 1. полукруглое долото или стамеска || долбить (*долотом, стамеской*) 2. выполнение трещины или пустоты в породе (*мягким и твердым материалом*) 3. *геол.* жильная глина, мягкий глинистый зальбанд
govern регулировать, управлять
governing регулирование, управление
bypass ~ регулирование перепуском, байпасное регулирование
governor 1. регулятор, управляющее устройство 2. уравнитель хода 3. регулирующий клапан
ball ~ грузовой [шаровой, центробежный] регулятор
butterfly ~ дроссель
overspeed ~ регулятор частоты вращения; центробежный регулятор
pressure ~ регулятор давления
pump ~ регулятор насоса
speed ~ регулятор скорости
grab ловильный инструмент, применяемый в бурении; захват; ловитель инструмента || захватывать
bailer ~ крючок для ловли оставшейся в скважине желонки
collar ~ ловильный инструмент для захвата оставшегося инструмента за шейку (*при сорванной резьбе*)
pipe ~ ловильный инструмент для труб
rope ~s крючки для ловли оборванного каната
sand pump ~ *см.* bailer grab
screw ~ ловильный метчик
tool joint screw ~ ловильный метчик с направляющей воронкой
whipstock ~ захват для извлечения уипстока [отклоняющего клина]
graben *геол.* грабен
grabler:
casing ~ ключ для обсадных труб
gradation 1. постепенный переход из одного состояния в другое; постепенность, градация; ряд ступеней 2. гранулометрия, гранулометрический состав; подбор гранулометрического состава
grade 1. градус || градуировать 2. качество, марка, сорт || сортировать 3. степень 4. уровень 5. фракция 6. уклон, наклон, покатость; подъем
~ of steel сорт [марка] стали
high ~ высококачественный, высокосортный; первоклассный
graded 1. градуированный, калиброванный 2. сортированный, подобранный по фракциям

3. наклонный
gradient 1. градиент; перепад (*давления или температуры*) 2. уклон; скат; наклон; падение; крутизна уклона
~ of gravity градиент силы тяжести
constructional ~ геол. первоначальное падение
downward ~ величина [угол] уклона
falling ~ уклон
flowing pressure ~ градиент давления при движении жидкости (*в пласте или в подъемных трубах*)
frac ~ см. fracture gradient
fracture ~ градиент давления гидроразрыва пласта
geothermal ~ геотермический градиент
hardness ~ градиент твердости
heavy ~ крутой уклон
hydraulic ~ гидравлический градиент
low ~ пологий уклон; пологое падение
mud-pressure ~ градиент давления бурового раствора
potential ~ градиент потенциала; изменение потенциала
pressure ~ перепад давления; градиент давления; напорный градиент
rising ~ подъем
saturation ~ градиент насыщения
steady ~ сплошной [равномерный] уклон
steep ~ крутой уклон; крутой градиент
temperature ~ геотермический градиент; перепад температур; градиент температуры
thermal ~ перепад температур, температурный градиент
grading 1. нивелирование, выравнивание, профилирование, разбивка по уровню 2. сортировка по крупности; калибровка; классификация; подбор фракций 3. гранулометрический состав 4. обогащение
average ~ средний гранулометрический состав; обычный средний подбор фракций
coarse ~ 1. подбор крупных фракций 2. гранулометрический состав без мелких фракций
fine ~ подбор мелких фракций
mechanical ~ 1. гранулометрический состав 2. механическая классификация
size ~ сортировка по крупности; гранулометрия по размеру
gradiometer градиометр, измеритель уклонов
graduate 1. цилиндр с делениями, мензурка 2. градуировать, калибровать; наносить деления; располагать по ступеням 3. закончить курс (*напр. вуза*)
graduated снабженный делениями, градуированный; со шкалой
graduation 1. градация 2. градуировка; деления 3. сортировка 4. гранулометрический состав
grain 1. зерно, отдельная частица (*минерала*), крупинка; песчинка; гранула 2. волокно, жилка; фибра 3. строение, структура 4. грануляция 5. *геол.* жила

closely packed ~s плотно уложенные зерна
coarse ~ крупное зерно, крупнозернистая структура
fine ~ мелкое зерно; мелкозернистая структура
open ~ крупная пористость
rounded ~s окатанные зерна (*песка*)
grained 1. зернистый, гранулированный 2. волокнистый
close ~ см. fine grained
coarse ~ грубозернистый, крупнозернистый
fine ~ мелкозернистый, тонкозернистый
hard ~ см. coarse grained
graininess зернистость
grain-oriented с направленной кристаллизацией; с ориентированной структурой
grainy зернистый, гранулированный
grant право на разработку, концессия
granular зернистый, гранулированный (*о структуре*)
granularity зернистость, гранулометрический состав
granulated зернистый, дробленый, раздробленный, измельченный, гранулированный
granulometry гранулометрия
graph графическое изображение; кривая зависимости; график; диаграмма; номограмма
bar ~ диаграмма, изображенная столбиками
time-distance ~ горизонтальный годограф
graphic(al) графический; чертежный; изобразительный
graphically графически
graphite графит
flaky ~ чешуйчатый [пластинчатый] графит (*смазочная добавка к буровым растворам*)
free ~ свободный графит
graphitic графитовый; содержащий графит
grapple крюк; захват, плашки ловильного инструмента || зацеплять, захватывать; закреплять анкерами
pipe ~ трубный захват
grasp схватывание; зажимание; сжатие || схватывать; зажимать
gravel гравий; крупный песок; галечник
coarse ~ крупный гравий, галечник
fine ~ мелкий гравий
loose ~ рыхлый грунт, свежерассыпанный гравий
run ~ наносный гравий
sandy ~ гравий с песком, гравийно-песчаная смесь
sea ~ морской гравий
gravimeter гравиметр (*прибор для определения плотности*)
Haalck gas ~ газовый гравиметр Хаалька
Hoyt ~ гравиметр Хойта
torsion ~ крутильный гравиметр
«zero-length» spring ~ гравиметр с пружиной «нулевой длины»
gravimetric(al) весовой; гравиметрический
gravimetry гравиметрия

gravitate

geodetic ~ геодезическая гравиметрия
gravitate передвигаться под действием силы тяжести, двигаться самотёком; обогащать гравитационным методом
gravitation сила тяжести, гравитация, притяжение, тяготение
gravitational гравитационный
gravity 1. плотность, плотность в градусах Американского нефтяного института (*АНИ*) 2. сила тяжести, вес
API ~ плотность в градусах Американского нефтяного института (*АНИ*)
apparent specific ~ кажущаяся плотность
Baumé ~ плотность в градусах Бомé
observed ~ наблюдённая сила тяжести
specific ~ плотность (*в метрических единицах*)
grease консистентная [густая] смазка; солидол; тавот; жир; сало || смазывать
ageing-resistant ~ стабильная консистентная смазка
all-purpose ~ универсальная консистентная смазка
antifriction bearing ~ консистентная смазка для подшипников качения
cup ~ консистентная смазка, солидол
EP ~ *см.* extreme pressure grease
extreme pressure ~ консистентная смазка с противозадирными присадками
graphite ~ графитная консистентная смазка
joint ~ смазка для резьбовых соединений
lead ~ свинцовая консистентная смазка
lubricant ~ консистентная смазка
grease-proof жиронепроницаемый
Green Band Clay *фирм. назв.* высокодисперсный бентонитовый глинопорошок
grid 1. сетка 2. решётка 3. отверстие сита
gas ~ сеть газоснабжения
grill решётка
grilled ограждённый решёткой, с решётчатым ограждением
grind 1. измельчать; дробить; молоть, размалывать; истирать 2. шлифовать; полировать; притирать
grindability 1. размалываемость; измельчаемость 2. способность к полированию; шлифуемость
grinder 1. шлифовщик 2. шлифовальный станок; точило 3. мельница; дробилка 4. дисковый истиратель (*для измельчения руды*)
ball ~ шаровая мельница
grinding 1. измельчение; дробление; растирание; размалывание 2. шлифовка; притирка; шлифование
coarse ~ крупное дробление; грубый помол
fine ~ 1. тонкое шлифование; чистовое шлифование 2. тонкий помол
grip 1. закрепление, зажим, захват; тиски || ухватить, зажать; захватить; закреплять 2. ручка, рукоятка, черенок 3. цанга; разрезной зажимной патрон

group

adjuster ~s зажимы для насосных штанг
finder ~ скважинный ловильный инструмент
pipe ~ шарнирный ключ; трубный ключ; цепной ключ
socketed ~ соединительная муфта с внутренним зажимом
wall ~ держатель пробки, забитой в ликвидированную скважину
gripper захватное устройство, захват; клещи
gripping зажим; захват, закрепление
grit 1. гравий; крупнозернистый песчаник; крупный песок; щебень; крупные куски разбуренной породы; каменная мелочь 2. перфорированный лист; сито (*грохота*); ячейка сита 3. металлические опилки 4. грит, твёрдые спёкшиеся частицы ингредиента
calcareous ~ известковистые песчаные пласты
gritstone крупнозернистый, грубый песчаник
groove 1. паз; канавка; выемка; желобок; бороздка; прорез; шлиц; фальц || делать пазы, канавки; желобить 2. подготовка [разделка] кромок (*под сварку*) || подготавливать [разделывать] кромки
cutter ~ межвенцовая расточка
key ~ желобок [паз] для шпонки, шпоночная канавка [гнездо]
lock ring ~ проточка под замковое кольцо
mud ~ промывочная канавка
packing ~ желобок для набивки
pulley ~ желобок блока
sheave ~ желобок шкива, блока или ролика
grooved 1. желобчатый, бороздчатый, рифлёный 2. с подготовленными кромками (*о соединении*); с выемкой; с канавкой; с желобком
grooving нарезание пазов [канавок]; выдалбливание желобков
gross 1. большой, объёмистый 2. крупный, грубого помола 3. валовой; брутто 4. масса
ground 1. земля, грунт, почва, порода 2. подошва выработки; основание пласта 3. эл. заземление || заземлять
above ~ на поверхности земли; поверхностный; наземный
broken ~ разрушенная [сильно трещиноватая] порода, пересечённый рельеф (*местности*)
level ~ ровное место
loose ~ несвязанная [несцементированная] порода, сыпучая порода, обрушенная порода
quick ~ плывун
ravelly ~ обломочная [обрушающаяся] порода
rough ~ сильнотрещиноватая, разрушенная или кавернозная порода
watered ~ водоносный грунт
grounded 1. заземлённый, присоединённый к земле 2. замкнутый на землю; пробитый на землю
ground-in пригнанный; притёртый; приточенный; пришлифованный
grounding заземление
group 1. группа; класс || группировать; клас-

сифицировать 2. *хим.* радикал
wave ~ группа (*сейсмических*) волн
grouped связанный
grouping 1. группировка 2. группирование
~ of wells кустовое бурение
grout жидкий строительный раствор; жидкое цементное тесто ‖ заливать жидким строительным раствором; покрывать жидким цементным тестом; штукатурить
~ in заливать цементным раствором
clay-chemical ~ глинистый раствор с добавкой химических реагентов
colloidal cement ~ коллоидальный цементный раствор
fluid cement ~ жидкий цементный раствор
non-shrink ~ безусадочный (*цементный*) раствор
grouter устройство для нагнетания цементного раствора
grouting цементация, нагнетание цементного раствора; заливка жидким строительным раствором
~ of rock foundation цементация скального основания
cement ~ цементный раствор ‖ закрыть трещины в стенках скважины; придать устойчивость стенкам скважины (*закачкой под давлением жидкого цементного раствора*); связать, укрепить, придать монолитность скальным породам (*закачкой цементного раствора через густую сеть специальных скважин*)
long-hole ~ цементирование [укрепление] трещиноватых пород закачкой цемента через сеть глубоких скважин
pile ~ цементирование свай
pressure ~ цементирование трещин; скрепление раздробленных скальных пород закачкой цементного раствора через скважины
short-hole ~ цементирование трещиноватой породы с помощью мелких скважин
grummet 1. прокладка, прокладочное кольцо; прокладка с суриком для уплотнения стыков трубопроводов 2. шайба 3. втулка 4. коуш
guard 1. охрана ‖ охранять 2. ограждение; защитное устройство ‖ ограждать 3. упор, ограничитель отклонения или хода
rope ~ предохранительный щит на талевом блоке
safety ~ предохранительное устройство; щит; щиток; ширма
shock ~ буровой амортизатор
wire ~ предохранительная сетка
guide 1. направление; направляющее приспособление; переводная вилка ременной передачи; кондуктор ‖ управлять, направлять 2. *геол.* направляющая жила 3. *pl* направляющие
bell ~ направляющий раструб, направляющая воронка
casing ~ направляющее устройство для обсадных труб

centering ~ направляющий (*или* центрирующий) фонарь
choke and kill tubing ~ направляющая линий штуцерной и для глушения скважины
knuckle ~ шарнирный отклонитель или дефлектор; шарнирное соединение
piston (rod) ~ направляющая для поршневого штока
screw grab ~ направляющая воронка для ловильного метчика
shoe ~ башмачная направляющая насадка
sinker bar ~ фонарь ударной штанги
tap ~ направляющее приспособление для ловильного метчика
travelling block ~ направляющая талевого блока (*предотвращающая раскачивание талевого блока при качке бурового судна или плавучей полупогружной буровой платформы*)
wall-cleaning ~ проволочный скребок [ёрш] для очистки стенок скважины от глинистой корки
wave ~ *сейсм.* проводник
wire line ~ приспособление для направления ходового конца каната
guided управляемый
Gulf 1. северная часть побережья Мексиканского залива 2. *см.* Gulf of Mexico 3. *см.* Persian Gulf
~ of Mexico Мексиканский залив
Persian ~ Персидский залив
gullet *геол.* трещина напластовывания
gum 1. смола 2. *амер.* резина 3. *pl* смолы (*в светлых нефтепродуктах*)
arabic ~ гуммиарабик, аравийская камедь (*добавка к буровым растворам*)
guar ~ гуаровая смола
natural ~ камедь, растительный клей
xanthan ~ ксантановая смола
gumbo гумбо (*темная вязкая глина*)
gummed:
~ in прихваченный (*о буровом инструменте*)
gummy смолистый, липкий
gun 1. гидромонитор ‖ перемешивать гидромонитором 2. перфоратор 3. солидолонагнетатель, шприц (*для консистентной смазки*) 4. распылитель
bullet ~ пулевой перфоратор
casing ~ перфоратор
coring ~ *см.* side-wall coring gun
firing ~ стреляющий перфоратор
grease ~ шприц для густой смазки, тавотный шприц; тавот-пресс; насос для нагнетания консистентной смазки, солидолонагнетатель
jet ~ 1. устройство для перемещения бурового раствора из приемных емкостей, амбаров и т. п., гидромонитор 2. кумулятивный перфоратор
lubricating ~ *см.* grease gun
make up ~ гидравлическое или пневматическое устройство для механизированного свинчивания и развинчивания труб

mud ~ *см.* mud mixing gun
mud mixing ~ струйное устройство для перемешивания бурового раствора (*в емкостях*)
oil ~ шприц для смазки под давлением, маслонагнетатель
perforating ~ стреляющий перфоратор, пулевой перфоратор
side-wall coring ~ боковой грунтонос ударного типа, боковой стреляющий грунтонос

gunite торкрет-бетон ‖ торкретировать; покрывать цементным раствором
gush фонтанировать
gusher фонтанирующая скважина, мощный фонтан, нефтяной фонтан
gusset наугольник, косынка, угловое соединение
gust порыв ветра
design 1-min ~ расчетный одноминутный осредненный порыв ветра
maximum wind ~ максимальный порыв ветра
gutter жёлоб; канава; паз; выемка
guy оттяжка; струна; направляющий канат ‖ расчаливать
back ~ оттяжной трос
guyed укреплённый оттяжками
gyp минеральные осадки (*в породах пласта или на стенках труб скважины*)
gypsiferous гипсоносные (*породы*)
gypsum гипс ($CaSO_4 \cdot 2H_2O$)
Gyptron T-27 (T-55) *фирм. назв.* реагент для удаления ионов кальция из бурового раствора
gyrate вращаться по кругу; двигаться по спирали
gyration круговращательное или коловратное движение; вращение вокруг неподвижного центра
gyratory вращающийся
gyroscopic гироскопический

HA-5 *фирм. назв.* ускоритель схватывания цементного раствора
habitat место распространения, естественная среда; условия существования
~ of oil локализация нефти
underwater dry welding ~ подводная камера для сварки в воздушной среде
underwater welding ~ подводная сварочная камера
hade 1. уклон; наклон; падение; угол падения 2. склонение жилы; наклон осевой складки; угол, составляемый линией падения пласта или жилы с вертикалью; угол, образуемый поверхностью сброса с вертикальной линией ‖ отклоняться, составлять угол с вертикалью
~ against the dip несогласное падение сброса
~ with the dip согласное падение сброса
hading падающий, наклонный, залегающий наклонно
haematite *см.* **hematite**
Hagan Special *фирм. назв.* гексаметафосфат натрия
haircloth волосяная ткань (*для сит*)
hairline 1. волосовина, волосная трещина 2. визирная линия; визир 3. очень тонкая линия, волосная линия
Halad-9 (14) *фирм. назв.* понизитель водоотдачи цементных растворов
half половина, полу-
half-and-half состоящий из двух компонентов, смешанных в равных количествах
half-coupling муфта сцепления
half-cycle полупериод
half-hard средней твердости
half-life период полураспада, полураспад
halide галоидное соединение; соль галоидоводородной кислоты
halite галит, поваренная соль, каменная соль
Halliburton Gel *фирм. назв.* глинопорошок из вайомингского бентонита
Halliburton Sorb *фирм. назв.* реагент, абсорбирующий воду
halogen галоид; галоген
hammer 1. молот; молоток; ручник 2. ковать, проковывать (*швы*) 3. вбивать, вколачивать 4. (*свайная*) баба, свайный молот
~ down осаживать ударами молота
~ in забивать, вбивать
air ~ пневматический молот
bore ~ бурильный молоток, перфоратор
hand ~ ручной молоток; ручник
hydrobloc ~ молот для забивки свай в дно моря (*при сооружении морских нефтепромысловых сооружений*)
pile ~ *см.* pile driving hammer
pile driving ~ молот для забивки свай (*применяется в строительстве морских нефтепромысловых сооружений*)
slagging ~ молоток для удаления шлака
underwater driving ~ подводный молот для забивки свай в дно
water ~ гидравлический удар
hamper 1. затруднять движение, тормозить 2. *амер.* мера ёмкости (=70 л)
hand 1. рука 2. стрелка (*прибора*) 3. работник; исполнитель 4. ловкость, умение 5. *pl* экипаж; команда судна
by ~ вручную
floor ~ рабочий на буровой
gauge ~ стрелка манометра
second ~ подержанный, бывший в употреблении
handle 1. ручка, рукоятка 2. управлять; манипулировать; оперировать (*какими-либо дан-*

ными); обращаться (*с чем-либо*); ухаживать (*за машиной*) 3. грузить; погружать; выгружать 4. транспортировать
adjusting ~ установочная рукоятка
cock ~ ключ крана; ручка крана
driving ~ *см.* operating hand
lever ~ рукоятка рычага
locking ~ зажимная или блокирующая рукоятка
operating ~ ручка управления
probe ~ щуп
safety ~ предохранительная рукоятка

handling 1. погрузка, разгрузка; выгрузка; погрузочно-разгрузочные операции 2. транспортировка; доставка, подача 3. обслуживание, уход; обращение (*с чем-либо*); управление; манипулирование
~ of well регулирование режима работы скважины
~ the drill pipe спуск и подъем бурильных труб
barrel ~ погрузка или разгрузка бочек
bulk ~ бестарная перевозка (*сыпучего материала*)
cement ~ подача цементного раствора
handsoff pipe ~ механизированная система работы с трубами
oil ~ работы по сливу, наливу и перекачке нефти или нефтепродуктов
oil rig anchor ~ постановка бурового основания на якоря
water ~ система водоснабжения или водообработки
wire rope ~ обращение с проволочными канатами

hand-knob маховичок; ручка
handwheel маховичок
handy 1. удобный (*для пользования*) 2. легко управляемый; маневренный; поворотливый 3. ловкий, искусный 4. имеющийся под рукой; близкий

hang 1. вешать; подвешивать; навешивать 2. висеть; нависать 3. застревать (*при свободном падении*) 4. наклон, уклон; падение; скат 5. метод; технология 6. перерыв, пауза; задержка

hanger 1. подвеска, подвесной кронштейн 2. ухо, проушина 3. крюк; серьга 4. *геол.* висячий бок, верхнее крыло сброса
beam ~ крючок на конце балансира для подвески насосных штанг
circulating casing ~ подвесная головка обсадной колонны с циркуляционными отверстиями
delayed-action recipro-set liner ~ подвеска замедленного действия хвостовика, устанавливаемого возвратно-поступательным перемещением колонны
extension ~ устройство для подвески хвостовика

liner ~ подвесное устройство для хвостовика
mandrel type casing ~ втулкообразная подвесная головка обсадной колонны
marine tubing ~ морская подвеска лифтовых труб (*для подвешивания лифтовых труб в подводном устье*)
mechanical-set liner ~ механически устанавливаемая подвеска хвостовика
mud line casing ~ донная подвеска обсадной колонны (*для подвешивания обсадной колонны на дне моря*)
multi-cone liner ~ многоконусная подвеска хвостовика
multi-trip casing ~ многорейсовая подвесная головка обсадной колонны
pipe ~ скоба для подвешивания трубы [трубопровода]
piping ~ подвеска трубопровода
plain liner ~ гладкая подвеска хвостовика
reciprocation-setting type liner ~ подвеска хвостовика, устанавливаемая возвратно-поступательным перемещением колонны
rod ~s подвески насосных штанг
rotating liner ~ вращающаяся подвеска хвостовика
roto-set liner ~ подвеска хвостовика, устанавливаемая вращением
seal ~ подвеска затвора (*плавающей крыши резервуара*)
shaft ~ подвеска для вала
single trip casing ~ однорейсовая подвесная головка обсадной колонны (*спускаемая и устанавливаемая вместе с уплотнительным устройством в подводном устье за один рейс*)
slip-type ~ подвесное устройство клинового типа (*для обсадных или насосно-компрессорных труб*)
slotted casing ~ подвесная головка обсадной колонны с циркуляционными пазами (*для циркуляции бурового раствора*)
tandem-cone liner ~ многоконусная подвеска хвостовика

hanger-packer подвеска-пакер, подвесное устройство для обсадных труб с пакерующим устройством

hanging 1. висячий (*о залежи*), верхнее крыло сброса 2. вешание; подвешивание 3. зависание

hang-up зависание; застревание

hard 1. твердый 2. жесткий (*о воде*) 3. тяжелый (*о работе*) 4. крепкий (*по буримости*)
set ~ затвердеть

hard-drawn холоднотянутый; твердотянутый
harden закаливать(ся); принимать закалку, твердеть
hardenability способность принимать закалку; закаливаемость; способность упрочняться
hardened 1. закаленный; цементированный 2. затвердевший

hardener 1. отвердитель 2. ускоритель схватывания (*цементного раствора*)
cement ~ ускоритель схватывания цементного раствора

hardening 1. твердение, затвердевание (*цементного раствора или бетона*) 2. увеличение жесткости; упрочнение 3. закалка 4. нагартовка; механическое упрочнение; наклеп
age ~ старение; твердение (*цемента или бетона*) с возрастом
case ~ цементация стали, поверхностная закалка; поверхностное науглероживание; упрочнение поверхности
oil ~ закалка с охлаждением в масле
point ~ местная закалка
surface ~ повышение поверхностной твердости; поверхностная закалка
temper ~ отпуск (*стали*), закалка с последующим отпуском
water ~ закалка с охлаждением в воде

hardness твердость, степень твердости; прочность; жесткость (*воды*); крепость (*породы*)
abrasion ~ см. abrasive hardness
abrasive ~ твердость на истирание
ageing ~ твердость после дисперсионного твердения
ball ~ твердость по Бринелю
conical indentation ~ твердость по Роквеллу
diamond ~ твердость по Роквеллу; твердость по Виккерсу
file ~ твердость, определяемая напильником
impact ~ твердость по Шору
indentation ~ твердость, определяемая вдавливанием (*шарика, пирамиды*), твердость на вдавливание, сопротивление вдавливанию; твердость по Роквеллу
Moh's ~ твердость по шкале Мооса
Rockwell ~ твердость по шкале Роквелла, твердость по Роквеллу
Rockwell B ~ твердость по Роквеллу по шкале B, R_B
Rockwell C ~ твердость по Роквеллу по шкале C, R_C
sclerometric ~ твердость по склероскопу; твердость по Шору; склерометрическая твердость
scratch ~ твердость по склероскопу; твердость по Мартенсу; склерометрическая твердость
Shore ~ твердость по склероскопу, твердость по Шору
water ~ жесткость воды
wear ~ сопротивляемость износу; твердость, износостойкость

hardometer прибор определения твердости; склероскоп

hardpan 1. прослой очень плотных наносов; сцементированные почвенные образования 2. ортштейновый горизонт 3. ортштейн

hard-rolled холоднокатаный

hardware 1. арматура; материальная часть (*напр. счетно-вычислительного устройства*) 2. металлические изделия, метизы
back-up ~ дублирующий элемент ЭВМ; дублирующая часть ЭВМ; дублирующая аппаратура ЭВМ
casing ~ оснастка обсадной колонны

harness 1. передаточные приспособления или механизмы; добавочная опора 2. проводка

hatch 1. люк, крышка люка 2. замерный люк, пробоотборный люк (*в резервуаре*) 3. гидр. затвор 4. штрих || наносить штрих, штриховать
gauge ~ замерный люк (*в крышке люка резервуара*)
thief ~ крышка люка для отбора проб из резервуара

haul 1. транспортировка; перевозка; подвозка; доставка; расстояние доставки; рейс; протяженность рейса || перевозить, подвозить, доставлять; совершать рейс 2. буксировка || буксировать; тащить; волочить
~ down опускать, травить (*канат*)

haulage 1. транспортировка; перевозка; подвозка; доставка 2. буксировка; тяга 3. расходы на транспорт, стоимость перевозки

hauling-away вывозка

hawser буксир (*трос*); перлинь
bow ~ носовой буксирный трос; носовой буксир

hazard 1. риск, опасность 2. несчастный случай; авария
explosion ~ опасность взрыва
fire ~ пожарная опасность

hazel 1. сланцевый песчаник 2. светло-коричневый

H-crossover H-образное соединение

head 1. голова; головка 2. головная часть, передняя часть 3. верхняя часть, верхушка; крышка 4. головка (*болта*); шляпка (*гвоздя*) 5. напор; давление столба жидкости, давление газа 6. конец (*трубы*); днище (*поршня*) 7. пульсирующий напор или выброс (*из скважины*) || пульсировать 8. гидр. подпор 9. геол. конкреция в песчанике; валун в галечнике 10. руководитель, глава 11. головной 12. главный, ведущий || возглавлять, руководить 13. св. наконечник горелки
~ of delivery напор, высота подачи (*жидкости*)
~ of pump рабочее давление насоса; напор, преодолеваемый насосом
~ of tender голова [начало] перекачиваемой партии нефтепродукта
~ of water напор воды, гидростатическое давление
boring ~ 1. режущая головка бурового инструмента; долото, коронка 2. буровой снаряд; 3. расширитель, вращатель
brake ~ тормозной башмак
burner ~ головка горелки (*для сжигания продуктов морской скважины при пробной эксплуатации*)
cable ~ канатный замок

casing ~ 1. обсадная головка, трубная головка 2. сепаратор; арматура, установленная на устье скважины
casing handling ~ головка для спуска обсадной колонны
cat ~ безопасная [шпилевая] катушка, катушка для затягивания инструментов и труб в вышку, для подъема хомутов и элеваторов, свинчивания и развинчивания бурильных труб
cement ~ см. cementing casing head
cement casing ~ см. cementing casing head
cementing ~ см. cementing casing head
cementing casing ~ цементировочная головка
circulating ~ цементировочная головка; промывочная головка
connecting rod ~ головка шатуна
control ~ устьевое оборудование скважины
control casing ~ задвижка на устье обсадной колонны
cutter ~ режущая головка (колонкового долота)
cutting ~ см. cutter head
delivery ~ 1. напорный столб, напор 2. высота [величина] хода
detachable drill ~ сменная бурильная головка
diamond ~ алмазная бурильная коронка
discharge ~ высота нагнетания (насоса), напор
double-plug container cementing ~ цементировочная головка с двумя цементировочными пробками
drilling ~ бурильная головка
dynamic ~ динамический напор
fall ~ высота напора [падения]
flow ~ фонтанное оборудование устья скважины
fluid ~ напор жидкости
friction ~ потери напора на трение
gas ~ газовая головка
gravity ~ гравитационный напор; скоростной напор
grip ~ зажимная головка
guide ~ направляющая головка; «фонарь»
hydraulic circulating ~ циркуляционная головка (для канатного бурения с промывкой)
hydraulic pressure ~ гидравлический напор
hydrostatic ~ гидростатическое давление, гидростатический напор
inlet velocity ~ скоростной напор при входе
impact ~ динамический напор
intake ~ высота всасывания
jet ~ гидромониторная головка (для бурения слабых грунтов дна моря под направление)
landing ~ головка для подвески (эксплуатационной колонны труб)
latch bumper ~ амортизирующая головка муфты
lifting ~ подъемная головка; подъемный захват

liquid ~ давление столба жидкости, напор жидкости
low ~ малый напор
main control ~ главная задвижка на устье скважины
net pressure ~ полезный напор; требуемая высота подачи (жидкости)
normal pressure ~ нормальный напор
offset tubing ~ специальная головка на устье скважины, имеющая боковые приспособления для спуска измерительных приборов
packing ~ квадратный вращающийся пакер
pipe ~ приемная сторона трубопровода
piston ~ днище поршня, головка поршня
plug dropping ~ головка для сбрасывания (цементировочных) пробок
potential ~ потенциальный напор; статический напор
predetermined fluid ~ заданный напор жидкости
pressure ~ напор, высота нагнетания (насоса); гидростатическое давление; гидростатический напор
pump ~ напор насоса
pump suction ~ высота всасывания насоса
racking ~ укладочная головка
remote post ~ дистанционно управляемая головка направляющей стойки
resistance ~ сопротивление (в трубопроводе, измеряемое столбом жидкости); высота напора, соответствующего сопротивлению; гидравлические потери
rock ~ верхний слой крепкой породы (при бурении или проходке)
rose ~ предохранительная сетка на приеме насоса
rotating cementing ~ цементировочная головка вращающегося типа
setting ~ посадочная головка (напр. хвостовика)
shooting ~ запальная головка
single-plug container cementing ~ цементировочная головка с одной цементировочной пробкой
swage cementing ~ глухая цементировочная головка
total ~ высота подачи; полный напор
total friction ~ суммарные потери на трение
tubing ~ головка насосно-компрессорных труб
wrapping ~ обмоточная головка (изолировочной машины)

header 1. головная часть 2. коллектор (объединяющий несколько труб) 3. высадочная машина 4. св. насадка
discharge ~ напорный [нагнетательный] коллектор

heading 1. направление движения, курс 2. высадка головок (болтов, заклепок) 3. подъем уровня в скважине 4. геол. система трещин, трещиноватость

headline главный трансмиссионный вал
headpiece сепаратор на устье скважины
headway 1. проходка (*при бурении*); выработка по пласту 2. продвижение; движение вперед; поступательное движение
~ per drill bit проходка на долото
"healing" смыкание трещины (*после гидроразрыва*)
Heal-S *фирм. назв.* комплексный реагент для обессоливания глин, состоящий из карбоната кальция и лигносульфоната
Heal-S-Pill *фирм. назв.* комплексный реагент для обессоливания глин, состоящий из смеси карбоната кальция и полимеров
heat 1. тепло, теплота; нагрев; подогрев; накал 2. плавка
~ of adsorbtion *см.* adsorbtion heat
~ of combustion теплота сгорания
~ of decomposition теплота разложения; тепло, выделенное при распаде
~ of dilution теплота растворения
~ of dissociation теплота диссоциации
~ of evaporation *см.* evaporation heat
~ of formation теплота образования
~ of friction теплота трения
~ of hardening экзотермия затвердевания (*цементного раствора, бетона*)
~ of hydration теплота гидратации
~ of liquid энтальпия [теплосодержание] жидкости
~ of neutralization теплота нейтрализации
~ of reaction теплота реакции
absorbed ~ поглощенное [использованное] тепло
activation ~ теплота активирования
adhesion ~ теплота адгезии
admixture ~ теплота смешения
adsorbtion ~ теплота адсорбции
combination ~ теплота образования
compression ~ теплота сжатия
critical ~ (скрытая) теплота превращения
evaporation ~ (скрытая) теплота парообразования, теплота испарения
latent ~ скрытая теплота
mean specific ~ средняя теплоемкость
radiating ~ лучистая теплота
specific ~ удельная теплота сгорания, удельная теплоемкость
total ~ теплосодержание
true specific ~ истинная удельная теплоемкость
welding ~ нагрев при сварке
heat-affected подвергшийся тепловому воздействию
heat-conducting теплопроводный, теплопроводящий
heater 1. нагреватель, подогреватель 2. нагревательный прибор
fired ~ огневой подогреватель
oil ~ нефте(масло)подогреватель
production testing ~ подогреватель для пробной эксплуатации
heat-fast теплостойкий
heating 1. нагрев, нагревание; обогрев; прогрев, прогревание 2. отопление
gas ~ газовое отопление
indirect ~ косвенный обогрев; наружный обогрев
external ~ наружный обогрев
jacket ~ обогревание при помощи рубашки
heat-insulating теплоизолирующий
heat-proof теплостойкий, жароупорный
heat-resistant теплостойкий, жаростойкий, жаропрочный
heat-setting схватывающийся при нагревании
heave 1. *геол.* горизонтальное смещение при сбросе, сдвиг 2. вздувание; вспучивание; поддувание (*пласта, подошвы*) 3. *геол.* ширина сброса, зияние 4. поднимать, перемещать (*тяжести*) 5. вертикальная качка (*бурового судна*)
significant ~ расчетная вертикальная качка
heaving 1. вспучивание, поддувание (*пласта, подошвы*); выжимание 2. волнение моря
heavy 1. тяжелый; крупный; массивный 2. трудный (*об условиях работы*) 3. мощный (*о двигателе, установке*); высокий (*о цене*) 4. вязкий 5. плотный
heavy-duty 1. тяжелые условия работы, тяжелый режим работы 2. тяжелого типа, тяжелой конструкции 3. высокомощный; крупный (*о станках*)
heavy-gauge большого диаметра (*о проволоке*); толстый (*о листовом материале*)
heavy-walled толстостенный
height 1. высота, вышина 2. возвышенность, холм 3. высотная отметка 4. наивысшая точка, максимум, предел 5. высшая степень
~ of lift 1. толщина бетонного слоя (*укладываемого в один прием*) 2. высота подачи (*жидкости*), высота нагнетания (*жидкости*); высота всасывания (*насоса*) 3. высота подъема
effective ~ эффективная мощность (*пласта*)
overall ~ габаритная высота
packed ~ высота насадки
helical винтовой, спиральный ‖ спираль (*пространственная*)
helicopter вертолет
heliography 1. светокопия 2. гелиография
heliportable транспортируемый вертолетом
helix 1. винтовая линия, спираль (*пространственная*) 2. винтовая поверхность, геликоид 3. *эл.* соленоид
helmet защитный шлем, каска (*бурового рабочего*)
helper подручный
rotary ~ помощник бурильщика
hematite гематит, красный железняк, железный блеск (*утяжелитель для буровых и цементных растворов*)

hemisphere полушарие
hemlock гемлок (*североамериканский вид хвойных деревьев*)
hemp пенька, пакля (*для набивки сальников*)
hendecagon одиннадцатиугольник
heptagon семиугольник
heptagonal семиугольный
heptane гептан (C_7H_{16})
hermetic(al) герметический
herringbone 1. шевронный (*о зубчатом колесе*) 2. в елку, елочкой
heterogeneity гетерогенность, неоднородность
heterogeneous гетерогенный, неоднородный, разнородный
heuristic эвристический
Heviwater *фирм. назв.* диспергатор глин
Heviwater I Packer and Completion Fluid *фирм. назв.* водный раствор $CaCl_2$ плотностью от 1,08 до 1,40 г/см³, используемый в качестве пакерной жидкости и жидкости для заканчивания скважин
Heviwater II Packer and Completion Fluid *фирм. назв.* водный раствор $CaCl_2$ и $BrCl$ плотностью от 1,42 до 1,82 г/см³, используемый в качестве пакерной жидкости и жидкости для заканчивания скважин
Hex *фирм. назв.* гексаметафосфат натрия
hexagon шестиугольный, шестигранный ∥ шестиугольник
hexagonal шестиугольный
hexahedral гексаэдрический, шестигранный
hexametaphospate гексаметафосфат
sodium ~ гексаметафосфат натрия ($(NaPO_3)_6$)
Hexaphos *фирм. назв.* гексаметафосфат натрия
hiatus 1. перерыв; пробел; пропуск 2. зияние
Hi-Dense N3 *фирм. назв.* гематит, имеющий плотность 5,02 г/см³, используемый в качестве утяжелителя буровых и цементных растворов
hicky слово, обозначающее предмет, не имеющий специального названия
high 1. высокий 2. сильный, интенсивный, мощный 3. с высоким содержанием (*какого-либо вещества*) 4. мощный (*о пласте*) 5. пик, максимум на диаграмме или карте аномалий
gravity ~ гравитационный максимум
run ~ поднятие (*о нефтяной структуре при входе в нее на меньшей глубине, чем предполагалось*)
topographic ~ топографическая возвышенность
High Yield *фирм. назв.* высокодисперсный бентонитовый глинопорошок
high-carbon высокоуглеродистый
high-dipping *геол.* крутопадающий
high-frequency высокочастотный
high-gravity с высокой плотностью; тяжелый
high-head большой или высокий напор ∥ высоконапорный

highland плоскогорье, нагорье, гористая местность
high-molecular высокомолекулярный
high-octane высокооктановый
high-performance эффективный; с хорошими рабочими характеристиками
high-strength повышенной прочности, высокопрочный
high-temperature высокотемпературный
high-velocity высокоскоростной
high-viscosity с высокой вязкостью, высоковязкий
high-volatile с высоким содержанием летучих веществ
hill холм, возвышение, возвышенность
hinge 1. навивка, петля ∥ навешивать (*на петлях*) 2. шарнир
joint ~ шарнир; навеска, петля
hinged раскрывающийся, шарнирный; откидной; створчатый
hinterland *геол.* тыловая область складчатости, хинтерланд
history история
composition ~ of production процесс изменения состава добываемой жидкости
case ~ история вопроса; описание данного случая; иллюстрирующие примеры, опыт применения (*напр. на промыслах, заводах*)
depositional ~ история осадконакопления
performance ~ процесс разработки, история эксплуатации
pressure ~ характеристика изменения давления
production ~ история добычи, характеристика добычи с начала разработки
saturation ~ процесс насыщения
hit 1. удар; столкновение ∥ ударять(ся); сталкиваться 2. попадание (*в цель*) ∥ попадать (*в цель*)
hitch 1. рывок; бросок; толчок ∥ двигаться рывками, толчками 2. внезапная остановка работающего механизма 3. препятствие 4. зацеп; захват ∥ зацеплять; захватывать 5. сброс (*не превышающий мощности пласта*) 6. местное уменьшение мощности пласта (*без разрыва сплошности*)
~ to the beam прикрепить (*бурильный инструмент*) к балансиру
bottom ~ es нижние тяги (*стингера трубоукладочной баржи*)
top ~ es верхние зацепы (*для крепления верхней части стингера к барже*)
hitched сцепленный
H-member Н-образный узел (*подводного устьевого эксплуатационного оборудования или НКТ в скважине*)
dual bypass ~ Н-образный узел с двойным обводом (*устанавливаемый в системе муфтовых труб с двумя колоннами НКТ, расположенными рядом*)

hodograph *см.* time curve
hoe 1. ковш (*экскаватора*) 2. скрепер (*канатный*)
back ~ землеройная машина с обратной лопатой; экскаватор для очистки траншеи от взорванного камня
hog прогиб; искривление; деформация || прогибаться; искривляться; коробиться
mud ~ *разг.* буровой насос
sand ~ 1. ловушка для песка в колонне обсадных или насосно-компрессорных труб 2. песочный насос
hogback *геол.* изоклинальный гребень
hogging 1. выгнутость; кривизна 2. выгибание; коробление; деформация
hoist подъемный механизм; лебедка; ворот; блок, тали, полиспаст; цикл подъема || поднимать, тянуть
air ~ пневматический подъемник
bell handling ~ лебедка для работы с водолазным колоколом
chain ~ цепные тали
tractor ~ тракторный подъемник
two-drum ~ двухбарабанная лебедка
working ~ рабочий рейс
hoisting подъем инструмента (*в бурении*)
hold 1. держать 2. выдерживать 3. удерживать 4. владеть, иметь 5. содержать в себе, вмещать 6. полагать, считать 7. сдерживать, останавливать 8. захват; ушко; опора
take ~ of захватить (*оставшийся в скважине инструмент*)
lease ~ аренда
oil ~ нефтяной трюм
hold-down держатель, захват, зажим; анкер; прижимная планка || удерживающий
bottom ~ нижнее крепление
top ~ верхнее крепление
holder 1. ручка 2. оправа, обойма, держатель 3. газгольдер
air ~ воздухоприемник, воздушный резервуар
orifice ~ вставка для крепления диафрагмы
ram ~ плашкодержатель (*противовыбросового превентора*)
relief ~ уравнительный газгольдер
tool ~ 1. державка, инструментодержатель 2. буровая штанга 3. шпиндель сверла
hold-up задержка, остановка
hole 1. скважина, ствол скважины || бурить скважину 2. отверстие; дыра || просверливать, делать отверстие 3. шурф, выработка малого сечения 4. закладывать шпуры 5. проушина
~ in забурить скважину, «забуриться»
make ~ бурить скважину или шпур; «давать проходку»
anchor ~ шурф для анкера
approach ~ подводящий канал, подводящее отверстие
bell ~ углубление в траншее трубопровода, позволяющее вести сварку по всей окружности шва двух спущенных в траншею примыкающих секций
big ~ скважина диаметром 125 см и более
blank ~ 1. безрудная скважина 2. часть скважины, не обсаженная трубами
blast ~ шпур, скважина для отпалки
bleed ~ выпускное отверстие
blind ~ 1. поглощающая скважина (*без выхода промывочной жидкости на поверхность*) 2. несквозное или глухое отверстие
bore ~ 1. буровая скважина; ствол скважины 2. скважина большого диаметра 3. высверленное отверстие
bottom ~ забой скважины
branch ~ боковой ствол скважины
bridged ~ забитая (*пробкой из породы*) скважина; перекрытая (*искусственной пробкой*) скважина
bug ~ пустота в породе
bung ~ наливная горловина (*бочки, бидона*), наливное отверстие, отверстие для пробки
cased ~ скважина с обсаженным стволом, обсаженная скважина
caving ~ неустойчивая, обрушающаяся скважина (*требующая цементирования или обсадки*)
circulating ~ отверстие для выхода бурового раствора в долоте, циркуляционное отверстие
conductor ~ шурф для спуска направляющей колонны
core ~ структурная скважина
crooked ~ искривленная скважина
dead-end ~ глухое отверстие
deviating ~ скважина, отклоняющаяся от вертикали; направленная скважина, наклонная скважина, наклонно направленная скважина, искривленная скважина
dib ~ зумпф (*в скважине*)
directional ~ наклонно направленная скважина
discharge ~ разгрузочное [выпускное] отверстие
downward sloping ~ наклонная скважина
drain ~ спускное или выпускное отверстие
drill ~ буровая скважина; шпур
dry ~ безрезультатная скважина (*не дающая промышленного количества нефти или газа*), сухая скважина
end ~ крайняя скважина
escape ~ выхлопное отверстие; выпускное отверстие
flushing ~ промывочное отверстие (*долота*)
follow-up ~ нижняя часть ствола скважины, пробуренная долотом меньшего диаметра
full ~ широкое проходное отверстие
gauge ~ 1. скважина нормального [номинального] диаметра (*т. е. с неразмытыми стенками*) 2. замерное отверстие
grout ~ цементировочная скважина (*для укрепления трещиновато-скальной породы за-*

качкой в нее цементного раствора)
guide ~ опережающая скважина малого диаметра
high-pressure ~ скважина с высоким пластовым давлением
horizontal ~ горизонтальная скважина, горизонтальный шурф
in-gauge ~ см. gauge hole 1
injected ~ зацементированная скважина (в целях закрытия пор и трещин в стенках скважины)
inspection ~ смотровое отверстие, смотровой люк, глазок
kelly ~ шурф или скважина для квадратной штанги
kelly's rat ~ шурф или скважина для отвинченной квадратной штанги
key ~ 1. опорная скважина 2. скважина для нагнетания сжатого воздуха или газа в пласт
key seated ~ скважина, в которой долото при подъеме было зажато породой
lost ~ потерянная скважина (не доведенная до проектной глубины вследствие аварии или других осложнений)
main ~ основной ствол скважины при многозабойном бурении
misdirected ~ скважина, ушедшая в сторону от нужного направления в результате неудачной операции искусственного отклонения
mouse ~ шурф для двухтрубки
naked ~ неизолированная скважина или часть скважины, не обсаженная трубами; открытая скважина
near gauge ~ скважина, диаметр ствола которой близок к заданному (мало отличается от диаметра долота)
open ~ скважина (или часть ствола скважины), не закрепленная обсадными трубами; чистая скважина (свободная от препятствий по стволу или обрушенной породы); открытое место под башмаком колонны
open-end ~ см. through hole
original ~ основной ствол скважины при наличии боковых стволов
outlet ~ выпускное отверстие
oversize ~ скважина с увеличенным (против номинального) диаметром; скважина с расширенным стволом в результате вибрации штанг или эксцентричного вращения снаряда
perforated ~ перфорированная скважина
pilot ~ направляющая скважина небольшого диаметра (разбуриваемая в дальнейшем до нужного диаметра); опережающая горную выработку
pin ~ 1. отверстие для шпильки; очень малое, «булавочное» отверстие в трубе 2. скважина, потерявшая последний резервный диаметр, вследствие чего дальнейшее бурение невозможно 3. пора; мелкий газовый пузырь 4. точечная пористость

plug ~ 1. подбурок, подбурочная скважина 2. спускное отверстие с ввинченной пробкой
post ~ 1. мелкая скважина 2. яма для столба 3. разведочная буровая
powder ~ см. dry hole
prospect ~ разведочная скважина; пробный шурф
province ~ структурная опорная скважина
proving ~ разведочная скважина
rat ~ 1. шурф под квадрат 2. часть скважины меньшего диаметра; опережающая скважина малого диаметра 3. боковой ствол (при многозабойном бурении)
record ~ структурная или опорная скважина (проходимая с отбором керна от поверхности до конечной глубины)
relief ~ 1. дренажный канал керноприемной трубы 2. дренажная скважина (опережающая подземную горную выработку); разгрузочная скважина (буримая для снижения давления воды или газа в породе); вспомогательный шпур
roof ~ скважина, расположенная на наивысшей структурной отметке пласта
scout ~ разведочная скважина
screen ~ отверстие сита, ячейка сита
shot ~ взрывная [сейсмическая] скважина; торпедированная скважина; шпур
side ~ боковая скважина
sight ~ смотровое отверстие, смотровой глазок [люк]
slab ~ вспомогательная скважина
slant ~ наклонная скважина, наклонно направленная скважина
slim ~ скважина малого диаметра (начальный диаметр до 178 мм и конечный 120 мм), малогабаритная скважина
small ~ открытая часть скважины ниже башмака обсадной колонны; скважина малого диаметра
snake ~ подошвенный шпур, подошвенная скважина; подбурок
tapped ~ см. threaded hole
tapping ~ отверстие под резьбу
test ~ разведочная [поисковая] скважина
thief ~ отверстие в крыше резервуара для спуска пробника
threaded ~ отверстие с резьбой
through ~ сквозное отверстие
tight ~ 1. скважина с сужением ствола (препятствующим обсадке) 2. скважина с отсутствующей документацией 3. скважина, результаты которой держатся в секрете
top ~ верхняя скважина, шпур в кровле
unfair ~ глухое отверстие
up ~ восстающая скважина (подземного бурения)
water ~ канал для бурового раствора (в долоте)
weep ~ выпускное отверстие

wet ~ водоносная скважина
holiday пропуск при изоляции труб
holing 1. сверление отверстий 2. направление буровых скважин 3. бурение скважин
long ~ бурение глубоких скважин
rat ~ бурение долотом меньшего размера с целью образования уступа для колонны труб (*при закрытии воды*); постепенное уменьшение диаметра скважин
hollow углубление, впадина, полость, пустота; рытвина ‖ пустотелый, пустой, полый
~ of shaft отверстие вала
home 1. местный, отечественный; внутренний 2. до отказа, до конца 3. в цель 5. туго, крепко
screw ~ завинчивать (*или ввинчивать*) до отказа
turn ~ завернуть до отказа
home-made собственного (*или местного*) производства, изготовленный кустарным способом
homocline *геол.* моноклиналь, флексура, моноклинальная кладка, гомоклиналь
homogeneity гомогенность, однородность
homogeneous гомогенный, однородный
homogenization гомогенизация
homogenizer гомогенизатор
homopolar униполярный
hones нефтеносный сланец
honeycomb 1. соты ‖ сотовый 2. пористая [ячеистая] структура ‖ пористый, ячеистый, ноздреватый
honeycombed ячеистый, пористый, пузырчатый (*о породах*); сотовый, имеющий форму сот; ноздреватый
hood крышка, колпак, колпачок (*колонны*); кожух; чехол ‖ покрывать кожухом [чехлом, колпаком]
hook 1. крюк, крючок ‖ подвешивать на крюк; зацеплять крюком 2. хомут; скоба
~ in 1. впиваться 2. заедать, защемляться
~ on прицеплять, зацеплять, подвешивать, вешать
~ up присоединение арматуры; монтажная схема, схема установки
belt ~ крючок для сшивания ремней
casing ~ подъемный крюк; крюк, захватывающий штропы элеватора или хомутов
hoist ~ *см.* hoisting hook
hoisting ~ подъемный крюк
safety ~ крюк с предохранительной защелкой
tackle ~ талевый крюк, крюк талевого блока
tubing ~ крюк для спуска и подъема насосно-компрессорных труб
wall ~ крюк, скоба, костыль (*напр. для подвески труб*); отводной крюк
hookup оборудование, устройство
blowout ~ комплекс [схема] противовыбросового оборудования устья скважины
cellar ~ оборудование шахты фонтанной арматурой

drilling ~ монтажная схема бурового оборудования
hopper 1. засыпная [приемная] воронка; приемный желоб 2. бункер, ларь, загрузочный ковш
batch ~ загрузочный бункер, загрузочная воронка
cement mixing ~ воронка смесителя цементного раствора
discharge ~ разгрузочная воронка
jet ~ гидравлическая мешалка, струйная мешалка
loading ~ *см.* batch hopper
measuring ~ дозатор
mud ~ бункерная мешалка, глиномешалка
mud mixing ~ смесительная воронка для приготовления буровых растворов
weight(ing) ~ *см.* measuring hopper
horizon горизонт
input ~ заводняемый горизонт
key ~ опорный горизонт
oil ~ нефтеносный горизонт
pay ~ продуктивный горизонт
producing ~ *см.* pay horizon
production ~ *см.* pay horizon
reference ~ горизонт приведения, горизонт относимости
horn 1. рог 2. рупор 3. выступ 4. щека несущей головки домкрата 5. линия, расположенная под углом 45° к пласту забоя
reaming pilot ~ соединительная трубка расширителя «пилот»
hornstone роговик, кремнистый сланец
horse 1. козлы; подмостки; станок; рама 2. зажим 3. *геол.* группа пластов между крыльями сброса 4. коренная порода в жиле
horsehead головка балансира (*станка-качалки*)
horsepower 1. мощность 2. лошадиная сила
actual ~ фактическая или действительная мощность, эффективная мощность
brake ~ тормозная мощность (*в л. с.*); эффективная мощность
hydraulic ~ гидравлическая мощность
hydraulic bit ~ гидравлическая мощность, подводимая к долоту
indicated ~ индикаторная мощность в л. с., номинальная мощность
net ~ полезная мощность (*за вычетом мощности, расходуемой на привод вспомогательных агрегатов*)
rated ~ номинальная мощность, условная мощность (*в л. с.*)
required ~ потребная мощность
shaft ~ мощность на валу
standard ~ номинальная мощность
true ~ действительная мощность (*в л. с.*)
unit ~ приведенная мощность
useful ~ эффективная мощность; мощность на валу двигателя (*в л. с.*)

hose рукав, шланг, гибкая труба
air ~ резиновый шланг для сжатого воздуха, воздушный шланг
base ~ донный шланг (*системы беспричального налива*)
choke ~ шланг штуцеровой линии (*служит для компенсации вертикальной качки бурового судна*)
choke and kill ~ шланг линий штуцерной и глушения скважины
delivery ~ нагнетательный или напорный рукав
drain ~ сливной шланг
drilling ~ буровой шланг
flexible mud ~ гибкий шланг для бурового раствора
jetting ~ рукав для гидроструйного размыва (*грунта дна моря*)
kelly ~ шланг вертлюга
mud ~ нагнетательный шланг для бурового раствора
mud suction ~ приемный шланг бурового насоса
multiple line hydraulic ~ многоканальный гидравлический шланг (*для подачи рабочей и управляющей жидкостей к подводному буровому оборудованию*)
oil ~ нефтяной рукав, рукав для перекачки нефти или нефтепродуктов
pneumatic ~ воздушный шланг
power ~ пучок шлангов, многоканальный шланг (*для подачи рабочей и управляющей жидкостей с бурового судна или платформы к подводному оборудованию*)
pressure ~ *см.* delivery hose
reference line ~ шланг с информационным каналом
rotary ~ гибкий шланг; буровой шланг; соединяющий стояк с вертлюгом
rubber ~ резиновый шланг
rubber canvas ~ рукав из прорезиненного холста, дюритовый шланг
water ~ нагнетательный шланг, рукав
   hosing налив из рукава [шланга], промывание струей из рукава
   hot-brittle горячеломкий; красноломкий
   hot-drawn горячетянутый
   Hot Lime *фирм. назв.* высокоактивная известь («*пушонка*»)
   hot-rolled горячекатаный
   hour час
idle ~ простой, часы простоя; вынужденная остановка
rotating ~s время чистого бурения (*в часах*), время вращения долота на забое, время механического движения
   house 1. дом; здание; помещение 2. заключать во что-либо; вставлять в корпус; сажать в гнездо (*о деталях машин*) 3. защищать; укрывать

dog ~ дежурная рубка
floorman's ~ будка бурильщика
jack ~ портал подъемника (*самоподъемной буровой платформы*)
monitor ~ пункт слежения за технологическими процессами (*на буровом судне или полупогружном буровом основании*)
mud ~ навес (*или сарай*) для приготовления бурового раствора
power ~ силовая станция
pump ~ насосная, насосное помещение [отделение]
pumping ~ *см.* pump house
tool ~ инструментальная кладовая
   housing 1. кожух, коробка; оправа; чехол; корпус; навес над механизмами 2. хомут (*для устранения течи в трубопроводе*) 3. размещение (*груза*)
casing head ~ корпус головки обсадной колонны
conductor ~ головка колонны направления
permanent ~ постоянная подвесная головка (*обсадной колонны*)
temporary ~ временная головка (*после установки и цементирования спускаемой на ней обсадной колонны освобождается резкой и используется для спуска другой колонны*)
three hanger wellhead ~ устьевая головка для трех подвесок
wellhead ~ корпус устья, корпус устьевой головки (*толстостенная втулка, закрепляемая на конце направления, кондуктора или промежуточной колонны и служащая для соединения с устьевым оборудованием, а также для подвески и обвязки в ней обсадных колонн*)
   Howco Subs *фирм. назв.* пенообразующее поверхностно-активное вещество
   hub 1. втулка, ступица колеса 2. раструб (*для соединения труб*)
clamp ~ *см.* connector hub
connector ~ стыковочная втулка; соединительный патрубок
flat face ~ стыковочный ниппель с плоским торцом (*для стыковки подводного оборудования друг с другом*)
male ~ стыковочный ниппель
manu-kwik connector ~ патрубок муфты типа «мануквик»
   huckle *геол.* вершина антиклинали, седло антиклинали
   hue цвет, оттенок ‖ окрашивать
   hull 1. корпус (*судна*), остов, каркас; кузов 2. шелуха; скорлупа; кожица; лузга
lower ~ нижний корпус (*полупогружного бурового основания*)
upper ~ верхний корпус (*корпус плавучего полупогружного бурового основания, на котором размещены жилые, бытовые и служебные помещения, электростанция, технологическое оборудование, инструменты и материалы*)

humic гуминовый
humid влажный, сырой
humidity влажность; сырость
absolute ~ абсолютная влажность
relative ~ относительная влажность
hydracid водородная кислота (*не содержащая кислорода*)
hydrant гидрант
fire ~ пожарный гидрант
hydrate гидрат, гидроксид ‖ гидратировать(ся)
calcium ~ гидроксид кальция
gas ~ влага, содержащаяся в нефтяном газе
potassium ~ гидроксид калия, едкое кали
sodium ~ едкий натр, гидроксид натрия, каустическая сода
hydrated гидратный; гидратированный
hydration 1. гидратация, присоединение воды 2. разбухание глин
clay ~ гидратация глин
hydraulic 1. гидравлический 2. затвердевающий в воде (*напр. цемент*)
hydraulics гидравлика (*напр. промывки*)
bit ~ гидравлическая характеристика долота
hydrazine гидразин, диамид (*химический реагент, добавляемый в цементный раствор для предохранения обсадной колонны от коррозии*)
hydride гидрид
chlorine ~ 1. хлорид водорода (HCl) 2. хлористоводородная [соляная] кислота [HCl]
fluorine ~ фторид водорода (HF)
hydroball шарнир с гидроуплотнением (*для ремонта подводного трубопровода*)
hydrobonder гидроизолятор
hydrocap колпак с гидроуплотнением (*для закрытия находящегося на трубоукладочной барже конца подводного трубопровода до спуска его на дно моря при штормовой погоде*)
Hydrocarb *фирм. назв.* органический разжижитель буровых растворов
hydrocarbon углеводород
aliphatic ~ углеводород алифатического ряда
unsaturated ~s непредельные или ненасыщенные углеводороды
hydrocarbonaceous содержащий углеводород
hydrocarbonate бикарбонат
hydrocellulose гидроцеллюлоза
hydroclone гидроциклон ‖ гидроциклонный
hydrocouple гидромуфта (*для ремонта подводного трубопровода*)
hydrocutter гидрорезак (*для резки труб*)
hydrodrill гидробур
pipeless ~ беструбный гидробур
hydrodynamic гидродинамический
Hydroflex *фирм. назв.* селективный флокулянт глин
hydrogel гидрогель
Hydrogel *фирм. назв.* глинопорошок из вайомингского бентонита
hydrogen водород (H)

hydrogen-containing содержащий водород
hydrogenous водородный, содержащий водород; гидрогенный, водного происхождения
hydrolicity способность (*цемента*) к затвердеванию
Hydrolok *фирм. назв.* водозакупоривающий раствор пластмассы
hydrolysis гидролиз
hydromechanics гидромеханика
hydrometer 1. ареометр 2. гидрометр
Baumé ~ ареометр Боме
specific gravity ~ ареометр
hydromica гидрослюда
Hydromite *фирм. назв.* смесь гипсоцемента с порошкообразными смолами, применяемая для закрытия подошвенной воды в эксплуатационных скважинах
Hydropel *фирм. назв.* эмульгированный асфальт для приготовления бурового раствора на углеводородной основе
hydrophilic гидрофильный
hydrophobic гидрофобный
hydrophone гидрофон
hydropneumatic гидропневматический
hydroseparator гидросепаратор (*сгуститель для тонкой пульпы*)
hydrostable водостойкий
hydrostatic(al) гидростатический
Hydrotan *фирм. назв.* щелочная вытяжка танинов (*понизитель водоотдачи буровых растворов*)
hydrotap отвод с гидроуплотнением (*используется при ремонте подводного трубопровода*)
hydrous водный
hydroxide гидроксид
barium ~ гидроксид бария (Ba(OH)$_2$)
calcium ~ гидроксид кальция, гашеная известь, известковый ил (Ca(OH)$_2$)
sodium ~ каустическая сода, едкий натр (NaOH)
hydroxyl гидроксил, гидроксильная группа
hydroxylation введение в молекулу группы OH, гидроксилирование
hyperstatic статически неопределимый
Hy-Seal *фирм. назв.* резаная бумага (*нейтральный наполнитель для борьбы с поглощением бурового раствора*)
Hysotex *фирм. назв.* лигносульфонат в смеси с угольным порошком (*понизитель водоотдачи буровых растворов*)
Hytex *фирм. назв.* смесь лигносульфоната, синтетических полимеров и угольного порошка (*ингибитор неустойчивых глин*)
hy-therm теплостойкий; жароупорный

ice лед || покрываться льдом; замораживать, замерзать
compact ~ сплошной лед
close ~ сплоченный лед
drifting ~ дрейфующий лед
fast ~ береговой припай
 ice-pack паковый лед, пак
 icing обледенение
 ideal 1. теоретический 2. идеальный, совершенный
 idealized 1. теоретический 2. идеальный, совершенный 3. схематический (*об изображении на чертеже*)
 identical тождественный, одинаковый, идентичный
 identification 1. опознавание, определение, отождествление; распознавание 2. маркировка; обозначение
~ of strata *геол.* параллелизация пластов
 identify 1. опознавать, определять принадлежность 2. служить отличительным признаком
 identifying *геол.* параллелизация (*пластов*) 2. установление марки
 idle 1. неработающий; бездействующий; холостой; простаивающий; незагруженный 2. резервный 3. на холостом ходу 4. вредный (*о пространстве*) 5. паразитный (*о колесе*) 6. простой (*машины*) 7. незанятый, праздный
 idler 1. холостой [направляющий] шкив или блок 2. ленивец, натяжной ролик 3. промежуточная шестерня
belt ~ натяжной ролик [шкив], ленивец
 idling холостой ход, работа (*двигателя*) на малых оборотах; режим холостого хода
 igneous изверженный, пирогенный, вулканического происхождения
 ignite 1. воспламенять, зажигать 2. раскалять до свечения
 ignition 1. зажигание 2. вспышка, воспламенение
spark ~ искровое зажигание
 ill-conditioned 1. в плохом состоянии 2. имеющий параметры, не соответствующие требуемым (*о буровом растворе*) 3. не проработанный (*о стволе*)
 ill-defined неточный, приближенный
 ill-designed плохо сконструированный
 illite иллит
 ilmenite ильменит (*утяжелитель цементных растворов*)
 image 1. изображение || изображать; (соз)-давать изображение 2. отраженный сигнал, отображение 3. отражение (*в зеркале*)
 imbalance неустойчивость, неуравновешенность, отсутствие равновесия

alkalinity ~ щелочная неустойчивость, отсутствие щелочного равновесия
 imbedded залегающий (*среди пластов*); включенный, лежащий (*в чем-либо*)
 imbibed набухший
 imbibition 1. впитывание, всасывание; поглощение (*влаги*); 2. пропитывание
capillary ~ капиллярная пропитка
 Imco 2x Conc. *фирм. назв.* загуститель для использования сырой нефти в инвертных эмульсиях
 Imco Bar *фирм. назв.* баритовый утяжелитель
 Imco Best *фирм. назв.* кальциевый силикат
 Imco Brinegel *фирм. назв.* аттапульгитовый глинопорошок для приготовления солестойких буровых растворов
 Imco Cal *фирм. назв.* кальциевый лигносульфонат
 Imco Cedar Seal *фирм. назв.* измельченное волокно кедровой древесины (*нейтральный наполнитель для борьбы с поглощением бурового раствора*)
 Imco Defom *фирм. назв.* пеногаситель для минерализованных буровых растворов
 Imco Dril-S *фирм. назв.* смесь полимерного бактерицида с угольным порошком
 Imco EP Lube *фирм. назв.* смазывающая добавка для условий высоких давлений в скважине
 Imco Flakes *фирм. назв.* целлофановая крошка (*нейтральный наполнитель для борьбы с поглощением бурового раствора*)
 Imco Flo *фирм. назв.* экстракт коры гемлока (*диспергатор*)
 Imco Floc *фирм. назв.* селективный флокулянт глин (*антидиспергатор*)
 Imco Foamban *фирм. назв.* жидкий пеногаситель
 Imco Freepipe *фирм. назв.* поверхностно-активное вещество, хорошо растворимое в нефти и маслах
 Imco Fyber *фирм. назв.* измельченное древесное волокно (*нейтральный наполнитель для борьбы с поглощением бурового раствора*)
 Imco Gel *фирм. назв.* глинопорошок из вайомингского бентонита
 Imco Gelex *фирм. назв.* диспергатор бентонитовой глины
 Imco Holecoat *фирм. назв.* смесь битумов, диспергирующихся в воде
 Imco Hyb *фирм. назв.* высокодисперсный бентонитовый глинопорошок
 Imco Ken-Gel *фирм. назв.* органофильная глина для приготовления инвертных эмульсий
 Imco Kenol-S *фирм. назв.* эмульгатор для приготовления инвертных эмульсий
 Imco Kenox *фирм. назв.* гашеная известь
 Imco Ken-Pak *фирм. назв.* концентрат для эмульгирования загущенной нефти

Imco Ken-Supreme Conc. *фирм. назв.* эмульгатор жирных кислот

Imco Ken-Thin *фирм. назв.* смесь таллового масла и смоляного мыла

Imco Ken-X Conc. 1 *фирм. назв.* эмульгатор для приготовления инвертных эмульсий

Imco Ken-X Conc. 2 *фирм. назв.* утяжеленная суспензия (*стабилизатор инвертных эмульсий*)

Imco Ken-X Conc. 3 *фирм. назв.* регулятор фильтрации буровых растворов на углеводородной основе

Imco Klay *фирм. назв.* высокодисперсный бентонитовый глинопорошок

Imco Kwik Seal *фирм. назв.* смесь легких цементных материалов для изоляции зон поглощения бурового раствора

Imco Lig *фирм. назв.* бурый уголь

Imco Loid *фирм. назв.* желатинизированный крахмал

Imco Lubrikleen *фирм. назв.* тугоплавкая органическая смазывающая добавка (*заменитель нефти в буровых растворах на углеводородной основе*)

Imco MD *фирм. назв.* пенообразующий агент [детергент] для буровых растворов и понизитель трения

Imco Mudoil *фирм. назв.* диспергированный в нефти битум

Imco Myca *фирм. назв.* слюдяная крошка (*нейтральный наполнитель для борьбы с поглощением бурового раствора*)

Imco Phos *фирм. назв.* тетрафосфат натрия

Imco Plug *фирм. назв.* шелуха арахиса тонкого, среднего и крупного помола (*нейтральный наполнитель для борьбы с поглощением бурового раствора*)

Imco Poly Rx *фирм. назв.* раствор синергического полимера (*многофункциональный реагент и понизитель водоотдачи при температурах до 250° С*)

Imco Preservaloid *фирм. назв.* параформальдегид (*антиферментатор крахмала*)

Imco PT-102 *фирм. назв.* ингибитор коррозии

Imco QBT *фирм. назв.* экстракт коры квебрахо (*разжижитель и понизитель водоотдачи буровых растворов*)

Imco RD-111 *фирм. назв.* модифицированный лигносульфонат (*диспергатор и стабилизатор буровых растворов на водной основе при высоких температурах*)

Imco RD-555 *фирм. назв.* хромлигносульфонат

Imco Safe Perfseal *фирм. назв.* раствор синтетических полимеров

Imco Safe-Seal (X) *фирм. назв.* гранулированный угольный порошок

Imco Safe-Trol *фирм. назв.* смесь лигносульфоната, углеводородов и гранулированного угольного порошка

Imco Safe-Vis *фирм. назв.* синтетический полимер в смеси с угольным порошком

Imco SCR *фирм. назв.* поверхностно-активное вещество (*флокулянт глин*)

Imco Spot *фирм. назв.* смесь порошкообразных эмульгаторов

Imco Super Gellex *фирм. назв.* диспергатор бентонитовой глины

Imco Tan *фирм. назв.* экстракт коры квебрахо (*разжижитель и понизитель водоотдачи бурового раствора*)

Imco Thin *фирм. назв.* щелочная вытяжка бурого угля (*аналог углещелочного реагента*)

Imco VC-10 *фирм. назв.* хромлигносульфонат (*диспергатор и понизитель водоотдачи буровых растворов*)

Imco VR *фирм. назв.* структурообразователь для инвертных эмульсий

Imco Wate *фирм. назв.* карбонат кальция (*утяжелитель для буровых растворов на углеводородной основе*)

Imco Wool *фирм. назв.* волокно искусственной шерсти (*нейтральный наполнитель для борьбы с поглощением бурового раствора*)

Imco XC *фирм. назв.* полимерный продукт жизнедеятельности бактерий

imitation копирование; имитация, имитирование; подделка; моделирование (*напр. забойных условий*)

immerse погружать, опускать в жидкость; затоплять

immersed погруженный; затопленный
oil ~ погруженный в масло

immersible погружаемый; затопляемый

immersion погружение; затопление; осадка; иммерсия

immiscibility несмешиваемость

immiscible несмешивающийся (*о жидкостях*), не поддающийся смешению, несмешиваемый

immune не подверженный (*чему-либо*), устойчивый (*напр. против коррозии*)

impact 1. импульс, динамический удар, динамическое воздействие, толчок, сотрясение, удар; ударное усилие, кинетическая энергия; импульс силы 2. столкновение, коллизия 3. плотно сжимать 4. прочно укреплять
elastic ~ упругий удар
hydraulic ~ гидравлический удар
seismic ~ сейсмический толчок

impactor 1. молотковая дробилка 2. ударный копёр

impair 1. ослаблять, уменьшать 2. портить, повреждать; ухудшать 3. нечетное число ‖ нечетный, непарный

impairment повреждение; ухудшение
productivity ~ ухудшение продуктивности пласта

impart 1. придавать; наделять 2. передавать, сообщать (*напр. движение*)

impedance входное сопротивление, импеданс; полное сопротивление
matched ~ *эл.* подобранное сопротивление; приведенное сопротивление
impeller рабочее колесо центробежного насоса; импеллер; крыльчатое (*или лопастное*) колесо, крыльчатка
axial-flow ~ аксиально-поточная мешалка
gritblasting ~ дробеструйная установка
pump ~ 1. крыльчатка насоса 2. насосное колесо (*гидропривода*)
impenetrable 1. непроницаемый 2. непроходимый, недоступный 3. непробиваемый
imperfect недостаточный, несовершенный, неполный (*о сгорании*); с дефектом
imperfection 1. неполнота; несовершенство 2. недостаток; дефект
imperforated непросверленный; не имеющий отверстий; сплошной
impermeability непроницаемость для жидкости и газов; герметичность; непромокаемость
impermeable непроницаемый для жидкости или газов; герметичный; непроницаемый; плотный (*о шве*)
Impermix *фирм. назв.* желатинизированный крахмал (*понизитель водоотдачи бурового раствора*)
impervious 1. непроницаемый; водонепроницаемый 2. непроходимый, недоступный
impetus 1. стремительность, сила движения 2. импульс; толчок; побуждение
implement снаряжение, необходимые принадлежности; орудие; снаряд, инструмент; прибор; инвентарь
implosion имплозия (*взрыв, направленный внутрь*)
imporosity отсутствие пористости, плотное строение (*без пор*)
imporous не имеющий пор
impregnable пропитывающийся, способный пропитываться, поддающийся пропитке
impregnate пропитывать, импрегнировать, наполнять, насыщать
impregnated 1. пропитанный, импрегнированный; заполненный 2. вкрапленный (*о руде*)
improper неправильный; негодный; неисправный
improving улучшение, повышение качества
improvement улучшение, усовершенствование
impulse 1. удар, толчок; возбуждение; побуждение 2. импульс
impurity (*нежелательная*) примесь; загрязнение, засорение; включение; постороннее тело
gas ~ ies загрязнение газа, вредные примеси газа
gaseous ~ ies газовые включения, газовые поры
mechanical ~ ies механические примеси
non-metalic ~ ies неметаллические включения

in 1. *выч.* ввод 2. «включено» (*надпись на приборе*)
inaccessible недоступный (*для осмотра или ремонта*)
inaccuracy неточность, погрешность
inactivation инактивация, инактивирование
inactive инертный, неактивный; недеятельный
capillary ~ поверхностно-неактивный
inadequacy 1. несоответствие 2. непропорциональность; несоразмерность
inadequate 1. непропорциональный; несоразмерный; неадекватный; неподходящий; несоответственный 3. недостаточный
inapplicability неприменимость; непригодность; несоответствие
inappreciable неулавливаемый; неощутимый; не принимаемый в расчет
inappropriate неуместный, несоответствующий, неподходящий
incentive 1. средство для возбуждения (*пласта*), средство для интенсификации притока 2. стимулирующий фактор 3. побуждение ‖ побудительный
inception начало; исходное положение
inch дюйм (25,4 мм) ‖ измерять в дюймах
~ es of head напор, выраженный в дюймах
~ es of mercury ... дюймов ртутного столба
~ es of water ... дюймов водяного столба
miner's ~ количество воды, вытекающей из отверстия сечением 1 дюйм при уровне воды на 6 дюймов выше отверстия (≈ 2274 *фут^3/сут*)
inching небольшое снижение (*напр. нагрузки*)
incidence падение; наклон; скос; заострение
incidental случайный, побочный, второстепенный
incinerate 1. сжигать; превращать в пепел, испепелять 2. прокаливать
incineration 1. сжигание 2. прокаливание
incipient зарождающийся, зачаточный
inclination 1. наклонение, уклон, наклон (*пластов*), откос, падение, скат 2. отклонение, склонение (*магнитной стрелки*) 3. угол падения, угол наклона
incline 1. уклон, наклон; покатость ‖ наклонять 2. склонение (*компаса*) 3. *горн.* наклонный ствол; бремсберг
inclined наклонный
inclinometer инклинометр (*прибор для измерения наклона ствола скважины*), уклономер, креномер; угломер
hydrofluoric acid bottle ~ инклинометр с плавиковой кислотой
single-shot ~ одноточечный инклинометр, прибор однократного действия для замера угла и азимута искривления скважины
taut wire ~ канатный инклинометр (*системы ориентации бурового судна или плавучей полупогружной буровой платформы*)

inclusion включение, примесь; загрязнение
exposed ~ выходящее на поверхность включение
fluid ~ пустота в породе, заполненная жидкостью
gas ~ газовое включение; раковина; пóра
line ~ строчечное включение
non-metallic ~ неметаллическое включение
oxide ~ окисное включение
silicate ~ силикатное включение

incoherent 1. рыхлый, несцементированный (*о породе*) 2. несвязный

incombustible негорючий; невоспламеняемый

income доход, прибыль
gross ~ валовой доход
net ~ чистая прибыль

incoming входящий, поступающий, приходящий, прибывающий

incompatibility несовместимость, невозможность совместного использования; несмешиваемость

incompatible несовместимый; несовмещающийся; несогласный; противоположный

incompetence слабость, непрочность (*породы*)

incompetent 1. слабый, рыхлый, непрочный 2. неспособный выдерживать нагрузку

incomplete 1. неполный 2. несовершенный, дефектный; незавершенный

incompressibility неуплотняемость, несжимаемость

incompressible несжимаемый, неуплотняемый

incongealable незамерзающий; незатвердевающий

Incor *фирм. назв.* сульфоустойчивый цемент

incorporate 1. соединять, объединять 2. помещать; включать 3. монтировать 4. смешивать(ся)

incorporated встроенный

increase увеличение, возрастание, рост; прирост, приращение || увеличивать, повышать, усиливать
pressure ~ per cycle увеличение давления за цикл
~ in dip увеличение угла падения
gear ~ ускорительная передача

increment 1. возрастание, увеличение; рост, прирост 2. приращение 3. инкремент, бесконечно малое приращение; дифференциал 4. *св.* участок прерывистого шва
~ of decrease темп спада (*напр. давления*)

incremental постепенно нарастающий

incrustation 1. накипь; окалина 2. кора, корка

incrusted покрытый коркой; покрытый накипью; с окалиной

incumbent вышележащий (*пласт*)

indentation 1. зазубрина, зубец; углубление, выемка; вырубка; вырезка; впадина 2. отпечаток

independent независимый, отдельный, индивидуальный; раздельный; изолированный; незакрепленный; местный (*о смазке*)

index 1. индекс; указатель; метка; стрелка 2. *матем.* показатель степени, коэффициент 3. наносить деления, градуировать
~ of refraction *см.* refractive index
correlation ~ характеризующий фактор
driving ~ коэффициент эффективности режима
grindability ~ показатель размалываемости или измельчения (*породы*)
hydraulic ~ гидравлический модуль (*цемента*)
injectivity ~ индекс [коэффициент] приемистости
maximum producible oil ~ максимальный коэффициент промышленной нефтеотдачи пласта
producible oil ~ коэффициент нефтеотдачи
production ~ *см.* productivity index
productivity ~ коэффициент продуктивности скважины
refractive ~ показатель [коэффициент] преломления
resistivity ~ коэффициент увеличения сопротивления
rigidity ~ показатель жесткости
specific injectivity ~ *см.* injectivity index
specific productivity ~ удельный коэффициент продуктивности
well flow ~ *см.* productivity index

indexing 1. индексация 2. индексирование; деление окружности на части

indicate 1. указывать 2. означать 3. измерять мощность машины индикатором; снимать индикаторные диаграммы

indicated номинальный, индикаторный (*о мощности, производительности, давлении*)

indicating 1. показывающий, снабженный шкалой (*об измерительном приборе*); указательный 2. снятие индикаторной диаграммы; измерение мощности двигателя индикатором

indication 1. указание, обозначение 2. индикация, показание; 2. индикация, показание; отсчет (*прибора*)
~ of oil *см.* oil indications
oil ~s признаки нефти

indicator 1. индикатор 2. указатель, отметчик, контрольно-измерительный прибор 3. признак, указывающий на наличие нефти 4. счетчик 5. стрелка (*циферблата*)
acid base ~ индикатор концентрации водородных ионов
anchor chain tension ~ индикатор натяжения якорной цепи (*бурового судна или полупогружной буровой платформы*)
anchor line tension ~ индикатор натяжения якорного каната (*бурового судна или плавучей полупогружной буровой платформы*)
ball joint angle ~ индикатор угла наклона шарового шарнира (*водоотделяющей колонны*)
buoyancy level ~ поплавковый уровнемер

compensator position ~ индикатор положения компенсатора
crane load moment ~ индикатор грузового момента крана (*бурового судна*)
dial ~ циферблатный индикатор, индикатор с круговой шкалой
drift ~ указатель искривления скважины
drill string compensator position ~ индикатор положения компенсатора бурильной колонны
fault ~ указатель повреждения, дефектоскоп
flow ~ указатель дебита, индикатор расхода, указывающий расходомер, ротаметр, индикатор потока
free point ~ прибор, указывающий глубину прихвата колонны (*бурильных или насосно-компрессорных труб*)
gas leak ~ течеискатель
hitch load ~ индикатор нагрузки на зацеп (*стингера трубоукладочной баржи*)
hydromast weight ~ гидравлический индикатор веса
leakage ~ *см.* gas leak indicator
line scale weight ~ индикатор веса с линейной шкалой
load ~ индикатор веса; указатель нагрузки бурового каната или насосной штанги
mud density and temperature ~ индикатор плотности и температуры бурового раствора
mud pit gain/loss ~ индикатор объема бурового раствора в емкостях
pit level ~ индикатор уровня (*раствора*) в емкости
pit volume ~ индикатор объема (*бурового раствора*) в емкости
position ~ указатель положения
pressure ~ манометр, указатель давления
ram position ~ индикатор положения плашек (*превентора*)
riser angle ~ индикатор угла наклона водоотделяющей колонны
slope ~ индикатор угла наклона
speed ~ указатель частоты вращения; спидометр, указатель скорости
table speed ~ указатель частоты вращения ротора
tank level ~ индикатор уровня (*жидкости*) в резервуаре
template level ~ индикатор положения донной опорной плиты
ton-cycle ~ индикатор выполненной работы (*напр. натяжных устройств*)
ton-mile ~ индикатор выполненной работы
torque ~ индикатор крутящего момента
weight ~ индикатор веса, дриломтер
wind ~ указатель направления ветра
   indices множественное число от index
   indiffusible недиффундирующий
   indigenous *геол.* местный, автохтонный; природный
   indirect косвенный

indiscrete компактный, однородный; неразделимый
indissolubility нерастворимость
indissoluble нерастворимый, нерастворяющийся; неразложимый
indistinct неясный, неотчетливый, смутный
indoor стационарный; закрытый; установленный в помещении; находящийся внутри; предназначенный для установки внутри помещения; внутренний
induce возбуждать, вынуждать, вызывать; индуктировать; наводить; побуждать
induced индуктированный; наведенный
inducer возбудитель
turbulence ~ возбудитель турбулентности
inductance 1. индуктивность 2. самоиндукция; коэффициент самоиндукции
induction 1. выпуск; всасывание 2. *эл.* индукция, наведение
inductive 1. индукционный, индуктивный, индуктирующий 2. всасывающий
inductivity диэлектрическая проницаемость, диэлектрическая постоянная
inductolog индукционный каротаж
inductor катушка индуктивности, индуктор
indurate твердеть, затвердевать, делать твердым
induration затвердевание, отвердевание
industrial 1. промышленный, индустриальный 2. производственный 3. сборный 4. технический (*о сорте*)
industry промышленность
drilling ~ буровая промышленность; промышленность, занимающаяся выпуском бурового оборудования и химреагентов
gas ~ газовая промышленность
international oil ~ мировая нефтяная промышленность
mining ~ горная промышленность, горнодобывающая промышленность
oil ~ нефтяная промышленность
petroleum ~ *см.* oil industry
ineffective неудовлетворительно действующий, малопроизводительный, безрезультатный
inefficiency 1. неспособность 2. неэффективность; недостаточность; безрезультатность; бесполезность; недействительность 3. потеря энергии, передаваемой двигателем
inefficient непроизводительный; неэффективный
inelastic неэластичный, неупругий, жесткий
inelasticity неэластичность, отсутствие упругости, жесткость
inequality 1. неравенство 2. несоответствие 3. неравномерность, неровность (*поверхности*)
topographic ~ неровности рельефа
inert 1. инертный, неактивный; нейтральный 2. недеятельный
inertia инерция, сила инерции
inertial центробежный, инерционный

inertialess безынерционный
inexplosive невзрывающийся, невзрывчатый, невзрываемый
infiller скважина, пробуренная при уплотнении первоначальной сетки размещения скважин
infiltrant пропитывающий материал
infiltrate 1. просачиваться 2. пропускать через фильтр
infiltration 1. инфильтрация, просачивание 2. пропускание через фильтр 3. фильтрат 4. геол. выполнение жилы из минерального раствора
infinite бесконечный; бесчисленный ‖ бесконечность; бесконечное пространство
inflammable огнеопасный, легко воспламеняемый, воспламеняющийся, горючий
inflammation воспламенение, возгорание
inflatable надувной
inflate накачивать; надувать; наполнять (воздухом, газом)
inflated надутый; вздутый, вспученный; накачанный
inflating нагнетание, накачивание
inflation 1. наполнение (воздухом, газом); накачивание; надувание 2. вспухание; опухоль, вздутие, вздутость 3. инфляция
inflator нагнетательный насос
inflect 1. изменять 2. гнуть, перегибать 3. отклонять
inflexibility несжимаемость; жесткость; несгибаемость
inflexible негнущийся; несгибаемый
inflow приток; втекание; поступление жидкости в скважину; впуск (жидкости или газа)
water ~ приток воды
influence влияние, действие, воздействие ‖ влиять
original ~ влияние масс, залегающих на большой глубине
transient ~ мгновенное влияние
influent 1. входящий поток; поступление; приток 2. входящий, втекающий; поступающий
influx 1. приток; впадение (притока) 2. наплыв, прилив
fluid ~ приток жидкости (в скважину)
water ~ приток воды, внедрение воды
information информация, данные, сведения
infrared область спектра инфракрасного излучения ‖ инфракрасный
infusible 1. неплавящийся; тугоплавкий 2. огнестойкий 3. нерастворимый
infusion 1. вливание; нагнетание 2. настой 3. примесь 4. настаивание
ingate входное отверстие
ingredient составная часть; примесь; ингредиент; элемент сплава; компонент
ingress доступ, вход (воздуха, жидкости)
~ of oil (gas, water) поступление нефти (газа, воды)
ingression геол. ингрессия

inhaler 1. воздушный фильтр 2. воздухонагнетательный насос 3. респиратор; противогаз
inhaust засасывать, всасывать (напр. газовую смесь)
inherent собственный, присущий, свойственный, природный
inhibiting ингибирование, торможение
inhibition ингибирование, торможение, задерживание
~ of corrosion уменьшение действия коррозии, пассивирование
inhibitor ингибитор, замедлитель, тормозящий агент; химический стабилизатор, замедлитель окисления или коррозии, противоокислитель, антиокислитель; реагент, приостанавливающий или замедляющий химическую реакцию; реагент, способствующий образованию защитной пленки; замедлитель схватывания цементного раствора
corrosion ~ антикоррозийная добавка, ингибитор коррозии
emulsion ~ антиэмульгатор
oxidation ~ противоокислительный ингибитор (химическое вещество, предупреждающее окисление)
rust ~ антикоррозийный ингибитор
inhomogeneity неоднородность
inhomogeneous неоднородный
initial начальный; первоначальный; исходный
gel ~ начальное статическое напряжение сдвига бурового раствора
initiation 1. зарождение, возникновение 2. хим. инициирование
inject нагнетатель, закачивать; впрыскивать
injectability приемистость (нагнетательной скважины)
injection 1. нагнетание, закачка; инжекция; вдувание; впрыскивание 2. инъекция; внедрение горных пород
cumulative ~ in pore volumes суммарный нагнетенный объем, выраженный в отношении к объему пор (пласта или керна)
~ into an aquifier нагнетание (воды) в законтурную часть нефтяной залежи
~ into an oil zone нагнетание (воды) в нефтяную часть залежи
cement ~ цементирование (при помощи цементационного инжектора или насоса)
dispersed gas ~ площадная закачка газа
dispersed pattern-type ~ площадная система нагнетания воды
gas ~ нагнетание газа в залежь, газовая репрессия
gas cap ~ см. gas cap drive
gravity ~ самотечный сброс в пласт
grout ~ процесс закачки цементного раствора в породу
heat ~ подведение тепла (в пласт извне)

hot-fluid ~ нагнетание (*в пласт*) горячих жидкостей
matrix ~ нагнетание раствора в поры породы
intermittent ~ периодическая закачка
oil ~ впрыск масла
water ~ нагнетание воды (*в пласт*)

injectivity приемистость

injector инжектор, струйный питатель, струйный питательный прибор; струйный насос; впрыскиватель; форсунка; шприц
cement ~ цементировочный инжектор-контейнер (*спускаемый на штангах на нужную глубину, где цемент выдавливается подключением бурового насоса*)
grout ~ цементный инжектор; установка для цементирования скважин (*цементосмесительная машина с насосом*)

injury 1. вред; повреждение; порча; авария 2. ранение; травма

inland 1. внутренний, материковый, континентальный 2. *геол*. бессточный, замкнутый (*о бассейне*)

inlet 1. впускное [входное] отверстие; впуск; ввод; впускная труба; впускной канал; вход ∥ входной; впускной 2. узкий морской залив 3. *эл*. ввод

innage заполненное нефтепродуктом пространство в резервуаре
shell ~ заполненная часть резервуара или цистерны

inner внутренний

inoperative недействующий, бездеятельный

inorganic неорганический, минеральный

inoxidable неокисляемый, неокисляющийся

inoxidizability неокисляемость, невосприимчивость к коррозии; устойчивость к коррозии

inoxidizable неокисляющийся; неокисляемый

input 1. потребляемая (*машиной или установкой*) мощность, подводимая мощность 2. вход; подача, загрузка (*сырья*) 3. приток, количество закачиваемой в нагнетательную скважину воды; ввод; подвод 4. *рад*. входной контур, входная цепь 5. входной сигнал
energy ~ подводимая энергия; потребляемая энергия
heat ~ подвод. тепла, затрата тепла; поглощаемое тепло
horsepower ~ подводимая мощность; затрата мощности (*в л. с.*)
power ~ подводимая мощность, мощность на входе
rated ~ номинальная потребляемая мощность

inrush 1. скачок; бросок; пусковая мощность 2. напор, натиск (*воды*) 3. внезапный обвал; вывал породы 4. прорыв (*плывуна, газа или воды*)
~ of oil and gas выделение нефти и газа (*при бурении*)
water ~ прорыв воды

insensitive малочувствительный; нечувствительный

insert вкладыш, втулка, вкладка, вставка, прокладка ∥ спускать (*трубы в скважину*); вставлять; запрессовывать
~ the casing спустить колонну обсадных труб
bit ~ пластинка, резец, штырь, вставка из твердого сплава в долоте или коронке
carbide ~ s твердосплавные штыри, пластинки твердого сплава (*для армирования долот и коронок*)
removable ~ съемная вставка (*отводного устройства водоотделяющей колонны или сборки превенторов*)
rotating ~ вращающаяся вставка (*отводного устройства с вращающимся уплотнителем*)

insertion 1. ввод, введение; помещение; включение 2. установка 3. вставка; прокладка

inshore близко к берегу, по направлению к берегу; прибрежный, береговой

inside 1. внутренняя сторона; внутренность; изнанка 2. внутренний 3. внутри

insolubility нерастворимость

insolubilize переводить в нерастворимую форму, уменьшать растворимость

insoluble нерастворимый

inspect осматривать, проверять, инспектировать; контролировать; принимать (*изделия*)

inspection осмотр, проверка, контроль; браковка; инспекция, инспектирование; надзор ∥ приемный, приемочный
daily ~ текущий (*ежедневный*) осмотр
magnetic ~ магнитная дефектоскопия, магнитный контроль
mechanical ~ контроль механических свойств
outer ~ внешний осмотр, контроль посредством внешнего осмотра, визуальный контроль
periodic ~ текущий [периодический] технический осмотр
quality ~ контроль качества
radiographic ~ просвечивание (*сварных швов*), рентгенодефектоскопия
random ~ выборочный контроль
safety ~ инспекция по технике безопасности
X-ray ~ рентгеновский контроль, рентгеноскопия

inspirator 1. инжектор 2. респиратор

inspissate сгущаться, конденсироваться; улетучиваться (*о легких компонентах нефти*)

inspissation процесс улетучивания легких компонентов нефти; сгущение, уплотнение

instability неустойчивость; нестабильность
inherent ~ природная неустойчивость
MHD ~ магнитогидродинамическая неустойчивость
vertical ~ вертикальная неустойчивость

install 1. устанавливать, монтировать, собирать (*оборудование*) 2. располагать, размещать

installation 1. установка, монтаж, сборка 2. устройство, установка; оборудование; мон-

тажные приборы и принадлежности 3. внедрение; водворение; расположение, размещение
diver assist ~ установка оборудования с помощью водолаза
diverless ~ установка оборудования без помощи водолаза
fast pumping ~ быстроходная насосная установка
geared pumping power ~ центральный групповой привод для насосных установок
heat ~ отопительная установка, обогреватель

instant 1. момент, мгновение 2. немедленный 3. текущий

instantaneous мгновенный, мгновенного действия

Instaseal *фирм. назв.* смесь грубоизмельченного бентонита с перлитом (*нейтральный наполнитель для борьбы с поглощением бурового раствора*)

institute 1. институт 2. учреждение 3. устав, кодекс 4. учреждать, основывать
American ~ of Mining and Metallurgical Engineers Американский институт горных инженеров и инженеров-металлургов
American Petroleum ~ Американский нефтяной институт, АНИ
The ~ of Petroleum Институт нефти (*Великобритания*)

instroke 1. движение поршня в сторону задней крышки цилиндра 2. такт сжатия; такт впуска

instruction 1. обучение; инструктаж 2. команда
operating ~ s руководство по обслуживанию
working ~ s правила обслуживания

instrument 1. инструмент, приспособление, орудие 2. прибор; аппарат; *pl* контрольно-измерительные приборы
all-purpose ~ универсальный прибор
chart-recording ~ самопишущий прибор
control ~ контрольно-измерительный прибор
direct reading ~ прибор с прямым [непосредственным] отсчетом
indicating ~ прибор-указатель, индикатор; измерительный прибор; стрелочный прибор
induction ~ индукционный (*измерительный*) прибор
industrial ~ промышленный контрольно-измерительный прибор
levelling ~ нивелир, ватерпас
measuring ~ 1. измерительный прибор 2. мерительный инструмент
microprofile caliper log ~ микропрофильный нутромер
mud-loss ~ прибор для определения зоны ухода бурового раствора
multiple-shot ~ многоточечный инклинометр
needle ~ стрелочный прибор
null reading ~ прибор с отсчетом нулевым методом

precision ~ точный [прецизионный] прибор
reference ~ эталонный прибор
registering ~ записывающий прибор
single-shot ~ прибор однократного действия для замера угла и азимута искривления скважины
testing ~ контрольно-измерительный прибор

instrumentation 1. контрольно-измерительные приборы, аппаратура, оборудование, приборное оборудование 2. оснащение контрольно-измерительными приборами, оснащение оборудованием; установка оборудования, приборооснащение
mud ~ контрольно-измерительные приборы циркуляционной системы бурового раствора
mud system ~ *см.* mud instrumentation

instrumenting оборудование [оснащение] контрольно-измерительными приборами

insulance сопротивление изоляции

insulant изоляционный материал

insular островной

insulate 1. изолировать, разобщать 2. инсулат (*изоляционный материал типа эбонита*)

insulated изолированный

insulating изоляционный, изолирующий

insulator 1. изолятор 2. изоляционный материал
heat ~ теплоизоляция, термоизоляция
high-temperature ~ теплостойкая изоляция, высокотемпературная изоляция
thermal ~ *см.* heat insulation

insulator 1. изолятор 2. изоляционный материал
heat ~ изоляционный материал

intact неповрежденный, целый

intake 1. впуск, подвод, прием, всасывание 2. приемное [впускное, всасывающее] устройство, входной канал, заборник 3. всасываемые насосом или вентилятором жидкость или газ 4. приток (*воды, воздуха*) 5. потребляемая (*машиной*) мощность 6. *геол.* захват [поглощение] грунтовыми водами 7. приемистость, поглотительная способность (*скважины*)
~ of the hole поглощаемый скважиной объем цементного раствора (*при цементировании*); поглотительная способность скважины
gas ~ поступление газа (*в газлифте*)
orifice ~ впускное отверстие
pump ~ 1. всасывающее отверстие насоса 2. питающий резервуар [отстойник, амбар, яма]

intaking всасывающий; приемный, забирающий ‖ всасывание

integer целое число

integral 1. цельный, составляющий одно целое; встроенный; отлитый за одно целое 2. интеграл ‖ интегральный

integrant 1. составляющий элемент целого 2. интегрирующий

integrate 1. составлять целое; объединять

2. определять среднее значение или общую сумму 3. интегрировать
integration 1. объединение в одно целое 2. интегрирование
integrator интегратор, интегрирующее устройство
multiple ~ мультиинтегратор (*механический прибор для определения гравитационного действия*)
intensify усиливать, интенсифицировать
intensity 1. сила, интенсивность; энергия 2. яркость 3. *эл.* напряженность
~ of compression степень сжатия
~ of field *см.* field intensity
field ~ напряженность поля
interact взаимодействовать
interaction взаимодействие
interbedded впластованный, переслаивающийся, залегающий между пластами, прослоенный
intercalation 1. *геол.* тонкое включение, прослой, пропласток, прослойка 2. чередование [перемежаемость] прослоек
intercept 1. прерывать, остановить; пересекать; отсекать; выключать 2. *мат.* отделять двумя точками отрезок на линии 3. отрезок прямой
interception 1. перехватывающее преграждение; преграда 2. преломление (*лучей*) 3. улавливание
interceptor отводной коллектор
interchange 1. (*взаимный*) обмен ‖ обменивать(ся) 2. чередование, смена ‖ чередовать(ся), переменять
heat ~ теплообмен
interchangeability взаимозаменяемость (*частей, деталей*); заменяемость, сменность
interchangeable взаимозаменяемый; сменный, заменяемый
intercommunication 1. двусторонняя телефонная связь 2. внутреннее переговорное устройство
interconnected сообщающийся
interconnecting блокировка
interconnection взаимная связь; объединение (*напр. систем*)
intercooled с охлаждением
intercooler холодильник (*в компрессорах*); промежуточный охладитель
intercooling промежуточное охлаждение, охлаждение воздуха (*в компрессоре*) между двумя ступенями сжатия
intercross взаимно пересекаться
interdependent взаимосвязанный
interest проценты (*на капитал*)
interface 1. поверхность раздела (*двух фаз или слоев жидкости*); граница раздела двух тел, поверхность контакта 2. *св.* поверхность соприкосновения свариваемых деталей
gas-oil ~ газонефтяной контакт

liquid-solid ~ поверхность раздела между жидкостью и твердым телом
liquid-vapour ~ поверхность раздела между жидкой и паровой фазами
oil-water ~ *см.* water-oil interface
sharp ~ резкая граница раздела
water-oil ~ поверхность раздела вода-нефть
interfere мешать, препятствовать, создавать помехи
interference интерференция, взаимодействие, мешающее действие, вмешательство, взаимное влияние; помехи
~ of wells взаимодействие или интерференция скважин
well ~ *см.* interference of wells
interfingering *геол.* взаимное проникновение; клинообразное переслаивание (*пластов*)
interflow слияние
interfuse перемешивать(ся), смешивать(ся)
interfusion 1. сплавление 2. перемешивание; смесь
intergranular межзерновой, интергранулярный, межзернистый, межкристаллитный
interim временный, предварительный; промежуточный ‖ промежуток времени
interior внутренность, внутренняя сторона ‖ внутренний
interlayer прослойка, промежуточный слой; прослоек, пропласток
interleave 1. прослаивать 2. лежать пластами между слоями породы
interlink межзвеньевое сцепление, промежуточное сцепление
interlinked связанный; сопряженный
interlock 1. взаимно соединять; смыкать; сращиваться 2. блокировка ‖ блокировать
interlocked сблокированный
intermediate 1. промежуточный, средний; вспомогательный 2. полупродукт 3. *хим.* промежуточное соединение: *pl хим.* промежуточные продукты (*реакции*)
intermingle смешивать, перемешивать
intermittency перемежаемость, периодичность, прерывистость
intermittent 1. перемежающийся, периодичный, прерывистый; пульсирующий; действующий толчками, скачкообразный 2. ритмический, интермиттирующий (*о гейзере*)
intermitter:
gas-lift ~ регулятор интервалов для газлифтной эксплуатации
intermix смешивать(ся), перемешивать(ся)
intermixture смесь; примесь
intermolecular межмолекулярный
internal внутренний
interpenetrate 1. взаимно проникать 2. глубоко проникать
interpenetration 1. взаимное проникание, взаимопроницание; взаимопрорастание 2. глубокое проникновение

interphase 1. межфазный 2. поверхность раздела

interpretation интерпретация; расшифровка; дешифрование

~ of logs расшифровка каротажных диаграмм

interrelation взаимоотношение, взаимосвязь

interrupter прерыватель; выключатель

interruption 1. прерывание; перерыв 2. остановка 3. разрыв; разъединение; разлом 4. выфрезеровка

intersecting 1. пересечение 2. секущий

intersection 1. пересечение 2. точка или линия пересечения

intersertal интерсертальный, интергранулярный

interstice 1. промежуток; пустота 2. щель, расщелина; *pl* пустоты или поры в горных породах

capillary ~s капиллярные пустоты

communicating ~s сообщающиеся пустоты (*в пласте*)

isolated ~s изолированные пустоты или трещины (*в породе*)

interstitial 1. промежуточный 2. образующий трещины, щели

interstratification слоистость горных пород; перемежающееся напластование

intertonguing фациальное изменение типа «зубчатого переслаивания»; взаимно вклинивающиеся отложения

interval 1. расстояние по вертикали между двумя точками ствола скважины, интервал 2. промежуток; пауза, перерыв (*в работе*)

barefoot ~ необсаженный интервал (*в скважине*)

contour ~ сечение горизонталей, вертикальное расстояние между горизонталями

producing ~ *см.* production interval

productive ~ *см.* production interval

production ~ продуктивный интервал [горизонт]

spacing ~ расстояние (*между скважинами*)

interveined *геол.* пересеченный жилами

intra-field внутрипромысловый

intramolecular внутримолекулярный

intrinsic 1. внутренний 2. существенный; присущий, свойственный

introduce вводить

introduction введение; внесение

intrusion *геол.* интрузия; внедрение; вторжение

water ~ проникновение [внедрение] воды

intrusive *геол.* интрузивный, плутонический

intumescence *геол.* вспучивание, вздутие

invade наступать, поступать; вторгаться

invasion 1. наступление (*вытесняющей среды*) 2. вторжение (*флюидов в ствол скважины*)

inventory 1. материально-производственные запасы 2. инвентарная опись; оборудование; остаток, переходящий запас (*нефтепродуктов*) 3. инвентаризация

Invermul *фирм. назв.* стабилизатор буровых растворов на углеводородной основе

invert 1. перевертывать, переворачивать 2. инвертировать

Invertin *фирм. назв.* порошкообразный эмульгатор

Invertin Wate *фирм. назв.* кислоторастворимый материал (*утяжелитель*)

investigate исследовать; расследовать

investigation исследование; обследование (*месторождения*)

ultrasonic ~ ультразвуковое исследование

investment капиталовложение; капитальные затраты; затрачиваемый капитал

inward внутренний; обращенный внутрь

ion ион

ionic ионный

ionization ионизация

ionize ионизировать

ionized ионизированный

ionogen ионоген

ionogenic ионогенный

iron 1. железо (Fe); всякий черный сплав (*железо, сталь, чугун*) 2. паяльник

angle ~ угловое железо, уголок

bar ~ полосовое [брусковое] железо; полосовая сталь

box ~ швеллерная сталь, швеллер

brake ~ тормозная лента без подкладки

cast ~ чугун

channel ~ *см.* box iron

corrugated ~ волнистое железо

H- ~ двутавровая сталь (*с широкими полками*)

high silicon cast ~ высококремнистый чугун

I- ~ двутавровая сталь (*с узкими полками*)

L- ~ зетовая сталь, неравнобокая уголковая сталь

loose ~ посторонние металлические предметы на забое скважины

profiled ~ сортовое железо, фасонное [профильное] железо

rod ~ прутковая сталь, катанка

U- ~ швеллерная сталь, швеллер

Ironite Sponge *фирм. назв.* синтетический оксид железа для удаления сероводорода из бурового раствора

irreducible 1. остаточный; предельный; несократимый; непревратимый (*в иное состояние*) 2. минимальный

irregular несимметричный; неровный; неравномерный

irregularity неправильность; неровность

topographic ~ топографический рельеф, неровности топографии (*земной поверхности*)

irreplaceable незаменяемый; незаменимый; невосстановимый

irresoluble 1. нерастворимый 2. неразложимый 3. неразрешимый

irresolvable 1. неразрешимый 2. неразложимый 3. неделимый

irreversible 1. необратимый; нереверсивный 2. односторонний (*ход*)

isanomal изаномала (*линия, проведенная через точки с одинаковой аномалией*)

island остров ‖ островной
artificial ~ искусственный остров (*для разработки морских месторождений нефти и газа*)
cellular sheet pile ~ свайный остров с ячеистой оболочкой (*для строительства морского нефтепромыслового сооружения*)
gravity ~ гравийный остров, намывной остров (*для строительства нефтепромысловых сооружений на море*)
man-made ~ морское основание островного типа

isobar изобара (*линия, проведенная через точки равных давлений*)

isobath изобата (*линия, проведенная через точки одинаковых глубин от поверхности земли или воды*)

isochor изохора (*линия, проведенная через точки одинаковых вертикальных расстояний на карте схождения*); линия равного интервала

isocline *геол.* изоклиналь, изоклинальная складка

isogal изогала (*линия, проведенная через точки с равными значениями силы тяжести*)

isogam изогамма (*линия, проведенная через точки с равными значениями ускорения свободного падения*)

isogeotherm *карт.* изогеотерма (*линия, проведенная через точки, имеющие одинаковые средние температуры*)

isogonal *карт.* изогона (*линия, проведенная через точки с равным магнитным склонением*)

isolate 1. разъединять, разобщать, изолировать; отделять; выделять; отключать 2. *хим.* выделять (*из смеси*)

isolated отдельный, отделенный, изолированный; отключенный

isolation 1. изоляция; отделение; отключение 2. *хим.* выделение (*из смеси*)
zone ~ изоляция зоны

isomate изомеризованный нефтепродукт

isopachyte изопахита (*линия равной мощности*)

isoperm линия равных проницаемостей

isopotential эквипотенциал ‖ эквипотенциальный

isoseisms *карт.* изосейсмы

isostasy *геол.* изостазия, равновесие

isotherm изотерма (*кривая постоянной температуры*)

isotope изотоп
radioactive ~ радиоактивный изотоп

isotropic изотропный

issue 1. выпуск, издание ‖ издавать, опубликовывать 2. решение 3. вытекание, излияние,

истечение; выделение ‖ выходить, вытекать 4. выход, выходное отверстие

issued изданный, опубликованный

item 1. каждый отдельный предмет (*в списке*); пункт, параграф, статья (*счета, расхода*) 2. деталь (*какого-либо агрегата*) 3. отдельная работа или операция 4. позиция (*спецификации*)
expenditure ~ статья расхода

itemize 1. перечислять по пунктам 2. классифицировать; составлять спецификацию

J-10 *фирм. назв.* деэмульгатор, растворимый в нефти и керосине

J-104 *фирм. назв.* природная смола, загуститель и понизитель водоотдачи буровых растворов

J-Type Acid *фирм. назв.* соляная кислота с добавкой поверхностно-активного вещества

jack 1. домкрат; винтовая стойка; лебедка; тали; подъемное приспособление 2. опорное приспособление; упорная стойка 3. бурильный молоток; перфоратор; ручной пневматический молоток 4. *разг.* станок-качалка, насосная скважина 5. зажим; зажимное приспособление 6. подъемное приспособление; подставка; козлы; рычаг
~ up поднимать домкратом
air ~ пневматический подъемник (*морской самоподъемной платформы*)
boot ~ шарнирный ловильный клапан; ловильный крючок
boot and latch ~ инструмент для ловли желонок
bottle ~ бутылочный [винтовой] домкрат
circle ~ трещотка для крепления бурового инструмента (*при канатном бурении*)
hoisting ~ домкрат
hydraulic ~ 1. гидравлический зажим 2. гидравлический домкрат
latch ~ двурогий ловильный крючок с шарниром
milling ~ винтовой домкрат
pipe ~ приспособление для стягивания труб при сварке
pneumatic ~ 1. пневмозажим 2. пневматический домкрат
pump ~ качалка упрощенного типа для глубинных насосов, работающих от группового привода
rack-and-gear ~ реечный домкрат
rotary balanced ~ качалка с роторным уравновешиванием

screw ~ 1. винтовой домкрат 2. винтовой зажим
toll ~ трещотка Баррета, применяемая при свинчивании инструмента канатного бурения
jack-and-circle трещотка для крепления резьбовых соединений бурильного инструмента (*комбинация дугообразной зубчатой рейки с натяжным рычагом*)
jackbit головка бура, буровая коронка
jackdrill бурильный молоток
jacket 1. кожух; рубашка; оболочка; чехол; обшивка; капот (*двигателя*) ‖ обшивать, обтягивать, покрывать, облицовывать 2. стенка цилиндра; внешний цилиндр 3. опорный блок решётчатого типа (*служащий опорой морского стационарного основания*)
concrete ~ бетонная рубашка (*удерживающая подводный трубопровод на дне моря*)
cooling ~ охлаждающая полость, охлаждающая рубашка, водяная рубашка
flotation ~ плавучая опора (*морского стационарного основания*)
life ~ спасательный жилет
oil ~ масляная рубашка
outer ~ наружная труба двойной водоотделяющей колонны
self-floating ~ плавучая решётчатая опора (*морского стационарного основания с положительной плавучестью*)
tripod ~ решётчатая тренога (*опорный блок в виде решётчатой треноги*)
water ~ водяная рубашка
waterproof ~ водонепроницаемая [оболочка] рубашка
jacketed заключённый в кожух, снабжённый рубашкой; с двойными стенками; обложенный и обшитый снаружи
jackhammer бурильный молоток
jack-in-the-box 1. винтовой домкрат 2. дифференциал, дифференциальная передача; уравнитель 3. струбцина
jacklift грузоподъёмная тележка
jackmill бурозаправочный станок
jacknife складной, опускающийся (*при перевозке*)
jackshaft промежуточный вал; передаточный валик; вал контрпривода; полуось
jack-up самоподъёмное основание
cantilever ~ самоподъёмное основание с консолью (*под вышку*)
tender-assisted ~ самоподъёмное основание, обслуживаемое тендером
jag насекать рубцы, зазубривать; расчеканивать
jagged неровный, зазубренный, заершенный
jam 1. заедание, защемление, застревание ‖ заедать, зажимать, заклинивать 2. перебой в работе (*машины*), неполадка
jammed застрявший, защемлённый, заклиненный

jamming 1. заедание, защемление, заклинивание, застревание 2. перебой в работе (*машины*), неполадка
jar 1. сотрясение, толчок; вибрация 2. кувшин; банка; сосуд 3. яс ‖ работать при помощи яса; выбивать прихваченный снаряд 4. бурить ударным способом
bumper ~ отбойный яс
casing cutter ~ яс для труборезок
drilling ~ бурильный яс
fishing ~ ловильный яс
rotary ~ буровые ножницы, яс (*ловильный инструмент*)
jarring 1. действие буровых ножниц [яса] при ловильных работах 2. вибрация, встряхивание 3. освобождение (*при помощи яса*) оставшегося в скважине инструмента
jat джэт (*один из видов перемежающегося [периодического] газлифта*)
jaw 1. кулачок; губка; щека; плашка 2. зажимная губка (*машины для стыковой сварки*) 3. *pl* тиски; клещи; зажимное приспособление
Jay:
left-hand ~ левый байонетный паз
right-hand ~ правый байонетный паз
jel гель, студень ‖ желатинировать; застудневать
Jel-Oil *фирм. назв.* буровой раствор на углеводородной основе
Jelflake *фирм. назв.* целлофановая крошка (*нейтральный наполнитель для борьбы с поглощением бурового раствора*)
jellied загустевший
jellification застудневание; желатинизация
jelling загустевание (*цементного раствора в начале схватывания*); застывание (*желатина в инклинометре Мааса*)
jerk толчок; рывок; резкое движение ‖ дёргать, толкать; двигаться рывками
jet 1. струя 2. жиклёр, форсунка, сопло 3. реактивный (*о двигателе*); струйный 4. брызгать, бить струёй 5. гидромонитор 6. всасывающая сетка
cutting ~ режущая струя; струя режущего газа
cutting-oxygen ~ струя режущего кислорода
discharge ~ выкидная струя
gas ~ газовая струя; газовая горелка
plasma ~ плазменная струя
positioning ~ маневровое гидроструйное устройство (*подводного оборудования*)
sand ~ пескоструйный аппарат
water ~ 1. гидравлический размыв (*выходящей из сопла струёй жидкости высокого давления*) 2. сопло (*инструмента для гидравлического размыва*) 3. струя воды ‖ водоструйный
jetting промывка скважины сильной струёй воды; гидравлический способ бурения мелких скважин; гидравлическое бурение
jetty пирс, пристань; волнолом, мол

oil ~ нефтяной пирс, нефтяная пристань

jib стрела (*подъемного крана*); крановая балка; укосина; консоль

jig 1. зажимное приспособление ‖ зажимать, закреплять 2. кондуктор; калибр; шаблон; сборочное приспособление
air ~ приспособление с пневматическими зажимами
assembly ~ сборочное приспособление
bending ~ приспособление для испытания на загиб
flexible ~ регулируемое (*сварочное*) приспособление
hand operated ~ приспособление с ручными зажимами
holding ~ зажимное приспособление
power-operated ~ приспособление с механическим приводом
rotary ~ поворотное приспособление
test ~ приспособление для испытаний
welding ~ сварочное приспособление

job 1. работа, операция 2. обрабатываемое изделие, деталь 3. рабочее задание, наряд 4. место, служба
acidizing ~ работы по кислотной обработке (*скважины*)
bad fishing ~ сложные ловильные работы
bradenhead squeeze ~ цементирование под давлением с закачиванием жидкости непосредственно в колонну (*без спуска заливочных труб*)
casing cementing ~ цементирование обсадной колонны
cementing ~s работы по цементированию (*скважины*)
clean-up ~ s работы по очистке скважины
diving ~ водолазные работы (*по обслуживанию морских нефтепромысловых сооружений*)
fishing ~ ловильные работы в скважине
liner ~ s работы по спуску хвостовика
maintenence ~ текущий ремонт
odd ~ s разные [вспомогательные] работы
piling ~ буровая установка, смонтированная на подвышечном основании (*при морском бурении*)
sand washing ~ работа по размыву песчаных пробок (*в скважине*)
secure ~ станок и установка, которую можно на некоторое время оставить без присмотра
single ~ однократная операция
stimulation ~ s работы по вызову или интенсификации притока из скважины
turnkey ~ сдача или передача работ в готовом виде (*выполнение работ подрядчиком до определенной стадии с принятием на себя риска*)
turnover ~ работы по капитальному ремонту

jog 1. толчок; встряхивание 2. остановка изменения температуры на кривой охлаждения или нагрева 3. медленная подача

join соединение; сочленение, связь ‖ сращивать; соединять, наращивать, связывать; примыкать, наставлять

joined составной; соединенный, присоединенный

joint 1. замок, муфта, соединение, стык; сварное соединение; шов; спай 2. *горн.* трещина отдельности; плоскость соприкосновения; линия кливажа 3. связь; сплетение, скрутка; сочленение 4. шарнир, шарнирная связь
safety ~ with lefthand release освобождающийся переводник с левой резьбой
~ of drill pipe звено бурильных труб, заканчивающееся замком
~ of casing звено обсадных труб
abutment ~ соединение впритык; соединение встык
abutting ~ *см.* abutment joint
angle ~ соединение (*деталей*) под углом; угловое соединение
arc-welded ~ *св.* соединение, выполненное дуговой сваркой
backed butt ~ стыковое соединение с отстающей подкладкой
ball ~ шаровое шарнирное соединение (*водоотделяющей колонны*); шаровой шарнир, сферическое сочленение
ball-and-socket ~ шаровое шарнирное соединение, универсальный шарнир
bayonet ~ штыковое соединение, соединение с защелкой
bell-and-plain end ~ соединение труб разного диаметра без развальцовки или обжатия концов труб
bell-and-spigot ~ соединение труб раструбом; муфтовое соединение
bell hit ~ соединение враструб с развальцовкой наружной трубы
belt ~ приспособление для соединения ремней, ременная застежка
bevelled ~ соединение с прямолинейным скосом кромки или кромок
blast ~ *см.* bell hit joint
bevel-groove ~ соединение с прямолинейным скосом кромки или кромок
bracket ~ соединение с косынкой
branch ~ тройниковое соединение; врезка ответвления в трубопровод
branch tee saddle ~ Т-образное соединение труб с фасонной обрезкой свариваемой кромки отвода
butt ~ *см.* abutment joint
butt rivet ~ стыковое заклепочное соединение (*с накладками*)
buttered ~ *св.* соединение с предварительной наплавкой промежуточного металла на свариваемые кромки
buttress thread tool ~ замковое соединение с трапецеидальной резьбой (*для соединения труб больших диаметров*)
but-welded ~ *св.* стыковое сварное соединение

casing ~ трубное соединение (*обсадных труб*)
close(d) ~ *св.* соединение без зазора; соединение, подготовленное под сварку без зазора
cluster ~ соединение нескольких элементов, сходящихся в одной точке
composite ~ комбинированное соединение
compression coupling type ~ s эластичные прокладки в стыках трубопроводов
conductor suspension ~ секция колонны направления для подвески головок последующих обсадных колонн
conduit ~ соединение труб, стык трубопроводов
corner ~ угловое соединение
cross ~ горизонтальная трещина, поперечная трещина
crossover ~ переходная секция (*обсадной колонны, служащая для соединения устьевой головки с остальными трубами*)
double-bead lap ~ соединение внахлестку с двумя (*угловыми*) швами
dovetail ~ соединение «ласточкиным хвостом»
dowel ~ соединение на шпильках
edge ~ торцевое соединение
elbow ~ коленчатое соединение
expansion ~ сильфонный компенсатор (*для трубопроводов*)
female ~ соединение с внутренней резьбой
field ~ монтажное соединение; монтажный стык
fixed ~ жесткое соединение
flanged ~ фланцевое соединение
«flash weld» tool ~ s приварные замки
flexible ~ гибкое сочленение, шарнирный узел
flush ~ 1. раструбное соединение; соединение впритык 2. *строит.* затертый [гладкий] шов
full hole ~ s замки с широким проходным отверстием, ШПО
gastight ~ газонепроницаемое [герметичное] соединение
gas-welded ~ соединение, полученное посредством газовой сварки
gimbal ~ шарнир кардана
girth ~ кольцевой шов
half-lap ~ соединение вполунахлестку
high resistance ~ s стыки высокого сопротивления
hinge ~ шарнирное соединение
insulating ~ s изолирующие прокладки или соединения
integral ~ s соединительные замки, составляющие одно целое с трубой
integral marine riser ~ составная секция водоотделяющей колонны (*состоит из трубы этой колонны и труб малого диаметра, служащих для регулирования давления и глушения скважины и выполненных как одно целое*)
intermediate ~ промежуточное звено
internal flush tool ~ замок с широким [равнопроходным] отверстием, ШПО
knee ~ коленчатое соединение
knock-off ~ замок для соединения насосных или ловильных штанг

knuckle ~ шарнирный отклонитель [дефлектор]; шарнирное соединение
knuckle and socket ~ шарнирно-шаровое сочленение
landing ~ установочный патрубок
lap ~ шов или соединение внахлестку; ступенчатый стык (*поршневого кольца и т. д.*)
left-hand ~ соединение с левой нарезкой
liquidtight ~ непроницаемое [герметичное] для жидкости соединение
male ~ соединение с наружной резьбой
marine riser flex ~ шарнирная секция водоотделяющей колонны; гибкая секция водоотделяющей колонны
miter ~ соединение под углом 45°; срез под углом 45°
modular type telescoping ~ сборная телескопическая секция
muff ~ соединение (*труб*) с муфтой
multi-ball flex ~ многошаровая шарнирная секция (*водоотделяющей колонны*)
nipple ~ штуцерное [ниппельное] соединение
non-rigid ~ нежесткое соединение
open ~ соединение с зазором; соединение, подготовленное под сварку с зазором
outside single-fillet corner ~ угловое соединение с одним наружным угловым швом
overlap ~ соединение внахлестку, нахлесточное соединение
pilot ~ *св.* контрольный сварной образец, образец-«свидетель»
pin connected ~ болтовое [шарнирное] соединение
pipe ~ секция труб; двухтрубка (*бурильных труб*)
pipe expansion ~ уравнительный сальник; компенсационное соединение труб
pressure balanced flex ~ шарнирный узел с уравновешенным давлением
pressure balanced slack ~ бурильный амортизирующий переводник со сбалансированным давлением
pump rod ~ s соединительные муфты насосных штанг
pup ~ короткий отрезок обсадной трубы; направляющий стержень расширителя «пилот», короткий переводник [патрубок]
recessed flanged ~ трубное соединение, при котором в одном фланце имеется выступ, а в другом выемка
regular tool ~ нормальный бурильный замок, ЗН
reinforced ~ усиленное соединение; соединение с накладкой
right-hand ~ соединение с правой нарезкой
regid ~ жесткое соединение
riser pipe ~ трубная секция водоотделяющей колонны

riser pup ~ короткая секция водоотделяющей колонны
rivet(ed) ~ заклепочное соединение, заклепочный шов
safety ~ специальная муфта в головке двойной колонковой трубы, позволяющая при прихвате извлечь внутреннюю трубу с керном; освобождающийся переводник, ставящийся над утяжеленными бурильными трубами; безопасный замок; предохранительное соединение или муфта
screw ~ болтовое или винтовое соединение; свинченный стык; резьбовое соединение
screwed ~ резьбовое соединение
semirigid ~ полужесткое соединение
shear ~ соединение внахлестку, нахлесточное соединение
shear pin type safety ~ освобождающееся соединение со срезывающейся шпилькой
shoe ~ нижняя труба в колонне, на которую навинчивается башмак
shrunk-on ~ s горячая насадка [навинчивание] замков
single ball, pressure balanced flex ~ одношаровой, разгруженный (от действия давления) шарнирный узел
single-lap ~ соединение внахлестку
single rivet ~ однорядный заклепочный шов
slack ~ соединение-амортизатор
sleeve ~ муфта, муфтовое соединение
slick ~ гладкое соединение труб
slim hole ~ соединительный замок с проходом меньше нормального
slip ~ скользящее соединение; телескопическое соединение; секция
socket ~ 1. соединение муфтой 2. шарнирное соединение
socket-and-spigot ~ соединение труб муфтами или раструбами
spigot-and-faucet ~ раструбное соединение труб
spigot-and-socket ~ см. spigot-and-faucet joint
taper ~ соединение с конусной нарезкой
telescope ~ телескопическое соединение, раздвижное соединение
telescoping ~ раздвижное соединение («труба в трубе»), телескопическое соединение; телескопическая секция (водоотделяющей колонны, служащая для компенсации вертикальных перемещений бурового судна или плавучего полупогружного бурового основания)
threaded collar ~ муфта с нарезкой
tight ~ плотное соединение, герметичное соединение; уплотняющая прокладка
tool ~ замковое соединение, бурильный замок
tubing ~ соединительная муфта для насосно-компрессорных труб
union ~ муфтовое или раструбное соединение труб
unit type telescoping ~ телескопическая секция с несъемным отводным устройством
unitized ~ s замки, составляющие одно целое с трубой
universal ~ универсальный шарнир; карданное соединение
universal ball ~ шарнирный шаровой узел (*шарнирный узел в нижней части водоотделяющей колонны, позволяющий ей отклоняться от вертикали при горизонтальном смещении бурового судна или плавучего полупогружного бурового основания под действием внешней среды*)
unprotected tool ~ s неармированные замки
weld ~ сварное соединение
welded ~ *см.* weld joint
welded butt ~ сваренный встык
welding ~ сварной стык, сварной шов

jointed шарнирный, сочлененный; составной
jointer соединение, состоящее из двух сваренных между собой труб
jointing 1. стык, соединение; сочленение 2. прокладка; прокладочный материал; набивка (*сальника*) 3. трещиноватость, отдельность, сланцеватость, образование слоистости 4. сращивание, наращивание
rock ~ сцепление частиц породы
jointless 1. бесфланцевое соединение 2. бесшовный
joint-packing сцепление частиц породы
joist балка; брус; стропило; доска
floor ~ s рамные брусья (*вышки*)
jostle попеременный спуск и подъем инструмента в скважине (*для перемешивания жидкости*), расхаживание
journal 1. дневник, буровой журнал 2. цапфа, шейка, шип, пята
conical ~ коническая цапфа
pivot ~ пята, цапфа
journey 1. перемещение; рейс 2. поездка, путешествие
jump 1. скачок, резкое изменение; перепад 2. бурить ручным способом. 3. *горн.* сброс; взброс, дислокация (*жилы*), выступ 4. сваривать впритык 5. осаживать, расковывать, расклепывать
jumping 1. биение; пульсация; подпрыгивание; подскакивание; скачкообразное движение 2. осадка, расковка, осаживание, высаживание 3. бурение ручным буром
junction 1. узел, соединение 2. стык; место спая, спай
pipe ~ патрубок
juncture шов, соединение; спай
junk 1. скопившиеся на забое металлические обломки 2. утиль (*металлический*), металлолом; скрап
Jurassic юрский ‖ юрский период, юра

kaolin каолин
kaolinite каолинит
Kari (*фирм. назв.*) полимер, применяемый для загущения буровых растворов на базе пресной и минерализованной воды
keep 1. держать; сохранять; соблюдать; поддерживать 2. поддерживающая деталь 3. контрбукса 4. предохранительная защелка
~ in order содержать в порядке
~ in repair содержать в исправности
keeper держатель; хомутик; контргайка; замок
keeping:
~ of records ведение записей, регистрация
automatic station ~ автоматическое удержание на месте стоянки (*бурового судна или плавучей полупогружной буровой платформы*)
kelly рабочая или ведущая труба; квадратная штанга; квадрат
Kelzan XC *фирм. назв.* ксантановая смола с высокой молекулярной массой и длинной полимерной цепью (*загуститель буровых растворов на водной основе всех типов*)
Kembreak *фирм. назв.* кальциевый лигносульфонат
Kemical *фирм. назв.* негашеная известь
Ken-Oil *фирм. назв.* буровой раствор на углеводородной основе
Ken-X Conc. 1. *фирм. назв.* эмульгатор для инвертных эмульсий
Ken-X Conc. 2 *фирм. назв.* утяжеленная суспензия (*стабилизатор инвертных эмульсий*)
Ken-X Conc. 3 *фирм. назв.* регулятор фильтрации буровых растворов на углеводородной основе
kerf 1. разрыв; пропил; щель 2. резка (*автогенная*)
kerogen кероген (*органическое вещество битуминозных сланцев*)
kerosene керосин
Kero-X *фирм. назв.* пеногаситель
key 1. ключ; гаечный ключ 2. ключ для свинчивания штанг 3. подкладная вилка 4. заклинившийся обломок керна в керноприемной трубе, препятствующий выемке остального керна 5. клин; чека; шпонка ‖ закреплять шпонкой; заклинивать
~ on заклинивать; сажать на шпонку
control ~ контрольный переключатель
cut-off ~ размыкающая [разъединительная] кнопка
gib-head ~ шпонка (*или клин*) с выступом
gib-head taper ~ фасонная шпонка
lie ~ подкладная вилка

record ~ записывающий рычаг (*прибора*)
saddle ~ фрикционная шпонка
tong ~s сухари или плашки трубных ключей
keying клиновое соединение; закрепление шпонками
K-Flo *фирм. назв.* неионное поверхностно-активное вещество
kick 1. выброс; гидравлический удар 2. вибрация бурильного каната 3. толчок; бросок, отбрасывание; отскакивание; бросок стрелки измерительного прибора 4. рывок (*бурового снаряда в момент отрыва керна или освобождения от захвата*) 5. небольшой уступ в скважине, образующийся при входе долота в твердые породы под острым углом
~ off 1. вызвать фонтанирование (*вводом газа в скважину*) 2. выдавать нефть (*о скважине*) 3. *разг.* запустить двигатель, приводящий в действие глубинные насосы
moderate-to-severe gas ~s выбросы газа от средних до сильных
kickback обратный удар; отдача
kick-off уход [смещение] забоя от вертикали
kieselguhr кизельгур, инфузорная земля, трепел
kill 1. убивать, бить, уничтожать 2. ослаблять; успокаивать; раскислять (*сталь*) 3. протравливать 4. обесточивать, отключать, снять напряжение 5. глушить (*скважину*)
~ the well задавить скважину утяжеленным буровым раствором; заглушить скважину
killed 1. выключенный, отключенный 2. раскисленный, успокоенный (*о стали*), спокойный 3. травленый; гашеный (*об извести*) 4. заглушенная (*о скважине*)
kilodyne килодина (*1000 дин*)
kilogram килограмм
kilowatt киловатт
kilowatt-hour киловатт-час
kimberlite кимберлит (*алмазоносная порода*)
kind 1. род 2. разряд 3. сорт, категория

King-Seal *фирм. назв.* отходы текстильной промышленности (*нейтральный наполнитель для борьбы с поглощением бурового раствора*)
kink 1. петля, резкий перегиб, скручивание (*каната, проволоки*) 2. неполадка, помеха 3. *горн.* отклонение жилы 4. практические советы или указания (*напр. для устранения неполадок*)
kinking образование петель каната, скручивание
kir кир (*порода, образованная смесью загустевшей нефти или асфальта с песчанистым или глинистым материалом*)
kit 1. ящик с комплектом инструмента, инструментальная сумка 2. набор деталей, приборов или инструментов
Klearfac *фирм. назв.* вспенивающий агент [детергент] для растворов на углеводородной

Kleer-Gel *фирм. назв.* рабочая жидкость для проведения гидроразрыва

K-Lig *фирм. назв.* калиевая соль гуминовых кислот

knee 1. колено; коленчатая труба 2. косынка; наугольник 3. кронштейн 4. изгиб кривой, кривизна

~ of curve изгиб [перегиб] кривой

knife 1. нож 2. скребок; фрезерный зуб

casing ~ труборезка

hook rope ~ *см.* wire rope knife

rope ~ *см.* wire rope knife

wire rope ~ нож для резки каната в скважине

knob 1. ручка; головка; кнопка 2. ролик 3. маховичок; штурвал

adjusting ~ регулировочная головка

control ~ ручка управления

knock 1. удар; толчок; стук ‖ стучать; ударять 2. детонация; стук в двигателе ‖ детонировать

~ down разбирать; разбивать; отделять ‖ разборный

~ down the oil отделять нефть от воды

operational ~s рабочие шумы (*насоса, механизма*)

piston ~ стук поршня

knocker:

jar ~ ловильный инструмент для работы с ясом

knock-free недетонирующий

knocking стук (*в насосе или двигателе*)

knockouts ловушки (*на низких участках газовых линий для сброса газобензинового конденсата*)

know-how 1. специфика (*процесса*), технология, ноу-хау 2. квалификация (*работника*) 3. знание дела

knuckle перегиб; кулак; шарнир; поворотная цапфа

knurl накатка, насечка

Kontol *фирм. назв.* ингибитор коррозии

Ko-Seal *фирм. назв.* гранулированные кукурузные початки (*нейтральный наполнитель для борьбы с поглощением бурового раствора*)

Kotten-Plug *фирм. назв.* отходы хлопка-сырца (*нейтральный наполнитель для борьбы с поглощением бурового раствора*)

Krevice Klog *фирм. назв.* смесь гранулированной бентонитовой глины и гранулированного барита в специальных мешках, применяемая для изоляции зон поглощения

Kwik Seal *фирм. назв.* смесь гранулированного, чешуйчатого и волокнистого материалов (*нейтральный наполнитель для борьбы с поглощением бурового раствора*)

Kwik-Thik *фирм. назв.* высокодисперсный бентонитовый глинопорошок

Kwik-Vis *фирм. назв.* полимер (*загуститель для пресных буровых растворов*)

основе и бурения с очисткой забоя газообразными агентами

Kylo *фирм. назв.* полиакрилат натрия (*аналог гипана*)

lab *см.* laboratory

label ярлык; бирка; этикетка; маркировочный знак ‖ прикреплять ярлык или бирку; наклеивать этикетку; маркировать

labelled обозначенный, маркированный, меченый (*напр. радиоактивным изотопом*)

labile 1. лабильный, подвижный 2. *физ., хим.* неустойчивый, легко разлагающийся

lability неустойчивость, лабильность

~ of emulsion скорость распада эмульсии

laboratory лаборатория ‖ лабораторный

field ~ полевая [промысловая] лаборатория

labo(u)r 1. труд, работа 2. рабочая сила; рабочие; рабочие кадры

overall ~ суммарные затраты труда

lack недостаток, отсутствие ‖ испытывать недостаток; не иметь

~ of adhesion несплошность; отсутствие сцепления

~ of bond отсутствие соединения; плохое соединение; плохая связь; плохое сцепление

~ of penetration *св.* непровар

ladder лестница, стремянка, висячая лестница (*для резервуаров*)

laden 1. нагруженный 2. содержащий большое количество

~ down осевший, выпавший (*осадок*)

~ in bulk погруженный насыпью

full ~ с (*или* под) полной погрузкой

lag 1. задержка, замедление; запаздывание, отставание 2. *эл.* сдвиг фаз 3. время прохождения промывочного раствора от насоса к забою или от забоя на поверхность 4. время задержки [реакции] контрольно-измерительного прибора 5. обшивка ‖ обшивать; покрывать изоляцией

angle ~ угол отставания

instrument ~ инерция прибора

time ~ период отставания, выдержка времени; запаздывание

lagged 1. замедленный; с выдержкой времени 2. с обшивкой; с рубашкой

lagging 1. запаздывание, отставание 2. обшивка, изоляция, обмотка (*напр. трубы*), рубашка, предохранительный кожух 3. *эл.* сдвиг фаз

laid сложенный, заложенный

~ down осевший, выпавший (*осадок*)

~ up снятый для ремонта и осмотра

laitance цементное молоко

Lamco Clay *фирм. назв.* бентонитовый глинопорошок

Lamco E *фирм. назв.* эмульгатор

Lamco Fiber *фирм. назв.* измельченные стебли сахарного тростника (*нейтральный наполнитель для борьбы с поглощением бурового раствора*)

Lamco Flakes *фирм. назв.* слюдяная крошка (*нейтральный наполнитель для борьбы с поглощением бурового раствора*)

Lamco Gel *фирм. назв.* глинопорошок из вайомингского бентонита

Lamco Hydroproof *фирм. назв.* коллоидный раствор битума

Lamco Mica *фирм. назв.* слюдяные чешуйки (*нейтральный наполнитель для борьбы с поглощением бурового раствора*)

Lamco Perma Thinz *фирм. назв.* алюминиевый хромлигносульфонат

Lamco SLS *фирм. назв.* поверхностно-активное вещество (*эмульгатор*)

Lamco Starch *фирм. назв.* желатинизированный крахмал

Lamco Wallnut Shells *фирм. назв.* шелуха арахиса тонкого, среднего и грубого помола (*нейтральный наполнитель для борьбы с поглощением бурового раствора*)

Lamcobar *фирм. назв.* баритовый утяжелитель

Lamcolig *фирм. назв.* товарный бурый уголь

lamella ламель, пластинка; чешуйка

lamellar 1. многослойный, чешуйчатый (*о структуре*), пластинчатый 2. многодисковый (*о муфтах сцепления*) 3. полосчатый (*о спектре*)

lamina 1. лист, пластина 2. тонкий прослоек породы 3. плоскость излома (*породы*); плоскость отслоения

laminar 1. ламинарный (*поток*); струйчатый 2. пластинчатый; слоистый; чешуйчатый 3. листовой; листоватый

laminate 1. расщеплять(ся) на тонкие слои 2. расплющивать 3. прокатывать

laminated 1. слоистый; расслоенный 2. пластинчатый; чешуйчатый 3. листовой

lamination 1. плющение; прокатка 2. слоистость; расслоение (*дефекты трубных заготовок*) 3. лист сердечника 4. *геол.* наслоение, напластование; пластинчатая отдельность; тонкая слоистость

Lamsalgel *фирм. назв.* аттапульгитовый глинопорошок для приготовления солестойких буровых растворов

land 1. земля, почва; суша; материк; поверхность 2. местность 3. спустить (*колонну обсадных труб*)

~ the casing спустить (*или посадить*) обсадную колонну на забой

marsh ~ болотистая местность

probable oil ~ участок с вероятной нефтеносностью

prospective oil ~ земли, перспективные в отношении нефтегазоносности

proved oil ~ площадь с доказанной нефтеносностью

landing 1. спуск (*обсадной*) колонны 2. лестничная площадка 3. высадка; выгрузка 4. место в скважине, подготовленное для башмака обсадной колонны

landman геодезист

landmark 1. межевой знак; ориентир; репер, береговой знак; маркировочный знак, веха

landslide оползень, обвал

lap 1. нахлестка, перекрытие || соединять внахлестку, перекрывать 2. один оборот [круг] каната на барабане 3. притир || притирать; доводить 4. складка; морщина; напуск; сгиб; загиб || складывать; сгибать; загибать

lapped нахлестанный, соединенный внахлестку, перекрывающий

lapping 1. нахлестка, перекрытие; соединение внахлестку 2. притирка; полировка 3. величина нахлестки

lapse 1. ошибка, погрешность 2. промежуток (времени) 3. падение температуры; понижение давления

lap-welded сваренный внахлестку, нахлесточный (*о сварном соединении*)

large 1. большой; крупный; обширный 2. многочисленный

last 1. последний, конечный, крайний 2. служить, длиться, сохраняться; продолжаться

latch 1. предохранительная защелка подъемного крюка или элеватора 2. элеватор 3. затвор, защелка, запор, собачка, задвижка || защелкивать, задвигать, запирать

~ on захватить трубу (*элеватором*)

marine ~ морской замок (*для соединения элементов подводного оборудования*)

pod ~ замок коллектора (*для фиксации коллектора в гнезде*)

retrieving guide line ~ съемный замок направляющего каната

safety ~ предохранительная защелка

wire line ~ замок направляющего каната (*служащий для подсоединения направляющего каната к направляющей стойке постоянного направляющего основания*)

latching 1. автоматический затвор 2. щеколда, задвижка, собачка || защелкивание, запирание || запирающий

late 1. поздно 2. с опозданием 3. поздний; бывший, прежний

late-glacial позднеледниковый

latency скрытое состояние, латентность

latent скрытый, латентный; связанный

lateral 1. отвод трубы; ответвление 2. боковой, горизонтальный; поперечный 3. побочный, вторичный

Laterlog боковой каротаж, метод сопротивле-

ния экранированного заземления [СЭЗ] с управляемым током
Micro ~ метод сопротивления экранированного заземления [СЭЗ] с малым разносом электродов, боковой микрокаротаж
  latex латекс, млечный сок
  lattice решетка; сетка ‖ решетчатый
body-centered cubic ~ объемно-концентрированная кубическая (*кристаллическая*) решетка
crystal ~ кристаллическая решетка
cubic (*space*) ~ кубическая (*кристаллическая*) решетка
face-centerad (cubic) ~ гранецентрированная (*кубическая*) решетка
face-centered space ~ гранецентрированная (*кристаллическая*) решетка
parent ~ (*кристаллическая*) решетка основного металла
space ~ пространственная (*кристаллическая*) решетка
space-centered ~ объемно-концентрированная кубическая (*кристаллическая*) решетка
  lattice-work решетчатая конструкция; ферма
  launch 1. шлюпка, лодка, баркас, моторная лодка ‖ спускать на воду 2. бросать, метать 3. начинать, пускать в ход 4. производить пуск (*ракеты*)
  launching 1. спуск (*судна на воду*) 2. пуск [запуск] (*ракеты*)
  launder *горн*. желоб; корыто; реомойка; реожелоб, лотковый конвейер
mud ~ желоб отстойной системы
  lava лава
  law 1. закон, право (*юридическое*) 2. правило
~ of conservation of energy закон сохранения энергии
~ of constant proportions закон постоянства состава, закон постоянных отношений
~ of mass action закон действующих масс
~ of probability теория вероятности
~ of similarity закон подобия
~ of universal gravitation закон всемирного тяготения
corresponding states ~ закон соответственных состояний
distribution ~ закон распределения (*вещества в двух фазах*)
gas ~ закон идеального газа
mass action ~ *см.* law of mass action
oil and gas conservation ~ законы об охране нефтяных и газовых месторождений
perfect gas ~ *см.* gas law
power ~ степенной закон
  lay 1. слой; пласт 2. свивка каната; крутка; направление свивки проволок и стренг 3. расставлять, укладывать, класть, закладывать
~ down монтировать, устанавливать, укладывать
~ off 1. разбить сеть (*координат*) 2. останавливать (*завод, машину*)

~ out план, чертеж ‖ разработать план
left-hand ~ левая свивка (*каната*)
regular ~ стандартный тип навивки (*каната*); крестовая свивка (*каната*)
right-hand ~ правая свивка (*каната*)
  layer 1. слой, пласт, прослоек; пропласток, наслоение (*горной породы*) 2. повив (*кабеля*)
in ~s слоями, пластами
boundary ~ пограничный [граничный] слой
flow ~ слой течения [истечения]
heavy ~ мощный слой [пласт]
insulating ~ изоляционный слой
interstratified ~s включенные слои или пласты, прослои, пропластки
laminar boundary ~ ламинарный (по)граничный слой
low velocity ~ *сейсм*. зона малых скоростей
oxide ~ оксидная пленка
protective ~ защитный слой; защитная пленка
  laying 1. расположение; прокладка; укладка (*кабеля, трубопровода*); трассирование 2. слой 3. витье каната или веревки
~ off 1. остановка (*завода, агрегата и т. д.*); приостановка работ 2. откладывание (*размера*)
~ out прокладка трассы (*трубопровода*)
~ of pipeline прокладка трубопровода
pipe ~ 1. укладка труб 2. прокладка трубопровода
pipeline ~ *см*. pipe laying 2
  layout 1. проект, проектирование 2. общая схема расположения отдельных частей; расположение, разбивка, компоновка; планировка; генеральный план 3. план, чертеж; схема, эскиз 4. трассирование 5. оборудование, набор инструментов
piping ~ схема трубопровода или трубной обвязки
pipeline ~ проектирование трубопровода, трассировка трубопровода
  L-bar неравнобокий уголок
  L-beam зетовая балка; неравнобокий уголок, брус
  L.C. Clay *фирм. назв*. бентонитовый глинопорошок грубого помола
  LD-7 *фирм. назв*. пеногаситель, не обладающий поверхностно-активными свойствами
  leach 1. щелок ‖ выщелачивать 2. выщелачиваемый продукт
  leaching выщелачивание ‖ выщелачивающий
  lead [led] 1. свинец ‖ освинцовывать, покрывать свинцом 2. графит 3. грузило, отвес 4. пломба 5. уплотнительная смазка для трубных резьб
  lead [li:d] 1. эл. проводник; питающий провод; подводящий кабель; ввод; вывод ‖ проводить; вводить; выводить 2. шаг (*винта, резьбы, спирали*) 3. ход (*поршня*) 4. расстояние от забоя до точки, от которой коронку спускают на забой с вращением 5. *эл*. опережение (*по фазе*) 6. предварение (*впуска или выпуска*)
  leader 1. водосточный желоб, водосточная

труба 2. направляющий, ведущий 3. лидер, руководитель; командир 4. *эл.* проводник 5. *геол.* проводник жилы 6. ведущее колесо; ходовой винт

leading 1. опережающий, направляющий; ведущий 2. основной, главный 3. двигательный, ходовой

leak 1. утечка, течь; просачивание, фильтрация ‖ просачиваться, пропускать, протекать, стекать 2. неплотное соединение

pin-hole ~ точечная течь

pipe ~ течь в трубе

pit ~ небольшая течь в трубе (*вследствие коррозии*)

water ~ утечка воды

leakage утечка, течь, просачивание; потеря газа или жидкости из-за неплотности соединения; величина потерь или утечек

air ~ утечка воздуха

earth ~ утечка в землю

gas ~ прорыв газа, утечка газа

oil ~ утечка масла

water ~ утечка воды; фильтрационная вода

leaker 1. скважина, в которой нарушен тампонаж 2. элемент с течью

leakiness неплотность, течь; неплотное место

leaking утечка, течь ‖ неплотный

leakless непропускающий, плотный, непроницаемый, не имеющий течи, герметичный

leakproof плотный, герметичный

leak-proof *см.* leakproof

leak-tested испытанный на герметичность

leaky имеющий течь, неплотный, негерметичный, текущий, пропускающий; с плохой изоляцией

leap 1. прыжок, скачок ‖ прыгать, скакать 2. *геол.* дислокация

lease аренда; участок, отвод; контракт на аренду нефтеносного участка; арендованный нефтеносный участок ‖ арендовать, сдавать или брать в аренду

blanket ~ контракт на сдачу в аренду большого района для разработки

leather 1. кожа 2. ремень 3. кожаное изделие

pump ~ кожаная набивка [манжета] насоса

Leather Floc *фирм. назв.* волокнистый материал из кожи (*нейтральный наполнитель для борьбы с поглощением бурового раствора*)

Leather Seal *фирм. назв.* измельченные отходы кожевенной промышленности (кожа-«горох») (*нейтральный наполнитель для борьбы с поглощением бурового раствора*)

Leath-O *фирм. назв.* измельченные отходы кожевенной промышленности (кожа-«горох») (*нейтральный наполнитель для борьбы с поглощением бурового раствора*)

Lectro-Mix *фирм. назв.* смесь водорастворимых солей (*ингибитор неустойчивых глин*)

ledge 1. коренная порода; рудное тело 2. выступ; край; уступ (*в стволе скважины*) 3. жила,

залежь, пласт, отложение

left-hand 1. левый (*о резьбе*) 2. с левым ходом (*о винте*)

left-handed 1. движущийся против часовой стрелки 2. с левым ходом; с левой резьбой

leg 1. нога (*вышки*), стойка; ферма, опора; лапа; столб; подставка; колонка; косяк; колено; угольник 2. сторона треугольника; катет 3. отрезок кривой 4. *св.* сторона шва, прилегающая к основному металлу

bit ~ лапа долота (*опора шарошки*)

caisson type ~ опора кессонного типа, опорная колонна кессонного типа (*у самоподнимающихся оснований*)

jacket ~ опорная ферма для буровой платформы (*в морском бурении*)

raising ~ подъемная стойка (*мачты или вышки*)

spare ~ запас опоры (*самоподнимающегося основания*)

truss-type ~ нога основания решетчатого типа; опорная колонна сквозного типа

legislation законодательство

mining ~ горное законодательство

length 1. длина; отрезок 2. расстояние; протяжение, продолжительность 3. труба, как составляющая часть колонны

double ~ of drill pipe длина свечи из двух бурильных труб, длина двухтрубки

three ~ of casing колонна из трех обсадных труб

~ of stroke 1. величина размаха (*инструмента ударного бурения*) 2. длина хода плунжера

full ~ полная длина; во всю длину

laid ~ длина уложенных труб; длина трубопровода

overall ~ суммарная длина труб в колонне (*замеренных до свинчивания, включая длину резьбовых частей*); габаритная длина

wave ~ длина волны

working ~ рабочая длина

lengthen удлинять(ся); наращивать; растягивать(ся); продолжать(ся)

lens *геол.* линза, чечевицеобразная залежь 2. лупа, объектив 3. защитное стекло

~ out выклиниваться; сдавливать, сжимать

lensing *геол.* линзообразное [линзовидное] залегание

lenticle *геол.* линза, линзовидный пласт

lenticular чечевицеобразный, линзообразный; двояковыпуклый

leonardite леонардит (*природный окисленный лигнит*)

let 1. пускать; отпускать; освобождать 2. опускать (*перпендикуляр*) 3. разбавлять; разжижать

~ in впускать; включать

~ off спускать; выпускать

letdown разрежение; разбавление; разжижение

letter:
code ~ условная буква (*при маркировке*)
level 1. уровень, высота налива 2. нивелир; ватерпас 3. горизонт; горизонтальная поверхность 4. выравнивать, проверять горизонтальность 5. горизонтальная выработка
~ off выпрямлять (*кривую*); выравнивать
~ up выравнивать; уравнивать; нивелировать; устанавливать уровень
cross ~ поперечный уровень
datum ~ нулевая отметка, линия условного уровня; абсолютная высота
deep ~ глубокий горизонт
energy ~ энергетический уровень
fluid ~ уровень жидкости (*в скважине*)
impurity ~ содержание примесей [загрязнений]
interface ~ уровень поверхности раздела
oil ~ 1. уровень нефти (*в скважине*) 2. высота налива нефтепродукта (*в резервуаре*)
operating fluid ~ *см.* working fluid level
reference ~ уровень, от которого ведется счет; условный уровень
safety ~ водоуказатель (*в котлах*)
sea ~ уровень моря
water ~ уровень (*подземных*) вод
working ~ динамический уровень
working fluid ~ рабочий уровень жидкости

levelling 1. планировка, выравнивание, нивелировка, съемка высот местности 2. установка в горизонтальном положении, выверка 3. приведение к нормальной интенсивности 4. усредненное время, учет всех факторов при хронометрировании

lever 1. рычаг, вага, рукоятка ‖ поднимать рычагом 2. плечо рычага; балансир, коромысло
brake ~ тормозная ручка; тормозной рычаг
clutch ~ рычаг для включения и выключения кулачковой муфты (*бурового станка*)
control ~ рукоятка [рычаг] управления
coupling ~ рычаг для сцепления и расцепления муфты
foot ~ педаль; рычаг педали
hand ~ рукоятка
operating ~ переводной или перекидной рычаг, рычаг для регулирования хода, рукоятка управления, пусковой рычаг
reversing ~ рычаг перемены хода, рычаг реверсивного механизма, рукоятка обратного хода

lever-operated с рычажным управлением
Lias *геол.* лейас, нижняя юра
liberation 1. освобождение 2. *хим.* выделение (*газа*)
composite ~ смешанное выделение (*газа*)
differential ~ дифференциальное выделение (*газа*)
flash ~ однократное выделение, контактное выделение (*газа*)

licence 1. разрешение, лицензия; патент 2. водительские права

license разрешать; давать право, давать патент
lid крышка, колпак
life 1. срок службы, долговечность 2. стойкость
average ~ of well средний период жизни скважины
~ of well срок эксплуатации скважины
bearing ~ срок службы [стойкость] опор долота
bit ~ 1. срок службы долота [коронки, головки бура] 2. метраж проходки на долото
economic ~ экономически выгодный период (*эксплуатации месторождения*)
fatigue ~ усталостная стойкость, выносливость
flowing ~ фонтанный период жизни скважины
long ~ продолжительный срок службы ‖ долговечный
operation ~ *см.* service life
overhaul ~ межремонтный период
past producing ~ дебит скважины до остановки
primordial ~ жизнь [органические остатки] протерозойской эры
productive ~ продуктивная жизнь скважины, продуктивный период скважины
production ~ *см.* productive life
service ~ срок службы
shelf ~ срок годности при хранении
ultimate ~ предельный срок службы
useful ~ *см.* service life
wearing ~ срок службы до полного износа
working ~ *см.* service life

lifebelt спасательный пояс; спасательный круг
lifeboat спасательная шлюпка
lifetime 1. время жизни 2. срок службы
lift 1. поднятие, подъем ‖ поднимать(ся) 2. подъемник, подъемная машина, лифт 3. ход [движение] вверх при бурении 4. подъемная сила 5. водяной столб; высота напора; высота всасывания
air ~ эрлифт, воздушный подъемник; подъем жидкости при помощи сжатого воздуха, воздушный барботаж
artificial ~ механизированная [насосно-компрессорная] эксплуатация
capillary ~ капиллярный подъем
delivery ~ высота напора или нагнетания (*насоса*)
delivery head ~ высота подачи [подъема]
gas ~ газлифт (*давление газа, заставляющее скважину фонтанировать*)
hydraulic ~ гидравлический подъемник
hydrostatic ~ гидростатическое вытеснение
pump ~ 1. высота всасывания насоса; высота подъема нагнетаемой жидкости 2. ход поршня глубинного насоса
suction ~ высота всасывания

lifter 1. съемник; приспособление для подъема 2. захват; зацепка; сцепка
core ~ грунтоноска, керноподъемник

lifting подъем, поднимание ‖ подъемный, поднимающий(ся)

Ligco *фирм. назв.* бурый уголь
Ligcon *фирм. назв.* натриевая соль гуминовых кислот
light 1. свет; освещение; дневной свет ‖ светить, освещать 2. огонь; светильник; лампа; фонарь; фара; маяк ‖ зажигать(ся), загораться(ся) 3. светлый 4. облегченный; легкий; легковесный 5. рыхлый, неплотный 6. холостой, без нагрузки
Light Ash *фирм. назв.* безводная кальцинированная сода (Na_2CO_3)
light-duty легкого типа, облегченного типа; маломощный
light-gauge малого сечения
lignin лигнин (*составное вещество стенок древесных клеток*)
lignite лигнит, бурый уголь
chrome ~ гумат хрома, хромлигнит
lignocellulose лигноцеллюлоза
Lig-No-Sol *фирм. назв.* модифицированный лигносульфонат
lignosulfonate лигносульфонат
calcium ~ лигносульфонат кальция
chrome ~ лигносульфонат хрома, хромлигносульфонат
Ligno Thin *фирм. назв.* щелочная вытяжка бурого угля (*аналог углещелочного реагента*)
Lignox *фирм. назв.* кальциевый лигносульфонат
Lima *фирм. назв.* гидратированная [гашеная] известь
lime 1. известь, гидроксид кальция ($Ca(OH)_2$) 2. известняк
hard ~ твердый известняк
hydrated ~ гашеная известь, гидроксид кальция
hydraulic ~ гидравлическая известь
seaked ~ *см.* lime 1
slaked ~ гашеная известь (*замедлитель схватывания цемента*)
limestone известняк
bituminous ~ битуминозный известняк
granular ~ кристаллический известняк, мрамор
shaly ~ сланцевый известняк
shell ~ раковистый известняк; известняк-ракушечник
limit 1. граница; предел ‖ ограничивать; ставить предел 2. допуск 3. интервал значений
~ of accuracy предел точности
~ of elasticity предел упругости, предел пропорциональности
~ of error предел погрешности
~ of inflammability предел воспламеняемости
~ of pool граница распространения залежи
~ of proportionality *см.* proportional limit
~ of sensibility порог [предел] чувствительности
~ of stability границы устойчивости
~s of tolerance предельная норма; пределы допуска

areal ~s площадь распространения, контур (*нефтеносности*)
casing running ~ ограничения по спуску обсадной колонны
composition ~s пределы содержания
creep(ing) ~ предел ползучести
drilling ~ ограничение бурения (*напр. по погодным условиям*)
economic ~ экономический предел (*эксплуатации*)
elastic ~ предел упругости
endurance ~ предел усталости (*металла*); предел выносливости
explosivity ~ пределы взрываемости
fatigue ~ предел выносливости
heating ~ тепловой предел (*ограничивающий мощность машины*)
hoisting ~ предел подъема
load ~ предел нагрузки
lower ~ нижний предел
operating ~ эксплуатационные ограничения; ограничения по эксплуатации
plastic ~ предел пластичности
pressure ~ предельное давление, предел давления
proportional ~ предел пропорциональности [упругости]
pumping ~ предел прокачиваемости насосом
speed ~ предел частоты вращения; предел скорости
survival ~ предел «выживания» (*ограничения по погоде*)
temperature ~ предельная температура, температурный барьер
test ~s условия испытания
torsional endurance ~ предел усталости при кручении
tripping ~ ограничения спускоподъемных операций
ultimate stress ~ предельное [разрушающее] напряжение
upper elastic ~ верхний предел упругости
yield ~ предел текучести
limitation 1. ограничение; предел 2. рабочие размеры 3. *pl* недостатки
~ of a method пределы применения метода
operating ~s ограничения в режиме работы
scale ~ 1. пределы шкалы прибора 2. масштабные ограничения (*при моделировании процесса*)
limiter ограничитель
boom angle ~ ограничитель угла наклона стрелы (*крана полупогружной буровой платформы*)
limiting ограничивающий, предельный ‖ ограничение
line 1. линия (*в разных значениях*) 2. черта, штрих 3. кривая (*на диаграмме*) 4. очертания, контур 5. граница, предел 6. талевый канат, струна талевой оснастки; трос 7. путь; линия; дорога 8. магистраль; трубопровод 9. обкладка; облицовка; футеровка ‖ обкладывать; облицо-

вывать; футеровать 10. устанавливать точно; устанавливать соосно; устанавливать в одну линию
in ~ 1. лежащий на одной прямой; параллельный ‖ расположение по центру; в одну линию, в один ряд 2. линейный (*об инклинометре, ставящемся в середине бурильной колонны*)
on ~ выровненный, соосный (*о бурильной колонне по отношению к скважине*) ‖ прямолинейная скважина
~ in выверить положение станка для забуривания скважины под заданным вертикальным и азимутальным углами
~ up стыковка труб, центровка труб под сварку ‖ центрировать; прокладывать линию; располагать на одной оси; выравнивать
~ the hole крепить скважину обсадной колонной
~ with casing крепить скважину обсадными трубами
~ of bearing 1. азимутальное направление наклонной скважины 2. направление простирания пласта
~ of centers центровая линия; прямая, соединяющая центры, линия центров
~ of correlation *геол.* корреляционная линия (*на разрезе*)
~ of deflection линия прогиба
~ of dip 1. направление наклона скважины 2. направление падения пласта
~ of dislocation линия нарушения [дислокации]
~ of least resistance линия наименьшего сопротивления
~ of pumps размерный ряд насосов
~ of scatter направление рассеивания
~ of welding линия сварки, ось шва
absorbtion ~ линия спектра поглощения
admission ~ 1. линия впуска; линия всасывания 2. подводящий трубопровод
anchor ~ оттяжка, растяжка, якорный канат
back wash ~ линия для обратной промывки
bailing ~ тартальный [чистильный] канат
base ~ основная [базисная] линия; линии, от которых ведется счет рядов земельных участков в США
big inch ~ трубопровод очень большого диаметра
bleeder ~ спускной трубопровод
bleed-off ~ *см.* bleeder line
blooie ~ выкидная линия для выбуренной породы при бурении с очисткой забоя воздухом
booster ~ вспомогательная линия (*на водоотделяющей колонне, служащая для нагнетания в нижнюю часть этой колонны бурового раствора с целью увеличения скорости восходящего потока раствора и лучшего выноса выбуренной породы*)
bore-hole ~ колонна обсадных труб (*в скважине*)

boundary ~ линия раздела; граница; пограничная линия
broken ~ пунктирная линия; ломаная линия
buried pipe ~ подземный трубопровод
casing ~ талевый канат
cathead ~ канат для работы с катушкой, легость
center ~ центральная линия, ось
choke ~ штуцерная линия (*трубопровод на блоке превенторов и водоотделяющей колонне, служащий для регулирования давления в скважине*)
circulation booster ~ вспомогательная циркуляционная линия (*дополнительный трубопровод на водоотделяющей колонне для подачи в нижнюю ее часть бурового раствора с целью увеличения скорости восходящего потока в этой колонне и улучшения выноса выбуренной породы*)
coated pipe ~ изолированный трубопровод
coil type kill and choke flexible steel ~s спиральные стальные трубы линий штуцерной и для глушения скважины (*предназначенные для компенсации поворотов морского стояка*)
compressed air ~ воздухопровод (*сжатого воздуха*)
contact ~ контактные линии (*линии границ геологических формаций разных возрастов*)
contour ~ горизонталь, изолиния, контурная линия
dash and dot ~ пунктирная линия, состоящая из черточек и точек
dashed ~ пунктирная линия
datum ~ исходная линия; условная линия, от которой ведется счет

dead ~ неподвижный [«мертвый»] конец талевого каната
delivery ~ 1. выкидная линия 2. линия, по которой нефть поступает в резервуар 3. нагнетательный [напорный, подающий, питающий] трубопровод 4. ход или такт всасывания на диаграмме
dimension ~ линия, указывающая размер (*на чертеже*)
discharge ~ выкидная линия (*насоса*), напорный трубопровод
displacement ~ линия смещения
diverter ~ отводная линия (*от отводного устройства к газосепаратору*)
downstream ~ напорная [нагнетательная] линия
drilling ~ талевый канат, струна оснастки талевого блока
edge water ~ контур краевой воды
encroachment ~ линия фронта наступающей воды, контур краевой воды
equal space ~s линия равных интервалов, изохоры
exhaust ~ отводная линия, линия выпуска
fast ~ ходовая струна талевого каната
fill-up ~ линия долива скважины (*с целью воз-

мещения объема тела бурильной колонны, поднятой из скважины)
firing ~ 1. подвижной участок фронта нефтепроводных работ 2. секционный способ монтажа резервуаров
flare ~ линия, отводящая газ для сжигания (факелом)
flexible production ~ гибкий эксплуатационный трубопровод
flow ~ 1. выкидная линия; трубопровод, идущий от скважины к сепаратору 2. напорный [нагнетательный] трубопровод 3. сточный [выкидной] трубопровод 4. линия скольжения [сдвига]
gas ~ 1. газопровод 2. бензопровод
gas pipe ~ см. gas line
gathering ~ сборная линия; линия, идущая от скважины к резервуару
grade ~ линия продольного профиля (трассы трубопровода)
gravity ~ самотечный трубопровод
guy ~s оттяжки, ванты, расчалки
high tension ~ сеть высокого напряжения
injection ~ линия для закачки (инструмента в подводную скважину)
inlet ~ подводящий трубопровод
insulated pipe ~ изолированный трубопровод
intake ~ приемная [всасывающая] линия
integral choke and kill ~s линии штуцерная и глушения скважины (изготовленные заодно с секциями водоотделяющей колонны)
jerk ~ пеньковый канат для работы на катушке лебедки вращательного бурения
jetting ~ шланг для гидроструйного размыва (грунта дна моря)
kill ~ линия, подводящая раствор для глушения скважины; линия глушения скважины
lang lay ~ трос, в котором стренги и проволоки свиты в одну сторону; канат продольной [прямой] свивки
lead ~ линия от скважины до мерника, приемный трубопровод; трубопровод, соединяющий буровые скважины со сборным резервуаром
live ~ ходовой конец каната
loading ~ 1. наливная линия 2. нефтесборочная линия
long distance pipe ~ магистральный трубопровод
low-pressure pipe ~ низконапорный трубопровод
main ~ 1. коллектор в сборной системе 2. магистральный трубопровод
mandrel ~ тонкий проволочный канат
master guide ~ основной направляющий канат
measuring ~ измерительный [замерный] трос
mud (return) ~ растворная линия (от насосов к стояку)
off-stream pipe ~ трубопровод, в котором продукт не движется
oil ~ 1. маслопровод 2. нефтепровод
oil pipe ~ нефтепровод

original water ~ первоначальный контур воды
overflow ~ сточная линия
pilot ~ управляющая линия; управляющий канал (в многоканальном шланге гидравлического управления подводным оборудованием)
pipe ~ трубопровод
pitch ~ центровая [делительная] линия
pod ~ канат коллектора, канат распределительной коробки (для подъема и спуска коллектора)
pod lock ~ канал замка коллектора (для подачи рабочей жидкости в приводной цилиндр замка)
power ~ 1. передаточная тяга от группового привода 2. силовая сеть; силовая линия, силовой канал
pressure ~ нагнетательный трубопровод, напорная линия
production ~ поточная линия
production flow ~ эксплуатационный трубопровод (для транспортировки продукции скважины к пункту первичной обработки)
products pipe ~ продуктопровод
pull ~s насосные [полевые] тяги (от центрального привода)
pumping-out ~ откачивающая линия
red ~ красная линия (напр. предельная линия на шкале контрольного прибора)
reference ~ линия начала отсчета, линия приведения
retreiving ~ направляющий трос (для подъема объектов со дна моря)
rig ~ бурильный канат
riser choke ~ штуцерная линия водоотделяющей колонны
riser joint integral kill and choke ~ секция линий глушения скважины и штуцерной, выполненная заодно с секцией водоотделяющей колонны
riser kill ~ линия глушения водоотделяющей колонны
riser tensioning ~ натяжной канат водоотделяющей колонны
rod ~ насосная [полевая] тяга
rotary (drill) ~ талевый канат
sand ~ чистильный [тартальный] канат
scribed ~ метка, риска
sea ~ подводный трубопровод
seagoing pipe ~ трубопровод, проложенный по морскому дну
shale base ~ опорная линия глин (в электрокаротаже)
shot point ~ сейсм. линия пунктов взрыва
shore ~ береговая линия
shore pipe ~ береговой трубопровод
slip ~ линия скольжения [сдвига]
solid ~ сплошная линия
tapered drilling ~ проволочный канат с постепенно сужающимся диаметром
temporary guide ~ временный направляющий канат
travel ~ путь следования

trend ~ тектоническая линия
tubing ~ «трубный» канат для спуска и подъема насосно-компрессорных труб, «бесконечная» насосно-компрессорная труба
TV guide ~ направляющий канат телевизионной камеры (*для ориентированного спуска телевизионной камеры к подводному устью скважины*)
twin pipe ~ трубопровод в две нитки
unloading ~ сливной [разгрузочный] трубопровод
uphill ~ трубопровод, идущий в гору
upstream ~ всасывающая [приемная] линия
water ~ 1. водопровод 2. уровень воды
water flood ~ линия [трубопровод] для заводнения
water supply ~ водопровод
wire ~ талевый [стальной] канат
work ~ рабочий [талевый] канат

linear 1. линейный; продольный 2. погонный

liner 1. колонна труб, не доходящая до устья скважины, закрепляющая стенки скважины ниже башмака предыдущей колонны; хвостовик; потайная колонна 2. вкладыш (*шатуна насоса*); втулка; рубашка бурового насоса; цилиндровая втулка насоса; сменная гильза
~ of polished rod *см.* polished rod liner
bearing ~ вкладыш подшипника
blank ~ 1. обсадная труба эксплуатационной колонны без перфорированных отверстий 2. сплошная [неперфорированная] часть хвостовика
casing patch ~ внутренняя гильза для ремонта обсадных труб, пластырь
drilling ~ буровой хвостовик
fluid ~ рубашка цилиндра насоса
fluid cylinder ~ цилиндровая втулка гидравлической части насоса
flush joint ~ фильтр с равнопроходным соединением
joint ~ прокладка между фланцами, уплотнение стыка
patch ~ внутренняя гильза, перекрывающая и герметизирующая поврежденное место колонны обсадных труб
perforated ~ перфорированный хвостовик, перфорированная эксплуатационная колонна
pipe ~ обсадная труба; хвостовик
polished rod ~ втулка для полированного штока глубинного насоса
prepacked ~ фильтр заводского производства, состоящий из двух перфорированных телескопических труб, промежуток между которыми заполнен гравием
production ~ эксплуатационная колонна-хвостовик
pump ~ цилиндровая втулка [гильза] насоса
removable ~ вкладная [вставная] гильза
"scab" ~ изолирующий хвостовик
screen ~ перфорированный хвостовик, хвостовик с просверленными отверстиями
slotted ~ фильтр [хвостовик] с щелевидными отверстиями
spiral ~ спиральный хвостовик (*со спиральной канавкой по всей длине поверхности для облегчения условий спуска*)
stressed steel ~ гильза из напряженной стали
well ~ обсадной хвостовик
working barrel ~ втулка цилиндра глубинного насоса

lineshaft трансмиссионный вал лебедки вращательного [роторного] бурения

lineup стыковка труб, центровка труб под сварку

lining 1. прокладка; обкладка; облицовка; футеровка; обшивка 2. заливка (*вкладыша подшипника*) 3. грунтовка 4. рихтовка; выпрямление, выравнивание
~ of pipes центровка труб под сварку
brake ~ тормозная подкладка, колодка
brake band ~ *см.* brake lining
concrete ~ бетонная облицовка
gunite ~ защитное покрытие из торкрет-бетона

link 1. звено (цепи); сцепление, связь, соединение 2. тяга; шарнир; серьга; штроп элеватора; шатун ‖ соединять, сцеплять, связывать
acoustic communications ~ линия акустической связи (*в системе аварийного управления подводным устьевым оборудованием*)
chain ~ звено цепи
connecting ~ 1. штроп 2. линия связи
cross ~ поперечная связь
explosive ~ взрывное звено (*якорного устройства, предназначенного для аварийной отдачи якоря*)
looped ~ серьга; скоба
offset ~ переходное звено (*втулочно-роликовой цепи*)
pile-to-jacket ~ крепление свай к опорным фермам (*морского основания*)
repair ~ звено для временного соединения оборванной цепи
rod-line connecting ~s штропы для полевых тяг
safety ~ предохранительный штроп
tubing connecting ~s штропы для насосно-компрессорных труб
weldless ~ бесшовный штроп (*элеватора*)

linkage 1. сцепление; связь; соединение 2. рычажный механизм, рычажная передача 3. эл. потокосцепление, полный поток индукции 4. сбойка (*между скважинами*)
electrical ~ электрическая система связи

linked сопряженный; сочлененный; соединенный; связанный

linking сопряжение; сочленение; соединение; связь

linkwork 1. распределительные рычаги (*механизма клапанного распределения*) 2. шарнирный механизм

lip 1. буртик; выступ; фланец; край 2. режущая кромка; режущее ребро 3. резак

liquate 1. плавить(ся) 2. сжижать(ся) 3. ликвировать

liquation 1. сжижение (*газа*) 2. ликвация

liquefaction сжижение, ожижение; плавление
~ of gases сжижение газов

liquefy сжижать; превращать в жидкое состояние

liquid 1. жидкость || жидкий 2. гидравлический
corroding ~ жидкость, вызывающая коррозию; жидкая агрессивная среда
discharged ~ вытесненная жидкость; отработанная жидкость
immiscible ~s несмешивающиеся жидкости
inflammable ~ легковоспламеняющаяся [огнеопасная] жидкость
natural gas ~s газоконденсатные жидкости, жидкости из природного газа (*газовый бензин, сжиженные нефтяные газы, продукты рециркуляции*)
single ~ однородная жидкость
solvent ~ жидкий растворитель
thick ~ вязкая жидкость

liquor 1. жидкость, раствор 2. щелок
alkali ~ раствор щелочи; отработанная щелочь, щелочные отбросы
sulfite ~ сульфит-спиртовая барда, ССБ

list 1. список, перечень, реестр 2. полоса; кромка; кайма; бордюр; край 3. крен
check ~ перечень, список
price ~ прейскурант

litharge глет, моноксид свинца (*утяжелитель для бурового раствора*)

lithoclase литоклаз (*трещина в породе*)

lithogenesis литогенез

lithological литологический

lithology литология

live 1. эл. находящийся под напряжением 2. переменный, временный (*о нагрузке*) 3. действующий 4. живой; быстрый; деятельный

load 1. груз; нагрузка; загрузка || грузить; нагружать; загружать 2. заряд; забойка (*скважинного заряда водой или буровым раствором*) || заряжать 3. *pl* отдельные блоки передвижного оборудования
actual ~ действующая нагрузка; полезная нагрузка
allowable ~ допустимая нагрузка
alternating ~ знакопеременная нагрузка
axial ~ осевое усилие, осевая нагрузка
balanced ~ симметричная нагрузка
balancing ~ уравновешивающая нагрузка
basic ~ статическая [основная] нагрузка
bearing ~ нагрузка на подшипники
bending ~ изгибающая нагрузка
bit ~ нагрузка [давление] на долото при бурении
brake ~ тормозная нагрузка
breaking ~ разрушающая нагрузка; разрывное усилие
buckling ~ нагрузка, вызывающая продольный изгиб
burst ~ предельная нагрузка
changing ~ переменная нагрузка
compensating hook ~ компенсируемая нагрузка на крюке
compression ~ сжимающая нагрузка
concentrated ~ сосредоточенная нагрузка
connected ~ присоединенная нагрузка; установленная мощность
continuous ~ постоянно действующая нагрузка; равномерно распределенная нагрузка
dead ~ статическая нагрузка (*напр. на вышку*); собственный вес
design ~ *см.* rated load
discontinuous ~ быстроменяющаяся нагрузка
distributed ~ распределенная нагрузка
even ~ *см.* distributed load
excess ~ перегрузка
fluid ~ нагрузка на жидкость
fractional ~ частичная [неполная] нагрузка
full ~ полная [предельная] нагрузка; полный заряд
gust ~ нагрузка от порывов ветра
hook ~ нагрузка на крюке
impact ~ динамическая [ударная] нагрузка
impact allowance ~ допускаемая динамическая нагрузка
impulsive ~ *см.* impact load
initial ~ предварительная [начальная] нагрузка
installed ~ присоединенная нагрузка; установленная мощность
instantaneus ~ мгновенная [кратковременная] нагрузка
intermittent ~ повторно-кратковременная нагрузка
light ~ неполная нагрузка
linear ~ нагрузка на погонную единицу длины
live ~ переменная [динамическая, подвижная] нагрузка
maximum ~ предельно допустимая нагрузка
momentary ~ *см.* instantaneus load
net ~ полезная нагрузка, полезный вес или рабочий груз; вес нетто
normal ~ *см.* rated load
operating ~ рабочая [эксплуатационная] нагрузка; полезная нагрузка; полезный груз
overburden ~ горное давление; давление вышележащих пород
partial ~ частичная нагрузка, частично распределенная нагрузка
peak ~ пиковая [максимальная] нагрузка
permanent ~ постоянная [длительная, статическая] нагрузка
point ~ сосредоточенная нагрузка
polished rod ~ нагрузка на полированный шток
pressure ~ напряжение сжатия

proof ~ пробная максимальная нагрузка при испытании
pulsating ~ толчкообразная нагрузка
pump ~ общее гидравлическое сопротивление, преодолеваемое насосом
quiescent ~ статическая нагрузка
radial ~ радиальная нагрузка
rated ~ расчетная [номинальная] нагрузка
reactive ~ реактивная нагрузка
repeated ~ повторная нагрузка
resultant ~ результирующая нагрузка
reversal ~ *см.* alternating load
safe ~ предельная нагрузка; предельное напряжение, допускаемая нагрузка, безопасная нагрузка; допускаемое напряжение
safe bearing ~ допускаемая нагрузка
service ~ рабочая [эксплуатационная] нагрузка; полезный груз
shear ~ срезывающее усилие
shock ~ *см.* impact load
single ~ сосредоточенный груз; сосредоточенная нагрузка
single point ~ *см.* single load
specified ~ *см.* rated load
tensile ~ растягивающее [разрывное] усилие
tension failure ~ разрушающая [растягивающая] нагрузка
test ~ пробная нагрузка при испытании
thrust ~ осевая нагрузка, осевое давление
torque ~ скручивающее усилие, скручивающая нагрузка, нагрузка крутящим моментом
torsional ~ *см.* torque load
total ~ 1. общий вес; вес брутто 2. полная нагрузка
trial ~ пробная нагрузка
ultimate ~ предельная [критическая] нагрузка
unbalanced ~ неуравновешенная [неравномерная] нагрузка
uncompensated ~ неуравновешенная нагрузка
uniform ~ равномерно распределенная нагрузка
uniformly distributed ~ *см.* uniform load
unit ~ удельная нагрузка, нагрузка на единицу площади
unit wind ~ удельная ветровая нагрузка
useful ~ полезная нагрузка; грузоподъемность
working ~ *см.* operating load

load-bearing несущий нагрузку
loaded 1. нагруженный 2. заряженный

loading 1. нагрузка, груз, погрузка, загрузка 2. зарядка, заряжение (*шпуров, скважин*)
~ in bulk нагрузка насыпью (*или навалом*)
bottom ~ налив снизу
dynamic ~ динамическая нагрузка
elastic ~ нагрузка, создающая напряжения ниже предела упругости
external ~ внешняя нагрузка
fatigue ~ нагрузка, вызывающая усталость (*металла*)
impact ~ *см.* impact load

plastic ~ нагрузка, вызывающая пластическую деформацию
power ~ нагрузка на единицу мощности; силовая нагрузка
service ~ рабочая [эксплуатационная] нагрузка
tensile ~ растягивающая нагрузка

loam суглинок; молодая глина; нечистая глина; жирная глина; иловка
local 1. местный 2. частный
locality местность; район; участок
localization локализация; определение местонахождения
localize локализировать; определить местонахождение
locate 1. обнаружить; установить 2. определить местоположение 3. ограничить, оконтурить 4. расположить, разместить 5. трассировать
located расположенный, обнаруженный, определенный
locating 1. местонахождение, определение (*места*) 2. установочный
location 1. определение местоположения; место; положение 2. точка или место заложения скважины 3. размещение, расположение 4. трассирование
~ of oil reserves размещение запасов нефти
~ of well расположение скважины, выбор места для бурения скважины
abandoned ~ ликвидированная буровая; оставленная буровая площадка
bottom-hole ~ местонахождение забоя
proposed bottom-hole ~ предполагаемое местонахождение забоя
well ~ местоположение [местонахождение] скважины
locator 1. фиксатор; контрольный штифт 2. локатор; искатель; уловитель (*шума*)
casing collar ~ локатор муфтовых соединений обсадных труб, муфтовый локатор
collar ~ *см.* casing collar locator
pipe ~ прибор для обнаружения старых заглубленных трубопроводов, трубоискатель
tool joint ~ локатор замков бурильной колонны (*для определения положения замка бурильной трубы относительно плашек подводных превенторов*)

lock 1. замок; затвор; запор; щеколда; защелка ‖ запирать; затворять; защелкивать 2. стопор, стопорное приспособление, зажим, зажимное приспособление ‖ стопорить 3. блокировать 4. поворот (*ручки управления*) до отказа 5. сцеплять; соединять; закреплять
clutch ~ 1. замыкание [сцепление] муфты 2. замок
gas ~ газовая пробка
inner barrel ~ замок внутренней трубы (*телескопической секции водоотделяющей колонны*)
male riser ~ ниппель соединения водоотделяющей колонны или морского стояка; охваты-

ваемая часть соединения водоотделяющей колонны (*для стыковки секций водоотделяющей колонны друг с другом*)
nut ~ контргайка, стопорная гайка, гаечный замок
wedge ~ клиновой фиксатор (*для фиксации положения плашек при их закрытии*)

locking 1. запирание; замыкание; застопоривание ‖ стопорный 2. блокировка 3. замыкающий механизм; сцепляющий механизм
mechanical ~ с механической блокировкой

locus 1. местоположение 2. траектория 3. геометрическое место точек; графическое изображение движения; годограф

lodge:
become ~ in a hole остаться в скважине

lodged заклиненный (*напр. керн*)

log 1. буровой журнал, буровой рапорт 2. геологический разрез 3. каротажная диаграмма 4. *разг.* вращение снаряда без углубки 5. *pl* сведения бурового журнала
~ of hole 1. буровая колонна 2. *геол.* разрез по данным бурения
profile ~ of water injection well профиль приемистости нагнетательной скважины
boring ~ *см.* log 1
caliper ~ кавернограмма
cement bond ~ цементограмма
chlorine ~ хлор-каротаж
contact ~ метод или диаграмма микрозондирования
continuous velocity ~ непрерывный сейсмокаротаж скорости, акустический каротаж
current focusing ~ каротаж с использованием фокусировки тока
density ~ диаграмма плотностного каротажа
drill ~ 1. буровой разрез 2. буровой рапорт
driller's ~ журнал буровой скважины, буровой журнал
drilling time ~s диаграмма скорости проходки (*механический каротаж*)
electric ~ электрокаротажная диаграмма
fracture-evaluation ~ каротаж с целью оценки пористости
gamma-ray ~ диаграмма гамма-каротажа
guard electrode ~ электрокаротаж с охранным или экранированным электродом (*разновидность метода СЭЗ с управляемым током*)
induction electrical ~ индукционный каротаж
noise ~ шумовой каротаж
permeability profile ~ профиль проницаемости
radioactivity ~ диаграмма радиоактивного каротажа (*или гамма-каротажа*)
rate-of-penetration ~ каротаж механической скорости проходки
sieve residue ~ каротаж по выбуренной породе
sonic ~ акустический каротаж
sonic cement bond ~ акустическая цементометрия

thermal decay time ~ каротаж методом измерения времени термического распада
usable ~ доброкачественная диаграмма (*каротажа*)
well ~ 1. буровой журнал 2. разрез по буровой скважине; каротажная диаграмма
well test ~ 1. метод [система] регистрации основных параметров, контролируемых при пробной эксплуатации скважин

logger 1. прибор для каротажа 2. прибор, автоматически сканирующий и записывающий параметры процесса

logging 1. каротаж, скважинные исследования 2. запись показаний приборов; регистрация результатов испытаний 3. запись в журнале
automatic ~ автоматическая регистрация результатов измерений или испытаний
caliper ~ снятие кавернограммы
cement bond ~ цементометрия
density ~ плотностной каротаж
direct digital ~ дискретная система непосредственного получения каротажных диаграмм или результатов измерений
downhole ~ промысловые геофизические работы
electric ~ электрокаротаж, электрометрия (*скважин*)
evaluation ~ каротаж, проводимый с целью определения продуктивности пласта
gamma-gamma ~ гамма-гамма каротаж
gamma-ray ~ гамма-каротаж
induction ~ индукционный каротаж
mud ~ газовый каротаж
multispaced neutron ~ нейтронный каротаж с различным расстоянием между источником нейтронов и индикатором излучения
neutron ~ нейтронный каротаж, нейтронометрия скважин
neutron-Brons ~ брон-нейтронный каротаж; нейтрон-нейтронный каротаж
neutron-neutron ~ нейтрон-нейтронный каротаж
nuclear magnetic ~ ядерно-магнитный каротаж
pulsed neutron capture ~ каротаж методом захвата импульсных нейтронов
radiation ~ радиоактивный каротаж
resistivity ~ каротаж по методу сопротивления
shielded-electrode ~ каротаж с экранированными электродами
sound ~ сейсмокаротаж, акустический каротаж
well ~ каротаж; составление геологического разреза по скважине
well radioactivity ~ радиоактивный каротаж скважин

logistics техника снабжения, снабжение
Loloss *фирм. назв.* смола-флокулянт
long-run длиннорейсовый
longitude географическая долгота
longitudinal продольный

loop 1. обводная линия, обводной трубопровод 2. петля, дужка, скоба 3. *геофиз.* спира

choke and kill line flex ~s гибкие обводные трубы линий штуцерной и глушения скважины
expansion ~ дугообразный температурный компенсатор (*горячего трубопровода*); расширительная или уравнительная петля в трубопроводе
flow-line ~ подводная фонтанная арматура с петлеобразными выкидами
TFL ~s петли для закачки инструмента через выкидные линии
underwater tree flow line ~s петлеобразные выкиды подводной фонтанной арматуры (*для вертикального ввода в скважину специального инструмента*)
unit ground ~ единичный контур циркуляции индуктированных токов в породе (*в индукционном каротаже*)

loose 1. свободный, свободно сидящий; сидящий неплотно; соединенный нежестко; имеющий «игру»; разболтанный; незатянутый; ненатянутый 2. съемный; разъемный; вставной 3. рыхлый; сыпучий 4. холостой

loosen 1. освободить (*напр. застрявший в скважине инструмент*) 2. ослаблять, отпускать; откреплять; расшатывать

loosened отделившийся, разрушившийся, несвязанный, слабый (*грунт, порода*)

lop-sided неровный, накрененный; покосившийся; перекошенный; несимметричный

lorry 1. грузовой автомобиль, грузовик 2. *ж.д.* платформа
tank ~ автоцистерна

lose терять; тратить; утрачивать

loss 1. потеря 2. убыток; ущерб; урон 3. угар (*металла при плавке*) 4. *геол.* вынос
~ due to leakage потери вследствие утечки
~ in bends потеря напора от трения в коленах труб и отводах
~ in head падение [потеря] напора
~ of circulation потеря циркуляции; уход бурового раствора; поглощение (*бурового раствора*)
~ of fluid into the formation уход бурового раствора в пласт
~ of head *см.* loss in head
~ of life сокращение срока службы
~ of petroleum products потери нефтепродуктов (*при хранении, транспортировке*)
~ of phase выключение [обрыв] одной фазы
~ of pressure падение давления
~ of returns потеря [уход] циркуляции; уход бурового раствора; поглощение (*бурового раствора*)
API fluid ~ водоотдача, измеряемая по методике АНИ
average filling ~ средние потери от больших «дыханий» (*резервуара*)
breather ~ потери от «дыхания» резервуаров
breathing ~ *см.* breather loss
circulation ~ прекращение циркуляции (*вследствие ухода раствора в поглощающую зону*), поглощение
contraction ~es потери напора в результате уменьшения сечения трубы
discharge ~es потери при выкиде
discharge pipe ~es (*гидравлические*) потери на напорной или нагнетательной линии
dynamic fluid ~ водоотдача в динамических условиях
evaporation ~es потери от испарения
filter ~ водоотдача, фильтрация
filtration ~ фильтрационные потери (*воды из бурового раствора в окружающую пористую породу*)
fluid ~ 1. фильтрация, водоотдача 2. поглощение промывочной жидкости
friction ~ потери на трение
gas ~ утечка газа, потери паров бензина
head ~ падение [потеря] напора
heat ~ тепловые потери, теплоотдача
invisible ~ невидимые потери, потери от испарения
leakage ~es потери (*напр. давления сжатого воздуха*) в результате утечки
low water ~ низкая водоотдача
non-load ~ потери при холостом ходе
oil shrinkage ~es потери нефти при испарении
oil stock ~es потери нефтепродуктов при хранении
power ~ потеря энергии, потеря мощности, падение мощности
pressure ~ потеря напора [давления] (*в трубопроводе*); падение давления
pumping ~es потери при перекачке, потери от больших «дыханий» (*при сливе — наливе горючего в резервуар*)
relaxed fluid ~ нефтяной фильтрат бурового раствора
thermal ~es тепловые потери
total pressure ~ суммарная потеря давления
underground ~es подземные потери
water ~ *см.* fluid loss

lot 1. партия (*изделий*) 2. много, масса

low низкий; недостаточный; незначительный; нижний
gravity ~ гравитационный минимум
topographic ~ топографическая низина

Lo-Wate *фирм. назв.* карбонат кальция (*утяжелитель для буровых растворов на углеводородной основе*)

low-density малой плотности, малого удельного веса

low-duty маломощный, с легким режимом работы; легкого типа

lower спускать, опускать, понижать, снижать || нижний
~ into the well спускать в скважину (*трубы, инструмент*)

Lower-48 штаты США, расположенные между Канадой и Мексикой

lowering опускание; спуск; понижение; опускание || опускающийся; откидной; спускающийся; понижающийся
~ in опускание (*трубопровода*) в траншею
~ the casing спуск обсадных труб
low-grade 1. низкосортный, низкопробный; бедный (*о руде*) 2. с небольшими подъемами или уклонами
low-gravity с малым удельным весом, малой плотности
low-voltage низковольтный; действующий при минимальном напряжении; минимального напряжения
lube 1. машинное масло 2. смазка
Lube-Flow *фирм. назв.* ингибитор неустойчивых глин
Lube-Kote *фирм. назв.* серебристый графит (*понизитель трения и смазывающая добавка*)
Lubetex *фирм. назв.* понизитель трения для буровых растворов и жидкостей для ремонта и заканчивания скважин
luboil смазочное масло
lubricant смазочный материал, смазочное вещество, смазочное масло, смазка
extreme pressure ~ противозадирная смазка
grease ~ густая [консистентная] смазка
liquid ~ жидкая смазка
rope ~ смазка для канатов
water soluble ~ водорастворимое масло (*специальный концентрат для приготовления рабочей жидкости для системы гидравлического управления подводным устьевым оборудованием*)
lubricate 1. смазывать 2. *разг.* задавить, [залить] скважину глинистым раствором
lubrication смазка, смазывание; подача смазки
forced ~ смазка под давлением; автоматическая смазка
mist ~ смазка распылением
mud ~ глушение скважины буровым раствором
power ~ механическая смазка под давлением
pressure ~ принудительная смазка, смазка под давлением
lubricator лубрикатор, масленка; лубрикаторная труба; смазочный прибор; смазочное устройство
casing wire line ~ лубрикатор, спускаемый в обсадную колонну на канате
mud ~ лубрикатор для глушения скважины буровым раствором
sight-feed ~ капельная масленка
tubing wire line ~ лубрикатор (*проволочный*) для насосно-компрессорных труб
lubricity маслянистость; смазывающая способность, смазочное свойство
Lubri-Film *фирм. назв.* смазывающая добавка
Lubri-Sal *фирм. назв.* тугоплавкая смазывающая добавка
lucid прозрачный; ясный

lucite люцит — органическое стекло, полиметакрилат
lug 1. выступ, лапа, прилив, утолщение, бобышка 2. кронштейн 3. шип 4. зуб (*муфты*) 5. ушко, проушина; подвеска 6. язычок 7. ручка 8. наконечник 9. зажим, хомутик 10. патрубок 11. таскать, волочить; дергать 12. *pl* стопорные устройства
breaker ~s выступы на доске для отвинчивания долота
reaming ~ прилив (*на детали*)
lug-latch защелка
Lumnite *фирм. назв.* кальциево-алюминатный [глиноземистый] цемент
lying:
deep ~ глубокозалегающий

macadam равномернозернистый, состоящий из зерен одинаковой величины
machine 1. машина 2. станок || обрабатывать на станке; подвергать механической обработке 3. агрегат; механизм 4. транспортное средство (*напр. автомобиль, самолет*)
AC welding ~ сварочная машина переменного тока; сварочный трансформатор
air-operated ~ машина с пневматическим приводом
arc-welding ~ 1. машина для дуговой сварки 2. сварочный генератор, сварочный преобразователь 3. автомат для дуговой сварки
automatic ~ автомат
automatic arc-welding ~ дуговой сварочный автомат, автомат для дуговой сварки
automatic welding ~ автоматическая сварочная машина, сварочный автомат
bag filling ~ упаковочная машина (*для упаковки цемента и химреагентов в мешки*)
bailing ~ передвижной тартальный барабан
cement-testing ~ машина для испытания цемента
centrifugal mud ~ центробежный сепаратор для очистки бурового раствора
clean-out ~ станок для очистки скважины
compression testing ~ испытательный пресс
data processing ~ устройство [машина] для обработки технологических производственных показателей
DC welding ~ сварочная машина постоянного тока; сварочный преобразователь
direct stress ~ машина для испытания осевой нагрузкой; машина для испытания на растяжение—сжатие
ditching ~ канавокопатель, траншеекопатель

dressing ~ машина для заправки долот
external water-feed ~ бурильный молоток для бурения с боковой промывкой
fatigue testing ~ машина для испытания на усталость
gas tapping ~ аппарат для сверления и нарезки отверстий в действующих газопроводах
hardness testing ~ машина для испытания на твердость
impact ~ ударный копер
internal water-feed ~ бурильный молоток для бурения с осевой промывкой
international business ~ счетно-конторская машина
jet piercing ~ устройство для проходки пород при помощи высокотемпературной огневой струи
milling ~ фрезерный станок
mortar-mixing ~ растворомешалка
pipe bending ~ гибочный станок для труб, трубогибочный станок
pipe bevelling ~ приспособление для снятия фаски на торце трубы
pipe cleaning ~ машина для чистки труб
pipe cutting ~ труборезный станок
pipe-threading ~ станок для нарезки труб
pipe-welding ~ трубосварочная машина
power ~ машина или станок с механическим приводом
pulling ~ подъемник для подземного ремонта скважин
radiation-generating ~ генератор излучения ядерных частиц
rock boring ~ перфоратор
Rockwell hardness ~ прибор для определения твердости по Роквеллу
rotary ~ роторный стол с приводным механизмом; роторный станок
screening ~ грохот, механическое сито
tensile-testing ~ разрывная машина
underwater drilling ~ подводный бурильный станок
well pulling ~ установка для подземного ремонта скважин
   machined машинной [механической] обработки; обработанный на станке
   machinery машины; машинное оборудование; механизмы
drilling ~ буровое оборудование
rig ~ оборудование буровой установки, оборудование буровой платформы
   machine-made сделанный механическим способом, машинной выработки
   machining механическая обработка
finish ~ окончательная обработка
   macrocrystalline крупнокристаллический
   macromolecule макромолекула
   macrostructure макроструктура
   Magco-Fiber *фирм. назв.* мелкорасщепленная древесная стружка (*нейтральный наполнитель для борьбы с поглощением бурового раствора*)

Magco-Mica *фирм. назв.* мелкие пластинки слюды (*нейтральный наполнитель для борьбы с поглощением бурового раствора*)
Magcobar *фирм. назв.* барит (*утяжелитель для буровых и цементных растворов*)
Magcogel *фирм. назв.* высококачественный бентонитовый порошок для приготовления бурового раствора
Magcolube *фирм. назв.* биологически разрушающая смазка для буровых растворов
Magconate *фирм. назв.* сульфированный нефтяной эмульгатор для растворов на водной основе
Magconol *фирм. назв.* пеногаситель на базе высших спиртов
Magcopolysal *фирм. назв.* органический полимер (*понизитель водоотдачи для буровых растворов*)
Magnacide *фирм. назв.* бактерицид
Magne-Magic *фирм. назв.* смесь оксида магния и кальциевых солей (*регулятор рН и понизитель водоотдачи буровых растворов*)
Magne-Salt *фирм. назв.* смесь водорастворимых солей (*ингибитор неустойчивых глин*)
Magne-Set *фирм. назв.* отвердитель бурового раствора для борьбы с поглощением
Magne-Thin *фирм. назв.* низкомолекулярный полимер (*загуститель для буровых растворов*)
magnesia оксид магния, жженая магнезия (MgO)
magnesian магнезиальный
magnesioferrite магнезиоферрит
magnesite магнезит; карбонат магния ($MgCO_3$)
magnesium магний (Mg)
magnet магнит
magnetic магнитный
magnetism 1. магнетизм 2. магнитные свойства
magnetite магнетит, магнитный железняк (*утяжелитель*)
magnetization 1. намагничивание 2. намагниченность
magnetize намагничивать(ся)
magnetograph магнитограф (*самопишущий прибор для измерения земного магнитного поля*)
magnetometer магнитометр (*прибор для измерения земного магнитного поля и исследования морского дна*)
magnetostriction магнитострикция
magnification увеличение; усиление
magnify увеличивать; усиливать
magnitude 1. величина, размер 2. значение (*цифровое*) 3. *матем.* модуль
~ of the body of water мощность водоносного горизонта
main 1. главный трубопровод; магистральный трубопровод 2. главный; коренной; основной 3. магистральный 4. *pl* сеть (*электрическая, водопроводная*)

compressed air ~ главный воздухопровод
delivery ~ магистральный канал или трубопровод
gas ~ магистральный газопровод
gas collecting ~ сборный газопровод
pump ~ напорная магистраль, напорный трубопровод
pumping ~ *см.* pump main
power ~s линия передачи электрической энергии

maintain обслуживать; содержать; эксплуатировать; ремонтировать; сохранять; поддерживать
maintainability надежность эксплуатации
maintenance 1. техническое обслуживание; эксплуатация; уход, содержание в исправности; профилактический осмотр; профилактический ремонт; текущий ремонт 2. эксплуатационные расходы, стоимость содержания
~ of circulation поддержание циркуляции
~ of mud регулирование свойств бурового раствора
~ of reservoir pressure поддержание пластового давления
pipeline ~ эксплуатация трубопровода; текущий ремонт трубопровода; обслуживание трубопровода
pressure ~ поддержание пластового давления
preventive ~ профилактический осмотр, планово-предупредительный ремонт
routine ~ профилактический осмотр, повседневное техническое обслуживание
maintenance-free не требующий ремонта; обеспечивающий бесперебойную эксплуатацию
major главный; основной
make 1. делать, изготовлять; производить; составлять 2. включать, замыкать 3. изделие 4. марка; тип; модель; конструкция
~ a connection наращивать (*бурильные трубы*)
~ a pull поднимать снаряд
~ a trip поднимать и спускать снаряд в скважину
~ down демонтировать
~ further довернуть (*резьбовое соединение*)
~ the gas выделять газ
~ through проникать (*в породу*)
~ of casing 1. длина спущенных труб (*графа бурового журнала*) 2. спуск обсадных труб
~ of string компоновка колонны (*бурильных, обсадных или насосно-компрессорных труб*)
~ up 1. собирать; производить; монтировать 2. свинчивать трубы или бурильные штанги 3. пополнять; доливать (*буровой раствор*), восполнять, возмещать 4. докреплять
maker изготовитель; производитель; завод-изготовитель; поставщик; фирма
makes-and-breaks операции свинчивания и развинчивания бурового снаряда
makeshift временное приспособление; временная мера; временное средство; замена

making 1. изготовление; производство 2. процесс; операция 3. работа, ремесло 4. форма, строение
~ a connection наращивание бурильного инструмента; наращивание обсадных труб при спуске колонны в скважину
maladjusted плохо отрегулированный
maladjustment несогласованность; плохая настройка; плохая регулировка
male входящий (*в другую деталь*); с наружной нарезкой; охватываемый
malfunction неисправная работа; неправильное срабатывание; аварийный режим
malleable ковкий; тягучий; способный деформироваться в холодном состоянии
malm мальм, белая юра; смесь глины и песка; известковый песок; мергель
maltha мальта (*черная смолистая нефть*); гудрон
man человек, рабочий ‖ укомплектовывать рабочей силой
manage 1. управлять; руководить 2. вести (*процесс*)
management 1. заведывание; правление, управление, организация 2. администрация, руководство (*предприятием*)
manager директор, управляющий, заведующий
~ of sales *см.* sales manager
general ~ директор-распорядитель
sales ~ заведующий отделом сбыта, коммерческий директор
mandrel 1. оправка для закрепления (*инструмента, изделия*) 2. шпиндель 3. сердечник, дорн 4. ползун (*пресса*)
BOP stack ~ стыковочная втулка блока превенторов (*для стыковки превенторов с водоотделяющей колонной*)
drift ~ шаблон
eccentric ~ эксцентричная оправка
friction ~ фрикционный шпиндель
locking ~ стыковочный сердечник
locator ~ установочный шток
socket ~ оправка с воронкой
wellhead ~ корпус устья; корпус устьевой головки (*толстостенная втулка, закрепляемая на конце направления, кондуктора или промежуточной колонны и служащая для соединения с устьевым оборудованием, а также подвески и обвязки в ней обсадных колонн*)
maneuverable маневренный
manganese марганец (Mn)
manhandle приводить в действие вручную
manhandled переносимый или управляемый вручную
man-hour человеко-час
manifold 1. трубная обвязка бурильных насосов 2. разветвленный трубопровод 3. сборник, коллектор 4. воздухосборный коллектор (*при бурении с продувкой воздухом с помощью не-*

скольких компрессоров) 5. распределитель 6. «паук» (*устройство для подключения нескольких пневматических бурильных молотков*) 7. труба с патрубками; патрубок 8. манифольд
auxiliary ~ вспомогательный манифольд (*клапанов и золотников управления подводным оборудованием*)
BOP ~ манифольд управления противовыбросовыми превенторами
bow ~ носовой манифольд (*для приема нефти в танкер из системы бесприкольного налива*)
bypass ~ обводной манифольд
central hydraulic control ~ центральный гидравлический манифольд управления (*сервозолотниками гидросиловой установки системы управления подводным оборудованием*)
choke ~ штуцерный манифольд (*противовыбросового оборудования*)
choke-kill ~ *см.* choke manifold
control ~ манифольд управления (*сервозолотниками гидросиловой установки системы управления подводным оборудованием*)
discharge ~ напорный патрубок (*насоса*), напорный коллектор
dual choke ~ двойной штуцерный манифольд
exhaust ~ выпускной [выхлопной] трубопровод
pipe ~ коллектор труб, сеть трубных соединений
piping ~ трубопроводная обвязка
pressure ~ 1. нагнетательное колено (*компрессора*) 2. нагнетательный [напорный] трубопровод
pump ~ коллекторная труба насоса с несколькими патрубками; обвязка насосов
single choke ~ одноштуцерный манифольд
skid-mounted control ~ манифольд управления, смонтированный на отдельной раме
underwater production ~ подводный манифольд для фонтанной эксплуатации; подводный эксплуатационный манифольд
wellhead fracturing ~ головка-гребенка для присоединения насосов к скважине при гидроразрыве пласта

manipulate манипулировать; (*умело*) обращаться; управлять (*машиной*)
manipulation манипуляция; управление (*машиной*); (*умелое*) обращение
manipulator 1. манипулятор 2. машинист, моторист
unmanned ~ манипулятор с дистанционным управлением (*для обслуживания подводного оборудования*)
man-made искусственный
manned 1. с ручным управлением 2. укомплектованный (*персоналом*)
manograph манограф, самопишущий манометр
manometer манометр
multiple ~ комбинированный манометр
pressure ~ дифференциальный манометр
man-power рабочая сила

man-shift человеко-смена
mantle 1. кожух, покрышка; оболочка; облицовка 2. *геол.* покров, нанос; мантия
manual 1. ручной; действующий от руки; с ручным управлением 2. руководство; инструкция; справочник
manual-acting приводимый в действие вручную
manual-automatic с переключением с ручного управления на автоматическое
manually вручную
manufacture 1. выпускать, производить; изготовлять 2. производство; изготовление; обработка 3. изделие; продукция; оборудование
manufacturer производитель; изготовитель; завод-изготовитель
many-staged многоступенчатый; многокаскадный
map 1. карта ‖ составлять карту; картографировать, наносить на карту 2. план ‖ составлять план
areal ~ карта с оконтуренными залежами нефти
block ~ блок-диаграмма (*геологического строения*)
contour ~ карта с нанесенными горизонталями, структурная карта
convergence ~ карта схождения
field ~ карта месторождения
isopachous ~ карта равных мощностей (*пласта*)
outline ~ контурная карта
reconnaissance ~ схематическая [эскизная] карта
sand ~ карта нефтяного пласта
sketch ~ схематическая карта
topographic ~ топографическая карта
underground structure contour ~ структурная карта (*опорного горизонта*)
mapping 1. картирование; нанесение на план, на карту; составление карты; топография 2. планирование
aerial ~ аэросъемка, воздушное картирование
close ~ детальная съемка
geological ~ геологическое картирование
margin 1. полоса; край; грань; кайма 2. (*допускаемый*) предел; граница 3. запас (*напр. прочности*) ‖ оставлять запас 4. поле (*страницы*)
safety ~ коэффициент безопасности; запас прочности; запас надежности
trip ~ запас увеличения скорости при подъеме (*бурильной колонны из скважины*)
marginal боковой, краевой; оградительный; зарамочный
marine 1. морской 2. судовой
mark 1. метка; отметка; знак; клеймо; марка ‖ ставить знак, отличать; размечать 2. штамп, штемпель; маркировка ‖ штамповать, штемпелевать; маркировать 3. ориентир; стойка; веха ‖ ставить вехи
~ off откладывать отрезок (*прямой*)

~ out размечать
bench ~ опорная отметка уровня, репер; отметка высоты над уровнем моря
brand ~ *см.* trade mark
datum ~ репер, метка; контрольная точка
gauge ~ метка, отметка, контрольная риска
identification ~ клеймо; марка; опознавательный знак
land ~ межевой столб; межа; веха; ориентир
manufacturer's ~ *см.* trade mark
polarity ~ знак полярности; обозначение полярности
punch ~ исходная точка при измерении
reference ~ начало отсчета, нуль (*условной*) шкалы
tool ~ фабричная маркировка
trade ~ заводская мерка; клеймо или марка фирмы-изготовителя, товарный знак

marker 1. знак, метка 2. указатель, индикатор; указательная веха 3. маркер, маркерный маяк 4. *геол.* маркирующий горизонт 5. инструмент для разметки
reliable ~ надежный, маркирующий горизонт
screen ~ экранный указатель
well ~ маркерный буй, опознавательный буй (*для обозначения устья подводной скважины в случае ее временного оставления*)

marking 1. маркировка, метка, разметка, отметка 2. клеймо; клеймение 3. след инструмента (*на обработанной поверхности*) 4. *св.* вмятина (*от электрода*)
die-stamp ~ маркировка (*деталей оборудования*) при помощи штампа

marl мергель; рухляк; известняк с содержанием глины; известковая глина
argillaceous ~ глинистый мергель
calcareous ~ известковый мергель; рухляк
clay ~ *см.* argillaceous marl
lime ~ *см.* calcareous marl
sandy ~ песчанистый мергель
shell ~ ракушечный мергель

marl-stone глинистый известняк

mashed смятые (*трубы в местах контакта с плашками [клиньями] захвата*)

mask:
breathing ~ респиратор; противогаз
gas ~ противогаз
welding ~ маска [шлем] для защиты лица сварщика

mass-produced серийного производства, производимый [выпускаемый] серийно

mass-transfer массообмен, перенос вещества, массоперенос; массопередача

mast 1. мачта 2. столб; стойка; опора; подпорка
A-~ А-образная мачта; двухопорная мачта
cantilever ~ консольная мачта, складывающаяся мачта
collapsing ~ складывающаяся мачта
double pole ~ двухстоечная мачта
free standing ~ мачта, не закрепленная оттяжками
full view ~ двухконсольная мачта с наружным расположением несущих элементов нижней части; А-образная мачта
hollow steel ~ стальная мачта (*из труб*)
guyed ~ мачта с оттяжками
I-beam-type ~ двухопорная мачта
jack-knife drilling ~ *см.* collapsing mast
lattice column ~ решетчатая мачта
portable ~ передвижная мачта
telescope ~ раздвижная мачта, телескопическая мачта
telescoping ~ *см.* telescope mast
single pole ~ одностоечная мачта
twin ~ *см.* A-mast

master 1. главный; ведущий; основной 2. образцовый, эталонный 3. мастер; квалифицированный рабочий 4. начальник; управляющий

mat мат; подушка; опорная плита; опорный понтон (*для уменьшения удельного давления опор на грунт*)
bottom ~ донная подушка (*самоподнимающихся оснований, предназначенная для уменьшения удельного давления опорных колонн на дно моря*)
grid ~ опорная донная плита для колонного стационарного основания гравитационного типа

match согласовывать; выравнивать, приводить в соответствие; подгонять, подбирать, соразмерять; сочетать; подходить

matched 1. согласованный; выравненный; подобранный 2. пригнанный, хорошо прилегающий

matching согласование; выравнивание; подгонка, подбор; сочетание; калибровка

mate парная деталь, сопряженная деталь ‖ сопрягать, соединять; сцепляться (*о зубчатых колесах*)

mated парный, сопряженный

material материал, вещество
absorbing ~ поглощающее вещество, поглотитель
activated ~ активированное вещество
active ~ активное вещество
adding ~ присадочный материал; присадочный металл
alternate ~s заменители (*материалов*)
asphaltic ~ природный асфальт
asphaltic membraneous ~ гидроизоляционный асфальтовый рулонный материал
base ~ *св.* основной материал; основной металл
binding ~ связующее вещество; вяжущее, цементирующее вещество
bridging ~ наполнитель для борьбы с поглощением бурового раствора, экранирующий материал
bulk ~ сыпучий материал; материал, хранящийся навалом

carrier ~ материал-носитель, вещество-носитель
caustic degreasing ~ щелочное обезжиривающее вещество
cementing ~ вяжущий материал
clay ~ глинистая порода
density controlling ~ добавка, снижающая или повышающая плотность (*бурового или цементного раствора*)
ferrous ~ черный металл
fibrous ~ волокнистый материал
fill ~ заполняющий материал (*в трещинах породы*)
filler ~ 1. присадочный металл 2. (*пористый*) наполнитель
filling ~ наполнитель
flaky ~ хлопьевидный материал, чешуйчатый материал
fluxing ~ шлакообразующее вещество; компонент флюса; флюсующее вещество
gelling ~ гелеобразующий материал, структурообразующий реагент, загуститель
high-density weighting ~ утяжеляющая добавка для буровых растворов, имеющая высокую плотность
insulating ~ изоляционный материал
jointing ~ связывающий [цементирующий] материал; материал для заполнения швов или стыков
lignitic ~ гумат (*для обработки буровых растворов*)
loose ~ сыпучий или рыхлый материал
lost circulation ~ наполнитель для борьбы с поглощением
matrice ~ 1. основная масса, основа 2. матрица 3. форма, шаблон 4. вяжущее вещество 5. кристаллическая решетка [сетка]
matrix solid ~ скелет породы
membraneous ~ листовой [рулонный] материал
original ~ *см.* base material
plastic ~ пластический материал; пластмасса
plugging ~ экранирующий [тампонажный] материал (*применяемый для блокирования зон осложнений*)
raw ~ исходный материал, сырье
sea floor ~ материал, слагающий грунт морского дна
weighting ~ утяжелитель (*для буровых и тампонажных растворов*)
weld ~ 1. свариваемый материал; свариваемый металл 2. металл шва; наплавленный металл
  matrix 1. материнская порода, основная масса; жильная порода 2. цементирующая среда; вяжущее вещество 3. матрица (*алмазной коронки*)
flow ~ система фильтрационных каналов в пласте
rock ~ скелет породы
  matter ~ 1. вещество; материя 2. материал 3. означать; значить; иметь значение

cementitious ~ вяжущее вещество
dead ~ неорганическое вещество
foreign ~ постороннее вещество, примесь
insoluble ~ нерастворимое вещество
organic ~ органическое вещество
solid ~ твердое вещество
suspended ~s взвешенные вещества
  maximize увеличивать до крайности, доводить до максимума, максимизировать
  maximum максимум; максимальное значение; максимальное количество || максимальный
gravity ~ гравитационный максимум
  mean средняя величина || средний
geometric ~ средняя геометрическая величина
  means 1. ресурсы 2. средство; способ; средства
skidding ~ for BOP салазки для перемещения превенторов
  measure 1. мера || измерять, мерить 2. доза 3. масштаб; мерило; критерий 4. мера, мероприятие 5. *pl* пласты, отложения
cross ~s *геол.* вкрест простирания
metrical ~ метрическая мера
oil ~s нефтяные пласты
precautionary ~ мера предосторожности
preventative ~ предупредительная мера
protective ~s меры предупреждения и защиты
safety ~s меры безопасности, правила безопасности, мероприятия по охране труда
tape (line) ~ мерная лента; рулетка
  measurement 1. измерение, замер; вычисление 2. система мер 3. *pl* размеры
acoustic position ~ акустическое измерение местоположения
actual ~ измерения в натуре
borehole ~s скважинные измерения
directional permeability ~s измерения проницаемости по различным направлениям
distance ~ телеизмерение
down-hole ~s замеры в скважине или на забое
kelly bushing ~ определение длины части колонны, спущенной в скважину, с помощью отметок на трубах у входа во вкладыш ведущей трубы
pendulim ~s маятниковые измерения
oil ~ замер нефти
rotary bushing ~ измерение на роторе
well ~s *см.* borehole measurements
  measurer измерительный прибор, измеритель
  measuring 1. измерение, замер || измерительный, измеряющий 2. дозирующий
  mechanic 1. механик; слесарь-механик; техник 2. машинист; оператор
  mechanical 1. механический; с силовым приводом 2. автоматический
  mechanics механика
~ of expulsion of oil механизм вытеснения нефти
applied ~ прикладная механика
fluid ~ гидромеханика
fluid flow ~ гидравлика
soil ~ механика грунтов

mechanism механизм; устройство; прибор, аппарат
actuating ~ исполнительный механизм, приводной механизм
block retractor ~ механизм для отвода талевого блока
cam ~ кулачковый механизм
clamping ~ *св.* зажимное приспособление (*машины для стыковой сварки*)
desludging ~ устройство для удаления осадка
driving ~ 1. механизм подачи 2. механизм привода
expulsion ~ механизм вытеснения (*нефти*)
feed ~ 1. механизм подачи, механизм питания 2. загрузочный механизм
lifting ~ подъемный механизм
operating ~ приводной механизм, рабочий механизм
overload-alarm ~ механизм, сигнализирующий о перегрузке
pipe handling ~ трубный манипулятор; механизм подачи и укладки труб
pipe kick-off ~ трубосбрасывающий механизм
recovery ~ механизм нефтеотдачи
reservoir producing ~ режим извлечения нефти (*из пласта*)
timing ~ 1. механическое реле времени; механический регулятор времени 2. механический прерыватель (*тока*)
travel ~ механизм передвижения
trip ~ расцепляющий механизм; выключающий механизм

mechanized механизированный; автоматизированный

medium 1. среда; обстановка, окружающие условия 2. средство; агент; способ; путь 3. средний, умеренный 4. среднее (*число, значение*)
absorbing ~ поглощающая [абсорбирующая] среда
actuating ~ рабочая среда, рабочее тело
anisotropic ~ анизотропная среда
aqueous ~ водная среда
binding ~ вяжущая среда; вяжущее вещество
circulating ~ промывочная среда (*жидкость или газ*)
dispersing ~ дисперсионная среда
dispersion ~ *см.* dispersing medium
driving ~ 1. вытесняющий агент 2. звено, передающее усилие (*ремень, цепь, тяга и т. п.*)
filter ~ набивка фильтра
porous ~ пористая среда
refracting ~ преломляющая среда
repressuring ~ вытесняющий агент, закачиваемый в пласт агент

medium-duty предназначенный для нормального режима работы, работающий в средних эксплуатационных условиях
medium-hard средней твердости
medium-grained среднезернистый
medium-sized среднего размера

medium-soft средней мягкости
meet 1. точка пересечения || пересекаться 2. удовлетворять, обеспечивать
~ a requirement удовлетворять требованию, удовлетворять техническому условию
~ service conditions удовлетворять условиям эксплуатации
melt 1. плавка || плавить(ся), расплавлять(ся) 2. таять 3. растворять(ся)
melting 1. плавка, плавление; расплавление || плавкий; плавящийся; плавильный 2. таяние
member 1. звено; член, компонент, элемент конструкции, деталь; часть; звено 2. *геол.* сочленение; колено складки; бедро складки 3. *мат.* член уравнения
~ of equation член уравнения
bracing ~ 1. ферма вышки 2. связывающий элемент (*конструкции опорной колонны решетчатого типа*)
membrane 1. мембрана, диафрагма 2. перепонка; оболочка; пленка 3. тонкий поверхностный слой
porous ~ пористый фильтр, пористая мембрана (*для разделения газов*)
memory 1. память машины, запоминающее устройство, накопитель информации 2. запись, регистрация
mend ремонтировать; исправлять
mender:
hose ~ муфта для ремонта шланга
menstruum растворитель, растворяющее средство
mercury ртуть (Hg)
merge 1. сливать(ся), соединять(ся) 2. поглощать
mesh 1. ячейка, отверстие сетки, единица измерения (*номер сита*), число отверстий на 1 линейный дюйм, меш 2. сеть, сетка 3. зацепление || зацеплять(ся); сцеплять(ся)
wire ~ проволочная сетка
meshed имеющий отверстия; решетчатый
fine ~ с мелкими ячейками, тонкий (*о сите*)
square ~ с квадратными ячейками, с ячейками прямоугольной формы
messenger 1. несущий трос [кабель, канат] 2. посыльный
Mesozoic *геол.* мезозойская эра, мезозой || мезозойский (*о периоде*)
Mesuco-Bar *фирм. назв.* баритовый утяжелитель
Mesuco-Ben *фирм. назв.* бентонит
Mesuco-Sorb *фирм. назв.* нейтрализатор сероводорода
Mesuco Super Gel *фирм. назв.* высококачественный бентонитовый глинопорошок
Mesuco Workover-5 *фирм. назв.* смесь высокомолекулярного полимера и карбоната кальция (*наполнитель для борьбы с поглощением бурового раствора*)

metal металл ‖ покрывать металлом ‖ металлический
alkali ~ щелочный металл
alkali-earth ~ щелочноземельный металл
alloying ~ легирующий металл
base ~ *св.* основной металл
cast ~ литой металл
ferrous ~ 1. черный металл; сплав на основе железа 2. сталь 3. чугун
ferrous-base ~ сплав на основе железа
hard ~ твердый сплав
hard facing ~ твердый сплав для наварки
light ~ легкий металл
non-ferrous ~ цветной металл
reactive ~ химически активный металл
reinforcing ~ *св.* металл, образующий усиление шва
sheet ~ листовой металл
upset ~ *св.* выдавленный металл (*в стыке*)
waste ~ отходы металла; брак металлических изделий; скрап
weld ~ металл сварного шва
welding ~ наплавной металл
yellow ~ латунь
   metallic(al) металлический
   metalworking обработка металлов
   metamorphism *геол.* метаморфизм
   metaphosphate метафосфат
sodium ~ метафосфат натрия ($NaPO_3$)
   meter 1. счетчик, измерительный прибор, расходомер 2. дозировать 3. измерять, замерять
alternating current ~ счетчик переменного тока
amper-hour ~ счетчик ампер-часов
batch ~ дозатор
check ~ контрольный (*измерительный*) прибор
density ~ плотномер
displacement ~ *см.* positive displacement meter
down-the-hole flow ~ глубинный [скважинный] расходомер
field ~ промысловый расходомер
float type ~ поплавковый уровнемер
flow ~ расходомер, счетчик для жидкостей и газов, объемный счетчик; указатель расхода; ротаметр; газомер; водомер
gas ~ газовый счетчик, газометр, газомер
heave ~ указатель перемещения (*для определения положения поршня компенсатора качки бурового судна*)
indicating flow ~ показывающий расходомер
large capacity ~ расходомер с большой пропускной способностью
mass flow ~ весовой расходомер
master ~ контрольный расходомер [датчик]
nuclear density ~ радиоактивный плотномер
oil ~ счетчик или емкость для замера нефти
orifice ~ *см.* orifice flow meter
orifice flow ~ диафрагменный расходомер
panel ~ щитовой (*измерительный*) прибор
pocket ~ малогабаритный измерительный прибор
positive displacement ~ расходомер объемного типа (*в отличие от вертушечного, пропеллерного типа*); расходомер с принудительным наполнением
power ~ ваттметр
pressure ~ манометр
proportional gas ~ пропорциональный газовый счетчик
rate-of-flow ~ ротаметр; расходомер; измеритель расхода (*жидкости или газа*)
recording ~ регистрирующий счетчик, самопишущий прибор
recording flow ~ записывающий расходомер
remote dial flow ~ дистанционный циферблатный расходомер
rotary gas ~ крыльчатый газовый счетчик
rotational torque ~ индикатор крутящего момента
torque ~ измеритель крутящего момента
V-G ~ вискозиметр с непосредственной индикацией
wide range orifice ~ газовый диафрагменный счетчик для больших колебаний перепада давления
   metering 1. измерение; снятие показаний ‖ измерительный 2. дозировка ‖ дозирующий
   methane метан (CH_4), болотный газ
   method метод; способ; средство; прием; технология; система; порядок
displacement ~ of plugging цементирование через заливочные трубы (*без пробок, с вытеснением цементного раствора буровым*)
micrometric ~ of rock analysis количественно-минералогический метод анализа
transient ~ of electrical prospecting метод электроразведки, использующий неустановившиеся электрические явления
tubing ~ of cementing тампонаж через заливочные трубки
~ of application методика (*выполнения работ*)
~ of mirror *см.* image method
~ of successive corrections способ последовательных поправок
~ of successive exclusions метод последовательных исключений
~ of successive substitutions метод последовательных подстановок
~ of testing метод испытания (*пластов*); метод исследования
alcohol-slug ~ метод применения спиртовой оторочки (*вытесняющего вала*) для улучшения нефтеотдачи пласта
approximation ~ метод последовательных приближений; приближенное моделирование
bailer ~ *см.* bailer method of **cementing**
barrel per acre ~ способ определения производительности месторождения с единицы площади
bottom-packer ~ тампонаж через заливочные трубы с нижним пакером
casing ~ *см.* casing method of **cementing**

casing-pressure ~ метод затрубного давления (*метод управления скважиной путем регулирования затрубного давления*)
catenary pipe laying ~ метод укладки трубопровода по цепной линии
colo(u)r band ~ способ окрашенных струй (*метод Рейнольдса при исследовании двух видов движения жидкости*)
concurrent ~ параллельный метод борьбы с выбросом; глушение скважины при непрерывной промывке
constant casing pressure ~ метод борьбы с выбросом поддержанием постоянного давления в затрубном пространстве
correlation ~ корреляционный метод
countercirculation-wash-boring ~ метод бурения с обратной промывкой
cut and try ~ *см.* trial-and-error method
cylinder ~ способ цементирования скважины с помощью цилиндрических контейнеров (*обычно картонных или бумажных*), в которых цементный раствор спускают в скважину отдельными порциями
direct fluorimetric ~ прямой люминесцентный метод
driller's ~ метод бурильщика (*метод управления скважиной при угрозе выброса*)
drop weight ~ метод взвешенных капель (*для определения поверхностного натяжения*)
DTA ~ метод дифференциально-термического анализа, ДТА
electrical conductivity ~ метод удельной проводимости
fire flooding ~ третичный метод добычи нефти созданием движущегося очага горения в пласте
firing line ~ сварка нескольких нефтепроводных труб у траншеи для спуска их секциями
gas-drive liquid propane ~ процесс закачки в пласт газа под высоким давлением с предшествующим нагнетанием жидкого пропана
hesitation ~ способ цементирования, при котором цементный раствор закачивается в скважину с выдержкой во времени
indirect ~ косвенный метод
image ~ метод зеркального отображения (*скважины*)
interval change ~ метод угловых несогласий (*определение изменений мощности слоя*)
least square ~ метод наименьших квадратов
long interval ~ *сейсм.* метод длинных интервалов
magnetic-particle ~ магнитный метод дефектоскопии (*для труб*)
"miscible plug" ~ *см.* gas-drive liquid propane method
mud-balance ~ метод определения плотности бурового раствора на рычажных весах
multiple detection ~ метод группирования сейсмографов
numerical ~ числовой метод

offset ~ метод определения остаточной деформации
pendant drop ~ метод висячей капли (*для определения поверхностного натяжения*)
penetrating fluid ~ метод гидроразрыва пласта
Penn State ~ определение относительной проницаемости пенсильванским методом
Perkins ~ цементирование скважин методом Перкинса (*двумя пробками*)
producing ~ метод эксплуатации
punching ~ метод ударного бурения
recovery ~ метод добычи
reflection ~ *сейсм.* метод отраженных волн
refraction correlation ~ *сейсм.* корреляционный метод преломленных волн, КМПВ
repressuring ~ метод восстановления давления (*в пласте*)
roll-on ~ накатный способ (*приема и снятия тяжеловесных грузов на морские специальные суда*)
safety ~ техника безопасности; способы предохранения [защиты]
sand jet ~ гидропескоструйный метод (*для разбуривания цементных пробок*)
saturation ~ объемный метод определения полного количества нефти, содержащейся на месторождении
secondary recovery ~ вторичный метод добычи нефти
sectorial pipe-coupling ~ сборка трубопровода участками (*с последующим соединением собранных участков*)
short-cut ~ сокращенный метод
short hole ~ метод коротких скважин (*для цементирования при углубке разведочных выработок*)
single core dynamic ~ динамический метод определения относительной проницаемости по отдельному образцу
tentative ~ временный метод
tertiary recovery ~ третичный метод добычи нефти
testing ~ метод испытания; метод опробования
thermal recovery ~ термическое воздействие на пласт
top-packer ~ тампонаж через заливочные трубки с верхним пакером
trial-and-error ~ метод постепенного приближения, метод последовательных приближений, метод повторных попыток, метод проб и ошибок
weight-saturation ~ определение насыщенности керна
X-ray diffraction ~ рентгеноструктурный анализ
X-ray powder ~ порошковый метод рентгеноскопии

meuble рыхлый
mho мо, сименс (*единица проводимости*)

mica 1. слюда 2. эл. миканит
micaceous слюдистый, слюдяной

micanite эл. миканит (*изоляционный материал*)

Micatex *фирм. назв.* пластинки слюды (*нейтральный наполнитель для борьбы с поглощением бурового раствора*)

microcorrosion микрокоррозия, структурная коррозия

microcrack микротрещина

microcrystalline микрокристаллический

microexamination микроисследование, исследование микроструктуры

microflora микрофлора

microflow волосовина; волосная трещина

microgauge микрометр

micro-hardness твёрдость (*пород*) по шкале Кнупа, микротвёрдость

Microlog *фирм. назв.* метод микрозондирования, микрокаротаж

micropore микропора

microporous микропористый

microscopic(al) микроскопический

microsection шлиф

microstructure микроструктура

microswitch микровыключатель; микроконтакт, миниатюрный переключатель, малогабаритный переключатель

migrate мигрировать, перемещаться, передвигаться

migration 1. миграция, движение нефти или газа через поры породы 2. перенос; перегруппировка, перемещение

capillary ~ капиллярная миграция, капиллярное движение воды

cross ~ *геол.* движение (*пластовой смеси*) поперёк напластования

lateral ~ *геол.* миграция в сторону обнажения

mil мил (*единица длины, равная 25,4 мкм*)

Mil-Bar *фирм. назв.* баритовый утяжелитель

Mil-Cedar Plug *фирм. назв.* волокно кедровой древесины (*нейтральный наполнитель для борьбы с поглощением бурового раствора*)

Milchem MD *фирм. назв.* поверхностно-активное вещество для буровых растворов

Mil-Con *фирм. назв.* нейтрализованный лигнит, модифицированный тяжёлыми металлами

mile миля (*английская* = 1609 *м, географическая* = 1853 *м*)

mileage длина или протяжённость в милях, расстояние в милях; пройденное расстояние в милях

Mil-Fiber *фирм. назв.* отходы сахарного тростника (*нейтральный наполнитель для борьбы с поглощением бурового раствора*)

Milflake *фирм. назв.* целлофановая крошка (*нейтральный наполнитель для борьбы с поглощением бурового раствора*)

Mil-Free *фирм. назв.* ПАВ, используемое в смеси с дизтопливом для установки ванн с целью освобождения прихваченных труб

Mil-Gard *фирм. назв.* нейтрализатор сероводорода для буровых растворов

Milgel *фирм. назв.* вайомингский бентонит

mill 1. завод, фабрика 2. прокатный завод [цех]; прокатный стан 3. фреза, шарошка ‖ фрезеровать 4. мельница, дробилка, бегуны ‖ молоть

ball ~ шаровая мельница

casing section ~ фрезер гидравлического действия для вырезания секций в трубах

crushing ~ дробилка, бегуны

drill ~ фрезер, применяемый при ловле оставшегося в скважине инструмента

edge (-runner) ~ *см.* runner mill

end ~ 1. концевое сверло 2. лобовая [концевая] шарошка

grinding ~ мельница; бегуны

hammer ~ молотковая дробилка

junk ~ цилиндрическая фреза

kneading ~ мешалка

runner ~ бегуны

taper ~ конусный фрезер

milliammeter миллиамперметр

millibar миллибар (*0,001 бара*)

millidarcy миллидарси (*0,001 дарси*)

milling 1. фрезерование, фрезеровка ‖ фрезерный 2. фрезеровочные работы (*в скважине*) 3. измельчение; помол, размол

~ up junk in the hole фрезерование металлического лома, попавшего в скважину

ball ~ размол на шаровой мельнице

millivoltmeter милливольтметр

Milmica *фирм. назв.* слюдяная крошка (*нейтральный наполнитель для борьбы с поглощением бурового раствора*)

Mil-Natan 1-2 *фирм. назв.* экстракт коры квебрахо (*разжижитель и понизитель водоотдачи буровых растворов*)

Mil-Olox *фирм. назв.* мыло растворимых жиров (*ПАВ*)

Mil-Plate 2 *фирм. назв.* заменитель дизтоплива (*смазывающая добавка к буровым растворам*)

Mil-Plug *фирм. назв.* шелуха арахиса (*нейтральный наполнитель для борьбы с поглощением бурового раствора*)

Mil-Polymer 302 *фирм. назв.* биологически разрушаемый полимерный загуститель для буровых растворов на водной основе

Mil-Temp *фирм. назв.* сополимер сульфированного стирола с малеиновым ангидридом (*стабилизатор реологических свойств и понизитель водоотдачи буровых растворов на водной основе при высокой температуре*)

mine 1. шахта; рудник; подземная выработка ‖ производить горные работы; разрабатывать; добывать 2. залежь; пласт

mineral 1. минерал ‖ минеральный 2. полезное ископаемое 3. руда

clay ~ глинистый минерал

heavy ~ тяжелая порода; утяжелитель (*бурового раствора*)
pitch ~ битум, асфальт
index ~s руководящие минералы

mineralization 1. минерализация 2. оруденение
mineralize 1. минерализовать, насыщать минеральными солями 2. оруденять
mineralized 1. минерализованный 2. оруденелый
mineralogical минералогический
minimization доведение до минимума, минимизация
minimize доводить до минимума, минимизировать
minimum минимум; минимальное значение; минимальное количество || минимальный
gravity ~ гравитационный минимум
mining 1. разработка недр; горное дело 2. горный, шахтный, рудный 3. добыча, выемка
offshore ~ разработка морских месторождений твердых полезных ископаемых
minute 1. минута 2. ничтожное количество || мелкий, незначительный 3. точный, прецизионный
Miocene *геол.* миоцен
misadjustment неверная регулировка, неправильная установка, неточная настройка
misalignment 1. прямолинейность 2. смещение [отклонение] осей, несоосность 3. разрегулированность; рассогласованность; расстройка
misarrangement неправильное размещение
miscalculation ошибка [погрешность] в вычислении; неверный расчет
miscible смешивающийся
miscibility смешиваемость
liquid-liquid ~ смешиваемость жидкостей
misconnection неправильное соединение, неправильное включение
misinterpretation ошибка при расшифровке (*каротажной диаграммы*)
mismatching 1. рассогласование; расстройка 2. несовпадение; несоответствие; неудачный подбор; плохая подгонка
misoperation неправильная работа; неправильное обращение
miss пропуск, перебой || давать перебои, пропускать
mist 1. туман; нефтяная пыль 2. загрязнение
oil ~ масляный туман
mistake ошибка, погрешность
mitigate смягчать, действие
mix смесь; состав; примесь || мешать, смешивать
base ~ исходная [основная, базисная, первоначальная] смесь
mixed смешанный; перемешанный; приготовленный (*о растворе*)
mixer 1. струйная глиномешалка 2. смеситель, мешалка; смешивающий аппарат 3. смесительная камера

arm ~ 1. смеситель с лопастной мешалкой 2. лопастная мешалка
batch ~ 1. мешалка периодического действия, смеситель периодического действия, порционная мешалка 2. смесовой барабан 3. бетономешалка
blade ~ лопастная мешалка
cement ~ цементомешалка, мешалка для цементного раствора
clay ~ *см.* mud mixer
colloidal grout ~ мешалка для приготовления коллоидального цементного раствора
concrete ~ бетономешалка
cone and jet type cement ~ струйная цементомешалка с бункером
cone-jet ~ струйная глино- или цементомешалка с бункером
continuous ~ мешалка непрерывного действия
drum ~ смеситель барабанного типа
grout ~ *см.* cement mixer
horizontal ~ горизонтальная мешалка
hydraulic jet ~ гидравлический струйный смеситель
jet vacuum ~ гидравлическая мешалка, работающая на принципе вакуума
mud ~ глиномешалка
paddle ~ *см.* blade mixer
propeller mud ~ глиномешалка лопастного типа
travelling paddle ~ передвижная лопастная мешалка
truck ~ мешалка, установленная на автомобиле
mixer-lorry смеситель, смонтированный на автомобиле
Mixical *фирм. назв.* кислоторастворимый понизитель водоотдачи и наполнитель для борьбы с поглощением
mixing образование [приготовление] смеси, смесеобразование, смешивание; перемешивание
~ in place смешение на месте
mixture 1. смесь 2. смешивание
binary ~ бинарная система; двойная смесь (*из двух компонентов*)
buffer ~ буферная смесь; смесь, обладающая буферным действием
combustible ~ горючая смесь
complex ~ сложная смесь
gas ~ 1. газовая смесь 2. горючая смесь
gas-oil ~ смесь газообразных и жидких нефтяных продуктов
gas vapour ~ паровоздушная смесь
heterogeneous ~ разнородная [гетерогенная] смесь
homogeneous ~ однородная [гомогенная] смесь
multicomponent ~ многокомпонентная смесь
sand-cement ~ песчано-цементная смесь
trial ~ пробная смесь, пробный замес
mobile подвижный, мобильный, перемещающийся; самоходный
mobility подвижность, маневренность
differential ~ разная подвижность (*жидкости в пласте*)

mockup макет, модель в натуральную величину

mode 1. способ, метод 2. форма, вид

~ of deposition *геол.* условия осаждения [отложения]

~ of occurence *геол.* условия залегания, форма залегания

~ of transport условия переноса (*частиц при седиментации*)

dead ship ~ нерабочий режим судна, нерабочее состояние судна

listening ~ режим приема (*напр. подводного приемника*)

model модель, макет; образец; шаблон; копия || моделировать

blotter-type electrolytic ~ электролитическая модель из фильтровальной бумаги

dimensionally scaled ~ масштабная модель

network ~ ячеистая модель

peg ~ колышковая модель

potentiometric ~ потенциометрическая модель

scaled ~ динамически подобная модель (*залежи*)

sheet conduction ~ модель с листовым проводником

space ~ пространственная модель

moderator замедлитель (*схватывания тампонажных растворов*); регулятор

modification 1. модификация, модернизация, видоизменение, изменение, доработка 2. обогащение (*глины, барита*)

crystalline ~ перекристаллизация

modifier 1. модификатор 2. обогащающий агент

modify 1. модифицировать; видоизменять, изменять 2. обогащать (*глину, барит*)

modular модульный; разборный, состоящий из свободно заменяемых частей; сборный

modulate *рад.* модулировать, понижать частоту

modulation *рад.* модуляция

amplitude ~ *рад., геофиз.* амплитудная модуляция

frequency ~ *рад., геофиз.* частотная модуляция

pulse ~ *рад., геофиз.* импульсная модуляция

modulator *рад.* модулятор

module модуль

drilling ~ буровой модуль (*комплект оборудования для бурения*)

drilling system ~ модуль бурового оборудования (*на плавучем и стационарном основаниях*)

production ~ эксплуатационный модуль, модуль эксплуатационного оборудования (*комплект оборудования для эксплуатации скважины*)

riser buoyancy ~ *см.* riser pipe buoyancy module

riser pipe buoyancy ~ модуль плавучести секции водоотделяющей колонны

modulus 1. модуль, коэффициент, показатель степени 2. масштаб; степень

~ of compressibility *см.* modulus of compression

~ of compression модуль упругости при сжатии

~ of elasticity модуль упругости

~ of elasticity in compression модуль упругости при сжатии

~ of elongation коэффициент (*относительного*) удлинения; относительное удлинение

~ of rupture модуль разрыва; предел прочности при изгибе [кручении]; сопротивление излому

~ of shearing модуль упругости при сдвиге, модуль сдвига, модуль поперечной упругости

~ of torsion модуль упругости при скручивании, модуль кручения

bulk ~ объемный модуль, объемная упругость, сопротивление сжатию, модуль всестороннего сжатия, коэффициент объемного сжатия

hydraulic ~ гидравлический модуль (*цемента, глины при подсчете выхода объема из тонны порошка*)

rigidity ~ модуль сдвига, модуль поперечной упругости

section ~ момент сопротивления

Young's ~ модуль Юнга, модуль упругости

moist влажный || увлажнять

moisture влага; влажность; сырость

hygroscopic ~ гигроскопическая влага

moisture-impermeable влагонепроницаемый

moisture-proof влагоупорный, влагонепроницаемый, влагоустойчивый, защищенный от сырости; гидроизолированный

Mojave Seal *фирм. назв.* гранулированный перлит

Mojave Super Seal *фирм. назв.* смесь грубоизмельченного бентонита с перлитом и древесными опилками (*нейтральный наполнитель для борьбы с поглощением бурового раствора*)

mol моль, грамм-молекула

molar молярный

mold *см.* mould

molecular молекулярный

molecule молекула

molten расплавленный; жидкий

moment 1. момент; вращающий или крутящий момент 2. мгновение

~ of couple момент пары (*сил*)

~ of deflection изгибающий момент, момент изгиба

~ of flexure *см.* moment of deflection

~ of force момент силы, статический момент

~ of friction момент (*сил*) трения

~ of inertia *см.* inertia moment

~ of resistance момент сопротивления, момент внутренних сил (*при деформации изгиба*), изгибающий момент

~ of rotation *см.* rotative moment

~ of rupture критический [разрушающий] момент

~ of setting момент схватывания (*цементного раствора, гипса*)

~ of torsion крутящий [вращающий] момент
bending ~ изгибающий момент
braking ~ момент торможения, тормозной момент
breaking ~ разрушающий момент
counterbalance ~ момент противовеса, уравновешивающий момент
inertia ~ момент инерции
load ~ момент отгрузки, грузовой момент
resisting ~ момент сопротивления
rotary ~ см. rotative moment
rotative ~ вращающий [крутящий] момент
torsional ~ см. moment of torsion
twisting ~ крутящий момент, скручивающее усилие

momentary кратковременный

momentum количество движения; механический момент, инерция движущегося тела; кинетическая энергия; импульс; толчок
~ of nozzle fluid кинетическая энергия жидкости, вытекающей из насадки (долота)

Mon-Det фирм. назв. биологически разрушаемое поверхностно-активное вещество (смазывающая добавка)

Mon-Ex фирм. назв. сополимер (флокулянт и модификатор глин)

Mon Foam фирм. назв. вспенивающий агент для пресноводных и соленых растворов

Mon Hib фирм. назв. пленкообразующий амин для предотвращения коррозии бурильных труб

Mon Lube фирм. назв. пленкообразующая смазка для условий высоких давлений

monitor 1. контрольно-измерительный прибор; управляющее устройство; контрольный аппарат; монитор; регистратор 2. защитное устройство; предохранительное устройство 3. датчик; индикатор 4. гидромонитор 5. дежурный; контролер 6. контролировать; управлять
anchor line ~ монитор якорного каната (следящий за натяжением, стравленной длиной, скоростью стравливания и т. д.)
mud density ~ прибор для измерения плотности бурового раствора
TV ~ пульт управления телевизионной установкой

monitoring контроль, контролирование; управление; мониторизация; наблюдение; дозирование; дозиметрический контроль
~ of process variables регулирование параметров технологического процесса
marine riser ~ контроль положения водоотделяющей колонны
process ~ регулирование технологического процесса

monkey 1. небольшой (о машинах и инструментах), малый; малого сечения 2. вспомогательный; промежуточный 3. баба для забивки свай

monkey-board полати для верхового рабочего

monocline геол. флексура, моноклинальная складка

Monoil Concentrate фирм. назв. концентрат для приготовления инвертных эмульсий

monopod одиночная опора (морского стационарного основания)

montmorillonite монтмориллонит

mooring ошвартовывание ‖ швартовый
chain anchor leg ~ якорная швартовая система с цепью

Mor-Rex фирм. назв. природный полимер (диспергатор для известковых растворов, ингибитор неустойчивых глин)

mortar известковый строительный раствор; цементный строительный раствор

motion 1. движение, перемещение; подача, ход 2. механизм, устройство
alternate ~ возвратно-поступательное движение
back ~ обратное движение; задний ход, обратный ход
continuous ~ непрерывное движение
lifting ~ 1. подъем 2. подъемный механизм
laminar ~ ламинарное движение
lever ~ 1. рычажный механизм 2. движение посредством рычажного механизма
longitudinal ~ продольное движение, продольное перемещение
lost ~ «мертвый» ход; холостой ход
oscillating ~ колебательное движение, качательное движение
oscillatory ~ колебательное [волнообразное] движение
reciprocal ~ возвратно-поступательное движение
reciprocating ~ см. reciprocal motion
reverse ~ движение или вращение в обратную сторону
undulatory ~ волнообразное движение
uniform ~ равномерное движение
uniform variable ~ равномерно-переменное движение
unsteady ~ неустановившееся движение
upset ~ осадка; ход осадки

motive 1. движущий 2. двигательный

motor 1. двигатель 2. электродвигатель
air ~ пневматический двигатель
back geared type ~ мотор с редукционной передачей
*DC series wound ~ мотор постоянного тока
downhole ~ забойный двигатель
gear ~ мотор с зубчатой передачей
induction ~ асинхронный двигатель
series-wound ~ сериесный электродвигатель
shunt-wound ~ шунтовой электродвигатель

motorization переход на электропривод, оборудование электроприводом; электрификация

mould 1. пресс-форма; заливочная форма; мульда; кокиль; изложница 2. форма, лекало; шаблон ‖ формовать; делать по шаблону

moulded 1. фасонный 2. формованный, отлитый в форме, отформованный

mouldy *геол.* рыхлый; выветрившийся; разложившийся

mount крепление; опора; монтажная стойка ‖ устанавливать; монтировать, собирать; насаживать

mounted смонтированный, установленный; закрепленный; насаженный (*на что-либо*)
crawler ~ смонтированный на платформе с гусеничным ходом
truck ~ смонтированный на автомобиле

mounting 1. крепление; монтаж, установка, сборка 2. установка (*агрегат*) 3. подставка; рама; стойка 4. *pl* монтажная арматура, оснастка 5. схема включения
casing ~s оснастка обсадной колонны

mousing предохранительное приспособление на крюке подъемника против соскальзывания груза, замок крюка подъемника

mouth 1. устье (*скважины*), устье выработки 2. входное отверстие; входной патрубок; штуцер 3. горловина; сужение; раструб, рупор
bell ~ колоколообразный

movable подвижный, передвижной, движущийся; переносный, съемный, разборный; закрепленный подвижно
drilling ~s принадлежности для бурения

move 1. перетаскивание (*буровой установки*), передвижение, перебазировка ‖ передвигать, перевозить 2. манипулировать, управлять (*рычагами, выключателями*)
~s of rig перетаскивание буровой установки

movement 1. движение, перемещение, ход (*механизма*) 2. механизм
~ of water into the reservoir продвижение воды в пласт
downward ~ нисходящее движение; движение вниз
irregular ~ неравномерное [неровное] движение
play ~ зазор (*стыков*)
upward ~ восходящее движение; ход вверх
mover ~ двигатель; движитель
prime ~ 1. первичный двигатель 2. тягач

moving 1. перемещение, передвижение 2. движущийся, подвижный; переносный, перевозимый, нестационарный
~ in доставка на буровую (*оборудования, химреагентов и т. д.*)
~ in and rigging up доставка на буровую и монтаж
~ in a rig перетаскивание буровой установки на данную точку
~ in cable tools доставка на буровую оборудования для ударного бурения
~ in completion unit доставка на буровую установки для заканчивания скважин
~ in double drum unit доставка на буровую установки с двухбарабанной лебедкой
~ in materials доставка на буровую материалов
~ in pulling unit доставка на буровую установки для капитального ремонта
~ in rotary tools доставка на буровую оборудования для роторного бурения
~ in service rig доставка на буровую установки для профилактического ремонта
~ in standard tools доставка на буровую стандартного оборудования
~ out вывоз с буровой (*оборудования*)
~ out cable tools вывоз с буровой оборудования для ударного бурения
~ out completion unit вывоз с буровой установки для заканчивания скважины
~ out rig вывоз с буровой установки для бурения
~ out rotary tools вывоз с буровой инструмента для роторного бурения
free ~ свободно движущийся

muck 1. отстой, грязь (*в отстойнике для бурового раствора*) 2. порода, отбитая порода; вынутый грунт ‖ убирать породу (*с забоя*) 3. отвал 4. шлам

mud 1. буровой раствор, промывочная жидкость, глинистый раствор 2. буровая грязь, извлекаемая желонка или песочным насосом при ударно-канатном бурении
~ off заглинизировать стенки скважины, закупорить проницаемый пласт, закупорить продуктивный горизонт
~ up заглинизировать; подавать (*добавлять*) буровой раствор (*в скважину*), переходить на промывку раствором (*при бурении*)
acid-cut ~ кислый буровой раствор (*содержащий кислоту*)
aerated ~ аэрированный [газированный] буровой раствор
base ~ исходный буровой раствор, первоначальный буровой раствор, необработанный буровой раствор
bentonitic ~ бентонитовый буровой раствор; промывочная жидкость, приготовленная на бентонитовой глине
bore ~ буровой шлам
brine ~ буровой раствор на соленой воде
bulk ~ рассыпной глинопорошок, глинопорошок насыпью (*без упаковки*)
clean ~ очищенный буровой раствор
clay ~ глинистый буровой раствор
colloidal ~ коллоидальный глинистый раствор
conventional ~ нормальный буровой раствор, состоящий из воды и глины
cut ~ *см.* gas cut mud
cuttings laden ~ буровой раствор, насыщенный обломками выбуренной породы; зашламованный буровой раствор
drilling ~ буровой раствор, промывочная жидкость
dry ~ глинопорошок для приготовления бурового раствора

emulsion ~ эмульсионный буровой раствор
fluffy ~ буровой раствор, насыщенный пузырьками газа, выделяемого из пластов
gas cut ~ газированный буровой раствор
gel-water ~ глинистый раствор на водной основе (*без химреагентов и утяжелителей*)
gyp ~ гипсовый буровой раствор
heavy ~ утяжеленный буровой раствор
high pH ~ буровой раствор с высоким pH
high solids ~ буровой раствор с высоким содержанием твердой фазы
junk ~ зашламованный буровой раствор
invert emulsion ~ инвертный эмульсионный раствор
kill ~ раствор для глушения скважины
light-weight ~ легкий буровой раствор (*малой плотности*)
lime (base) ~ известковый буровой раствор
lime treated ~ *см.* lime (base) mud
liquid ~ *см.* mud 1
low colloid ~ низкоколлоидальный буровой раствор
low fluid loss ~ буровой раствор с низкой водоотдачей
low solids ~ буровой раствор с низким содержанием твердой фазы
low viscosity ~ маловязкий буровой раствор
low water loss ~ *см.* low fluid loss mud
mature ~ продиспергированный буровой раствор
native ~ естественный буровой раствор, образующийся в процессе бурения
natural ~ *см.* native mud
non-weighted ~ неутяжеленный буровой раствор
oil and gas-cut ~ буровой раствор, загрязненный нефтью и газированный
oil and sulphur water-cut ~ буровой раствор, загрязненный нефтью и сероводородной водой
oil-base ~ буровой раствор на углеводородной основе, РУО; раствор на неводной основе, РНО
oil-cut ~ буровой раствор, загрязненный нефтью
oil emulsion ~ нефтеэмульсионный буровой раствор
poor ~ жидкий, некачественный буровой раствор
premium ~ улучшенный буровой раствор
ready made ~ порошок для приготовления бурового раствора
reconditioned ~ регенерированный буровой раствор
red ~ красный буровой раствор (*с добавлением квебрахо*); щелочно-таннатный раствор
red lime ~ красный известковый буровой раствор
relax fluid loss ~ буровой раствор с нефтяным фильтратом
return ~ возвратный поток бурового раствора; отработанный буровой раствор

rotary ~ буровой раствор для вращательного бурения
sand laden ~ буровой раствор, содержащий песок
shale control ~ буровой раствор, не вызывающий разбухания встреченных при бурении вспучивающихся сланцевых глин
shale laden ~ буровой раствор на глинистой основе
slightly gas-cut ~ слабогазированный буровой раствор
slightly oil and gas-cut ~ буровой раствор со следами нефти и газа
solids free ~ буровой раствор, не содержащий твердой фазы
thick ~ густой буровой раствор
thin ~ жидкий буровой раствор
very heavily oil-cut ~ буровой раствор с очень высоким содержанием пластовой нефти
very slight gas-cut ~ буровой раствор с очень слабыми признаками газа
waste ~ отработанный буровой раствор
water ~ *см.* water-base mud
water-base ~ буровой раствор на водной основе
water-base oil emulsion ~ эмульсионный буровой раствор на водной основе
water-cut ~ обводненный буровой раствор
weighted ~ утяжеленный буровой раствор

Mudbac *фирм. назв.* бактерицид, антиферментатор крахмала

Mudban *фирм. назв.* разжижитель и диспергатор буровых растворов на углеводородной основе

Mud-Kil *фирм. назв.* химический реагент, добавляемый в цементный раствор для снижения влияния загрязнения его органическими веществами, являющимися составной частью бурового раствора

mud-loss поглощение бурового раствора
mudded заглинизированный
mudding глинизирование, глинизация
~ in способ спуска обсадной колонны с нижним клапаном в скважину, заполненную густым глинистым раствором
~ off глинизация (*закупоривающая*)

Mud-fiber *фирм. назв. см.* **Fibertex**

Mudflush *фирм. назв.* реагент для удаления бурового раствора

Mud-Mul *фирм. назв.* неионный эмульгатор для растворов на водной основе

Mud Seal *фирм. назв.* волокна целлюлозы (*нейтральный наполнитель для борьбы с поглощением бурового раствора*)

Mud-Sol *фирм. назв.* глинокислота
mudstone аргиллит
muff 1. муфта; втулка муфты; гильза; цилиндр 2. воздушная заслонка
muffle 1. муфель ‖ муфельный 2. (*шумо*)глушитель ‖ заглушать (*шум*)
muffler 1. шумоглушитель, глушитель, звуко-

multi-bank многоблочный, многорядный (*двигатель*)
multi-channel многоканальный
multicore многожильный (*о кабеле*)
multi-grade многофракционный, состоящий из многих фракций
multijet многоструйный
multilayer многослойный
multiphase многофазный
multiple 1. многократный; многочисленный; многоконтурный; множественный 2. составной 3. *геол.* сложный 4. *эл.* параллельный
multiplier 1. умножитель 2. увеличитель диапазона
pendulum ~ подвеска, увеличивающая длину хода тяг; удлинитель
multiple-stage *см.* **multistage**
multiplunger многоплунжерный (*насос*)
multipoint многопозиционный
multipurpose универсальный, многоцелевой, имеющий несколько назначений
Multi Seal *фирм. назв. см.* Tuf Plug
multistage многоступенчатый, многоярусный; многокамерный; многокаскадный
multitap с многими отводами
muriatic хлористоводородный, солянокислый
muzzle 1. сопло; насадок 2. мундштук
My-Lo-Gel *фирм. назв.* желатинизированный крахмал

N

naked 1. открытый, неизолированный, необсаженный 2. голый, неизолированный; зачищенный (*о проводе*)
nameplate марка (*изготовителя*), реквизиты; паспорт оборудования; табличка с заводской маркой, фирменное клеймо
Naminagil *фирм. назв.* ингибитор коррозии, обладающий бактерицидными свойствами
naphtha 1. сырая нефть, нафта 2. горное масло 3. керосин
naphthenes нафтены, углеводороды нафтенового ряда, циклопарафины
narrow 1. узкий; тесный ‖ суживать(ся); уменьшать(ся) 2. узкая часть
narrow-meshed с мелкими отверстиями [ячейками]; частый (*о сите, сетке и т. п.*), мелкоячеистая (*сетка, сито*)
natural природный, натуральный; естественный
nature 1. природа 2. характер 3. свойство, качество, происхождение 4. род; сорт; класс; тип
~ of flow режим потока

corrosive ~ коррозионные свойства
near-shore прибрежный
neat чистый; натуральный, неразбавленный; без примесей
neck 1. шейка, цапфа, выточка, заточка, кольцевая канавка 2. горловина, горлышко 3. насадка; мундштук 4. *геол.* цилиндрический интрузив
fishing ~ 1. шейка для захвата ловильным инструментом (*в насосе*) 2. ловильная шейка на защитном колпаке подводного устья, служащая для соединения с ним инструмента
rubber ~ ремонтный хомут (*для трубопроводов*)
necked имеющий шейку или выточку, суженный
necking образование шейки, местное сужение; уменьшение поперечного сечения (*образца*) при растяжении
needle 1. игла 2. стрелка прибора, указатель 3. подпорная балка (*при подведении фундамента*)
needle-like игольчатый
negative 1. отрицательный 2. негатив 3. отрицательный электрод (*гальванического элемента*) 4. знак минус
negligible ничтожный, несущественный (*о малых величинах*)
Neocen *геол.* неоцен ‖ неоценовый
neoprene неопрен, синтетический хлоропреновый каучук
nest:
crow's ~ полати буровой вышки
duck's ~ топка; огневое пространство топки
net 1. сетка 2. чистый вес, вес нетто
net-shaped сетчатый
network 1. сеть, сетка 2. сетка размещения скважин 3. сеть электрических линий или проводов 4. решетчатая система, решетчатое устройство 5. расчетная или опытная схема
~ of coordinates сетка координат, координатная сетка
~ of pipelines сеть трубопроводов, система труб
electric ~ электрическая цепь
equivalent ~ эквивалентная схема, схема замещения
piping ~ система трубопроводов; сеть трубопроводов
neutral 1. нейтраль, нейтральная точка; нейтральный провод; нулевой провод ‖ нейтральный, средний 2. безразличный (*о равновесии*)
neutralization *хим.* нейтрализация
neutralize нейтрализовать
NF-1 *фирм. назв.* жидкий пеногаситель

NFP *фирм. назв.* порошкообразный пеногаситель
N-Gauge *фирм. назв.* калиевый лигносульфонат (*ингибитор неустойчивых глин*)
nichrom нихром (*высокоомный сплав*); проволока высокого электрического сопротивления
nick 1. шейка, местное сужение, пережим

2. бороздка; шлиц, прорезь 3. зарубка ‖ делать зарубку 4. забоина, вмятина
nicked имеющий надрезы [зазубрины]
nickel никель (Ni) ‖ никелировать
nicking 1. образование шейки, местное сужение; уменьшение поперечного сечения (*образца*) 2. прорезание канавок, прорезание шлицев
nigger трубная насадка на рукоятке ключа (*для удлинения*)
ni-hard нихард (*износостойкий мартенситовый чугун*)
nip 1. тиски; захват, зажим ‖ захватывать; сжимать 2. место зажима 3. перегиб (*проволоки*) 4. сдавливание, сжатие 5. степень плотности посадки 6. *геол.* выклинивание (*пласта*); обрушение кровли
~ out *геол.* выклиниваться (*о пласте*)
nipped затертый, зажатый, защемленный
nipple 1. ниппель; соединительная гайка, штуцер 2. соединительная втулка, патрубок 3. конусообразный прилив 4. сопло 5. наконечник с резьбой
bell ~ патрубок с воронкой
casing ~ ниппель обсадных труб
close ~ короткий ниппель со сплошной нарезкой; ниппель с заглушенным входным отверстием
die ~ ловильный инструмент для подъема оставшихся в скважине труб, ловильный метчик, трубный метчик
extension ~ удлинительный патрубок (*или ниппель*)
flow ~ штуцер
gas ~ газовое сопло
grout ~ цементировочная головка для цементирования при подземном ремонте
hose ~ патрубок [ерш] для рукавов [шлангов]
joining ~ соединительный ниппель
no-go ~ ниппель с обратным клапаном (*на нижнем конце насосно-компрессорных труб*)
pipe ~ ниппель; патрубок
reducing ~ редукционный ниппель; переходный ниппель
seal ~ уплотняющий ниппель; посадочный ниппель
side-port ~ патрубок с боковым отверстием
slip ~ вдвижной ниппель
union ~ ниппель
nitrate соль азотной кислоты, нитрат ‖ нитровать, азотировать
hydrogen ~ азотная кислота (HNO_3)
nitride нитрид (*соединение металла с азотом*)
nitriding азотирование
nitrogen азот (N)
nitroglycerine нитроглицерин
No-Bloc *фирм. назв.* концентрат для приготовления инвертной эмульсии
Nocor 133 (166, 203) *фирм. назв.* ингибиторы коррозии для растворов на углеводородной основе

Nocor 224 *фирм. назв.* ингибитор коррозии для растворов на углеводородной основе и инвертных эмульсий
Nocor 439 *фирм. назв.* ингибитор коррозии для растворов на водной основе и инвертных эмульсий
Nocor 565 *фирм. назв.* бактерицид
Nocor 615 *фирм. назв.* пеногаситель
Nocor 643 *фирм. назв.* ПАВ и ингибитор коррозии для растворов на водной основе
Nocor 644 *фирм. назв.* вспенивающий агент [детергент] для бурения с очисткой забоя газообразными агентами и ингибиторами коррозии
nodule включение, конкреция; зерно; желвак; валун; галька
No-Glo Oil *фирм. назв.* нефлуоресцирующий нефтеэмульсионный буровой раствор
no-go минимальный; непроходной (*о калибре*)
Noheev *фирм. назв.* порошок кремнекислого натрия (*добавка к буровому раствору при проходке обваливающихся сланцев, а также пластов с газопроявлениями и большим притоком соленых вод*)
noise шум(ы), помехи; искажения
background ~ шумы; помехи на экране, «трава», «лес»
noiseless бесшумный, тихий
no-load холостой ход, нулевая нагрузка ‖ вхолостую, без нагрузки
nomenclature номенклатура, терминология, система условных обозначений; спецификация
nominal номинальный, паспортный; условный (*о давлении*)
nomogram номограмма, номографическая диаграмма
Nomouss *фирм. назв.* пеногаситель
non-adhesion отсутствие соединения, отсутствие связи
non-ageing нестареющий (*о сплаве*); не подверженный старению (*о цементном камне*)
non-aqueous неводный
non-cohesive несвязанный (*напр. грунт*)
non-commercial непромышленный
non-conducting непроводящий (*тепла, электричества и т. п.*); изолирующий
non-conductor непроводник, диэлектрик, изолятор
non-conformable *геол.* несогласно залегающий
non-conformity *геол.* несогласное залегание
non-corrosive нержавеющий; неразъедаемый, коррозиестойкий, устойчивый против коррозии
non-destrictive неразрушающий; без разрушения образца (*об испытании*)
non-dimensional безразмерный
non-directional 1. ненаправленный 2. *геол.* неориентированный
non-ferrous цветной (*о металле*)
non-flanged бесфланцевый
non-freezing незамерзающий, морозостойкий

non-ioniques неионогенные (*моющие вещества*)
non-magnetic немагнитный
non-porous не имеющий пор, плотный
non-pressurized работающий при нормальном давлении
non-saturated ненасыщенный
non-settling неоседающий, неотстаивающийся; несхватывающийся
non-sheathed без предохранительной оболочки, незащищенный
non-soluble нерастворимый
non-stationary неустановившийся, нестационарный
non-steady неустойчивый, нестационарный
non-swelling неразбухающий, ненабухающий
non-uniformity неоднородность (*пласта*)
non-volatile нелетучий, трудноиспаряющийся
non-wettable несмачиваемый
normal 1. обыкновенный, нормальный, стандартный; правильный 2. нормаль; перпендикуляр ‖ направленный под прямым углом, перпендикулярный
~ to the surface перпендикулярный к поверхности
normalization нормализация; стандартизация
normalize нормализовать, подвергать нормализации (*сталь*)
normalizing нормализация (*стали*); закалка с охлаждением в воздухе
Norust *фирм. назв.* ингибитор коррозии
nose 1. носок; нос; выступ (*клина*); передняя часть (*машины*); головка домкрата 2. лезвие, режущая кромка (*резца*) 3. сопло, наконечник 4. торец коронки (*при характеристике профиля торца*); притупление 5. патрубок, насадок 6. *геол.* структурный выступ, погружающаяся антиклиналь
~ of cone конусная вершина шарошки (*долота*)
~ of fold *геол.* нос складки
cutter ~ вершина шарошки
nose-piece 1. наконечник, сопло, насадка, штуцер 2. передняя часть (*машины*)
No-Stik *фирм. назв.* поверхностно-активное вещество для растворов на водной основе
notch 1. надрез; пропил; зарубка; зазубрина; царапина; вырез; риска 2. впадина между зубьями 3. врубка, паз 4. бороздка; желобок; V-образная канавка
heel tooth ~ срез на зубьях периферийного ряда (*шарошки*)
notched надрезанный; насеченный; зазубренный; с надрезом; запиленный
note примечание; замечание; знак; отметка; символ
notice 1. объявление 2. извещение, уведомление; предупреждение
Noxygen *фирм. назв.* жидкий ингибитор коррозии
nozzle 1. промывочная насадка (*долота*) 2. сопло; штуцер; форсунка; брандспойт; мундштук 3. выпускное отверстие 4. патрубок
bit ~ промывочная насадка, сопло долота
burner ~ сопло горелки
deflecting ~ отражающее сопло
delivery ~ подающее [нагнетательное] сопло
discharge ~ напорное сопло
ejection ~ инжекционная насадка
flushing ~ промывочная насадка
hand-jetting ~ ручное струйное сопло (*для подводных работ*)
impact ~ ударная форсунка
injection ~ инжекторное сопло; форсунка; инжекторная насадка
jet ~ 1. реактивное сопло 2. струйная гидромониторная насадка, насадка; промывочное сопло 3. жиклер
reducing valve ~ отверстие выходного штуцера редуктора
slush ~ промывочное отверстие [насадка] в долоте, сопло
Nujol медицинское масло, светлое нефтяное масло глубокой очистки
null нуль ‖ нулевой, недействительный, несущественный
number 1. число; количество ‖ считать, насчитывать 2. номер ‖ нумеровать 3. клеймить; маркировать 4. цифра
acid ~ кислотное число, коэффициент кислотности
assembly ~ заводской номер (*изделия*)
atomic ~ атомный номер
ball hardness ~ *см.* Brinell (hardness) number
Brinell (hardness) ~ число твердости по Бринелю, твердость по Бринелю
cetane ~ цетановое число
cetene ~ цетеновое число
hardness ~ показатель твердости (*по шкале*), число твердости; число жесткости (*воды*)
impact ~ значение ударной вязкости
Izod ~ значение ударной вязкости по Изоду
neutralization ~ число нейтрализации, кислотное число
octane ~ октановое число
odd ~ нечетное число
Reynolds ~ число Рейнольдса (*безразмерная характеристика течения жидкости*)
Rockwell (hardness) ~ число твердости по Роквеллу, твердость по Роквеллу
serial ~ номер партии
sieve ~ номер сита
nut 1. гайка 2. муфта 3. шестерня, составляющая одно целое с валом
adjusting ~ установочная или регулировочная гайка
back ~ *см.* lock nut
binding ~ зажимная гайка
blind ~ *см.* cap nut
butterfly ~ крыльчатая [барашковая] гайка
cap ~ глухая гайка; колпачок с резьбой

check ~ *см.* lock nut
collar ~ соединительная гайка, гайка с буртиком
coupling ~ гайка стяжного винта, винтовая стяжная муфта
cup ring ~ кольцевая гайка для манжет
gland ~ *см.* packing nut
jam ~ *см.* lock nut
joint ~ стяжная муфта
lock ~ контргайка; зажимная гайка, стопорная гайка; гаечный замок
locking ~ *см.* lock nut
packing ~ нажимная гайка сальника, уплотнительная гайка, герметизирующая гайка
piston ~ гайка поршня
retaining ~ *см.* lock nut
ring ~ кольцевая гайка, круглая гайка с вырезками под штифтовый [вилочный] ключ
safety ~ *см.* lock nut
screw ~ винтовая гайка
set ~ стопорная гайка; установочная гайка
slit ~ разрезная гайка
tapered cup ~ коническая гайка для манжет
union ~ соединительная гайка, накидная гайка
wing ~ *см.* butterfly nut
yoke cup ~ зажимная манжетная гайка
Nut Plug *фирм. назв.* шелуха арахиса (*нейтральный наполнитель для борьбы с поглощением бурового раствора*)
nutshell ореховая скорлупа
ground ~ измельчённая скорлупа орехов (*нейтральный наполнитель для борьбы с поглощением бурового раствора*)
Nymcel *фирм. назв.* карбоксиметилцеллюлоза

oatmeal овсяная мука, овсянка (*тампонирующий материал*)
OB Acid Pyro *фирм. назв.* кислый пирофосфат натрия
OB Bengel *фирм. назв.* вайомингский бентонит
OB Clay *фирм. назв.* суббентонит
OB Clorogel *фирм. назв.* аттапульгитовая глина
OB Gel *фирм. назв.* концентрат для улучшения структуры растворов Black Magic
OB Hevywate *фирм. назв.* барит
OB Hexaglas *фирм. назв.* гексаметафосфат натрия
OB Hi-Cal *фирм. назв.* гидроксид кальция
OB Mix Fix *фирм. назв.* понизитель вязкости растворов Black Magic
OB PFA *фирм. назв.* регулятор тиксотропных свойств для пакерных жидкостей на углеводородной основе
object объект; предмет; цель
oblique 1. раскос 2. диагональный, косой, наклонный, отклоняющийся от горизонтали или вертикали 3. непрямой (*об углах*)
obliquity 1. косое направление; отклонение от прямого пути 2. наклонное положение 3. скос; конусность
obliteration стирание
oblong продолговатый, овальный, удлинённый, вытянутый
observation наблюдение; измерение
~ of depth gauge наблюдение за колебанием уровня
observer 1. наблюдатель 2. топограф-полевик; геодезист-полевик
obsolescence моральный износ; устарелость (*конструкции*)
obsolescent *см.* obsolete
obsolete устарелый, изъятый из эксплуатации, вышедший из употребления
obstacle препятствие, помеха; преграда
obstruct преграждать; препятствовать продвижению; закупоривать; блокировать
obstruction заграждение; препятствие; преграда; засорение; закупорка; пробка (*в трубах*)
obturate 1. уплотнять 2. закрывать, затыкать
obturator 1. уплотнение, уплотняющая деталь или устройство 2. обтюратор
obvious очевидный, явный; прямой, открытый
occlude 1. преграждать, закрывать (*отверстие, проход*); закупоривать 2. *хим.* окклюдировать
occlusion 1. преграждение; запирание 2. *хим.* окклюзия; поглощение
occur встречаться, находиться, залегать
occurance 1. *геол.* залегание, местонахождение, месторождение (*полезного ископаемого*) 2. распространение
wide spread ~ широкое распространение
octagon восьмиугольник
octane октан || октановый
odd 1. нечётный 2. непарный 3. добавочный, избыточный
~ s and ends ненужные детали или части; лом
odontograph одонтограф (*прибор для вычерчивания профилей зубьев*)
odorant добавка, придающая запах (*газу*), одорант
odorizer одоризационная установка, установка для придания запаха газу
gas ~ установка для одоризации газа
odorimeter одориметр (*прибор для измерения концентрации одоранта в газе*)
odour запах; аромат
off 1. «выключено» || выключенный 2. «закрыто» || закрытый 3. вне; в стороне 4. характеристика скважины, дебит которой уменьшился или временно прекратился

off-bottom выше забоя (*скважины*)
off-center расположенный не в центре, эксцентричный
off-duty свободный от работы; не занятый в эксплуатации
offence подсасывание (*нефти из чужого участка*)
off-ground незаземленный
off-hand без присмотра, ухода или наблюдения
office 1. контора, канцелярия 2. ведомство; министерство; управление
off-land в море, близ берега
offlap *геол.* несогласное регрессивное налегание; сдвиг
off-line 1. расположенный не по центру 2. не соосный 3. отклонившийся от заданного направления (*о скважине*)
off-position положение выключения, «отключено», «выключено»; нерабочее положение
offset 1. смещение, сдвиг ‖ смещать, сдвигать ‖ смещенный, сдвинутый 2. отвод (*трубы*); ответвление ‖ отводить; ответвлять 3. резкое изменение направления скважины 4. *выч.* отклонение регулирования; остаточная неравномерность 5. профиль (*чертеж*) 6. *геол.* ширина сброса
~ a well сместить скважину, забурить скважину на некотором расстоянии от намеченной точки (*на более удобной площадке*)
~ the pressure in a well создать противодавление на пласт
allowable ~ допустимое смещение (*напр. бурового судна от вертикали, проходящей через центр устья скважины*)
offshore 1. на некотором расстоянии от берега; в открытом море 2. морской
offtake всякая отходящая труба, отводящий канал; газоотвод; воздухоотвод
off-the-shelf обычный, серийный; выпускаемый промышленностью; стандартный
oil 1. нефть ‖ нефтяной 2. масло (*растительное или минеральное*) ‖ масляный 3. жидкая смазка, смазочное масло ‖ смазывать
estimated original ~ in place подсчитанные начальные запасы нефти (*в пласте*)
initial ~ in place начальные запасы нефти
original ~ in place начальное содержание нефти в пласте
~ in впуск масла
~ in bulk нефть или нефтепродукты наливом; нефть в резервуаре
~ in place нефть, содержащаяся в пласте; пластовая нефть
~ in reserve нефть, постоянно заполняющая трубопроводы и резервуары
~ "in sight" «видимые» запасы нефти
~ in storage нефть в трубопроводах; избыточная нефть на нефтебазах
~ initially in place начальные запасы нефти в пласте
~ originally in reservoir начальное содержание нефти в пласте
~ struck at ... нефть встречена на глубине ...
adsorbed ~ адсорбированная нефть
base ~ *см.* crude oil
black ~ тяжелые нефтяные остатки, мазут, темные масла
blasting ~ *см.* explosive oil
boiler ~ мазут, нефтяное котельное топливо
bubble point ~ нефть, насыщенная газом
bypassed ~ целики нефти в пласте, образовавшиеся вследствие обхода потока нагнетаемой воды
clean ~ чистая нефть (*при учете нефти*)
cold-test ~ нефть с низкой температурой застывания
crevice ~ нефть, выделяющаяся из трещин
crude ~ сырая нефть, пластовая нефть
crystal ~ средневязкое, нелетучее бесцветное масло
cut ~ загрязненная нефть; нефтяная эмульсия, разделяемая только химическим путем
cutting ~ эмульсия для охлаждения и смазки режущих инструментов
cylinder ~ цилиндровое (*смазочное*) масло
dead ~ *см.* degassed oil
degassed ~ дегазированная нефть
diesel ~ соляровое масло, дизельное топливо, дизтопливо
domestic ~ отечественная нефть; нефть, добываемая внутри страны
earth ~ *см.* oil 1
economically recoverable ~ промышленная нефтеотдача; промышленные запасы нефти
emulsified crude ~ нефтяная эмульсия, эмульгированная нефть
engine ~ моторное масло, машинное масло
entrained ~ увлеченное (*или унесенное*) масло
explosive ~ нитроглицерин
flush ~ промывочная нефть
foreign ~ зарубежная [импортная] нефть
form ~ масло, применяемое для устранения приставания цемента к опалубке
fossil ~ *см.* oil 1
fuel ~ котельное топливо; жидкое топливо, мазут
gauged ~ добыча нефти после отстаивания и спуска воды и грязи
heavy ~ 1. необработанная нефть; сырая нефть 2. тяжелое или густое смазочное масло
high-gravity ~ нефть с высоким значением плотности по шкале АНИ, легкая нефть
"hot" ~ нефть, добытая из скважины сверх установленной [разрешенной] нормы
hydraulic ~ рабочая жидкость в гидравлических системах
incremental ~ дополнительная нефть
in-place ~ *см.* oil in place

inspissated ~ выветрившаяся нефть
insulating ~ трансформаторное масло
irreducible ~ остаточная нефть
lean ~ регенерированное абсорбционное масло
lease ~ *см.* crude oil
light ~ дизельное топливо, легкие фракции нефти
live ~ подвижная нефть, газированная нефть
load ~ нефть, закачиваемая в скважину для вызова притока
lock ~ *см.* crude oil
low-gravity ~ нефть с низким значением плотности по шкале АНИ, тяжелая нефть
lubricating ~ смазочное масло
migratory ~ мигрировавшая нефть
mineral ~ нефть, нефтяное топливо
mixed asphaltic base ~ нефть смешанного асфальтового основания
mixed base ~ нефть смешанного основания
mother ~ первичная нефть
net ~ добыча нефти нетто
net residual ~ объем остаточной нефти (*нетто*)
occluded ~ поглощенная породой нефть
offshore ~ нефть, залегающая под дном моря (*на некотором расстоянии от берега*)
pipeline ~ чистая (*годная к сдаче*) нефть
power ~ рабочая жидкость (*в гидравлических механизмах*)
produced ~ добытая нефть
prospective ~ вероятные [геологические] запасы нефти
raw ~ *см.* crude oil
reclaimed lubricating ~ *см.* lean oil
recoverable ~ промышленные запасы нефти; нефтеотдача пласта
refined ~ светлый нефтепродукт, керосин; очищенное масло
residual ~ остаточная нефть, мазут
retained ~ удержанная (*в пласте*) нефть; оставшиеся в пласте целики нефти
rich ~ насыщенный или обогащенный абсорбент (*в газобензиновой установке*)
rock ~ *см.* oil 1
roily ~ загрязненная нефть; эмульсия нефти и воды, встречающаяся в породе
saturated ~ нефть, насыщенная газом
seep ~ нефть, просачивающаяся на выходах
separator ~ товарная нефть (*на промысле*)
shale ~ сланцевое масло, продукты перегонки сланцев
shrinked ~ отстоявшаяся нефть
slush ~ отходы, получаемые при чистке скважины (*вода, песок, буровой раствор, нефть*)
slushing ~ масло, предохраняющее от ржавчины
soluble ~ растворимое масло (*специальная рабочая жидкость для открытой системы гидравлического управления подводным оборудованием; легко растворяется в морской воде, безвредно для морской среды*)

solar ~ *см.* diesel oil
sour ~ нефть с высоким содержанием серы, сернистая нефть
tank ~ товарная нефть; нефть, приведенная к нормальным условиям
tar ~ гудрон
tarry ~ тягучая смолистая нефть
thinned ~ газированная нефть
unrecovered ~ остающаяся в пласте нефть (*после окончания разработки определенным методом*), остаточная нефть
water cut ~ обводненная нефть
watered ~ нефть с большим содержанием воды, обводненная нефть
wet ~ нефть, содержащая воду
white ~ белое медицинское (*или вазелиновое*) масло

Oil Con *фирм. назв.* вторичный эмульгатор и смачивающий агент для инвертных эмульсий и РУО

oiled смазанный маслом; промасленный

oiler 1. нефтяная скважина 2. лубрикатор, масленка, тавотница 3. смазчик 4. нефтевоз, нефтеналивное судно, танкер

Oilfaze *фирм. назв.* концентрат для приготовления растворов на углеводородной основе

oil-fired работающий на жидком топливе (*напр. двигатель*)

Oilfos *фирм. назв.* тетрафосфат натрия

oiling смазка; смазывание маслом

hot ~ промывка скважин горячей нефтью

Oil Mul *фирм. назв.* стабилизатор инвертных эмульсий

Oil Patch 1. *фирм. назв.* дробленая ореховая скорлупа (*нейтральный наполнитель для борьбы с поглощением бурового раствора*) 2. нефтяная промышленность

Oil-Seal *фирм. назв.* гранулированный углеводородный материал, применяемый для борьбы с поглощением бурового раствора

oil-soluble растворимый в нефти [в масле], маслорастворимый

Oilsperse *фирм. назв.* аминосоединение (*эмульгатор для растворов на углеводородной основе*)

Oilsperse-1 *фирм. назв.* реагент для удаления бурового раствора

Oilspot *фирм. назв.* концентрат для приготовления ванн с целью освобождения прихваченных труб

oil-stained пропитанный нефтью

oil-tight нефте[масло]непроницаемый

Oiltone *фирм. назв.* понизитель фильтрации для растворов на углеводородной основе

Oilvis *фирм. назв.* загуститель и структурообразующий реагент для растворов на углеводородной основе и инвертных эмульсий

Oilwet *фирм. назв.* гидрофобизатор для растворов на углеводородной основе и инвертных эмульсий

oily масляный, маслянистый, жирный
oleic 1. масляный 2. олеиновый (*о кислоте*)
Oligocene олигоцен, верхний отдел палеогена
oligoclase *геол.* олигоклаз
Olox *фирм. назв.* нейтрализованное мыло (*эмульгатор для растворов на водной основе*)
omission:
~ of beds *геол.* перерыв в напластовывании, выпадение пластов, пробел части слоев свиты
on «открыто», «включено» (*надпись на приборе*)
one-piece цельный; неразъемный
one-to-one с соотношением 1:1
onlap *геол.* несогласное трансрегрессивное залегание
O-notch нулевая отметка
onset начало
on-stream в процессе эксплуатации, в действии
oölite *геол.* оолит
oölitic *геол.* оолитовый
opacity непрозрачность; коэффициент непрозрачности
opalescence опалесценция
opalescent опалесцирующий
open 1. открытый; доступный; открытого типа (*о машине или аппарате*) 2. размыкать ǁ незамкнутый; разомкнутый; выключенный; отключенный 3. пористый; сильнотрещиноватый; водоносный (*о породе*) 4. *pl* открытые трещины [каверны, пустоты]
~ out 1. открывать; раздвигать; разводить 2. рассверливать; развальцовывать
~ up вводить в эксплуатацию, вскрыть
in the ~ под открытым небом
~ a hole прочистить скважину (*удалить пробку, обвалившийся материал*)
~ to atmosphere сообщающийся с атмосферой
opener:
hole ~ расширитель для значительного (*в 1,5—2 раза*) увеличения диаметра скважины
rock bit type hole ~ шарошечный расширитель для значительного (*в 1,5—2 раза*) увеличения диаметра скважины
opening 1. отверстие; окно; щель; расщелина; пора; пустота (*в породе*) 2. зазор между кромками; расстояние; проем; раствор 3. устье (*канала*)
~ of discission *геол.* тектоническая трещина
~ of the channel устье канала (*в породе*)
circulating ~s промывочные отверстия, циркуляционные отверстия
clear ~ просвет; свободное сечение (*напр. трубы, клапана и пр.*); свободное пространство
exhaust ~ выхлопное отверстие
full ~ открытого типа, полностью открытый
roof ~ отверстие [люк] в крыше резервуара
screen pipe ~s отверстия фильтра
table ~ проходное отверстие ротора

water table ~ сечение верхней рамы вышки (*в свету*)
opening-out *горн.* вскрытие, нарезка, открытие (*месторождения*)
opening-up *горн.* подготовка; вскрытие (*нового горизонта*)
operate действовать, приводить в действие; работать, управлять (*машиной*); эксплуатировать
operated приводимый в действие; управляемый
cable ~ с канатным приводом; с тросовым управлением
fluid ~ с гидравлическим приводом
hand ~ с ручным приводом; с ручным управлением
motor ~ с приводом от двигателя
power ~ с механическим приводом, приводной; моторный
pressure ~ действующий вакуумом или давлением
operating управляющий (*рычаг и пр.*); рабочий (*режим, напряжение*)
operation 1. операция, действие, рабочий процесс; обслуживание, управление 2. цикл [процесс] обработки 3. разработка, эксплуатация 4. режим
automatic ~ автоматическая работа; автоматическое управление
batch ~ периодическая операция; периодическая загрузка
continued ~ непрерывная эксплуатация
continuous ~ непрерывная работа
dual ~ двойное управление
finishing ~ окончательная операция; окончательная обработка
fishing ~ ловильные работы в скважине
hand ~ ручное управление
handling ~s погрузочно-разгрузочные работы (*на складе*); работы, выполняемые при хранении и транспортировке нефтепродуктов
heat-treating ~ термообработка
launchway ~ операция спуска (*трубопровода с трубоукладочной баржи*)
manual ~ ручная работа; ручная операция; ручное управление
no-load ~ холостой ход
one way ~ одноходовая [однорейсовая] операция
plant ~ работа [эксплуатация] установки
products pipeline ~ последовательная перекачка нефтепродуктов по трубопроводу
push-button type ~ кнопочное управление
remote-controlled ~ дистанционное управление
safe ~ безопасная работа
unit ~ совместная разработка несколькими фирмами одной нефтеносной площади
wash-over fishing ~ обуривание прихваченного инструмента промывной колонной, снабженной башмаком-коронкой

water flood ~ эксплуатация месторождения с применением заводнения
wireline ~ операция в скважине, осуществляемая с помощью вспомогательного талевого каната

operator 1. рабочий, работающий на какой-либо машине; оператор 2. промышленник, владелец горного предприятия, ведущего работы на месторождении 3. механик; машинист 4. исполнительный механизм 5. автоматический предохранительный клапан
oppose противодействовать; препятствовать
opposite противоположность ‖ противоположный; разноименный (*о полюсах*)
optimum оптимум ‖ оптимальный
optional необязательный; по желанию, по особому соглашению
order 1. порядок; последовательность ‖ приводить в порядок 2. *матем.* порядок; степень 3. заказ ‖ заказывать 4. приказ, распоряжение ‖ приказывать; предписывать; распоряжаться
~ of accuracy степень точности
~ of deposition *геол.* порядок напластования
~ of equation степень или порядок уравнения
ordered упорядоченный
ordinate ордината
Ordovician *геол.* ордовик; ордовикский период, ордовикская система (*аналог нижнего силура*) ‖ ордовикский
ore руда; минерал
organic органический
organization 1. организация 2. устройство
organize 1. организовывать; устраивать 2. проводить организационные мероприятия 3. делать(ся) органическим, превращать(ся) в живую ткань
orient ориентировать; определять местонахождение (*по компасу*)
orientation ориентирование, ориентация, ориентировка
oblique ~ of spread установка сейсмографов под углом к линии падения пластов
core ~ ориентация керна
dimensional ~ пространственная ориентация
random ~ дезориентированность
orifice 1. отверстие, проходное отверстие, проход 2. устье, выход 3. сопло, насадок, жиклер 4. измерительная диафрагма
discharge ~ разгрузочное или выпускное отверстие
escape ~ выпускное отверстие
inlet ~ диафрагма на входе
jet ~ инжекционное отверстие
pipeline ~ диафрагма (*расходомера*), установленная в трубопроводе
origin 1. происхождение; начало; источник, исходный пункт 2. начало координат
~ of force точка приложения силы
~ of petroleum *см.* oil origin

oil ~ происхождение нефти
petroleum ~ *см.* oil origin
original первоначальный; первичный; коренной; подлинный, оригинальный ‖ подлинник, оригинал
originate происходить, возникать; вести начало, давать начало
orogen *геол.* ороген, складчатая область
orogenesis *геол.* орогенез, горообразование
orogenic орогенический, горообразующий
orography орография
orthogeosyncline *геол.* ортогеосинклиналь
orthogonal прямоугольный, ортогональный
OS-1L *фирм. назв.* жидкий ингибитор кислородной коррозии для буровых растворов
oscillate колебаться, вибрировать; качаться
oscillation колебание, колебательное движение; качание; тряска; отклонение (*стрелки прибора*); вибрирование; осцилляция
continuous ~s незатухающие колебания
damped ~ затухающее колебание, заглушенное колебание
dying ~s затухающие колебания
electromagnetic ~s электромагнитные колебания
forced ~s вынужденные колебания
full-wave ~ полное колебание
natural ~s собственные или свободные колебания
self-sustained ~s незатухающие колебания
torsion ~ крутильное колебание
undamped ~s незатухающие колебания
oscillator осциллятор, излучатель, вибратор; генератор колебаний, гетеродин
oscillograph осциллограф
loop ~ шлейфовый осциллограф
rapid record ~ многошлейфовый осциллограф
osmosis осмос
osmotic осмотический
Ostex *фирм. назв.* ингибитор кислородной коррозии для буровых растворов и жидкостей для ремонта и заканчивания скважин
out 1. выключенный 2. наружный
~ of balance неуравновешенный, несбалансированный
~ of center эксцентричный
~ of date устаревший, несовременный; вышедший из употребления
~ of door под открытым небом, снаружи
~ of gauge с невыдержанным диаметром (*в большую или меньшую сторону*)
~ of line смещенный, сдвинутый; не лежащий на одной оси
~ of position неправильно расположенный, сбитый с места
~ of service поврежденный, вышедший из строя, вышедший из употребления
outage 1. простой; перерыв [перебой] в работе, бездействие (*машины*) 2. утруска, утечка; потери нефти или нефтепродукта при хранении

или транспортировке 3. выпуск; выпускное отверстие
tank ~ потери в резервуаре от испарения и утечки

outbreak 1. *геол.* выход пласта на поверхность 2. *геол.* извержение, выброс
outburst 1. взрыв 2. *геол.* выход (*пласта*); выброс; прорыв; газовый выброс
gas ~ выброс газа
instantaneous ~ мгновенный выброс
outcome 1. результат, исход 2. выход; выпускное отверстие
outcrop *геол.* выход на дневную поверхность, обнажение || выходить на поверхность, обнажаться
outdoor 1. устанавливаемый вне помещения; открытого типа 2. *pl* на открытом воздухе
outer внешний, наружный
outfit агрегат, установка, устройство, оборудование, прибор; набор (*инструментов*), принадлежности
acetylene welding ~ автогенный сварочный аппарат
cementing ~ оборудование для цементирования скважин
pumping ~ насосное оборудование
outflow выход; расход; истечение || вытекать, истекать
outgas дегазировать, освобождать от газа
outgassing дегазация
outlay капитальные затраты, издержки, расходы || тратить, расходовать
outlet 1. выпускное отверстие, выпускная труба, выход, выпуск 2. сток; выходная труба; выходной канал 3. штепсельная розетка
gas ~ газоотвод, выпуск газа
nozzle ~ выпускное отверстие сопла
oil ~ выпуск масла
side ~ боковой выход, боковое отверстие
outlier *геол.* останец (*тектонического покрова*); покровный лоскут
outline контур, очертание, абрис, эскиз; кроки || набросать; оконтурить; очерчивать
outlook 1. вид, перспектива 2. наблюдение
output 1. продукция; продукт; выпуск; выработка; добыча 2. пропускная способность; емкость 3. мощность; выработка (*электроэнергии*); производительность; отдача; дебит (*скважины*) 4. *матем.* результат вычисления 5. выход || выходной, на выходе
actual ~ 1. фактическая добыча 2. полезная отдача или производительность, эффективная мощность
apparent ~ кажущаяся мощность
available ~ располагаемая мощность
average ~ средняя добыча; средняя производительность
daily ~ суточная производительность [добыча]
effective ~ эффективная [полезная] мощность, эффективная производительность, отдача

energy ~ мощность; отдаваемая мощность
heat ~ теплота сгорания, теплопроизводительность, теплоотдача
horsepower ~ эффективная мощность двигателя в л. с.
indicated ~ индикаторная мощность, производительность
maximum ~ наибольшая производительность, максимальный выход; полная мощность
minimum ~ минимальная производительность
momentary ~ кратковременная производительность или мощность
nominal ~ номинальная производительность или мощность
peak ~ 1. пиковая производительность 2. пиковая мощность
power ~ мощность на выходе, отдаваемая мощность; мощность на маховике двигателя
rated ~ 1. нормальная мощность; номинальная отдаваемая мощность 2. нормальная добыча; нормальный выход
tonnage ~ добыча в тоннах
total ~ полная мощность, полная производительность
ultimate ~ предельная мощность, максимальная мощность
useful ~ полезная мощность, полезная производительность
yearly ~ годовая добыча
outset начало
outside 1. наружная часть || наружный, внешний || снаружи 2. предел за пределами
outsqueezing выдавливание
out-to-out общий размер
outward внешний, наружный; направленный наружу
outwash *геол.* смыв; наносы, перемещенные водой || вымывать; перемещать водой
outwear изнашивать(ся), делать(ся) негодным (*к дальнейшему употреблению*)
outweigh быть тяжелее; получать перевес (*над чем-нибудь*); свести к нулю; свести на нет
overall 1. полный, общий, суммарный; предельный 2. *pl* рабочий халат; спецодежда; комбинезон
overbalance 1. перевес; избыток || перевешивать, превосходить 2. выводить из равновесия
overburden 1. *геол.* наносы, четвертичные отложения, покрывающий слой; вскрыша 2. перегружать, грузить сверх меры
overcapacity запасная производительность
~ of pump запасная подача насоса
overcharge перегрузка || перегружать
overcut увеличение диаметра скважины вследствие эксцентричного вращения снаряда
overdesigned с завышенным запасом прочности
overfault *геол.* взброс
overflow 1. перелив; переполнение; слив || переливать; переполнять 2. разлив || зали-

вать; затоплять; разливаться (*о реке*) 3. сливная труба; сливное отверстие, слив
overflush чрезмерная промывка
overfold *геол.* опрокинутая или перевернутая складка
overgrinding очень тонкое измельчение, переизмельчение
overground 1. надземный, устанавливаемый на поверхности 2. тонкоизмельченный
overhang свес; выступ; нависание ‖ нависать; свешиваться
overhaul 1. капитальный ремонт ‖ капитально ремонтировать 2. подробный осмотр; разборка ‖ тщательно осматривать 3. превышенное расстояние перевозки
general ~ *см.* overhaul 1
maintenance ~ *см.* overhaul 1
top ~ *см.* overhaul 1
overhauling переборка; капитальный ремонт
overhead 1. надземный; верхний; воздушный; подвесной 2. накладные расходы; административно-хозяйственные расходы
overheat перегрев ‖ перегревать, перекаливать
overlain *горн.* залегать над (*пластом*), образовывать кровлю ‖ перекрывающий, залегающий над чем-либо; образующий кровлю
overlap 1. пере́буренный интервал скважины по цементу, осыпи или для обхода аварийного инструмента 2. нахлестка; перекрытие; напуск ‖ соединять внахлестку 3. *геол.* несогласное прилегание; трансрегрессивное залегание; перекрытие пластов
overlapped нахлесточный; перекрывающий
overlay *св.* наплавленный слой ‖ наплавлять; покрывать
overload перегрузка; нагрузка выше допустимой ‖ выключающий при перегрузке (*о механизме*); максимальный, перегрузочный (*о реле*) ‖ перегружать
operating ~ эксплуатационная перегрузка
overlook пропустить; не заметить, недосмотреть
overlying вышележащий (*о породах*)
overpressure избыточное давление
override:
mechanical ~ узел механического отсоединения
overshot шлипс с промывкой, овершот (*ловильный инструмент*)
~ with bowl овершот с направляющей воронкой
circulating ~ овершот с промывкой
mutliple-bowl ~ многоступенчатый овершот
releasing and circulating ~ освобождающийся овершот с промывкой
oversize увеличенный (*сверх номинального*) размер; размер с припуском; нестандартный размер ‖ превышать номинальный размер
oversized имеющий размер выше номинального

overspeed превышение нормальной скорости; чрезмерная [завышенная] скорость
overstep *геол.* надвиг, трансгрессивное несогласное перекрытие
overstock излишний запас; избыток ‖ делать чрезмерные запасы (*на складе*)
overstrain остаточная деформация; перенапряжение; перегрузка ‖ перегружать
overthrust *геол.* складка-взброс, переброс, надвиг, эпипараклаз
overtighten перетянуть, затянуть слишком сильно
overtilted опрокинутый
overtonging слишком сильная затяжка при свинчивании труб, слишком сильное крепление
overtravel инерционное увеличение длины хода (*плунжера*), слишком большой ход; переход за установленное предельное положение
overturn 1. перевернуть, опрокинуть 2. перекрутить, перетянуть (*резьбу*)
~ the thread сорвать резьбу (*труб*)
overturned 1. опрокинутый 2. сорванная (*о резьбе*)
overweight 1. избыточный вес ‖ перегружать 2. перевес, преобладание
overwork тяжелая работа; дополнительная работа; сверхурочная работа ‖ перегружать работой
owner владелец, собственник
oxidability окисляемость; способность окисляться
oxidant окислитель
oxidate окислять(ся)
oxidation окисление
oxidation-resistant устойчивый против окисления
oxide оксид
acid ~ кислотный оксид
aluminium ~ оксид алюминия, глинозем (Al_2O_3)
basic ~ основной оксид
calcium ~ оксид кальция (CaO)
carbonic ~ оксид углерода (CO_2)
chrome ~ оксид хрома (Cr_2O_3)
copper ~ оксид меди (CuO)
cupric ~ оксид меди (CuO)
cuprous ~ оксид меди (CuO)
ferric ~ оксид железа (Fe_2O_3)
ferrous ~ оксид железа (FeO)
high ~ высший оксид
hydrated ~ гидроксид
iron ~ 1. железная руда (*применяется как утяжелитель для буровых растворов*) 2. оксид железа (FeO) 3. оксид железа (Fe_2O_3) 4. треть четырехоксид железа ($Fe \cdot Fe_2O_3$)
low ~ низший оксид
manganese ~ оксид марганца (MnO)
manganous ~ монооксид марганца
magnesium ~ оксид магния, магнезия (MgO)
potassium ~ оксид калия (K_2O)
silicon ~ диоксид кремния, кремнезем (SiO_2)

sodium ~ оксид натрия (Na_2O)
titanium ~ диоксид титана (TiO_2)
trapped ~ оксидное включение
   oxide-free не содержащий оксидов
   oxidic оксидный
   oxidizability окисляемость, способность окисляться
   oxidizer окислитель
   oxy-acetylene ацетиленокислородный
   oxybenz см. oxygasolene
   oxycellulose оксицеллюлоза
   oxy-cutting св. газопламенная [кислородная] резка
   oxygasolene св. бензинокислородный
   oxygen кислород (O)
   oxygen-bearing содержащий кислород
   oxygen-free бескислородный
   oxyhydrogen св. водородно-кислородный
   oxyhydroxide гидроксид

pack 1. набивка сальника; уплотнение ‖ набивать; уплотнять 2. кипа; тюк; связка; пакет; пачка ‖ упаковывать; укладывать 3. множество, масса 4. искусственный керн 5. узел; блок
~ off закупоривать
casing ~ уплотнение обсадной колонны
gravel ~ гравийная набивка
multi-zone open hole gravel ~ гравийный фильтр ствола многопластовой скважины (*под башмаком обсадной колонны*)
oil sand ~ слой песка, моделирующий пласт
package 1. герметизированный блок (*оборудования*) 2. компактное устройство 3. тюк; кипа; пакет; сверток; пачка; тара; упаковка; контейнер ‖ упаковывать
communications ~ оборудование связи; блок связи
oil ~ тара для хранения и транспортировки нефтепродуктов
power ~ силовой блок
production testing equipment ~ см. test equipment package
test equipment ~ блок оборудования для пробной эксплуатации
   packaged 1. блочной конструкции; сборный 2. компактный 3. в упакованном виде
   packed 1. упакованный 2. уплотненный 3. снабженный прокладкой; снабженный уплотнением 4. слежавшийся
   packer 1. трубный пакер 2. сальник; уплотнитель
~ with expanding shoe пакер с уплотняющим башмаком

anchor ~ якорный забойный пакер для скважин
auxiliary ~ вспомогательный пакер
bottom ~ нижний сальник; нижний пакер
bottom hole ~ забойный пакер; башмачный сальник
bottom hole plug ~ забойная пробка-пакер для скважины
bottom, wall and anchor ~ комбинированный забойный пакер
cam-set ~ пакер с кулачковыми захватами
casing ~ трубный пакер
casing anchor ~ трубный сальник, устанавливаемый в колонне обсадных труб (*для закрытия притока воды*)
collet-type ~ пакер с зажимным устройством
combination wall and anchor ~ комбинированный (*подвесной и якорный*) пакер
disk bottom hole ~ дисковый пакер на забое скважины
downhole ~ скважинный пакер
drillable ~ разбуриваемый пакер
drillable permanent ~ разбуриваемый стационарный пакер
emergency ~ предохранительный пакер
external casing ~ затрубный пакер
formation ~ пробка, образованная породой
gas ~ газовый сальник
gas anchor ~ газовый якорный пакер
hold-down ~ см. hook wall packer
hook wall ~ подвесной извлекаемый пакер (*снабженный устройством, удерживающим его на стенках скважины или колонны труб*)
hook wall flooding ~ подвесной пакер для нагнетательных скважин
hook wall pumping ~ подвесной пакер для насосных скважин
hydraulic-set production ~ гидравлический эксплуатационный пакер
impression ~ пакер с печатью
inflatable ~ пакер гидравлического действия; надувной пакер
inflatable liner hanger ~ пакер подвесной головки хвостовика с надувным элементом
isolation ~ изоляционный пакер
kelly ~ превентор с плашками под квадратную штангу
liner hanger ~ пакер подвески хвостовика
liner hanger external casing ~ наружный трубный пакер подвески хвостовика
liner tie-back ~ пакер надставки хвостовика
main drilling ~ основной пакер
multi-stage cementing ~ пакер для многоступенчатого цементирования
multiple ~s группа [серия] пакеров
open hole ~ пакер для открытых [не обсаженных трубами] скважин
plug ~ пакер-пробка
pony ~ пакер малого диаметра для насосной или эксплуатационной колонны
pressure ~ расширяющийся пакер

production ~ эксплуатационный пакер
production injection ~ эксплуатационный нагнетательный пакер
pumping ~s сальники, применяемые при насосной эксплуатации скважин
ratchet type ~ зубчатый пакер
removable ~ съёмный пакер
resettable ~ многократно устанавливаемый пакер
retainer production ~ подвесной пакер с обратным клапаном (*типа хлопушки*), устанавливаемый на любой глубине в скважине при помощи бурильных труб и предназначенный для различных видов эксплуатации
retrievable ~ съёмный пакер, извлекаемый пакер
retrievable test-treat-squeese ~ извлекаемый пакер для опробования, обработки призабойной зоны и цементирования под давлением
rotating kelly ~ превентор под ведущую трубу с вращающимся уплотнителем
RTTS ~ *см.* retrievable test-treat-squeeze packer
screw ~ пакер винтового типа; сальник винтового типа
screw casing anchor ~ освобождающийся якорный пакер
single ~ одинарный пакер
single-end wall ~ одноконечный или одинарный пакер
single set ~ пакер однократного пользования
tapered ~ конусный пакер
tubing ~ сальник для насосно-компрессорных труб
twin ~ двойной пакер, сдвоенный пакер
wall ~ пакер, сальник, пробка; подвесной пакер
wall-hook ~ трубный пакер для обсаженных скважин
water ~ 1. водяной сальник 2. расширяющийся пакер
zone separation ~ пакер для разобщения пластов

packer-plug пакер-пробка
packet 1. пакет, связка; упаковка || упаковывать 2. пласт; слой
packing 1. сальниковая набивка; уплотнение; прокладка; набивочное кольцо поршня 2. сальникообразование, наматывание сальника на долоте
~ of pipe joints уплотнение стыков труб
~ of spheres укладка сферических зерен (*при исследовании пористости пласта на моделях*)
cup leather ~ манжетное уплотнение, манжетная набивка
flanged ~ уплотнение манжетой
gland ~ набивка сальника
gravel ~ заполнение (*фильтра*) гравием, гравийная набивка
hydraulic ~ гидравлическое уплотнение
joint ~ прокладка между фланцами, уплотнение стыка

liquid ~ гидравлическое уплотнение; гидравлический запор; гидравлический затвор; жидкостное уплотнение
oil well ~ уплотнение между трубами и стенками нефтяной скважины
piston ~ набивка для поршня
piston rod ~ набивка сальника поршневого штока
plunger ~ плунжерная набивка
pump ~ сальниковая набивка, уплотнение насоса
random ~ случайное [беспорядочное] расположение зерен (*напр. в искусственном керне*)
screen ~ сетчатая насадка
wall ~ налипание шлама, образование сальника из налипшего шлама на стенках скважины; кольматация
water seal ~ гидравлический затвор; гидравлическое уплотнение

packless бессальниковый; не имеющий сальника, набивки или уплотнения
packoff уплотнительное устройство
casing ~ уплотнение обсадной колонны
compression ~ *см.* weight-set packoff
positive ~ принудительное уплотнение
weight-set ~ уплотнение весом (*уплотнение подвесной головки под действием веса бурильной колонны*)

Pactex *фирм. назв.* загуститель для утяжеленных пакерных жидкостей и жидкостей для заканчивания
pad 1. подушка 2. прокладка; набивка; подкладка || набивать; подкладывать 3. буртик; прилив; бобышка; фланец 4. наплавленный слой металла || наплавлять 5. лапа 6. «пачка»
foundation ~ опорная плита
landing ~ опорная лапа
oil ~ шерстяная набивка для масла
Palaeogene *геол.* палеоген, палеогеновый период
palaeolith *геол.* палеолит, палеолитический период
Palco Seal *фирм. назв.* обработанное волокно красного дерева (*нейтральный наполнитель для борьбы с поглощением бурового раствора*)
Palcotan *фирм. назв.* лигносульфонат
paleontology палеонтология
Paleozoic *геол.* палеозой, палеозойская эра || палеозойский
Pal-Mix 100-B *фирм. назв.* органический полисахарид (*загуститель для буровых растворов на водной основе*)
Pal-Mix 110-R *фирм. назв.* комплексный сополимер, используемый для борьбы с поглощением во всех системах буровых растворов
Pal-Mix 150 *фирм. назв.* антиферментатор и диспергатор для всех систем буровых растворов
Pal-Mix 200 *фирм. назв.* соляная кислота
Pal-Mix 210 *фирм. назв.* жидкий пеногаситель для растворов на водной основе

Pal-Mix 225 *фирм. назв.* поверхностно-активное вещество (*диспергатор*)

Pal-Mix 235-A *фирм. назв.* х-альдегид (*бактерицид и ингибитор коррозии*)

Pal-Mix 255 *фирм. назв.* щелочной катализатор, регулятор щелочности и pH, наполнитель для борьбы с поглощением

Pal-Mix 305 *фирм. назв.* карбонат кальция

Pal-Mix 375 *фирм. назв.* гидроксиэтилцеллюлоза

Pal-Mix 380-A *фирм. назв.* смесь полимеров (*многофункциональный реагент*)

Pal-Mix AZ 32 *фирм. назв.* биологически разрушаемый нефлуоресцирующий жидкий сополимер (*ингибитор неустойчивых глин*)

Pal-Mix Bridge Bomb *фирм. назв.* смесь гранулированного полимера с глиной (*наполнитель для борьбы с поглощением в трещиноватых породах*)

Pal-Mix Floc-An *фирм. назв.* анионный полимерный флокулянт

Pal-Mix Floc-Onic *фирм. назв.* неионный полимерный флокулянт

Pal-Mix Lubra-Glide *фирм. назв.* понизитель трения и ингибитор глин гумбо

Pal-Mix Pronto-Plug *фирм. назв.* смесь водорастворимых полимеров и целлюлозы (*понизитель водоотдачи и закупоривающий агент*)

Pal-Mix RD-3 *фирм. назв.* бисульфит аммония (*ингибитор коррозии*)

Pal-Mix RD-21 *фирм. назв.* жидкий щелочной катализатор (*регулятор щелочности и pH*)

Pal-Mix RD-22 *фирм. назв.* нефтерастворимый понизитель фильтрации для растворов на основе соленой воды

Pal-Mix RD-26 *фирм. назв.* смесь полимеров (*ингибитор неустойчивых глин*)

Pal-Mix RD-27 *фирм. назв.* понизитель фильтрации для условий высоких температур

Pal-Mix RD-28 *фирм. назв.* синергическая жидкая полимерная смазка

Pal-Mix Shur-Plug *фирм. назв.* обезвоженная целлюлоза (*нейтральный наполнитель для борьбы с поглощением и понизитель фильтрации буровых растворов*)

Pal-Mix Super-Fac *фирм. назв.* поверхностно-активное вещество

Pal-Mix Super-X *фирм. назв.* буровой раствор на основе комплексного сополимера

Pal-Mix X-Tender-B *фирм. назв.* смесь фосфатов

pancake 1. круговая, горизонтальная трещина в пласте (*при гидроразрыве*) 2. плоский, сплющенный

panel 1. панель 2. распределительная доска, приборная доска; щит управления 3. комиссия, подкомиссия; группа экспертов

air operated driller's ~ пульт бурильщика (*для управления подводным оборудованием с поста бурильщика*)

auxiliary remote control ~ вспомогательный дистанционный пульт управления

BOP ~ пульт управления противовыбросовым оборудованием

control ~ распределительный щит, пульт управления

diverter ~ пульт управления отводным устройством

driller's ~ 1. пульт бурильщика 2. пульт управления подводным оборудованием с поста бурильщика

master control ~ пульт бурильщика

motion compensator ~ пульт компенсатора перемещения (*для управления компенсатором*)

riser tensioner control ~ пульт управления натяжным устройством водоотделяющей колонны

paper 1. бумага 2. газета 3. научный доклад; статья 4. документ

blotting ~ фильтровальная бумага, пропитанная электролитом, в электролитических моделях

cross section ~ бумага, расчерченная в клетку

filter ~ фильтровальная бумага

heliographic ~ светокопировальная бумага

litmus test ~ лакмусовая бумага

log ~ логарифмическая бумага

log-log ~ бумага с двойной логарифмической сеткой

pitch ~ вощеная бумага

plotting ~ бумага с миллиметровой сеткой, миллиметровая бумага

profile ~ клетчатая бумага

paraclase *геол.* разломы, разрывные смещения, тектонические разрывы

paraffin(e) парафин; парафиновый углеводород (*любой гомолог парафинового ряда*) ‖ парафинировать, пропитывать парафином ‖ парафиновый

native ~ озокерит

paragenesis *геол.* парагенез

paragneiss *геол.* парагнейс

Paragon *фирм. назв.* растворитель органических отложений в эксплуатационной колонне

paraliageosyncline *геол.* паралиагеосинклиналь

parallel 1. параллельная линия ‖ параллельный 2. параллель 3. *эл.* параллельное соединение ‖ (при)соединять параллельно, шунтировать

paralleling *эл.* параллельное включение

parameter параметр; характеристика

critical drilling ~s предельные параметры режима бурения

mud system ~s параметры режима промывки и свойств бурового раствора

paraunconformity *геол.* параллельное несогласное напластование; эрозионное несогласие

parkerising фосфатизация, фосфатирование (*способ предохранения стали от ржавчины*)

part 1. часть, доля ‖ распадаться на части;

разделять; отделять; расходиться (*об обсадной колонне*) 2. запасная часть; деталь
~ the casing отделить в скважине верхнюю часть обсадной колонны от нижней
basal ~s of the dome основание купола
component ~s частицы, образующие систему
fixed ~ неподвижная или несъемная деталь
interchangeable ~ взаимозаменяемая деталь
integral ~ деталь, представляющая одно целое, с чем-либо; неотъемлемая часть
machined ~s детали, отработанные на станках
motion ~s движущиеся части (*механизма*)
recessed ~ скрытая или потайная часть (*отливки*)
repair ~s *см.* spare parts
replacement ~ запасная часть, взаимозаменяемая деталь
reserve ~ запасная часть [деталь]
service ~s *см.* spare parts
spare ~s запасные части
wearing ~s части, подверженные износу

partial 1. частичный, неполный 2. отдельный 3. местный 4. парциальный 5. частная производная

particle 1. частица 2. *геол.* включение
bridging ~s закупоривающие добавки к раствору (*для борьбы с поглощением*)
clay ~ глинистая частица
colloidal ~ коллоидная частица
foreign ~ инородная [посторонняя] частица, частица примеси

parting 1. разрыв, обрыв (*труб*) 2. разделение, отделение; прослой 3. *геол.* кливаж, трещиноватость
~ of casing разрыв [нарушение целостности] обсадной колонны
clay ~ расслоение глинистых частиц; глинистый прослоек
irregular ~ *геол.* неправильная отдельность, неправильная трещиноватость

partition 1. расчленение; разделение || расчленять; разделять 2. раздел 3. перегородка, переборка, стенка, простенок

partitioned секционированный, секционный

partitioning разделение; перегораживание; секционирование

party 1. группа, партия, отряд 2. бригада рабочих
research ~ разведочная партия

pass 1. проход; переход || проходить 2. *св.* слой (*многослойного шва*) 3. *св.* проход (*наложение одного слоя при многослойной сварке*)
actual ~ *сейсм.* истинный путь (*волны*)
band ~ полоса пропускания

passage 1. прохождение, проход; переход 2. промывочный канал или канавка в коронке, отверстие 3. трубопровод
circulation ~ канал [канавка] для промывочной жидкости

fluid ~ промывочная канавка (*алмазной коронки*)
oil ~ отверстие для смазки, смазочное отверстие
production flow ~s эксплуатационные каналы (*подводной фонтанной арматуры; предназначены для транспортировки продукции скважины*)
return ~ перепускной канал
transfer ~ *см.* return passage
water ~ отверстие, канавка или канал для промывочной жидкости (*в буровой коронке или долоте*)

pass-by обход, обвод, перепуск

passivate пассивировать

passivation пассивирование (*образование на поверхности металла защитной пленки, предохраняющей от коррозии*)

paste 1. паста; мастика, замазка 2. тесто (*цементное*)
key ~ смазка из черной патоки и графита (*не смывающаяся нефтепродуктами*)
jointing ~ замазка для уплотнения (*трубного соединения*)

patch 1. заплата; накладка, пластырь || ставить заплаты 2. включение (*породы*); пачка (*угля*); рудный карман 3. пятно неправильной формы
«oil ~» нефтяная промышленность

patching наложение заплаты; заварка

patent 1. патент || патентовать; брать патент || патентованный 2. открытый 3. явный, очевидный 4. собственного изобретения

path 1. путь, длина пути фильтрации; путь прохождения флюида; траектория 2. пробег (*частиц*) 3. ветвь (*обмотки*) 4. курс, маршрут
~ of rays прохождение лучей
closed ~ замкнутый контур; замкнутая цепь
flow ~ пути проникновения потока
refraction ~ *сейсм.* путь преломленной волны
seismic wave ~ траектория сейсмической волны
time ~ годограф; кривая времени пробега сейсмических волн; кривая, построенная в координатах времени и пространства
wave ~ путь (*сейсмических*) волн

pathway 1. дорожка, мостки; тротуар 2. траектория

pattern 1. образец; шаблон; эталон; калибр 2. форма; модель; трафарет 3. контур (*заводнения*); система (*размещения скважин*) 4. структура; строение 5. диаграмма; схема 6. характеристика 7. система 8. кристаллическая решетка
~ of flow сетка фильтрации, гидродинамическая сетка течения
~ of spacing *см.* pattern of wells
~ of wells расположение или размещение скважин, расстановка скважин
breakthrough ~ контур прорыва (*при заводнении*)

contact ~ отпечаток контакта зубьев долота на забое
diamond shaped ~ ромбическая сетка (*размещения скважин*)
drilling ~ расстановка скважин при разбуривании месторождения
five spot ~ пятиточечная схема (*размещения скважин*)
flood ~ система заводнения
flow ~ структура потока
interference ~ интерференционная картина
inverted five spot ~ обращенная пятиточечная сетка (*при которой нагнетание проводится в центральную скважину ячейки*)
lattice ~ строение кристаллической решетки
line ~ линейная расстановка, линейное расположение
line drive ~ линейный режим заводнения
nine spot ~ девятиточечная сетка (*размещения скважин*)
normal well ~ типовая сетка размещения скважин
oil ~ нефть, остающаяся в пласте при размещении скважин по определенной сетке
random ~ бессистемное расположение (*скважин*)
seven spot ~ семиточечная сетка (*размещения скважин*)
spacing ~ 1. сетка скважин, система расстановки скважин 2. схема размещения алмазов (*на буровой коронке*)
time ~ диаграмма времени
ultimate spacing ~ максимальная площадь дренирования (*приходящаяся на каждую скважину*)
wave ~ волновая картина
well ~ сетка или система расстановки скважин; размещение скважин
X-ray ~ рентгенограмма

pawl защелка, собачка; кулачок, упор, собачка храповика, предохранитель || защелкивать; запирать

pay 1. плата, выплата, уплата; заработная плата 2. залежь или пласт промышленного значения, продуктивный пласт 3. промышленный; рентабельный; выгодный для разработки
effective ~ продуктивный пропласток (*в пласте с чередующимися пропластками глин и другими плохо проницаемыми пропластками*), продуктивная часть пласта
main ~ основной продуктивный горизонт [пласт]

payment плата, уплата, оплата, платеж
contract footage rate ~ пометровая оплата подрядчику (*по бурению*)
day rate ~ поденная оплата (*подрядчику*)
footage rate ~ *см.* contract footage rate

payoff 1. скважина с промышленным содержанием нефти 2. начать выдавать нефть (*о скважине*)

peak 1. пик, остроконечная вершина; острие 2. высшая точка, максимум; вершина (*кривой*)
production ~ максимальная добыча

Peat Moss *фирм. назв.* торфяниковый мох (*нейтральный наполнитель для борьбы с поглощением бурового раствора*)

pebble галька; булыжник
rounded ~s окатанная галька
water-worn ~ s окатанная галька

pedal педаль; ножной рычаг || работать педалями || педальный; с ножным управлением

peg 1. (*деревянная*) шпилька, штифт, колышек 2. отметка; веха; пикет; ориентир || разбивать линию на местности
~ out отмечать границу, производить разбивку

Pelite-Six *фирм. назв.* добавка для снижения плотности цементного раствора

pellet 1. шарик; катышек; гранула; таблетка 2. дробинка 3. *мет.* окатыш

pelleted таблетированный

Peltex *фирм. назв.* феррохромлигносульфонат

pen перо
recorder ~ перо самопишущего прибора

pendage *геол.* падение пластов

pendulum 1. маятник 2. крючок для подвески
field ~ маятниковый прибор для полевой гравиметрической съемки

peneplain пенеплен, предельная равнина
penetrability проницаемость
penetrable проницаемый
penetrance 1. проникание 2. проницаемость
penetrant 1. проникающий, пропитывающий 2. вещество, применяющееся при люминесцентном или цветном методах контроля 3. *хим.* смачивающий реагент, смачивающее вещество

penetrate проходить (*при бурении*); углубляться; проникать; проходить через; пропитывать; пронизывать; проплавлять

penetration 1. проникновение; проникание, углубление; глубина проникновения; проходка (*в бурении*); глубина проходки 2. проницаемость; проникание; глубина проникания 3. *св.* проплавление, провар; глубина проплавления, глубина провара 4. протыкание (*пород соляным штоком*)
bit ~ механическая скорость проходки
bottom ~ заглубление в дно (*опорной колонны самоподнимающейся платформы*)
heat ~ глубина прогрева

penetrator наконечник прибора для определения твердости
pressure vessel ~ ввод в сосуд высокого давления

penetrometer пенетрометр
cone ~ конусный пенетрометр (*прибор для определения несущей способности грунта дна моря*)

pentagon пятиугольник
pentagonal пятиугольный
pentane пентан (C_5H_{12})
pentoxide пентоксид

people:
drilling ~ буровики
producing ~ эксплуатационники
peptization пептизация
Peptomagic *фирм. назв.* эмульгатор для буровых растворов на базе сырых нефтей
per на; за (*единицу чего-либо*); в; через; посредством
~ acre на единицу площади
~ annum за год, в год
~ barrel of oil produced на единицу объема добытой нефти
~ capita на человека
~ cent процент; выраженный в процентах
~ cent additive количество добавки в процентах к сухой массе цемента
~ cent water количество воды в процентах к сухой массе цемента
~ day в сутки; за день; в день
~ foot of hole drilling на фут бурения
~ hour в час
~ inch на дюйм
~ man на человека
~ man per shift на человека в смену
~ minute в минуту
~ square inch на квадратный дюйм
~ tour за цикл, за вахту

percentage процент; количество, выраженное в процентах, процентное соотношение, процентное содержание
~ by volume объемная концентрация в процентах
~ by weight массовая концентрация в процентах
~ of error ошибка в процентах
~ of submergence погружение в процентах
~ of voids относительный объем пустот (*в породе*) в процентах

percolation 1. фильтрование, процеживание 2. просачивание
capillary ~ капиллярное просачивание, капиллярная фильтрация
water ~ просачивание воды

percolating проходящий сквозь (*о воде, растворах*); просачивающийся

percussion столкновение, удар, толчок ‖ ударный

percussive 1. ударный, ударного действия 2. вибрационный (*инструмент*)

Perfheal *фирм. назв.* смесь полимера и лигносульфоната (*загуститель и понизитель водоотдачи для безглинистых буровых растворов*)

perforate перфорировать, простреливать (*обсадные трубы*); пробивать или просверливать отверстия; пробуравливать, бурить

perforated перфорированный, простреленный (*о трубах, колонне, скважине*)

perforation 1. отверстие; дыра; перфорация 2. перфорирование, простреливание; сверление

flush ~ неудачная перфорация (*неполучение сквозного отверстия в стенке трубы*)

perforator 1. перфоратор 2. пневматический бурильный молоток 3. сверло, бурав
bullet ~ пулевой перфоратор
casing ~ перфоратор
gun ~ *см.* bullet perforator
jet ~ кумулятивный перфоратор, беспулевой перфоратор
selective bullet gun ~ пулевой перфоратор селективного действия
shaped charge ~ *см.* jet perforator
simultaneous bullet gun ~ пулевой перфоратор одновременного действия
tubing ~ трубный перфоратор

performance 1. поведение, характеристика (*работы машины*); эксплуатационные качества 2. производительность; коэффициент полезного действия; отдача; работа 3. выполнение, совершение
depletion ~ of reservoir разработка пласта без искусственного поддержания давления
~ of a bit показатели работы долота (*производительность, срок службы, расход алмазов и т. д.*)
~ of a well поведение скважины
~ of the reservoir *см.* reservoir performance
~ of water drive reservoir поведение пласта с водонапорным режимом
average ~ средняя производительность
bit ~ показатели работы долота [коронки]
drilling ~ буровая характеристика (*бурового судна или плавучей буровой установки*)
estimated ~ расчетная характеристика
field ~ эксплуатационная характеристика, работа в полевых условиях
long-life ~ длительный срок службы
oil sand ~ производительность нефтяного пласта
operating ~ эксплуатационная характеристика
predicted ~ рассчитанное [предсказанное, прогнозированное] поведение пласта в процессе последующей разработки
pressure depletion ~ поведение пласта, эксплуатирующегося при режиме истощения (*или растворенного газа*)
production ~ отдача пласта; методы эксплуатации; динамика [характер] изменения добычи
reservoir ~ поведение пласта; отдача пласта; динамика эксплуатации пласта
service ~ эксплуатационные качества
top ~ наивысшая производительность (*машины*)

perimeter периметр; окружность
wetted ~ смоченный периметр

period 1. период, промежуток времени, цикл 2. время отложения осадков геологической системы; эпоха
~ of depletion срок рентабельной эксплуатации (*месторождения*)

braking ~ период торможения
building-up ~ время нарастания
Carboniferous ~ каменноугольный период, карбон
Cretaceous ~ меловой период; меловая система ‖ меловой
flow production ~ период фонтанной эксплуатации
free swing ~ период собственного колебания маятника (*сейсмографа*)
frequency ~ период колебаний
heat-on ~ период [время] нагрева
idle ~ период [время] холостого хода
natural ~ период собственного колебания
one-half ~ полупериод
purge ~ период очистки (*скважины*)
Quarternary ~ четвертичный период
recent ~ современный [послеледниковый] период
test ~ испытательный срок
transient ~ время переходного процесса
Triassic ~ триасовый период, триас
under-stream ~ рабочий период, межремонтный период

periodic периодический, циклический
peripheral периферийный, окружной; внешний
periphery периферия, окружность
perlite перлит (*кислое вулканическое стекло*)
expanded ~ вспученный перлит
perm перм (*единица измерения проницаемости*)
Perma-Lose *фирм. назв.* неферментирующийся крахмал
permafrost вечная мерзлота, многолетнемерзлая порода
permalogger прибор и метод непрерывного проведения каротажа
Permamagic *фирм. назв.* концентрат для приготовления раствора на углеводородной основе для проходки вечной мерзлоты
permanent 1. постоянный; неизменный; долговременный 2. остаточный
permeability проницаемость, коэффициент фильтрации
~ of strata проницаемость пород
~ to phase фазовая проницаемость
blocked ~ ухудшенная проницаемость (*вследствие закупорки пор*)
commercial relative ~ относительная проницаемость, учитываемая при эксплуатации
composite ~ суммарная проницаемость
cross bedding ~ проницаемость в поперечном направлении (*к простиранию пласта*)
directional ~ неодинаковая проницаемость (*по различным направлениям*)
effective ~ эффективная проницаемость
fluid ~ проницаемость породы для жидкости
gas ~ газопроницаемость
gas-oil ~ *см.* gas permeability
hydraulic ~ гидравлическая проницаемость, способность пропускать жидкость под давлением
in-place ~ проницаемость пласта
low ~ низкая проницаемость
matrix ~ первичная проницаемость; проницаемость нетрещиноватого известнякового коллектора
relative ~ относительная [фазовая] проницаемость
return oil ~ обратная проницаемость по нефти
rock ~ проницаемость породы
specific ~ удельная проницаемость
water ~ водопроницаемость

permeable проницаемый (*о породах*)
permeameter пермеаметр, измеритель (*магнитной*) проницаемости
permeate проникать, проходить сквозь; пропитывать
Permian *геол.* пермь, пермская система, пермский период
permissible допустимый; безопасный
permit разрешение на ведение разведки или добычи на участке
personnel персонал, личный состав ‖ укомплектовывать личным составом
operating ~ технический состав
Perspex *фирм. назв.* органическое стекло
perturbation возмущение; нарушение; искажение; отклонение от нормы
pervious проницаемый, неплотный; водопроницаемый (*о породе*)
petcock спускной кран, краник
petrifaction 1. окаменение 2. окаменелость
petrofabrics *геол.* петротектоника
petrol бензин
petroleum 1. нефть; нефтяной 2. нефтепродукт; керосин
asphalt base ~ нефть асфальтового или нафтенового основания
petroliferous нефтеносный, нефтяной
petrolift топливный насос
petrolize обрабатывать нефтью; пропитывать нефтью
petrology петрология
petrotectonics *геол.* петротектоника
Petrotone *фирм. назв.* органофильная глина, используемая в качестве структурообразователя в РУО
phase фаза; период; стадия; ступень (*развития*)
aqueous ~ водная фаза
continuous ~ дисперсионная среда (*в эмульсии*)
dispersed ~ дисперсная фаза
fluid ~ жидкая фаза; жидкость, отфильтрованная из раствора
gas ~ газовая фаза
gas liquid ~ газожидкостная фаза
homogenous ~ однородная фаза
initial ~ начальная форма
internal water ~ внутренняя водная фаза

liquid ~ жидкая фаза
multiple ~ многокомпонентная фаза
multiple condensed ~s многофазная конденсированная система
opposite ~ противоположная фаза
solid ~ твердая фаза
   phasing регулирование фазы, фазировка
   phenolics фенольные смолы
   phenolphtalein фенолфталеин, диоксифталофенон
   phenomena *pl* от phenomenon
   phenomenon явление
~ of polarization явление поляризации
transient ~ переходный процесс, явление неустановившегося режима (*в электрической цепи*), переходные явления
   Pheno Seal *фирм. назв.* стружка термореактивного смолоподобного материала (*наполнитель для борьбы с поглощением*)
   phosphate 1. фосфат, соль (орто)фосфорной кислоты 2. фосфорно-кислый
trisodium ~ ортофосфат натрия ($Na_3PO_4 \times 12H_2O$)
   photoactive светочувствительный
   photocell фотоэлемент
   photomicrograph микрофотография
   physical физический
   physiography физическая география, геоморфология
   pick 1. кирка, кайла ‖ работать киркой 2. выбор ‖ выбирать, отбирать, подбирать; сортировать; собирать
~ out сортировать, выбирать
~ up the casing подхватить обсадные трубы (*для спускоподъемных операций*)
~ up the pipe 1. затаскивать трубы (*на вышку*) 2. дать небольшую натяжку (*инструмента*) 3. подхватить (*трубы подъемным хомутом*)
   picnometer пикнометр
   pick-up 1. замер глубины скважины 2. чистка нефтяной скважины продувкой газом 3. захватывающее приспособление 4. датчик 5. *pl* ловильные инструменты
seismic ~ сейсмограф
   piece 1. кусок; часть; штука; определенное количество 2. деталь, обрабатываемое изделие 3. обломок, обрывок 4. образец
bracing ~ связь жесткости
bridging ~ шунтирующая перемычка
connecting ~ соединительная деталь
insertion ~ вставка; вкладыш
junction ~ соединительный патрубок
manu-kwik male ~ ниппельная часть муфты «манукwик»
reducing ~ переходный ниппель, переходная муфта
safety ~ предохранитель
snore ~ сапун [храпок] насоса
tail ~ хвостовая часть; наконечник; хвостовик (*бура*)

U-~ вилкообразная деталь; развилок, сошка
   piedmont подножье горы; предгорье; предгорная область
   pier 1. эстакада (*соединяющая берег моря с буровыми вышками*) 2. свая; бык; устой (*моста*) 3. пирс; мол; пристань 4. дамба, плотина
concrete ~s железобетонные тумбы (*под опоры вышки*)
foundation ~s фундаментные тумбы (*подвышечного основания*)
   pierce пронзать, протыкать; пробуравливать, просверливать; пробивать отверстие; проходить сквозь; проникать
   piercing проникающий, пробуравливающий
jet ~ метод проходки путем разрушения пород огневой струей высокой температуры
   piestic пьезометрический
   pig 1. скребок для очистки труб 2. болванка, чушка; брусок
   pigging внутренняя очистка трубопроводов скребками
   pigtail 1. гибкий проводник 2. короткий кусок шланга
   pile 1. свая ‖ вбивать [вколачивать] сваи 2. куча; груда; штабель; кипа (*бумаг*); пачка, связка, пакет ‖ складывать; сваливать в кучу; штабелировать; пакетировать, связывать в пачки
add-on ~ наращиваемая свая
anchor ~ анкерная свая
batter ~ подкосная [наклонная] свая
bearing ~ несущая свая
bored ~ винтовая свая
built ~ составная свая
bulb ~ набивная свая с расширенным основанием
drilled and cemented ~ бурозаливная свая
drilled-in ~ *см.* drilled and cemented pile
drill-in anchor ~ забуриваемая анкерная свая
foundation ~ фундаментная свая, кондуктор (*свайной платформы*)
   pilot 1. направляющее устройство, центрирующее устройство (*цапфа, стержень, выступ*); «пилот»; направляющий стержень (*расширителя для разбуривания на следующий диаметр*) 2. алмазный бескерновый наконечник с выступающей средней частью торца 3. вспомогательный механизм; регулируемое приспособление; управляющее устройство
reaming ~ направляющая часть расширителя с конусной коронкой
   pilot-scale в полузаводском масштабе
   pin 1. шпилька; штифт; чека; шплинт; палец; цапфа; ось ‖ соединять на штифтах 2. пробойник ‖ пробивать 3. штырь; вывод 4. ниппельная часть трубы или штанги
~ together скреплять или соединять болтами
~ and box ниппель и муфта замка; концы труб с наружной и внутренней резьбой, соединяемые без помощи муфт

breaking ~ срезной штифт
cone ~ цапфа (*шарошки*)
crank ~ палец (*или цапфа*) кривошипа; шатунная шейка коленчатого вала
dowell ~ соединительный шип [чека], штифт
end ~ соединительный или замыкающий болт (*цепи*)
fulcrum ~ болт (*или ось*) вращения, поворотная цапфа, шкворень
hinge ~ штифт, шпилька, ролик, болт шарнирного сочленения
index ~ установочный штифт делительного механизма; фиксатор; указатель
joint ~ ось, палец шарнира, шарнирный болт; соединительная шпилька
locating ~ установочный штифт [шпилька]; штифт-фиксатор
lock ~ *см.* locking pin
locking ~ стопорный штифт, чека, шпилька, палец
metering ~ калибровочный штифт
piston ~ поршневой палец
plunger ~ пружинный штифт, пружинный фиксатор
register ~ установочный штифт; центрирующий штифт
retaining ~ закрепляющий [удерживающий] штифт или шпилька, удерживающая замок
riser coupling ~ ниппель соединения водоотделяющей колонны
riser lock ~ ниппель соединения водоотделяющей колонны
shear ~ срезаемый [срезной] штифт
sledge ~ вставной стержень
tool joint ~ конус [ниппель] замка
wrist ~ поршневой [кривошипный] палец

pinch 1. сужение; сжатие; защемление ǁ защемлять 2. лом, вага 3. *геол.* выклинивание; пережим 4. *геол.* проводник (*жилы*)
~ out *геол.* выклиниваться

pincher:
pipe ~ трубные клещи (*приспособление для сплющивания и отрезания трубчатых элементов металлоконструкций*)

pinching заклинивание (*напр. долота*)

pinching-out выклинивание, выжимание (*пласта*)

porosity ~ *геол.* выклинивающаяся пористая зона

pinion шестерня, ведущее (*меньшее*) зубчатое колесо пары
bevel ~ коническая ведущая шестерня

pint пинта (*мера емкости в Англии=0,57 л; в США=0,47 л для жидкости и 0,55 для сыпучих тел*)

pip 1. выброс, выступ, пик, резкое изменение, резкий перегиб (кривой) 2. импульс (*на экране индикатора*)

pipe 1. труба, трубка; трубопровод ǁ оборудовать системой трубопроводов; пускать по трубам; транспортировать по трубопроводу 2. *геол.* сужение рудного тела
air ~ воздухопровод, воздушная труба
bent ~ *см.* elbow pipe
blank ~ труба без боковых отверстий
blow ~ горелка, паяльная трубка
blow-down ~ продувочная труба, труба для быстрого опорожнения емкости
blow-off ~ спускная труба
box-to-box ~ труба с муфтами на обоих концах, соединяемых при помощи двухниппельного переводника
brake ~ воздухопровод пневматического тормоза
branch ~ патрубок; ответвление трубы [трубопровода], отвод; тройник
bypass ~ перепускная труба или трубка; отводная [обводная] труба
capillary ~ капиллярная трубка
casing ~ обсадная труба
coil ~ змеевик
compensating ~ уравнительная труба
connecting ~ соединительная [промежуточная] труба, патрубок; штуцер
delivery ~ подающая труба; нагнетательная [напорная] труба
dip ~ гидравлический затвор (*на газовой линии*)
discharge ~ выкидная линия, напорная [нагнетательная] труба, отводная [выпускная] труба
drill ~ бурильная труба
drive ~ обсадная [труба] колонна; забивная труба (*для скважин*); направляющая труба (*направление*)
eduction ~ спускная труба; отводная труба; выхлопная труба
elbow ~ колено (*трубы*)
exhaust ~ отводящая труба, выхлопная труба; выпускной штуцер (*двигателя внутреннего сгорания*)
extension ~ хвостовик
external upset drill ~ бурильные трубы с высаженными наружу концами
extra-heavy ~ утолщенная труба
extruded ~s трубы, изготовленные на прессах непрерывного выдавливания
feed ~ питающая [питательная] труба
fitting ~ патрубок
flange ~ труба с фланцами
flexible ~ гибкий рукав, шланг
flow ~ напорная [нагнетательная] труба
flush joint ~ труба с гладкопроходным соединением
frozen ~ прихваченная труба (*в скважине*)
gas ~ газовая труба
grout ~ заливочная труба
hose ~ шланг
induction ~ впускная труба
injector blow ~ инжекторная горелка

inlet ~ подающая [вводящая, подводящая] труба
interior upset ~ труба с внутренней высадкой концов
internal flush drill ~ бурильная труба равнопроходного сечения
internal upset drill ~ бурильная труба с высаженными внутрь концами
junction ~ см. junction piece
lap-welded ~ труба, сваренная внахлестку
large-diameter ~ труба большого диаметра
light-weight ~ облегченная труба
loop expansion ~ уравнительная [компенсационная] петля, петлевой компенсатор (*трубопровода*)
main ~ главный трубопровод, магистральная труба, магистраль
marine riser ~ секция водоотделяющей колонны
nozzle ~ труба пескоструйного аппарата; инжекционная труба
outlet ~ отводящая [выпускная, выхлопная] труба
overflow ~ контрольная трубка; перепускная трубка; сливная труба
oversise ~ труба, имеющая диаметр больше номинального
perforated ~ перфорированная труба
pin-to-box ~ труба с приваренной муфтой на одном конце и ниппелем на другом
plain end ~s трубы с гладкими [ненарезанными] концами (*под сварку*); трубы с невысаженными концами
pressure relief ~ предохранительная [газоотводящая] труба
pressure water ~ водонапорная труба
receiver ~ приемная труба
reducing ~ переходная труба
relief ~ предохранительная [выпускная] труба
return ~ возвратная [сливная] труба; перепускная труба
rifled ~ ребристая труба; труба, имеющая внутри спиральную нарезку с большим шагом (*для перекачки вязких нефтепродуктов*)
riser ~ секция водоотделяющей колонны
rising ~ напорная труба насоса; стояк
river ~ утяжеленный трубопровод (*применяется при пересечении рек*)
rubbered ~ обрезиненная труба
run ~ см. flow pipe
run-down ~ сливная [спускная] труба
screen ~ фильтр; перфорированная труба с фильтрующей сеткой
screened ~ труба с просверленными отверстиями, перфорированная труба
seamless ~ бесшовная [цельнотянутая] труба
shop-perforated ~ перфорированная труба промышленного производства (*в отличие от перфорированной в скважине*)
slotted ~ труба с щелевидными отверстиями

soil ~ направление, первая колонна обсадных труб
tail ~ 1. хвостовая труба 2. высасывающая труба (*насоса*) 3. выхлопная труба (*двигателя*)
tapered ~ переходный патрубок
tee ~ см. T-pipe
thin-wall ~ тонкостенная труба
threaded line ~ винтовая труба
three-way ~ см. T-pipe
T-~ тройник, трехходовая труба, Т-образная труба
U-~ двухколенчатая труба, сифонная труба
undersise ~ труба, имеющая диаметр меньше номинального
unthreaded ~ труба с ненарезанными концами
upset drill ~ бурильная труба с высаженными концами
wash ~ 1. промывочная колонна (*спускаемая с башмаком-коронкой для обуривания прихваченного инструмента*) 2. растворная труба вертлюга
washover ~ промывочная труба
waste ~ дренажная труба; спускная труба; отводная труба
welded ~ сварная труба
weldless ~ бесшовная [цельнотянутая] труба
worm ~ змеевик

piped 1. выполненный в виде трубы; полый 2. с усадочной раковиной

pipelayer трубоукладчик

Pipe-Lax *фирм. назв.* ПАВ, используемое с дизтопливом для установки ванн с целью освобождения прихваченных труб

pipeline трубопровод
bare ~ неизолированный трубопровод
gas ~ газопровод
hot oil ~ трубопровод для горячей нефти
offshore ~ морской [подводный] трубопровод, дюкер
portable ~ переносный [полевой] трубопровод
underwater ~ см. offshore pipeline

Pipe-Loose *фирм. назв.* ПАВ, используемое в смеси с дизтопливом для установки ванн с целью освобождения прихваченных труб

Pipe-Off *фирм. назв.* ПАВ, используемое в смеси с дизтопливом для установки ванн с целью освобождения прихваченных труб

pipe-scraper механический скребок для чистки труб

piping 1. трубопровод; трубы; система труб 2. суффозия; разрушение грунтов гидродинамическим давлением 3. трубная обвязка (*насоса и т. п.*) 4. перекачка по трубопроводу
pressure ~ напорный или нагнетательный трубопровод, трубопровод высокого давления
pump ~ насосный трубопровод

piston поршень, плунжер
air ~ поршень пневмоцилиндра
cylinder ~ поршень
free ~ плунжерный лифт

hydraulic ~ плунжер гидравлического цилиндра
mud ~ поршень бурового насоса
opposed ~ контрпоршень
plunger ~ плунжер, поршень насоса со штоком
pneumatic ~ см. air piston
pressure ~ нагнетательный поршень
pump ~ поршень или плунжер насоса
ramming ~ поршень, плунжер, ныряло

pit 1. колодец, шурф, амбар, яма, котлован; выемка 2. раковина; изъязвления; поверхностные точечные порки ‖ покрываться коррозией
active mud ~ рабочий резервуар для бурового раствора
bore ~ шурф
clay ~ отстойник, приемный амбар (*для глинистого раствора*)
corrosion ~ коррозионный порок; точечная коррозия
eye ~ зумпф
mixing ~ емкость для приготовления бурового раствора
mud ~ отстойник, приемная емкость для бурового раствора, амбар для хранения бурового раствора
mud set ~ емкость для слива бурового раствора (*из бурильных труб при их подъеме и установке на подсвечник*)
pump suction ~ заборный отстойник или амбар (*для бурового раствора*)
pumping ~ яма для слива нефти
reserve ~ резервный амбар, яма, отстойник (*для хранения запаса бурового раствора*)
reserve mud ~ 1. запасной резервуар для бурового раствора 2. емкость для запасного бурового раствора
residue settling ~ иловая яма
sand ~s 1. точечная коррозия, песочина 2. земляная раковина в литье
settling ~ отстойник, отстойная емкость
sludge ~ см. settling pit
slush ~ см. settling pit
small ~ небольшой отстойник у устья скважины

pitch 1. шаг (*резьбы, зубчатого зацепления, сварного шва*); модуль, питч 2. смола; вар, деготь, пек 3. уклон, скат, наклон, покатость; угол наклона 3. *геол.* угол падения складки; наклон складки 4. партия товара
~ of teeth шаг зубьев шестерни
~ of the laps шаг обмотки (*изолировочной машины*)
chain ~ шаг цепи
mineral ~ асфальт, природный асфальт
pipeline ~ уклон трубопровода
tar ~ асфальтовый пек; каменноугольная смола

pithole 1. место в трубе, пораженное коррозией 2. глубокая щель (*в породе*)

pitmen шатун, соединительная тяга

pitometer питометр (*прибор для автоматической записи количества протекающей жидкости*), гидрометрическая трубка

pitted изрытый, изъязвленный, изъеденный; в мелких ямочках; покрытый коррозией

pitting 1. точечная коррозия; образование изъязвлений 2. образование раковин (*в металле*) 3. оплавление (*под действием вольтовой дуги*), эрозия контактов

pivot 1. точка вращения; ось вращения; точка опоры ‖ вертеться, вращаться 2. стержень, короткая ось; шкворень ‖ надевать на шкворень

pivotal центральный; осевой

pivoted поворотный, имеющий осевое крепление, вращающийся

place место; положение ‖ помещать, размещать; ставить; укладывать; класть
in ~ на месте; на месте происхождения
~ in commission [operation] вводить в эксплуатацию
~ out of service снимать с эксплуатации
~ of deposition место отложения
~ of settling место осаждения
final resting ~ место залегания (*нефти или газа*)

placing размещение (*скважин, шпуров*)
~ of wells размещение скважин
~ on production ввод в эксплуатацию (*о скважинах*)

plain 1. гладкий, без резьбы или высадки (*о конусах труб*) 2. простой, нелегированный; без алмазов (*напр. о резцах затрубного расширителя*) 3. плоскость; плоская поверхность, равнина
apron ~ долина размыва
Gulf Coastal ~ прибрежная равнина Мексиканского залива

plan 1. план; проект; схема; чертеж; диаграмма ‖ составлять план, чертить схему или диаграмму; проектировать; планировать 2. система

plane 1. плоскость; плоская поверхность ‖ выравнивать ‖ плоскостной; плоский; гладкий 2. уклон
~ of contact плоскость или поверхность контакта
~ of flexure плоскость изгиба
~ of incidence плоскость падения
~ of projection плоскость проекции
~ of reference см. reference plane
~ of rupture плоскость разрыва
~ of shear плоскость сдвига или среза
~ of weakness плоскость ослабления, плоскость наименьшего сопротивления; критическое [опасное] сечение
axial ~ осевая плоскость
bedding ~ *геол.* плоскость напластования
cleavage ~ плоскость спайности (*в породах*), плоскость кливажа
contact ~ плоскость контакта
crystal ~ кристаллографическая плоскость
datum ~ основная плоскость; плоскость, принятая при отсчете за нуль
end ~ торцевая плоскость, торец

fault ~ плоскость сброса
index ~ основной или руководящий уровень (*по которому строится геологический разрез*)
joint ~ плоскость отдельности в породах; поверхность отдельности
reference ~ основная плоскость; основной уровень или горизонт; линия условного уровня; исходная плоскость; сопряженная плоскость проекции
shear ~ плоскость сдвига или среза
shearing ~ плоскость скалывания
slip ~ плоскость скольжения
thrust ~ *геол.* плоскость взброса; поверхность надвига
water ~ уровень подземных вод; плоскость контакта воды и нефти

plane-table планшет; мензула || производить мензульную съемку
planimeter планиметр
planimetry планиметрия
plank доска; планка || обшивать; застилать досками
planning планирование; составление плана; проектирование
plant 1. завод; фабрика 2. силовая установка; станция; агрегат; хозяйство (*компрессорное, насосное, для централизованного приготовления буровых растворов и пр.*) 3. устанавливать (*напр. пластырь в поврежденной обсадной колонне*) 4. растение
batching ~ дозаторная установка, дозатор
bulk ~ нефтебаза, базовый нефтяной склад
central jack ~ групповая установка для насосной эксплуатации нефтяных скважин
compressor ~ компрессорная установка
cycling ~ отбензинивающая установка для возврата сухого газа в пласт
diesel electric power ~ дизель-электрическая силовая установка
flowing ~ компрессорная станция
gas ~ газогенераторная установка, газовый завод
gasoline ~ газобензиновый завод
generator ~ генераторная установка
jerking ~ групповой привод глубинных насосов
mud ~ установка [завод] для централизованного приготовления буровых растворов, глинозавод
pilot ~ опытная установка, полузаводская установка; опытный завод
pneumatic ~ компрессорная установка
power ~ силовая установка [станция]; центральная электростанция
pump ~ насосная станция
pumping ~ насосная установка (*или станция*)
pumping well power ~ силовая установка для группового привода насосных скважин
reconditioning ~ установка для централизованного приготовления и регенерации буровых растворов

self-contained ~ самообслуживающаяся установка
treating ~ очистная установка

plaster 1. глинистая корка (*на стенках скважины*) 2. гипс; алебастр || гипсовый 3. штукатурка || штукатурить 4. пластырь
~ of Paris алебастр, штукатурный гипс, обожженный гипс

plastic пластичный, пластический; пластмассовый || пластмасса, пластик
ground ~ измельченная пластмасса (*наполнитель для борьбы с поглощением бурового раствора*)
p-f ~ фенолформальдегидная пластмасса
silicone ~ кремнийорганическая пластмасса
thermosetting ~ термореактивная пластмасса (*отверждаемая нагревом*)

plasticity 1. пластичность, подвижность (*бетона*) 2. гибкость
plasticize пластифицировать, вводить пластификатор
plasticizer пластификатор; смягчитель
Plastic Seal *фирм. назв.* стекловолокно (*нейтральный наполнитель для борьбы с поглощением бурового раствора*)
plastifier пластификатор
plat 1. план (*в горизонтальной проекции*) поверхностных и подземных работ; съемка в горизонтальной проекции || наносить на диаграмму, составлять план 2. ровный, плоский, гладкий

plate 1. плита, пластина, лист 2. толстый лист (*металла*); листовая сталь, листовое железо || плющить (*металл*) 3. металлический электрод аккумулятора 4. сланцевая порода (*с крупной отдельностью*) 5. заводская марка (*на станке*) 6. анод 7. наносить гальваническое покрытие; плакировать
~ out осаждаться [адсорбироваться] на чем-нибудь
back ~ опорная плита
back up ~ подкладка
baffle ~ 1. пробка при цементировании через перфорированное отверстие 2. перегородка (*в резервуаре или в сосуде для регулирования струи жидкости или газа*); отражатель; дефлектор
base ~ фундаментная [опорная] плита; основание ноги вышки
bearing ~ опорная плита; башмак
break-out ~ приспособление для отвинчивания долота
butt ~ стыковая накладка
clutch ~ диск фрикционной муфты, фрикционный диск
connection ~ *св.* узловая накладка; косынка; соединительная планка
corner ~ угловой лист, угловая накладка; косынка
cover ~ клапанная крышка (*бурового насоса*)

cut-off ~ задвижка
deflection ~ направляющий, поворотный щиток; отклоняющая пластина; дефлектор; перегородка
foundation ~ фундаментная плита, основная плита
landing ~ посадочная плита (*служащая фундаментом для подводного оборудования*)
orifice ~ диафрагма
rating ~ паспортная табличка (*на машине или аппаратуре*); заводской паспорт
reinforcing ~ *св.* усиливающая накладка
returning ~ пластинка возврата (*в гравиметре*)
plateau 1. плато, плоская возвышенность; плоскогорье 2. пологий участок кривой
plated покрытый слоем другого металла; плакированный, гальванизированный; с гальваническим покрытием
platform 1. платформа, площадка, помост; полати; вышка; подвышечное основание; морское основание под буровую 2. *геол.* платформа; континентальное плато; континентальный шельф 3. перрон, платформа
articulating ~ башенное основание, шарнирно закрепленное на дне
buoyant tower drilling ~ буровая платформа с плавучей башенной опорой
column fixed ~ колонное стационарное основание
condeep marine ~ бетонное стационарное морское основание
derrick ~ подвышечное морское основание, морская платформа для установки буровой вышки
drilling ~ основание для морского бурения
fourble board working ~ полати (*вышки*) для верхового рабочего
gravity base offshore ~ морская платформа с гравитационным фундаментом
gravity base offshore production ~ морское эксплуатационное основание с гравитационным фундаментом
gyrostabilized ~ гиростабилизированное основание
kelly ~ первая площадка лестницы (*вышки*)
ladder landing ~ промежуточные площадки лестницы (*вышки*)
living quarter ~ жилая платформа
loading ~ погрузочная площадка
marine research ~ морская исследовательская платформа
mat supported ~ платформа с опорной плитой
mat supported jack-up drilling ~ самоподнимающаяся буровая платформа с опорной плитой
mobile bottom-supported ~ передвижное основание, опирающееся на дно
modular ~ крупноблочное сборное основание
ocean-going ~ океанская буровая платформа
offshore drilling ~ морская буровая платформа
offshore oil production ~ морская эксплуатационная платформа

oil ~ нефтепромысловая платформа, нефтепромысловое основание
oscillating ~ башенное морское основание, шарнирно крепящееся ко дну
permanent offshore ~ стационарная морская платформа
pile fixed ~ свайное стационарное основание
production ~ эксплуатационная платформа, эксплуатационное основание
pumpdown ~ платформа [основание] для газлифтной эксплуатации морских скважин
quadruple board ~ полати вышки (*для верхового рабочего*)
racking ~ балкон верхового рабочего (*на вышке*), полати
satellite ~ платформа-спутник
self-contained drilling ~ независимое [отдельное] морское основание (*для бурения*)
self-contained fixed ~ автономная стационарная платформа [основание]
self-elevating ~ самоподнимающаяся платформа (*с выдвижными опорными колоннами и подъемными устройствами*)
self-mobilizing ~ самоходное основание
self-setting ~ самоустанавливающаяся платформа
semisubmersible drilling ~ полупогружная буровая платформа; полупогружное буровое основание
semisubmersible production ~ полупогружная эксплуатационная платформа
sloping ~ наклонная платформа, наклонный помост
subtank ~ платформа с подводным хранилищем
template fixed ~ стационарное основание с донной опорной плитой
tended drilling ~ буровая платформа, обслуживаемая тендером
tender ~ тендерная [вспомогательная] платформа
tension leg ~ платформа с растянутыми опорами
tilt up jack up ~ составное основание, состоящее из свайной опоры и верхней самоподнимающейся палубы
timber ~ морская платформа на деревянных сваях
tower fixed ~ башенное стационарное основание
trestle ~ эстакадное основание
work ~ рабочая площадка
plating 1. гальваническое покрытие; нанесение гальванического покрытия; металлизация 2. листовая обшивка
chrome ~ хромирование
hard chrome ~ твердое хромирование
nickel ~ никелирование
silver ~ серебрение
tin ~ облуживание (*оловом*), лужение
zinc ~ цинкование
play 1. зазор, качка, «игра», люфт 2. «мертвый» ход, холостой ход

~ out *геол.* выклиниваться
side ~ боковое отклонение, боковой зазор, боковая «игра»
playback *сейсм.* воспроизведение (*магнитной записи*)
Pleiocen *см.* **Pliocene**
Pleistocene 1. плейстоцен ‖ плейстоценовый 2. дилювий ‖ дилювиальный
pliability гибкость; ковкость; пластичность
pliable сгибаемый; гибкий; пластичный
Pliocene плиоцен ‖ плиоценовый
plot 1. план; проект; чертеж; карта; график, диаграмма ‖ составлять план, карту; наносить на график ряд точек, определяющих кривую 2. участок под разработку или разведку
~ against... наносить в зависимости от...
~ a curve строить кривую по точкам, нанести на диаграмму точки кривой
time ~ кривая времени пробега сейсмических волн; годограф; кривая, построенная в координатах времени и пространства
plotted отмеченный, нанесенный на карту [диаграмму]
plotting 1. построение [вычерчивание] кривых; нанесение данных на график [планшет] 2. нанесение данных на карту 3. съемка (*геодезическая*) 4. считывание показаний
~ a curve построение кривой
curve ~ *см.* plotting a curve
plug 1. пробка, заглушка, забойка 2. втулка 3. вертлюг; армированный алмазами вкладыш к коронке (*для бурения сплошным забоем*); сменный центральный выступ бескернового наконечника; «пилот» 4. поставить пробку (*в скважине*); залить скважину цементом; затампонировать скважину; закупорить трещины и пустоты в стенках скважины 5. самозаклинивание керна (*в коронке или колонковой трубе*) 6. засыпать ликвидированную скважину песком; перекрыть приток воды или нефти в скважину 7. болт; штифт, палец 8. штепсель 9. вилка 10. свеча двигателя
~ back забивать, затыкать; трамбовать (*скважину*) ‖ трамбование нижнего интервала скважины для испытания верхнего горизонта; тампонаж
~ up закупоривать, установить пробку (*в скважину*); забивать (*трубопровод*)
~ of cock пробка крана
Baker sure shot cement ~s нижняя и верхняя пробки для цементирования скважин (*фирмы «Бейкер»*)
balanced valve (BV) retrievable bridge ~ извлекаемая мостовая пробка с уравновешенным клапаном
ball ~ шаровой клапан
blank ~ пробка, заглушка
bleeder ~ спускная пробка
blind ~ *см.* blank plug
bottom ~ нижняя пробка, применяемая при цементировании скважины; нижняя цементировочная пробка
bridge ~ мостовая пробка
bull ~ пробка (*в конце трубы*), глухая пробка, глухая башмачная насадка
bushing suspended wiper ~ цементировочная скребковая пробка (*подвешенная на втулке*)
bypass ~ проходная пробка
casing hanger test ~ опрессовочная пробка подвесной головки обсадной колонны
cement ~ цементный мост, цементная пробка; разделительная пробка
cementing ~ пробка для цементирования скважины, заливочная пробка
closing ~ *см.* follower plug
combination wellhead body test ~ комбинированная опрессовочная пробка корпуса устьевой головки
connecting ~ соединительный штепсель
drain ~ спускная пробка
drill pipe pump-down ~ пробка, продавливаемая по бурильной колонне
dry hole ~ пробка для сухих скважин
float ~ направляющая насадка [пробка] для башмака обсадной трубы с обратным клапаном
flow ~ фонтанный штуцер, фонтанная пробка
follower ~ верхняя [вторая] пробка, применяемая при цементировании скважины, верхняя цементировочная пробка
fusible ~ плавкий предохранитель [пробка]
gunk ~ смесь бентонита, цемента и аттапульгита в нефти или дизтопливе (*используется для борьбы с поглощением бурового раствора*)
heaving ~ поднимающаяся пробка
lead ~ 1. плавкая [предохранительная] пробка 2. свинцовая пробка для перекрытия притока воды из призабойной зоны
limit ~ ограничивающая пробка; нижняя пробка в эксплуатационной колонне
liner wiper ~ скребковая пробка хвостовика
lower ~ нижняя пробка
priming ~ заливная пробка (*насоса*)
pump down ~ закачиваемая цементировочная пробка, прокачиваемая пробка
retrievable bridge ~ извлекаемая мостовая пробка
safety ~ 1. легкоплавкая предохранительная пробка 2. предохранительная пробка (*электрическая*)
salt ~ соляное ядро; соляной шток
screw ~ пробка с нарезкой; нарезная заглушка
tapered ~ конусная пробка; пробка с конической резьбой
temporary ~ временная (*мостовая*) пробка
top ~ *см.* follower plug
trip ~ сбрасываемая (*цементировочная*) пробка
upper ~ *см.* follower plug
wall ~ штепсельная вилка
wiper ~ *см.* follower plug
plug-and-socket штепсельный разъем

plugged 1. забитый, затампонированный, затрамбованный 2. засоренный 3. с закупоренными трещинами и пустотами 4. с пробкой в стволе (*о скважине*)
~ back затрамбованная для эксплуатации вышележащего горизонта (*о скважине*)

plugging 1. установка пробки, тампонирование; закупоривание (*трещин и пор породы в скважине*); трамбование скважин 2. алмазное бескерновое бурение 3. торможение противовключением [противотоком]
~ back заливка [тампонаж] забоя (*для испытания верхнего горизонта*)
selective ~ избирательный тампонаж, избирательная закупорка пласта

Plug-Git *фирм. назв.* измельченное древесное волокно (*нейтральный наполнитель для борьбы с поглощением бурового раствора*)

plug-in вставной, штепсельный, штыревой, со штепсельным контактом; блочный, сменный

plumb 1. отвес || ставить [устанавливать] по отвесу; проверять по отвесу 2. вертикальный, отвесный

plunger 1. плунжер, поршень насоса со штоком, скалка, скальчатый поршень, ныряло 2. шток; толкатель (*клапана*)
grooved ~ плунжер с канавками
pump ~ скалка [плунжер] насоса

Pluradot *фирм. назв.* ПАВ для РУО, инвертных эмульсий и газообразных систем

Plurafac *фирм. назв.* ПАВ для РУО, инвертных эмульсий и газообразных систем

Pluronic *фирм. назв.* ПАВ для РУО, инвертных эмульсий и газообразных систем

Pluronic L64 *фирм. назв.* блок-сополимер этилена и оксида пропилена (*неионное ПАВ*)

plus 1. плюс, знак сложения 2. положительный (*электрод*)

plutonic глубинный; интрузивный; магматический; изверженный

plutonite плутонит, глубинная [абиссальная] порода

ply 1. слой 2. сгиб; складка || сгибать, гнуть 3. прядь (*троса*) 4. петля, виток (*напр. верёвки*)

pneumatic пневматический, воздушный

pneumatics пневматика, пневматические устройства

pneumatolyses *геол.* пневматолиз

pneumohydraulic пневмогидравлический

pocket 1. карман; гнездо; углубление; выемка; паз; впадина; мешок 2. карман, гнездо (*форма залегания месторождения*); небольшая залежь; каверна в пористом линзообразном пласте, временно дающая нефть (*или газ*) 3. зумпф на забое скважины 4. прогиб (*в днище*) 5. раковина; пузырь 6. карманный
air ~s 1. воздушные мешки [карманы] 2. раковины (*в металле*), крупные поры
clay ~ заполненное глиной эрозионное углубление или каверна (*в стволе скважины*)

gas ~ газовый карман, заполненная газом полость; газовая раковина; газовый пузырь; крупная газовая пора
mud ~ грязевой карман

pod 1. коллектор, гидравлический коллектор, распределительная коробка (*устройство в системе управления подводным оборудованием*) 2. каналец, желобок 3. удлиненная (*рудная*) линза, чечевицеобразная залежь
control ~ (*подводный*) коллектор управления (*для дистанционного управления подводным оборудованием*)
double female subsea control ~ подводный коллектор управления с двойным гнездом; подводный коллектор управления с двойной охватывающей частью
double female subsea hydraulic control ~ подводный гидравлический коллектор управления с двойным гнездом
dual ~ подводный коллектор управления с двойным гнездом
male ~ ниппельная часть коллектора; охватываемая часть коллектора (*в системе управления подводным оборудованием*)
multiple pin type subsea control ~ подводный коллектор управления многоштырькового типа
retrievable BOP control ~ съёмный (*подводный*) коллектор управления превентором
retrievable subsea control ~ съёмный подводный коллектор управления
single female control ~ коллектор управления с одним посадочным гнездом
wedge type subsea control ~ клиновидный подводный коллектор управления

point 1. точка 2. кончик; наконечник; острый конец; остриё; конец бура; остриё долота 3. режущая часть (*инструмента*) 4. забой скважины 5. вершина горы, пик
fictive ~ of fixity фиктивная точка крепления (*заглубленной в дно моря опорной колонны самоподнимающейся платформы*)
~ of application точка приложения
~ of batch end точка смены партий нефтепродуктов в трубопроводе (*при последовательной перекачке*)
~ of contact точка соприкосновения, точка касания
~ of discontinuity точка перегиба кривой; точка разрыва непрерывности
~ of divergence точка расхождения, точка раздела, точка разветвления
~ of fracture место разрыва
~ of inflection точка перегиба
~ of intersection точка пересечения
~ of maximum load предел упругости при растяжении, временное сопротивление разрыву
~ of mixing точка смешивания
~ of no flow точка начала выброса (*в газлифте*); точка отсутствия дебита или подачи
~ of support точка опоры

~ of suspension точка подвеса
bending yield ~ предел текучести при изгибе
boiling ~ точка [температура] кипения
break ~ 1. предел прочности 2. точка разрыва непрерывности 3. точка расслоения эмульсии; точка осветления мутной жидкости
breakdown ~ предел прочности
bubble ~ температура начала кипения; температура появления первого пузырька
capacity ~ полная проектная производительность
casing ~ глубина установки башмака обсадной колонны
cementing ~ интервал скважины, где произведено цементирование (*на разрезе скважины*)
cloud ~ температура помутнения (*нефтепродукта*)
condensation ~ *см.* dew point
critical ~ критическая точка, критическое значение; точка превращения
cross ~ крестообразное долото, долото с крестообразно расположенными шарошками или лезвиями
cut ~ 1. стык (*различных нефтепродуктов при их последовательной перекачке по трубопроводу*) 2. точка отсечки
datum ~ точка приведения, уровень приведения, заданная точка
decimal ~ точка в десятичной дроби, отделяющая целую часть от дробной
delivery ~ сдаточный пункт; место выгрузки, место подвоза или подачи, обменный пункт (*горючего*)
dew ~ точка росы, температура конденсации
drop out ~ точка выпадения (*напр. парафина*)
equilibrium dew ~ равновесие фазовых состояний
filling ~ заправочный пункт, наливной пункт
fire ~ температура воспламенения (*нефтепродукта*)
flash ~ температура вспышки
flashing ~ *см.* flash point
focal ~ фокус
freeze ~ точка прихвата (*колонны*)
fusion ~ точка [температура] плавления
gauge ~ точка замера [измерения]
initial ~ исходная точка
kick off ~ точка ствола скважины, где произведено его искусственное отклонение и откуда начато бурение бокового ствола; точка изменения направления ствола скважины
load ~ точка приложения нагрузки
lower pick-up ~ нижнее положение талевого блока
melting ~ точка [температура] плавления
operating ~ рабочая точка
pin ~ 1. точное определение какой-либо точки, зоны и т. п. 2. прицельный
pipe departure ~ точка схода трубы, точка отрыва трубопровода (*со стингера трубоукладочной баржи*)
pour ~ точка или температура текучести (*масла*); температура застывания (*нефти*)
reference ~ контрольная точка, точка приведения
saturation ~ предел [точка] насыщения
set ~ температура застывания
setting ~ 1. глубина, на которую спускается обсадная колонна 2. температура застывания нефтепродуктов
shot ~ *сейсм.* пункт взрыва
solidification ~ температура застывания или затвердевания
tapping ~ точка ответвления; точка отбора
tensile yield ~ предел текучести при растяжении
whipstock ~ место установки уипстока в скважине
withdrawal ~ зона извлечения жидкости из пласта
working ~ 1. точка приложения силы 2. рабочая точка
yield ~ предел текучести; предельное напряжение сдвига
zero ~ нуль (*шкалы*); нулевая точка

pointed заостренный, остроконечный; зазубренный
round ~ с закругленным концом
pointer 1. стрелка 2. указатель
poise 1. пуаз (*единица вязкости, равная 0,1 Па·с*) 2. равновесие; уравновешивание ‖ уравновешивать, балансировать
polar 1. полярный 2. полюсный
polarization поляризация
circular ~ круговая поляризация
hydrogen ~ водородная поляризация
spontaneous ~ спонтанная [самопроизвольная] поляризация, естественный [скважинный] потенциал
polarize поляризовать
Polco Seal *фирм. назв.* волокнистый материал из коры (*нейтральный наполнитель для борьбы с поглощением раствора*)
pole 1. штанга ударного бурения 2. полюс 3. столб; шест; мачта; веха 4. опора 5. дорн
casing ~ деревянный брус, применяемый совместно с канатной петлей для крепления свинчиваемых обсадных труб
gin ~ стойка [козлы] над кронблоком; опорная стойка для крыши резервуара; монтажная мачта; ворот
girder ~ решетчатая мачта
shear ~ стойка для усиления двуногой передвижной вышки
Polidril *фирм. назв.* вспенивающий полимер для безглинистых буровых растворов
polish 1. шлифование; полирование шлифовать; полировать 2. политура; лак 3. отделка 4. *геол.* гладкая поверхность сброса, зеркало скольжения

polished шлифованный; полированный; гладкий, блестящий
pollutant загрязняющее вещество
pollute загрязнять (*окружающую среду*)
pollution загрязнение (*воздуха, раствора, воды, среды*); примесь
oil ~ загрязнение (*поверхности земли или воды*) нефтью или нефтепродуктами
polyacrylonitrile:
sodium ~ полиакрилонитрил натрия (*понизитель водоотдачи буровых растворов*)
Poly-Ben *фирм. назв.* полимер (*флокулянт и модифицирующий агент для глин*)
Polyblend *фирм. назв.* полимерный загуститель для безглинистых буровых растворов
Polybrine *фирм. назв.* смесь полимеров и карбонатов для повышения вязкости и снижения водоотдачи буровых растворов
polyethylene полиэтилен
Polyflake *фирм. назв.* нефтерастворимый пленкообразующий полимер, используемый для ликвидации поглощений в зоне продуктивных горизонтов
polygonal многоугольный
Polylube *фирм. назв.* понизитель трения и смазывающая добавка для условий чрезвычайно высоких давлений
Poly-Magic *фирм. назв.* сополимер (*ингибитор неустойчивых глин*)
polymer полимер, продукт полимеризации
resinous ~s высокополимерные смолы
Polymer 214 *фирм. назв.* реагент, осаждающий ионы кальция (*ингибитор окалинообразования*)
polymeric полимерный
polymerization полимеризация
Poly-Mul *фирм. назв.* эмульгатор нефти в воде
polyphase многофазный
Poly-Plastic *фирм. назв.* стабилизатор неустойчивых глин
Poly S *фирм. назв.* жидкий полиакрилат натрия (*понизитель водоотдачи для буровых растворов на водной основе всех систем*)
Poly-Sec *фирм. назв.* селективный флокулянт и модифицирующий агент для глин
polyspast полиспаст; таль; сложный блок
polystyrene полистирол
Polytex *фирм. назв.* порошкообразный понизитель водоотдачи на полимерной основе для хлоркальциевых и пресноводных буровых растворов
pond пруд, водоем; водохранилище; бассейн
settling ~ зумпф или отстойник
skimming ~ водоем [бассейн] для отделения нефти от дренажных вод
treating ~ водоочистительное сооружение
pony вспомогательный, дополнительный
pony-size малого размера, уменьшенного габарита

pool 1. залежь, месторождение; участок 2. резервуар; бассейн
oil ~ нефтяное месторождение; залежь; нефтеносная площадь
moon ~ буровая шахта (*в корпусе бурового судна или платформы*)
underground storage ~ истощенный пласт, используемый под хранение газа
unit ~ месторождение, разрабатываемое под единым руководством
poor 1. бедный (*о смеси*); слабый; тощий (*о руде*); 2. плохой, неудовлетворительный; недостаточный (*о снабжении или подаче*)
poppet 1. тарельчатый клапан, проходной клапан 2. копер
pore пора (*в породе*); скважина
disconnected ~s изолированные поры
evacuated ~s вакуумированные поры (*в керне*)
gas ~ газовая пора
porosimeter порозиметр (*прибор для определения коэффициента пористости*)
porosity пористость, ноздреватость; скважинность
coarse ~ крупная пористость
cul-de-sac ~ изолированная [несообщающаяся] пористость
effective ~ эффективная пористость, действующая пористость
differential ~ дифференциальная (*изменяющаяся по простиранию пласта*) пористость
exposed ~ поверхностная пористость
fine ~ мелкая пористость
fraction ~ относительная пористость
fractional ~ коэффициент пористости
gas ~ газовая пористость
induced ~ вторичная [наведенная] пористость
in situ ~ первоначальная пористость пласта
irregular ~ ненормальная, пустотная (*незернистая*) пористость
intercrystalline ~ межкристаллитная пористость
net displacement ~ эффективная пористость при вытеснении
scattered ~ рассеянная пористость
shrinkage ~ усадочная пористость
soil ~ пористость грунта
weighted average ~ средневзвешенная пористость
weld ~ св. пористость шва
porous пористый, проницаемый, ноздреватый; скважинный
highly ~ высокопроницаемый, высокопористый
port 1. отверстие; прорезь; проход; промывной канал (*у коронки с выводом промывочной жидкости на забой*) 2. морской порт; причал; гавань
burner ~ выходное отверстие горелки
flushing ~ промывочное отверстие
induction ~ впускное отверстие
puff ~ перепускной [уравновешивающий] канал

screw ~ отверстие (*для заглушки*) с резьбой
wash-out ~ промывочное отверстие (*отверстие в испытательном инструменте для промывки водой посадочного гнезда уплотнительного узла подвесной головки обсадной колонны*)
    portability портативность; удобство переноски [перевозки]
    portable переносный, передвижной, транспортабельный; портативный
    port-hole отверстие, канал
    portion часть, доля; участок ‖ делить на части
piggy-back ~ of electrohydraulic pod электрический блок сервосистемы электрогидравлического коллектора (*в системе управления подводным оборудованием*)
    position 1. положение; расположение; позиция; место, местоположение 2. размещать; помещать; устанавливать; определять
«on» ~ положение включения, рабочее положение (*выключателя, рубильника*)
in ~ правильно расположенный, установленный в требуемом положении
~ of bearing точка опоры
compensator stroke ~ положение компенсатора (*напр. бурильной колонны*)
driller's ~ пост бурильщика
drilling ~ положение при бурении (*плавучих буровых оснований*)
field transit ~ положение (*платформы*) для транспортировки в районе эксплуатации
initial ~ исходное положение
ocean transit ~ положение транспортировки (*полупогружной платформы*) по океану
original ~ основное [исходное] положение
reference ~ исходное [первоначальное] положение
relative ~ относительное положение
released ~ выключенное положение
run-in ~ положение при спуске
set ~ рабочее положение
set on bottom ~ положение после установки на дно погружной буровой платформы
welding ~ положение при сварке; место сварки
well ~ расположение скважины
working ~ рабочее положение
    positioned:
dynamically ~ с динамическим позиционированием
    positioner позиционер
air-operated ~ пневматический позиционер
valve ~ позиционер клапана
    positioning 1. управление положением 2. установка в определённом положении; установка на место, удержание на месте стоянки, позиционирование
~ of piston operated valve контроль степени открытия задвижек с пневматическим или гидравлическим управлением
automatic ~ автоматическое позиционирование
dynamic ~ динамическое позиционирование

    positive 1. положительный; позитивный 2. эл. положительный полюс 3. принудительный 4. нагнетательный 5. вращающийся по часовой стрелке 6. определённый, точный
    possibility:
bare ~ ненадёжное [малопригодное] средство
oil ~ ies возможная нефтеносность
    post 1. стойка, столб; подпорка; мачта 2. мелкозернистый песчаник 3. известняк с тонкими прослойками сланца 4. клемма, соединительный зажим 5. целик угля или руды
BOP stack guide ~ направляющая стойка блока превенторов
knock-off ~ стойка расцепителя (*полевых тяг*)
jack ~ стойка главного вала пенсильванского станка
rod ~s опорные столбы (*полевых тяг*)
samson ~ стойка балансира
slotted guide ~ направляющая стойка с прорезью
    Post-Pliocene постплиоцен ‖ постплиоценовый
    Post-Tertiary послетретичный период; послетретичная система; послетретичные отложения ‖ послетретичный
    pot 1. полость (*напр. в гидравлической части насоса*) 2. геол. купол 3. резервуар; 4. горшок; котелок; банка; кружка
dope ~ ёмкость для разведения уплотнительной замазки (*для покрытия подводного трубопровода*)
    potash поташ, углекислый калий
    potential 1. потенциал; возможность ‖ потенциальный; возможный 2. эл. напряжение; потенциал
electric ~ электрический потенциал
field ~ потенциальная добыча
gas drive ~ потенциальный отбор нефти при газонапорном режиме
gravity ~ гравитационный потенциал
initial ~ начальный дебит (*скважины*)
interfacial ~ потенциал на границе раздела фаз
open flow ~ потенциальный дебит скважины
operating ~ рабочее напряжение
oxidation-reduction ~ окислительно-восстановительный потенциал
redox ~ окислительно-восстановительный потенциал
thermodynamic ~ термодинамический потенциал
    pothole 1. выбоина; котловина 2. геол. мульда
    pound 1. фунт (*453,6 г*) 2. толочь; молоть 3. трамбовать 4. дрожать; вибрировать; сотрясаться
~s per cubic foot фунтов на куб. фут (*в США применяется при определении плотности*); (*один фунт в куб. футе=0,016 кг в 1 л*)
~s per gallon фунтов на галлон (*применяется при определении плотности бурового раствора; один фунт в галлоне=0,1198 кг в 1 л*)
~s per square inch фунты на кв. дюйм

~s per square inch ga(u)ged манометрическое давление в фунтах на кв. дюйм

powder 1. порошок 2. порох; динамит 3. толочь; превращать(ся) в порошок; измельчать

power 1. сила, мощность, энергия 2. двигатель, мотор 3. механический; работающий от привода 4. автоматический; машинный; силовой; энергетический; моторный 5. *матем.* степень 6. приводить (*в действие, в движение*), вращать, служить приводным двигателем
«~ off» (*двигатель*) «выключен»
«~ on» (*двигатель*) «включен»
adhesive ~ сила сцепления, сила прилипания
available ~ располагаемая мощность; действительная мощность
band wheel pumping ~ групповой привод для глубинных насосов с горизонтальным шкивом (*привод карусельного типа*)
bearing ~ 1. несущая способность 2. грузоподъемность; подъемная сила
binding ~ вяжущая способность
brake ~ эффективная мощность торможения; тормозная сила; сила торможения
cementation ~ вяжущая [цементирующая] способность
central ~ групповой привод
central pumping ~ групповая установка для насосной эксплуатации скважин
effective ~ эффективная мощность (*двигателя*)
effective horse ~ эффективная [действительная] мощность в л. с.
holding ~ 1. несущая способность 2. прочность крепления
indicated ~ индикаторная мощность (*двигателя*)
input ~ приводная мощность
lifting ~ грузоподъемность
motive ~ движущая сила; двигательная энергия
net ~ полезная [эффективная] мощность
oil ~ нефтяной двигатель, нефтяной привод
propelling ~ движущая [толкающая] сила; двигатель
pumping ~ приводной двигатель глубинного насоса
rated ~ номинальная мощность
real ~ действительная [эффективная] мощность
reflective ~ отражательная сила [способность]
required ~ потребляемая мощность
required horse ~ потребляемая мощность в л. с.
reserve ~ запас прочности, избыточная мощность
resistance ~ сопротивляемость разрушению, прочность
thermal ~ теплота сгорания, теплопроизводительность
traction ~ тяговое усилие, тяговая мощность
useful ~ полезная энергия

power-actuated 1. с механическим приводом; приводной, механический 2. автоматический

powered механический; снабженный механическим приводом; снабженный энергией
powerful мощный, сильный
Pozmix *фирм. назв.* пуццолановый цемент, используемый в качестве добавки для снижения плотности цементных растворов
pozzolan пуццолан (*силикатные или силикатно-алюминатные материалы, в чистом виде не обладающие свойствами цемента*)
fly-ash-type ~ пепловидный пуццолан
practical 1. практический 2. целесообразный, полезный
practice практика, опыт; навык; техника ведения работ; технология
cementing ~ техника цементирования скважин, практика проведения цементировочных работ
drilling ~s режим бурения
drilling mud ~s технология применения буровых растворов
operating ~ методы [практика] эксплуатации; режим работы
production ~ методы эксплуатации; технология добычи

Pre-Cambrian докембрийский
precaution предохранение; меры предосторожности; защита; профилактическое мероприятие
safety ~ меры предосторожности; мероприятия по технике безопасности
welding ~ меры предосторожности при сварке
precipitate 1. осадок; выделение ‖ осаждать(ся), выделять(ся) 2. выпадать
precipitation осаждение; выпадение в осадок; выделение
wax ~ выпадение [выделение] парафина
precipitator ~ осадитель, осаждающее вещество
precision ~ точность, верность; аккуратность; четкость ‖ точный; верный; прецизионный
~ of analyses воспроизводимость результатов анализа
~ of instrument класс точности прибора
preclude предотвратить, устранить
precoating предварительное покрытие, грунтовка
precompression предварительное сжатие
precomputed предвычисленный; заранее рассчитанный
precooler холодильник предварительного охлаждения
predetermined заданный, заранее определенный, установленный
predict предсказывать, определять; прогнозировать; предвычислять
prediction 1. прогноз; предсказание 2. предвычисление
recovery ~ прогноз вероятной добычи
predrilling забуривание; бурение передовой [опережающей] скважины
prefabricated готовый, изготовленный заранее; сборный; заводского изготовления

preferential избирательный
preform 1. брикет, таблетка ‖ брикетировать, таблетировать 2. заранее формовать, придавать предварительную форму
prefreezing предварительное замораживание
preglacial доледниковый
preheat подогревать, предварительно нагревать
preheater подогревать
preheating предварительный подогрев, предварительное нагревание
preliminary предварительный, подготовительный; черновой
preload предварительный натяг, предварительная нагрузка ‖ создавать предварительный натяг, устанавливать [монтировать] с предварительным натягом [нагружением]
Pre-Mix Biocide B-12 *фирм. назв.* (бактерицид и ингибитор коррозии для буровых растворов на водной основе)
Pre-Mix Biolube *фирм. назв.* смазывающая добавка, не вызывающая загрязнения окружающей среды
Pre-Mix Bromical *фирм. назв.* водный раствор хлористого и бромистого кальция
Pre-Mix Filmkote *фирм. назв.* ингибитор коррозии для растворов на водной основе
Pre-Mix Lenox *фирм. назв.* товарный бурый уголь
Pre-Mix Oxban *фирм. назв.* ингибитор кислородной коррозии
Pre-Mix Wallkote *фирм. назв.* жидкий асфальт (*понизитель водоотдачи и ингибитор неустойчивых глин для буровых растворов на водной основе всех систем*)
Pre-Mix Wate *фирм. назв.* баритовый утяжелитель
premium повышенного качества; высшего качества
Premium Gel *фирм. назв.* высококачественный бентонитовый глинопорошок
premix 1. заранее приготовленная смесь 2. предварительно перемешивать
Premul *фирм. назв.* инвертная эмульсия
Premul A *фирм. назв.* эмульгатор для инвертных эмульсий
Premul C *фирм. назв.* утяжелитель для инвертных эмульсий
Premul Gellant *фирм. назв.* структурообразователь для инвертных эмульсий
Premul X *фирм. назв.* регулятор фильтрации инвертных эмульсий
Prepact A *фирм. назв.* замедлитель схватывания цементного раствора
preparation 1. подготовка; предварительная обработка; приготовление 2. *св.* подготовка кромок 3. обогащение
~ of core samples техника изготовления искусственного керна (*для лабораторных исследований*)
weld ~ подготовка под сварку
prepolymerized предварительно полимеризованный
pre-positioned предварительно установленный
pre-reacted предварительно подвергнутый реакции
Presantil *фирм. назв.* ПАВ, используемое в смеси с дизтопливом для установки ванн с целью освобождения прихваченных труб
present 1. настоящий; современный 2. имеющийся налицо 3. направлять 4. подавать
presentation 1. индикация 2. воспроизведение; показ 3. развертка
present-day современный
preservative 1. консервирующее [антиферментативное] средство [вещество] 2. противокоагулятор, стабилизатор дисперсии 3. противостаритель, предохранитель от старения
preserve консервировать; сохранять; предохранять
preset 1. предварительная установка; предварительная наладка ‖ предварительно устанавливать, предварительно налаживать 2. заданный
presetting предварительная установка; предварительная наладка
press пресс ‖ прессовать; нажимать
filter ~ фильтр-пресс
pressing 1. прессование; прессовка; штамповка 2. штампованное изделие
pressure давление; пластовое давление; усилие; напор; напряжение; сжатие
~ up проверить плотность всех соединений перед кислотной обработкой скважины, опрессовывать
under ~ под давлением
~ above bubble point *см.* above bubble point pressure
~ above the atmospheric давление выше атмосферного; манометрическое [избыточное] давление, сверхдавление
~ all around давление со всех сторон
~ applied at the surface давление, создаваемое на устье скважины
~ at the economic level давление, определяемое экономичностью разработки
~ at the well bore забойное давление
~ on the bit давление на долото, нагрузка на долото
~ on the tool давление на инструмент (*нагрузка на долото*)
~ pumped down понижение давления (*при откачке жидкости из скважины*)
abandonment ~ пластовое давление к моменту истощения пласта (*или к концу разработки*)
abnormal ~ аномальное давление
above bubble point ~ давление выше давления насыщения
absolute ~ абсолютное давление
annulus ~ давление в кольцевом пространстве

applied ~ созданное давление, приложенное давление
atmospheric ~ атмосферное давление
average ~ средневзвешенное давление
average reservoir ~ среднее пластовое давление
back ~ 1. противодавление (*на пласт*) 2. обратное давление 3. усилие отвода
base measuring ~ основное [эталонное] давление
bearing ~ опорное давление, реакция опоры
bit ~ давление на коронку (*при вращательном бурении*)
boost ~ повышенное давление (*в нагнетающей магистрали*); давление наддува
bottom hole ~ 1. забойное давление, давление на забое 2. нагрузка на долото при бурении 3. давление столба жидкости в скважине 4. давление пластовых флюидов у забоя скважины
breakdown ~ критическое давление, давление разрыва
bubble point ~ давление насыщения
bursting ~ давление разрыва (*трубы*)
capillary ~ капиллярное давление
casing ~ давление в межтрубном пространстве (*между эксплуатационной колонной и насосно-компрессорными трубами*)
casing head ~ давление на устье скважины
circulating ~ давление циркуляции
circulation ~ *см.* circulating pressure
closed ~ максимальное давление в закрытой скважине
closed-in ~ давление в скважине после остановки
closed-in bottom hole ~ статическое забойное давление в неработающей скважине
collapsing ~ сминающее давление
compression ~ давление сжатия; сжимающая нагрузка
confining ~ горное давление; ограничивающее давление; всестороннее давление
convergence ~ давление схождения
critical ~ критическое давление
developed ~ развиваемое давление
differential ~ перепад давления; дифференциальное давление (*разность между давлениями на забое при закрытой скважине и при эксплуатации*); депрессия на пласт
discharge ~ давление на выкиде, напор на выкиде
disruptive ~ пробивное напряжение
dissociation ~ упругость диссоциации
down ~ давление сверху вниз
driving ~ давление вытеснения, вытесняющее давление
effective ~ полезное давление, рабочее давление
end ~ опорное давление; осевое давление
equilibrium capillary ~ равновесное капиллярное давление
equilibrium reservoir ~ установившееся давление в пласте

excess(ive) ~ избыточное давление
exit ~ давление на выходе
external ~ внешнее давление
field ~ давление, характеризующее состояние пласта или залежи; средневзвешенное пластовое давление
filling ~ давление наполнения
final shut-in ~ конечное давление при закрытии (*скважины*)
flow line ~ давление на выкидной линии; давление в напорной линии
flowing ~ гидродинамическое давление; давление при откачке; давление при заводнении; давление на выкиде; давление в напорном трубопроводе
flowing bottom hole ~ динамическое забойное давление
flowing tubing head ~ давление на устье фонтанирующей скважины
fluid ~ давление жидкости, гидростатическое давление
footing soil ~ давление башмака на грунт
formation ~ горное давление; пластовое давление
forward ~ напорное давление; усилие или давление подачи; усилие или давление сжатия
fractional ~ парциальное давление
fracture ~ давление гидроразрыва пласта
gas ~ газовое давление; упругость газа
gauge ~ манометрическое давление
ground ~ горное давление; давление на грунт
head ~ напор
high ~ высокое давление (*более 1,0 МПа*) ‖ высоконапорный
highest primary ~ максимальное давление на входе
highest secondary ~ максимальное рабочее давление
hydraulic ~ гидравлическое давление
hydrostatic ~ гидростатическое давление
indicated ~ индикаторное давление, номинальное давление
initial formation ~ начальное пластовое давление
initial reservoir ~ *см.* initial formation pressure
injection ~ давление нагнетания, инжекционное давление; давление, необходимое для проникновения раствора в поры породы
inlet ~ давление на входе, давление на всасывании, давление впуска
intake ~ 1. давление на приеме (*насоса*) 2. давление на устье нагнетательной скважины
intake well head ~ давление на приеме (*нагнетательной скважины*)
lateral ~ боковое давление
line ~ давление в трубопроводе
live ~ переменное [меняющееся] давление
load ~ давление нагрузки
low ~ 1. низкое давление низконапорный (*о трубопроводе*) 2. эл. низкое напряжение

low injection ~ низкое давление нагнетания
manometer ~ *см.* gauge pressure
maximum allowable working ~ максимально допустимое рабочее давление
maximum initial field ~ максимальное первоначальное пластовое давление
mean effective ~ среднее эффективное давление
mean reservoir ~ среднее пластовое давление
mercury ~ давление, выраженное высотой ртутного столба
middle ~ среднее давление или напор
negative ~ отрицательное давление; давление ниже атмосферного; разрежение; вакуум
normal ~ нормальное или атмосферное давление
nozzle ~ давление в сопле или насадке
open hole ~ давление в открытой скважине
operating ~ рабочее давление
original ~ первоначальное [исходное] пластовое давление
original average reservoir ~ первоначальное среднее пластовое давление
original reservoir ~ *см.* original pressure
original rock ~ *см.* original pressure
oscillatory ~ пульсирующее давление
outlet ~ давление на выходе
output ~ рабочее давление
overburden ~ *см.* rock pressure
partial ~ парциальное давление (*данного газа в смеси*)
pipeline ~ давление в трубопроводе
piping ~ *см.* pipeline pressure
piston ~ давление на поршень
positive ~ давление выше атмосферного; принудительное давление; избыточное давление; противодавление
predetermined ~ заданное [заранее определенное] давление
producing ~ рабочее давление (*скважины*)
proof-test ~ испытательное давление
pump ~ давление на выкиде насоса
piping ~ *см.* pipeline **pressure**
rated ~ индикаторное давление
reaction ~ реактивное давление
reduced ~ приведенное [пониженное] давление
relative vapour ~ относительная упругость паров
relief ~ разгрузочное [критическое] давление
reservoir ~ пластовое давление
return ~ давление в обратную сторону, противодавление
rock ~ горное давление, давление вышележащей толщи; пластовое давление
safe working ~ допускаемое рабочее давление
sand ~ *см.* formation pressure
sand-face injection ~ забойное давление при нагнетании (*воды*)
saturated vapour ~ давление насыщенного пара
saturation ~ давление насыщения
service ~ нормальное рабочее давление

shut-in ~ статическое давление в скважине при закрытом устье
shut-in bottom hole ~ забойное давление в закрытой оставленной скважине
shut-in casing ~ давление в затрубном пространстве при закрытом устье
shut-in drill pipe ~ давление в бурильной колонне при закрытом устье
side ~ боковое давление или усилие
specific ~ давление на единицу поверхности, удельное давление
terminal ~ конечное давление; давление в конце расширения; граничное давление
terrastatic ~ *см.* rock pressure
test ~ 1. давление при испытании, пробное давление 2. напряжение (*электрическое*) при испытании
top hole ~ давление на выкиде (*газлифта*)
total ~ полное давление; общая нагрузка; суммарная нагрузка (*на коронку*)
unbalanced ~ неустановившееся давление
underground ~ *см.* rock pressure
unit ~ давление на единицу поверхности, удельное давление
unit ground ~ удельное давление на грунт
uplift ~ противодавление
upstream ~ давление в направлении течения
wellhead ~ давление на устье скважины
wellhead flowing ~ давление на устье фонтанной скважины (*текущее*)
working ~ рабочее давление, динамическое давление

pressure-actuated приводимый в действие давлением
pressure-tight воздухонепроницаемый; выдерживающий давление; герметичный
pressuring опрессовка
pressurization 1. герметизация 2. наддув
pressurized 1. герметический 2. под давлением
pressurometer измеритель давления (*грунта в массиве*)
prestressed предварительно напряженный
pretreatment предварительная [профилактическая] обработка
prevalent *см.* prevailing
prevailing преобладающий, наиболее широко распространенный, господствующий
prevent предохранять, предупреждать, предотвращать
preventer 1. превентор, противовыбросовое устройство (*на устье скважины*), приспособление для предупреждения выбросов газа и жидкости 2. предохранитель 3. предохранительный [страхующий] трос
annular ~ кольцевой превентор
bag type ~ универсальный превентор с упругим уплотнительным элементом
blowout ~ превентор (*противовыбросовое оборудование для герметичного закрытия устья скважины в случае фонтанирования*)

double ram type ~ превентор с двумя комплектами плашек
hydraulic blowout ~ превентор с гидравлическим приводом
inside blowout ~ внутренний противовыбросовый превентор; встроенный превентор (*устанавливаемый в бурильную колонну для предохранения от обратного давления бурового раствора*)
pressure packed type blowout ~ превентор с гидравлической системой уплотнения
ram type ~ превентор плашечного типа
revolving blowout ~ вращающийся противовыбросовый превентор, превентор с вращающимся вкладышем
shear ram ~ превентор со срезающими плашками
stuffing box type blowout ~ превентор сальникового типа
three-stage packer type ~ превентор трехпакерного типа
wire line ~ превентор для вспомогательного талевого каната

prevention предупреждение; предотвращение; предохранение
accident ~ предупреждение несчастных случаев; техника безопасности
corrosion ~ защита от коррозии, борьба с коррозией
fire ~ противопожарные мероприятия
rust ~ предупреждение ржавления или коррозии

preventive предупредительный; профилактический

price цена; ценность || оценивать
cost ~ себестоимость
wellhead ~ стоимость сырой нефти

pricing калькуляция

primary 1. первичный, первоначальный; основной; главный 2. *геол.* палеозой, палеозойская эра

prime 1. заливать (*напр. центробежный насос перед пуском*) 2. грунтовать 3. первичная часть, первая ступень 4. главный; основной; первоначальный

primer 1. грунтовка; предохранительное покрытие (*металла*) 2. запал 3. приспособление для заливки двигателя горючим (*перед пуском*)
electric ~ патрон электродетонатора
engine ~ приспособление для заправки двигателя

priming 1. заливка (*двигателя или насоса*) перед пуском; заправка 2. помещение детонатора в патрон ВВ, зарядка запала 3. грунтовка
ejector ~ эжекционный способ заливки (*насоса*)
manual ~ ручная заливка (*насоса*)
pump ~ заливка насоса перед пуском

principle 1. принцип; закон; основа; правило; аксиома 2. источник 3. *хим.* составная часть, элемент

~ of design основа или принцип конструирования, основы расчета
~ of redundancy принцип полного дублирования (*в системе управления подводным оборудованием*)
boring ~ метод бурения
cancellation ~ принцип гашения (*энергии ветра и волн при конструировании морских плавучих платформ*)
tension leg ~ принцип растянутой колонны (*применяется с целью создания плавучих платформ с минимальными перемещениями относительно подводного устья*)

print 1. оттиск; отпечаток 2. шрифт, печать
blue ~ «синька», световая копия

probe 1. зонд, щуп, пробник, искатель; датчик || зондировать, пробовать, исследовать 2. проба, образец 3. исследование || исследовать
gamma-ray ~ скважинный гамма-счетчик

probing зондирование, работа с ручным буром; разведка бурением или шурфованием

problem (*сложная*) задача; проблема
constant rate ~ задача постоянного притока
field ~s промысловые задачи
hole ~s осложнения, встречающиеся при проходке ствола скважины
sand ~ осложнение, вызываемое тем, что вместе с жидкостью скважина дает много песка

procedure 1. операция; процедура; порядок действия 2. метод, методика; техника; приемы; порядок 3. технология, технологический процесс, процесс производства
bit break-in ~ процесс приработки (*нового*) долота
operating ~s техника эксплуатации
operation ~ последовательность операций
pipeline-up ~ операция по выравниванию труб (*перед сваркой на трубоукладочной барже*)
test ~ техника испытаний, методика проведения испытания; проведение испытания
uniform test ~ унифицированный или стандартный метод испытаний
weld(ing) ~ технология сварки; последовательность сварки; способ сварки
well-killing ~ операция по глушению скважины

proceedings труды, протоколы, издания научного учреждения [общества]

process 1. процесс 2. технологический прием [способ] 3. обрабатывать
base exchange ~ процесс замещения обменного комплекса
batch ~ периодический процесс
complex ~ многофазный процесс
displacement ~ процесс вытеснения (*нефти из пласта нагнетаемым в него агентом*)
gas conversion ~ переработка газов
high pressure ~ закачка газа в пласт под высоким давлением
hot dipping ~ нанесение покрытия путем погружения в горячую ванну

«miscible plug» ~ процесс закачки в пласт газа под высоким давлением с предшествующим нагнетанием жидкого пропана
Огсо-~ усовершенствованный метод заводнения с закачкой в начальный период карбонизированной [сатурированной] воды
recovery ~ технология добычи
reversible ~ обратимый процесс, обратимая реакция
round-the-clock ~ непрерывный [круглосуточный] процесс
solvent flooding ~ вытеснение нефти растворителями

processing 1. обработка (*главным образом химическая или термическая*) 2. технология
field ~ обработка на промысле

processor процессор
acoustic position indicator ~ акустический приемник индикатора местоположения (*бурового судна или плавучей полупогружной буровой платформы*)
acoustic riser-angle indicator ~ акустический приемник индикатора угла наклона водоотделяющей колонны [морского стояка]

produce 1. производить, вырабатывать; добывать; создавать 2. продукция 3. продукт 4. продолжать (*линию или плоскость*)

producer 1. эксплуатационная скважина 2. нефтепромышленник 3. генератор; газогенератор 4. изготовитель, производитель
dual ~ двухпластовая скважина; скважина, ведущая добычу с двух горизонтов
idle ~ малодебитная скважина
large ~ скважина с большим дебитом
marginal ~ малодебитная [близкая к истощению] скважина
non-commercial ~ непромышленная скважина, малопродуктивная, нерентабельная скважина
petroleum ~ нефтепромышленник
sand ~ скважина, в которую вместе с жидкостью поступает из пласта много песка
water ~ обводненная скважина

producing 1. продуктивный 2. производящий 3. рождающий
~ on a salvage basis эксплуатация до предела рентабельности

product 1. продукт; изделие 2. результат 3. *матем.* произведение 4. *хим.* продукт реакции
blended ~ смесь, смешанный продукт
commercial ~ товарный продукт
end ~s товарные продукты, целевые продукты
oil ~s нефтепродукты
rock ~s нерудные ископаемые
waste ~s отходы производства

production 1. производство; изготовление 2. продукция; изделие 3. производительность; выработка; добыча 4. генерация (*частиц*)
allowable ~ контингент производства; допустимая норма добычи (*из скважины или участка*)
batch ~ *см.* serial production

capacity ~ нормальная производительность
closed-in ~ 1. потенциальная добыча из временно остановленной скважины 2. временно остановленная эксплуатация скважины
commercial ~ промышленная добыча
controlled ~ регулируемая добыча нефти, контролируемая добыча
crude ~ *см.* oil production
cumulative ~ суммарная добыча
deep ~ добыча с глубоких горизонтов
deferred ~ замедленная добыча
first commercial ~ начало промышленной добычи
flush ~ начальный дебит, добыча из скважины в начальный период ее эксплуатации
follow-up ~ последующая добыча
forced ~ форсированная добыча
future well ~ будущая производительность скважины
heat ~ выделение тепла
incremental oil ~ добавочное количество нефти
initial ~ начальный дебит
initial daily ~ начальная суточная добыча
oil ~ добыча нефти
past ~ суммарная добыча, полученная на данный момент
petroleum ~ *см.* oil production
potential ~ потенциальная добыча; потенциальная производительность (*скважины*)
quantity ~ массовое или крупносерийное производство
serial ~ серийное производство
settled ~ установившийся дебит скважины
total daily ~ общая суточная добыча
ultimate ~ суммарная добыча, полученная из скважины или месторождения за данное время; суммарный выход
uncurtailed ~ неограниченная добыча

productive продуктивный

productivity продуктивность (*скважины*), производительность
relative ~ удельная [относительная] производительность (*скважины*)

proficiency опытность, умение, высокая квалификация

profile 1. профиль ‖ профилировать 2. очертание, контур 3. вертикальный разрез, сечение 4. обрабатывать по шаблону
~ of pipe line route профиль трассы трубопровода
geological ~ геологический профиль
injection ~ контур заводнения
input ~ профиль [характер изменения] приемистости (*нагнетательной скважины*)
offset seismic ~ сейсмический профиль, отклоненный от вертикали
pin ~ ниппельный профиль
temperature ~ тмпературное поле
water injection ~ профиль приемистости (*скважины*) при закачивании воды

profiler профиломер
high frequency ~ высокочастотный профиломер (*для определения твердого грунта дна моря*)
sub-bottom ~ профиломер твердого дна (*для определения твердого дна под слоем ила*)
profiling составление раздела при сейсмометрии; профилирование
~ of boundaries профилирование контуров (*всех поверхностей штоков*)
continuous ~ непрерывное профилирование
electric ~ электропрофилирование (*в электроразведке*)
profit прибыль; доход ǁ извлекать выгоду
profitable полезный; выгодный; доходный
prograding *геол.* размывание
program график; программа; план ǁ составлять программу, программировать
casing ~ конструкция скважины, проект крепления скважины
drilling ~ план буровых работ
drilling assistance ~ вспомогательная программа бурения
mud ~ технологическая карта применения буровых растворов; график применения буровых растворов; запроектирование (*по интервалам проходки*) свойств бурового раствора
production ~ программа разработки, план добычи
programming программирование (*для электронных устройств*)
progress:
daily drilling ~ суточная проходка
drilling ~ ход буровых работ
prohibit запрещать; препятствовать
project 1. тема, план; схема; проект ǁ проектировать, составлять проект 2. выдаваться, выступать
unitized ~ разработка месторождения по единому проекту
projecting выдающийся, выступающий
projection 1. проекция 2. проект; план 3. проектирование 4. выступ, выступающая часть 5. бросание, метание
azimutal ~ азимутальная проекция
horizontal ~ горизонтальная проекция
upright ~ боковой вид, вертикальный разрез, вид сбоку
prolific 1. богатый, обильный 2. плодородный
promising перспективный
promote 1. содействовать, способствовать; обеспечивать 2. *хим.* ускорять (*реакцию*)
prong 1. выступ; кулачок 2. вилка; зубец
clutch ~s and slots кулачки и пазы кулачковых соединений
Pronto-Plug *фирм. назв.* смесь полимеров, используемая для борьбы с поглощением бурового раствора
proof 1. доказательство 2. испытание, проба 3. непроницаемый 4. упорный, стойкий; герметичный 5. *матем.* проверка

gas ~ газонепроницаемый; газобезопасный; газоупорный; газостойкий; герметичный
oil ~ 1. маслостойкий, маслонепроницаемый 2. нефтеносная площадь; залежь; нефтяное месторождение
rust ~ нержавеющий
under ~ испытываемый
proofing 1. испытание; испытание на проницаемость 2. придание непроницаемости
prop стойка; подпорка; опора; раскос; откос ǁ поддерживать; подпирать
propagate распространять(ся); размножать(ся)
propagation распространение (*волн и т. д.*)
crack ~ распространение [развитие] трещины
wave ~ распространение (*сейсмических*) волн
propane пропан (C_3H_8)
propel двигать, приводить в движение; толкать
propellant 1. движущая сила 2. топливо (*для двигателей*)
propelled:
jet ~ с реактивным двигателем
propert|y 1. свойство, особенность, качество, характеристика; параметр 2. общественность, владение; имущество; хозяйство
antiflocculating ~ies пептизирующие [противофлокулирующие] свойства
bonding ~ies связующие [связывающие] свойства
bulk ~ies объёмные свойства
capillary ~ капиллярная характеристика
cement slurry fluid ~ies текучесть цементного раствора
chemical ~ies химические свойства
direction(al) ~ies анизотропия
elastic ~ies эластичные [упругие] свойства
filtration ~ies фильтрационные свойства
flow ~ies реологические свойства
gelling ~ способность образовывать гель; гелеобразующие свойства
impact ~ies свойства сопротивления ударным нагрузкам
lubricating ~ies смазывающая способность
oil ~ies свойства нефтей (*или масел*)
phase boundary ~ies межфазные свойства
physical ~ies физические свойства
plastic-flow ~ies свойства пластического течения
sealing ~ies герметизирующие [уплотняющие] свойства
thermal ~ies теплофизические свойства
thixotropic ~ies тиксотропные свойства
torque ~ies пусковые свойства (*двигателя*)
wall building ~ies коркообразующие свойства бурового раствора; фильтрационные характеристики бурового раствора
proportion 1. пропорция; соотношение; соразмерность 2. часть, доля 3. соразмерять 4. распределять
proportional 1. пропорциональный; соразмер-

ный 2. *матем.* член пропорции 3. эквивалент
inversely ~ обратно пропорциональный
proportioneer дозатор; пропорционирующее устройство
proportioning дозирование, дозировка
proppant расклинивающий агент (*в жидкости гидроразрыва*)
propping:
~ of fractures расклинивание трещин (*при гидроразрыве*)
propulsion 1. приведение в движение; движение вперед; сообщение движения 2. движущая сила 3. двигатель, силовая установка
propylene пропилен (C_3H_6)
propylene-glycol пропилен-гликоль
proration пропорциональная разверстка добычи (*нефти и газа*); централизованное регулирование добычи; искусственное ограничение добычи по закону (*в США*)
prospect 1. поиски, разведка, изыскание ‖ разведывать, производить поиски, исследовать 2. вид, перспектива; панорама
prospecting поиски, разведка; изыскания ‖ проведение поисков и разведок
deep ~ разведка при помощи глубокого бурения
electrical ~ электроразведка
geochemical ~ геохимическая разведка
geological ~ геологическая разведка
geophysical ~ геофизические методы разведки, геофизическая разведка
geotechnical ~ геотехническая разведка
geothermal ~ геотермическая разведка
magnetic ~ магнитная разведка
minerals ~ разведка полезных ископаемых
offshore ~ морские изыскания, изыскания на море
radioactive ~ радиоактивная разведка
resistivity ~ электроразведка по методу сопротивления
seismic ~ сейсмическая разведка, сейсморазведка
prospective будущий
protect защищать; предохранять
protection защита; предохранение; охранение
cathodic ~ катодная защита (*от коррозии*)
corrosion ~ защита от коррозии, борьба с коррозией
magnesium anodes ~ антикоррозийная защита магниевыми анодами
overload ~ защита от перегрузки
pipe ~ изоляция трубопровода, защита трубопровода от коррозии
radiation ~ защита от облучения, радиационная защита
sacrifice ~ защита (*от коррозии*) с применением магниевых анодов
weather ~ защита от атмосферных воздействий
X-ray ~ защита от облучения рентгеновскими лучами
protective защитный; предохранительный

Protectomagic *фирм. назв.* асфальт, диспергированный в нефти, используемый в качестве углеводородной фазы в эмульсионных растворах
Protectomagic-M *фирм. назв.* водорастворимый битум
Protectomagic-S *фирм. назв.* измельченный битумный концентрат, используемый для приготовления эмульсионных буровых растворов
Protectomul *фирм. назв.* концентрат для приготовления инвертной эмульсии
protector предохранитель, протектор; защита; предохранительные резьбозащитные кольца для труб; предохранительное устройство; защитное приспособление
Bettis ~ резиновое предохранительное кольцо (*фирмы «Беттис»*), надеваемое на бурильные трубы для снижения их износа при трении о стенки обсадных труб
bore ~ защитная втулка (*блока превенторов, подвесных и устьевых головок*)
bowl ~ защитная втулка (*для защиты рабочих поверхностей подвесной или устьевой головки обсадных колонн от износа*)
casing ~ предохранительное кольцо для обсадных труб
crown block ~ противозатаскиватель талевого блока
drill pipe ~ предохранительное кольцо, надеваемое на бурильную трубу; протектор
pin ~ защитный кожух ниппеля
pipe thread ~ *см.* thread protector
set ~ защитная втулка посадочного гнезда (*устьевых и подвесных головок*)
thread ~ колпачок для предохранения резьбы, предохранительное кольцо

Protectozone *фирм. назв.* понизитель водоотдачи для растворов на основе рассолов
Proterozoic *геол.* протерозойская эра, протерозой ‖ протерозойский
protobitumen протобитум (*первичная стадия превращения органического вещества в нефть*)
protopetroleum первичная нефть
prototype аналог; натуральный образец (*при опытах, в отличие от модели*); прототип
protractor транспортир, угломер
protrude выступать, выдаваться
protrusion 1. *геол.* выступление, выдвигание, выпирание; протрузия 2. выступ
prove 1. выяснить (*путем разведки*) характер месторождения или залегания, детально разведать 2. доказывать 3. испытывать, пробовать, опробывать
proved *геол.* разведанный, достоверный (*о запасах*)
prover:
pipe ~ прибор для проверки герметичности труб, прибор для гидравлического испытания труб
provide снабжать; обеспечивать

province область, провинция (*в том числе и нефтеносная*)
gas ~ газовая провинция
geological ~ геологическая провинция
petroliferous ~ нефтеносная провинция

proving 1. проверка (*прибора, счетчика*); испытание, опробование 2. разведка
gravimetric ~ весовая проверка или калибровка (*напр. расходомеров*)

provision снабжение, обеспечение

provisional 1. временный, непостоянный; сменный; съемный 2. предварительный; приблизительный

proximal ближайший, непосредственный

pseudoanticline *геол.* ложная антиклиналь

psychrometer психрометр

publication публикация, издание; опубликование

puckering *геол.* плойчатость, микроскладчатость

puddling 1. пудлингование (*перемешивание цементного раствора с целью удаления пузырьков воздуха*) 2. расхаживание

puffer тяговая [подъемная] лебедка

puff-up 1. вздутие; выпуклость; вспучивание 2. *геол.* лавовый купол 3. *геол.* раздув (*жилы*)

pull 1. тяга 2. натяжение; тянущая сила; сила тяги; растягивающее усилие 3. растяжение 4. тянуть, тащить; натягивать; поднимать буровой снаряд из скважины 5. растягивать; разрывать 6. керн, извлеченный за один рейс
~ a well извлечь (*трубы и прочее оборудование*) из ликвидируемой скважины
~ a well in разобрать, снять буровую вышку
~ back 1. оттягивать назад 2. приподнять снаряд над забоем
~ into derrick затаскивать (*трубы*) в вышку
~ into two порвать (*при натяжке*) на две части
~ on натягивать
~ out извлечь; поднять трубы из скважины; вытаскивать; вынимать
~ up 1. поднять из скважины 2. подтянуть (*сальниковое уплотнение насоса*)
~ up the casing извлечь обсадные трубы
~ of the belt *см.* belt pull
belt ~ натяжение ремня
chain ~ натяжение цепи в цепной передаче
tensile ~ растягивающая сила, растягивающее усилие
tight ~ затяжка (*инструмента*)
up and down ~ вертикальная сила, действующая вверх и вниз

puller экстрактор, съемник, выбрасыватель; инструмент для вытаскивания
bit ~ приспособление для отвинчивания долота

pulley шкив; блок; ролик; ворот ‖ поднимать при помощи блока или шкива
belt ~ ременный шкив
casing ~ шкивы-ролики для талевого каната
driving ~ ведущий шкив
fast ~ рабочий шкив
free ~ *см.* loose pulley
friction ~ фрикционный шкив
loose ~ холостой шкив [блок]
rope ~ желобчатый шкив
sand line ~ тартальный шкив
tandem rope ~s последовательно расположенные шкивы

pulling 1. подъем (*инструмента*) 2. натяжение 3. тяга 4. извлечение, выемка; выдергивание
~ and running the drill-pipe спуск и подъем бурильных труб
~ the tubing подъем насосно-компрессорных труб
~ out the hole подъем инструмента из скважины

pulp 1. пульпа, смесь тонкоизмельченного материала с жидкостью 2. шлам; ил 3. мягкая бесформенная масса; кашица

pulsate пульсировать; вибрировать

pulsation 1. пульсация, биение; вибрация 2. ход поршня

pulsatory пульсирующий

pulse 1. импульс, толчок, удар 2. вибрация, пульсация, биение 3. давление (*в трубопроводе*) 4. малая группа сейсмических волн
mud pump ~ пульсация давления, вызываемая работой поршней бурового насоса
reflected ~ отраженный импульс

pulverization 1. пульверизация, распыление 2. измельчение; превращение в порошок

pulverize 1. измельчать [превращать] в порошок; растирать 2. распылять, пульверизовать

pulverizer 1. пульверизатор, распылитель, разбрызгиватель; форсунка 2. мельница для тонкого размола [измельчения]
ball mill ~ шаровая мельница для тонкого помола

pump насос ‖ качать, накачивать; откачивать; перекачивать; выкачивать (*насосом*); нагнетать
~ off откачивать
~ out выкачивать
~ over перекачивать
~ up накачивать, нагнетать
~ by heads производить откачку с перерывами (*через неодинаковые промежутки времени*)
~ set at... насос установлен на глубине... глубина подвески насоса...
air ~ воздушный насос
American ~ американка (*специальный вид желонки для чистки скважин при ударном бурении*)
boiler feed ~ насос для питания котлов
booster ~ насос высокого давления, дожимной насос, насос второй ступени; вспомогательный насос
bore-hole ~ насос для буровых работ; погружной насос, глубинный насос
boring ~ буровой насос
bottom ~ погружной насос
bottom hole ~ погружной (*бесштанговый*) на-

сос (*с забойным двигателем или гидравлический*)
built-on ~ насос, смонтированный вместе с двигателем
cement ~ цементировочный насос
centrifugal ~ центробежный насос
centrifugal type ~ *см.* centrifugal pump
chemical injection ~ инжекционный насос для химреагентов (*в системе пробной эксплуатации подводной скважины*)
circulating ~ *см.* mud pump
compounded ~s совместно работающие насосы
constant displacement ~ насос постоянного объема (*в гидростатических передачах*)
controlled volume ~ дозировочный насос
deep well ~ глубинный насос
delivery ~ подающий или нагнетательный насос; питающий насос
displacement ~ 1. поршневой насос 2. аппарат для перемещения жидкостей сжатым воздухом или газом
donkey ~ насос, питающий котлы
double-acting ~ насос двойного действия
double displacement ~ насос двойного действия
double suction ~ насос двойного всасывания [хода]
downhole engine ~ *см.* hydraulic pump
duplex ~ двухцилиндровый насос, дуплекс-насос
electrical centrifugal ~ погружной центробежный насос с забойным электродвигателем
end suction ~ насос с торцевым всасыванием
extraction ~ откачивающий насос
feed ~ питательный насос
fluid operated ~ гидравлический глубинный насос
fluid packed ~ насос с жидкостным уплотнением
free-type subsurface hydraulic ~ гидропоршневой погружной насос, приводимый в действие жидкостью, подаваемой с поверхности
fuel ~ насос для подачи горючего, топливный насос
gear ~ шестеренный насос
hydraulic ~ гидропоршневой насос
hydraulic core ~ насос для извлечения керна из колонкового долота
injection ~ топливный насос (*у двигателя*)
inserted ~ вставной насос
jack ~ промысловый насос (*для перекачки нефти из промысловых резервуаров в нефтехранилище или магистральный трубопровод*)
jet ~ струйный насос, эжектор
jet type ~ *см.* jet pump
lift ~ всасывающий насос
line ~ линейный насос; промежуточный насос
liner ~ втулочный насос
long-stroke ~ длинноходовой насос
low-down type ~ ручной насос с горизонтальным поршнем
lube ~ масляный насос

metering ~ дозировочный насос
monoblock ~ мотопомпа
motor ~ насосный агрегат, мотопомпа
motor driven slush ~ приводной буровой насос
mud ~ буровой насос
multicylinder ~ сдвоенный насос, насос дуплекс; многоцилиндровый насос
multistage ~ многоступенчатый насос
non-inserted ~ невставной насос
oil ~ нефтяной [масляный] насос
piston ~ поршневой [плунжерный] насос
piston type ~ *см.* piston pump
plunger ~ плунжерный [поршневой] насос
positive displacement ~ поршневой насос
power ~ механический насос с приводом от двигателя, приводной насос
power driven ~ приводной насос
pressure ~ гидравлический [нагнетательный] насос
pressurizing ~ продавочный насос
priming ~ заливной насос [шприц]
propeller ~ пропеллерный насос, лопастной насос осевого типа
proportioning ~ дозирующий насос
quintuplex ~ пятиплунжерный насос
ram ~ *см.* plunger pump
reciprocating ~ поршневой насос; плунжерный насос; насос поршневого типа
reciprocating type ~ *см.* reciprocating pump
Reda ~ погружной центробежный насос с забойным электродвигателем (*фирмы «Рэда»*)
rig ~ буровой насос
rod ~ вставной штанговый насос
rod liner ~ *см.* rod pump
rod travelling barrel ~ штанговый насос с подвижным цилиндром
rotary ~ ротационный [центробежный] насос
rotary type ~ *см.* rotary pump
rotapiston ~ ротационный поршневой насос
rough ~ вспомогательный насос
sand ~ песочный насос, поршневая желонка; центробежный шламовый насос || выбирать буровую грязь желонкой (*при ударно-канатном бурении*)
scavenger ~ продувочный насос; маслоотсасывающая помпа
simplex ~ одноцилиндровый насос
single-acting ~ насос одностороннего [простого] действия
single-suction centrifugal ~ центробежный насос одностороннего всасывания
sinking ~ погружной насос
sludge ~ шламовый насос; желонка

slush ~ *см.* mud pump
slush fitted ~ *см.* mud pump
solids ~ инжектор для твердых тел (*напр. для введения пенообразующих агентов в циркуляционную систему*)
supercharger ~ подпорный насос

tail ~ насос с приводом от балансира станка-качалки
three-throw ~ трехходовой насос; насос триплекс
travelling barrel-type ~ глубинный насос с подвижным цилиндром [кожухом]
triplex ~ трехцилиндровый насос
tubing ~ трубный насос
twin ~ сдвоенный насос
twin single ~ сдвоенный насос одинарного действия
two-stage ~ двухступенчатый насос
vacuum ~ вакуумный насос, вакуум-насос
vane ~ крыльчатый [лопастный] насос
variable-stroke ~ насос переменной подачи
water jet ~ струйный насос, эжектор
well service ~ насос для ремонта скважин
wire-line ~ глубинный насос с канатной тягой (*вместо штанг*)

pumpability прокачиваемость, перекачиваемость, способность к перекачке

pumpable поддающийся перекачке насосом (*о цементном растворе*); подвижный

pumpage откачиваемое количество, подача насоса

pumper 1. скважина, эксплуатируемая глубинным насосом 2. рабочий насосной станции 3. оператор (*на промысле*)

pumping накачивание, перекачивание; выкачивание, водоотлив; насосная эксплуатация
air ~ компрессорная эксплуатация (*скважин*)
free piston ~ эксплуатация плунжерным лифтом
hesitation ~ прокачивание с выдержкой, замедленное прокачивание
high-volume ~ интенсивная откачка
single-stage ~ одноступенчатая откачка, откачка с одним понижением

pumping-over перекачка

punch 1. пробойник; штамп ‖ штамповать 2. пробивать (*отверстие*); выбивать (*клеймо*)
belt ~ пробойник для сшивки ремней

punching пробивание дыр; штампование

pup корпус расширителя «пилот»

purchase 1. покупать 2. подъемное приспособление 3. захват (*груза крюком*) 4. точка опоры; точка приложения силы

pure чистый, без примесей, беспримесный
chemically ~ химически чистый
commercially ~ технически чистый

purge очищать; прочищать; продувать

purging 1. продувка, очистка, прочистка 2. спускной кран или приспособление для спуска жидкости
pipeline ~ продувка трубопровода

purification очистка; рафинирование; ректификация
alkali ~ щелочная очистка

purifier очиститель, очищающее вещество; очищающее приспособление

purity чистота; отсутствие примесей

purpose цель, назначение; намерение
dual ~ двойного назначения

purpose-made специально изготовленный, изготовленный по особому заказу

push удар; толкание; толчок; нажим; столкновение; давление; напор ‖ толкать; нажимать; надавливать; подкатывать

pusher выталкиватель, выбрасыватель; эжектор
core ~ выталкиватель керна
screw type core ~ выталкиватель керна винтового типа

put 1. класть; помещать 2. двигать в определенном направлении
~ a well on открыть фонтанный штуцер и пустить нефть
~ in 1. включать; вставлять 2. пускать в ход, вводить в эксплуатацию (*скважину*)
~ in repair ремонтировать
~ in stalk произвести наращивание бурильных труб
~ into gear вводить в зацепление, включать скорость, сцеплять (*зубчатое зацепление*)
~ into service вводить в эксплуатацию
~ on 1. пускать в ход 2. надевать, насаживать; натягивать
~ on brake тормозить, включать тормоз
~ on production ввести (*скважину*) в эксплуатацию
~ on pump установить насос у устья скважины; начать насосную эксплуатацию
~ on stream пустить в эксплуатацию
~ out 1. выключить, остановить (машину, установку) 2. выталкивать

puzzolan *см.* pozzolan

pycnometer пикнометр (*прибор для определения плотности жидкостей*)

pyrite пирит, серный колчедан, железный колчедан

pyrometer пирометр
absorption ~ оптический пирометр
radiation ~ радиационный пирометр
resistance ~ пирометр сопротивления
sentinel ~ пироскоп; пирометрический конус, конус Зегера

pyrometry пирометрия

pyronaphta тяжелый керосин, пиронафт

pyroparaffin пиропарафин

pyrophosphate пирофосфат
tetra sodium ~ тетрапирофосфат натрия

pyrophyllite пирофиллит

pyroschist нефтеносный сланец

pyroshale горючий сланец

Q

Q-Broxin *фирм. назв.* феррохромлигносульфонат
Q-Pill *фирм. назв.* полимерный загуститель для безглинистых буровых растворов
Q-Trol *фирм. назв.* ингибитор неустойчивых глин
Quadrafos *фирм. назв.* тетрафосфат натрия
quadrangle четырехугольник
quadrangular четырехугольный
quadrant сектор, шкала на измерительных приборах
Qualex *фирм. назв.* натриевая карбоксиметилцеллюлоза, КМЦ
qualified квалифицированный
qualitative качественный; означающий [определяющий] качество
qualit|y 1. качество; добротность || качественный; кондиционный 2. свойство; характеристика; характеристики, данные 3. класс точности
high ~ высококачественный, высокосортный
uniform ~ однородное качество
wearing ~ies износоустойчивость
weld ~ качество сварного шва, качество сварки
quantitative количественный
quantit|y 1. количество; размер 2. *матем.* величина 3. параметр
commercial ~ товарное количество
dimensionless ~ безразмерная величина
economical ~ies of oil промышленное количество нефти
in commercial ~ в промышленном количестве [масштабе]
produced ~ добытое количество
quantizer 1. квантующее устройство, импульсный модулятор 2. преобразователь непрерывных данных в дискретные или цифровые
quar крепкий песчаник (*каменноугольный*)
quarry карьер, каменоломня, открытая выработка || разрабатывать карьер
quart кварта, 1/4 галлона (*в Англии=
= 1,1359 л; в США=0,9464 л, для жидкостей и 1,1012 л, для сыпучих тел*)
quarter 1. четверть 2. сторона; направление 3. делить на четыре части (*при отборе проб*), квартовать
quartz кварц
quartzous кварцевый
quasi-stationary квазиустановившийся, квазистационарный
quebracho 1. квебрахо, квебраховое дерево 2. кора квебрахо 3. дубильный экстракт из коры квебрахо
Queen Seal *фирм. назв.* смесь целлюлозного волокна с древесными опилками (*нейтральный*

наполнитель для борьбы с поглощением бурового раствора*)
quench 1. закалка || закаливать; быстро охлаждать 2. закалочная жидкость
quenching 1. закалка; резкое охлаждение 2. гашение; тушение; демпфирование
water ~ закалка в воде
quest поиски || производить поиски, искать
~ for oil поиски нефти
quick 1. быстрый, отрывистый 2. плывучий, сыпучий (*о породе*)
quick-acting быстродействующий
quick-adjusting быстро устанавливающийся, быстро регулируемый
quick-ageing ускоренное старение
quick-changing быстросменный
quick-detachable быстросъемный
quick-hardening быстротвердеющий (*о цементе*)
quicklime негашеная известь (*ускоритель схватывания портландцемента*)
quick-response малоинерционный; быстрореагирующий, чувствительный
quicksand сыпучий песок, плывун; рыхлая водоносная порода
quid расширитель
quiescent неподвижный, спокойный
Quik-Foam *фирм. назв.* биологически разрушаемый вспенивающий реагент для бурения с очисткой забоя газообразными агентами
Quik-Gel *фирм. назв.* высококачественный бентонитовый глинопорошок
Quik-Mud *фирм. назв.* концентрированный загуститель
Quik-Trol *фирм. назв.* органический полимер (*ингибитор неустойчивых глин и загуститель*)
quotation 1. предложение; расценка, котировка 2. цитата; выдержка
quotient частное (*от деления*); отношение

rabbit скребок для очистки труб
whirling ~ *см.* rabbit
rabbler скребок; скрепер; лопата
race 1. желобок, канавка качения; обойма (*подшипника*), опорное кольцо (*подшипника*) 2. путь, орбита 3. быстрое течение; быстрое движение; быстрый ход 4. проточный канал; подводящий канал; отводящий канал
ball ~ кольцо [обойма] шарикоподшипника; дорожка [выемка] для шариков (*подшипника*)
bearing ~ обойма подшипника; беговая дорожка подшипника
rack 1. стапель, мостки; стеллаж для труб; мостки на буровой; козлы; рама 2. зубчатый

рельс, зубчатая рейка, кремальера ‖ перемещать с помощью зубчатой рейки
anchor ~ ограждение в районе угловой колонны у понтона полупогружной буровой платформы для лап якоря в походном положении платформы; якоредержатель
casing ~ стеллаж для обсадных труб
double service ~ двусторонняя наливная эстакада
gear ~ зубчатая рейка
loading ~ наливная эстакада
oil loading ~ *см.* loading rack
pinion ~ зубчатая рейка
pipe ~ мостки для труб (*на буровой*), стеллаж для труб
screw ~ рейка с косыми зубьями
unloading ~ разгрузочная эстакада
work line ~ вьюшка для хранения талевого каната

racker:
automatic drill pipe ~ автомат для подачи свечей бурильных труб в вышку (*на буровом судне*)
power pipe ~ механизированный укладчик труб

racking перемещение с помощью реечной передачи
~ of drill pipe подтягивание [затаскивание] бурильных труб в вышку
~ of drum кантование бочек

radar радиолокатор, радиолокационная станция, радиолокационная установка ‖ радиолокационный

radial радиальный; лучевой; лучистый; звездообразный

radiation излучение, лучеиспускание, радиация
background ~ фоновое излучение
back-scattered ~ рассеянное обратное излучение, отраженное излучение
delayed ~ запаздывающее излучение (*в радиокаротаже*)
electromagnetic ~ электромагнитное излучение
infrared ~ инфракрасное излучение
nuclear ~ ядерная радиация
penetrating ~ проникающее излучение, проникающая радиация
prompt ~ мгновенное излучение
scattered ~ рассеянное излучение
thermal ~ тепловое излучение
ultraviolet ~ ультрафиолетовое излучение

radiator 1. излучатель, радиатор; конвертер излучения 2. ребристый охладитель

radical 1. *матем.* радикал, корень 2. *хим.* радикал 3. коренной, основной, радикальный

radio 1. радио; радиовещание ‖ передавать по радио; радировать 2. радиоустановка; радиоприемник

radioactive радиоактивный
radioactivity радиоактивность

natural ~ естественная радиоактивность
radio-controlled управляемый по радио
radiogram 1. рентгеновский снимок, рентгенограмма 2. радиотелеграмма, радиограмма
radiography рентгенография, радиография
radius 1. радиус 2. вынос, вылет (*стрелы крана*) 3. лимб (*угломерного инструмента*)
~ of action радиус действия
~ of curvature радиус кривизны; радиус кривой; радиус закругления
~ of extent радиус распространения
drainage ~ радиус дренирования
entry ~ входной радиус (*напр. поры*)
root ~ радиус закругления впадины [основания]
well ~ радиус проводимости (*нагнетательной*) скважины

rag 1. грат; заусенец ‖ снимать грат; снимать заусенцы 2. твердый строительный камень; крепкий известняк; крупнозернистый песчаник 3. дробить (*руду, камни*) 4. *pl* тряпье; ветошь

ragged неровный, шероховатый; зазубренный; рваный

ragstone крепкая порода, крепкий известняк

rail 1. рельс; железнодорожный путь ‖ прокладывать рельсы 2. железная дорога 3. перила, поручни; ограда ‖ обносить перилами или оградой 4. поперечина; перекладина; рейка; брусок
rack ~ зубчатая рейка, по которой вращается зубчатое колесо

railhead железнодорожный перевалочный пункт (*для перегрузки нефтепродуктов на другие виды транспорта*), конечная выгрузочная железнодорожная станция

raise 1. подъем ‖ поднимать 2. выдавать, добывать; подрывать (*породу*) 3. сооружать, воздвигать (*здание*)

raised поднятый, приподнятый; выпуклый; рельефный

ram 1. плунжер (*насоса*) 2. плашка (*превентора, задвижки*) 3. штемпель (*пресса*) 4. баба; кувалда; трамбовка ‖ трамбовать; забивать
bit ~ кувалда для заправки долот (*ударного бурения*) на буровой
blind ~s глухие плашки (*превентора*)
bucking ~ приспособление для заправки долот (*при ударном бурении*)
floating ~ плавающая плашка (*противовыбросового превентора*)
hydraulic ~ плунжер гидравлического домкрата
multistage ~ многоступенчатый домкрат
pipe ~s трубные плашки (*превентора*)
positioning ~ установочная рама (*для ремонта подводного трубопровода*)
shear ~s срезающие плашки превентора
tensioning ~ натяжное устройство (*для натяжения водоотделяющей колонны и направляющего каната*)

rammer 1. округляющее долото, долото для обработки стенок скважины 2. молот (*для за-*

бивки свай); баба; трамбовка; забойник 3. досылающий стержень

ramming трамбование; уплотнение; трамбовка, забивка

ramp 1. скат, покатый подъездной путь, пандус, наклонный въезд; склон, уклон; укосина 2. рамка 3. *геол.* надвиг, взброс

rancidity разложение нефти от долгого хранения в открытой емкости (*вызываемое бактериями*)

randanite инфузорная земля, кизельгур, диатомит

random произвольный; случайный; беспорядочный; выборочный

range 1. ряд, линия ∥ устанавливать в ряд, линию 2. длина; расстояние; предел; степень; дистанция; дальность; протяженность; радиус действия; дальность действия; дальность передачи; диапазон 3. класс ∥ классифицировать; систематизировать 4. амплитуда ∥ колебаться в пределах 5. *матем.* точки, расположенные на одной прямой

in the ~ в пределах...

~ of adjustment диапазон или пределы регулирования

~ of application область применения

~ of control 1. диапазон шкалы (*измерительного прибора*) 2. диапазон регулирования

~ of current пределы изменения силы тока

~ of products номенклатура изделий, выпускаемых фирмой

~ of regulation диапазон или пределы регулирования

~ of revolutions диапазон частоты вращения, пределы частоты вращения

~ of sizes диапазон величин, серия типоразмеров

~ of stability пределы устойчивости

~ of stress амплитуда напряжений

~ of temperatures пределы колебания температур, температурный интервал

~ of temperatures and pressures интервал температур и давлений

critical ~ критическая зона, критический предел

depth ~ пределы колебания глубины

dividing ~ водораздел

effective ~ рабочий диапазон; область измерений; рабочая часть шкалы; эффективная зона

elastic ~ *сейсм.* упругая зона

feed ~ проходка одним долотом или коронкой

frequency ~ полоса частот, диапазон частот

gas ~ газовая плита

long ~ дальнего действия, с большим радиусом действия

measurement ~ *см.* measuring range

measuring ~ предел измерений

operating ~ рабочий диапазон, эксплуатационный диапазон

pipe ~ трубопроводная сеть; комплект труб

plastic ~ область пластической деформации

pressure ~ диапазон давлений

pressure-sensitive ~ давление, при котором нагнетательная скважина начинает принимать жидкость

production ~s продуктивные интервалы (*в скважине*)

rated ~ номинальный [рабочий] диапазон

speed ~ диапазон скоростей

temperature ~ диапазон температур, температурный интервал

time base ~ диапазон временной развертки

timing ~ 1. диапазон регулировки (*часового механизма инклинометра*) 2. пределы регулирования времени

wave ~ диапазон волн

wide ~ для широкого интервала; в широких пределах

working ~ диапазон работы

rank ряд; категория; разряд; класс ∥ классифицировать

rap изоляционный материал (*для обмотки трубопроводов*)

Rapidril *фирм. назв.* органический полимер (*модификатор глин и флокулянт*)

rarefaction разрежение

rasp ловильный инструмент

ratchel гравий, галька; бут, крупный камень; обломки

ratchet 1. храповой механизм, храповик; трещотка ∥ снабжать храповым механизмом; приводить в движение или останавливать при помощи храпового механизма 2. собачка

rate 1. норма; ставка; тариф; расценка; цена; стоимость; оценка ∥ исчислять; оценивать 2. степень 3. разряд; сорт; класс ∥ классифицировать 4. темп, скорость, быстрота протекания какого-нибудь процесса 5. величина, расход 6. производительность, номинальные рабочие данные машины 7. отношение; пропорция 8. составлять смету 9. определять, измерять; устанавливать, подсчитывать; фиксировать (*значение величины*)

field-wide ~ of production темп отбора по всей залежи

interval ~ of production интервал или диапазон колебаний дебита (или закачки)

~ of absorbtion скорость поглощения

~ of advance скорость проходки, скорость углубки

~ of aeration степень аэрирования, скорость аэрации

~ of compression сжимающее усилие, сила сжатия

~ of corrosion быстрота коррозии

~ of curves характер кривых, наклон кривых

~ of decline скорость падения пластового давления; темп истощения пласта

~ of delivery 1. степень отдачи, величина отдачи пласта 2. расход, количество подаваемого материала

~ of deposition скорость отложения; скорость осаждения
~ of depreciation размер [норма] амортизации
~ of development 1. темп развития бурения или разработки 2. темп подготовительных работ 3. скорость проходки
~ of deviation change скорость набора угла отклонения (*при бурении наклонных скважин*)
~ of dilution степень разбавления
~ of discharge расход жидкости; скорость выпуска; скорость истечения
~ of displacement скорость вытеснения
~ of divergence *геол.* степень расхождения (*пластов*)
~ of drilling скорость бурения, скорость проходки
~ of evaporation скорость испарения, интенсивность парообразования
~ of fall скорость оседания (*тонкодисперсных частиц*)
~ of feed скорость подачи (*инструмента*)
~ of flow 1. скорость потока [истечения] 2. расход жидкости 3. дебит скважины 4. пропускная способность трубопровода
~ of grout acceptance скорость поглощения цементного раствора породой
~ of increase of angle приращение угла (*при направленном бурении*)
~ of inflow приток, величина притока
~ of injection скорость нагнетания, подача жидкости (*объем за единицу времени*)
~ of interest размер процентов, проценты
~ of loading скорость возрастания нагрузки
~ of net drilling скорость чистого бурения
~ of outflow скорость вытекания
~ of penetration 1. механическая скорость бурения [проходки] 2. скорость проникновения (*напр. цементного раствора в породу*)
~ of percolation скорость фильтрации
~ of piercing скорость прожигания (*при термическом бурении*)
~ of pressure rise скорость нарастания давления
~ of production 1. дебит нефтеотдачи 2. норма отбора (*нефти из пласта*) 3. объем продукции; темп добычи; производительность
~ of profit норма прибыли
~ of propagation скорость распространения
~ of pumping скорость откачки; скорость нагнетания
~ of recovery темп отбора; дебит; величина нефтеотдачи
~ of revolution частота вращения
~ of sedimentation скорость оседания
~ of settling *см.* settling rate
~ of shear *см.* shear rate
~ of solidification скорость затвердевания
~ of speed ступени скорости, ускорение; величина скорости
~ of strain степень напряжения; относительная деформация; скорость деформации
~ of throughput расход или количество протекающей жидкости в единицу времени
~ of travel скорость подачи (*напр. долота на забой*)
~ of volume flow объемная скорость
~ of water injection скорость нагнетания [подачи] воды
~ of wear скорость истирания, степень износа
~ of yield темп отбора; дебит; величина нефтеотдачи
circulation ~ подача бурового раствора [воздуха] в скважину (*объем за единицу времени*), скорость циркуляции
constant ~ 1. постоянный [установившийся] дебит, постоянный темп (*добычи*) 2. постоянный поток
counting ~ интенсивность излучения (*при радиокаротаже*)
creep ~ скорость ползучести
decline ~ скорость падения пластового давления; темп истощения
depletion ~s нормы отбора
discharge ~ величина подачи промывочной жидкости (*насосом*)
drilling ~ механическая скорость проходки
filtration ~ скорость фильтратоотдачи
flow ~ расход жидкости; количество жидкости, протекающей за единицу времени; производительность; дебит
flowing production ~ дебит фонтанирующей скважины
gas-flow ~ расход газа
injection ~ скорость закачки, объем закачиваемой жидкости в определенный промежуток времени
input ~ 1. норма закачки воды в пласт 2. скорость налива; скорость впуска
instantaneous ~ мгновенная скорость
mass ~ массовая скорость (*отбора флюида из скважины*)
maximum efficient ~ максимально эффективная норма отбора
maximum recovery ~ максимальный темп добычи
penetration ~ *см.* rate of penetration
producing ~ темп добычи
production ~ *см.* rate of production
productive ~ текущий дебит; производительность
pump ~ скорость нагнетания (*или откачки*), подача насоса
pumping ~ *см.* pump rate
receiving ~ производительность по приему (*напр. нефтепродуктов*)
reduced ~ приведенный [сниженный] расход
rig day ~ суточная стоимость содержания буровой установки
settling ~ скорость осаждения (*твердых частиц в растворе*)

shear ~ скорость сдвига (*бурового раствора*)
tanker loading ~ производительность по погрузке танкера (*беспричального налива*)
unit ~ удельный расход (*потока*)
water influx ~ скорость продвижения (*контурной*) воды
water injection ~ норма [скорость] нагнетания воды
water-intake ~ приемистость (*скважины*), поглощающая способность (*скважины*)
weld(ing) ~ скорость сварки; производительность сварки
withdrawal ~ скорость извлечения; темп отбора

rated номинальный, расчетный, проектный, запроектированный; нормальный, установленный заводом-изготовителем
dual ~ переключаемый на два номинальных значения; имеющий две ступени регулирования, двухдиапазонный
double ~ *см.* dual rated

rating 1. мощность; производительность; номинальная мощность; номинальная характеристика; паспортное значение 2. расчетная величина 3. нормирование; хронометраж 4. оценка; тарификация 5. *pl* цифровые данные
~ of engine номинальная нагрузка [мощность] двигателя
~ of well 1. производительность скважины 2. оценка дебита скважины
beam ~ нагрузка на головку балансира
capacity ~ расчет производительности [мощности]
high-octane ~ высокое октановое число (*бензина*)
hook load ~ нагрузка на крюке
horsepower ~ расчетная мощность
initial ~ начальная производительность (*скважины*)
load ~ номинальная [расчетная] нагрузка
nameplate ~ номинальное значение, указанное на паспортной табличке
octane ~ оценка детонационной стойкости (*бензина*)
one-hour ~ часовая мощность
power ~ определение [вычисление] мощности; номинальная мощность
pressure ~ расчетное давление
test ~s данные испытания
torque ~ номинальный [расчетный] крутящий момент

ratio 1. отношение, соотношение, пропорция 2. степень; коэффициент 3. передаточное число
in ~ в прямой пропорции
~ of expansion *см.* expansion ratio
~ of compression *см.* compression ratio
~ of gear *см.* gear ratio
~ of mixture состав смеси
~ of refraction тангенс угла отклонения
~ of stroke to diameter отношение длины хода поршня к диаметру цилиндра
absorption ~ коэффициент поглощения
associated gas-oil ~ сопутствующий газовый фактор
atmospheric gas-oil ~ газовый фактор, приведенный к атмосферным условиям
carbon ~ углеродный коэффициент
cement-water ~ *см.* water-cement
circulated gas-oil ~ количество кубометров газа, вводимое в газлифтную скважину на каждую тонну добытой нефти
close ~ отношение при закрытии (*для плашечных превенторов; показывает отношение площади приводного поршня к площади плашки, на которую действует давление скважины при закрытии плашек*)
compression ~ степень сжатия
control ~ коэффициент усиления
direct ~ прямая пропорциональность
distribution ~ коэффициент распределения
equilibrium ~ равновесное соотношение (*фаз*); константа равновесия
expansion ~ степень расширения (*газа*); коэффициент расширения
extraction ~ процент или степень извлечения полезного ископаемого из месторождения
feed-back ~ коэффициент обратной связи
flowing fluid ~ отношение расходов флюидов в потоке
flowing-gas-oil ~ газовый фактор при фонтанировании
formation gas-oil ~ пластовый газовый фактор
gas-oil ~ газовый фактор (*число кубических футов ($м^3$) добытого газа, приходящихся на один баррель ($м^3$) извлеченной нефти*)
gear ~ передаточное число, передаточное отношение
gross gas-oil ~ общий газовый фактор
injected gas-oil ~ отношение закачиваемого газа к добываемой нефти
input gas-oil ~ отношение количества закачиваемого газа к добываемой нефти
instantaneous gas-oil ~ мгновенный газовый фактор
interfacial viscosity ~ отношение вязкостей на границе раздела
inverse ~ обратная пропорция
jack ~ соотношение длин плеч в приводной качалке
mixture ~ соотношение компонентов в смеси
mobility ~ коэффициент подвижности
oil water ~ водонефтяной фактор
open ~ отношение при открытии (*плашек плашечных превенторов; показывает отношение площади приводного поршня к площади плашки, на которую действует давление скважины в случае открытия плашек*)
output-input ~ отношение отданной мощности к подведенной; КПД
pitch ~ отношение шага винта к диаметру
Poisson's ~ коэффициент Пуассона

power-to-volume ~ мощность на единицу рабочего объема
power-to-weight ~ мощность на единицу веса (*двигателя*)
pressure ~ коэффициент давления, степень повышения давления
pump ~ степень сжатия (*пневматического насоса гидросиловой установки*)
ram ~ степень динамического сжатия (*газов*)
recovered gas-oil ~ средний газовый фактор за прошедший период разработки
recovery ~ процент или степень извлечения полезного ископаемого из месторождения
recycle ~ коэффициент рециркуляции
reduction ~ передаточное число
reduction gear ~ передаточное число, степень редукции
relative permeability ~ удельная или фазовая проницаемость, отношение фазовых проницаемостей
reservoir gas-oil ~ пластовый газовый фактор (*количество кубических футов газа на баррель нефти*)
saturation ~ коэффициент насыщения (*керна*)
signal-to-noise ~ отношение сигнал-шум (*в измерительных приборах*)
slenderness ~ соотношение глубины и площади поперечного сечения скважины
solution gas oil ~ газовый фактор при растворенном газе
total gas-oil ~ суммарный газовый фактор (*отношение общего объема газа, добытого за данное время, к общему количеству нефти, добытой за то же время*)
transformation ~ коэффициент трансформации
transmission ~ передаточное число
use ~ расходное отношение
utilization ~ расходное отношение
water ~ содержание воды в процентах
water-cement ~ водоцементный фактор, водоцементное отношение, ВЦ
water-oil ~ 1. водонефтяной фактор; водяной фактор 2. отношение вода-нефть (*при заводнении*)
water-to-cement ~ см. water-cement ratio
 rationing нормирование
~ of petroleum products нормирование потребления нефтепродуктов
 raw сырой, грубый, неочищенный, необработанный ‖ сырье
 ray 1. луч ‖ излучать(ся); облучать 2. *pl* излучение
cathode ~s поток электронов; катодные лучи
gamma ~s гамма-лучи, гамма-излучение
hard ~s жесткие лучи
heat ~s тепловое излучение
infrared ~s инфракрасное излучение
light ~s световые лучи, видимое излучение
neutron capture gamma ~s захватные гамма-лучи (*гамма-лучи, возникающие при захвате нейтронов*)
Röentgen ~s рентгеновские лучи, рентгеновское излучение
seismic ~ сейсмический луч; путь сейсмических волн
ultraviolet ~s ультрафиолетовые лучи, УФ-излучение
wave ~ сейсмический луч
 Rayvan *фирм. назв.* хромлигносульфонат
 reach 1. протяжение, пространство; область влияния; охват ‖ простираться; достигать; охватывать 2. радиус действия 3. длина плеча 4. вынос стрелы (*крана*)
cable ~ пружинящее растяжение бурильного каната в процессе канатного бурения
 react реагировать; вступать в реакцию; взаимодействовать
 reactant реагирующее вещество
 reaction 1. реакция; противодействие; обратное действие 2. взаимодействие
alkaline ~ щелочная реакция
chemical ~ химическая реакция
deferred ~ заторможенная реакция
exchange ~ реакция обмена
heat generating ~ экзотермическая реакция
pozzolanic ~ пуццолановая реакция (*химическое взаимодействие порошкообразных силикатных и алюмосиликатных веществ с гидроксидом кальция или известью в присутствии влаги*)
replacement ~ реакция замещения
reversible ~ обратимая реакция
torque ~ реактивный крутящий момент
 reactivation регенерация, восстановление активности, реактивация
 reactive 1. реактивный 2. химически активный, реагирующий
 reactivity способность вступать в реакцию, реактивность
 reactor 1. направляющий аппарат (*в гидродинамическом трансформаторе*) 2. реактор 3. *эл.* стабилизатор
nuclear ~ ядерный реактор
 read 1. показывать (*о приборе*) 2. отсчитывать, производить отсчет (*показаний*) 3. снимать показания (*прибора*) 4. *выч.* считывать (*данные*)
~ off считывать; отсчитывать, отмечать (*по шкале или измерительной посуде*)
 reading 1. показание (*прибора*) 2. отсчет (*показаний*) 3. *pl* данные (*в таблице*)
direct ~ непосредственный [прямой] отсчет
directional ~s измерения азимута (*в скважинах*)
gauge ~ показание измерительного прибора
meter ~ отсчет показаний счетчика, показание счетчика
zero ~ нулевой отсчет (*стрелка прибора стоит на нуле*)
 readjust 1. исправлять, подрегулировать, перерегулировать 2. перестанавливать, вновь устанавливать; повторно налаживать

readjustment 1. повторная регулировка, подрегулировка 2. починка, исправление 3. вторичная установка; повторное налаживание

read-out *выч.* выдача результатов; считывание данных; выборка информации

reagent реагент, реактив
coal-alkali ~ углещелочной реагент, щелочная вытяжка бурого угля

ream 1. расширять [разбуривать] скважину 2. развертывать, обрабатывать отверстие разверткой 3. раззенковывать
~ back расширять скважину от забоя к устью (*при подземном бурении восстающих скважин*)

reamer 1. расширитель 2. развертка
~s in tandem последовательное расположение расширителей (*один установлен над долотом, а другие — над удлинителем*)
pilot ~ расширитель «пилот»
pilot shoulder ~ ступенчатый расширитель
pin-and-roller type ~ шарошечный расширитель
rock-type ~ шарошечный расширитель
roller ~ расширитель с цилиндрическими шарошками
self-opening ~ затрубный расширитель (*с резцами, выдвигающимися от давления инструмента на забой*)
tapered ~ *см.* tapered ledge reamer
tapered ledge ~ 1. конусный расширитель (*для разбуривания на следующий диаметр*) 2. конусная мелкоалмазная коронка для обработки уступа под башмак обсадной колонны
three-point roller ~ расширитель с тремя боковыми шарошками
winged hollow ~ полый ребристый расширитель (*для выпрямления упавшего в скважину инструмента*)

reaming расширение; калибровка ствола скважины; разбуривание скважины на следующий диаметр
~ of hole расширение скважины
reverse ~ расширение или разбуривание скважин снизу вверх

rear задняя сторона ‖ задний, тыльный
rearrange перегруппировать
rearward назад ‖ задний, тыльный
reassembling повторная сборка; переборка
rebound 1. отражение; отскакивание; обратный ход; отдача; рикошет ‖ отскакивать; отражаться; рикошетировать 2. восстановление после деформации
rebuild восстанавливать (*долото*); перестраивать
recalculation перевод (*из одних единиц мер в другие*); пересчет
receive получать; принимать
receiver 1. приемник; приемный резервуар, ресивер (*в компрессоре*) 2. сейсмограф 3. (*радио*) приемник 4. телефонная трубка
recementing вторичное цементирование; исправительный тампонаж

recent современный; недавний, последний, новый, свежий

receptacle 1. приемный резервуар 2. приспособление для подключения электрических приборов; гнездо; штепсельная розетка
control pod ~ гнездо коллектора управления (*устанавливаемое на блоке превенторов или на нижней секции водоотделяющей колонны*)
dual female pod stab ~ двойное стыковочное гнездо подводного коллектора
liner running tool ~ гнездо для подсоединения инструмента для спуска хвостовика
packer bore ~ приемное гнездо пакера

receptivity поглотительная способность, приёмистость (*скважины*); восприимчивость

recess 1. паз, выточка; выемка; шейка; углубление; вырез, прорезь; глухое отверстие 2. заплечик, уступ

recessed утопленный, спрятанный заподлицо

recessing растачивание внутренних поясков и уступов; протачивание [проточка] канавок

recession удаление; отступление (*моря, ледника*)

recipient 1. приемник; резервуар 2. получатель

reciprocal 1. взаимный 2. возвратно-поступательный 3. эквивалентный 4. *матем.* обратная величина; обратный

reciprocate 1. расхаживать (*колонну*) 2. двигать(ся) взад и вперед, иметь возвратно-поступательное движение
~ the casing расхаживать (*обсадную*) колонну

reciprocating возвратно-поступательный; совершающий возвратно-поступательные движения или движения качения; поршневой

reciprocation 1. расхаживание (*колонны*) 2. возвратно-поступательное движение

reciprocator машина с возвратно-поступательным движением
pipe ~ устройство для расхаживания колонны (*при цементировании скважин*)

reciprocity 1. взаимосвязь; взаимодействие 2. взаимность, обоюдность

recirculate циркулировать в замкнутом цикле, рециркулировать

recirculating рециркулирующий

recirculation рециркуляция в замкнутой системе, циркуляция в замкнутом цикле; круговорот

reckon вычислять, подсчитывать; подводить итог

reclaim 1. регенерировать 2. восстанавливать; исправлять

Reclaim Textile Fiber *фирм. назв.* волокнистый материал из текстиля (*нейтральный наполнитель для борьбы с поглощением бурового раствора*)

reclaiming 1. восстановление, ремонт, исправление 2. извлечение (*напр. из дренажных вод*) нефти и нефтепродуктов 3. регенерация (*напр. барита*)

reclamation 1. исправление, ремонт, восстановление 2. требование о возмещении убытков, рекламация 3. регенерация
mud ~ регенерация бурового раствора

recoil отскок; отдача, откат; обратный удар; отход ‖ отскакивать; отдавать, откатываться; отходить

recomplete повторно заканчивать
~ a well повторно закончить скважину (*при возврате на другой горизонт или изменении назначения скважины*)

recompletion возврат на вышележащий горизонт при истощении скважины

recondition ремонтировать; восстанавливать (*напр. лезвие сработанного долота или свойства бурового раствора*); приводить в исправное состояние

reconditioned отремонтированный; восстановленный

reconditioning 1. ремонт, ремонтные работы, восстановление 2. регенерация 3. заточка, заправка

reconnaissance разведка, предварительная геологическая разведка, рекогносцировка

reconnection повторное подсоединение

reconstruct 1. реконструировать, перестраивать 2. восстанавливать

reconstruction 1. реконструкция, перестройка 2. восстановление

record 1. записывать, регистрировать, фиксировать 2. запись регистрирующих приборов; кривая на ленте самопишущих приборов 3. буровой журнал 4. акт, протокол (*испытания*) 5. достижение, рекорд
case ~ история вопроса; описание данного случая; иллюстрирующий пример, опыт применения (*напр. на промысле*)
casing ~ ведомость о спущенных в скважину обсадных трубах
drilling ~ буровой журнал
mud ~ запись параметров бурового раствора
oil production ~ ведомость добычи нефти
production ~ сведения по добыче; журнал добычи
seismographic ~ сейсмограмма, сейсмическая запись
trace ~s регистрирующие каналы
tubing ~ ведомость по спуску насосно-компрессорных труб

recorder самописец; самопишущий прибор; записывающее устройство; регистрирующий прибор; рекордер
automatic ~ автоматический регистрирующий прибор; автоматический самописец
capacitance ~ прибор для регистрации емкостного сопротивления на трубопроводах
drilling ~ регистратор параметров процесса бурения
drilling fluid weight ~ регистратор плотности бурового раствора
drilling time ~ прибор, регистрирующий скорость бурения
flow ~ регистрирующий расходомер
multipoint ~ многоточечный самопишущий [регистрирующий] прибор
pen ~ записывающее устройство
pressure ~ самопишущий [регистрирующий] манометр
receiver ~ регистрирующий прибор
single-point ~ одноточечный самопишущий прибор
temperature ~ прибор для регистрации температуры
time ~ контрольные часы

recorder-controller регистратор-регулятор

recording регистрирующий, записывающий; самопишущий ‖ запись, регистрация
bias ~ *сейсм.* прямая запись на магнитную ленту
direct ~ прямая запись (*напр. на магнитную ленту*)
diversity ~ регистрация комбинированным группированием; сейсмозапись с перекрыванием
overlapping ~ регистрация при комбинированном группировании (*сейсмографов*)
replayable ~ воспроизводимая запись

recover 1. извлекать, ловить, вылавливать (*аварийный инструмент из скважины*) 2. получать (*керн*) 3. выход (*промывочного раствора на поверхность*) 4. регенерировать; улавливать; возвращаться в исходное состояние; получать обратно 5. добывать 6. утилизировать (*отходы*)

recoverable извлекаемый, поддающийся извлечению; промышленный (*о содержании ценного компонента в ископаемом*)

recovery 1. выход керна 2. выход [рекуперация] алмазов из отработанных коронок 3. образцы, получаемые при желонировании, откачке, опробовании по шламу и т. д. 4. восстановление 5. регенерация 6. извлечение 7. добыча 8. утилизация (*отходов*) 9. упругая деформация
~ of casing извлечение обсадных труб из скважины
~ of core отбор керна (*в процентах*)
~ of elasticity восстановление упругости
~ per cent добыча в процентах
blow-down ~ нефтеотдача за счет снижения пластового давления
breakthrough ~ добыча при подходе к скважине рабочего агента
condensate ~ добыча газоконденсата
core ~ вынос керна, отбор керна
cumulative ~ суммарная добыча
cumulative physical ~ потенциальная добыча
cumulative stock tank oil ~ суммарная нефтеотдача в пересчете на нормальные условия (*в резервуарах*)
economic ~ экономически целесообразная добыча

economic ultimate ~ экономически целесообразная суммарная добыча
enhanced oil ~ добыча нефти усовершенствованными методами
fractional ~ частичная добыча
gas ~ добыча газа; улавливание газа
gas drive ~ эксплуатация месторождения с закачкой газа в пласт
gross ~ общее количество извлечения (*нефти*), извлечение брутто
heat ~ регенерация тепла; утилизация тепла
initial breakthrough ~ добыча нефти к моменту подхода фронта нагнетаемой воды [газа] к скважине, начальная добыча при прорыве воды [газа]
miscible phase ~ вытеснение нефти из пласта смешивающимися с ней агентами (*напр. сжиженным газом*)
percentage ~ отношение добытой нефти к начальному содержанию в пласте в процентах
primary ~ первичная добыча
reservoir ~ нефтеотдача пласта
secondary ~ вторичная добыча; вторичные методы эксплуатации
tertiary ~ третичные методы добычи
ultimate ~ суммарная [конечная, предельная] добыча
water flood ~ добыча нефти за счет заводнения

rectangle прямоугольник
rectangular прямоугольный
rectification 1. выпрямление (*тока*) 2. перегонка, ректификация, очищение
rectifier 1. выпрямитель 2. *хим.* ректификатор; очиститель
rectify 1. выпрямлять (*ток*) 2. очищать; ректифицировать
recycle циклически нагнетать добываемый газ в пласт после отделения жирных фракций; рециркулировать
recycling циклическое нагнетание [рециркуляция] добываемого газа в пласт после отделения жирных фракций
gas ~ нагнетание [рециркуляция] сухого газа в пласт
redeposition переотложение, повторное отложение
redesign переконструировать; пересчитать, изменить конструкцию
redesigning переконструирование; переработка; пересчет
red-hard красностойкий
red-hot нагретый докрасна; раскаленный докрасна
redness красное каление; нагрев докрасна
Redou-Torque *фирм. назв.* смазывающая добавка к буровым растворам на водной основе в условиях высоких давлений
redox окисление-восстановление
redrill перебуривать

redrilling перебуривание, исправление скважины
red-short красноломкий
red-shortness красноломкость
reduce 1. понижать, ослаблять, редуцировать; уменьшать; сокращать 2. *матем.* превращать; приводить 3. восстанавливать, раскислять 4. измельчать
reduced уменьшенный, пониженный; приведенный (*о температуре или давлении*)
reducer 1. редуктор, понизитель 2. редукционная зубчатая передача; редукционный клапан 3. переводник, переходный патрубок, переходная муфта (*для соединения труб разного диаметра*) 4. подвеска, укорачивающая ход полевой штанги 5. восстановитель, раскислитель 6. измельчитель
pipe ~ переходное соединение (*для труб разного диаметра*)
shock ~ буфер, амортизатор; демпфер
speed ~ редуктор скорости
reducibility восстановительная способность
reduction 1. понижение, ослабление, редукция; уменьшение, сокращение 2. *матем.* превращение, сокращение; приведение 3. восстановление, раскисление 4. измельчение
reductor редуктор, уменьшитель
redundancy 1. чрезмерность; избыток; избыточность 2. статическая неопределимость
acoustic ~ акустическое дублирование (*в системе ориентации системы позиционирования бурового судна или полупогружной буровой платформы*)
redundant 1. чрезмерный; избыточный 2. статически неопределимый
reduplicate удваивать; повторять
reduplication 1. удвоение; повторение 2. *геол.* стратиграфическая ширина взброса
reef риф, коралловый риф, подводная скала || рифовый
reel катушка; барабан; рулетка; бобина || наматывать; сматывать; разматывать; навивать; перематывать
~ off сматывать; разматывать; перематывать
~ on наматывать
BOP ~ барабан шланга управления противовыбросовыми превенторами
hose ~ барабан для наматывания рукава [шланга]
measuring ~ рулетка
power hose ~ барабан силового шланга; барабан шланга управления
sand ~ тартальный [чистильный] барабан
TV cable ~ барабан телевизионного кабеля
re-entry повторный ввод
~ of drilling assembly повторный ввод бурового оборудования (*с бурового судна на больших глубинах моря*)
tool ~ повторный ввод инструмента (*в устье подводной скважины*)

reeve оснастка талей
reeved оснащенный (*талевый блок*)
reference 1. ссылка, упоминание, сноска; справка 2. отзыв, рекомендация 3. эталон ‖ контрольный, эталонный (*калибр*) 4. нулевой, основной, условный (*уровень, плоскость, точка*)
~ to ... ссылка на ...
refine перерабатывать (*нефть*); очищать; рафинировать; повышать качество; облагораживать
refined очищенный; рафинированный; повышенного качества; облагороженный
refinement рафинирование; очистка; улучшение структуры; улучшение качества; облагораживание; аффинаж
grain ~ измельчение зерна
refinery нефтеперерабатывающий завод, НПЗ; рафинировочный завод; аффинажный завод
petroleum ~ нефтеперерабатывающий завод
refining очистка; перегонка (*нефти*); рафинирование; облагораживание; аффинаж
petroleum ~ переработка нефти
reflect отражать
reflected 1. отраженный 2. с отражателем
reflection отражение
composite ~s обменные отраженные волны
concentrated ~ *сейсм.* сгущенное отражение
multiple ~ многократное отражение
total ~ полное (*внутреннее*) отражение
usable ~s *сейсм.* полезные отражения
reflectivity отражательная способность
reflow обратное течение ‖ течь обратно
reflux обратный поток, отлив ‖ стекать обратно
refract преломлять(ся)
refraction преломление (*лучей*), рефракция
refractory огнеупорный, огнестойкий; тугоплавкий; кислотоупорный
refrangibility преломляемость
refrigerant охладитель, хладагент, охлаждающая среда ‖ охлаждающий
refrigerate охлаждать(ся); замораживать(ся)
refrigeration охлаждение; замораживание
refrigerator 1. холодильник, рефрижератор 2. конденсатор
refusal 1. несрабатывание; отказ 2. замедление продвижения труб при забивке ударной бабой вследствие увеличения трения, отказ (*при забивке свай*)
regelate смерзаться
regelation смерзание
regenerate регенерировать, восстанавливать
regeneration регенерация, восстановление; рекуперация
region 1. район; край; область; округ 2. зона, полоса
crooked hole ~ район с таким залеганием и свойствами пород, которые приводят к искривлению бурящихся скважин
intermountain ~ межгорный район

oil producing ~ нефтедобывающий район
register 1. журнал учета, реестр; опись 2. регистр; сумматор; накопитель; счетчик ‖ регистрировать; суммировать; накапливать; считать 3. заслонка, задвижка; регулирующий клапан 4. регистрирующий механизм; самописец 5. точное совпадение ‖ точно совпадать
registration регистрация; запись; показания (прибора)
regression регрессия, возврат; отступление
regrinding 1. вторичное дробление; вторичное измельчение 2. перезаточка 3. перешлифовка 4. притирка, шлифовка
regular 1. нормальный, обычный; правильный, точный 2. регулярный; систематический
regulate регулировать, устанавливать, выверять
regulation 1. регулирование 2. стабилизация 3. правило 4. *pl* устав; инструкция 5. регламентирование
close ~ точное регулирование
conservation ~s правила по охране недр
pressure ~ 1. регулирование давления 2. *эл.* регулирование, стабилизация напряжения
safety ~s правила техники безопасности
service ~s правила по уходу, обслуживанию или эксплуатации
technical ~s технические правила [условия]
regulator 1. регулятор; регулирующее устройство; уравнитель 2. редуктор; редукционный клапан 3. стабилизатор
boiler ~ предохранительный клапан парового котла
feed water ~ регулятор подачи питательной воды
flow ~ регулятор расхода (*жидкости, газа*)
gas ~ (*промысловый*) газовый регулятор
manifold ~ центральный [рамповый] редуктор
pilot operated subsea ~ сервоуправляемый подводный регулятор (*для регулирования давления рабочей жидкости в системе управления подводным оборудованием*)
pressure ~ регулятор давления, редуктор
speed ~ регулятор скорости; вариатор
temperature ~ терморегулятор
rehydration повторная гидратация
rein 1. водило, тяга (*центрального привода при насосной эксплуатации*) 2. звено яса
reinforce придавать жесткость, армировать, усиливать; укреплять
reinforced укрепленный; усиленный; армированный
reinforcement 1. усиление; придание жесткости; укрепление; армирование 2. усиливающая деталь; элемент жесткости; арматура 3. *св.* усиление шва; высота усиления шва
~ of weld *св.* усиление шва
reinjection обратная закачка
reinstall перемонтировать; вновь устанавливать
reject 1. отклонять, отбрасывать; отсортиро-

вывать; браковать 2. *pl* хвосты, отходы
rejection 1. браковка, отсортировка 2. отходы (*обогащения*)
rejuvenation восстановление (*дебита скважины*)
relation 1. зависимость, отношение, соотношение, связь 2. *геол.* условия залегания
~ of results to ... привязка результатов к ...
phase ~ фазовое соотношение, соотношение фаз
pressure — volume — temperature ~ соотношение объем — давление — температура
relative permeability-saturation ~ зависимость фазовой проницаемости от насыщенности
relationship 1. отношение, соотношение, взаимоотношение; связь 2. окружение, среда
facies ~ фациальные взаимоотношения
tectonic ~ тектоническая закономерность, тектонические отношения
relative относительный
relax ослаблять(ся); смягчать(ся); расслаблять
relaxation 1. релаксация (*процесс перехода системы из неравновесного состояния, вызванного внешними причинами, в равновесное*); затухание 2. ослабление; смягчение
relay 1. реле || ставить реле, защищать, устраивать защиту 2. передавать, транслировать
cut-off ~ выключающее реле
jet ~ струйное реле
relaying 1. применение реле; релейное управление, релейная защита 2. трансляция, передача
release 1. разъединение; расцепление; размыкание; освобождение; ослабление || разъединять; размыкать; освобождать; ослаблять 2. расцепляющий механизм 3. выделение; выпуск; испускание || выделять; выпускать; испускать
~ of pressure ослабление давления
back-up ~ резервное расцепляющее устройство (*для отсоединения элементов подводного оборудования в случае отказа основного устройства*)
energy ~ выделение энергии
heat ~ высвобождение тепла
quick ~ быстрое размыкание
secondary ~ аварийное отсоединение; отсоединение включением вспомогательного устройства в случае отказа основного
shear ~ пробка со срезывающейся шпилькой (*применяется вместо предохранительного клапана*)
reliable прочный; надежный (*в эксплуатации, работе*)
relict *геол.* реликтовый
reliction *геол.* отступание воды, регрессия
relief 1. облегчение, разгрузка; выпуск (*газа*); понижение, сброс (*давления*) 2. спускная пробка; спускное отверстие 3. рельеф

gage ~ обратный конус, тыльная часть
partial ~ частичная разгрузка
relieve 1. освобождать, разгружать, облегчать; выключать; понижать давление; удалять; сменять; выпускать (*газ*) 2. делать рельефным, выступать
pressure ~ рассредоточение давления, уменьшение давления
relieving разгрузка от напряжений, снятие внутренних напряжений, уравновешивание; выпуск (*газа*); понижение, сброс (*давления*)
remote отдаленный; дистанционный; действующий на расстоянии
removable съемный, сменный; переносный; извлекаемый
removal 1. перемещение 2. удаление; извлечение; демонтаж; устранение; снос 3. выемка между зубьями долота
~ of core извлечение керна (*из керноприемной трубы*)
~ of cuttings удаление выбуренной породы с забоя или из скважины
~ of heat отвод тепла
~ of pipe подъем труб, извлечение труб из скважины
remove 1. перемещение || перемещать, передвигать 2. снимать; удалять; устранять 3. извлекать, вынимать
~ from the line отключить
remover 1. съемник; приспособление для удаления (*чего-либо*) 2. растворитель
grease ~ обезжиривающий состав
Remox *фирм. назв.* катализированный сульфит натрия (*ингибитор коррозии*)
Remox L *фирм. назв.* жидкий бисульфит натрия (*ингибитор коррозии*)
rent 1. трещина; щель; разрыв; разрез 2. рента; арендная плата
~ of displacement *геол.* линия сброса
reopen вновь открывать
repack 1. сменять набивку (*сальника*) 2. снова упаковывать
repacking смена уплотнения (*в пакере*), смена набивки (*сальника*)
repair ремонт, исправление, починка || ремонтировать, исправлять, починять
under ~ находящийся в ремонте
big ~ капитальный ремонт
operating ~ *см.* running repair
running ~ -екущий ремонт
well ~ ремонт скважины
repairable поддающийся ремонту, ремонтопригодный
repeatability воспроизводимость (*результатов*)
repeater 1. передатчик; реле всякого рода; усилитель 2. трансляция (*радио*)
replace заменять, замещать
replaceable заменяемый, замещаемый
replacement замена, замещение
report отчет; доклад; сообщение; рапорт ||

докладывать; отчитываться; сообщать
driller's tour ~ сменный рапорт бурильщика
production ~ эксплуатационная ведомость
test ~ протокол испытания

reprecipitation *геол.* переосаждение, переотложение, вторичное оседание

representation 1. изображение; обозначение; представление 2. имитация 3. *матем.* способ задания (*функций*) 4. моделирование

representative 1. показательный, характерный; типичный, представительный (*керн, образец, проба*) 2. изображающий, представляющий

repressuring восстановление или поддержание пластового давления нагнетанием газа или воды в пласт; дренирование сжатым воздухом
gas ~ поддержание пластового давления закачкой газа в пласт
gas cap ~ закачка (*газа*) в газовую шапку
selective ~ селективное восстановление давления

repulse отталкивать
repulsion отталкивание
repulsive отталкивающий

request 1. просьба; требование 2. запрос; заявка 3. спрос

required заданный; обусловленный; требуемый, необходимый; потребный (*о мощности*)

requirement 1. требование; необходимое условие 2. потребность
current ~ минимальный ток, сила тока
quality ~s кондиции (*условия, определяющие качество и упаковку товара*)

requisite необходимый, требуемый

resampling повторное опробование, повторный отбор проб

research исследование, изучение, изыскание; научно-исследовательская работа || производить изыскания, исследовать, изучать; заниматься научно-исследовательской работой

reserve запас, резерв || запасать, резервировать || запасный, резервный
~s of gas запасы газа
~s of oil *см.* oil reserves
actual ~s достоверные [активные] запасы
drilled ~s разбуренные запасы
drilled proved ~s доказанные запасы (*по результатам бурения*)
estimated ~s доказанные [подсчитанные] запасы
expected ~s предполагаемые запасы
explored ~s разведанные [достоверные] запасы
geological ~s перспективные [геологические] запасы
hypothetical ~s предполагаемые запасы
known ~s достоверные запасы (*нефти, газа*)
oil ~s запасы нефти
positive ~s достоверные [разведанные, подготовленные] запасы
possible ~s возможные [вероятные] запасы
power ~ запас мощности
prepared ~s подготовленные запасы
probable ~s вероятные запасы (*полезного ископаемого*); частично подготовленные или разведанные запасы
proved ~s доказанные запасы
total ~s общие запасы (*полезного ископаемого*)
total ultimate ~s общие промышленные запасы
ultimate ~s суммарные запасы (*полезного ископаемого*)
undiscovered possible ~s неоткрытые возможные запасы
undrilled ~s неразбуренные запасы
undrilled proved ~s неразбуренные доказанные запасы

reservoir 1. коллектор, нефтеносный или газоносный пласт 2. резервуар, хранилище, емкость, сосуд 3. водоем; водохранилище; бассейн 4. *геол.* пористая порода
~ producing by water drive пласт, разрабатываемый при водонапорном режиме
bottom water drive type ~ водоплавающая залежь с активным напором вод
bounded ~ ограниченный, замкнутый коллектор [пласт]
carbonate ~ нефтяной (*или газовый*) коллектор, сложенный карбонатными породами
closed ~ замкнутый коллектор
cone roof ~ резервуар с конической крышей
depleted ~ истощенный пласт
depletion drive ~ пласт [залежь] с режимом растворенного газа
depletion type ~ пласт с режимом растворенного газа; пласт, разрабатываемый без искусственного поддержания давления
dipping ~s наклонные пласты
expansion type ~ пласт с упругим режимом
finite ~ ограниченный пласт
fractured ~ трещиноватый коллектор
infinite ~ бесконечный пласт
linear ~ плоский резервуар
marginal ~s истощенные пласты, малорентабельные коллекторы нефти
multizone ~ многопластовое [пачечное] месторождение
oil ~ 1. нефтяной пласт, нефтяной коллектор 2. резервуар для нефти
original oil bearing ~ первоначальный объем, занятый нефтью в коллекторе
single phase ~ пласт с однофазным флюидом
undersaturated ~ залежь с пластовым давлением ниже давления насыщения
untapped ~ невскрытый пласт
water controlled ~ пласт с гидравлическим режимом
water drive ~ пласт с водонапорным режимом

reset 1. возврат в исходное положение || возвращаться в исходное положение 2. повторное включение || повторно включать 3. установка

на нуль ‖ устанавливать на нуль 4. перестановка ‖ переставнавливать 5. кнопка или рукоятка восстановления 6. притирка (*клапанов*); подтягивание; подрегулировка ‖ притирать (*клапаны*); подтягивать; подрегулировать
~ to zero возвратить в нулевое положение
 resharpen заправить (*долото*)
 residual остаточный ‖ остаток
 residue осадок, твердый остаток (*при фильтрации или выпаривании*); шлам; хвосты; отстой; отброс; известковый ил
oil ~ осадок масла; мазут
 resilience 1. упругость, эластичность 2. работа деформации, упругая деформация 3. ударная вязкость
torsional ~ упругая деформация при кручении
ultimate ~ предельная работа деформации
 resiliency 1. упругость, эластичность 2. упругая деформация 3. ударная вязкость
 resilient упругий, эластичный
 resin 1. смола; смолистые вещества в нефтепродукте 2. канифоль 3. сырой каучук
cured ~ *см.* hardened resin
epoxy ~s эпоксидные компаунды
hardened ~ отвержденная смола
phenolic-formaldehyde ~ фенолформальдегидная смола
polyester ~s полиэфирные смолы
silicon ~ силиконовая смола
thermoplastic ~ термопластическая смола
thermosetting ~ термореактивная смола
urea-formaldehyde ~ карбамидная смола, мочевиноформальдегидная смола
 Resin Cement *фирм. назв.* смесь тампонажного цемента и термореактивных смол, применяемая при капитальном ремонте скважины
 Resinex *фирм. назв.* природная смола (*понизитель водоотдачи буровых растворов при высоких температурах*)
 resist 1. сопротивляться; противостоять; отталкивать 2. непроводящий кислотоупорный покровный материал; кислотоупорный слой
 resistance 1. сопротивление; противодействие; стойкость 2. *эл.* сопротивление
~ of flow *см.* resistance to flow
~ of motion сопротивление движению
~ to abrasion *см.* abrasion resistance
~ to corrosion сопротивление коррозии или разъеданию, коррозийная стойкость; антикоррозийные свойства
~ to deformation сопротивление деформации
~ to flow сопротивление течению [протеканию, проходу]
~ to impact *см.* impact resistance
~ to indentation сопротивление вдавливанию
~ to lateral bend сопротивление продольному изгибу
~ to pit corrosion сопротивление язвенной [точечной] коррозии

~ to rupture сопротивление разрушению [разрыву]
~ to rust стойкость против ржавления; коррозийная стойкость
~ to shear *см.* shear resistance
~ to shearing stress сопротивление напряжению сдвига; сопротивление срезу
~ to shock прочность на удар; сопротивление ударной нагрузке
~ to torsion сопротивление скручиванию
~ to wear *см.* wear resistance
~ to weather сопротивление атмосферным влияниям
abrasion ~ сопротивление истиранию, износостойкость
acid ~ кислотоупорность, кислотостойкость
alkali ~ щелочеупорность, щелочестойкость
apparent ~ кажущееся сопротивление
bending ~ сопротивление изгибу
bending fatigue ~ сопротивление усталости при изгибе
bond ~ сопротивление стыкового соединения; сопротивление сцепления [связи]
brake ~ тормозящее усилие [сопротивление]; тормозное сопротивление
buckling ~ сопротивление продольному изгибу
bypass ~ *эл.* шунтирующее сопротивление
calibrated ~ калиброванное (*добавочное*) сопротивление
contact ~ контактное сопротивление, сопротивление в контакте
corrosion ~ коррозийная стойкость, устойчивость против коррозии; антикоррозионные свойства
cracking ~ сопротивление образованию трещин
creep ~ сопротивление ползучести
driving ~ сопротивление (*грунта дна моря*) заглублению (*свай морских стационарных платформ*)
elastic ~ упругое сопротивление
electric(al) ~ электрическое сопротивление
equivalent ~ эквивалентное сопротивление
fatigue ~ усталостная прочность; выносливость
fire ~ огнестойкость, огнеупорность
flow ~ гидравлическое сопротивление
forward ~ сопротивление в прямом направлении
front ~ лобовое сопротивление
heat ~ 1. теплостойкость, жароупорность, жаростойкость 2. окалиностойкость
hydraulic ~ гидравлическое сопротивление
impact ~ сопротивление удару; ударная вязкость; сопротивление ударной нагрузке
inherent ~ собственное сопротивление
interface ~ контактное сопротивление
oxidation ~ стойкость против окисления
penetration ~ сопротивление внедрению (*инструмента в грунт*)
pile ~ сопротивление сваи (*заглублению в грунт*)

predicted driving ~ прогнозное сопротивление заглублению (*сваи в грунт*)
shear ~ сопротивление сдвигу [скалыванию, срезу]
sliding ~ сопротивление скольжению
specific ~ удельное сопротивление
static pile ~ статическое сопротивление сваи (*заглублению в грунт дна моря*)
tear ~ сопротивление разрыву [отрыву]
tensile strength and collapse ~ прочность на разрыв и разрушение
ultimate static frictional ~ предельное сопротивление трению покоя (*напр. при забивке свай морских стационарных платформ*)
unit ~ *см.* specific resistance
wear ~ сопротивление износу; износоустойчивость; прочность на износ
weld ~ сопротивление свариваемого изделия
working ~ рабочее сопротивление

resistant сопротивляющийся; стойкий, упорный; прочный
~ to corrosion *см.* corrosion resistant
abrasion ~ износоустойчивый
acid ~ кислотоупорный, кислотостойкий
corrosion ~ не поддающийся коррозии, коррозиеустойчивый, нержавеющий, коррозионностойкий
gas ~ газостойкий, газоупорный
high sulfate ~ обладающий высокой устойчивостью к воздействию сульфатов
moisture ~ влагоупорный, влагостойкий, влагонепроницаемый
weather ~ защищенный от действия неблагоприятных погодных условий

resisting:
oil ~ нефтеупорный; маслостойкий
salt ~ солеустойчивый

resistive резистивный, имеющий сопротивление; способный сопротивляться

resistivity удельное сопротивление; сопротивляемость
apparent ~ кажущееся удельное сопротивление
formation water ~ удельное сопротивление пластовой воды
high ~ высокое удельное сопротивление
low ~ низкое удельное сопротивление
mud ~ удельное сопротивление бурового раствора
mud cake ~ удельное сопротивление фильтрационной корки
mud filtrate ~ удельное сопротивление фильтрата бурового раствора

resistor резистор; катушка сопротивления; реостат
adjustable ~ регулируемое сопротивление, реостат
age ~ противостаритель

resoluble растворимый, разложимый

resolution 1. разложение (*на составляющие или компоненты*) 2. расцепление 3. растворение 4. разрешающая способность (*прибора*) 5. четкость, резкость 6. разборка, демонтаж 7. решение, резолюция
~ of forces разложение сил
~ of the instrument *см.* **resolution** 4

resolve 1. разлагать 2. расцеплять 3. растворять

resolvent растворитель

resolving разделение, расщепление || разделяющий, расщепляющий

resonance резонанс

resorb 1. поглощать 2. всасывать

resorption 1. поглощение 2. всасывание

resources ресурсы, запасы (*полезных ископаемых*); богатства недр
mineral ~ минеральные богатства; недра
natural ~ естественные или природные ресурсы
oil ~ нефтяные ресурсы, запасы нефти
water ~ водные ресурсы

respirator респиратор; противогаз

respond 1. отвечать, реагировать 2. срабатывать 3. соответствовать

response 1. реагирование, ответная реакция; отзвук; отдача 2. срабатывание 3. характеристика, кривая 4. чувствительность 5. приемистость (*скважины*)
neutron ~ *сейсм.* количество отмечаемых нейтронов
transient ~ характеристика переходного или неустановившегося режима (*напр. теплового процесса*)

responsive чувствительный, легко реагирующий

responsiveness чувствительность (*механизма*)

restore 1. восстанавливать; реконструировать; реставрировать 2. возвращать на прежнее место 3. подтягивать (*пружину*)

restrain 1. сдерживать 2. ограничивать 3. защемлять

restraint 1. сжатие, сжимание (*при охлаждении*); суживание, стягивание, сокращение 2. ограничитель 3. демпфер
close ~ строгое ограничение отбора нефти

restrict 1. ограничивать 2. сдерживать

restriction 1. ограничение 2. помеха, препятствие 3. сужение сечения 4. дроссель
~ of flow ограничение потока
~ of output ограничение дебита
production ~ ограничение добычи в принудительном порядке

restrictive 1. ограничительный 2. сдерживающий

restringing:
~ blocks переоснастка талевой системы, перетяжка талевого блока

result результат, исход || следовать, происходить в результате чего-либо
computed ~ результат вычисления
reproducible ~s воспроизводимые результаты, сходимые результаты

resultant результирующий вектор, результирующая сила, результат, равнодействующая ‖ результирующий, равнодействующий, суммарный

resume возобновлять, продолжать; подводить итог; делать резюме

Retabond *фирм. назв.* селективный флокулянт

retainer 1. цементировочный фонарь 2. стопорное приспособление, стопор, замок; контрящая деталь; фиксатор; держатель 3. обойма, сепаратор (*подшипника*) 4. клапанная тарелка 5. *геол.* водонепроницаемый [водоупорный] слой, непроницаемая порода 6. маслосборник

cement ~ 1. пробка для цементирования 2. цементировочный пакер с обратным клапаном 3. цементировочный фонарь

drillable ~ разбуриваемый цементировочный пакер

drillable cement ~ *см.* drillable retainer

oil ~ маслоудерживающее кольцо; приспособление, удерживающее смазку

seat ~ стопорная пробка седла клапана глубинного насоса

retard 1. замедлять (*схватывание цемента применением замедлителей или действие кислоты эмульгированием ее в керосине*), задерживать; тормозить 2. отставать; запаздывать

retardant замедлитель

retardation 1. замедление, задерживание, задержка; торможение 2. помеха; препятствие 3. отставание; запаздывание; сдвиг по фазе

retarder 1. замедлитель реакции (*или схватывания*) 2. демпфер

cement ~ замедлитель схватывания цементного раствора

retemper 1. повторно перемешивать 2. изменять состав

retention сохранение; удержание

screw ~ стопорное устройство, предохранительное устройство против самоотвинчивания резьбовых соединений

retest повторное испытание ‖ производить повторное испытание

rethread вновь нарезать резьбу, прогонять резьбу метчиком или плашкой

retort 1. реторта ‖ перегонять в реторте 2. муфель

retract втягивать; отводить назад; убирать (*шасси*)

retractor:

block and hook ~ устройство для отвода талевого блока и крюка

retreatment повторная обработка

retrievable извлекаемый, съёмный, освобождающийся, повторно используемый

retrieve 1. поднять (*инструмент*) из скважины 2. восстанавливать; исправлять; возвращать в прежнее состояние 3. (*снова*) найти; взять обратно 4. спасать

retriever устройство [приспособление] для извлечения

junk ~ приспособление для извлечения мелких предметов с забоя

retrogress 1. двигаться назад 2. регрессировать, ухудшаться

retrogression 1. обратный ход; обратное движение 2. регресс, упадок

return 1. возврат; отдача ‖ возвращать; отдавать 2. возвращение; обратный путь 3. обратный ход; движение назад 4. *pl* выход (*бурового раствора на поверхность*) 5. обратный канал 6. обратный провод; обратная сеть

~ of drilling mud выход на дневную поверхность циркулирующего бурового раствора

~ of stroke перемена хода

drilling ~s буровой шлам

full ~s полный возврат раствора (*при циркуляции*)

gas ~ возврат газа (*в пласт*)

lost ~s потеря циркуляции; уход бурового раствора; поглощение (*бурового раствора*)

reusability возможность повторного использования

reuse повторное использование ‖ повторно использовать

revamp починять, поправлять, ремонтировать

revamping частичное переоборудование

reversal 1. изменение; реверсирование; перемена направления движения на обратное 2. обратное движение, обратный ход 3. *эл.* перемена полярности

reverse 1. обратная [задняя] сторона ‖ обратный; перевёрнутый, противоположный 2. реверсирование; перемена направления движения на обратное ‖ реверсировать; изменять направление (*вращения, движения*); повертывать на 180° 3. обратное движение, обратный [задний] ход ‖ давать обратный [задний] ход 4. реверсивный механизм, реверс, механизм перемены хода 5. переключение, изменение полярности

~ of direction реверсирование, изменение направления (*движения, вращения*)

reversible 1. реверсивный, допускающий реверсирование; имеющий обратный [задний] ход 2. поворотный, оборотный, переставной 3. обратимый 4. двусторонний

reversibility 1. обратимость (*процесса*) 2. реверсивность, реверсируемость, возможность обратного хода

reversing реверсирование; изменение направления движения на обратное ‖ реверсивный; имеющий обратный [задний] ход; переключаемый на обратный ход

revolution 1. вращение, круговое вращение 2. оборот

~s per inch ... оборотов на один дюйм подачи

~s per minute ... оборотов в минуту, 1/мин

~ through 180° вращение на 180°

revolve 1. вращать(ся); вертеть(ся) 2. перио-

дически возвращаться или сменяться
reweld *св.* повторно сваривать
rewelding *св.* повторная сварка; заварка дефекта сварного шва
rework 1. повторно обрабатывать; вторично перерабатывать 2. восстанавливать; ремонтировать 3. повторно разрабатывать (*месторождение*)
reworked 1. преобразованный; переработанный 2. восстановленный
reworking 1. повторная обработка; вторичная переработка 2. восстановление; ремонт 3. повторная разработка (*месторождения*)
rheology реология (*наука о пластической деформации и текучести*)
rheometer реометр, капиллярный вискозиметр
Rhodopol 23 *фирм. назв.* ксантановая смола (*понизитель водоотдачи, ингибитор неустойчивых глин и загуститель буровых растворов*)
rib 1. ребро; ребро жёсткости; острый край ‖ укреплять, усиливать, придавать жёсткость 2. фланец; буртик; поясок, реборда; прилив 3. простенок поршня (*для поршневых колец*) 4. *геол.* прослоек, пропласток
reinforcing ~ усиливающее ребро, ребро жёсткости
ribbed снабжённый рёбрами жёсткости, ребристый; рифлёный, оребрённый; усиленный рёбрами жёсткости
ribbing 1. рёбра жёсткости 2. усиление рёбрами жёсткости, оребрение
riddle 1. грохот; сито; решето ‖ просеивать; грохотить; разделять по крупности 2. экран; щит
ridge *геол.* хребет, горный кряж; гребень горы; водораздел
ridging вмятие, образование вмятин (*на зубьях шестерён*)
rifling рёбра на стенках скважины
rift 1. трещина, щель, расселина 2. *геол.* выход сброса на поверхность; отдельность, спайность, кливаж; следы сброса, сдвиг; зона крупных разломов
rifting растрескивающийся; раскалывающийся
rig 1. буровая установка, буровой агрегат, буровая вышка 2. приспособление; устройство; аппаратура 3. оборудование; установка ‖ оборудовать; устанавливать 4. оснастка; снаряжение ‖ оснащать 5. испытательный стенд
~ down демонтировать буровую установку
~ out демонтировать, разбирать
~ up монтировать буровую установку
active ~s парк действующих станков
bob-tail ~ *разг.* компактная буровая установка
boring ~ буровая установка, буровая вышка; буровой станок
bottom-supported drilling ~ морское буровое основание, опирающееся на дно (*свайное, погружное, самоподнимающееся*)
cable ~ станок ударно-канатного бурения; вышка для канатного бурения
combination ~ комбинированная установка для канатного и вращательного бурения
completion ~ небольшая передвижная установка для заканчивания пробуренной скважины
core drilling ~ станок для структурного бурения
drilling ~ буровой станок, буровая установка
exploratory oil ~ буровая установка для разведочного бурения на нефть
gas electric ~ буровая установка с электроприводом (*электродвигатели которой питаются током от генератора с приводом от газового двигателя*)
jacket-type production ~ эксплуатационное основание с опорами решётчатого типа
jacknife ~ буровая установка с опускающейся [складывающейся] мачтой или вышкой
jack-up drilling ~ самоподнимающееся на домкратах морское буровое основание; самоподнимающаяся буровая установка
jack-up service ~ самоподнимающееся основание для обслуживания скважин
light ~ буровая установка лёгкого типа
marine drilling ~ морская буровая установка
mat jack-up ~ самоподъёмное основание с опорной плитой
mobile drilling ~ передвижная буровая установка; морская передвижная буровая установка, МПБУ
mobile production ~ морская передвижная эксплуатационная установка
monopod drilling ~ одноопорная морская буровая установка
offshore ~ буровая установка для бурения в море, морская буровая установка
offshore mobile exploration ~ морская передвижная установка для разведочного бурения
oil ~ станок для бурения нефтяных скважин
packaged ~ буровая установка, собранная из отдельных блоков
portable drilling ~ передвижная буровая установка
power ~ буровая установка с приводом от двигателя внутреннего сгорания
rotary ~ роторный станок; установка для вращательного бурения
seabed drilling ~ установка для бурения дна моря с целью определения геотехнических характеристик грунта
seabed soil sampling ~ подводная установка для отбора грунта
self-contained drilling ~ автономная морская буровая установка; автономное передвижное морское буровое основание с выдвижными опорами
self-elevating drilling ~ самоподнимающаяся буровая установка
semisubmersible catamaran drilling ~ полу-

погружное буровое основание типа катамаран
service ~ установка для ремонта скважин
shipshape drilling ~ буровое судно
shot-hole ~ установка для бурения шпуров или взрывных скважин
submersible pipe alignment ~ погружная установка для центровки труб (*для подводной сварки, стыковки труб при строительстве трубопровода или ремонте*)
well ~ буровой станок (*для глубокого бурения*)
workover ~ установка для ремонта скважин

rigging 1. сборка, монтаж; регулировка; установка 2. оснащение 3. рычажная передача 4. подвеска (*напр. рессоры*) 5. колонка или рама для поддержания буровой машины; установочное приспособление (*при буровых работах*)
~ up монтаж [сборка] буровой установки

right 1. прямой 2. правый, правосторонний 3. право
mineral ~ право на добычу полезных ископаемых на данном земельном участке
oil ~s право добычи нефти

right-of-way трасса трубопровода; полоса отвода; полоса отчуждения

rigid 1. жесткий, неподвижно закрепленный; негибкий, негнущийся; устойчивый; неподатливый 2. стойкий

rigidity 1. жесткость, прочность, устойчивость, крепость; способность противостоять усилиям 2. стойкость
~ of mud структурная вязкость бурового раствора
~ of rock стойкость [устойчивость, крепость] породы
dielectric ~ диэлектрическая прочность
flexural ~ жесткость при изгибе
torsional ~ жесткость при кручении

rim обод, край, закраина, реборда; бандаж (*обода*)
brake ~ тормозная шайба
reaction ~ реакционная [коррозионная] кайма

ring 1. кольцо, обруч, шина, ободок; фланец; хомут; обойма; проушина ‖ окружать кольцом; обводить кружком; надевать кольцо 2. обечайка; звено (*трубы*) 3. кольцевой желоб 4. комплект веерных (*взрывных*) скважин 5. звон; звучание ‖ звенеть; звучать 6. (*телефонный*) звонок; вызов ‖ звонить; посылать вызов. 7. *pl* сальники из налипшего шлама
adjusting ~ установочное [регулирующее] кольцо
backing ~ подкладное кольцо, кольцевая подкладка (*при сварке труб*)
bottom ~ башмачное кольцо
casing hanger lockdown ~ фиксирующее [замковое] кольцо подвесной головки обсадной колонны
C- ~ разрезное кольцо
cylinder ~ прокладка цилиндра
drive pipe ~ лафетный хомут, кольцо с клиньями для спуска обсадной колонны, клиновой захват
driving pipe ~ *см.* drive pipe ring
expansion ~ кольцеобразный компенсатор
expanding hanger ~ разжимное подвесное кольцо (*для подвески обсадных колонн у дна моря при бурении с самоподнимающихся оснований*)
eye ~ коуш, серьга
friction ~ упорное кольцо
gas ~ газовое [газоуплотнительное, компрессорное, обтюраторное] кольцо
gasket ~ прокладочное [уплотнительное] кольцо
grip ~ зажимное кольцо
guy ~ кольцо, к которому крепится оттяжка
joint ~ уплотняющее [прокладочное] кольцо
landing ~ установочное кольцо
leather valve ~ кожаная шайба для насосных клапанов
locating ~ установочное [стопорное] кольцо
lower spacer ~ нижнее распорное кольцо
mud ~s отложения глинистой корки на отдельных интервалах ствола скважины
obturator ~ маслосбрасывающее кольцо; поршневое кольцо
oil ~ нефтяное кольцо, оторочка
oil seal ~ маслоуплотнительное кольцо, кольцо сальника
O- ~ кольцо (*проволочное, стопорное, уплотнительное*); уплотнение ‖ кольцевой
packer ~ резиновое кольцо сальника
packing ~ 1. уплотняющее (*нажимное*) кольцо; набивочное кольцо; прокладочное кольцо между фланцами 2. поршневое кольцо
piston ~ поршневое кольцо
piston packing ~ поршневое уплотнительное кольцо
pressure ~ уплотнительное [зажимное] кольцо
releasing ~ расцепное кольцо
retainer ~ удерживающее кольцо, стопорное кольцо; бандаж
retaining ~ *см.* retainer ring
safety ~ предохранительное [запорное] кольцо
seal ~ уплотнительное [сальниковое, прокладочное] кольцо
sealing ~ *см.* seal ring
sliding ~ передвижное [запорное] кольцо
slip ~ контактное [токосъемное] кольцо
space ~ распорное [дистанционное, прокладочное, разделяющее] кольцо
spaced ~ регулировочное кольцо
spacing ~ *см.* space ring
spider landing ~ кольцо для подвески на спайдере
telescoping joint tension ~ натяжное кольцо телескопической секции (*водоотделяющей колонны*)

Ring Seal *фирм. назв.* смесь волокнистого текстильного материала с древесными опилка-

ми (*нейтральный наполнитель для борьбы с поглощением бурового раствора*)
  ringing:
~ of joint проверка соединений трубопровода обстукиванием молотком
  rip 1. разрыв; разрез; трещина ‖ разрывать; разрезать (*вдоль*) 2. скребок
  ripper труборезка
casing ~ продольная труборезка
  rise 1. возвышение, подъем, поднятие; возрастание, нарастание ‖ подниматься, возвышаться; возрастать, нарастать 2. выход на поверхность ‖ выходить на поверхность 3. возвышенность, холм
capillary ~ капиллярный подъем
  riser стояк, вертикальная труба; водоотделяющая колонна
completion ~ буровой хвостовик; хвостовик для заканчивания скважины
concentric ~ двойная водоотделяющая колонна, состоящая из внутренней и наружной колонн
drilling ~ водоотделяющая колонна для бурения, морской стояк
flexible ~ гибкая водоотделяющая колонна (*для выноса продукта скважины на поверхность*)
hydrocouple ~ стояк с гидромуфтой (*для ремонта эксплуатационной водоотделяющей колонны*)
lower marine ~ нижний блок водоотделяющей колонны
marine ~ водоотделяющая колонна; морской стояк; морской кондуктор
marine drilling ~ водоотделяющая колонна для бурения; морской стояк для бурения
mud ~ водоотделяющая колонна для морского бурения
pipe ~ 1. трубный подъемник, механизм для подъема труб 2. стояк
subsea ~ водоотделяющая колонна
underwater ~ *см.* subsea riser
upper marine ~ верхняя часть водоотделяющей колонны (*телескопическая секция с отводным устройством*)
  rising 1. подъем, поднятие; увеличение; возрастание, нарастание 2. вспучивание 3. проходка снизу вверх
  rivet заклепка ‖ заклепывать, приклепывать, расклепывать, клепать, соединять заклепками
belt ~ заклепка для ремней
  riveted клепаный
  riveting 1. клепка 2. ряд заклепок, заклепочное соединение; заклепочный шов
  roarer фонтанирующая газовая скважина
  robot автомат, робот ‖ автоматический
ocean space ~ робот для исследования океана
  Rocagil *фирм. назв.* смесь акриловой смолы с катализатором, используемая для изоляции зон поглощения

rock горная порода, скальная порода ‖ горный; каменный
~ up повысить давление в скважине путем ее закрытия
~ the well to production возбуждать фонтанирование скважины (*при газлифтной эксплуатации*)
associated ~s сопутствующие, сопровождающие или второстепенные породы
barren ~ *см.* waste rock
base ~ основная порода
basement ~s подстилающие породы
bed ~ коренная порода; подстилающая порода
biogenic ~s органогенные породы
bituminous ~ битуминозная порода
buggy ~ порода с большим количеством пустот
calcareous ~ известковая порода
cap ~ покрывающая порода, покров продуктивной свиты
carbonate ~ карбонатная порода
chalk ~ меловая порода
complex ~ сложная [неоднородная] порода
consolidated ~s сцементированные породы
container ~ *см.* reservoir rock
effusive ~ *см.* eruptive rocks
eruptive ~s вулканические [изверженные] породы
fossil ~ известняк
gas ~ газоносная порода
igneous ~ *см.* eruptive rocks
impermeable ~ непроницаемая порода
impervious ~ *см.* impermeable rock
incompetent ~ слабосцементируемая [слабая, неустойчивая] порода (*требующая крепления стенок скважины*)
key ~ маркирующий горизонт
legde ~ *см.* bed rock
magnetic ~ магнитная порода
metamorphic ~s метаморфические породы
mother ~ материнская порода
native ~ *см.* mother rock
oil-bearing ~ нефтеносная порода
oil reservoir ~ *см.* reservoir rock
oil stained ~s пропитанные нефтью породы
original ~ *см.* bed rock
parent ~ *см.* mother rock
plutonic ~ *см.* eruptive rocks
prestressed ~ порода в напряженном состоянии
primary ~s первичные породы
pyroclastic ~ обломочная изверженная порода
reservoir ~ коллекторская порода, пористая порода пласта-коллектора
resistant ~ труднобуримая порода
rim ~ обрамляющая порода
seat ~ *см.* bed rock
sedimentary ~s осадочные породы
shattered ~ раздробленная порода
source ~ нефтематеринская порода
tight ~ непроницаемая порода; порода с затам-

понированными или зацементированными трещинами; порода, зерна которой плотно сцементированы; очень мелкозернистая порода; порода, трудно поддающаяся бурению ударно-канатным способом; вязкая, упругая порода
wall ~ порода, образующая стенки скважины; боковая порода
waste ~ пустая порода

rocker 1. балансир; коромысло; кулиса; шатун 2. качающая стойка для подвески полевых тяг

rockhole скважина по породе, породный шпур

rocky 1. каменистый, скалистый 2. жесткий, крепкий, твердый

rod 1. штанга; стержень; шток; шатун; тяга 2. *св.* пруток металла для наварки 3. род (*мера длины, равная 16,5 фута=5,029 м*)
adjusting ~ регулирующая тяга
bore ~ ударная штанга
boring ~ *см.* bore rod
box and pin type sucker ~s насосные штанги с муфтовыми соединениями
brake ~ тормозная тяга
bucket ~ штанга насоса
connecting ~ шатун, соединительная тяга
connection ~ шатун, полевая тяга (*при центральном приводе для насосных скважин*)
control ~ тяга (*штурвала*) для закрытия фонтанной задвижки
dip ~ указатель уровня, щуп; измерительная рейка
double pin sucker ~s насосные штанги с ниппельной нарезкой на обоих концах
drill ~ буровая штанга
drilling ~ *см.* drill rod
eccentric ~ эксцентриковая тяга
Garbutt ~ шток Гарбута (*для глубинных насосов*)
gauge ~ замерная [градуированная] рейка (*для измерения уровня жидкости в резервуаре*)
hollow ~ пустотелая штанга
jerker ~ полевая тяга
latch ~ замковый шток
lengthening ~ удлинитель
operating ~ переводная тяга
piston ~ шток поршня; шатун
polished ~ полированный шток (*глубинного насоса*)
pony ~ укороченная насосная штанга
pull ~s насосные тяги (*от центрального привода*)
pump ~ шток поршня или плунжера; насосная штанга
pumping ~ *см.* pump rod
reciprocating ~ шатун
reinforcing ~ арматура (*железобетона*)
retrieving ~ штанга для извлечения (*чего-либо*)
shackle ~s тяги для группового насосного привода
tail ~ контршток (*насоса*)

telemeter ~ дальномерная рейка
welding ~ электрод; сварочный пруток

Rod Lube *фирм. назв.* смазывающая добавка для буровых растворов для условий высоких давлений

rodless бесштанговый (*напр. насос*)

roll 1. рулон, катушка 2. ролик; барабан; вал 3. наплыв 4. роликовый стенд; вальцы 5. вращение; качение 6. катать; прокатывать; вальцевать 7. *геол.* антиклиналь

rolled прокатанный, катаный; вальцованный

roller 1. ролик, направляющий ролик; валик 2. *св.* роликовый электрод 3. *pl* роликовые лежки для поворота труб во время сварки
belt stretching ~ натяжной ролик, леникс
casing ~ оправка для ремонта обсадных труб
end ~ концевой роульс (*у края платформы*)
guide ~ направляющий ролик
pressure ~s прижимные ролики (*автоматического бурильного ключа для развинчивания бурильных труб*)
pusher ~s передвигающие ролики; приводные ролики (*конвейера*)

roll-form вальцевать

rolling 1. вращение; качение 2. прокатка 3. вальцовка
~ out collapsed string исправление смятой колонны обсадных труб
cold ~ холодная прокатка
hot ~ горячая прокатка

roof 1. крыша; крышка 2. *геол.* кровля выработки; верхнее или сводовое крыло складки

room 1. комната; помещение; зал; камера 2. место, пространство
BOP control ~ помещение для оборудования управления противовыбросовыми превенторами
drilling data monitor ~ помещение контроля параметров процесса бурения
drilling vessel control ~ пост управления и контроля местоположения бурового основания относительно подводного устья скважины
mud ~ растворный узел
pumping ~ насосная

root 1. корень 2. впадина профиля резьбы 3. основание зуба шестерни (*или шарошки*) 4. *св.* вершина сварного шва
~ of the thread канавка резьбы
~ of tooth 1. основание (*зубчатого колеса*) 2. толщина основания зуба

гоpe канат, трос; веревка ‖ привязывать веревкой; закреплять тросами
anchor ~ удерживающий канат; оттяжка; расчалка
bull ~ приводной канат инструментального барабана (*в канатном бурении*)
cable ~ канат, трос
long lay wire ~ канат прямой свивки
span ~ оттяжка (*вышки*)
taper ~ проволочный канат с постепенно уменьшающимся диаметром

wire ~ проволочный канат, трос
rose сетка на приеме насоса, всасывающая сетка
rotary 1. ротор, роторный стол; станок роторного бурения ‖ вращательный (*о бурении*); ротационный (*о компрессоре*) 2. вращающийся; поворотный
make and break ~ ротор станка вращательного бурения с приспособлением для свинчивания и развинчивания бурильных труб
shaft driven ~ ротор с карданным приводом
rotate 1. вращать(ся) 2. бурить 3. приподнять долото с забоя, не прекращая вращения
rotation 1. вращательное движение, вращение 2. периодическое повторение, чередование циклов
~s per minute число оборотов в минуту (*1/мин*)
clockwise ~ вращение вправо [по часовой стрелке]
counterclockwise ~ вращение влево [против часовой стрелки]
drill string ~ вращение бурильной колонны
reverse ~ вращение в обратную сторону
rotative вращающийся, ротативный; поворотный; коловратный
rotator:
tubing ~ устройство для периодического провертывания насосно-компрессорных труб при эксплуатации
rotor 1. ротор 2. рабочее колесо (*турбины*) 3. эл. якорь
rod ~ приспособление для автоматического вращения штанг при насосной эксплуатации; штанговращатель
roto-rabbit вращающийся скребок (*для очистки эксплуатируемой скважины от парафина и других отложений*)
Roto-Tek *фирм. назв.* специальный инструмент для цементирования обсадной колонны, позволяющий одновременное вращение и расхаживание колонны
rotten 1. разложившийся 2. разрушенный; выветрившийся (*о породе*)
rough 1. грубый, неровный, шероховатый 2. приблизительный, черновой 3. трудный; неблагоприятный 4. крупнозернистый
roughen придавать шероховатость (*поверхности*)
roughneck рабочий буровой бригады
iron ~ устройство для механизированной подвески и развинчивания труб при спускоподъемных операциях
roughneckproof несложный, прочный, рассчитанный на грубое обращение (*инструмент, оборудование*)
roughness шероховатость; неровность
round 1. круг, окружность ‖ округлять; скруглять ‖ круглый 2. круговое движение; цикл ‖ круговой 3. обход 4. комплект шпуров
rounded закругленный; округленный

rounding закругление; округление; кругление
roundtrip спускоподъемный рейс, спуск-подъем инструмента
roustabout неквалифицированный рабочий, разнорабочий (*на нефтепромысле*)
routine установившаяся практика или режим работы; заведенный порядок (*работ, операций*) ‖ повседневный; текущий
~ of work режим работы; установившаяся практика
row 1. ряд 2. точки, расположенные на одной прямой
royalty плата за право разработки недр; арендная плата; пошлина; долевое отчисление
rubber 1. каучук, резина ‖ резиновый, каучуковый 2. резиновый скребок для снятия глинистого раствора с наружной поверхности поднимаемых труб
packer ~ резиновая прокладка или кольцо; резиновая манжета пакера
packing ~ резиновая прокладка, резиновая набивка
sectional ring ~s секционные резиновые кольца (*для составных пакеров*)
Rubber Seal *фирм. назв.* крошка из автомобильных покрышек (*нейтральный наполнитель для борьбы с поглощением бурового раствора*)
Ruff-Cote *фирм. назв.* способ обработки поверхности обсадных труб гранулированным материалом с целью улучшения сцепления цементного камня с обсадной колонной
rugged 1. грубый, неровный, шероховатый 2. прочный, износостойкий; жесткий
rugous морщинистый; складчатый
rule 1. правило; норма; критерий; образец 2. линейка; масштаб
~ of thumb правило, установленное на основе практики; эмпирическое правило
~s for building and classing offshore mobile drilling units правила постройки и классификации морских передвижных буровых установок
safety ~s правила техники безопасности
slide ~ логарифмическая [счетная] линейка
run 1. пробег; рейс; спуск труб в скважину 2. работа, режим работы (*машины*) ‖ эксплуатировать (*машину*) 3. интервал проходки, после которого долото требует заправки или скважина требует очистки 4. спускной желоб, лоток 5. партия (*продукции*) 6. серия (*испытаний*) 7. трасса 8. фракция 9. направление жилы, простирание пласта 10. управлять, руководить (*предприятием*)
~ away переходить в «разнос» (*о двигателе*); выходить из-под контроля
~ free *см.* run idle
~ idle работать на холостом ходу
~ in 1. спускать (*снаряд или трубы в скважину*) 2. забуривать (*скважину*) 3. прирабатывать (*новую алмазную коронку на малых частотах*

вращения) 4. вводить, закачивать (жидкость в скважину)
~ off сток, слив; утечка || отводить (жидкость)
~ out 1. стекать, вытекать 2. износ; изнашивание 3. выход; выпуск
~ over переливаться
~ a curve снимать характеристику (напр. двигателя)
~ an experiment проводить опыт
~ barefoot эксплуатировать скважину с открытым [необсаженным] продуктивным горизонтом
~ by gravity двигаться [течь] самотеком
~ in parrallel работать параллельно
~ on choke ограничивать дебит скважины фонтанным штуцером
~ out of hole потерять диаметр скважины настолько, что дальнейшее бурение становится нецелесообразным
~ the oil измерять количество нефти в промысловых резервуарах; перекачивать нефть из промысловых резервуаров по трубопроводу
~s to stills количество нефти, поступающей в переработку
blank ~ холостой опыт
continuous ~ непрерывная работа (машины); режим длительной нагрузки
full-load ~ работа при полной нагрузке
gear ~ зубчатая передача
pipeline ~ количество перекачанного по трубопроводу нефтепродукта
short ~s подъем инструмента на несколько свечей для кондиционирования газированного бурового раствора
test ~ пробный рейс
vertical ~ вертикальный ввод (подводной фонтанной арматуры)
washover ~ рейс промывной колонны с башмаком-коронкой
runaround балкон вышки
runner 1. рабочий шкив; ходовой ролик, подвижной блок; ходовой конец талевого каната 2. ротор (турбины) 3. ходовая втулка; ходовое кольцо
marine conductor line ~ ходовая втулка водоотделяющей колонны под направляющие канаты
pump ~ колесо центробежного насоса
running 1. работа (станка); процесс (бурения) 2. спуск (снаряда или труб в скважину) 3. плывучий, сыпучий (о породе) 4. находящийся в работе, на ходу; действующий, эксплуатационный
~ against pressure спуск труб в скважину под давлением
~ the tools into the well спуск инструмента в скважину
~ under pressure см. running against pressure
anchor line ~ разводка якорных канатов
idle ~ холостой ход

no-load ~ см. idle running
reverse ~ обратный ход
running-in 1. спуск (труб или инструмента в скважину) 2. приработка новой алмазной коронки на малых частотах вращения 3. прочистка
running-off 1. сбегание (ремня, каната) 2. стекание (жидкости)
rupture 1. излом; разрушение; разрыв || разрываться 2. трещина 3. пробой (изоляции)
rust ржавчина; коррозия || ржаветь
rustless нержавеющий
rust-proof нержавеющий, коррозионно-стойкий
rusty покрытый ржавчиной, ржавый

saddle 1. седло; башмак; подпятник 2. скоба для прикрепления трубы; трубный зажим; промежуточная опора (трубопровода) 3. геол. седло, седловина; свод, антиклинальная складка
pipe ~ ремонтный хомут седельного типа, хомут или скоба для подвешивания трубопровода; подвеска для труб
safe 1. надежный, безопасный 2. допускаемый 3. в пределах габарита 4. сейф, несгораемый шкаф
safeguard ограждение (механизма), щиток, предохранительное приспособление || ограждать, предохранять
Safeguard фирм. назв. ингибитор коррозии на аминной основе для водных буровых растворов
safety 1. безопасность, надежность, сохранность 2. безопасный
sag 1. провисание (ремня, трубопровода); слабина (каната), прогиб, провес; стрела прогиба || провисать; прогибаться; перекашиваться 2. просадка, оседание; перекос 3. иметь большой дрейф; отклоняться, дрейфовать
~ of protecting coating отставание или отслаивание защитного покрытия
catenary ~ прогиб цепной линии
rod ~ изгиб колонны штанг в скважине под действием своего веса
sagging 1. прогибание; провисание; осадка 2. снос, дрейф 3. биение (ремня)
salesman заведующий сбытом; продавец; представитель фирмы
Salgite фирм. назв. аттапульгитовый глинопорошок для приготовления солестойких буровых растворов
saliferous соленосный (пласт); содержащий соль

salina 1. соляное болото или озеро 2. солончак

saline 1. соленый 2. соляной, солевой 3. солончак; соленое озеро; соленый источник 4. соль

Salinex *фирм. назв.* эмульгатор для буровых растворов на основе соленой воды

saliniferous солончаковый

salinity минерализация (*воды*), соленость
primary ~ первичная соленость (*пластовых вод*)
secondary ~ вторичная соленость

salinometer ареометр для определения плотности рассола

salt 1. соль, поваренная соль; соляная ванна ‖ солить ‖ соленый 2. *разг.* добавлять ускоритель или замедлитель схватывания к цементному раствору
acid ~ кислая соль
alkali ~ соль щелочного металла
basic ~ основная соль
common ~ поваренная соль, хлорид натрия
Epsom ~ соль Эпсома; сульфат магния ($MgSO_4 \times 7H_2O$) (*реагент для обработки глинистых буровых растворов*)
fused ~ расплавленная соль, расплавленный электролит; соляная ванна
potassium ~ калийная соль
rock ~ каменная соль (NaCl)
soda ~ сода; углекислый натрий (Na_2CO_3)
sodium ~ хлорид натрия; натриевая соль
undomed ~ ненарушенная соль; соль, не сложенная в купол

salt-bearing соленосный

Salt Gel *фирм. назв.* глинопорошок для приготовления бурового раствора на минерализованной воде

Salt-Mud *фирм. назв.* аттапульгитовый глинопорошок для приготовления солестойких буровых растворов

salvage утиль; использование подержанного оборудования, отходы производства (*годные для переработки*); металлолом; скрап

salvaging утилизация; использование отходов

SAM 4(5) *фирм. назв.* буферная жидкость

sample 1. образец, проба (*породы, грунта, шлама*); керн ‖ отбирать образец; брать пробу 2. шаблон; модель
average ~ средняя проба или образец
bailer ~ образец, взятый при канатном бурении
bed ~ пластовая проба
bottom ~ донная проба
bottom hole ~ образец, взятый с забоя скважины
check ~ контрольный образец, контрольная проба
chip ~ осколочная проба
composite ~ составная проба
core ~ керн, колонка породы
disturbed ~ образец с нарушенной структурой
ditch ~ образец (*шлама*) из желоба
drill ~s образцы пород, взятые при бурении
formation ~s образцы пород
laboratory ~ лабораторная проба
oriented ~ ориентированный образец
recombined ~ рекомбинированная проба
representative ~ типичный [представительный] образец
sludge ~ шламовая проба, образец шлама
tensile ~ образец для испытания на растяжение
test ~ образец для испытаний; проба
traverse ~ *геол.* проба по профилю
undisturbed ~ образец с ненарушенной структурой
welded test ~ сварной образец для испытания
well ~ образец из скважины

sampler 1. рабочий, отбирающий пробу 2. пробоотборник, грунтонос
bottom hole ~ забойный пробоотборник
side-wall ~ боковой грунтонос

sampling 1. отбор проб или образцов, взятие проб, опробование 2. выборочное исследование
bottom-hole ~ отбор пробы с забоя скважины
check ~ проверочное [контрольное] опробование
continuous ~ непрерывный отбор проб
gas ~ отбор проб газа
mechanical ~ автоматический отбор проб
well ~ отбор образцов из скважины

sand 1. песок; пористый слабый песчаник; нефтеносный пласт-коллектор любой породы ‖ посыпать песком, заплывать песком (*о скважине*) 2. *pl* нефтеносные породы
asphaltic ~ *см.* tar sand
assorted ~ отсортированный песок
close ~ плотный [малопористый] песок
coarse ~ крупный песок
collecting ~s пески-коллекторы
consolidated ~ сцементированный песок
dense silty ~ плотный илистый песчаник
dirty ~ заиленный песок
dry ~ непродуктивный песок
fine ~ мелкий [мелкозернистый, тонкий] песок
fresh water ~ пресноводный пласт
gas ~ газоносный песок, газовый пласт
graded ~ сортированный песок
hard oil ~ крепкий нефтеносный песчаник
heaving ~s плывун
lenticular ~ линзовидный пласт
loose ~ рыхлый [несцементированный] песок
oil ~ нефтеносный песок; битуминозный песок
oil-bearing ~ *см.* oil sand
oil soaked ~ песок, пропитанный нефтью; нефтенасыщенный песок
open ~ пористый песок
overlying ~ вышележащий песок
pay ~ промышленный [продуктивный] пласт
produced ~ песок, выносимый попутно с продукцией скважины
productive ~ *см.* pay sand

sand

propping ~ расклинивающий песок; песок, закачиваемый с жидкостью разрыва в скважину для удержания трещины в раскрытом состоянии
round ~ окатанный песок
running ~ несвязанный [неустойчивый] песок; плывун
semiconsolidated ~ слабосцементированный песок
shallow ~s нефтеносные породы, залегающие на небольшой глубине (*до 300 м*)
sheet ~ пластовая песчаная залежь
shifting ~ зыбучий песок; плывун
shoe string ~s линзовидные пески
tar ~ битуминозный песчаник
thief ~ пропласток песка, поглощающий нефть из другого горизонта
thin ~ тонкий пропласток, маломощный пласт
tight ~ плотный песок
top ~ верхний песок
underlying ~ нижележащий [подстилающий] песок
undersaturated ~ пласт, содержащий недостаточно насыщенную газом нефть (*при давлении ниже давления насыщения*)
water ~ водоносный песок [пласт]
water-sensitive ~ водовосприимчивый песок; водочувствительный песчаник

sandblast 1. струя воздуха с песком ‖ производить пескоструйную очистку 2. пескоструйный аппарат

sandblasted подвергнутый пескоструйной обработке, обработанный пескоструйным аппаратом

sandblaster пескоструйный аппарат

sandblasting пескоструйная обработка

sand-carrier песконоситель (*при гидравлическом разрыве пласта*)

sanded-in зашламованный; засыпанный обвалившейся породой (*об инструменте*)

sanding-up выпадение песка в скважине, образование песчаных пробок

Sandmaster *фирм. назв.* 152-мм гидроциклонный пескоотделитель

sandstone песчаник

argillaceous ~ песчаник, содержащий значительное количество глины
asphaltic ~ асфальтовый песчаник (*песчаник, пропитанный асфальтом, разновидность битуминозного песчаника*)
bituminous ~ битуминозный песчаник
calcareous ~ известковистый песчаник
quartzy ~ кварцевый песчаник
reservoir ~ нефтеносный песчаник
uniform ~ однородный песчаник

sandwasher устройство для отмывки шлама от нефти, шламопромыватель

sandy песчаный; песчанистый

Sanheal *фирм. назв.* полимерлигносульфонатный комплекс для приготовления безглинистых буровых растворов

saponification омыление
saponify омылять(ся)
saprolite *геол.* сапролит
sapropel *геол.* сапропель
sapropelite *геол.* сапропелит
satellite 1. спутник 2. *авт.* сателлит 3. второстепенный, вспомогательный
saturability насыщаемость
saturant насыщающий агент; насыщающая фаза ‖ насыщающий
saturate 1. насыщать, напитывать, пропитывать 2. *хим.* нейтрализовать
saturated насыщенный, пропитанный
saturation 1. насыщение, насыщенность 2. пропитывание

equilibrium ~ равновесная насыщенность
equilibrium gas ~ равновесная газонасыщенность
final water ~ конечная или остаточная водонасыщенность
fractional ~ частичная насыщенность
irreducible ~ остаточная насыщенность (*при лабораторных исследованиях керна*)
liquid ~ насыщение (*порового пространства*) жидкостью
residual ~ остаточная насыщенность
residual gas ~ остаточная газонасыщенность

saver 1. предохранительное устройство 2. спасательное устройство

christmas tree ~ предохранитель фонтанной арматуры (*устройство для предохранения от высокого давления, абразивной или корродирующей жидкости при вызове притока из скважины*)
oil ~ предохранительный сальник (*от разбрызгивания нефти при подъеме инструмента*)
time ~ дающий экономию времени

saving 1. экономия 2. спасение ‖ спасательный

sawdust древесные опилки (*наполнитель для борьбы с поглощением*)

scabbard:
rat-hole ~ обсадная труба шурфа под квадрат

scab off изолировать

scale 1. шкала; масштаб ‖ определять масштаб; наносить масштаб 2. масштабная линейка 3. накип, котельный камень, окалина ‖ удалять накипь 4. плена, чешуя; окисная пленка 5. лущить; чистить; скоблить; соскабливать

~ down уменьшать масштаб
~ off отслаиваться, отделяться чешуйками
~ up увеличивать масштаб
~ of hardness *см.* hardness scale
~ of height вертикальный масштаб, масштаб высот
on a large ~ в большом масштабе
absolute ~ шкала абсолютных температур, шкала Кельвина

adjustment ~ регулировочная шкала
Baumé ~ шкала плотности по Бомé, шкала Бомé
big ~ большой масштаб
centigrade ~ стоградусная шкала, шкала Цельсия
commercial ~ промышленный масштаб
conversion ~ таблица перевода мер
distance ~ 1. масштаб длины 2. фокусировочная шкала
distorted ~ искаженный масштаб
expanded saturation ~ растянутый масштаб насыщенности
Fahrenheit ~ шкала (*термометра*) Фаренгейта
full ~ в натуральную величину, в масштабе 1:1, натурный
hardness ~ шкала твердости (*минералов*)
Kelvin ~ шкала Кельвина, шкала абсолютных температур
large ~ большой масштаб
mill ~ прокатная окалина
Moh's ~ шкала твердости по Моосу
mud ~ прибор для измерения плотности бурового раствора, рычажные весы
natural ~ натуральная величина; натуральный ряд
plotting ~ масштаб (*плана*)
rate ~ расценка, такса, тарифное расписание
Réaumur ~ температурная шкала Реомюра; термометр Реомюра
reduced ~ уменьшенный или сокращенный масштаб
representative ~ условный масштаб
small ~ мелкомасштабный
temperature ~ температурная шкала
Scale-Ban *фирм. назв.* ингибитор коррозии для водных буровых растворов

scaling 1. образование накипи; образование окалины; осаждение накипи 2. отслойка, расслаивание, отслаивание 3. определение масштаба; нанесение масштаба; масштабное копирование 4. обмер
scan 1. перемещать щуп (*ультразвукового дефектоскопа*) в поисках дефекта 2. развертка ‖ развертывать
scanning 1. перемещение щупа 2. развертка; развертывание, разложение (*изображения*)
scatter 1. рассеивание; разброс; разбрасывание ‖ разбрасывать; рассеивать
scattered рассеянный; разбросанный
scattering 1. разброс; рассеяние 2. отклонение от заданного направления (*о скважинах*)
~ of the points разброс точек (*при построении кривой*)
scavenge 1. очищать; удалять отработанные газы 2. улучшать свойства
scavenger раскислитель; рафинирующая добавка
scavenging 1. выхлоп; выпуск, продувка отработанных газов 2. спуск, слив (*масла и т. п.*)

bottom hole ~ очистка забоя от выбуренной породы
schedule 1. расписание ‖ составлять расписание 2. программа; план; таблица; график; режим; маршрут; инструкция; предписание 3. перечень; формуляр; опись; инвентаризационная ведомость
fixed ~ твердо установленный график
pressure ~ режим давления
production ~ производственный план или график
proration ~ график темпа отбора; пропорциональное распределение отбора по скважинам
temperature ~ температурный режим
scheduling 1. (*календарное*) планирование; составление программы; разработка графиков 2. технологическая проработка; разработка графика (*технологического процесса*)
scheme 1. схема; чертеж; план; проект; программа; задание; диаграмма ‖ составлять план, планировать; проектировать 2. система (*напр. энергетическая*); узел
schist сланец
schistose 1. сланцеватый 2. слоистый
schistosity 1. сланцеватость 2. слоистость
Schlumberger 1. прибор для электрокаротажа 2. диаграмма электрокаротажа
science наука; знания; отрасль знания
scintillation сцинтилляция; мерцание; вспышка
sclerometer склерометр (*прибор для измерения твердости*)
scope диапазон; размах; охват; сфера; размер; длина
score 1. задир, зазубрина, царапина ‖ задирать, зазубрить ровную поверхность 2. счет; статья счета 3. зарубка; врубка; метка ‖ надрубать 4. два десятка 5. рассчитывать, считать; высчитывать
scored 1. негладкий, шероховатый, с царапинами, с бороздками, с задирами 2. рифленый, желобчатый
scoring 1. задир; бороздчатый износ; задирание (*поверхности*); образование рисок и задиров 2. рифление
scour чистка; очистка; промывка; размыв ‖ чистить; прочищать; очищать; оттирать; промывать; смывать
scouring очистка стенок; соскребывание осадка
scout 1. разведчик 2. инженер, проводящий предварительное обследование участка
scrap 1. скрап; металлический лом, металлические отходы 2. браковать; выбрасывать
scrape скрести, соскребать, очищать
~ out a hole очистить ствол от бурового шлама
scraper скребок; ерш
casing ~ инструмент (*шарошечный или скребковый*) для очистки стенок обсадных труб от твердого осадка

hydraulic wall ~ гидравлический скребок (с выдвигающимися резцами) для очистки стенок скважины от фильтрационной корки
pipeline ~ механический скребок для очистки трубопровода
wall ~ скребок [ерш] для очистки стенок скважины от фильтрационной корки

scratch метка, царапина, черта; нарезка ǁ царапать; насекать
last ~ последняя риска (база, от которой производятся отсчеты при измерениях калибром резьбы труб)

scratchalizer комбинированное устройство, содержащее центратор и скребок; скребок-центратор

scratcher скребок (для очистки стенок скважины)
bristle type ~ скребок с проволочными рабочими элементами, проволочный скребок
cable type ~ скребок с проволочными петлями
rotating ~ вращающийся [поворотный] скребок
rotating wall ~ вращающийся скребок для открытого ствола, поворотный скребок

screen 1. перфорированная труба, фильтр 2. сетка; сито, грохот ǁ просеивать 3. экран; щит; ширма
~ out отсеивать
coarse ~ сетка с крупными отверстиями
fine ~ сетка с мелкими отверстиями; тонкая сетка; мелкоячеистая сетка
fine-meshed ~ см. fine screen
inlet ~ приемный фильтр (насоса)
intake ~ сетка на приеме насоса
mud ~ вибросито (для очистки бурового раствора)
oil ~ сетка для масла, сетчатый масляный фильтр
oil well ~ фильтр для нефтяной скважины
oscillating ~ вибрационный грохот, вибрационное сито
plugged ~ 1. забитый или засоренный фильтр 2. закупоренная сетка
reciprocating ~ вибрационный грохот
revolving ~ вращающееся сито
rotary mud ~ вращающееся сито для очистки бурового раствора
shaker ~ вибрационное сито, вибросито
slotted ~ фильтр с щелевидными отверстиями
well ~ скважинный фильтр
wire wrapped sand ~ песочный фильтр с проволочной обмоткой

screened 1. экранированный 2. просеянный 3. защищенный

screening 1. отделение песка от бурового раствора на вибросите, очистка бурового раствора виброситом 2. просеивание, грохочение 3. экранирование
sand ~ выпадение песка (из жидкости разрыва)

screen-protected защищенный сеткой (о перфорированной трубе)

screen-out выпадение песка (из песконосителя при гидроразрыве пласта)

screw 1. винт, болт, шуруп ǁ скреплять болтами, привинчивать; ввинчивать; нарезать резьбу 2. винтовой шпиндель; зажимной винт (патрона шпинделя) 3. змеевик 4. шнек 5. червяк
~ down подвинчивать, довинчивать, завинтить до отказа
~ home завинтить до отказа
~ in ввинчивать
~ off отвинтить, развинтить
~ on привинтить, свинтить, навинтить
~ on cold [навинчивать] в холодном состоянии
~ out вывинтить, вывинчивать
~ together свинчивать
~ up завинчивать, затягивать
adjusting ~ регулировочный [установочный] винт
anchor ~ анкерный болт; фундаментный болт
attachment ~ крепежный винт
backing-up ~ упорный винт
cap ~ 1. колпачковая гайка 2. крышка сальника с резьбой 3. винт с головкой под ключ или отвертку
check ~ регулирующий [установочный] винт; стопорный [нажимной] винт
clamping ~ зажимной [стопорный] винт
fastening ~ закрепляющий [зажимной, стопорный] винт
feed ~ 1. ходовой винт 2. шнек, подающий червяк, червячный транспортер
fixing ~ соединительный [установочный, стопорный] винт
governing ~ регулирующий винт
jack ~ винтовой домкрат
pressure ~ нажимной винт
set ~ стопорный винт; нажимной [установочный] винт, зажимной винт патрона шпинделя; утопленный винт
tapered ~ замок с конической резьбой
temper ~ уравнительный винт (при канатном бурении)
thumb ~ винт с рифленой (или накатанной) головкой

screw-driven с приводом от ходового винта
screwdriver отвертка
screw-shaped винтообразный, спиральный, геликоидальный
screwing свинчивание, скрепление болтами или винтами

scroll 1. плоская резьба 2. спираль, спиральная канавка 3. червяк

scrubber 1. скруббер, газоочиститель 2. скребок; проволочный ерш

sea море
deep ~ большие глубины моря; глубоководный
rough ~ сильное волнение, бурное море

Seabar *фирм. назв.* сульфат бария (*утяжелитель*)

Seaben *фирм. назв.* бентонитовый глинопорошок

Sea Clay *фирм. назв.* волокнистый асбест (*загуститель для солестойких буровых растворов*)

Seaflo *фирм. назв.* алюминиево-лигносульфонатный комплекс (*ингибитор неустойчивых глин*)

Sea-Free *фирм. назв.* реагент для установки ванн с целью освобождения прихваченных труб

seal 1. сальниковое уплотнение; сальник; изолирующий слой 2. придать непроницаемость (*стенкам скважины*); закрыть, закупорить (*трещины цементированием*); уплотнять 3. заделка; запайка; закупорка 4. печать; пломба ‖ запечатывать; пломбировать

~ off заглинизировать; закупорить, изолировать водоносный горизонт; уплотнять; отделять водонепроницаемой перемычкой

bentonite ~ бентонитовое уплотнение
fluid ~ *см.* liquid seal
gas ~ газовый затвор
gauge ~ крышка замерного люка
hydraulic ~ 1. гидравлический предохранительный затвор 2. гидравлическое уплотнение; гидроизоляция
labyrinth ~ лабиринтное уплотнение
liquid ~ гидравлический затвор, жидкостное уплотнение
mechanical ~ механическое уплотнение
metal-to-metal ~ уплотнение «металл к металлу»
oil ~ 1. масляный затвор 2. масляное уплотнение; сальник
packing water ~ гидравлическое уплотнение
packless ~ бессальниковое уплотнение
primary ~ 1. первичный затвор (*плавающей крыши резервуара*) 2. первое герметизирующее уплотнение
ring ~ кольцевое сальниковое уплотнение, кольцевой затвор
rotating ~ вращающееся уплотнение (*отводного устройства с вращающейся вставкой*)
rubber ~ резиновый сальник, резиновое уплотнение; резиновое уплотнительное кольцо
single ~ унифицированное уплотнительное устройство
top ~ верхнее уплотнение
water ~ водяной [гидравлический] затвор

sealed герметически закупоренный; изолированный, перекрытый (*приток воды*); уплотнённый; запечатанный

Sealflake *фирм. назв.* целлофановая стружка (*нейтральный наполнитель для борьбы с поглощением бурового раствора*)

sealing 1. уплотнение; изоляция; герметизация; заделка; запайка; заварка; закрытие, закупорка (*трещин породы*) 2. сварка (*термопластов*) 3. запечатывание; пломбирование

~ off отделение водонепроницаемой перемычкой
effective ~ эффективная изоляция
grout ~ изоляция цементным раствором, уплотнение цементным раствором
pipe ~ уплотнение трубных соединений
sand ~ уплотнение или изоляция песком

seam 1. *геол.* пропласток, прослоек; слой; пласт 2. трещина (*в породе или металле*) 3. шов; спай; стык, место соединения
brazed ~ спаянный шов
thick ~ мощный пласт

seamless бесшовный, цельнотянутый (*о трубах*)

Seamul *фирм. назв.* ПАВ (*эмульгатор для солёной воды*)

seamy 1. *геол.* трещиноватый, слоистый 2. покрытый швами

search 1. изыскание, исследование 2. поиск ‖ искать 3. обследование
~ for oil поиски нефти

season 1. время года, сезон 2. выдерживать, подвергать старению (*металл*); стареть (*о металле*)

seat 1. седло (*клапана*), гнездо 2. место установки ‖ посадить (*насос и т. п.*), установить; помещать 3. опора, опорная поверхность; подушка; фундамент
ball ~ седло шарового клапана
casing ~ упорное кольцо хвостовика
flat ~ гладкое седло (*насоса*)
key ~ 1. желобок [паз] для шпонки, шпоночная канавка [гнездо] 2. выработка [желоб] в стенке ствола скважины; уступ в стенке ствола
landing ~ упор (*в скважине для башмака колонны*)
mud valve ~ гнездо бурового клапана
packer ~ место посадки пакера
poor casing ~ плохо [неудовлетворительно] задавленный башмак обсадной колонны (*при закрытии воды*)
pump ~ седло вставного насоса
rib ~ седло в буртиком
working barrel ~ гнездо цилиндра глубинного насоса
working barrel valve ~ гнездо клапана цилиндра глубинного насоса

seating 1. крепление, установка, посадка (*насоса*) 2. гнездо 3. седло 4. место установки
key ~ 1. образование желобов в стенках скважины (*вращением бурильной колонны в искривлённом стволе*) 2. прихваты инструмента, происходящие вследствие образования желобов на стенках скважины 3. шпоночный паз (*в маховике или шкиве*) 4. прорезание желобов, пазов

second 1. секунда 2. второй 3. вторичный 4. второстепенный 5. более низкого качества 6. помощник

secondary 1. вторичный; второстепенный; побочный 2. *геол.* мезозойский

section 1. поперечное сечение, разрез; вертикальный разрез, сечение, профиль 2. сегмент; отрезок, интервал (*в скважине*) 3. шлиф (*минерала*) 4. участок в 640 акров=256 га (*США*) 5. отдел; секция 6. профильная сортовая сталь
~ of reservoir элемент пласта
~ of the belt поперечное сечение ремня
angle ~ угловой профиль
bench ~ поперечный профиль
box ~ коробчатый профиль, коробчатое сечение
buoyant riser ~ секция водоотделяющей колонны, обладающая плавучестью (*служащая для уменьшения веса секции в воде*)
circular ~ круговое сечение
columnar ~ нормальный разрез, стратиграфическая колонка
composite ~ обобщенный разрез
compound ~ сложный профиль
cross ~ поперечное сечение; геологический профиль
dangerous ~ опасное сечение
diagrammatic ~ схематическое сечение; схематический разрез или профиль
effective ~ полезная площадь сечения, рабочее сечение
folded ~ гнутый профиль
geological ~ *см.* geological cross section
geological cross ~ геологический профиль [разрез]
horizontal ~ горизонтальное сечение
ideal ~ схематический разрез
inner female ~ промежуточная часть гнезда (*подводного коллектора системы управления подводным устьевым оборудованием*)
lateral ~ профиль, поперечный разрез
linear sand ~ линейный пласт
longitudinal ~ продольное сечение
male ~ ниппельная часть, охватываемая часть
net productive ~ эффективная мощность пласта
pay ~ продуктивная толща
plain ~ ненарезанная часть
regulator ~ регулировочная секция (*на трубопроводе*)
riser lower ~ нижний блок водоотделяющей колонны
root ~ 1. сечение по впадинам (*резьбы*) 2. сечение у основания (*лопасти и т. д.*)
rotten shale ~ участок (*разрушенных*) неустойчивых сланцев
sample ~ интервал [точка] взятия проб
seismic ~ сейсмический профиль
seismogram ~ профиль, составленный на основе сейсмограмм
shearing ~ сечение [площадь] среза
solid ~ сплошное сечение
thick producing ~ мощный продуктивный горизонт
thin ~ шлиф; прозрачный шлиф; тонкий срез

tight ~ плотный пропласток
transverse ~ поперечное сечение, поперечный разрез
uniform cross ~ постоянное сечение
useful cross ~ полезное сечение; рабочее сечение
weak ~ слабое [опасное] сечение

sectional составной, разъемный, разборный, сборный, секционный; разрезной; секционированный ∥ в разрезе (*о виде*)

sectionalization секционирование; деление на участки

sectionalized составленный из отдельных секций [блоков]

sector 1. сектор 2. часть; участок

secure надежный; безопасный ∥ закреплять; соединять; прикреплять; предохранять
~ by means of screw крепить винтом

security 1. безопасность, надежность 2. охрана, защита

sediment 1. осадок, отстой, гуща на дне 2. нанос; отложение 3. взвешенная частица 4. нефтяная эмульсия 5. *pl геол.* осадочные отложения, наносы
basic ~ осадок на дне резервуара, состоящий из эмульсии нефти, воды и грязи
backreef ~ зарифовые осадочные отложения
bottom ~s донные осадки
offshore ~s осадки открытого моря
recent ~s современные отложения
source ~s материнские осадки (*из которых образовались материнские породы*)
terrigene ~s терригенные осадки
water-born ~s переносимые водой осадки

sedimentary *геол.* осадочный ∥ осадочные отложения

sedimantation 1. процесс отложения осадков; образование осадочных пород 2. оседание, седиментация

slime ~ осаждение шлама

seep выход, высачивание ∥ сочиться, просачиваться; протекать; капать; течь; стекать

seepage высачивание, выход нефти; небольшая течь; просачивание, фильтрация
gas ~ выделение газа, выход газа на поверхность, утечка газа
oil ~ выход нефти, высачивание нефти на поверхности земли
water ~ просачивание воды, водопроявление

segment 1. сегмент 2. паровоздушное пространство горизонтального резервуара; пространство между сферической поверхностью резервуара и горизонтальной плоскостью 3. сектор; часть; отрезок 4. *эл.* ламель коллектора
clamp actuator ~ приводной сегмент замка (*муфты секции водоотделяющей колонны*)

segregate сегрегат ∥ сегрегировать, выделяться; ликвидировать

segregation 1. разделение, расслоение; отделение, сортировка; разделение минералов на тя-

желую и легкую фракции 2. сегрегация; ликвация
~ of oil and water гравитационное разделение воды и нефти
gravity ~ расслоение [разделение] (*флюидов различной плотности под действием силы тяжести*)
gravitational ~ *см.* gravity segregation
   seismic сейсмический
   seismogram сейсмограмма, сейсмическая запись
   seismograph сейсмограф
electromagnetic ~ электромагнитный сейсмограф
horizontal ~ горизонтальный сейсмограф
horizontal component ~ горизонтальный сейсмограф, сейсмограф для регистрации горизонтальной составляющей колебаний
reflection ~ сейсмограф для работы с отражёнными волнами
refraction ~ рефракционный сейсмограф
short period ~ короткопериодный сейсмограф
   seismometer сейсмометр
capacity ~ ёмкостный сейсмометр
duplex reluctance ~ электромагнитный сейсмометр с двойным зазором
electromagnetic inductance ~ электродинамический индукционный сейсмометр
hot wire resistance ~ термомикрофонный сейсмометр
photoelectric ~ фотоэлектрический сейсмометр
shot point ~ контрольный сейсмометр из пункта взрыва
torsion ~ крутильный сейсмометр
   seize 1. прихват 2. прижог 3. обмотка конца троса
   seizing 1. обвязка (*канатом*) 2. заедание (*вследствие недостатка смазки и перегрева*); застревание
   seizure заедание (*резьбы*); захват; прихват
bit ~ застревание [прихват] бура [долота]
   selection 1. выбор 2. отбор, селекция
   selective селективный, избирательный
   selectivity избирательность, селективность
   Select-o-Ball *фирм. назв.* резиновые или нейлоновые шарики, применяемые для временной закупорки перфорированных отверстий в интервале наиболее проницаемых зон пласта при его селективной обработке
   Selectojel *фирм. назв.* вязкая загущенная нефть с добавкой закупоривающих материалов для временной закупорки пласта при селективной обработке
   self само-
   self-acting автоматический
   self-adjusting самоустанавливающийся, саморегулирующийся, с автоматической регулировкой
   self-adjustment автоматическая регулировка

   self-aligning самоустанавливающийся, самоцентрирующийся
   self-balanced самоуравновешивающийся
   self-centering самоцентрирующийся
   self-cleaning самоочищающийся
   self-contained автоматический, независимый, самостоятельный, не требующий вспомогательных механизмов; самообслуживающийся, самоконтролирующийся; вполне законченный с конструктивной стороны; саморегулирующийся
   self-feeding с автоматической подачей
   self-geosyncline *геол.* самогеосинклиналь
   self-governing саморегулирующийся
   self-ignition самовозгорание, самовоспламенение
   self-induction самоиндукция
   self-potential естественный потенциал, скважинный потенциал, самопроизвольная [спонтанная] поляризация, ПС
   self-priming самозаполняющийся, с автоматическим регулированием
   self-propelled самоходный, самодвижущийся
   self-recording самопишущий, регистрирующий
   self-regulating автоматически регулирующийся, с автоматическим регулированием, саморегулирующийся
   self-releasing освобождающийся
   self-sealing самоуплотняющийся
   self-sharpening самозатачивающееся (*долото*)
   self-winding с автоматическим заводом, самозаводящийся
   selsyn *авт.* сельсин
   semi- 1. полу- 2. полупогружная буровая платформа; полупогружное буровое основание
   semi-automatic полуавтоматический
   semi-consolidated слабосцементированный (*о породе*)
   semi-liquid полужидкий
   semi-solid полутвёрдый
   semi-submersible полупогружной ‖ полупогружная буровая платформа
tension leg ~ полупогружная платформа с избыточной плавучестью, образующейся за счёт вертикально натянутой якорной системы; полупогружная платформа с растянутыми опорами
   semi-unattended полуавтоматический
   semi-wildcat эксплуатационно-разведочная скважина
   sensator преобразователь давления (*в индикаторе веса*)
weight ~ датчик веса
   sense 1. смысл, значение 2. направление 3. воспринимать 4. *выч.* считывать
~ of rotation направление вращения
   sensibility 1. чувствительность 2. точность (*прибора*)

sensible чувствительный; ощутимый

sensing 1. *выч.* считывание 2. восприятие 3. индикация направления 4. чувствительный (*об элементе*)

sensitive чувствительный (*о механизме*); быстрореагирующий, восприимчивый
highly ~ высокочувствительный
notch ~ чувствительные к зарубкам, царапинам (*напр. высокопрочные стали*)
oil and water ~ дифильный

sensitivity точность; чувствительность (*прибора*)

sensor чувствительный элемент; воспринимающий элемент, датчик
acoustic riser-angle ~ акустический датчик угла наклона водоотделяющей колонны [морского стояка]
flow ~ датчик расхода
heave ~ датчик вертикальной качки
mud flow ~ датчик расхода бурового раствора
pit-level ~ датчик уровня в емкости
riser angle ~ датчик угла наклона водоотделяющей колонны

Separan *фирм. назв.* флокулянт для буровых растворов с низким содержанием твердой фазы

Separan 273 *фирм. назв.* гидролизованный полиакриламид, (*ингибитор неустойчивых глин*)

separate отделять, разделять; сортировать ‖ отдельный; разъединенный

separation 1. отделение; разделение, разложение; сепарация; сортировка 2. разложение на части 3. обогащение
~ of emulsion разбивание или разложение эмульсий
air ~ воздушная классификация
flash ~ контактное дегазирование нефти
gravitational ~ разделение (*жидкостей*) путем использования разности плотностей
low temperature ~ низкотемпературная сепарация
vertical ~ *геол.* вертикальное разобщение; амплитуда сброса

separator 1. трап, сепаратор, сортировочный аппарат 2. решето, сито, грохот 3. прокладка, разделитель 4. распорка
bottom hole ~ забойный сепаратор; газовый якорь
centrifugal ~ центробежный сепаратор для очистки бурового раствора
cyclone ~ 1. циклонный сепаратор 2. пылеотделитель 3. илоотделитель 4. пескоотделитель
entrainment ~ ловушка; каплеотбойник
gas ~ газовый сепаратор
gas and oil ~ сепаратор (*промысловый резервуар*) для отделения газа от нефти
magnetic ~ магнитный сепаратор
mud ~ центрифуга для очистки бурового раствора и регенерации барита
mud and gas ~ газосепаратор для бурового раствора

oil ~ маслоотделитель, нефтяной сепаратор
oil water ~ сепаратор для отделения воды от нефти
production ~ эксплуатационный сепаратор
production testing ~ сепаратор для пробной эксплуатации
ratio ~ центробежный сепаратор
self-submerge subsea ~ самопогружной подводный сепаратор
solids ~ сепаратор шлама
wet ~ сепаратор для обводненной продукции

sequence последовательность; чередование; следование; порядок; разрез (*осадков*)
~ of operation последовательность операции, последовательность приведения в действие
~ of sedimentation последовательность осадконакопления
normal ~ *геол.* нормальный разрез
operating ~ последовательность операций
production ~ производственный цикл
testing ~ последовательность испытания

sequential 1. являющийся продолжением 2. последующий

series 1. серия (*в номенклатуре бурового оборудования — классификация по особенностям конструкции*) 2. партия алмазов, содержащая смесь разных сортов 3. ряд, порядок, последовательность 4. *геол.* свита; комплекс; отдел; группа; система 5. *эл.* последовательное соединение
by ~ в несколько приемов
in ~ 1. серийно 2. последовательно ‖ последовательно включенный
~ of curves семейство кривых
~ of strata группа или свита пластов
productive ~ продуктивная толща
thick ~ мощная толща

series-wound сериесный, с последовательным возбуждением

serrate зубчатый; зазубренный; пилообразный; пильчатый ‖ зазубривать

service 1. служба; работа 2. обслуживание ‖ обслуживать; производить осмотр и текущий ремонт 3. эксплуатация (*машины*) 4. вспомогательное устройство
clean oil ~ транспорт светлых нефтепродуктов
fishing ~ партия, производящая ловильные работы
production ~ обслуживание при эксплуатации
sour ~ в кислотозащищенном исполнении
utility ~ коммунальное обслуживание, подсобное обслуживание
well-kill ~ работы по глушению скважины

serviceability эксплуатационная надежность

serviceable пригодный к эксплуатации

servicing обслуживание (*установка, надзор, ремонт*), уход
~ of wells обслуживание скважин
oil ~ заправка топливом и маслом

well ~ обслуживание скважины, ремонт скважины
   servodrive сервопривод
   servogear сервомеханизм
   servolubrication центральная смазка
   servomechanism сервомеханизм; следящая система
   set 1. комплект; набор; партия; ряд; группа 2. установка, агрегат 3. осадка || оседать 4. остаточная деформация 5. крепление || крепить, закреплять 6. устанавливать; ставить; класть; помещать; расставлять; располагать; размещать 7. твердеть; затвердевать; застывать; схватываться (*о цементном растворе*) 8. коробиться
~ free выделять в свободном виде
~ of conventional signs таблица условных знаков; система условных знаков
~ of curves серия кривых, семейство кривых
~ of diagrams ряд диаграмм, снятых одновременно
~ of equations система уравнений
~ of faults *геол.* зона сбросов
~ of pulleys полиспаст
~ of readings таблица отсчетов показаний (*прибора*)
~ of rules свод правил, инструкция
~ on packer оборудованный пакером, с установленным пакером
~ with hard alloy армировано твердым сплавом (*о долоте*)
bearing ~ гнездо подшипника
close ~ 1. тесно расположенный 2. сплошной (*о креплении*)
final ~ конец схватывания (*цементного раствора*)
flash ~ моментальная водоотдача цементного раствора (*вызывающая прихват колонны*)
gear ~ зубчатая передача, комплект зубчатых колес; коробка передач
initial ~ начало схватывания (*цементного раствора*)
normal ~ нормальное схватывание
permanent ~ 1. постоянная усадка 2. остаточная деформация 3. остаточное удлинение
quadruple coincidence ~ *сейсм.* установка для регистрации четырех квадратных совпадений
   setback подсвечник (*в буровой*)
pipe ~ 1. подсвечник (*в буровой*) 2. свечи бурильных труб, установленные за палец
   setting 1. установка; регулировка; настройка 2. сгущение; твердение; застывание; схватывание (*цементного раствора*) 3. оседание, осадка 4. спуск, посадка (*обсадных труб*)
cement ~ схватывание цементного раствора
flash ~ мгновенное схватывание (*цементного раствора*)
manual ~ ручная настройка (*контрольно-измерительных приборов*)
premature ~ преждевременное схватывание (*цементного раствора*)
tension ~ настройка системы натяжения; установка усилия натяжения
zero ~ установка (*прибора*) на нуль
   setting-up монтаж, установка, сборка; наладка (*станка*), настройка
   settle 1. оседать; садиться 2. осаждаться; отстаиваться; давать отстояться 3. устанавливаться (*о режиме*)
~ down 1. затвердеть 2. оседать, садиться под тяжестью собственного веса
~ out оседать, выпадать
   settlement 1. осадка, оседание 2. поселок
   settler отстойник, сепаратор, емкость для отстаивания
cyclone ~ циклонный сепаратор
primary ~ первичный отстойник (*для осаждения взвешенных частиц из сточных вод*)
   settling 1. осадка, оседание 2. осаждение; отстаивание; седиментация 3. осадок; налет; отстой 4. стабилизация
~ out выпадение в осадок
bottom ~s донные осадки (*вода и грязь*) в резервуаре
   set-up 1. устройство, установка 2. наладка; настройка; регулировка 3. организация; структура
~ of instruments расположение или установка приборов
~ of the tool joint крепление замкового соединения
wellhead ~ оборудование устья скважины
   sewage сточные воды
   sexangular шестиугольный
   SF-100 *фирм. назв.* сухая сыпучая добавка (*используется для приготовления раствора, применяемого при освобождении прихваченной колонны, отборе керна, заканчивании скважин, ремонтных работах и в антикоррозийных набивках в обсадной колонне*)
   shackle обойма, хомутик, скоба, дужка, серьга; вертлюг; карабин
   shadow 1. тень; затенение 2. мертвая зона
   shaft 1. вал, ось, стержень 2. рукоятка, ручка, черенок 3. шахта, ствол 4. тяга, привод
band wheel ~ главный вал; трансмиссионный вал станка канатного бурения
cat ~ катушечный или промежуточный вал
clutch ~ вал муфты сцепления
connecting ~ передаточный вал, трансмиссионный вал
diving ~ водолазная колонна (*системы беспричального налива башенного типа для спуска водолаза под воду*)
drilling ~ бурильная колонна, бурильный инструмент, спущенный в скважину (*начиная от рабочей трубы и кончая долотом*)
driving ~ приводной вал; ведущий вал
drum ~ барабанный вал (*лебедки*)

gear ~ передаточный [промежуточный] вал, вал контрпривода
input ~ ведущий вал в гидротрансформаторе
jack ~ дополнительный [промежуточный] вал лебедки вращательного [роторного] бурения
line ~ трансмиссионный вал лебедки вращательного бурения
main drive ~ главный вал привода, ведущий вал
output ~ тихоходный [ведомый] вал (*редуктора*)
pinion ~ вал шестерни; ведущая ось зубчатой передачи
pivot ~ ось шарнира
power ~ приводной [трансмиссионный, передаточный] вал
spigot ~ центрирующий вал или цапфа

shaft-driven приводной, с приводом от вала
shafting трансмиссия, трансмиссионная передача; линия валов, валы
shake 1. толчок; встряхивание ‖ трясти; встряхивать; сотрясать; качаться; дрожать 2. люфт, зазор; свободный ход
shake-proof виброустойчивый; вибростойкий, стойкий против толчков
shaker вибросито; вибрационный грохот; встряхиватель; вибратор
double deck ~ двухъярусное вибросито (*с расположением сеток одна над другой*)
rotary vibrating shale ~ ротационное вибросито
screen ~ *см.* shale shaker
shale ~ вибрационное сито (*для очистки бурового раствора от шлама*), вибросито
shaking встряхивание; сотрясение, дрожание; вибрация; грохочение
shale сланец, глинистый сланец, сланцевая глина
barren ~ пустой [негорючий] сланец
bentonitic ~ бентонитовый сланец
bituminous ~ *см.* oil shale
calcareous ~ известковый сланец, известково-глинистый сланец
caving ~ обваливающаяся сланцевая глина
clay ~ глинистый сланец, сланцевая глина
combustible ~ *см.* oil shale
conchoidal ~ ракушечный сланец
gas ~ битуминозный сланец
heaving ~ обваливающиеся [разбухающие] сланцы; глинистый сланец, дающий обвалы
mud ~ глинистая порода
oil ~ горючий [нефтеносный, битуминозный] сланец
oil-forming ~ *см.* oil shale
petroliferous ~ *см.* oil shale
problem ~s сланцевые глины, вызывающие осложнения при бурении (*обвалы, осыпи, вспучивание, прихваты*); неустойчивые сланцевые глины

sandy ~ песчанистая сланцевая глина, песчано-глинистый сланец
sloughing ~ осыпающиеся [вспучивающиеся] сланцевые глины
soft ~ мягкая сланцеватая глина
troublesome ~s неустойчивые сланцевые глины
wax ~ нефтеносный сланец
Shale-Ban *фирм. назв.* ингибитор неустойчивых глин
Shale-Lig *фирм. назв.* калиевый лигнит (*ингибитор неустойчивых глин*)
Shale-Rez *фирм. назв.* смазывающая добавка к буровым растворам (*понизитель трения при высоких давлениях*)
Shale-Tone *фирм. назв.* водорастворимая смесь асфальтов (*ингибитор неустойчивых глин*)
Shale-Trol *фирм. назв.* органоалюминиевый комплекс (*ингибитор неустойчивых глин*)
shallow неглубокий, мелкий
shaly сланцеватый
shank 1. шейка (*долота*); резьбовая головка 2. хвостовик (*инструмента*); корпус 3. *геол.* крыло складки
bit ~ корпус долота
drill ~ корпус долота; хвостовик сверла
shape 1. форма, вид; очертание; конфигурация ‖ формовать 2. образец, модель 3. профиль 4. *pl* фасонные части; профильный [сортовой] материал
~ **of the interfaces** форма поверхностей раздела разных флюидов
shaped фасонный, фигурный, профилированный
chisel ~ остроконечный, остроносый, долотообразный
saddle ~ седловидный, седлообразный
sharp 1. острый; остроконечный; отточенный 2. резкий, крутой 3. точно, ровно
sharpen затачивать, заострять, заправлять (*режущий инструмент*)
sharpener заточный станок
bit ~ бурозаправочный станок
sharpening заправка (*напр. долот*); заточка (*инструмента*)
drill bit ~ заправка долот
shatter разбивать, расширять; разрушать; раздроблять, дробить; расщеплять
shatterred раздробленный
shattering 1. растрескивание (*напр. цементного кольца за трубами*) 2. разрушение, разрыхление (*породы взрывом*) 3. сотрясение 4. диспергирование

shear срез; сдвиг; сдвигающее или срезающее усилие; скалывание ‖ срезать; сдвигать; скалывать
~ **off** срезать; скалывать
lateral ~ боковой сдвиг
shearing скалывание; сдвиг; срезающее или

сдвигающее усилие; резка, резание; деформация под действием боковых сдвигов

shearometer широметр (*прибор для измерения статического напряжения сдвига [структурной прочности] бурового раствора*)

sheath обшивка; оболочка, футляр, ножны; защитная труба; оплетка; кожух ‖ покрывать; обшивать; армировать

mud ~ фильтрационная корка на стенках скважины

riser ~ защитный кожух водоотделяющей колонны

sheathe обшивать, заключать в оболочку; покрывать; защищать

sheathed защищенный; снабженный обшивкой, оболочкой или кожухом

sheathing защитная обшивка, защитное покрытие, обшивка; покров; кожух

sheave шкив, блок; ролик с желобчатым ободом

angle ~ направляющий ролик или шкив
crown ~s ролики кронблока
fast ~ ролик кронблока, через который перекинут ходовой конец талевого каната

shed 1. навес 2. будка, сарай 3. цех, отдел, мастерская 4. гараж, депо

sheet 1. лист 2. *геол.* слой; пласт 3. схема, диаграмма, таблица; ведомость; карта 4. тонколистовой металл; тонколистовая сталь

flow ~ схема или последовательность операции, процесса; карта технологического процесса; схема технологического подъема потока; схема движения материала

gusset ~ косынка, угольник из листового металла

topographic ~ топографический планшет

shelf 1. шельф, континентальная платформа, материковая отмель 2. полка, стеллаж 3. пласт (*породы*) 4. выступ, закраина
continental ~ континентальный шельф

shell 1. оболочка, кожух; корпус, остов; каркас; коробка (*сальника*); щека у блока 2. тонкостенная трубчатая деталь; гильза 3. *разг.* алмазный расширитель 4. «мост» (*сужение ствола для установки сальника в водонепроницаемой породе при испытании пластов*) 5. торпеда для прострела скважины 6. тонкий прослой твердой породы, встреченный при бурении 7. раковина; ракушечник

~ of tank корпус резервуара
bearing ~ корпус [тело] подшипника; обойма подшипника; вкладыш подшипника
core ~ оболочка керна при лабораторных исследованиях
cutter ~ корпус [тело] шарошки
drum ~ обечайка барабана
fire box ~ топочный кожух
pump ~ кожух центробежного насоса
reaming ~ 1. калибрующий расширитель (*в колонковом снаряде алмазного бурения*) 2. корпус расширителя
ring type reaming ~ алмазный калибрующий расширитель кольцевого типа
set reaming ~ мелкоалмазный калибровочный расширитель
slug type reaming ~ калибрующий расширитель, армированный алмазосодержащими штабиками
thin ~ тонкостенная оболочка
walnut ~s скорлупа грецких орехов (*применяется для борьбы с поглощением*)

shell-and-tube кожухотрубный

shelling 1. отслаивание, выкрашивание слоями 2. образование плены на металле

shelter навес; укрытие; убежище
driller's ~ укрытие бурильщика

shield 1. *геол.* щит 2. предохранительный кожух, колпак ‖ защищать, экранировать 3. защитное устройство, щиток; ограждение; экран ‖ защищать; заслонять; экранировать
face ~ ручной щиток; экран, защищающий лицо сварщика

shielded экранированный; защищенный; закрытый; бронированный

shielding экранирование, защита ‖ экранирующий, защитный

shift 1. сдвиг, смещение, перемещение; переключение ‖ сдвигать, смещать, перемещать; переключать; переставлять 2. смена, вахта 3. *геол.* сдвиг, скольжение; косое смещение; амплитуда смещения
back ~ вторая смена (*на буровой*)
dip ~ перемещение по падению (*при сдвиге*)
dog ~ *см.* night shift
night ~ ночная смена
normal ~ *геол.* горизонтальная составляющая амплитуды сброса, перпендикулярная к простиранию
phase ~ сдвиг фаз
zero ~ изменение нулевой точки, смещение [сдвиг] нуля

shifter 1. механизм переключения; рычаг переключения 2. фазовращатель

shifting 1. смещение, перемещение, сдвиг; перевод 2. переводной, переключающий(ся); перемещающий(ся)
gear ~ переключение скоростей
power ~ включение (*или переключение*) при помощи сервомеханизма

shim прокладка
bearing ~s тонкие прокладки для подшипников

ship 1. корабль, судно 2. перевозить, отправлять, доставлять 3. грузить
clean ~ наливное судно для транспорта светлых нефтепродуктов
drilling ~ буровое судно
geological survey ~ судно для геологических изысканий

oil ~ танкер
pipe lay ~ трубоукладочное судно, судно-трубоукладчик
replenishment ~ судно снабжения (*на морских буровых*)
research ~ исследовательское [изыскательское] судно
   shipment 1. погрузка, отгрузка 2. отправка партии груза
~ in bulk груз без упаковки
   shirt-tail затылок [завес] лапы шарошечного долота
   shoal мель, мелководье, отмель ‖ мелкий, мелководный
   shock удар, толчок, сотрясение ‖ сотрясать(ся)
   shock-proof 1. устойчивый против ударов или толчков; амортизированный 2. защищенный от прикосновения к токоведущим частям
   shock-resistant *см.* **shock-proof**
   shock-sensitive чувствительный к ударам
   shoe 1. башмак; башмачная труба колонны; колодка; наконечник 2. ползун установки для электрошлаковой сварки 3. лапа (*станины*)
~ of tank башмак плавающей крыши резервуара
base ~ опорный башмак ноги вышки
brake ~ тормозная колодка, тормозной башмак
casing ~ башмак обсадной колонны; направляющая насадка башмака
cement ~ цементировочный башмак
cement float ~ башмачная насадка с обратным клапаном (*для цементирования*)
cement guide ~ направляющий цементировочный башмак
cementing ~ башмачная насадка для цементирования скважин
chisel ~ башмак (*желонки*), заканчивающийся зубилом
combination whirler float and guide ~ комбинированная направляющая башмачная насадка с вращающимся устройством для выхода цементного раствора
cross-over ~ переводник; узел перекрестного потока
drag ~ 1. башмак для дробового бурения 2. тормозной подкладной башмак
drive ~ башмачное кольцо, башмак
finger type ~ башмак с пальцами
flexible metal ~ гибкий металлический башмак (*в затворе плавающей крыши резервуара*)
float ~ башмак с обратным клапаном
friction ~ фрикционный башмак
guide ~ направляющий башмак; комбинированная направляющая башмачная насадка с вращающимся устройством для выхода цементного раствора
Larkin cementrol ~ цементировочный башмак-пакер (*для применения в любом интервале ствола скважины*)

mill type ~ фрезерный башмак
milling ~ фрезер для обработки оставшегося в скважине инструмента
pipe roller ~s роликовые башмаки трубы, роликовые опоры трубы (*для транспортировки на трубоукладочной барже*)
rotary ~ башмачная фреза; башмачное кольцо
seating ~ опорный башмак
set ~ опорный башмак; цементировочный башмак
set casing ~ армированный (*алмазами*) трубный башмак; башмак-коронка
washover ~ промывочный башмак-коронка для обуривания прихваченного инструмента; кольцевой фрезер
whirler ~ цементировочный башмак с косыми выпускными отверстиями
wire line ~ зажим для талевого каната
   shoot взрывать, палить шпуры; торпедировать; стрелять
~ for oil вести сейсмическую разведку нефти
~ the well произвести взрыв в продуктивном интервале скважины для увеличения дебита нефти
   shooting 1. взрывание; паление шпуров 2. сейсморазведка
~ of oil wells торпедирование нефтяных скважин
air pattern ~ *сейсм.* воздушный групповой взрыв
back ~ *сейсм.* обратный взрыв
detail ~ *сейсм.* детальная прострелка (*в сейсморазведке*)
dip ~ сейсмозондирование, сейсмический метод определения падения пластов
fan ~ сейсморазведка с веерной расстановкой сейсмографов; сейсморазведка при расположении сейсмографов по дуге окружности
open hole ~ торпедирование забоя скважины, не закрепленной обсадными трубами
pattern ~ групповые взрывы; группирование сейсмографов
profile ~ сейсморазведка профилями, сейсмопрофилирование
reflection ~ сейсморазведка по методу отраженных волн
refraction ~ сейсморазведка по методу преломленных волн
ring ~ расстановка сейсмографов по радиусам окружности, в центре которой проводится взрыв
trouble ~ поиск и устранение неполадок (*при эксплуатации*)
weathering ~ *сейсм.* определение зоны малых скоростей
well ~ 1. торпедирование [простреливание] скважин 2. сейсмокаротаж
   shop мастерская; цех
blacksmith ~ кузница, кузнечная мастерская
field ~ промысловые мастерские
job welding ~ ремонтная сварочная мастерская

machine ~ механическая мастерская, механический цех
pipe ~ трубный цех
repair ~ ремонтный цех [мастерская]
service ~ ремонтная мастерская
shop-made заводского изготовления
short 1. короткий; краткий 2. низкий 3. непродолжительный, кратковременный 4. недостаточный; неполный; неполноценный; не отвечающий требованиям; имеющий недостаток (*в чем-либо*); испытывающий нехватку 5. хрупкий, ломкий 6. короткое замыкание
fall ~ of не соответствовать
electrical ~ короткое замыкание (*электрического тока*)
shortage нехватка, недостаток; некомплектность
oil ~ недостаток [нехватка] нефти
shortcomings недостатки; дефекты; нехватка
short-lived с коротким сроком службы; недолговечный, быстро изнашивающийся
shortness хрупкость (*металла*)
blue ~ синеломкость
cold ~ хладноломкость
hot ~ красноломкость; горячеломкость
shot 1. дробь 2. простреливание (*обсадных труб*) 3. взрыв, выстрел 4. запись показаний инструмента (*при геологической съёмке*) 5. шпур 6. заряд взрывчатого вещества
frac ~ алюминиевая дробь для расклинивания трещин при гидроразрыве
small ~ буровая дробь
snubbing ~ врубовый шпур
shothole шпур, взрывная скважина
shoulder 1. плечо, заплечик (*резинового соединения*), буртик, уступ, выступ (*стержня, болта*), фланец 2. упорный диск; поясок; наружная кромка (*торца коронки*) 3. уступ в точке искривления скважины 4. выступ муфты над поверхностью труб
~ up сходиться при свинчивании (*о штангах, бурильных замках*)
~ of the hole уступ в стволе скважины
~ of the box буртик замковой муфты
~ of the tool joint торцовая поверхность замка
bevelled ~ скошенный заплечик [выступ]
landing ~ посадочный заплечик; посадочный бурт (*подвесной головки обсадной колонны*)
lapped ~ смятый торец (*напр. замка*)
pin ~ заплечики наружной резьбы (*отрезок высаженной части штанг, расположенный между квадратной шейкой и резьбой*)
shank ~ заплечик
shouldered имеющий заплечик, буртик, поясок или уступ
show 1. выход; проявление (*нефти или газа в скважине*) 2. показ, демонстрация, выставка
gas ~s признаки газа, выходы газа, газопроявления
oil ~s признаки нефти

sand ~s признаки нефти в песке
showings признаки (*нефти в скважине*)
~ on the ditch признаки нефти [нефтяная пленка] в отводной канаве (*при бурении*)
gas ~s признаки газа, газопроявления
shrink 1. сокращать(ся); сморщивать(ся); сжиматься 2. давать усадку 3. усыхать
shrinkage 1. сжатие; усыхание, уменьшение объёма; сокращение; усушка; сжимание, стягивание; коробление; сморщивание 2. потеря нефти от испарения
air ~ уменьшение в объёме при высыхании
gas cap ~ сжатие газовой шапки
heat ~ тепловая усадка
linear ~ укорочение, линейная усадка
liquid ~ усадка в жидком состоянии
oil ~ усадка нефти
solidification ~ усадка при затвердевании
shrinking укорочение; сокращение; усадка; коробление, поводка; усыхание; сморщивание
~ of tool joint усадка муфты замка (*при горячем навинчивании замков на бурильные трубы*)
shunt ответвление; шунт; параллельное соединение ‖ шунтовой, с параллельным возбуждением
shunted параллельно соединённый, (за)шунтированный
shunt-wound шунтовой, с параллельным возбуждением, с параллельной обмоткой
Shur-Plug *фирм. назв.* обезвоженная гранулированная целлюлоза (*нейтральный наполнитель для борьбы с поглощением бурового раствора*)
shut 1. место спайки или сварки 2. обрушивающаяся кровля 3. запирать, закрывать
~ down остановить; закрыть; прекратить (*работу*); выключить
~ in остановить [закрыть] скважину
~ off 1. отключить, выключить; закрыть (*воду в скважине*); перекрыть водоносный горизонт трубами задавливанием башмака колонны в глину или зацементировать ствол скважины
shut-down неполадки, неисправность; временная остановка, выключение
emergency ~ 1. аварийный выключатель 2. аварийная остановка
shut-off 1. выключение, остановка 2. запорно-выпускной
automatic ~ автоматическое выключение
selective water ~ химический способ закрытия воды в скважине одной операцией с оставлением нефтеносных пластов открытыми
water ~ закрытие воды, изоляция или перекрытие водоносных горизонтов
side 1. сторона; конец (*цепи, ремня*) 2. *геол.* сторона; крыло сброса, бок, крыло антиклинали
blind ~ бесштоковая полость (*цилиндра пневмогидравлического компенсатора бурильной колонны и натяжного устройства*)
delivery ~ нагнетательная сторона (*насоса*)

face ~ лицевая сторона; верхняя (*или передняя*) грань
gauge ~ калибрующий венец (*шарошки долота*)
high ~ *сейсм.* верхняя часть шкалы интенсивности
leadger ~ холостой конец (*каната*)
lower ~ нижняя стенка (*наклонной скважины*)
outlet ~ выкид насоса
pressure ~ сторона давления, сторона нагнетания; нагнетательная камера
rod ~ штоковая полость (*цилиндра*)
slack ~ слабый [сбегающий] конец (*ремня*)
upstream ~ сторона входа, сторона впуска
  side-door:
pump open sliding ~ шибер боковых отверстий, открываемый давлением
sliding ~ шибер боковых отверстий
  side-tracking зарезка бокового ствола в скважине, уход в сторону боковым стволом (*напр. мимо оставшегося в скважине инструмента*)
  Siderite *фирм. назв.* кислоторастворимый утяжелитель
  siding боковая обшивка (*буровой*), наружная обшивка
  sieve 1. сито || просеивать, сортировать 2. решето; грохот 3. сетка; фильтр
close meshed ~ сито с мелкими отверстиями
coarse ~ редкое сито, сито с крупными отверстиями
  sieving просеивание (*сквозь сито*); грохочение
  sift просеивание; просев || просеивать
  sifter сито; решето; грохот; сортировка
  sign 1. знак; символ; отметка 2. признак; примета
warning ~ предупреждающая надпись, предупреждающий знак
  signal 1. сигнал; знак; (*электрический*) импульс || сигнализировать 2. *pl* средство связи; связь
acoustical ~ звуковой [акустический] сигнал
audible ~ *см.* acoustical signal
control ~ управляющий сигнал
pilot ~ контрольный сигнал
"power-on" ~ сигнал о включении питания
sound ~ *см.* acoustical signal
  signalling 1. сигнализация, передача сигналов, сигнализирование 2. устройство сигнализации, централизации и блокировки, СЦБ
  sight 1. вид, взгляд 2. отсчет, отметка 3. поле зрения
  Sigtex *фирм. назв.* смесь синтетических полимеров (*загуститель для буровых растворов на водной основе*)
  silencer глушитель
blow-down ~ шумоглушитель на трубе, выпускающий газ высокого давления в атмосферу
exhaust ~ глушитель звука, шумоглушитель

silica кремнезем, диоксид кремния, кварц (SiO_2)
  silicate силикат, соль кремневой кислоты || силикатный, кремнекислый
manganese ~ силикат марганца ($MnO \cdot SiO_2$)
potassium ~ силикат калия, калиевой жидкое стекло
sodium ~ кремнекислый натрий, силикат натрия, натриевое растворимое стекло (Na_2SiO_3)
soluble ~ жидкое стекло
  siliceous кремнистый, содержащий кремний, кремнеземистый
  silicon 1. силиций, кремний (Si) 2. силикон
  sill 1. фундаментный брус (*вышки*) 2. *геол.* сель, селевой или грязевой поток 3. силл, пластовая интрузия; плоский плутон
floor ~s брусья пола вышки
side ~ боковой нижний рамный брус вышки
  silt 1. ил, тина, грязь 2. алеврит
  Siltmaster *фирм. назв.* 102-мм гидроциклонный илоотделитель
  siltstone алевролит
  Silurian силурийский период, силурийская система, силур || силурский
  Silvacel *фирм. назв.* волокнистый материал из коры (*нейтральный наполнитель для борьбы с поглощением бурового раствора*)
  Silvaflake *фирм. назв.* мелкая пробковая крошка (*нейтральный наполнитель для борьбы с поглощением бурового раствора*)
  similar похожий, сходный, подобный; однородный
  simplex 1. простой, однородный 2. *рад.* симплексный
  simulator моделирующее устройство; имитатор; копирующее устройство; расчетная моделирующая установка
  Simulsol *фирм. назв.* эмульгатор нефти в воде
  simultaneous одновременный, синхронный; совместный
  single 1. одиночный; обособленный; отдельный; единственный; одинарный 2. однотрубка 3. один, одно-
  single-cycle однотактный
  single-flow однопоточный; прямоточный; однопроточный
  single-phase однофазный
  single-stage 1. одноступенчатый; однократный 2. одноярусный; одноэтажный
  single-switch рубильник
  sink 1. углублять (*скважину*); бурить, загонять в грунт забивную трубу ударами бабы; заложить скважину 2. слив; сток; сточная труба; спускной желоб; грязеприемник 3. отстой, осадок (*грязи*) 4. *геол.* небольшая депрессия; впадина; карстовая воронка 5. опускать(ся); снижать(ся); погружать(ся) 5. оседать
~ a well бурить скважину
pressure ~ депрессия (*падение давления*)

sinker 1. ударный бур; перфоратор 2. забурник
casing cutter ~ грузовая штанга для труборезки
sinking 1. погружение, спускание; осадка, оседание 2. проходка (*вертикальных или наклонных выработок*); бурение (*скважин*) 3. обрушение
~ a well *см.* well sinking
~ of borehole бурение скважины, углубление ствола скважины
well ~ углубление скважины
sinter 1. спекать(ся); агломерировать 2. *геол.* туф, натечные образования
sintered металлокерамический (*резец, штырь*); полученный спеканием
sintering спекание; агломерация
siphon сифон || сливать [откачивать] сифоном
siphoning сливание сифоном, сифонирование
capillary ~ вытекание жидкости под действием капиллярных сил; капиллярное сифонирование
site 1. склон, сторона 2. местоположение, местонахождение; место установки 3. строительная площадка
on ~ на месте (*работ, залегания и т. п.*)
drilling ~ буровая площадка, место бурения скважины
offshore ~ площадка для бурения морской скважины
well ~ место расположения скважины
siting выбор участка (*для возведения морской платформы, бурения и т. п.*)
situ:
in ~ на месте происхождения; *геол.* на месте отложения; на месте (*проведения работ*)
situation:
field ~ условия месторождения
size 1. размер; величина; объем || доводить до требуемого размера 2. диаметр (*труб, скважины*) 3. зернистость (*алмазов*) 4. крупность || разделять до крупности, сортировать
to ~ точно, по размеру
~ of the hole *см.* hole size
actual ~ фактический размер
aggregate ~ размеры зерен заполнителя; гранулометрический [зерновой] состав заполнителя
correct ~ надлежащий [правильный] размер
grain ~ размер зерен
half ~ в половину натуральной величины
hole ~ диаметр ствола (*скважины*)
large ~ крупный, большого размера
nominal ~ номинальный размер
pore ~ размер пор
walnut ~ величиной с грецкий орех
sizing 1. сортировка по крупности (*зерен*), разделение по величине (*зерен*) 2. измерение 3. калибровка; калибрование

~ of equipment расчет размеров оборудования (*или аппаратуры*)
skeleton 1. остов, каркас 2. план; схема 3. ажурный; решетчатый
skelp прокатанная заготовка для сварных труб, трубная заготовка
sketch эскиз, набросок; схематический чертеж; схема; кроки
diagrammatic ~ схема (*устройства, прибора*)
skid 1. салазки, полоз; направляющий рельс || передвигать, перемещать (*на салазках*); скользить; буксовать 2. рама (*станка*)
BOP handling ~s салазки для перемещения блока превенторов (*на палубе бурового судна или платформы*)
skidding 1. перетаскивание, волочение, подтягивание 2. скольжение
skid-mounted смонтированный на салазках
skilled квалифицированный; опытный
skimmer 1. судно, ведущее сбор пролитой на поверхности моря нефти 2. устройство для удаления с поверхности воды нефти, масла и других загрязняющих веществ
belt type oil ~ нефтесборщик ленточного типа
oil ~ глиссер-нефтесборщик
skimming 1. сбор нефти с поверхности воды 2. удаление керосиновых фракций после извлечения бензина
skin 1. наружный слой; оболочка; покрытие 2. пленка; поверхностный слой 3. наружная обшивка
skinning образование поверхностной пленки
skirt 1. юбка 2. фартук; борт; плинтус
seabed ~ заглубляемая в дно юбка стационарного основания, удерживаемого на месте за счет разрежения в пространстве под этой юбкой
Skot Free *фирм. назв.* ПАВ для эмульгирования дизельного топлива в буровом растворе при установке ванн с целью освобождения прихваченных труб
slab 1. пластина, плитка, плита (*металла*) 2. нависающий слой породы 3. опорная плита гравитационной платформы
slack 1. слабина, провес; ненатянутость || провисший; ненатянутый 2. зазор, «игра» 3. гасить известь 4. ослаблять, сокращать темпы работ; уменьшать производительность
chain ~ провес или слабина цепи
slacken ослабить, отпустить; разгрузить (*колонну на забой*)
slacking 1. расшатывание, ослабление (*соединения*) 2. вытягивание, опускание 3. распадение, измельчение; отслаивание, выветривание
slacking-off посадка (*колонны*), разгружение
slag шлак, окалина || шлаковать
acid ~ кислый шлак
basic ~ основной шлак
blastfurnace ~ доменный шлак
porous ~ пористый шлак

slant уклон; наклон; падение (*пласта*) || косой; наклонный

slash снизить, уменьшить содержание (*чего-либо*); сократить

slate аспидный сланец; шиферный сланец
adhesive ~ липкий сланец

slaty сланцевый; пластинчатый; слоистый

sled салазки

jet ~ струйные салазки (*для образования траншеи под подводный трубопровод размывом грунта морского дна*)

sledge 1. кувалда, ручной молот, молоток 2. сани, салазки

sleeve 1. рукав 2. втулка; гильза (*цилиндра насоса*); трубка; полный вал 3. муфта; золотник; ниппель; патрубок; штуцер 4. переходная коническая втулка; переходный конус 5. кожух (*муфты*) 6. корпус

branch ~ соединительная муфта (*для ответвления*)

casing hanger releasing ~ отсоединительная втулка подвесной головки обсадной колонны (*от корпуса устьевой головки в случае необходимости подъема колонны*)

closing ~ запорная втулка (*для закрытия перепускных отверстий в цементировочной муфте при ступенчатом цементировании*)

end ~ концевая муфта

Jay circulating ~ «J»-образный циркуляционный клапан

oil-sealing ~ уплотняющая втулка

perforated steel ~ перфорированная башмачная насадка для цементирования

pre-packed gravel ~ набивной гравийный фильтр

pressure ~ нагнетательный шланг [трубопровод]

protector ~ предохранительная муфта

rubber ~ резиновый шланг

sliding ~ скользящая муфта [манжета]

socket ~ обойма

spacing ~ распорная [дистанционная] втулка [трубка]

wear ~ (*резиновый*) протектор (*для бурильных труб*)

slick 1. тонкая взвесь 2. гладкий, ровный || разглаживать; полировать, шлифовать

Slickpipe *фирм. назв.* биологически разрушаемая нетоксичная смазывающая добавка к буровым растворам (*ингибитор коррозии и заменитель дизельного топлива*)

slide 1. салазки; каретка; суппорт 2. скольжение || скользить; передвигать 3. ползун(ок); направляющие параллели 4. скользящая часть механизма 5. *геол.* рыхлая порода, покрывающая выход пласта

slider ползун; ползунок; скользящий контакт; движок (*прибора*); подвижная шкала

sliding 1. скольжение; соскальзывание; проскальзывание 2. скользящий, двигающийся

slime шлам; тонкий шлам, содержащий не менее 50 % по массе частиц крупностью менее 74 мкм; ил, грязь; муть
organic ~ сапропелит

sling строп; грузоподъемная петля; такелажная цепь; приспособление для подвески (*груза*) || стропить; поднимать (*краном*)
hoist(ing) ~ *см.* lifting sling
lifting ~ подъемный канат или трос, подъемный строп
raising ~ *см.* lifting sling

slip 1. скольжение, проскальзывание; пробуксовка || скользить; пробуксовывать 2. падение частоты вращения 3. утечка, потери в насосе 4. сдвиг; небольшой сброс; относительное перемещение (*при сбросе*); высота сброса 5. *pl* клинья [плашки] для захвата бурильных и обсадных труб; шлипс 6. канат || травить канат или якорную цепь

belt ~ скольжение [проскальзывание, пробуксовка] ремня

casing ~s плашки клинового захвата

casing hanger ~s клинья для удержания колонны обсадных труб (*в клиновом захвате*)

friction ~ фрикционная втулка

hold-down ~s удерживающие плашки захвата

inverted ~s обратные плашки

power ~s автоматический клиновой захват

rotary ~s плашки [клинья] для зажима бурильных труб в роторе

self-locking synchronized ~s самозаклинивающийся синхронизированный шлипс

serrated ~s зубчатые плашки

set ~ посадочные клинья (*напр. подвесного устройства хвостовика*)

trace ~ *геол.* параллельное смещение, величина смещения (*пласта*)

slippage 1. буксование 2. стравливание каната 3. проскальзывание, проскок (*газа через жидкость*)

~ past the plunger утечка по плунжеру

fluid ~ утечка жидкости

gas ~ проскальзывание газа

wire line ~ 1. стравливание каната 2. проскальзывание каната

slipping 1. стравливание каната || травить канат 2. скольжение, проскальзывание (*в муфте*)

slit 1. разрез, прорезь, щель, шлиц || расщеплять, раскалывать, разрезать, шлицевать 2. визир

sliver разрезать вдоль, расщеплять, раскалывать

slope 1. наклон, склон, уклон, скат, падение || наклонный, отлогий 2. откос (*насыпи*) || устраивать откос; скашивать край 3. наклон (*кривой*), крутизна (*характеристики*) 4. угловой коэффициент (*прямой*)

~ of curve крутизна кривой

~ of line наклон линии

~ of repose угол естественного откоса
back ~ продольный уклон; задний уклон
continental ~ континентальный склон
gentle ~ пологий скат [склон], небольшой уклон

sloper переходный ниппель

sloping скашивание; отлогость || отлогий, покатый, наклонный

slot 1. прорезь, паз, вырез, шлиц, щель, канавка, желобок || прорезать (*пазы, канавки, шлицы, щели, желобки*); долбить; шлицевать 2. окно (*золотника*)
drilling ~ буровой вырез (*в корпусе самоподнимающейся платформы, предназначенный для осуществления бурения и крепления водоотделяющей колонны скважины*)
lock bar ~ паз замкового бруса (*на компенсаторе бурильной колонны*)
pick-up ~s прорези для защелок
well ~ специальная шахта для бурения с баржи

slotted шлицованный; прорезанный; разделенный

slotting прорезание канавок или пазов; выдалбливание, долбление

slough осыпь (*пород со стенок в результате обрушения или расширения скважины*) || осыпаться, обрушаться, обваливаться, оползать; вспучиваться

sloughing обрушивающийся, осыпающийся; вспучивающийся
~ of sand вынос песка из пласта в скважину

slow медленный; тихий
~ down замедлять

sludge промывочный раствор, смешанный с разбуренной породой; шлам, ил; отстой; муть
acid ~ кислые гудроны

sludging зашламовывание; загрязнение осадками; осадкообразование

sluff глинистая корка, отделившаяся от стенок скважины

slug 1. закупорить, забить (*трещины породы цементом или инертными материалами, применяемыми для борьбы с потерей циркуляции*) 2. местное скопление воды, водяная пробка в скважине между другими жидкостями и газами; перемежающиеся скопления газа и жидкости в скважине с высоким пластовым давлением 3. твердосплавной штырь или резец для армирования долот 4. слаг (*техническая единица массы в английской системе мер*)
~ the mud доливать буровой раствор
bit ~ пластинка [резец, штырь, вставка из твердого сплава] в долоте или коронке

slugging:
~ the mud доливка бурового раствора (*в скважину*)

sluggish медленный; инерционный; малой чувствительности; загрубленный

Sluggit *фирм. назв.* гранулированный карбонат кальция для безглинистых буровых растворов

Sluggit-R *фирм. назв.* гранулированная смола для безглинистых буровых растворов (*наполнитель для борьбы с поглощением*)

Slugheal *фирм. назв.* полимерно-лигносульфонатный комплекс (*понизитель водоотдачи для буровых растворов*)

slump 1. оседание (*пластов*); осадка 2. оползень; оползание грунта || оползать (*о грунте*) 3. осадка конуса (*бетонной смеси*)

slumping испытание бетона на подвижность

slurry 1. суспензия, пульпа 2. жидкий цементный раствор 3. глинистый буровой раствор 4. грязь; шлам 5. жидкая глина
cement ~ цементный раствор (*густой консистенции, но поддающийся перекачке насосом*)
latex-cement ~ каучукоцементная смесь
neat cement ~ чисто цементный раствор (*без минеральных добавок*)
thin cement ~ жидкий цементный раствор

slush 1. жидкий цементный раствор 2. глинистый буровой раствор 3. замазывать, глинизировать; покрыть водоизолирующим материалом 4. осадок, грязь, отстой; ил; шлам 5. защитное покрытие 6. смазывать маслом

small-bore малого диаметра или сечения

small-sized малогабаритный

Smentox *фирм. назв.* добавка, предохраняющая буровой раствор от загрязнения и порчи при разбуривании цементных пробок

smooth 1. гладкий, плавный, ровный 2. полировать, шлифовать; выравнивать; разглаживать; сглаживать
~ off сглаживать
~ out сглаживать(ся); выполаживаться (*о кривой*)

smoother графитовая присадка к смазке

smoothing 1. выравнивание, сглаживание 2. чистовая обработка; полировка; отделка; доводка
~ out «размыв» записи на сейсмограмме

snap 1. зажим; замок 2. защелка; застежка || защелкивать; застегивать

snap-lock пружинящий [защелкивающийся] замок

snapping:
~ back раскручивание (*бурильных труб*); резкий рывок бурильной колонны при раскручивании

snappy 1. мгновенного действия 2. с пружинным устройством 3. защелкивающийся

sniffer:
automatic-alarm gas ~ автоматический индикатор наличия газа

snitch прибор для механического каротажа, регистрирующий время бурения, простойное время и глубину скважины

snub опускать трубы в скважину под давлением

~ out производить подъем, удерживая буровой снаряд давильной головкой (*при высоком давлении в скважине*)

snubber сноббер; давильная головка; оборудование для спуска или подъема бурильных труб и подачи инструмента при наличии давления в скважине

snubbing спуск (*инструмента*) в скважину под давлением

soak пропитка || пропитывать; всасывать, впитывать

soakage просачивание; просасывание; намокание

soaked пропитанный

soakaway дренаж

soapstone аргиллит, мыльный камень, тальковый камень

society общество
American ~ for Testing Materials Американское общество по испытанию материалов
~ of Petroleum Engineers общество инженеров-нефтяников (*США*)

socket 1. место посадки башмака обсадной колонны в скважине || обсадить (*скважину*) 2. овершот; ропсокет; канатный замок; канатный замок с серьгой 3. каверна, камера (*образовавшаяся в скважине в результате взрыва заряда ВВ*) 4. раструб; уширенный конец трубы; ловильный колокол 5. стакан (*невыпаленная часть шпура*); невзорванное дно шпура 6. муфта, гильза, втулка; серьга; зажим 7. впадина; гнездо; углубление
ball ~ шаровая муфта
bell ~ ловильный колокол
bit and mud ~ американский песочный насос с шаровыми клапанами
brace ~ башмак для стоек бурового станка
bulldog slip ~ шлипс плашечного типа
center jar ~ ловильный шлипс для яса канатного бурения
circulating slip ~ шлипс с промывкой
collar ~ ловильный инструмент для захвата оставшегося инструмента за муфту
combination ~ комбинированный шлипс
combination bit and mud ~ американский песочный насос с долотообразным выступом под клапаном (*служит для очистки пробки в скважине*)
corrugated friction ~ набивная волнистая труба (*ловильный инструмент*)
drive down ~ оправка
friction ~ ловильный колокол [шлипс]
half turn ~ ловильный отводной крючок
horn ~ глухой шлипс для ловли бурильного инструмента
jar ~ шлипс для ловли яса
mandrel ~ оправка с воронкой (*для ловли обсадных труб*)
mud ~ желонка для чистки скважины

reducing ~ переходная муфта, переходный ниппель
releasing ~ освобождающийся шлипс (*ловильный инструмент*)
rock bit cone fishing ~ инструмент для ловли шарошек долота
rope ~ ропсокет, канатный замок
slip ~ ловильный шлипс, шлипсокет
tube ~ раструб трубы
tubing ~ ловильный шлипс для насосно-компрессорных труб
tubing and sucker rod ~ шлипс для ловли насосных труб или штанг
wide-mouth ~ ловильный шлипс с направляющей воронкой
wire rope ~ ропсокет для проволочного каната; канатный замок

soda сода, углекислый натрий
baking ~ бикарбонат натрия, двууглекислый натрий ($NaHCO_3$)
caustic ~ едкий натр, каустическая сода ($NaOH$)

sodium натрий (Na)

soft 1. мягкий; пластичный; ковкий; гибкий 2. слабый (*о грунте*) 3. пресный

softener пластификатор; мягчитель

softening смягчение; размягчение
water ~ смягчение или опреснение воды

software *выч.* программное обеспечение ЭВМ

soil грунт; наносы; почва; почвенный слой; земля
bottom ~ подпочва
clayey ~ глинистый грунт
cohesionless ~ *см.* loose soil
cohesive ~ связный грунт
compressible ~ грунт, дающий большую усадку
consolidated ~ уплотненный [консолидированный] грунт
detrimental ~ *см.* unstable soil
disturbed ~ грунт с нарушенной структурой
foundation ~ грунт основания
loose ~ несвязный [рыхлый] грунт
muddy ~ топкий [илистый] грунт
packed ~ слежавшийся [уплотненный] грунт
rocky ~ каменистый [скальный] грунт
saturated ~ водонасыщенный грунт
soft ~ мягкий грунт; слабый грунт; нанос
surface ~ верхний слой грунта
tabet ~ оттаявший грунт над вечной мерзлотой
undisturbed ~ грунт с ненарушенной структурой
unstable ~ неустойчивый грунт

solder припой, мягкий припой; легкоплавкий припой; пайка || паять мягким припоем; паять легкоплавким припоем

soldering пайка; пайка мягким припоем; пайка легкоплавким припоем

sole 1. основание; пята; подошва; постель; подушка; подкладка 2. продольный швеллер

или брус, продольная балка 3. единственный; исключительный
fault ~ нижняя поверхность [подошва] надвига

solid 1. твердое тело 2. сплошной; цельный; ровный; неразъемный 3. непрерывный 4. массивный; монолитный 5. твердый; прочный; крепкий; плотный; нетрещиноватый; невыветренный (*о породе*); не имеющий видимых трещин (*об алмазе*) 6. основательный; надежный, веский 7. трехмерный, пространственный 8. целик, порода, массив 9. *pl* твердая фаза, частицы песка (*в буровом растворе*)
drilled ~ s выбуренная порода, буровой шлам
foreign ~ s посторонние механические примеси
light ~ s легкий шлам (*в буровом растворе*)
low density ~ s твердая фаза малой плотности
low gravity ~ s *см.* low density solids
particulate ~s измельченные твердые частички
reactive ~s химически активная твердая фаза (*бурового или цементного раствора*)
total ~ s сумма твердых частиц, общее содержание твердой фазы

solid-drawn цельнотянутый; бесшовный
solidification отвердение, затвердевание; застывание, загустевание, схватывание (*бетона*)
solidify затвердевать, твердеть; густеть; застывать
solidity твердое состояние; плотность, массивность, твердость
Solidsmaster *фирм. назв.* 76-мм гидроциклон для очистки бурового раствора
solifluction *геол.* солифлюкция, течение почвы
Soltex *фирм. назв.* сульфированный остаток (*эмульгатор, смазка и ингибитор неустойчивых глин для всех типов буровых растворов, кроме растворов на углеводородной основе*)
solubility растворимость
acid ~ растворимость в кислоте
preferential ~ избирательная растворимость
solid ~ растворимость в твердом состоянии
solubilizer ожижающий реагент
soluble растворимый
mutually ~ взаимно растворимые
water ~ растворимый в воде, водорастворимый

Soluble-Wate *фирм. назв.* кислоторастворимый утяжелитель для жидкостей для ремонта и заканчивания скважин
Solubreak *фирм. назв.* понизитель вязкости для безглинистых буровых растворов
Solubridge *фирм. назв.* сортированная по размеру смола (*наполнитель для борьбы с поглощением безглинистых буровых растворов*)

Solukleen *фирм. назв.* полимерно-лигносульфонатный комплекс для жидкостей для заканчивания нефтяных и газоконденсаторных скважин, содержащих закупоривающие материалы, растворимые в углеводородах

Solupak *фирм. назв.* полимерный загуститель для безглинистых буровых растворов
solute растворенное вещество
solution 1. раствор 2. растворение 3. решение, разрешение (*вопроса, проблемы*)
aqueous ~ водный раствор
brine ~ концентрированный соляной раствор
cleaning ~ раствор для очистки
colloidal ~ коллоидный раствор
electrolyte ~ раствор электролита
mud ~ глинистый раствор
saturated ~ насыщенный раствор
solid ~ твердый раствор
water ~ водный раствор
Solvaquik *фирм. назв.* эмульгатор для безглинистых инвертных эмульсий, понизитель фильтратоотдачи и загуститель
solve 1. растворять 2. решать (*вопрос, проблему*)
solvend растворимое вещество
solvent растворитель, растворяющее вещество ǁ растворяющий
Solvitex *фирм. назв.* природный полимер (*загуститель для водных буровых растворов*)

somastic защитное покрытие для труб на асфальтобитумной основе
sonar гидролокатор, сонар
side-scan ~ гидролокатор с боковым сканированием, боковой гидролокатор
sonde 1. (*каротажный*) зонд 2. исследовательский
logging ~ каротажный зонд
sonograph геосонограф, сонограф
sorbent сорбент, сорбирующее вещество

sorption сорбция (*общий случай поглощения вещества из раствора или газовой смеси*)
sort сорт; род; вид, класс ǁ сортировать; классифицировать; отбирать
sound 1. крепкий, прочный, монолитный, неповрежденный 2. зонд, щуп ǁ зондировать 3. звук; шум ǁ звучать; давать сигнал
sounder зонд
bottom ~ донный зонд
echo ~ эхолот
sounding 1. зондирование 2. определение сопротивления грунта проникновению при помощи пенетрометра
deep seismic ~ глубинное сейсмическое зондирование
seismic ~ сейсмическое зондирование
soundness равномерность изменения объема (*твердеющего цементного раствора*)
sour 1. кислый 2. сернистый, содержащий сероводород
source источник (*происхождения*)
~ of water troubles источник обводнения скважины
point ~ точечный источник

unit circle ~ единичный цилиндрический источник

sowback 1. *геол.* изоклинальный гребень 2. *геол.* камы; друмлины

space расстояние; интервал; промежуток; пространство; зазор; место ‖ расставлять с промежутками, оставлять промежутки
annular ~ кольцевое пространство, затрубное [межтрубное] пространство; кольцевой зазор
box tong ~ высота места установки ключа на муфте (*замка*)
delivery ~ диффузор, уширенный кольцевой канал (*центробежного насоса*)
evacuated ~ разреженное пространство, вакуум
floor ~ площадь пола (*вышки*)
gas ~ газовое пространство; объем газа
idle ~ вредное пространство
interstitial ~ поровое или внутрипоровое пространство
net effective pore ~ чисто эффективное поровое пространство
oil ~ нефтяная [топливная] цистерна (*на морской буровой*)
pin tong ~ высота места установки ключа на замке
pore ~ поровое пространство, объем пор
pressure ~ камера сжатия [нагнетания]
radial ~ радиальный [кольцевой] зазор
tong ~ высота места установки ключа (*на трубе или замке*)

spaced расположенный [расставленный] на указанном расстоянии
~ on centers с расстоянием между центрами
equally ~ равноотстоящие; с одинаковым шагом (*напр. зубья*)

spacer 1. распорка; промежуточное кольцо; шайба; прокладка; распорная деталь; распорная гильза 2. буферная жидкость (*закачиваемая перед цементным раствором*)
cross ~ s поперечные крепления

Spacer 1000 *фирм. назв.* буферная жидкость, обладающая низкой фильтроотдачей

spacing 1. расстояние, интервал между скважинами; расстояние скважин 2. размещение алмазов на режущей поверхности коронки; расстояние между алмазами (*по радиусу или по направлению вращения*) 3. расположение (*по отношению друг к другу*), расстановка, размещение, установление промежутков [интервалов] 4. шаг (*зубьев и т. п.*)
~ of electrodes *см.* electrode spacing
~ of wells *см.* well spacing
bottom hole ~ размещение забоев скважин
close well ~ плотная сетка размещения скважин
critical ~ предельно допустимое расстояние между скважинами, обеспечивающее извлечение всей промышленной нефти при эксплуатации
electrode ~ разнос электродов (*в электроразведке*)
fracture ~ расположение трещин

off-bottom ~ расстояние от забоя (*скважины*)
pattern well ~ размещение скважин по типовым сеткам
well ~ размещение скважин; сетка разработки; площадь дренирования, приходящаяся на скважину

spalling скол, скалывание; откалывание; выкрашивание; растрескивание; отслаивание; отпадание

span 1. раствор, расход (*напр. губок тисков*); зев (*гаечного ключа*) 2. расстояние между опорами, пролет 3. ширина реки; длина моста; мост 4. 9 дюймов
unsupported ~ s безопорные пролеты трубопроводов

spanner гаечный [вилочный] ключ
adjustable ~ раздвижной [разводной] гаечный ключ
chain ~ цепной ключ (*для труб*)
pipe ~ трубный ключ
ratchet ~ ключ с трещоткой

spanning:
~ of river прокладка трубопровода через реку

spar 1. шпат 2. балка; перекладина; брус
calcareous кальцит, известковый шпат
fluor ~ плавиковый шпат, флюорит (CaF_2)
heavy ~ тяжелый шпат, барит

spare 1. запасной, резервный; дополнительный ‖ запасная часть 2. нефтехранилище с беспричальным наливом
storage ~ башенное нефтехранилище, нефтехранилище башенного типа

spark искра; вспышка; искровой разряд ‖ искрить(ся)

sparker спаркер (*акустический генератор, основанный на принципе создания звуковых колебаний при электрическом разряде*)

sparking 1. искрение, искрообразование 2. зажигание 3. *эл.* дуговой разряд

sparse разбросанный; рассеянный; редкий; скудный

spear пика; труболовка; спир; ловильный ерш; насосная штанга
bore protector ~ инструмент для извлечения защитной втулки
bulldog casing ~ неосвобождаемая труболовка
casing ~ труболовка, спир (*ловильные инструменты*)
drive down casing ~ освобождающаяся труболовка
hydraulic ~ гидравлическая труболовка
rope ~ ловильный крючок (*в канатном бурении*)
trip ~ освобождающаяся труболовка для обсадных труб
trip casing ~ труболовка для обсадных труб
tubing ~ труболовка для насосно-компрессорных труб
twist-drill ~ ловильный инструмент

wash-down ~ труболовка [спир] с промывкой
washover ~ промывная труболовка
   spear-head 1. предшествующая закачка одной жидкости до закачки другой 2. головка для захвата ловильным инструментом
   spearpoint копьевидная [зубчатая] вершина шарошки, лопатка
   Special Additive 47 *фирм. назв.* невязкая органическая жидкость для обработки воды и растворов на водной и углеводородной основе
   Special Additive 47Х *фирм. назв.* порошок для обработки растворов на углеводородной основе, загрязненных растворами на водной основе
   Special Additive 58 *фирм. назв.* стабилизатор утяжеленных растворов с низким содержанием твердой фазы
   Special Additive 81 *фирм. назв.* стабилизатор растворов на углеводородной основе
   Special Additive 81-А *фирм. назв.* концентрат стабилизатора буровых растворов на углеводородной основе
   Special Additive 252 *фирм. назв.* жидкий пеногаситель для буровых растворов на водной основе
   speciality 1. специальность 2. отличительная черта, особенность
   specific 1. удельный 2. специальный; специфический; характерный
   specification технические условия; спецификация; стандарт; техническая характеристика
meet ~ s удовлетворять техническим условиям
to ~ s в соответствии с техническими условиями (*или спецификацией*), по размеру
API ~ технические условия Американского нефтяного института на нефтепродукты и нефтяное оборудование
installation ~ инструкция по сборке или монтажу
patent ~ описание патента
production ~ s промышленные стандарты или нормали
technical ~ s технические условия
   specified 1. номинальный; паспортный 2. соответствующий техническим условиям; обозначенный (*на чертеже*); оговоренный договором
   specimen образец (*породы или грунта*); проба; пробный экземпляр
rock ~ образец породы
test ~ контрольный образец, проба
   spectral спектральный
   spectrograph 1. спектрограф 2. спектрограмма
   spectrography спектрография
X-гау ~ рентгеноспектрография
   spectrolog метод газового каротажа с применением спектроскопического способа определения газа в буровом растворе
   spectrometer спектрометр
   spectrum 1. спектр 2. диапазон
absorption ~ спектр поглощения

band ~ полосатый спектр
continuous ~ сплошной [непрерывный] спектр
design wave ~ расчетный спектр волн
Raman ~ спектр комбинационного рассеяния света, рамановский спектр
seismic ~ спектр сейсмических волн
   speed 1. скорость; быстрота ‖ ускорять 2. частота вращения
~ up 1. ускорять; набирать скорость, увеличивать скорость ‖ ускорение 2. увеличение выпуска продукции 3. повышение производительности труда 4. усиленная эксплуатация 5. потогонная система
~ of paper скорость записи (*прибора*); скорость движения ленты прибора, на которой производится запись
~ of propagation *сейсм.* скорость распространения, скорость прохождения
~ of response скорость срабатывания, инерционность
~ of rotation частота вращения, число оборотов в минуту
~ of transmission *см.* speed of propagation
~ of welding скорость сварки
adjustable ~ регулируемая скорость
bit ~ частота вращения долота [коронки]
constant ~ постоянная скорость
cutting ~ 1. скорость резки (*автогеном*) 2. скорость резания долота, скорость проходки
design wind ~ расчетная скорость ветра
drilling ~ скорость бурения
feed ~ скорость подачи
full ~ полный ход
high ~ высшая скорость ‖ быстроходный; скоростной
hoisting ~ скорость подъема
idling ~ скорость холостого хода, холостой ход
input ~ скорость на входе или на вводе
jacking ~ скорость подъема (*подъемного устройства самоподнимающейся платформы*)
low ~ 1. низкая скорость 2. тихоходный
maximum ~ предельная скорость
nominal ~ номинальная скорость, номинальная частота вращения
normal ~ эксплуатационная скорость
operating ~ эксплуатационная скорость
output ~ скорость на выходном валу, скорость на выходе
overall drilling ~ коммерческая скорость бурения
penetration ~ механическая скорость проходки
peripheral ~ линейная скорость (*на периферии долота*)
pumping ~ число качаний насоса (*в минуту*)
rated engine ~ номинальная частота вращения двигателя в минуту
response ~ скорость срабатывания, скорость реагирования
rotary ~ частота вращения (*ротора, бурильных труб*)

rotating ~ частота вращения
rotational ~ см. rotating speed
running ~ скорость спуска инструмента в скважину
terminal ~ предельная скорость, критическая скорость
travelling ~ скорость движения
Speeder-P *фирм. назв.* смазка и смачивающий реагент для буровых растворов для условий высоких давлений
Speeder-X *фирм. назв.* ПАВ, вводимое в дизтопливо при установке ванн с целью освобождения прихваченного инструмента
Spek-Chek *фирм. назв.* метод спектрального анализа для проверки концентрации химических реагентов в сухой цементной смеси
spent израсходованный; отработавший, истощенный
Spersene *фирм. назв.* хромлигносульфонат
sphere 1. сферический резервуар (*для хранения газов и нефтепродуктов с большой упругостью паров*) 2. сфера; шар 3. глобус 4. сфера [круг, поле] деятельности
Horton ~ сферический [шаровидный] резервуар (*для хранения газов и газовых бензинов под давлением*)
microballoon ~ s микроскопические [полые] шарики для изоляции верхнего слоя нефтепродукта в резервуаре в целях борьбы с потерями
packed ~ s плотно расположенные зерна (*в искусственном керне*)
rock ~ литосфера
spherical сферический, шарообразный, круглый
spheroid сфероид; каплевидный резервуар
Horton ~ каплевидный [сфероидный] резервуар
spider лафетный хомут, клиновый захват; паук (*ловильный инструмент*)
~ and slips клиновой захват для спуска труб
casing ~ клиновой захват для удержания колонны обсадных труб на весу
inverted ~ клиновой захват с обратными плашками; перевернутый клиновой захват
marine riser handling ~ спайдер для монтажа и демонтажа водоотделяющей колонны
riser joint ~ спайдер для монтажа и демонтажа водоотделяющей колонны
travelling ~ подвижной клиновой захват; подъемный лафетный хомут
tubing ~ клиновой захват для спуска и подъема насосно-компрессорных труб
spigot 1. втулка, втулочное соединение 2. конец трубы, заходящей в раструб другой трубы 3. центрирующий выступ или буртик; центрирующая цапфа
spill проливать; расплескивать
mud ~ s разлив бурового раствора
oil ~ разлив нефти
spillage утечки

oil ~ разлив нефти
spin 1. осевое вращение || вращать, отвинчивать, завинчивать (*трубы*) 2. свивка каната || скручивать, закручивать, закручивать(ся) (*о канате*)
~ off отвернуть(ся), отвинчивать(ся) (*в резьбовом соединении*)
~ up свинчивать (*трубы*)
spindle 1. шпиндель; вал; ось; стержень 2. ходовой винт
float ~ игла поплавка
spinner вращатель; вращающее устройство
drill pipe ~ вращатель бурильной колонны (*приводной ключ для свинчивания и развинчивания бурильных труб*)
kelly ~ вращатель для навинчивания ведущей трубы
spiral спираль; винтовая линия; винтовая [геликоидальная] поверхность || спиральный; винтовой; винтообразный; геликоидальный
coaxial ~ спираль для центрирования обсадных труб в скважине
spitzkasten гидравлический классификатор
splice 1. соединение внахлестку || соединять внахлестку 2. место сращения (*каната*); сращивание; сплетение || сращивать, сплетать (*канат*)
rope ~ канатное соединение; петля из каната
splitter:
casing ~ продольная труборезка; трубокол
splitting квартование (*образца*)
spool 1. катушка; бобина 2. катушка обмотки 3. корпус поршневого золотника
drilling ~ буровая катушка (*элемент в виде муфты для соединения колонных головок с остальным устьевым оборудованием*)
drum ~ барабан лебедки
manifold ~ катушка манифольда (*верхняя секция подводной фонтанной арматуры*)
wye ~ см. "Y" spool
«Y» ~ Y-образная катушка (*подводной фонтанной арматуры с циркуляционными каналами*)
spooling намотка (*каната на барабан*)
counterbalance ~ уравновешенная «пирамидальная» намотка (*каната на барабан*)
spot 1. пятно || покрывать(ся) пятнами; пачкать(ся) 2. место || ставить на место; устанавливать 3. определять место (*прихвата инструмента в стволе*) 4. точка
barren ~ s непродуктивная зона пласта
dry ~ сухое [непродуктивное] «пятно» в нефтяной залежи
hot ~ коррозионно-агрессивные участки почвы
reflection ~ *сейсм.* узел отражения
tacked ~ *св.* прихватка, прихваточная сварная точка
weld ~ сварная точка
welding ~ место сварки; сварная точка
spotting опознавание, установление точного местонахождения; отметка

spouter открытый нефтяной фонтан; фонтанирующая скважина
spray 1. брызги; струя ‖ разбрызгивать 2. распылитель ‖ распылять
spread 1. протяжение; пространство; объем; простирание; протяженность 2. растягивать; расширять; вытягивать 3. размах 4. разброс или рассеивание точек (*на диаграмме*) 5. диапазон отклонений
open ~ установка сейсмографов на таком расстоянии, чтобы отраженные волны приходили раньше поверхностных
right-angle ~ прямоугольная установка сейсмографов (*на профилях, образующих прямой угол друг с другом*)
short ~ короткая расстановка сейсмографов (*до 300 м*)
single-short ~ расстановка сейсмографов с одним пунктом взрыва
two-hole ~ двухскважинная установка сейсмографов
spreader 1. расширитель; разжимное приспособление или устройство 2. распорка, продольная распорка
spring 1. пружина; рессора ‖ подвешивать на пружинах или рессорах 2. прыгать; подскакивать 3. источник, родник
balance ~ балансирная пружина; уравновешивающая пружина
blade ~ пластинчатая пружина
bow ~ дугообразная (*листовая*) пружина (*центратора*)
brake ~ тормозная пружина
flat ~ плоская пружина, ленточная пружина (*сейсмографа*)
latch ~ замковая пружина
retarding ~ тормозная пружина
return ~ пружина обратного действия, оттяжная пружина
spring-actuated приводимый в действие пружиной
spud 1. забуривать скважину 2. бурить с оттяжкой каната (*без балансира*)
spudder 1. легкий станок ударно-канатного бурения 2. инструмент для обдалбливания инструмента, оставшегося в скважине (*при канатном бурении*)
spudding 1. начало бурения скважины, забуривание скважины 2. бурение с оттяжкой каната
square 1. квадрат; прямоугольник; клетка ‖ придавать квадратную форму ‖ квадратный; прямоугольный 2. городской квартал 3. *матем.* квадрат величины ‖ возводить в квадрат 4. устанавливать перпендикулярно (*к чему-либо*) ‖ перпендикулярный 5. параллельный
wrench ~ квадратная шейка, квадрат под ключ на бурильном инструменте
squeeze 1. задавливание, прокачка под давлением (*цементного раствора или кислоты*) 2. сжатие ‖ сжимать, сдавливать 3. обжимать; уплотнять
bradenhead ~ задавливать цемент через устьевую головку с сальниковым устройством
gunk ~ смесь бентонитового глинопорошка и дизельного топлива, применяемая для изоляции зон поглощения
hesitation ~ продавливание цементного раствора с выдержкой во времени
slurry-oil ~ цементно-нефтяной блок (*для изоляции пластовых вод*)
squib 1. пирозапал 2. электрозапал, электровоспламенитель
casing ~ устройство для торпедирования (*при освобождении обсадных труб*)
line ~ торпеда
stabber устройство (*или рабочий*), направляющее обсадную трубу при спуске колонны
automatic pipe ~ автоматический центрирующий манипулятор (*подает трубы к ротору, одновременно центрируя их относительно оси ствола ротора, и отводит их на подсвечник*)
kelly ~ устройство для ввода ведущей трубы (*в шурф*)
stability устойчивость; состояние равновесия; стабильность; *мор.* остойчивость
buckling ~ продольная устойчивость; устойчивость в отношении продольного изгиба; устойчивость против выпучивания
dynamic ~ динамическая устойчивость
elastic ~ упругая устойчивость
emulsion ~ стойкость эмульсии
hole ~ устойчивость ствола
inherent ~ собственная устойчивость
mud ~ стабильность бурового раствора
operational ~ устойчивая работа (*устройства, аппарата*)
relative ~ относительная устойчивость
shear ~ сопротивление сдвигу, прочность на сдвиг
standing ~ устойчивость в рабочем положении, устойчивость (*самоподнимающейся платформы*) на опорных колоннах
static ~ статическая устойчивость
thermal ~ тепловая стойкость
tip ~ устойчивость против опрокидывания
vertical ~ вертикальная устойчивость
zero ~ нулевой запас устойчивости, отсутствие устойчивости
stabilization стабилизация; обеспечение устойчивости; упрочение
soil ~ укрепление или стабилизация грунта
stabilize стабилизировать, обеспечивать устойчивость
stabilizer 1. стабилизатор, стабилизирующее устройство 2. *хим.* антикоагулятор, антикоагулирующее средство, стабилизатор 3. центратор (*с жесткими планками*)
clay ~ реагент, предотвращающий набухание глин; стабилизатор неустойчивых глин

drill ~ стабилизатор для центрирования нижней части бурильного инструмента; фонарь для бурильных труб
drill collar ~ стабилизатор, установленный на УБТ
fulcrum ~ стабилизатор с призматическими планками
link ~ центратор штропов
replaceable wear-pad ~ трубный стабилизатор со сменными уплотнительными элементами
rubber sleeve ~ резиновый стабилизатор для бурильных труб
RWP ~ *см.* replaceable wear-pad stabilizer
sleeve type ~ стабилизатор рукавного типа
travelling block ~ стабилизатор талевого блока (*предназначенный для предотвращения раскачивания талевого блока при качке бурового судна или плавучей полупогружной буровой платформы*)
welded blade ~ лопастной стабилизатор (*с приваренными лопастями*)

stable стойкий; устойчивый; стабильный; прочный; крепкий; жесткий
heat ~ теплостойкий, термически стабильный, термостойкий
laterally ~ обладающий поперечной устойчивостью, устойчивый в поперечном направлении
longitudinally ~ обладающий продольной устойчивостью, устойчивый в продольном направлении

stack 1. набор; комплект (*труб, установленных в вышке*) 2. блок (*превенторов*) 3. штабель ‖ укладывать [складывать] в штабель
BOP ~ блок противовыбросовых превенторов, сборка противовыбросовых превенторов (*состоящая из набора плашечных, одного или двух универсальных превенторов, соединительных муфт, выкидных линий с задвижками и т. д., установленных в единой раме*)
BOP lower ~ нижняя часть блока превенторов
BOP upper ~ верхняя часть блока превенторов
flare ~ факельная стойка (*для установки горелки*)
lower BOP ~ *см.* BOP lower stack
preventer ~ блок превенторов (*сборка в виде единого блока, включающая несколько типов противовыбросовых превенторов, манифольд, гидравлические линии управления и т. д.*)
riser ~ комплект водоотделяющей колонны

stage 1. ступень; цикл; этап; стадия; степень; фаза 2. подмостки; платформа; помост 3. каскад
buffer ~ 1. буферный [разделительный] каскад 2. промежуточный этап
expansion ~ степень [период, фаза] расширения
flash trapping ~ одноступенчатое выделение газа в сепараторе
flush ~ фонтанный период (*жизни скважины*)
four ~ четырехступенчатый

high pressure ~ ступень высокого давления (*у компрессора*)
low-pressure ~ ступень (*сжатия*) низкого давления
pressure ~ ступень давления
two ~ двухступенчатый

stand 1. станина 2. подставка 3. стойка; подпорка; консоль; кронштейн 4. стенд; установка для испытаний 5. стеллаж 6. остановка; стоянка 7. стоять; ставить 8. выдерживать, противостоять
control ~ пульт управления (*бурильщика*)
control box ~ *см.* control stand
driller's ~ пост бурильщика
test ~ испытательный стенд

standard стандарт; норма; эталон; образец; проба ‖ стандартный; нормальный; обычный
antipollution effluent ~ стандарт чистоты для отводимой сточной воды
gas ~ газовые параметры
reference ~ единица измерения; эталон
test ~ стандарт на проведение испытаний

stand-off степень центрирования (*обсадной колонны в стволе*)

standpipe стояк

starch крахмал
pregelatinized ~ желатинированный крахмал

state 1. состояние; положение 2. строение; структура; форма 3. формулировать
colloidal ~ коллоидное состояние
flow ~ текучесть
gaseous ~ газообразное состояние
incipient ~ начальная стадия
limiting sea ~ ограничение по состоянию моря
liquid ~ жидкое состояние
nascent ~ состояние в момент выделения
solid ~ 1. твердое состояние 2. изготовленный из твердотельных элементов
transient ~ переходное состояние
unstable ~ переходный режим
unsteady ~ нестационарное [неустойчивое] состояние

static 1. статический 2. стационарный, неподвижный

station 1. станция 2. *геод.* визирный пункт
base pump ~ главная насосная станция
booster ~ вспомогательная передаточная станция на трубопроводе
bulk ~ базовая распределительная станция
compressor ~ компрессорная станция
concrete coating ~ пост покрытия бетоном (*на трубоукладочной барже, предназначенный для образования бетонной рубашки на участке стыковочного шва труб*)
delivery measuring ~ газораспределительная станция
downstream pump ~ насосная станция, следующая по направлению потока
driller's ~ пост бурильщика

filling ~ заправочная станция, заправочный пункт
fuel ~ *см.* gas filling station
gas filling ~ заправочная станция, АЗС; бензоколонка
gasoline filling ~ *см.* gas filling station
gathering ~ группа промысловых резервуаров
pipeline pumping ~ насосная станция на трубопроводе
pipeline-up ~ пост центровки труб (*на трубоукладочной барже*)
power ~ силовая установка, силовая станция; электростанция
pump ~ насосная станция; перекачивающая станция на трубопроводе
pumping ~ *см.* pump station
push-button pipeline ~ автоматизированная перекачивающая станция на трубопроводе
radio-controlled pump ~ автоматическая насосная станция, управляемая по радио
receiving ~ станция назначения; приемная станция
recording ~ пункт наблюдения (*в сейсмической разведке*)
relay pump ~ промежуточная насосная станция (*на трубопроводе*)
robot ~ *см.* unattended station
service ~ 1. ремонтная база 2. заправочная станция
source pump ~ головная насосная станция (*на трубопроводе*)
terminal ~ конечная [тупиковая] станция
terminal pump ~ конечная насосная станция на трубопроводе
unattended ~ автоматическая (*перекачивающая*) станция

steady ровный, устойчивый, постоянный; спокойный; установившийся

steady-state 1. статический 2. установившийся

steam пар
dead ~ *см.* exhaust steam
dry ~ сухой пар
exhaust ~ отработанный [мятый] пар
live ~ острый [свежий] пар
saturated ~ насыщенный пар
wet ~ сырой пар

stearate стеарат, соль стеариновой кислоты
aluminium ~ стеарат алюминия (*пеногаситель*)

steel сталь ‖ стальной
alloy(ed) ~ легированная сталь
band ~ ленточная [полосовая] сталь
carbon ~ углеродистая сталь
cast ~ литая сталь
cement ~ цементированная сталь
cold-drawn ~ холоднотянутая сталь
cold-rolled ~ холоднокатаная сталь
cold-short ~ хладноломкая сталь
commercial ~ сортовая сталь; торговая сталь
converter ~ конвертерная сталь
corrosion resistant ~ *см.* stainless steel
forged ~ кованая сталь
hardened ~ закаленная сталь
high-strength ~ высокопрочная сталь
high-temperature ~ жаростойкая сталь
high-tensile ~ высокопрочная сталь, сталь повышенной прочности
hot-rolled ~ горячекатаная сталь
low alloyed ~ низколегированная сталь
low-carbon ~ малоуглеродистая сталь
mild ~ *см.* soft steel
nitrated ~ азотированная сталь
open-hearth ~ мартеновская сталь
plough ~ первосортная сталь (*для подъемных канатов*)
quality ~ качественная сталь
rolled ~ катаная сталь
rustless ~ *см.* stainless steel
soft ~ малоуглеродистая [мягкая] сталь
stainless ~ нержавеющая сталь
tungsten ~ вольфрамовая сталь
wrought ~ мягкая [ковкая, сварочная] сталь

stem 1. штанга; стержень 2. короткая соединительная деталь 3. ударная штанга (*при канатном бурении*) 4. бурильный инструмент (*долото и бурильная колонна*)
auger ~ ударная штанга бура
drill ~ ударная штанга для канатного бурения, бурильная штанга
drilling ~ *см.* drill stem
fluted grief ~ крестообразная рабочая штанга
grief ~ квадратная штанга, рабочая или ведущая штанга

stick 1. палка; прут 2. рукоятка; ручка 3. заедать; прилипать; застревать

sticking 1. залипание; прилипание 2. прихват (*бурильной колонны*) 3. пригорание; спекание (*контактов*) 4. застревание; заедание 5. «примерзание» (*сварочного электрода*)
differential ~ *см.* differential pressure sticking
differential pressure ~ прихват под действием перепада давлений

stimulate возбуждать (*скважину*), интенсифицировать приток (*в скважине*)

stimulation возбуждение (*скважины*), интенсификация притока
multistage многоступенчатое возбуждение (*скважины при добыче*)
well ~ возбуждение скважины

stinger стингер (*устройство на трубоукладочной барже, предотвращающее недопустимое напряжение изгиба в трубах при их спуске*)
cementing ~ цементировочный хвостовик из бурильных труб
choke ~ ниппельный стыковочный переводник штуцерной линии
drill pipe ~ хвостовик из бурильных труб (*для цементирования направления или гидромониторного бурения под направление*)

drill pipe cementing ~ цементировочный хвостовик из бурильных труб
fixed curved ~ стингер постоянной кривизны
kill ~ ниппельный стыковочный переводник линии глушения скважины

stipulated заданный; обусловленный (*техническими требованиями*)

stir мешать, размешивать, перемешивать

stirrer мешалка
arm ~ *см.* blade stirrer
blade ~ лопастная мешалка

stock 1. запас ‖ запасать; хранить на складе 2. исходное сырье 3. складские запасы (*нефти или нефтепродуктов*) 4. шток (*якоря*)
adjustable die ~ s винторезные плашки
black ~ мазутное [остаточное] крекинг-сырье, сажевая смесь
bright ~ высоковязкое остаточное цилиндровое масло яркого цвета
cycle ~ продукт рециркуляции
oil ~ складские запасы нефти или нефтепродуктов
pipeline ~ s запасы нефти или нефтепродуктов в трубопроводе (*мертвый остаток*)
salt ~ соляной шток

stop 1. стоянка; остановка ‖ останавливать 2. останов, ограничитель 3. стопор; упор; упорный штифт ‖ стопорить; выключать 4. фиксатор ‖ фиксировать
concrete ~ бетонный упор (*в цементировочной муфте, разбуриваемый после цементирования*)
fire ~ отсекатель пламени (*в случае пожара в скважине при бурении с очисткой забоя газообразным агентом*)
plug ~ упор (*цементировочной*) пробки

stopper 1. пробка; заглушка, глухой фланец 2. запирающее устройство; вентиль 3. стопорное устройство, стопор
chain ~ цепной стопор; стопорное устройство для цепи (*якорного устройства*)

storage 1. склад; резервуар; хранилище 2. хранение
bulk ~ хранение в резервуарах
bulk oil ~ хранение нефтепродуктов в резервуарах
earth ~ земляной амбар (*для хранения нефти*)
field ~ нефтехранилище на промысле
fuel ~ склад горючего; хранение горючего
high-pressure ~ хранение под высоким давлением
line pack ~ хранение продукта в трубопроводе
long-term ~ длительное хранение
oil ~ хранение нефти или нефтепродуктов
outdoor ~ хранение под открытым небом
pipeline ~ количество нефти, содержащееся в трубопроводе (*при транспортировке к сборным резервуарам или непосредственно на заводе*)
riser pipe ~ стеллаж для хранения секций водоотделяющей колонны (*на буровом судне или платформе*)

semi-submerged ~ полупогружное хранилище
shut-in ~ консервирование продуктивной скважины (*напр. при отсутствии сбыта*)
single buoy ~ одиночный буй-хранилище
underground ~ подземное хранение
water ~ водохранилище

store 1. запас ‖ накапливать; запасать ‖ запасный; резервный 2. склад; кладовая; магазин 3. *pl* имущество; запасы

storm буря; шторм
maximum ~ жестокий шторм
100-year ~ столетний жестокий шторм (*шторм, вероятность которого условно принята равной одному разу в сто лет*)

straddle не совпадать с вертикальной осью (*о болтах и заклепках*)

straight 1. прямой; прямо; по прямому направлению 2. ненарезной 3. крепкий, неразбавленный

straightening правка, выправление, выпрямление (*искривленного ствола*)
hole ~ выпрямление искривленного ствола
well ~ исправление искривленного ствола скважины, выпрямление ствола скважины

strain 1. усилие; нагрузка; напряжение 2. деформация; остаточная деформация; относительная деформация ‖ вызывать остаточную деформацию 3. натяжение, растяжение ‖ натягивать, растягивать 4. работа (*напр. на растяжение*)
angular ~ 1. угловая деформация 2. деформация кручения; работа на кручение
bearing ~ деформация смятия
bending ~ 1. деформация изгиба 2. работа на изгиб 3. изгибающее усилие
breaking ~ 1. разрушающее напряжение, напряжение при изломе 2. деформация в момент разрушения; разрушающая деформация 3. остаточная деформация
buckling ~ 1. деформация продольного изгиба 2. работа на продольный изгиб
contraction ~ сжатие, сокращение, усадка
compressing ~ *см.* compressive strain
compression ~ *см.* compressive strain
compressive ~ 1. деформация сжатия 2. сжимающее усилие; напряжение сжатия 3. работа на сжатие
cooling ~ деформация при охлаждении; усадка
elastic ~ 1. упругое напряжение, напряжение сжатия 2. упругая деформация
extension ~ 1. удлинение 2. растягивающее усилие
flexion ~ *см.* bending strain
flexural ~ *см.* bending strain
internal ~ сила сцепления, внутреннее напряжение
lateral ~ поперечная деформация
linear ~ линейная деформация
plain ~ деформация в одной плоскости
plastic ~ пластическая деформация

rebound ~ упругая деформация
repeated ~ многократная деформация
residual ~ остаточная деформация
shear(ing) ~ 1. напряжение или деформация при срезе, сдвиге или скалывании 2. работа на срез или на сдвиг
shrinkage ~ усадочная деформация
tearing ~ разрывающее усилие
temperature ~ температурная деформация
tensile ~ 1. деформация при растяжении 2. растягивающее усилие; напряжение при растяжении [разрыве]
tensional ~ растягивающее усилие
thermal ~ тепловая [температурная] деформация
torsional ~ деформация при скручивании, деформация скручивания
transverse ~ остаточная деформация при поперечном изгибе
twisting ~ напряжение при кручении; остаточная деформация при кручении
ultimate ~ предельное напряжение; критическая деформация
unit ~ деформация на единицу длины, удельная деформация

strained 1. деформированный 2. напряженный

strainer 1. фильтр; сетка 2. стяжка; натяжное устройство
oil ~ решетка или фильтр на приемной трубе насоса, масляный фильтр
well ~ скважинный фильтр, перфорированный хвостовик

straining 1. деформирование, деформация 2. напряжение; перегрузка 3. натяжение
plastic ~ пластическая деформация

strand проволока, пучок (*многожильного кабеля*); стренга; прядь; жила; голый многопроволочный кабель ‖ скручивать, свивать
cable ~ стренга каната
pumping ~ проволочный канат, заменяющий полевые тяги (*при групповом приводе*)

stranded многожильный; витой; скрученный

strap 1. полоса, лента; ремень ‖ стягивать ремнем 2. скоба; накладка; хомут; серьга
black ~ мазут
brake ~ тормозная лента
clutch ~ хомут для включения и выключения кулачковой муфты

strata 1. *геол.* отложение пород, напластование, свита пластов 2. слои
adjacent ~ прилегающие породы; непосредственная кровля
compressible foundations ~ сжимаемые грунты основания
concordant ~ согласно залегающие пласты
overlying ~ покров, перекрывающие породы
petroliferous ~ нефтеносные отложения [слои, породы]
productive ~ продуктивные пласты
sedimentary ~ осадочные породы; осадочный горизонт

stratification напластование; слоистость; наслоение, стратификация
cross ~ диагональная слоистость
gravitational ~ гравитационное расслоение
linear ~ линейная слоистость
permeability ~ изменение проницаемости по пласту
rock ~ напластование горных пород

stratified слоистый; чередующийся; напластованный

stratigraphic стратиграфический

stratigraphy стратиграфия

stratum пласт, слой, отложения; толща; формация
bearing ~ несущий пласт; пласт, содержащий полезное ископаемое
conducting ~ проводящий слой

streak 1. прожилок; прослоек; слой; жила 2. пятно
gas ~ газовый пропласток
sand ~ песчаный прослой

stream поток; течение; струя ‖ течь; струиться
continuous ~ непрерывный поток
effluent ~ выходящий наружу поток
gas ~ газовый поток
mud ~ поток бурового раствора
oil ~ поток движущегося в трубопроводе нефтепродукта
well ~ приток к скважине

streamline 1. обтекаемый ‖ придавать обтекаемую форму 2. ускорять, рационализировать (*производственный процесс*)
double ~ двойная обтекаемость (*бурильных замков*)

strength 1. прочность; сила; крепость 2. сопротивление 3. концентрация (*раствора*) 4. численность, численный состав
adhesion ~ сила прилипания; прочность сцепления, прочность адгезии
anchoring ~ прочность связи, прочность анкеровки, прочность сцепления (*якоря с грунтом*)
bearing ~ 1. прочность на смятие 2. несущая способность 3. грузоподъемность
bending ~ прочность на изгиб, сопротивление изгибу
bond(ing) ~ прочность сцепления
breakdown ~ пробивная прочность
breaking ~ 1. максимальное разрушение или разрывное усилие 2. сопротивление разрыву, прочность на разрыв
buckling ~ сопротивление продольному изгибу
burst(ing) ~ сопротивление продавливанию; сопротивление разрыву
cohesive ~ прочность [сила] сцепления, сила когезии
collapsing ~ прочность на смятие; сопротивление смятию

combined ~ прочность при сложной деформации
compressing ~ см. compression strength
compression ~ 1. предел прочности при сжатии 2. сопротивление сжатию, временное сопротивление сжатию
compression yield ~ предел текучести при сжатии
compressive ~ см. compression strength
creep ~ устойчивость против ползучести, сопротивление ползучести, ползучестойкость
crushing ~ сопротивление раздавливанию, прочность на раздавливание
early ~ начальная прочность (цементного камня)
elastic ~ предел упругости
endurance ~ предел выносливости
fatigue ~ усталостная прочность, предел выносливости; сопротивление усталости; сопротивление многократным знакопеременным нагрузкам
field ~ напряженность поля
film ~ прочность пленки
flexural ~ прочность на изгиб, сопротивление изгибу
fracture ~ истинный предел прочности; сопротивление разрыву
full ~ прочность (соединения), равная прочности основного металла
gel ~ прочность геля; предельное статическое напряжение сдвига (бурового раствора)
high-tensile ~ высокая прочность на разрыв
impact ~ сопротивляемость разрушению при ударе; прочность на удар; ударная вязкость
repeated impact bending ~ предел выносливости при повторных ударных изгибающих нагрузках
repeated transverse stress ~ предел выносливости или усталости при повторном изгибе
resisting ~ сила сопротивления, сопротивляемость
set ~ прочность цементного камня
shear(ing) ~ сопротивление срезу или сдвигу; прочность на сдвиг, срез или скалывание; срезывающее или скалывающее усилие; статическое напряжение сдвига, СНС
tearing ~ прочность на отрыв
tensile ~ предел прочности на разрыв; временное сопротивление при растяжении; сопротивление разрыву; прочность на растяжение; предел прочности при растяжении
tensile yield ~ предел текучести при растяжении
threshold ~ предел выносливости (при асимметричных циклах)
torsional ~ прочность на кручение; предел прочности при кручении; сопротивление скручиванию [кручению]
transverse ~ предел прочности при изгибе
tranverse bending ~ предел прочности при поперечном изгибе

twisting ~ сопротивление скручиванию; предел прочности при кручении
ultimate ~ предел прочности; конечная прочность (цементного камня после определенного времени выдержки в конкретных условиях)
ultimate compression ~ предел прочности при сжатии
ultimate tensile ~ предел прочности при растяжении; сопротивление разрыву
uniform ~ равномерное сопротивление, равнопрочность
unit ~ удельная прочность
weld ~ прочность сварки; прочность сварного шва; предел прочности металла шва
yield ~ предел текучести; предельное напряжение сдвига

strengthening укрепление, усиление; упрочнение

stress 1. напряжение, усилие; нагрузка; напряженное состояние ‖ подвергать напряжению 2. боковое давление, одностороннее давление
actual ~ действующее напряжение
admissible ~ допускаемое [допустимое] напряжение; безопасное напряжение
allowable ~ см. admissible stress
bearing ~ напряжение смятия
bending ~ изгибающее усилие, напряжение при изгибе
biaxial ~ двухосное напряжение
bond ~ напряжение сцепления
breaking ~ 1. разрушающее напряжение, критическая нагрузка; предельное напряжение; предел прочности 2. предел прочности на растяжение, напряжение при разрыве
buckling ~ напряжение при продольном изгибе
bursting ~ разрушающее напряжение (при внутреннем давлении); разрывающее напряжение
combined ~ см. composite stress
complex ~ см. composite stress
composite ~ сложное напряжение
compound ~ см. composite stress
compressive ~ напряжение сжатия; напряжение при сжатии; сжимающее усилие
contraction ~ усадочное напряжение; сжимающее напряжение
dead-load ~ 1. напряжение, вызываемое статической нагрузкой 2. напряжение от собственного веса
design ~ расчетное напряжение
effective ~ действующее напряжение
elastic ~ упругое напряжение, напряжение ниже предела упругости
fatigue ~ усталостное напряжение
flexural ~ изгибающее напряжение, напряжение при изгибе
flow ~ напряжение, вызывающее пластическую деформацию
hoop ~ 1. стягивающее усилие; сжимающее

усилие 2. растягивающее напряжение от центробежных сил во вращающемся кольце 3. напряжение в стенке (*тонкостенного сосуда*), нормальное к меридиональному сечению
impact ~ 1. напряжение при ударе 2. ударная нагрузка
inherent ~ собственное напряжение
initial ~ начальное напряжение, предварительно созданное напряжение
internal ~ внутреннее напряжение; остаточное напряжение
limiting fatigue ~ напряжение предела усталости
live ~ напряжение от переменной нагрузки
load ~ рабочее напряжение, напряжение от нагрузки
local ~ местное напряжение
normal ~ нормальное напряжение
operating ~ рабочее напряжение
permissible ~ *см.* admissible stress
principal ~ главное [основное] напряжение
principal normal ~ главное нормальное напряжение
pulling ~ растягивающее напряжение, напряжение при растяжении
pulsating ~ пульсирующее напряжение
repeated ~ повторное напряжение, цикличное напряжение; повторяющееся напряжение
residual ~ остаточное напряжение
resultant ~ результирующее усилие; результирующее напряжение
reversed ~ знакопеременное напряжение
rupture ~ разрушающее [разрывающее] напряжение
safe ~ допустимое [безопасное] напряжение
secondary ~ дополнительное напряжение
shear(ing) ~ скалывающее, сдвигающее или срезающее напряжение; полное касательное напряжение; срезывающее или скалывающее усилие; напряжение при сдвиге
shock ~ *см.* impact stress
shrinkage ~ усадочное напряжение
simple ~ простое напряжённое состояние
steady ~ длительное напряжение, напряжение при установившемся режиме
tangential ~ касательное [тангенциальное] напряжение; срезающее усилие
temperature ~ температурное [термическое, тепловое] напряжение
tensile ~ растягивающее усилие; напряжение при растяжении
tension ~ *см.* tensile stress
test ~ напряжение при испытании
thermal ~ *см.* temperature stress
torsional ~ напряжение при кручении
torsional shearing ~ напряжение сдвига [среза] при кручении
transverse ~ напряжение при поперечном изгибе; изгибающее напряжение
true ~ истинное напряжение

true fracture ~ истинное напряжение при разрушении, истинный предел прочности
twisting ~ *см.* torsional stress
ultimate ~ предел прочности; ломающее напряжение
unit ~ напряжение на единицу сечения [площади]; удельное напряжение; усилие, отнесённое к единице площади
upper yield ~ верхний предел текучести
volumetric ~ объёмное напряжение
welding ~ сварочное напряжение, остаточное напряжение после сварки
wind ~ напряжение от ветровой нагрузки
working ~ рабочее напряжение
yield ~ напряжение, возникающее при текучести (*материала*); предел текучести; напряжение, вызывающее текучесть

stretch 1. вытягивание, растягивание, удлинение, растяжение; натяжение ‖ растягивать(ся), вытягивать(ся), тянуть(ся); удлиняться 2. протяжение; простирание; пространство
rod ~ растяжение насосных штанг

stretcher натяжное устройство
belt ~ устройство для натяжки приводных ремней

strike:
on the ~ по простиранию
fault ~ простирание сброса

string 1. колонна (*труб*) 2. струна; верёвка; шнур 3. жила, прожилок
casing ~ колонна обсадных труб
casing running ~ колонна для спуска обсадных труб (*в подводную скважину*)
combination ~ 1. комбинированная колонна, составленная из двух и более секций с разной толщиной стенок 2. обсадная колонна, выполняющая одновременно назначение водозакрывающей и эксплуатационной
conductor ~ направляющая труба
drill pipe handling ~ вспомогательная колонна бурильных труб
drill pipe jetting ~ колонна бурильных труб для гидромониторного бурения
drill pipe running ~ спусковая колонна бурильных труб (*для спуска инструмента к подводному устью или в скважину*)
drilling ~ колонна бурильных труб, бурильная колонна
drive ~ забивная колонна
extention ~ колонна для наращивания, колонна-надставка
floating hose ~ плавучий шланг (*в системе беспричального налива нефти в танкеры*)
flow ~ 1. колонна насосно-компрессорных труб 2. фонтанная колонна
graduated ~ обсадная колонна, состоящая из нескольких секций, составленных из труб со стенками различной толщины или из стали разных марок

intermediate ~ промежуточная обсадная колонна
landing ~ колонна для спуска (обсадной колонны большого диаметра)
loaded ~ бурильная колонна, заполненная жидкостью
long ~ последняя, самая длинная обсадная колонна
macaroni ~ колонна труб малого диаметра (менее 50 мм)
major ~ основная колонна (основная часть испытательной колонны для пробной эксплуатации скважины)
minor ~ вспомогательная колонна (часть испытательной колонны, используемой при пробной эксплуатации скважины)
oil ~ эксплуатационная колонна труб
pay ~ колонна труб, входящая в продуктивный горизонт; эксплуатационная обсадная колонна
perforated ~ перфорированная обсадная колонна
pipe ~ 1. колонна труб 2. ветвь трубопровода
pipeline ~ плеть трубопровода
production ~ эксплуатационная (обсадная) колонна
protecting ~ см. protective string
protective ~ защитная промежуточная колонна
protector ~ см. protective string
riser ~ водоотделяющая колонна
rod ~ колонна насосных штанг
run-in ~ спусковая колонна (для спуска подводного оборудования к подводному устью или в скважину)
running ~ см. run-in string
salt ~ промежуточная колонна для перекрытия мощной толщи соленосных отложений
service ~ ремонтная колонна (колонна из насосно-компрессорных труб для закачивания в подводную скважину специального гибкого инструмента для ремонта)
shoe ~ s шнурки, рукавообразные залежи (нефти в песчаных линзах)
tapered casing ~ комбинированная колонна обсадных труб (с переменным диаметром)
tapered rod ~ комбинированная колонна насосных штанг (с переменным диаметром)
test ~ испытательная колонна (используемая при пробной эксплуатации скважины)
wash-over ~ см. washover string
washover ~ промывочная колонна, колонна промывочных труб
water ~ водозакрывающая колонна, тампонажная колонна
stringer 1. стрингер 2. прогон 3. продольная балка
jetting ~ хвостовик для гидромониторного бурения
liner tie-back ~ надставка хвостовика
stringup оснастка (талевой системы)

line ~ оснастка талевой системы
strip 1. полоса; лента 2. сдирать (оболочку), очищать (от изоляции); срывать (резьбу) 3. разрабатывать открытым способом 4. разбирать на части, демонтировать 5. прокладка, подкладка 6. участок, зона 7. поднимать (бурильную колонну из скважины)
offshore ~ морская прибрежная полоса, прибрежная акватория
offshore coastal ~ береговая полоса
recording ~ лента для самопишущего прибора
stripped 1. демонтированный; снятый 2. сорванный (о резьбе)
stripper 1. съемник; эжектор 2. раствор для удаления покрытия
stroke 1. ход, длина хода (поршня) 2. удар, толчок 3. взмах; размах 4. такт (двигателя) 5. штрих, мазок, черта
admission ~ ход впуска или всасывания, такт впуска
backward ~ задний ход (поршня)
compensation ~ ход компенсации (компенсатора бурильной колонны, натяжного устройства или телескопической секции водоотделяющей колонны)
double ~ двойной ход (поршня)
forward ~ прямой [передний] ход (поршня)
idle ~ холостой ход; пропуск
in ~ всасывающий ход насоса
induction ~ см. admission stroke
long ~ длинный ход поршня
net plunger ~ истинная длина хода плунжера
out ~ выпускной [выхлопной] ход
piston ~ ход поршня или плунжера
plunger ~ длина хода плунжера
power ~ рабочий ход (двигателя), рабочий такт
pressure ~ ход давления [сжатия]; ход нагнетания
pump ~ ход поршня насоса
retracting ~ см. return stroke
return ~ обратный ход (поршня)
tensioner ~ ход натяжного устройства
working ~ рабочий ход
strong прочный, крепкий, выносливый; жесткий
extra ~ особо прочный
structural структурный; строительный; конструктивный, конструкторский
structure 1. структура, устройства 2. сооружение; устройство; строение; здание 3. текстура; тектоника
all-welded ~ цельносварная конструкция
amorphous ~ аморфное строение, аморфная структура
areal ~ геол. региональная тектоника
banded ~ полосчатая структура
basaltic ~ столбчатая отдельность
bearing ~ несущая конструкция
bedded ~ пластовая [слоистая] структура

BOP ~ рама блока превентора (*в которой собраны противовыбросовые превенторы, стыковочные муфты, выкидные линии с задвижками и т. д.*)
buried ~ *геол.* погребенная структура
cleavage ~ сланцеватость, сланцеватая структура; слоистая структура
close-grained ~ мелкозернистая структура
coarse-grained ~ крупнозернистая структура
concrete gravity ~ бетонное гравитационное сооружение
deep toothed cutting ~ конструкция (*шарошки долота*) с высоким зубом
diapir ~ *геол.* диапировая структура складок
domal ~ куполообразная структура
faulted ~ сбросовое, глыбовое строение
favorable ~ благоприятная (*для нефтенакопления*) структура
fine (grained) ~ мелкозернистая структура
fixed gravity ~ стационарное гравитационное сооружение (*морское сооружение, опирающееся на дно и удерживаемое на месте за счет собственного веса*)
flaky ~ чешуйчатая структура
grain ~ *см.* granular structure
granular ~ зернистая структура
gravity ~ конструкция гравитационного типа (*удерживаемая на дне моря за счет силы тяжести*)
guide ~ направляющая конструкция (*металлоконструкция вокруг подводного оборудования с элементами для ориентированного спуска к подводному устью по направляющим канатам*)
honeycomb ~ сотовая [ячеистая] конструкция [структура]
honeycombed ~ *см.* honeycomb structure
laminated ~ пластинчатая структура
lattice ~ 1. строение [структура] кристаллической решетки 2. решетчатая конструкция
mesh ~ решетчатая или сетчатая структура
net ~ *см.* mesh structure
offshore ~ морское буровое основание, морская платформа (*для бурения и эксплуатации*)
oil-bearing ~ нефтеносная структура
oil field ~ структура нефтяного месторождения
open carrying ~ открытая несущая конструкция
original ~ первоначальная [исходная] структура
protective guide ~ защитно-направляющая конструкция
refined ~ мелкозернистая структура
rigid ~ жесткая конструкция
ring ~ кольцевая структура
self-floating ~ плавучая конструкция (*использующая при транспортировке свою плавучесть*)
shallow dipping ~ *геол.* пологозалегающая структура
tower-base ~ конструкция башенного типа
ultimate ~ конечная структура

underground ~ 1. подземная структура 2. подземное сооружение
waterborn upper ~ отсеки плавучести верхней части сооружения (*водонепроницаемые элементы конструкции верхнего корпуса плавучей полупогружной буровой платформы, которые учитываются при расчете его остойчивости*)
weld ~ структура металла шва
welded ~ сварная конструкция
wellhead re-entry ~ устьевое оборудование для повторной установки

stub 1. выступ, короткая стойка ‖ укороченный 2. укороченная деталь 3. короткая труба; патрубок
drill pipe ~ часть бурильной трубы, выступающая над ротором (*при колонне, подвешенной на роторе*)

stuck прихваченный (*об инструменте*); застрявший; заклиненный
get ~ быть захваченным [прихваченным] в скважине (*об инструменте*)
become ~ заклиниться (*в скважине*); быть прихваченным

stud 1. шпилька (*с резьбой на обоих концах*) ‖ соединять на шпильках 2. штифт; палец ‖ скреплять штифтами 3. болт, винт 4. распорка
clamping ~ зажимной болт
locating ~ установочный штифт
locking ~ упорный [замыкающий] штифт
set ~ установочная шпилька

stud|y 1. изучение, исследование 2. наука 3. кабинет
analog model ~ исследование методом аналогии, исследование с помощью моделирования
areal ~ региональные исследования
electrical model ~ исследование методом электроаналогии
gravity ~ ies изучение гравитационного поля
optimization ~ ies выбор оптимальных вариантов
time ~ хронометраж

stuff 1. материал; вещество 2. набивка; наполнитель ‖ набивать; наполнять
loose ~ отслаивающаяся [сыпучая] порода

stump:
test ~ испытательная тумба (*для испытания блока превенторов перед их спуском к подводному устью*)

style тип; вид
full-hole ~ с широким проходным отверстием
regular ~ 1. обычного [стандартного] типа 2. с нормальным проходным отверстием

stylus пишущий штифт; перо; острие (*самописца*)
receiving ~ пишущий штифт (*прибора*)
recording ~ штифт регистрирующего прибора

sub переводник; втулка
bent ~ скважинный кривой переводник (*для бурения наклонного ствола*)
bit ~ переводник долота

bottom packer ~ нижний переводник пакера
bumper ~ 1. ударный или отбойный переводник (*для выбивания прихваченного инструмента*) 2. амортизатор 3. яс 4. телескопический компенсатор 5. компенсирующий переводник
casing rotation ~ переводник для вращения обсадной колонны (*используется при цементировании с вращением и расхаживанием обсадной колонны*)
catcher ~ переводник-трубодержатель (*находящийся непосредственно под пакером*)
choke line male stab ~ ниппельный стыковочный переводник штуцерной линии
clamp ~ зажимной переводник
cross-over ~ перепускной переводник
damping ~ амортизирующий переводник (*предотвращающий вибрацию бурильной колонны от работы долота*)
double pin ~ переводник с ниппельной нарезкой на обоих концах
downhole bent ~ *см.* bent sub
drill pipe ~ переводник бурильной колонны
drill string bumper ~ телескопический компенсатор бурильной колонны
jetting ~ *см.* jetting stringer
kelly-saver ~ предохранительный переводник на рабочей или ведущей трубе [квадрате]
kill line male stab ~ ниппельный стыковочный переводник линии глушения
knocker ~ ударный переводник
lifting ~ подъемный переводник
male and female choke and kill stab ~ s ниппельный и муфтовый стыковочные переводники линий штуцерной и глушения скважины
male stab ~ ниппельный стыковочный переводник (*для стыковки линий глушения и штуцерной на водоотделяющей колонне с такими же линиями на подводном блоке превенторов*)
marine riser handling ~ инструмент для монтажа и демонтажа водоотделяющей колонны
non-magnetic ~ переводник из немагнитного материала
orienting ~ ориентирующая труба (*используемая в системе повторного ввода или установки подводного оборудования*)
pin-to-box ~ переводник с наружной резьбы на внутреннюю
plain catcher ~ гладкий [ненарезной] переводник-трубодержатель
plug catcher ~ устройство для задержки цементировочной пробки
power ~ вращатель для навинчивания ведущей трубы
power drilling ~ силовой гидравлический переводник, соединенный непосредственно с вертлюгом (*заменяющий ротор и рабочую трубу при ремонтных работах в скважине*)
pressure balanced drilling bumper ~ бурильный амортизирующий переводник со сбалансированным давлением
retainer ~ фиксирующий переводник
retrieving ~ извлекаемый переводник
rotating liner top ~ вращающаяся головка хвостовика
saver ~ специальный переводник, устанавливаемый в нижней части рабочей трубы и предотвращающий разлив раствора при развинчивании; предохранительный переводник
shock ~ амортизирующий переводник, ударный переводник
tool-joint locator ~ переводник для локатора замков бурильной колонны
tubing ~ переводник с насоса или инструмента на насосно-компрессорные трубы
wear ~ предохранительный [защитный] переводник
sub-bentonite суббентонит (*бентонит низкого качества*)
sub-bottom твердое дно (*твердый грунт под слоем ила*)
submarine подводная лодка ‖ подводный
submerge погружать; затоплять
submerged погруженный; затопленный; подводный
submergence погружение; затопление
working ~ рабочее погружение, погружение под динамический уровень
submersible погружной, работающий под водой
subsidence 1. оседание (*грунта*), осадка 2. осаждение (*суспензии*)
subsoil 1. подстилающий слой грунта (*дна моря*) 2. подпочва
substance вещество, материя; субстанция
antifoam ~ противовспениватель
foreign ~ постороннее включение, примесь
mother ~ исходное вещество, из которого образовалась нефть
resinous ~ смолообразные вещества
working ~ рабочий агент, рабочее тело, рабочая среда
substitute 1. переходник, переводник (*для соединения инструмента разного диаметра*) 2. заменитель
casing ~ переводник для обсадных труб
drilling tool ~ переводник бурильного инструмента
mandrel ~ переводник (с труб на инструмент)
tools-to-tubing ~ переводник с инструмента на насосно-компрессорные трубы
winged ~ крестообразный переводник; переводник с фонарями
substitution замена, замещение, подстановка
substructure основание, фундамент; нижнее строение
derrick ~ подвышечное основание
unitized ~ блочное основание
subsystem крупный узел [элемент] системы, подсистема
subzero низкий, ниже нуля (*о температуре*)

succession последовательность, ряд
~ of strata *геол.* стратиграфическая последовательность пластов
bed ~ *геол.* последовательность пластов

suck всасывать; засасывать (*о насосе*)
suction всасывание; прием (*насоса*)
pump ~ прием насоса

sulphate соль серной кислоты, сульфат
barium ~ сернокислый барий, сульфат бария ($BaSO_4$)
calcium ~ сернокислый кальций, сульфат кальция ($CaSO_4$)
magnesium ~ сернокислый магний, сульфат магния ($MgSO_4$)
sodium ~ сернокислый натрий, сульфат натрия (Na_2SO_4)

sulphide сернистое соединение, соль сероводородной кислоты, сульфид
barium ~ сернистый барий, сульфид бария (BaS)
hydrogen ~ сероводород, сернистый водород (H_2S)
sodium ~ сернистый натрий, сульфид натрия (Na_2S)

sulphite соль сернистой кислоты, сульфит
sodium ~ сернокислый натрий, сульфит натрия (Na_2SO_3)

sulphoacid сульфокислота
sulphonate соль сульфокислоты, сульфонат ǁ сульфировать
mahogany petroleum ~ s коричневые сульфо-нафтеновые кислоты
sulphonated сульфированный
sulphurous сернистый

summary краткое изложение, реферат (*статьи*)
cost-record ~ общая сводка затрат

sump 1. отстойник, грязеотстойник 2. земляной амбар 3. зумпф
dirty mud ~ амбар для спуска загрязненного бурового раствора
mud ~ приемный амбар для бурового раствора, отстойник
mud setling ~ *см.* mud sump
oil ~ нефтяной амбар
salvage ~ нефтяная ловушка

supercharger компрессор наддува, нагнетатель
centrifugal ~ центробежный нагнетатель
piston ~ поршневой нагнетатель

superior 1. высшего качества 2. высший; старший; вышестоящий
superposition. 1. *геол.* напластование 2. наложение, совмещение; суперпозиция
superviser 1. инспектор; контролер 2. надсмотрщик; надзиратель

supply снабжение; подача; подвод; подвоз; питание ǁ снабжать; подавать; подводить; подвозить; питать
AC ~ 1. питание переменным током 2. источник переменного тока; сеть переменного тока
air ~ подвод [подача] воздуха
consumable ~ малоценное оборудование, списываемое в расход при установке
DC ~ 1. питание постоянным током 2. источник постоянного тока
electrical ~ источник тока; подача электроэнергии
gas ~ подача газа
mains ~ питание от сети
oil ~ 1. снабжение нефтью 2. система подачи масла
poor ~ недостаточное снабжение
potable water ~ бытовое водоснабжение, снабжение питьевой водой
power ~ подача энергии, выработка энергии, снабжение энергией; передача мощности
water ~ водоснабжение

support 1. опора; мачта; опорная стойка 2. станина 3. суппорт (*станка*) 4. поддерживать; нести; подпирать 5. крепь, крепление
engine ~ фундамент под машину или двигатель
flow line ~ опора выкидной линии (*подводной фонтанной арматуры*)
pipe ~ опора для труб, трубодержатель
pivoting ~ шарнирная [вращающаяся] опора

supported поддерживаемый; подпертый
supporting поддерживающий, опорный; несущий

surface 1. поверхность ǁ обрабатывать поверхность 2. плоскость ǁ обрабатывать плоскость
absorption ~ поглощающая поверхность
available ~ свободное пространство
base ~ подошва (*пласта*)
bearing ~ рабочая поверхность, опорная поверхность, несущая поверхность; направляющая поверхность
bedding ~ поверхность, сложенная осадочными породами
boundary ~ 1. предельная поверхность 2. пограничная поверхность
brake ~ поверхность торможения
camming ~ кулачковая поверхность (*полукольцевые спиральные заплечики на внутренней поверхности ориентирующей втулки устьевой головки подводной скважины*)
conducting ~ проводящая поверхность
cone gage ~ калибрующая поверхность шарошки
contact ~ контактная поверхность, поверхность соприкосновения
emitting ~ поверхность излучения; эмиссионная поверхность
end ~ лобовая поверхность; торцевая сторона
equal travel time ~ поверхность равных времен пробега (*сейсмоволны*)
fracture(d) ~ поверхность излома
friction ~ поверхность трения, трущаяся поверхность

gas-oil ~ газонефтяной контакт, ГНК
gas-water ~ газоводяной контакт, ГВК
ground ~ отшлифованная поверхность
heating ~ поверхность нагрева
metal-to-metal ~ s поверхности контакта металла с металлом (*для плотного соединения*)
oil-water ~ водонефтяной контакт, ВНК
packing ~ площадь уплотнения; уплотняющая поверхность
reflection-time ~ *сейсм.* годограф, поверхность равных времен
rough ~ шероховатая поверхность
sand ~ вскрытая поверхность забоя и стенок скважины в песчаном пласте
shear ~ поверхность среза
slipping ~ поверхность скольжения
specific ~ удельная поверхность
water ~ водная поверхность
wearing ~ трущаяся поверхность, поверхность трения, поверхность износа
wear-resistant ~ износостойкая поверхность

surfacing 1. выравнивание 2. покрытие [обработка] поверхности
hard ~ наварка твердыми сплавами; азотирование, цементация (*металла*), поверхностная закалка

surfactant поверхностно-активное вещество, ПАВ
drilling mud ~ поверхностно-активное вещество (*для обработки бурового раствора*), ПАВ

surge 1. импульс; пульсация; неравномерный поток; пульсирующий поток 2. пик; толчок 3. значительное колебание оборотов (*двигателя*)
pressure ~ гидравлический удар, значительная пульсация давления
pump ~ пульсация (*в нагнетательном трубопроводе и бурильной колонне, вызываемая работой поршней*)

survey 1. изыскание; съемка; разведка ‖ производить съемку или изыскание; разведывать 2. обследование, инспектирование ‖ обследовать, инспектировать 3. топографическая служба
caliper ~ снятие кавернограммы
flow meter ~ исследование профиля приемистости (*скважины*)
geological ~ геологическая съемка
Geological ~ Геологический надзор США, геологическая служба США
geophysical ~ геофизическая съемка
gravimeter ~ гравиметрическая съемка
injectivity ~ определение приемистости (*скважины*)
location ~ трассировка; разбивка трассы
marine ~ съемка на море
metallurgical ~ металлографическое исследование
oriented ~ измерение азимутального направления скважины по методу ориентации с поверхности
pace method ~ глазомерная съемка
permeability ~ исследование [испытание] проницаемости
preliminary ~ предварительная разведка, рекогносцировка
pressure ~ замер давления
pressure transducer ~ обнаружение зоны поглощения с помощью датчика давления
radiore ~ радиорная разведка (*метод геофизической разведки токами высокой частоты*)
reconnaissance ~ маршрутная съемка
seismic ~ сейсморазведка
self-potential ~ эквипотенциальная разведка
spinner ~ исследование вертушкой (*для обнаружения зоны поглощения*)
temperature ~ геотермическая съемка; температурный каротаж
well ~ исследование скважины; определение положения скважины в пространстве; замер зенитного и азимутального углов отклонения скважины; инклинометрия; геофизическое исследование скважины (*каротаж и т. п.*)
wire-line ~ исследование (*скважины*), проводимое при помощи прибора, опускаемого на тросе

surveying топографическая съемка; топографическое определение; изыскание; геодезия ‖ съемочный; топографический; геодезический
aerial ~ аэросъемка
bore-hole ~ 1. разведка скважинами 2. исследование скважин
directional ~ определение искривления скважин, замер кривизны скважин
directional well ~ *см.* directional surveying
geodetic ~ геодезическая съемка

suspend 1. подвешивать 2. суспендировать
suspended 1. взвешенный, суспендированный 2. временно оставленный (*о скважине*)
suspension 1. подвеска (*подвешивание*) 2. суспензия, взвесь 3. приостановка, отсрочка
in ~ во взвешенном состоянии
casing ~ подвешивание обсадной колонны
mandrel ~ подвеска колонны на упорном заплечике стыковочного переводника
mudline ~ донная подвеска
riser ~ подвеска водоотделяющей колонны
slip ~ телескопическая подвеска колонны

swab 1. помазок 2. поршень (*любое устройство, выполняющее роль поршня*)
inverted ~ перевернутая манжета, обратная манжета (*инструмента для спуска и цементирования хвостовика*)
single ~ поршень с одним резиновым кольцом

swabbing поршневание, свабирование; поршневой эффект

swage 1. оправка 2. пуансон 3. матрица
casing ~ оправка для ремонта обсадных труб
fluted ~ оправка, применяемая для исправления смятой колонны труб в скважине

pipe ~ оправка для исправления смятия труб
roller ~ роликовая оправка для обсадных труб

sweep 1. колебание, качание ‖ колебаться, качаться 2. кривая; изгиб; поворот 3. *рад.* развертка 4. вылет стрелы (*крана*) 5. поворотный рычаг 6. охватывать

areal ~ эффективность вытеснения нефти на площади
contracted time-base ~ укороченная временная развертка
delayed time-base ~ задержанная временная развертка
end-to-end ~ нагнетание воды с одного края залежи с постепенным передвижением к другому
expanded time-base ~ растянутая временная развертка
reservoir ~ охват пласта вытесняющим агентом

sweeper мусороуборщик
oil ~ катер-нефтесборщик

swell 1. утолщение, вздутие; разбухание ‖ разбухать, набухать 2. возвышение; выпуклость 3. буртик, заплечик

swelling набухание, разбухание; утолщение; образование уширения или выпуклости ‖ набухающий
clay ~ разбухание глин

swing 1. колебание; размах; амплитуда качания 2. поворот ‖ поворачивать ‖ поворотный 3. максимальное отклонение стрелки измерительного прибора

switch выключатель; переключатель ‖ переключать, коммутировать
~ in включать
~ off выключать
~ on включать
~ out выключать
~ over переключать
branch ~ 1. групповой выключатель 2. выключатель на ответвлении
electromagnetic ~ электромагнитный контактор
electronic ~ электронное реле
float ~ поплавковый выключатель
flow ~ гидрореле; гидровыключатель
heat ~ тепловой выключатель
oil ~ масляный выключатель
on-off ~ переключатель; выключатель
plug ~ штепсельный выключатель
power ~ силовой выключатель
push-button ~ кнопочный выключатель
range control ~ переключатель пределов
safety ~ аварийный рубильник для обесточивания вышки; аварийный выключатель
thermal ~ тепловое реле
thermostatic ~ термостатический выключатель
travelling block limit ~ конечный выключатель хода талевого блока, противозатаскиватель талевого блока

swivel 1. вертлюг ‖ вращающийся, вертлюжный 2. шарнирное соединение; винтовая стяжка ‖ шарнирный, поворотный
casing water ~ трубный промывочный вертлюг
cementing manifold ~ вертлюг цементировочного манифольда; вертлюг цементировочной головки
clear water type ~ промывочный сальник для бурения с промывкой водой
marine support ~ подводный вертлюг для подвески (*инструмента на подводном устье*)
power ~ силовой гидравлический (*или электромеханический*) вертлюг
tubing ~ вертлюг для спуска и подъема насосно-компрессорных труб
tubing head ~ вертлюг головки насосно-компрессорных труб, вертлюжная головка

symbol обозначение, символ
testing ~ условное [графическое] обозначение метода испытания
weld ~ условный [графический] знак типа сварного шва
welding ~ условное [графическое] обозначение сварки

syncline *геол.* синклиналь
regional ~ *геол.* синклиналь, региональная синклиналь

system 1. система 2. установка, устройство 3. *геол.* формация 4. план, расположение
acoustic back-up communications ~ вспомогательная акустическая система связи (*в системе управления подводным устьевым оборудованием*)
acoustic back-up control ~ акустическая вспомогательная система управления (*подводным оборудованием*)
acoustic command ~ акустическая система управления
acoustic control ~ акустическая система управления (*подводным оборудованием*)
acoustic emergency back-up control ~ аварийная акустическая система управления (*подводным оборудованием*)
acoustic measuring ~ акустическая система измерения
acoustic positioning ~ акустическая система позиционирования; система удержания (*на месте бурового судна или плавучей полупогружной буровой платформы с акустической системой ориентации*)
active compensator ~ активная компенсирующая система
active drilling ~ действующее буровое оборудование
adaptive data recording ~ самонастраивающаяся система регистрации данных (*измерения параметров ветра, течений, волн и т. п.*) на плавучей буровой платформе для определения ее реакции на внешние воздействия
alarm ~ система сигнализации; аварийная сигнализация

amplifier-filter-recorder ~ усилительно-фильтрующая система регистрирующего прибора
artificial berthing ~ система искусственного причала
automated mud ~ автоматизированная система приготовления бурового раствора
automatic hydraulic pipe handling ~ автоматизированная гидросистема спусков-подъемов
automatic pipe racking ~ автоматическая система подачи труб в вышку
Baumé ~ система Боме для выражения плотности вещества
bifuel ~ работа двигателя на двух видах топлива
binary ~ 1. двойчная система счисления 2. двухкомпонентная система
blowout preventer ~ система противовыбросовых превенторов, блок противовыбросовых превенторов
BOP ~ *см.* blowout preventer system
BOP cart ~ тележка для перемещения блока превенторов на буровом судне или плавучей буровой платформе с целью подачи его к центру буровой шахты
BOP closing ~ оборудование для закрытия противовыбросовых превенторов
BOP function position indicator ~ система индикации выполнения функций противовыбросовым оборудованием
BOP kill and choke line ~ система линий глушения скважины и штуцерной
BOP moonpool guidance ~ направляющее устройство блока превенторов в буровой шахте бурового судна (*служащее для спуска блока через буровую шахту без раскачивания*)
bow-loading ~ носовая загрузочная система (*бесприкального налива нефти в танкеры*)
bucking-out ~ компенсирующее устройство
bulk products weighting ~ система измерения массы порошкообразных материалов (*системы пневмотранспорта барита, бентонита, цемента*)
cable correction ~ устройство для регулирования длины каната (*часть компенсатора вертикальной качки, встроенного под кронблок*)
Cambrian ~ *геол.* кембрийская система, кембрий
casing hanger ~ узел подвесной головки обсадной колонны
choke ~ система штуцеров; штуцерный манифольд
circular drainage ~ радиальная система стока
circulating ~ циркуляционная система
closed ~ замкнутая система
closed circulation ~ закрытая циркуляционная система
closed pipeline ~ перекачка по трубопроводу из насоса в насос (*без использования промежуточной емкости*)

combination ~ комбинированный (*канатно-вращательный*) способ бурения
combination chain and wire rope mooring ~ комбинированная цепно-канатная якорная система
comprehensive ~ универсальная система
continuous elevating and lowering ~ система непрерывного подъема и спуска (*на самоподнимающейся платформе*)
computerised control ~ автоматизированная система управления
control ~ система управления, система регулирования; управляющее [регулирующее] устройство
cooling ~ система оборотного водоснабжения для охлаждения; система охлаждения
Devonian ~ *геол.* девонская система; девонский период, девон
disposal ~ система утилизации (*бурового раствора*)
distribution ~ распределительная система; разводка
diver held underwater TV ~ ручная подводная телевизионная система (*для водолаза*)
diverter ~ отводное устройство
diverter support ~ устройство для подвески отводного устройства
double mixing ~ двухфазная система смесеобразования
drawworks safety ~ предохранительное устройство лебедки
drill string compensator ~ система компенсатора бурильной колонны
drilling information monitoring ~ система сбора информации о бурении, система контроля параметров процесса бурения
dual BOP stack ~ двухблочная система, состоящая из двух блоков превенторов и двух водоотделяющих колонн
early production ~ система ранней эксплуатации, система ускоренной эксплуатации
elevating ~ система подъема, подъемное устройство (*самоподнимающихся платформ*)
emergency acoustic closing ~ аварийная акустическая система закрытия (*подводных противовыбросовых превенторов*)
exponentially stratified ~ экспоненциальное распределение слоистости
fire alarm ~ система пожарной сигнализации
flexible bottom coring ~ система бурения с отбором донного керна с использованием шлангокабеля (*при геологоразведочных работах на море*)
flow ~ система регулирования потока
foam extinguishing ~ система пеногашения
focusing ~ фокусирующая система
fuel ~ система подачи топлива
gas gathering ~ газосборная система
gas treating ~ газоочистительная установка
gathering ~ (нефте)сборная система

gravity ~ система подачи или питания самотеком
gravity lubricating ~ смазка самотеком, гравитационная система смазки
guarded electrode ~ электрокаротаж с охранным или экранированным электродом (*разновидность метода СЭЗ с управляемым током*)
guideline replacement ~ система повторного соединения направляющего каната (*подводного устьевого оборудования*)
guidelineless completion ~ бесканатная система заканчивания (*скважин с подводным устьем*)
guidelineless drilling ~ бесканатная система бурения
high-pressure ~ система высокого давления
hydraulic ~ гидравлическая система
hydraulic circulating ~ бурение с жидкостной циркуляцией; бурение с прямой промывкой
hydraulic fluid make-up ~ система приготовления рабочей жидкости гидросистемы (*для управления подводным оборудованием*)
hydrelic ~ электрогидравлическая система
hydroacoustic position reference ~ гидроакустическая система определения местоположения, гидроакустическая система ориентации
inert gas extinguishing ~ система тушения пожара инертным газом
inflatable packer ~ система надувных пакеров
integral (marine) riser ~ система составной водоотделяющей колонны (*секции которой изготовлены как одно целое с линиями глушения скважины и штуцерной*)
integrated pile alignment ~ устройство для центровки свай
interconnected pipeline ~ s сблокированные трубопроводные системы
interlocked control ~ система связанного или каскадного регулирования (*в которой несколько контрольных приборов связаны электрически друг с другом так, что каждый влияет на показания другого, внося свои коррективы*)
intermitting ~ периодическая система (*эксплуатации скважин*)

intricate ~ сложная система
jacking ~ система подъема (*самоподнимающейся платформы*)
joint cathodic protection ~ единая система катодной защиты (*трубопроводов*)
key-well ~ способ увеличения продуктивности куста скважин путем бурения скважины для выкачивания воды из продуктивного горизонта
layered soil ~ слоистая структура грунта (*дна моря*)
liquid additive ~ устройство для подачи жидкой фазы
liquid additive verification ~ система контроля жидкой добавки
liquid — gas ~ система жидкость — газ, газожидкостная система
liquid — liquid ~ система жидкость — жидкость
long — range navigation ~ Лоран (*система точной аэронавигации, применяемая при геофизическом методе разведки нефтяных месторождений и для определения точного местоположения бурового судна*)
loop ~ замкнутая система
low-pressure ~ система низкого давления
manual fire alarm ~ система ручной пожарной сигнализации
marine drilling ~ система для морского бурения; оборудование для морского бурения
marine LNG ~ морское оборудование для сжиженного природного газа
marine riser ~ система водоотделяющей колонны, комплект водоотделяющей колонны
marine riser buoyancy ~ система обеспечения плавучести водоотделяющей колонны
marine sewage treatment ~ морская система обработки сточных вод
microwave ~ система микроволновой радиосвязи
microwave control ~ система телеуправления на микроволнах
Mississippian ~ *геол.* миссисипская система (*нижний карбон, США*)
motion compensator ~ система компенсатора бурильной колонны
mud ~ циркуляционная система
mud circulating ~ система циркуляции бурового раствора, циркуляционная система
mud-flush ~ бурение с промывкой буровым раствором
mud manifolding ~ оборудование глинохозяйства
mudline casing support ~ донная система подвески обсадных колонн
multiple wire ~ многопроводная система (*связи*)
multiplex communication ~ мультиплексная система связи
multiplex control ~ мультиплексная система управления (*подводным оборудованием*)
multi-wire electrohydraulic control ~ электрогидравлическая система управления (*подводным устьевым оборудованием*)
natural-fracture ~ система естественной трещиноватости
ocean floor completion ~ система заканчивания (*скважин*) на дне океана
offshore loading ~ система налива (*нефти*) в морских условиях
offshore-mooring-buoy loading ~ морская система налива с помощью буя-причала (*система беспричального налива*)
offshore test ~ оборудование для пробной эксплуатации на море
oil circulating ~ система циркуляции масла, система подачи масла

oil-in-water ~ водонефтяная система
oil recovery ~ система для сбора нефти (разлившейся на поверхности моря)
one-shot lubricating ~ централизованная система смазки
one-wire-per-function communication ~ система связи, при которой на каждую функцию управления и контроля имеется отдельный проводник
open hydraulic ~ открытая гидравлическая система (система управления подводным оборудованием, при которой отработанная рабочая жидкость не возвращается в гидросистему, а выпускается в море)
passive compensator ~ система пассивной компенсации (работающая без подвода энергии)
PCT offshore test ~ морская система опробования испытателем пласта, который управляется давлением (бурового раствора в затрубном пространстве)
pin and hole type jacking ~ подъемное устройство штыреоконнного типа (на самоподнимающихся опорах)
pinion jacking ~ подъемная система шестеренного типа (на самоподнимающихся платформах)
pipe ~ см. piping system
pipe abandonment and recovery ~ система оставления и подъема труб (при укладке подводного трубопровода)
pipe handling ~ см. pipe racking and handling system
pipe racking and handling ~ система подачи и укладки труб
piping ~ система трубопроводных линий, трубопроводная сеть
point feed ~ точечная подача жидкости
position sensing ~ система ориентации (бурового судна или плавучей платформы относительно подводного устья скважины)
positioning ~ система позиционирования, система стабилизации положения (бурового судна)
pressed-air ~ магистраль сжатого воздуха; система подачи сжатого воздуха
pressure alarm ~ система сигнализации, действующая при чрезмерном повышении давления
push and pull ~ шатунная система
push-button control ~ кнопочная система управления
Quarternary ~ геол. четвертичная система
rack and pinion type jacking ~ подъемное устройство реечно-шестеренного типа (на самоподнимающейся платформе)
radius indicating ~ указатель вылета стрелы (крана)
redundant ~ дублирующая система (в системе управления подводным оборудованием)
re-entry ~ система повторного ввода (инструмента в подводную скважину при больших глубинах моря)
regulatory ~ система регулирования
remote control ~ система дистанционного управления, управление на расстоянии
remote data acquisition and control ~ система дистанционного сбора данных, контроля и управления
retrievable control ~ извлекаемая система управления (подводным оборудованием)
riser acoustic tilt ~ акустический датчик угла наклона водоотделяющей колонны
riser buoyancy ~ система обеспечения плавучести водоотделяющей колонны
riser tensioning ~ система натяжения водоотделяющей колонны
rotary ~ вращательный способ (бурения)
SBS ~ система подводного хранения нефти (предусматривающая загрузку танкеров с помощью буя или судна)
secondary pore ~ вторичная пористость
seeboom ~ система морских бонов (ограждение участка моря с разлившейся нефтью)
semi-automated handling ~ полуавтоматическая система для работы с трубами
settling ~ отстойная система (для бурового раствора)
seven-spot flooding ~ семиточечная система заводнения
sheave-linkage ~ рычажная система блоков (талевого каната)
short-range navigation ~ Шоран (система точной аэронавигации, применяемая при геофизическом методе разведки нефтяных месторождений)
single anchor leg mooring ~ одноточечная швартовая система с якорем-опорой
single fluid ~ одножидкостная система
single mixing ~ однофазная система смесеобразования (система для приготовления рабочей жидкости для системы управления подводным оборудованием путем разбавления специального концентрата в пресной воде)
single stack ~ одноблочная система (состоящая из одного блока превенторов и одной водоотделяющей колонны)
single stack and single riser drilling ~ система для бурения с одним блоком превенторов и одной водоотделяющей колонной
submerged ballasting ~ погружная балластная система (полупогружной буровой платформы)
submudline ~ поддонная система (устанавливаемая ниже уровня илистого дна моря)
submudline completion ~ см. submudline type completion system
submudline type completion ~ система заканчивания морских скважин на твердом дне (с донной плитой, заглубленной в илистый грунт)
telescoping joint support ~ устройство для

подвески телескопической секции (*водоотделяющей колонны*)
Tertiary ~ *геол.* третичная система
three-part ~ трехкомпонентная система
tie-to-ground compensation ~ компенсирующее устройство (*бурового судна*), связанное с дном моря
TLI ~ система замера уровня в емкости
tooth and pawl type jacking ~ подъемная система зубчато-балочного типа (*у самоподнимающихся платформ*)
torque transmission ~ устройство для передачи вращающего [крутящего] момента
torque control and monitoring ~ система контроля и регулирования крутящего момента
two-stack ~ двухблочная система (*состоящая из двух блоков превенторов и двух водоотделяющих колонн*)
underwater guide line ~ система подводных направляющих канатов (*связывающих подводное устье скважины с буровым судном или плавучим полупогружным буровым основанием и предназначенных для ориентированного спуска по ним оборудования и инструментов к подводному устью*)
underwater TV ~ система подводного телевидения
unloading ~ система отгрузки (*напр. нефти в танкеры при беспричальном наливе*)
water distribution ~ водораспределительная система
water spray ~ водораспылительная система
water spay extinguishing ~ система пожаротушения водяным орошением
wellhead re-entry ~ система повторного ввода устьевой головки
wet-type ocean floor completion ~ система для заканчивания скважины на океанском дне (*в водной среде*)
withdrawal ~ система отвода (*напр. стингера трубоукладочной баржи*)
X-bracing ~ X-образная система связей (*раскосов, растяжек металлоконструкций морских оснований*)

T

T 1. соединение впритык; тавровое соединение 2. тройник, Т-образная труба 3. тавровая балка; тавровая сталь
reducing ~ тройник с резьбой под трубы разных диаметров, переводный тройник
  table 1. роторный стол 2. плита 3. таблица 4. уровень (*воды в скважине*) 5. доска 6. плоскогорье; плато

conversion ~ таблица [шкала] пересчета, таблица перевода мер
electric power ~ таблица режимов электронагрузки
gauge ~ s таблицы калибровочных данных
ground water ~ уровень [поверхность] грунтовых вод
International critical ~ s Международные физико-химические таблицы основных показателей
lifting ~ подъемная площадка, подъемная платформа
outage ~ s таблицы емкости незаполненного пространства в резервуарах
reduction ~ таблица поправок
reference ~ *см.* conversion table
rotary ~ ротор, роторный стол
water ~ поверхность или уровень грунтовых вод, зеркало воды
  tabular 1. пластовый, пластообразный (*о месторождении*) 2. пластинчатый, слоистый 3. плоский, листообразный, имеющий плоскую форму 4. табличный, в виде таблицы
  tabulate сводить в таблицу, табулировать
  tabulated 1. табулированный, сведенный в таблицу 2. плоский 3. слоистый
  tachometer тахометр, счетчик [указатель] оборотов
  tack прихватка, прихваточный шов ‖ прихватывать, сваривать прихваточными швами
  tacking прихватка, сварка прихваточными швами
  tackle 1. тали, полиспаст; сложный блок 2. снаряжение; принадлежности; оборудование
  tack-welded прихваченный, соединенный прихваточными швами, соединенный прихватками
  tag 1. этикетка; бирка; наклейка (*на мешках цемента, химреагентов и т. д.*) 2. ушко, петля 3. кабельный наконечник 4. коллекторный гребешок
  tagged 1. меченный (*радиоактивными изотопами*); помеченный 2. с металлическим наконечником
  tail 1. хвост, хвостовик; хвостовая часть ‖ сходить на нет ‖ задний, хвостовой 2. хвостовая [концевая] фракция нефтепродукта 3. *pl* хвосты (*обогащения*), отходы; остаток на сите
~ into the derrick затаскивать на буровую
shirt ~ козырек (*лапы*)
  tailing-out *геол.* выклинивание
  tailings отходы, отбросы, хвосты
  tailored подогнанный; рассчитанный; пригнанный
  tailor-made приспособленный (*для определенной цели*); правильно выбранный (*для данных условий*)
  take 1. измерять, снимать размеры 2. твердеть, схватываться 3. добывать, извлекать

~ a strain on pipe захватить трубу и выбрать слабину
~ a stretch on pipe определить место прихвата длиной колонны путем замера величины ее удлинения при натяжке
~ apart разбирать, демонтировать
~ as a datum принимать за нуль, принимать за начало
~ down 1. разбирать, демонтировать, снимать; отвинчивать 2. записывать, фиксировать
~ into account учитывать, принимать во внимание, брать в расчет
~ off 1. начать бурение 2. снимать; разъединять; отвязывать; выключать 3. отправляться
~ the reading сделать расчет (*по шкале прибора*), снять показание прибора, считать показания
~ the weight снять нагрузку
~ to pieces разобрать на части
~ up 1. поднимать; захватывать 2. натягивать; подтягивать, выбирать слабину; устранять чрезмерный зазор, устранять мертвый ход 3. впитывать влагу, поглощать 4. наматывать
~ up shocks амортизировать, воспринимать удары
~ up the belt натягивать ремень

taker:
sample ~ грунтонос
side-wall sample ~ боковой грунтонос

take-in:
quick grip ~ быстродействующее зажимное приспособление

take-off 1. отъем [отбор] мощности 2. отвод, ответвление
power ~ отъем мощности, отбор мощности

take-over приемка (*напр. машины*)

take-up натяжное приспособление; натяжной ролик [шкив]

tallow солидол; тавот, жир ‖ смазывать (*жиром*)

tally 1. бирка, этикетка, ярлык 2. копия, дубликат 3. подсчитывать 4. соответствовать, совпадать (with) 5. прикреплять ярлык

talus *геол.* осыпь, делювий

tamp набивать, трамбовать, уплотнять

tamping трамбование, уплотнение

tandem 1. тандем 2. последовательно расположенный, последовательно соединенный 3. спаренные тележки для перевозки станка 4. сдвоенный 5. каскадно-соединенный

tangent 1. касательная (*к кривой*) ‖ касательный; касающийся 2. тангенс ‖ тангенциальный

tangible 1. реальный 2. *pl* прямые (*расходы*); капитальные затраты, погашаемые амортизацией

tank 1. резервуар, емкость, хранилище, чан, бак, цистерна 2. водоем; водохранилище
accumulator ~ накопительный [сборный] резервуар
additive ~ емкость для добавок
air ~ 1. баллон с воздухом; резервуар для сжатого воздуха 2. пневматический резервуар
air pressure ~ 1. воздушный резервуар, баллон с воздухом 2. воздушный колпак 3. пневматический резервуар
air weighted surge ~ воздушный компенсатор
blender ~ смесительная емкость
bottomless ~ резервуар без днища (*подводное хранилище, в котором закачанная нефть вытесняет морскую воду*)
buoyant ~ понтон
buried ~ заглубленная [подземная] емкость
cement surge ~ емкость для успокоения цементного раствора; осреднительная емкость
cementing ~ цементировочный агрегат
clarifying ~ отстойная емкость, отстойник
compressed air ~ резервуар [баллон] со сжатым воздухом
cuttings ~ емкость для сбора шлама (*на морской буровой*)
cylindrical ~ цилиндрический резервуар для хранения нефтепродуктов
day ~ расходная емкость, расходный резервуар
daily bulk cement ~ расходный бункер для цемента
daily bulk mud ~ расходный бункер для глинопорошка
displacement ~ *см.* gauge tank
drip ~ емкость для улавливания масла или жидкости
dump ~ сливная емкость
elevated ~ *см.* head tank
field ~ сборный промысловый резервуар
flow ~ мерник, отстойник, отстойная емкость
fuel ~ топливный бак, емкость для хранения горючего
gas ~ 1. газгольдер, газометр, резервуар для хранения газа 2. бак для горючего
gauge ~ мерник, мерный бак, мерный резервуар, мерная емкость
gauging ~ *см.* gauge tank
gravity ~ водонапорный резервуар
gun barrel ~ отстойный резервуар, газосепаратор
head ~ напорная емкость
measuring ~ *см.* gauge tank
metering ~ калибровочный резервуар; измерительная емкость
mud ~ резервуар [емкость] для запасного бурового раствора
mud storage ~ 1. бункер для хранения глинопорошка 2. *см.* mud tank
mud surge ~ емкость для успокоения бурового раствора, осреднительная емкость
oil ~ нефтяной резервуар; масляный бак
oil-field ~ промысловый нефтяной резервуар
oil storage ~ складской резервуар для нефти или нефтепродуктов

overflow ~ емкость для слива из мерника лишней жидкости
precipitation ~ *см.* settling tank
preliminary sedimentation ~ первичный отстойник (*для осаждения взвешенных частиц из сточных вод*)
pressure ~ 1. сосуд [бак, емкость], работающий под давлением 2. камера для испытаний под давлением, автоклав
receiving ~ приемный резервуар, приемная емкость
relay ~ промежуточный резервуар
sedimentation ~ *см.* settling tank
separating ~ *см.* settling tank
service storage ~ вспомогательная емкость для хранения
settling ~ отстойный резервуар, отстойник
single compartment test ~ односекционный резервуар для испытания
skimming ~ емкость для сбора плавающих на поверхности воды веществ или предметов
slime ~ шламовый отстойник; отстойная емкость
sludge ~ илосборник, илонакопитель; шламосборник
slugging ~ доливная емкость; мерная емкость
sturry ~ 1. шламовый отстойник 2. резервуар для приготавливаемого цементного раствора
stinger ballast ~ балластная цистерна стингера (*для создания требуемой плавучести*)
trip ~ доливочная емкость (*используемая при подъеме труб из скважины*)
twin compartment ~ двухсекционный испытательный резервуар
waste ~ емкость для отходов (*бурения*) (*на морской буровой*)
underwater storage ~ емкость для сбора и хранения нефти, расположенная на морском дне
tankage 1. вместимость резервуара, цистерны или бака 2. хранение нефтепродуктов в резервуаре 3. «мертвый» остаток в резервуаре; наполнение или налив резервуара; осадок в резервуаре [цистерне, баке] 4. плата за хранение в резервуаре
oil ~ нефтехранилище
tanker 1. танкер, нефтеналивное судно 2. цистерна; автоцистерна
fuel ~ цистерна для топлива
oil ~ *см.* tanker 1
process ~ танкер для первичной обработки продукции скважины
shuttle ~ транспортный танкер снабжения (*морской буровой*)
Tannathin *фирм. назв.* лигнит
Tannex *фирм. назв.* смесь экстракта квебрахо с лигнитом (*разжижитель буровых растворов на водной основе*)
tannin танин
tap 1. ловильный метчик, ловильный колокол 2. метчик (*для нарезки резьбы*) || нарезать резьбу метчиком, нарезать внутреннюю резьбу 3. кран (*водопроводный*) 4. спускное отверстие, трубка для выпускания жидкости || выпускать жидкость 5. пробка, затычка 6. вскрыть пласт 7. отвод, патрубок, ответвление 8. постукивать, слегка ударять; обстукивать
~ off спускать (*отработанное масло*)
~ out делать винтовые нарезы
~ a line 1. просверлить отверстия в трубе 2. сделать ответвление (*трубопровода*)
~ s and dies метчики и плашки
bell ~ ловильный колокол
box ~ *см.* bell tap
fishing ~ ловильный метчик
gas pipe ~ метчик для нарезки газопроводных труб
gauge ~ пробный кран
male fishing ~ ловильный метчик с наружной резьбой
outside ~ *см.* bell tap
screw ~ *см.* taper(ed) tap
taper(ed) ~ ловильный метчик или колокол
wellhead ~ патрубок на устьевом оборудовании скважины
tape 1. лента, тесьма || обматывать лентой 2. мерная лента; рулетка 3. магнитная лента 4. клейкая лента
gauge ~ измерительная рулетка
measuring ~ измерительная лента, рулетка
tracing ~ лента прибора-самописца
taper 1. конус || сводить на конус, сообщать конусность; сходить на конце; давать уклон; суживать; заострять || конический, конусообразный; суживающийся; заостренный 2. конусность, конусообразность, коническая форма; степень конусности 3. скос 4. уклон 5. труба с раструбом
female ~ внутренний конус
male ~ наружный конус
tapered ~ конусный, конический, конусообразный; суживающийся; скошенный, заостренный; клиновидный
tapering 1. конусность (*напр. шейки вала*) || сведение на конус || конический, ступенчатый; суживающийся, уменьшающийся в толщине 2. заострение, утончение 3. *геол.* выклинивание, утончение || выклинивающийся, утончающийся
Tapon *фирм. назв.* обычный кокс (*иногда в смеси с бентонитом*), применяемый для борьбы с поглощением бурового раствора
tapped нарезной, с внутренней резьбой
tapping 1. нарезание резьбы метчиком 2. выпуск жидкости, отцеживание 3. ответвление, отвод
pipeline ~ сверление и нарезка резьбы для соединения с действующим трубопроводом
tar смола; деготь; битум; гудрон, вар || покрывать дегтем; пропитывать дегтем; смолить
acid ~ кислый гудрон

coal ~ каменноугольный деготь, битум; каменноугольная смола
mineral ~ кир, выветрившаяся нефть
oil ~ деготь; гудрон
oil gas ~ смола нефтяного газа
rock ~ нефть, сырая нефть

target 1. задание; план ‖ плановый 2. объект; цель; мишень 3. мишень (*шаровая пробка или глухой фланец на конце тройника для предохранения его разъедания или размыва в точке, где поток, выходящий из скважины, меняет направление*)

tarnish тусклая поверхность; пленка побежалости; налет ‖ делать(ся) тусклым, тускнеть, лишаться блеска; вызывать потускнение

taut туго натянутый, упругий

tax налог ‖ облагать налогом

team 1. бригада, звено, группа (*рабочих*) 2. (*разведочная*) партия

teamwork 1. взаимодействие 2. бригадный метод

tear износ; разрыв ‖ рвать, разрывать; срабатываться
~ apart отрывать
~ down разбирать, сносить (*строение*)
~ off отрывать
~ out 1. разбирать, демонтировать 2. вырывать

tear-down разборка, демонтаж вышки [буровой установки]

tearproof износостойкий

technicals 1. специальная терминология 2. технические детали, технические подробности

technician 1. специалист 2. техник

technique 1. техника, технические приемы, технология; способ; метод 2. техническое оснащение, аппаратура, оборудование
balanced-pressure drilling ~ технология бурения при сбалансированных изменениях гидродинамического давления в скважине
completion ~ технология заканчивания скважин
experimental ~ 1. методика эксперимента 2. экспериментальное оборудование
improved ~ усовершенствованная технология
measuring ~ измерительная техника, техника измерений
N_2 fracturing ~ *см.* N_2 stable-foam frac technique
N_2 stable-foam frac ~ техника гидроразрыва пласта с использованием пенообразного агента, содержащего азот
«packed hole» ~ применение УБТ максимального наружного диаметра (*при бурении в районах, предрасположенных к искривлению ствола скважины*)
«pin-point» ~ точная техника
production ~ 1. техника эксплуатации 2. техническое оснащение эксплуатационным оборудованием

research ~ 1. методика исследований 2. экспериментальное оборудование
restored state ~ воспроизведение пластовых условий при лабораторных исследованиях
simulation ~ техника моделирования
spill-cleaning техника очистки сбросов, оборудование для очистки сбросов

technological технологический

technologist технолог

mud ~ инженер по буровым растворам

technology 1. технология 2. специальная терминология
applied drilling ~ практическая технология бурения
water ~ техника обработки воды

tectonic 1. *геол.* тектонический 2. архитектурный

tectonics *геол.* тектоника

tee *см.* T
~ off делать ответвления
cross ~ крестовина
union ~ трехходовое соединение для труб

teeth зубья, зубцы
bit ~ зубья долота или коронки
chisel ~ остроконечные зубья (*шарошки долота*)
cutter ~ зубья шарошки
digging ~ зубья долота
heel ~ периферийные зубья (*шарошки*)
inner row ~ внутренний ряд зубьев шарошки
intermediate row ~ средний ряд зубьев шарошки
gear ~ зубья шестерни
reaming ~ расширяющие зубья долота
rock bit ~ *см.* cutter teeth

Teflon *фирм. назв.* тефлон, политетрафторэтилен, ПТФЭ

Tel-Bar *фирм. назв.* баритовый утяжелитель

Tel-Clean *фирм. назв.* водорастворимая смазывающая добавка к буровым растворам

teleclinometer дистанционный прибор для измерения кривизны скважин, дистанционный инклинометр
electromagnetic ~ электромагнитный прибор для измерения кривизны скважины

telecontrol дистанционное управление, телеуправление

telegauge дистанционный измерительный прибор

telemeter телеметр, телеизмерительный прибор, дистанционный измерительный прибор; дальномер

telemetering телеизмерение, дистанционное измерение и управление, дистанционный замер (*расхода или уровня*) ‖ телеметрический

teleorientier телеориентир (*устройство для дистанционного контроля за отклонением скважины при наклонном бурении*)

telescope 1. телескопическое устройство 2. раздвигать, выдвигать

telescopic телескопический, выдвижной, раздвижной
telescoping раздвижной
tell-tale устройство для сигнализации о работе электрического прибора или устройства
telluric теллурический, земной
Telnite *фирм. назв.* щелочная вытяжка бурого угля (*аналог УЩР*)
Temblock *фирм. назв.* высоковязкая жидкость, применяемая для ликвидации поглощения
temper 1. отпуск (*стали*) ‖ отпускать 2. закалка (*с последующим отпуском*) ‖ закаливать 3. смесь, раствор смешивать
temperature 1. температура 2. степень нагрева
~ of combustion *см.* combustion temperature
~ of fusion температура плавления
~ of reaction температура реакции
absolute ~ абсолютная температура, температура по шкале Кельвина
ageing ~ температура (*искусственного*) старения
ambient ~ температура окружающего воздуха, температура окружающей среды
bottom hole ~ статическая температура на забое, забойная температура
bottom hole circulating ~ динамическая температура на забое, температура на забое при циркуляции жидкости
centigrade ~ температура по стоградусной шкале, температура по шкале Цельсия
combustion ~ температура горения
dissociation ~ температура диссоциации
Fahrenheit ~ температура по Фаренгейту, температура по шкале Фаренгейта
freezing ~ температура затвердевания; температура замерзания; температура застывания
environment ~ *см.* ambient temperature
equilibrium ~ равновесная температура
hardening ~ температура нагрева при закалке; температура твердения (*цементного раствора*)
heating ~ температура нагрева
normal ~ обыкновенная [комнатная] температура
operating ~ температурный режим работы; рабочая температура
original ~ первоначальная [природная] температура в пласте
outlet ~ конечная температура, температура при выходе
reservoir ~ *см.* rock temperature
rock ~ температура породы в скважине, пластовая температура
saturation ~ температура насыщения; температура точки росы
service ~ *см.* operating temperature
solidification ~ температура затвердевания; температура кристаллизации
steady-state ~ температура установившегося процесса
subfreezing ~ температура ниже точки замерзания
subzero ~ температура ниже нуля
transient ~ неустановившаяся температура
uniform ~ ровная температура
welding ~ температура сварки
working ~ *см.* operating temperature
yield ~ температура текучести, температура растекаемости
zero ~ нулевая температура, абсолютный нуль
temperature-dependent зависящий от температуры
temperature-resistant жаростойкий
tempering ~ 1. термообработка 2. отпуск 3. закалка (*стали*) с последующим отпуском 4. искусственное старение 5. смешивание
template 1. опорная плита для бурения (*служащая временным якорем для направляющих канатов, связывающих дно моря с буровым судном или плавучей полупогружной буровой платформой*) 2. шаблон, лекало
base ~ опорная плита (*служащая основанием или базой для бурения подводной скважины*)
drilling ~ опорная плита для бурения (*морской скважины*)
joint ~ калибр для замкового соединения бурильного инструмента
multiwell ~ опорная плита для куста скважины
pipe ~ трубный шаблон
sea floor ~ донная плита; донный направляющий блок; донный (*опорный*) кондуктор
templet *см.* **template**
Tempojel *фирм. назв.* вязкая, загущенная жидкость с добавкой закупоривающих материалов, применяемая для временной закупорки высокопроницаемых зон при селективной обработке пласта
tenacious вязкий, липкий, клейкий, тягучий
tenacity 1. вязкость, липкость, клейкость, тягучесть; сцепление, связность (*грунта*) 2. прочность на разрыв, сопротивление разрыву
tendency стремление, склонность, тенденция
plugging ~ закупоривающее свойство
tender 1. партия нефтепродукта (*перекачиваемого по трубопроводу*) 2. оператор, механик, рабочий, обслуживающий машину 3. заявка на подрядную работу 4. тендер (*специалист, обеспечивающий работу водолаза и водолазного оборудования*) 5. тендер, тендерное судно (*обслуживающее морские буровые*)
cement ~ цементировочный тендер, цементировочное судно (*для цементирования скважин, пробуренных со стационарных платформ*)
diver ~ ассистент водолаза (*специалист, обеспечивающий работу водолаза и водолазного оборудования*)
drilling ~ буровой тендер (*судно для обслуживания морских буровых установок*)
offshore drilling ~ *см.* drilling tender

tense напряженный, туго натянутый

tensile 1. работающий на растяжение; растяжимый 2. прочный на разрыв, прочный на растяжение

high ~ обладающий высоким сопротивлением разрыву; повышенной прочности, высокопрочный

tensiometer прибор для определения поверхностного натяжения, тензиометр

tension 1. напряжение; напряженное состояние 2. растяжение; растягивающее усилие 3. натяжение 4. упругость, давление (*пара*) 5. эл. напряжение, потенциал

in ~ растянутый; работающий на растяжение; в напряженном состоянии

pull ~ on casing натянуть обсадные трубы, спущенные в скважину (*дать натяжку, выбрать слабину*)

~ on belt натяг ремня

adhesion ~ адгезионное натяжение (*работа адгезии*)

axial ~ растяжение по оси; напряжение при растяжении

belt ~ натяжение ремня

boundary ~ 1. поверхностное натяжение 2. натяжение поверхности раздела фаз

capillary ~ капиллярное давление [напряжение]

elastic ~ упругое растяжение

high ~ высокое напряжение

interfacial ~ поверхностное натяжение на границе раздела фаз, межфазное натяжение

interstitial ~ поверхностное натяжение

load ~ растяжение от нагрузки

low ~ 1. низковольтный 2. низкое напряжение

surface ~ поверхностное натяжение

ultimate ~ 1. предельное растяжение; разрывное [разрушающее] усилие 2. пробивное напряжение 3. предел прочности при растяжении, временное сопротивление растяжению

tensioner натяжное устройство, приспособление для натяжения

compression type ~ натяжное устройство сжимающегося типа (*натяжное устройство, шток которого работает на сжатие*)

counter weight ~ натяжное устройство с противовесом

deadline ~ натяжное устройство мертвого (*неподвижного*) конца (*талевого каната*)

line ~ натяжное устройство направляющего каната

pod line ~ натяжное устройство каната коллектора

riser ~ натяжное устройство водоотделяющей колонны

TV guide line ~ натяжное устройство направляющего каната телевизионной установки

tentative 1. опыт, эксперимент; проба ‖ опытный, экспериментальный; пробный 2. временный (*о стандарте или нормах*)

term 1. срок 2. предел, граница 3. *матем.* член 4. термин 5. терм, энергетический уровень

in ~ s of... при пересчете на ...; выраженный в (*таких-то*) единицах; на языке, с точки зрения

~ by почленно (*разделить или умножить*)

~ of life срок службы

~ of payment условия платежа; срок платежа

terminal 1. зажим, клемма; ввод, вывод 2. концевая муфта 3. конечная станция; конечный пункт; сортировочная станция; перевалочная база для перегрузки материалов для бурения с одного вида транспорта на другой; тупиковый склад; конечная станция на трубопроводе 4. *pl* плата за погрузочно-разгрузочные работы

gravity loading ~ гравитационный погрузочный причал (*для налива нефти в танкеры*)

marine ~ портовая база, перевалочная база с водного пути на железнодорожный

ocean ~ океанская перевалочная база

oil ~ базовый склад, перевалочный склад для нефти и нефтепродуктов

receiving ~ приемочная станция, конечный (*резервуарный*) парк

river ~ речная (*перевалочная*) база

shipping ~ морская перевалочная база, портовый склад

terminalling перевалка грузов; перегрузка грузов; грузовые операции в конечных пунктах

terminate 1. ставить предел; ограничивать 2. кончать, оканчивать, завершать 3. присоединять к режиму

terminology терминология

terminus конечная станция; конечный пункт; узловая станция; сортировочная станция

ternary тройной, трехкомпонентный (*сплав*); состоящий из трех элементов

terrace терраса; уступ; насыпь

terrain 1. почва, грунт 2. местность, территория; рельеф местности

terrestrial земной, наземный; сухопутный

territory территория; зона; площадь

proven ~ оконтуренная продуктивная площадь; разведанное месторождение

Tertiary *геол.* третичная система ‖ третичный

late ~ верхнетретичный

test 1. испытание, проверка; опыт; проба; исследование, анализ ‖ испытывать, проверять; исследовать; производить анализ 2. опробование (*скважины*) ‖ опробовать 3. определение угла наклона скважины

~ for soundness испытание (*цемента*) на равномерность изменения объема

~ to destruction испытание до разрушения (*образца*)

acceptance ~ приемное испытание, испытание на соответствие техническим условиям

acid ~ проба на кислую реакцию

air (pressure) ~ испытание на герметичность

сжатым воздухом; испытание под давлением; опрессовка
alkali ~ натровая проба
back pressure ~ исследование скважин методом противодавления
ball (indentation) ~ определение твердости по Бринелю, определение твердости вдавливанием шарика
bedrock ~ бурение скважины для определения мощности наносов и характера коренной породы
bench ~ стендовое испытание
bend ~ испытание на изгиб [сгиб, загиб]
bending ~ *см.* bend test
bend-over ~ испытание на загиб; испытание на изгиб
breakdown ~ *см.* breaking test
breaking ~ 1. испытание с разрушением (*образца*); испытание до разрушения (*образца*) 2. испытание на излом; испытание на разрыв 3. *эл.* испытание на пробой изоляции
Brinell hardness ~ определение твердости по Бринелю
buckling ~ испытание на продольный изгиб
bump ~ испытание на удар
burst ~ испытание на разрыв внутренним давлением
centrifuge ~ проба на центрифуге
certificate ~ протокол испытания
Charpy (impact) ~ испытание на удар по Шарпи, определение ударной вязкости по Шарпи
check ~ контрольное [поверочное] испытание
compression ~ испытание на сжатие
corrosion ~ испытание на коррозию, коррозионное испытание
crack(ing) ~ испытание на склонность к образованию трещин
creep ~ испытание на ползучесть
DAP ~ определение содержания диаммонийфосфата в буровом растворе
deflection ~ испытание на изгиб
destructive ~ испытание с разрушением образца
development ~ оценочная скважина
draw-down ~ исследование скважин методом понижения уровня
drift ~ проверка (*шаблоном*) постоянства внутреннего диаметра; проверка шаблоном
drillstem ~ опробование испытателем пласта, спущенным на колонне бурильных труб
dry ~ испытание на эффективность тампона, цементирования или изоляционного моста
dynamic ~ динамическое испытание
efficiency ~ проверка производительности (*машины*), определение коэффициента полезного действия
elongation ~ испытание на растяжение
endurance ~ испытание на выносливость; испытание на продолжительность (*работы установки*); испытание на усталость

evaluation ~ испытание для оценки качества; оценка качества
evaporation ~ испытание [проба] на испаряемость
exploratory ~ поисковая скважина
factory ~ заводское испытание
fatigue ~ испытание на выносливость; испытание на усталость
field ~ промысловые испытания; испытание на месте установки
final ~ окончательное испытание; испытание готового изделия
flow ~ исследование на приток
foam ~ испытание цементного или бурового раствора на вспенивание
fracture ~ испытание на излом; исследование излома
full-scale ~ натурные испытания
gamma-ray ~ просвечивание гамма-лучами, гаммаграфия, радиография
gravity ~ определение плотности
hardness ~ определение твердости
high torque ~ испытание при максимальном крутящем моменте
hydraulic (pressure) ~ испытание под гидравлическим давлением, гидравлическое испытание
hydrostatic ~ гидростатическое испытание
impact ~ испытание на удар; определение ударной вязкости; ударное испытание
indentation ~ определение твердости вдавливанием шарика, конуса
indicator ~ снятие индикаторной диаграммы
injectivity-index ~ определение коэффициента приемистости скважины
insulation ~ испытание качества изоляции
interference ~ испытание (*скважин*) на интерференцию
Izod (impact) ~ испытание на удар по Изоду, определение ударной вязкости по Изоду
laboratory ~ лабораторное испытание
leak(age) ~ испытание на герметичность
life ~ испытание на продолжительность работы, определение срока службы
load ~ испытание под нагрузкой
loading ~ испытание нагрузкой, статическое испытание
maintenance ~ испытание в период эксплуатации, эксплуатационное испытание
mechanical ~ механическое испытание, испытание механических свойств
mill ~ заводское испытание
model flow ~ испытание на гидродинамической модели
moment ~ испытание на изгиб; испытание на моментную нагрузку
no-load ~ испытание на холостом ходу; испытание без нагрузки
non-destructive ~ испытание без разрушения образца
official ~ *см.* acceptance test

penetration ~ испытание на твердость при помощи пенетрометра, пенетрометрия
percent ~ выборочный контроль
performance ~ испытание на производительность; эксплуатационное испытание; проверка режима работы
periodic ~ периодическое испытание
permeability ~ испытание на проницаемость
physical ~ механическое испытание
pilot ~ пробное испытание
potential ~ испытание на определение потенциального дебита скважины
pressure ~ опрессовка, гидравлическое испытание на герметичность; испытание под давлением
pressure decline ~ исследование падения давления
producing ~ *см.* production test
production ~ 1. пробная эксплуатация (*скважины*), испытание на приток 2. заводское испытание
proof ~ испытание, пробное испытание, проверочное испытание
pulling ~ испытание на разрыв или на растяжение
repeated bending stress ~ испытание на усталость при изгибе
repeated compression ~ испытание на усталость при многократных сжатиях
repeated bending stress ~ испытание на усталость при повторных растяжениях
repeated dynamic stress ~ испытание на усталость при повторных динамических напряжениях
repeated impact ~ испытание на усталость или выносливость при повторных ударах
repeated impact tension ~ испытание на усталость при повторном ударном растяжении
repeated load ~ испытание повторной нагрузкой
repeated stress ~ испытание на вибропрочность, испытание на усталость или выносливость при повторных переменных нагрузках
repeated tensile stress ~ испытание на растяжение при пульсирующей нагрузке
repeated tension ~ *см.* repeated direct stress test
repeated torsion ~ испытание на усталость или выносливость при повторном кручении
reservoir limit ~ определение границ пласта, ОГП
ring ~ испытание цементного раствора на относительную текучесть
Rockwell hardness ~ определение твердости по Роквеллу
rule of thumb ~ грубый [приближенный] метод оценки
screen ~ *см.* sieve test
screening ~ 1. ситовый анализ 2. отборочное испытание, предварительное испытание, испытание на моделирующей установке

service ~ *см.* maintenance test
setting-time ~ испытание срока схватывания цемента
severe ~ испытание в тяжелых условиях эксплуатации
shear(ing) ~ испытание на сдвиг [срез]
shock ~ ударное [динамическое] испытание; испытание на удар
Shore dynamic indentation ~ определение твердости по Шору
sieve ~ ситовый анализ
site ~ испытание на месте установки
soil bearing ~ испытание грунта на несущую способность
soundness and fineness ~ испытание цемента на доброкачественность и тонкость помола
specific gravity ~ определения удельной плотности
tensile ~ испытание на разрыв или растяжение
tensile and compression ~ испытание на разрыв и сжатие
tensile fatigue ~ испытание на усталость при растяжении
tensile impact ~ *см.* tensile shock test
tensile shock ~ ударное испытание на разрыв
tension ~ *см.* tensile test
thawing and freezing ~ испытание на замораживание и оттаивание
thickening time ~ определение времени загустевания (*цементного раствора*)
toughness ~ испытание на ударную вязкость
torque ~ определение крутящего момента; испытание на кручение [скручивание]
torsion(al) ~ испытание на скручивание [кручение]
torsion impact ~ испытание на ударное скручивание
trial ~ предварительное испытание
twisting ~ испытание на скручивание
warranty ~ *см.* acceptance test
water ~ 1. испытание закрытия воды 2. гидравлическое испытание
wear(ing) ~ испытание на износ; испытание на истирание
weld ~ 1. испытание сварного соединения; испытание сварного шва 2. пробная сварка
weldability ~ испытание [проба] на свариваемость
wrapping ~ испытание (*провода*) на перегиб
X-ray ~ рентгеновский контроль

tested испытанный, проверенный, опробованный; разведанный

tester 1. испытательный прибор; контрольно-измерительный прибор 2. щуп; зонд 3. испытатель пласта, опробователь 4. испытатель; лаборант 5. прибор для определения места течи в обсадных трубах
bool weevil ~ специальный инструмент для опрессовки (*подводного оборудования*)
casing ~ испытатель труб; контрольный

прибор для исследования обсадной колонны труб на герметичность
deadweight ~ 1. испытатель пласта, управляемый весом бурильной колонны 2. грузовой испытатель (*пресс для испытания манометров*)
drillstem ~ испытатель пласта, спускаемый на бурильной колонне
flow ~ прибор для определения производительности пласта
formation ~ испытатель [опробователь] пласта
megger earth ~ прибор для измерения электрического сопротивления грунта
orifice well ~ диафрагменный расходомер
pressure controlled ~ испытатель пласта, управляемый давлением
Izod ~ прибор для определения ударной вязкости по Изоду
Rockwell ~ прибор для определения твердости по Роквеллу
sand ~ испытатель нефтеносного пласта (*перфорированная труба в насосно-компрессорной колонне, помещаемая между пакерами*)
wall-building ~ прибор для определения коркообразующих свойств бурового раствора

testing испытание, проверка; исследование, анализ; опробование ‖ испытательный, проверочный; пробный
air ~ опрессовка (*труб*) воздухом
drillstem ~ опробование испытателем пласта, спущенным на колонне бурильных труб
environmental ~ испытание в условиях, моделирующих эксплуатационные
fatigue ~ испытание на усталость
formation ~ опробование пласта
full hole ~ испытание скважины при полном диаметре ствола (*без штуцера*)
hydraulic ~ *см.* hydraulic (pressure) test
hydrostatic ~ гидравлическая опрессовка (*трубопроводов*)
impact ~ испытание на ударную вязкость, динамическое испытание, ударная проба
openhole ~ опробование необсаженной скважины
quality ~ испытание качества
pipe ~ опрессовка труб
production ~ пробная эксплуатация (*скважины*); испытание на приток
ultrasonic ~ ультразвуковая дефектоскопия
up the hole ~ последовательное опробование скважин снизу вверх
well ~ опробование скважины
well performance ~ исследование поведения скважин
X-ray ~ рентгеноскопический анализ

Tetra *фирм. назв.* тетрафосфат натрия
tetrachloride четыреххлористое соединение, тетрахлорид
carbon ~ тетрахлорид углерода (CCl_4)
tetraphosphate тетрафосфат

sodium ~ тетрафосфат натрия ($Na_6P_4O_{13}$)
Tetronic *фирм. назв.* ПАВ для РУО и газообразных систем, являющееся эмульгатором и вспенивающим реагентом
Texcor *фирм. назв.* тампонажный цемент для глубоких и горячих скважин
texture структура, текстура; строение
beam ~ лучистая структура
coarse ~ крупнозернистая текстура
filter cake ~ физические свойства фильтрационной корки
fine ~ тонкозернистая текстура
flaky ~ чешуйчатая структура
thaw таять; оттаивать; протаивать
thawing оттаивание; протаивание; растепление (*вечной мерзлоты*)
straight ~ оттаивание (*грунта*)
theoretical теоретический; идеальный
theory 1. теория 2. метод 3. версия, предположение
diastrophic ~ of oil accumulation структурная теория образования залежей нефти
diastrophic ~ of oil migration структурная (*диастрофическая*) теория миграции нефти
~ of continental drift теория горизонтального перемещения материков
biochemical ~ биохимическая [органическая] теория происхождения нефти
coal ~ теория происхождения нефти из ископаемых углей
hydraulic ~ гидродинамическая теория
inorganic ~ теория неорганического происхождения нефти
organic ~ органическая теория (*происхождения нефти*)
Woods — Lubinski ~ теория Вудса — Лубинского о маятниковом поведении бурильной колонны в скважине, объясняющая отклонение ствола от вертикали
therm терм (*единица теплосодержания газа, равная 10^5 Британских тепловых единиц или 105,5 МДж*)
thermistor термистор, термосопротивление
thermocouple термопара
thermometer термометр
alarm ~ сигнальный термометр
contact(ing) ~ контактный термометр
recording ~ самопишущий термометр, термограф
resistance ~ термометр сопротивления, резисторный термометр
subsurface ~ глубинный термометр
thermistor ~ термометр сопротивления; термистор
thermoelectric термоэлектрический
thermopile термоэлектрический элемент; термоэлектрическая батарея
thermoplastic термопластический
thermoplastics термопласты; термопластические материалы; термопластические смолы

Thermo-Seal *фирм. назв.* водорастворимый углеводородный понизитель водоотдачи в условиях высоких температур для всех систем буровых растворов

Thermo-Trol *фирм. назв.* смесь смолы и лигнита для регулирования реологических свойств и водоотдачи буровых растворов в условиях высоких температур и давлений

thermosets термореактивные материалы; термореактивные смолы

thermosetting термореактивный

thermostability теплостойкость, теплоустойчивость, термостойкость

thermostable теплостойкий, теплоустойчивый, термостойкий

thermostat термостат, терморегулятор, стабилизатор температуры

thick 1. мощный (*пласт, толща*) 2. плотный, густой 3. толстый 4. мутный (*о жидкости*)

thicken густеть; твердеть; делаться плотнее, уплотняться

thickened загущенный, сгущенный

thickener загущающий агент, загуститель
mud ~ сгущающая добавка к буровому раствору, загуститель

thickening загустевание
~ of mud загустевание бурового раствора
transient ~ временное загустевание (*раствора*)

thickness мощность (*пласта*), загущенность, вязкость; толщина; густота
~ of deposit мощность отложений
cake ~ толщина фильтрационной корки
cover ~ мощность покрывающих пород
logged ~ мощность (*пласта*), отмеченная в буровом журнале
net ~ эффективная мощность (*пласта*)
sand ~ мощность песчаника [песчаного пласта, продуктивного горизонта]
wall ~ толщина стенки (*трубы*)

thick-walled толстостенный

thief прибор для отбора проб жидкости или сыпучих материалов
oil ~ пробоотборник, прибор для отбора пробы нефти из резервуара или трубопровода
pressure ~ прибор для отбора пробы с забоя скважины, дающий возможность определить количество газа в нефти при забойном давлении
rod ~ пробоотборник с длинным стержнем для отбора проб жидкостей и сыпучих материалов
sample ~ пробоотборник

thimble 1. серьга каната; коуш для стального каната 2. наконечник; гильза

thin 1. жидкий; тонкий, редкий 2. утончаться 3. разжижать (*буровой раствор*)
~ away *геол.* выклиниваться
~ down разжижать (*буровой раствор*)
~ out 1. см. thin away 2. снизить вязкость (*нефти*)

thinner разбавитель; разжижитель, понизитель вязкости

thinning 1. утончение, выклинивание пласта 2. разжижение; разбавление 3. разжижающий; разбавляющий

thin-walled тонкостенный

Thix *фирм. назв.* эмульгатор и понизитель водоотдачи для безглинистых буровых растворов

Thixolite *фирм. назв.* облегченный тиксотропный цемент, применяемый для борьбы с поглощением бурового раствора

Thixoment *фирм. назв.* тиксотропный цемент, применяемый для борьбы с поглощением бурового раствора

thixotropic тиксотропный

thixotropy тиксотропия (*явление обратимого процесса перехода студней и гелей в жидкое состояние при механическом воздействии*)

Thix-Pak *фирм. назв.* эмульгатор для безглинистых буровых растворов

Thixset *фирм. назв.* тиксотропный цемент

thorn ловильный метчик

thread 1. резьба; нарезка || нарезать резьбу 2. нитка виток (*резьбы*) 3. шаг винта 4. *геол.* прожилок 5. *эл.* жила провода
~ s per inch число ниток резьбы на один дюйм
~ up 1. завернуть резьбу 2. свинчивать
acme ~ трапецеидальная резьба (*с углом профиля 29°*)
American National screw ~ американская нормальная резьба
bastard ~ нестандартная резьба
box ~ внутренняя резьба
British Association ~ резьба Британского комитета стандартов (*с углом 47,5° для точной механики*)
buttress ~ трапецеидальная резьба; упорная резьба
casing ~ резьба обсадных труб
conical ~ коническая резьба (*муфт бурильных труб*)
deep ~ глубокая нарезка
external ~ наружная резьба
female ~ внутренняя нарезка трубы; внутренняя резьба; гаечная резьба
galled ~ смятая резьба
gas ~ трубная резьба, газовая резьба
heavy-duty ~ резьба для передачи значительных усилий, «силовая» резьба
imperfect ~ неполная резьба
left-hand ~ левая резьба
left-hand tool joint ~ левая замковая резьба
male ~ наружная нарезка [резьба]
perfect ~ чистая резьба, нарезка с полным профилем
pin ~ наружная резьба, замковый конус
pipe ~ трубная резьба

pipeline ~ соединительная резьба труб (*у трубопроводов*)
recessed ~ углубленная нарезка
right-hand ~ правая резьба
round ~ резьба округленного профиля
running ~ спусковая резьба (*на подвесной головке обсадной колонны для подсоединения к ней резьбового спускового инструмента*)
screw ~ винтовая нарезка, резьба
sharp ~ остроугольная резьба, резьба конического профиля
stripped ~ сорванная резьба
tapered ~ коническая резьба, резьба (*любого профиля*) на конусном соединении; резьба остроугольного профиля
trapezoidal ~ трапецеидальная резьба
tubing ~ резьба насосно-компресcoных труб
USA Standard ~ американская стандартная остроугольная резьба с углом профиля 60°; углубления и гребни, срезанные на плоскость, шириной $1/8$ шага резьбы
work-hardened ~s наклеп резьбы, приобретенный по время работы

threaded снабженный резьбой; резьбовой
right-and-left ~ деталь, имеющая с одного конца правую, а с другого — левую резьбу

threading резьба; нарезание резьбы || резьбонарезной
cross ~ заедание резьбы (*при навинчивании «через нитку»*)
false ~ фальшивая резьба (*для ловли инструмента*)

threadless без резьбы, ненарезанный (*конец*)

Threadlock фирм. назв. специальная резьбовая смазка, устойчивая к воздействию высоких давлений и температур

three-dimensional трехмерный, пространственный, объемный

three-stage трехступенчатый; трехкаскадный

three-unit 1. трехагрегатный 2. трехсекционный 3. трехзначный

three-way 1. трехходовой (*о клапане*) 2. трехсторонний

thribble тройной, строенный || трехтрубная свеча (*бурильных труб*), трехтрубка

throat 1. *св.* наименьшая толщина сварного шва 2. перехват, короткая соединительная часть (*в трубопроводе*)

throttle регулятор; дроссель, дроссельный клапан || дросселировать, изменять подачу (*газа*)
~ down уменьшить подачу (*газа*), дросселировать, суживать сечение (*трубы*) посредством дроссельного клапана
~ down a well прикрыть задвижку на скважине

throttling дросселирование, регулирование || дроссельный, регулирующий

throughflow поток; расход, количество протекающей (*через пласт*) жидкости

cumulative ~ общий или суммарный поток жидкости в пласте
fractional ~ количество жидкости, протекающей через отдельный прослой (*пласта*)

throughput пропуская способность, производительность; расход

throw 1. бросок; толчок 2. радиус кривошипа 3. ход (*поршня, шатуна и т. п.*) 4. размах; эксцентриситет 5. бросок (*стрелки измерительного прибора*) 6. кидать, бросать 7. отклонение 8. *геол.* вертикальное перемещение, вертикальная высота сброса; упавшее крыло
~ of piston ход поршня
~ of pump высота подачи насоса; ход насоса
~ off сбрасывать, расцеплять; сбрасывать нагрузку
~ off a belt сбрасывать ремень со шкива
~ out of gear разъединять; расцеплять
~ out of motion остановить (*машину*); выключить перекидной переключатель или рубильник
~ the hole off искривить скважину
fault ~ амплитуда сброса

throw-off 1. механизм для автоматического выключения подачи, автоматический прерыватель подачи 2. сбрасыватель, разъединяющий тяги от группового привода к скважинам

thrust 1. осевое [аксиальное] давление, осевая нагрузка 2. упор, опора 3. противодействующая сила, противодавление 4. *геол.* надвиг, взброс 5. напор, нажим 6. тяга (*двигателя или винта*)
~ of pump *см.* pump thrust
bit ~ гидравлическое давление механизма гидравлической подачи долота по манометру
end ~ 1. давление на выходе 2. осевое [аксиальное] давление
pump ~ напор, развиваемый насосом
shear ~ сдвигающее или срезающее усилие

thruster 1. толкатель 2. домкрат
acoustical ~ движитель, не создающий помех, отрицательно влияющих на работу гидрофонной системы позиционирования

ticket 1. ярлык; билет; сертификат; этикетка 2. квитанция замерщика нефтепродуктов в резервуаре, цемента или химических реагентов на складе и т. д.

tidal зависящий от прилива и отлива; подверженный действию приливов || приливной

tide 1. морской прилив и отлив 2. поток, течение, направление

tie 1. связь; соединительная тяга; анкерная связь, распорка || связывать, скреплять 2. поперечное ребро
~ down закреплять
~ in присоединять (*трубопровод*)
~ on свинчивать (*трубы*)
angle ~ угловая связь, угловое крепление
cross ~ поперечная связь; поперечина
wall ~ анкерная связь; анкер

tie-back 1. надставка 2. оттяжка
liner ~ надставка хвостовика
tie-bar ~ соединительная тяга (*для подвески отводного устройства к подроторной раме*)
tie-up:
underwater ~ подводная врезка (*в уложенный ранее трубопровод без нарушения транспортировки продукции*)
tie-rod стяжка; связь; соединительная тяга из круглого железа; распорка; поперечина
tight 1. плотный, непроницаемый, герметичный 2. тесный, тугой, крепко затянутый, закрепленный 3. крепкий; прочный; посаженный наглухо; собранный без зазора; заклиненный
coupling power ~ машинное крепление муфтового соединения
dust ~ пыленепроницаемый
finger ~ свинченный [закрепленный] пальцами (*без применения ключей*)
gas ~ газонепроницаемый
hand ~ ручное крепление ǁ навинченный вручную
machine ~ свинченный на станке
power ~ закрепленный [свинченный] на станке
tighten 1. натягивать (*ремень*); затягивать (*резьбу*) 2. уплотнять 3. закреплять; подчеканивать 4. нажимать, приводить в действие (*тормоз*)
~ up 1. затягивать (*резьбовое соединение*), подтянуть (*гайку*) 2. уплотнять, подчеканивать
tightened затянутый, завинченный до конца [упора]
tightener натяжное устройство, натяжной ролик; натяжной шкив
belt ~ натяжной шкив для ленты (*конвейера*); натяжной ролик для ремня
tightening 1. уплотнение; набивка; прокладка 2. закрепление, затяжка; подтягивание 3. натяжной, стяжной
~ of threads натяг при свинчивании резьбового соединения
tightness 1. плотность; герметичность 2. натяг (*в посадках*); степень затяжки, плотность затяжки
pressure ~ непроницаемость под давлением; плотность [герметичность], проверенная испытанием под давлением
till тил(л)ь; глинистые пестрые образования; ледниковое отложение; валунная глина
tilt наклон; угол наклона; наклонное положение ǁ наклонять(ся); опрокидываться
tiltable наклонный; опрокидывающийся; откидной
tilted наклонный, установленный под углом
tilted-up опрокинутый
tilting наклонный, поворотный; устанавливающийся под углом (*или наклонно*); опрокидывающийся; качающийся; шарнирно прикрепленный ǁ опрокидывание; наклон; качание
~ of beds *геол.* опрокидывание пластов
timber 1. строевой лес; бревна; доски 2. крепь ǁ крепить, закреплять 3. бревно, брус; балка
time 1. время, продолжительность; период; срок ǁ рассчитывать по времени; отмечать время; хронометрировать 2. такт; темп
net ~ on bottom время механического бурения
take ~ выдержать время
~ of advent время вступления [прихода] (*сейсмоволны*)
~ of arrival *см.* time of advent
~ of ascend время всплытия (*напр. полупогруженной буровой платформы до транспортной осадки*)
~ of heat продолжительность нагрева (*при определенной температуре*)
~ of running in время, требуемое на спуск бурового инструмента
~ of setting *см.* setting time
~ of transit время пробега (*сейсмоволны*)
~ on trips *см.* trip time
arrival ~ *см.* time of advent
average mooring ~ среднее время постановки на якоря (*бурового судна или полупогруженной установки*)
braking ~ длительность торможения
closed-in ~ продолжительность закрытия скважины (*остановки*)
connection ~ время, затрачиваемое на наращивание инструмента (*добавление свечи*)
delay ~ время запаздывания (*действия прибора и т. п.*)
delta ~ изменение времени, прирост времени
development ~ время доводки (*конструкции*)
down ~ простой, время простоя
drilling ~ *см.* net drilling time
equal travel ~ равные времена пробега (*сейсмоволны*)
fiducial ~ опорное время
final setting ~ время окончания схватывания (*цементного раствора*)
finite ~ конечный промежуток времени
flush ~ время промывки (*скважины перед цементированием*)
full ~ полный рабочий день
idle ~ вынужденная остановка, простой
in unit ~ в единицу времени
infinite closed-in ~ бесконечное время с момента остановки (*скважины*)
initial setting ~ время начала схватывания цементного раствора
intercept ~ *сейсм.* отрезок на оси времени от начала координат до пересечения с продвинутой ветви годографа
jelling ~ время загустевания (*раствора*)
lost ~ простойное время станка (*во время цементирования, ликвидации аварий, монтажа, демонтажа, ремонта и транспортировки*)

make up ~ время на свинчивание и спуск обсадной или бурильной колонны
mean ~ среднее время
mooring ~ время постановки на якоря (*бурового судна или полупогружной установки*)
net drilling ~ время чистого бурения
operating ~ рабочее время
outage ~ аварийный простой
pipe abandoning ~ время на оставление трубы на дне моря в случае экстренной эвакуации судна-трубоукладчика
pipe recovery ~ время на извлечение трубы (*временно оставленной трубоукладчиком на дне моря*)
production ~ время отбора; продолжительность отбора; продолжительность эксплуатации
pumping ~ время цементирования (*суммарное время, требуемое для процесса цементирования от начала приготовления цементного раствора до продавки его на требуемую глубину или окончания циркуляции при необходимости вытеснения излишков цементного раствора на поверхность*)
reaction ~ время срабатывания
readiness ~ время подготовки к работе
reciprocating ~ время непосредственного бурения или углубления (*при канатном бурении*)
recovery ~ время восстановления режима; время возврата в исходное [устойчивое] положение; длительность переходного режима
release ~ время отсоединения [разъединения]
removal ~ время на демонтаж
repair and servicing ~ время на ремонт и обслуживание
response ~ время запаздывания, время срабатывания; инерционность (*прибора или устройства*)
rig ~ время бурения (*для расчета коммерческой скорости*)
rig up ~ *см.* setup time 2
running ~ фактическое время работы станка [установки]
set ~ установленное [заданное] время
setting ~ время схватывания цементного раствора
setup ~ 1. *см.* setting time 2. время на монтаж буровой установки
shot hole ~ *сейсм.* время пробега волны вдоль взрывной скважины
shut-in ~ продолжительность остановки (*скважины*)
station ~ время стоянки (*бурового судна на точке бурения*)
tear-down ~ затрата времени на демонтаж буровой установки
thickening ~ время загустевания цементного раствора; время от начала затворения до момента, когда цементный раствор начинает

терять способность прокачиваться насосом
travel ~ *сейсм.* время пробега (*волны*)
travelling ~ *см.* travel time
transit ~ *см.* travel time
trip ~ время на спуск или подъем снаряда
unproductive ~ простой, непроизводительно затраченное время; время, затраченное на подсобные операции
uphole ~ поправка времени на глубину скважины
wait on plastic ~ время ожидания затвердевания пластмассы (*при тампонировании скважины полимерами*) (*до получения прочности, равной 7 МПа*)

timed 1. синхронный, синхронизированный 2. с выдержкой времени; рассчитанный по времени 3. хронометрированный

time-dependent связанный временной зависимостью, переменный по времени

time-lagged замедленный, с задержкой; с выдержкой времени

time-out перерыв, простой (*в работе*)

time-proof долговечный, прочный, с большим сроком службы

timer 1. таймер; автоматический прибор, регулирующий продолжительность операции; регулятор выдержки времени 2. реле времени 3. отметчик времени 4. программное устройство; программный регулятор 5. прерыватель; регулятор зажигания 6. хронометр 7. хронометражист, нормировщик
contactor ~ электромагнитный прерыватель
dashpot-type ~ *см.* pneumatic timer
electronic ~ электронный регулятор времени
magnetic relay ~ электромагнитный прерыватель
mechanical ~ механический регулятор времени; механический прерыватель
pneumatic ~ пневматический регулятор времени
program ~ программный регулятор (*прибор с автоматической регулировкой по заданной кривой*)

time-table расписание

time-tested испытанный временем, прошедший длительное испытание, надежный

time-varying изменяющийся по времени

timing 1. согласование во времени; синхронизация, синхронизирование 2. настройка выдержки реле времени 3. хронометрирование; хронометраж 4. распределение интервалов времени 5. распределение [регулирование] моментов зажигания

tin 1. олово (Sn) ‖ лудить, покрывать оловом ‖ оловянный 2. белая жесть 3. жестянка; консервная банка; жестяной сосуд

tinned 1. оловянный; покрытый оловом, луженый 2. консервированный в жестяных банках

tinning облуживание, лужение, покрытие оловом

tip 1. наконечник; тонкий конец; кончик; гребень (*витка резьбы*); вершина (*зуба*); венец, вершина (*турбинной лопатки*); насадок; мундштук 2. *св.* рабочая часть электрода 3. приварной или припаянный конец режущего инструмента 4. головка штепселя 5. контакт (*реле*) 6. наклонять; опрокидывать; выгружать, опорожнять; сбрасывать, сваливать

~ of spud cap наконечник опорного понтона (*облегчающий заглубление опоры в грунт дна моря*)

blade ~ конец лопасти; конец лопатки
burner ~ наконечник горелки
orifice ~ калиброванный наконечник
technical ~s практические указания

tipped 1. снабженный наконечником; заостренный 2. с наплавленной режущей кромкой; с пластиной, припаянной или приваренной к концу инструмента

tipper опрокидывающий механизм, опрокидыватель

tipping 1. качающийся, откидной, наклонный ‖ опрокидывание 2. наплавка режущей кромки; припаивание или приварка пластины к концу инструмента

titrate титровать
titration титрование
titrator титратор (*прибор*)

toe 1. подножье; пята; подошва насыпи; основание уступа 2. палец; кромка; подпятник 3. часть скважины, заполненная зарядом; минный карман 4. *св.* кромка наружной поверхности шва

Tol-Aeromer *фирм. назв.* ингибитор кислородной коррозии для всех систем буровых растворов

tolerance 1. допуск; зазор; допустимое отклонение; допустимый избыточный вес, размер и пр. 2. выносливость, устойчивость к вредным воздействиям

allowable ~ допуск
basic ~ основной допуск
close ~ допуск в узких пределах, жесткий допуск
temperature ~ интервал допустимых температур

toluene толуол
ton тонна
~ of refrigeration тонна охлаждения (*англ.*= =3,86 кВт, *ам.*=3,5 кВт)
long ~ длинная [большая] тонна (*1016,6 кг*)
metric ~ метрическая тонна (*1000 кг*)
net ~ *см.* short ton
short ~ короткая (*американская*) тонна (*2000 англ. фунтов=907,2 кг*)

tonalite *геол.* тоналит

tongs 1. трубный ключ 2. клещи; щипцы; плоскогубцы; захваты

back up ~ задерживающий ключ (*нижний ключ, применяемый при развинчивании труб*)
back up chain ~ простой цепной ключ
break out ~ трубный ключ
casing ~ трубный ключ, ключ для обсадных труб
chain ~ цепной трубный ключ
chain pipe ~ *см.* chain tongs
eccentric ~ эксцентрический ключ для труб
hand ~ ручной ключ
pipe ~ трубный ключ
power ~ приводной [механический] трубный ключ
power tubing ~ механический трубный ключ гидравлического (*или пневматического*) действия
reversible chain ~ двусторонний цепной ключ
rotary ~ машинный ключ, ключ для свинчивания и развинчивания бурильных труб
slide ~ клещи для труб
tubing ~ ключ для свинчивания насосно-компрессорных труб

tongue 1. язык; язычок 2. шпунт, шип, шпонка; гребень; выступ; ус; прилив ‖ соединять в шпунт, соединять на шипах 3. лапка; лепесток 4. якорь электромагнитного реле 5. стрелка весов 6. *геол.* апофиза; быстровыклинивающийся пласт

tonnage тоннаж, грузоподъемность в тоннах, масса в тоннах

tonne *см.* metric **ton**

tool 1. (*режущий*) инструмент; резец ‖ обрабатывать инструментом; обрабатывать резцом 2. станок, приспособление 3. оснащать инструментами

blowout preventer test ~ инструмент для испытания противовыбросового превентора
BOP stripping ~ инструмент для демонтажа блока превенторов
bowl protector running and retrieving ~ инструмент для спуска и подъема защитной втулки (*устанавливаемой в устьевую головку с целью предохранения рабочих поверхностей головки от повреждения при прохождении бурового инструмента*)
cable drilling ~ бурильный инструмент для ударно-канатного бурения; установка ударно-канатного бурения
cable fishing ~ ловильный инструмент для ударно-канатного бурения
cable ~ *см.* cable drilling tool
cam actuated running ~ инструмент для спуска с гребенками; спусковой инструмент с гребенчатыми плашками
casing hanger packoff retrieving and reinstallation ~ инструмент для съема и повторной установки уплотнения подвесной головки обсадной колонны
casing hanger running ~ инструмент для спуска подвесной головки обсадной колонны

tool | 298 | tool

(для спуска обсадной колонны и подвески ее в подвесной головке предыдущей колонны)
casing hanger test ~ инструмент для опрессовки подвесной головки обсадной колонны
choke and kill line pressure test ~ колпак для опрессовки линий штуцерной и глушения скважины
choke and kill line stabbing ~ стыковочное устройство линий штуцерной и глушения скважины
circulating TFL ~ инструмент, закачиваемый циркуляцией через выкидную линию
combination ~ см. combination running and testing tool
combination running and testing ~ комбинированный инструмент для спуска и опрессовки
crossover running ~ инструмент для спуска с шарниром (используется для спуска опорной плиты и установки ее на дне моря; уклон дна компенсируется шарниром)
cutting ~ режущий инструмент; резец
deflecting ~ отклоняющий инструмент
deflection ~ см. deflecting tool
differential fill-up ~ дифференциальный регулятор наполнения
direct drive casing hanger running ~ специальный инструмент для одновременного спуска обсадной колонны и уплотнительного узла ее подвесной головки
directional ~s инструменты для наклонного бурения
downhole circulating ~ скважинный инструмент для циркуляции
drill pipe emergency hangoff ~ инструмент для аварийной подвески бурильной колонны (на плашках одного из превенторов подводного блока превенторов)
drilling ~ бурильный инструмент
drillstem test ~ испытатель пласта, спускаемый на бурильной колонне
electromagnetic fishing ~ электромагнитный ловильный инструмент
fishing ~ ловильный инструмент
grappling ~ ловильный инструмент (с захватывающим устройством)
guideline connector installing ~ инструмент для установки соединителя направляющего каната (подводного устьевого оборудования)
«J» pin running ~ инструмент для спуска со штыря под J-образным пазом (для спуска подводного оборудования к подводному устью скважины)
«J» slot type running ~ инструмент для спуска с J-образными пазами; инструмент с байонетными пазами (для спуска и подъема подводного оборудования)
liner running-setting ~ инструмент для спуска и подвески хвостовика
liner swivel ~ вертлюг хвостовика

liner tie-back setting ~ инструмент для установки надставки хвостовика
logging ~ скважинный зонд (для каротажа)
lost ~ инструмент, оставленный в скважине
machine ~ механический станок
manu-kwik running ~ спусковой инструмент с соединителем типа «ману-квик»
marine conductor stripping ~ инструмент для спуска и подъема водоотделяющей колонны
milling ~ инструмент для фрезеровочных работ в скважине
packing ~ инструмент для набивки сальников
percussion ~ инструмент для ударного бурения
pneumatic ~ пневматический инструмент
production tree running ~ инструмент для спуска фонтанной арматуры (к подводному устью)
pump open circulating ~ инструмент для циркуляции, открываемый давлением
pumpdown ~s закачиваемые инструменты (спускаемые в подводную скважину по эксплуатационному трубопроводу с целью снятия характеристик, очистки от песчаных пробок, парафина и т. д.)
releasing ~ освобождающее приспособление
remote guide line connector releasing ~ инструмент для отсоединения дистанционно управляемого замка направляющего каната
retrievable ~ извлекаемый инструмент, инструмент для многократного применения
reversing ~ инструмент для развинчивания бурильных труб (при ловле)
riser handling ~ оборудование для монтажа и демонтажа водоотделяющей колонны
rotation release running ~ инструмент для спуска, отсоединяющийся вращением
running and handling ~ инструмент для спуска и монтажа (подводного оборудования)
running and testing ~ комбинированный инструмент для спуска и опрессовки
seal assembly retrieving ~ инструмент для извлечения уплотнительного устройства (в случае его неисправности)
seal assembly running ~ инструмент для спуска уплотнительного узла (для уплотнения подвесной головки обсадной колонны)
seal setting ~ инструмент для установки уплотнения (в подвесной головке обсадной колонны)
seat protector running and retrieving ~ инструмент для спуска и извлечения защитной втулки
setting ~ установочное приспособление
shoe squeeze ~ оборудование для цементирования под давлением
single seal setting ~ инструмент для посадки унифицированного уплотнения
stabbing ~ стыковочный инструмент; стыковочный замок (для стыковки подводного оборудования)

temporary abandonment cup running and retrieving ~ инструмент для спуска и извлечения колпака временно оставляемой морской скважины

temporary guide base running ~ инструмент для спуска направляющей опорной плиты

test ~ опрессовочный инструмент (*для опрессовки подводного оборудования*)

TFL ~ инструмент, закачиваемый в скважину через выкидную линию

threaded actuated running ~ резьбовой инструмент для спуска

torque ~ моментный инструмент, инструмент для вращения (*для выполнения операций по установке и закреплению элементов узла подводной обвязки обсадных колонн*)

two-trip running ~ двухрейсовый инструмент для спуска (*позволяющий производить спуск и установку обсадной колонны и узла уплотнения за два рейса*)

universal running ~ универсальный инструмент для спуска (*для спуска, уплотнения и опрессовки подвесных головок обсадных колонн*)

wellhead casing hanger test ~ устьевой опрессовочный инструмент подвесной головки обсадной колонны

wellhead retrieving ~ устьевой инструмент для возврата оборудования с подводного устья скважины

wellhead running ~ инструмент для спуска подводного устьевого оборудования

wireline ~ инструмент, спускаемый в скважину на тросе

wireline operated circulation ~ управляемый тросом инструмент для циркуляции (*используемый при пробной эксплуатации скважины*)

toolpusher буровой мастер

tooth 1. зуб; зубец ǁ нарезать [насекать] зубцы 2. зацеплять (*в зубчатых колесах*)

shallow ~ короткий зуб (*шарошки*)

toothed 1. зубчатый 2. зазубренный

top 1. верх, верхняя часть, верхушка, вершина ǁ покрывать (*сверху*) ǁ верхний 2. кровля (*пласта*) 3. достичь скважиной верхней границы какого-либо горизонта 4. наивысший, максимальный

~ up заливать, доливать, наполнять

~ the oil sand вскрыть нефтеносный пласт

~ of cement высота подъема цементного раствора (*в затрубном пространстве*)

~ of formation кровля формации

~ of guide post головка направляющей стойки (*на постоянном направляющем основании*)

~ of oil horizon кровля нефтеносного пласта

~ of piston днище поршня

~ of stroke верхняя граница хода (*поршня*)

~ of well устье скважины

bed ~ кровля пласта

boot ~ наружная обшивка (*нижнего конца опоры платформы*)

casing head ~ головка скважины

landing ~ точка подвески (*колонны*)

lower hull ~ верх нижнего корпуса (*полупогружной буровой установки*)

rotating liner ~ вращающаяся головка хвостовика

topographic(al) топографический

topography топография; характер местности; рельеф

topped 1. встреченный (*скважиной пласт*) 2. усеченный, со срезанной верхушкой 3. покрытый; имеющий верхушку

torch 1. факел, факельное устройство 2. сварочная горелка 3. газовый резак 4. лампа; карманный фонарь

cutting ~ резак для кислородной резки

welding ~ ацетиленовая (*сварочная*) горелка

Torkease *фирм. назв.* смазывающая добавка к буровым растворам на водной основе

torque крутящий момент; вращающий момент

brake ~ крутящий момент при торможении; тормозной момент

breakdown ~ предельный [критический] вращающий момент

drag ~ момент сопротивления, тормозной момент

drill string ~ моментные нагрузки бурильной колонны

high ~ at slow speed большой вращающий момент при малой частоте вращения

high ~ on the drill string приложение высоких моментных нагрузок к бурильной колонне

high pulling ~ большой крутящий момент

low ~ малый вращающий момент

maximum permissible ~ максимально допустимый крутящий момент

motor ~ вращающий момент двигателя

output ~ крутящий момент на выводном валу

rotation ~ крутящий момент, момент вращения инструмента

running ~ крутящий момент

table ~ крутящий момент стола ротора

tightening ~ крутящий момент, необходимый для затяжки резьбового соединения

working ~ рабочий крутящий момент

torquemeter торсиометр, крутильный динамометр (*для измерения вращающего или крутящего момента*)

torsion кручение, скручивание; перекашивание, изгибание

tortuosity извилистость, сложность (*поровых каналов*)

total полный, общий, суммарный ǁ итог, общая сумма

totalize суммировать, подводить итог

totalizer суммирующее устройство, сумматор; счетчик

mud volume ~ сумматор объема бурового раствора
pit volume ~ сумматор объема бурового раствора в амбаре

tough 1. жесткий; прочный; твердый 2. вязкий, тягучий 3. крепкий (*о породе*)

toughness 1. прочность, крепость; жесткость; плотность 2. вязкость, ударная вязкость; тягучесть

notch ~ ударная вязкость

tour 1. время работы одной смены 2. поездка, рейс 3. обращение, оборот; цикл

tow 1. буксирный канат || буксировать; тащить 2. судно, баржа или прибор на буксире

tow-boat буксир (*судно*)

towed буксируемый; прицепной

tower башня; вышка
aligning ~ центровочная башня, центровочная вышка (*используется при строительстве морских стационарных сооружений*)
boring ~ буровая вышка, копер для бурения
buoyant (drilling) ~ 1. башенное (*буровое*) основание, шарнирно закрепленное на дне 2. плавучее (*буровое*) основание башенного типа
closed front ~ мачта, закрытая спереди
deaeration ~ деаэратор
flare ~ факельная башня (*для сжигания попутного газа эксплуатируемых скважин*)
mechanical cooling ~ градирня с искусственной тягой

tow-fish буксируемая рыбообразная капсула (*для исследования дна моря, напр. гидролокатором*)

towing буксирование, буксировка || буксирующий, прицепной

township тауншип (*квадратный участок площадью в 36 кв. миль = 93,2 кв. км*)

toxic разъедающий, ядовитый, токсичный

trace 1. след, путь; траектория || оставлять след; прослеживать 2. запись [кривая] прибора-самописца || записывать 3. незначительное количество (*вещества*), след 4. намечать, трассировать; провешивать линию 5. чертеж [копия] на кальке || чертить; калькировать, копировать 6. линия пересечения поверхностей
fault ~ *геол.* линия сброса, выход сброса на поверхность

tracer 1. копир; копирное устройство; 2. отметчик, регистратор; регистрирующее устройство 3. прибор для отыскания повреждений 4. меченый атом, изотопный индикатор
radioactive ~ радиоактивный индикатор

tracing 1. прослеживание 2. запись (*регистрирующего прибора*) 3. провешивание, маркировка линии, трассирование 4. прочерчивание, нанесение (*кривой*) 5. скалькированный чертеж, калька 6. копирование на кальке, калькирование

go-devil ~ прослеживание пути скребка в трубопроводе

track 1. след || следить, прослеживать 2. рельсовый путь; рельсовая колея || прокладывать колею; укладывать рельсы 3. направляющее устройство 4. звено гусеничной цепи; гусеница 5. протектор покрышки [шины] 6. дорожка с записью программы (*на ленте или магнитном барабане*)
block retractor ~ направляющая отводного устройства талевого блока

tracking 1. образование гребней на забое (*при работе шарошечного долота*) 2. рельсовые пути 3. настилка путей 4. слежение, сопровождение || следящий 5. наладка, регулирование

tract участок площадью 40 акров (*16 га*)

traction 1. тяга, тяговое усилие 2. передвижение; волочение 3. сила, требуемая для передвижения 4. сила сцепления

tractive тяговый

tractor трактор; тягач
pipe-laying ~ трактор-трубоукладчик

trail 1. след, хвост 2. временная дорога 3. тащить, волочить

trailer прицеп; трейлер, тягач с прицепными тележками
dual ~ сдвоенный прицеп
mud pump ~ трейлер [автоприцеп] для транспортировки бурового насоса

trailer-mounted смонтированный на прицепе, установленный на прицепе

train 1. поезд, состав 2. серия (*волн или колебаний*); последовательный ряд 3. ряд последовательно расположенных машин или устройств 4. зубчатая передача; система зубчатых передач 5. система рычагов, рычажный механизм 6. *геол.* вынос; шлейф
~ of waves группа или серия (*сейсмических*) волн
block-hook-elevator ~ сборка талевый блок-крюк-элеватор
damped ~ *сейсм.* серия затухающих волн
Garrett gas ~ газоанализатор Гаррета
power ~ силовой блок (*для обеспечения энергией системы управления подводным устьевым оборудованием*)
wave ~ *сейсм.* ряд волн; серия волн; волновой пакет

trained обученный; квалифицированный

training обучение; повышение квалификации

tramp *геол.* ошибочная аномалия

transactions известия (*издание*); журнал; научные труды; бюллетень; протоколы (*научных обществ*)

transceiver радиопередатчик и радиоприемник в общем корпусе, приемопередатчик

transducer трансформатор-передатчик, преобразователь (*энергии*); датчик; излучатель ультразвукового дефектоскопа; щуп interrogating ~ датчик-приемник опроса (*в системе позиционирования*)

transfer перемещение; передача; перенос; перестановка (*деталей с операции на операцию*) ‖ передавать; переносить; переставлять ‖ передаточный
automatic custody ~ *см.* lease automatic custody transfer
heat ~ теплопередача, теплоперенос, теплообмен; теплопроводность
lease automatic custody ~ автоматическая откачка нефти с промысла потребителю по закрытой системе (*с учетом объема, температуры, плотности, содержания донных осадков и воды*)

transference перемещение; передача; перенос

transform 1. трансформировать; преобразовывать; превращать 2. *матем.* преобразование, разложение в ряд ‖ раскладывать в ряд

transformation 1. трансформация; трансформирование; преобразование; превращение 2. *матем.* преобразование; разложение в ряд

transformer трансформатор; преобразователь

transgression *геол.* трансгрессия, наступление моря на сушу

transgressive *геол.* трансгрессивный

transient 1. переходный, неустановившийся, нестационарный 2. переходное явление, переходное состояние, переходный процесс; неустановившийся режим
electrical ~s мгновенно возникающие неустановившиеся токи
seismic ~s *геофиз.* сейсмические колебания

transistor 1. транзистор (*полупроводниковый прибор*) 2. *разг.* транзистор (*радиоприемник или передатчик, выполненные на транзисторах*)

transistorization транзисторизация, замена электронных ламп транзисторами, переход на транзисторы

transistorize переводить (*схему*) на транзисторы, собирать схему на полупроводниках

transistorized транзисторный, на транзисторах, переведенный на транзисторы, собранный на полупроводниковых триодах; изготовленный из твердотельных элементов

transit 1. транзит, прохождение, переход ‖ транзитный 2. проходить через точку; пересекать (*плоскость, линию*)

transition 1. переход; превращение 2. переходной участок

transitional переходный, нестационарный; неустановившийся, временный

translucent просвечивающий, полупрозрачный

transmission 1. передача 2. коробка передач 3. зубчатая передача 4. трансмиссия; привод 5. пропускание, прохождение (*частот, звука, света*)

belt ~ ременная передача, ременный привод
chain ~ цепная передача, цепной привод
hydraulic ~ гидравлическая передача
measurements ~ передача показаний и замеров (*на приборный щит*)
power ~ передача энергии; силовая передача
torquematic ~ передача с гидротрансформатором

transmit 1. передавать, транслировать 2. посылать, отправлять

transmittance 1. прозрачность 2. коэффициент пропускания

transmitter 1. трансмиттер, передатчик 2. радиопередатчик, передающая радиостанция 3. датчик, преобразователь 4. выходной элемент
pneumatic ~ пневмопередатчик (*в контрольно-измерительных приборах*)

transparency 1. прозрачность 2. черно-белый или цветной диапозитив

transparent прозрачный, просвечивающий

transponder импульсный приемо-передатчик; импульсный повторитель
tool ~ импульсный приемопередатчик инструмента (*в системе повторного ввода инструмента в скважину*)

transport 1. перенос, перемещение; транспортировка ‖ переносить, перемещать; перевозить, транспортировать 2. транспорт, средства сообщения
~ in bulk бестарная перевозка, перевозка навалом, перевозка грузов без тары, перевозка сыпучих грузов
hovercraft ~ транспортные средства на воздушной подушке

transportable подвижной, передвижной, переносный, транспортабельный; компактный

transportation 1. перевозка, транспортировка 2. транспорт, средства сообщения
~ of sediments *геол.* перенос осадков
pipeline ~ трубопроводный транспорт, перекачка по трубопроводу

transporter транспортер, конвейер
BOP ~ транспортер блока превенторов (*устройство для подъема и перемещения блока превенторов*)

transposability взаимозаменяемость

transpose 1. перемещать 2. *матем.* транспонировать, переносить в другую часть уравнения с обратным знаком

transposition 1. перемещение, перестановка, транспозиция 2. *матем.* транспозиция

transversal поперечный; секущий; косой ‖ секущая линия, пересекающая линия

transverse 1. поперечный, косой 2. длинная ось эллипса

trap 1. ловушка, улавливатель, уловитель; ловушка для отделения газа от жидкости или нефти от воды; трап; сепаратор 2. загради-

тель; затвор 3. *геол.* складка, сброс, дислокация 4. *геол.* трап, базальт, диабаз
~ for oil *геол.* ловушка для нефти
~ for scrapers *см.* scraper trap
air ~ воздушный сепаратор; конденсационный горшок
bucket ~ *см.* condensate trap
condensate ~ конденсационный горшок
depositional ~ литологическая ловушка
fault ~ ловушка (*скопление нефти*), обусловленная наличием сброса
gas ~ газоуловитель; газосепаратор; газовый трап
nozzle sludge ~ сопловой (*увлажняющий*) шламоуловитель (*при бурении с продувкой забоя воздухом*)
sample ~ *см.* studge trap
sand ~ песколовушка
scraper ~ ловушка для скребков (*на трубопроводе*)
slurry ~ *см.* sludge trap
sludge ~ шламоуловитель, шламосборник
water ~ водоотделитель, конденсационный горшок

trapped уловленный; захваченный; перехваченный

trapping захватывание, захват; перехват; улавливание
~ of oil 1. оставление целиков нефти в пласте 2. улавливание нефти

trap-up *геол.* взброс

trass трасс, тонкий вулканический туф

travel 1. движение, перемещение; длина перемещения; ход; длина хода; подача || передвигаться, перемещаться 2. *геол.* миграция, передвижение || мигрировать, передвигаться
~ of grout распространение цементного раствора в породе при цементировании под давлением
~ of oil миграция нефти
~ of piston *см.* piston travel
~ of plunger длина хода плунжера
length ~ продольное перемещение
pen ~ перемещение стрелки прибора; перемещение пера самописца
piston ~ ход поршня [плунжера]

travelling подвижной, передвижной; ходовой

traverse 1. поперечина, траверса, поперечная балка 2. ход; поперечная подача || двигаться, перемещаться (*о каретке станка*) 3. пересечение; прохождение || пересекать, проходить 4. *геол.* ход, полигонометрический ход, полигон, теодолитный ход; полигонометрия; маршрутная съемка 5. траверс 6. *геол.* поперечная жила, поперечная трещина
pressure ~ линия профиля давления

traverser поперечина, траверса, поперечная балка

traversing прокладывание хода

tray 1. лоток, желоб 2. корыто, поддон 3. неглубокий ящик
core ~ ячейка для хранения кернов

treat 1. обрабатывать, очищать (*буровой раствор*); подвергать обработке; повышать качество, улучшать 2. пропитывать 3. обогащать

treatable поддающийся обработке, обрабатываемый

treated 1. обработанный 2. пропитанный
heat ~ термически обработанный, подвергнутый термической обработке

treater сепаратор, очиститель

treatment 1. обработка (*воды, бурового раствора*) 2. пропитка, пропитывание 3. обогащение 4. очистка
acid ~ кислотная обработка (*скважин*)
ageing ~ (*искусственное*) старение, выдержка
chemical ~ химическая обработка
down-the-hole ~ внутрискважинная (*химическая*) обработка скважины
fracture ~ операции по гидроразрыву пласта
heat ~ термическая обработка
implosive ~ имплозивная обработка
mud ~ обработка бурового раствора
multistage fracture ~ многократный разрыв пласта
preventive ~ предупредительная обработка (*скважины*)
riverfrac ~ гидравлический разрыв с применением чистой [незагущенной] воды в качестве жидкости разрыва
water ~ очистка [обработка] воды
waterfrac ~ гидравлический разрыв пласта с применением загущенной воды в качестве жидкости разрыва

treble 1. свеча из трех бурильных труб; трехтрубка 2. тройное количество || утраивать || тройной

tree:
christmas ~ фонтанная арматура; оборудование устья скважины для фонтанной или компрессорной эксплуатации; «елка»
completion ~ «елка» для заканчивания, фонтанная арматура для заканчивания
insert ~ встроенная фонтанная арматура (*устанавливаемая в трубе большого диаметра ниже уровня дна моря*)
marine X-mas ~ морская фонтанная «елка»
production ~ *см.* christmas tree
quick disconnect subsee test ~ быстросъемная подводная испытательная фонтанная арматура
satellite ~ фонтанная арматура скважины-спутника
surface tubing test ~ надводная испытательная «елка» насосно-компрессорных труб
tubing test X-mas ~ фонтанная «елка» для испытания с помощью насосно-компрессорных труб

X-mas ~ *см.* christmas tree
trench 1. котлован; ров, канава; траншея ‖ копать, рыть (*рвы, канавы*) 2. *геол.* желоб (*океанический*); шурф ‖ шурфовать
trench-digger канавокопатель, траншеекопатель
trenching 1. разведка канавами, опробование канавами 2. рытье котлованов, рвов, канав или траншей
underwater ~ подводное рытье траншеи (*для трубопровода*)
trend 1. направление развития, тенденция 2. *геол.* направление (*пласта*), простирание; уклон ‖ направляться, простираться 3. тектоническая линия
anticlinal ~ простирание, направление антиклинали
average ~ общее направление простирания
oil industry ~s перспективы [направления, тенденции] развития нефтяной промышленности
recent ~s новые направления, современные тенденции
Tretolite *фирм. назв.* многофункциональный реагент для буровых растворов на водной основе и инвертных эмульсий, обладающий свойствами бактерицида, пеногасителя, смазки, понизителя водоотдачи, ингибитора и загустителя
trial испытание; проба; опыт ‖ испытывать; пробовать ‖ испытательный; пробный; опытный
purchase ~ приемочное испытание
triangle треугольник
triangulation триангуляция
Trias *геол.* триас, триасовый период; триасовая система
tribble трехтрубка; свеча из трех бурильных труб
trier 1. испытательный прибор, прибор для испытания 2. инструмент для взятия проб
trigger 1. собачка, защелка, спуск 2. тормоз 3. детонатор; взрывная машина 4. пусковой сигнал; пусковое устройство ‖ запускать; отпирать
triggering пуск, запуск ‖ пусковой, запускающий
trigon треугольник
Tril-G *фирм. назв.* загуститель на асфальтовой основе для растворов на углеводородной основе
Trilex *фирм. назв.* первичный эмульгатор для буровых растворов на углеводородной основе
Tril-Ox *фирм. назв.* вспомогательный эмульгатор для инвертных эмульсий
trim 1. уравновешенность, балансировка 2. приводить в порядок; подновлять; отделывать 3. обрезать кромку, делать фаску 4. снимать заусенцы 5. подстраивать; выравнивать; уравновешивать; регулировать, настраивать прибор 6. дифферент; наклон судна или самолета относительно продольной оси ‖ наклонять
trimming 1. уравновешенность, балансировка; распределение груза 2. оторцовка; обрезка 3. снятие заусенцев 4. *рад.* подстройка; выравнивание ‖ подстроечный
core ~ калибровка керна
Trimulso *фирм. назв.* эмульгатор нефти в воде
trip 1. спуск и подъем бурильного инструмента, рейс; пробег 2. собачка, защелка 3. механизм для автоматического выключения, выключающее устройство; расцепляющее устройство ‖ выключать; расцеплять; освобождать; срабатывать 4. опрокидыватель ‖ опрокидывать
horseshoe ~ канаторезка с подковообразным ножом
round ~ спускоподъемный рейс, спуск-подъем инструмента
triple тройной, строенный; трехрядный; трехполюсный ‖ утраивать
triplex тройного действия; строенный
tripod тренога, треножник; трехногий копер
tripod-mounted установленный на треноге
tripper 1. механизм для автоматического выключения, выключающее устройство; расцепляющее устройство 2. опрокидыватель, опрокидывающий механизм; сбрасывающее устройство, сбрасыватель; разгрузочное устройство, автоматический разгрузчик
tripping 1. спускоподъемная операция, СПО 2. выключение; расцепление, размыкание, выпадение, отключение ‖ выключающий, отключающий 3. опрокидывание
Trip-Wate *фирм. назв.* крупномолотый барит (*утяжелитель и нейтральный наполнитель для борьбы с поглощением бурового раствора*)
Triton x-100 *фирм. назв.* полиоксиэтилированный неионогенный детергент
trouble неполадка; затруднение; повреждение; авария; неисправность; помеха, нарушение правильного режима работы ‖ нарушать (*правильный ход работы*), повреждать ‖ аварийный
gas cutting ~ осложнение, вызываемое газированием бурового раствора
paraffin ~ осложнение, связанное с отложениями парафина
water ~s осложнения, связанные с притоком воды в скважину
trouble-free безаварийный, бесперебойный, безотказный
troublesome доставляющий неприятности; ненадежный
trough 1. желоб, лоток, корыто 2. воронка 3. котловина; впадина; прогиб 4. *геол.* мульда, синклиналь
sample ~ перегородка в желобе для осаждения шлама

truck 1. грузовой автомобиль 2. вагонетка; тележка; ручная двухколесная тележка 3. открытая железнодорожная платформа; товарный вагон
flat bed ~ грузовая автомашина с безбортовой платформой
fork lift ~ вилочный подъемник
gas tank ~ автоцистерна для горючего
gravity tank ~ автоцистерна с самотечным сливом
mixing ~ автомобильный цементосмеситель
oil ~ см. tank truck
oil delivery ~ автоцистерна для перевозки нефтепродуктов
recording ~ сейсмическая станция на автомобиле
tandem ~ сдвоенный тягач
tank ~ автоцистерна
   trucking грузовые автомобильные перевозки
   true-to-shape заданной формы
   truncate срезать верхушку; усекать; обрезать
   truss ферма, связь, распорка || связывать; укреплять, придавать жесткость
diagonal ~ диагональная распорка (*опорной колонны решетчатой конструкции самоподнимающейся платформы*)
tube труба, трубка || придавать трубчатую форму; обсадить скважину трубами общего назначения
bailing ~ желонка (*для очистки буровых скважин*)
basket ~ ловильный инструмент, паук
branch ~ отводная труба, отводник; патрубок
bended ~ изогнутая труба
Bourdon ~ трубка Бурдона в манометре
bulged ~ труба с выпучиной
capillary ~ капиллярная трубка
fire ~ дымогарная труба; жаровая труба
flared ~ труба, имеющая форму удлиненного конуса
inner core ~ внутренняя (*керноприемная*) труба
inner riser ~ внутренняя колонна двойной водоотделяющей колонны
Geiger ~ счетчик Гейгера
gravity ~ пикнометр
liner ~ труба втулки
manometer ~ соединительная трубка манометра
measuring ~ мензурка
Pitot's ~ трубка Пито [ПВД, гидрометрическая]
sleeved injection ~ нагнетательная труба с резиновыми рукавами (*при цементировании*)
test ~ пробирка
torque ~ карданная труба, карданный вал
U- ~ U-образная труба
water-infusion ~ нагнетательная труба (*для нагнетания воды в пласт*)
weldless ~ цельнотянутая труба

tubing 1. подъемные трубы; насосно-компрессорные трубы 2. система труб, трубопровод; труба 3. установка [монтаж] трубопровода, прокладка труб
drill ~ насосно-компрессорные трубы, приспособленные для бурения
external upset ~ насосно-компрессорные трубы с высаженными наружу концами
flexible ~ гибкий трубопровод
graduated ~ см. tapered tubing
heavy wall ~ толстостенные насосно-компрессорные трубы
oil well ~ насосно-компрессорные трубы
tapered ~ 1. колонна подъемных [компрессорных] труб с переменным диаметром, увеличивающимся от забоя к устью скважины 2. равнопрочная колонна насосно-компрессорных труб (*с переменной толщиной стенок*)
upset ~ трубы с высаженными концами
   tubingless без (*спуска*) насосно-компрессорных труб
   tuboscope дефектоскоп для проверки бурильных труб
   tubular трубчатый, полый, пустотелый
   Tuf-Plug *фирм. назв.* ореховая скорлупа (*нейтральный наполнитель для борьбы с поглощением бурового раствора*)
   tug 1. тянущее усилие, натяжение, рывок || тащить; буксировать; тянуть с усилием 2. буксирное судно || буксировать
anchor handling ~ буксировщик для установки якорей (*бурового судна или полупогружной установки*)
   tugboat буксирное судно, буксирный пароход, буксир
   tugger лебедка
air ~ пневматическая лебедка
   tumble опрокидывать(ся)
   tumbler 1. перекидной или реверсивный механизм; опрокидыватель; качающаяся опора 2. *эл.* тумблер
   tumulus *геол.* шлаковый или лавовый конус; вздутие
   tune настраивать
~ up регулировать, настраивать, налаживать; приводить в полную готовность
   tungsten вольфрам (W)
   tuning 1. регулировка, наладка (*двигателя*) 2. настройка
   turbid 1. мутный 2. неясный, запутанный
   turbidimeter прибор для определения тонкости помола цемента, турбидиметр, нефелометр
   turbidity мутность; помутнение
   turbine турбина
air-driven ~ пневматическая турбина
gas ~ газовая турбина
mud-propelled ~ турбина, приводимая в действие движением бурового раствора
transformer ~ турботрансформатор; гидродинамический трансформатор

turbobit турбодолото
turbocharger турбонагнетатель
turbocharging турбонаддув
series ~ последовательный турбонаддув
turbocompressor турбокомпрессор, турбонагнетатель
turbodrill турбобур
sectional ~ секционный турбобур
turbodrilling турбобурение
turbogenerator турбогенератор
turbo-jet турбореактивный
turbo-supercharger турбокомпрессор, турбонагнетатель
turbulator см. **turbulizer**
turbulence 1. завихрение жидкости, турбулентность 2. турбулентный поток
turbulent турбулентный, завихряющийся
turbulizer турбулизатор
turf 1. торф 2. дерн
turn 1. оборот; поворот ‖ поворачивать(ся), вращаться 2. изгиб (*трубопровода*); колено трубы 3. виток (*проволоки*) 4. точить, обрабатывать на токарном станке 5. превращать, преобразовывать
~ about повернуть кругом, развернуть
~ back вращать в обратную сторону; отвинчивать
~ forward завинчивать; подвинчивать
~ into the line начать перекачку из промысловых резервуаров по трубопроводу
~ off закрывать (*кран*); выключать (*рубильник*), размыкать
~ on включать; замыкать
~ out выключать; переворачивать
~ over 1. перекрыть (*кран*) 2. провернуть (*двигатель*), поворачивать; переворачивать; опрокидывать; 3. сорвать резьбу
~ through 180° повернуть на 180°
in ~ по очереди, последовательно
natural spiral ~ правая спираль
turnaround планово-предупредительный ремонт, межремонтный срок службы
tanker ~ оборачиваемость танкера
turnbuckle натяжная рамка, служащая для укорочения или удлинения полевых тяг; стяжной (*или натяжной*) замок; натяжная муфта; стяжная гайка
turned обточенный; точеный
turn-over поворотный; опрокидывающийся ‖ частая оборачиваемость [смена] деталей
turnplate поворотный диск, поворотная плита, поворотный круг, поворотная платформа
turn-screw см. **screwdriver**
turn-table 1. роторный стол 2. турель якорного устройства системы позиционирования бурового судна 3. поворотная платформа; поворотный круг
turret башня, башенка
mooring ~ турель (*якорного устройства*

системы позиционирования бурового судна*)
twin 1. двойной, сдвоенный, спаренный 2. двухцилиндровый
twist 1. шаг винта 2. кручение; крутка; скручивание ‖ крутить, скручивать; извиваться 3. изгиб; поворот ‖ изгибаться 4. крученая веревка, шнур, жгут
twisted 1. витой, скрученный 2. перекошенный, искривленный, покоробившийся
twisting 1. кручение, скручивание 2. перекашивание; коробление
twist-off 1. обрыв штанг или бурильных труб в скважине вследствие скручивания 2. разрыв продольного шва труб 3. срыв резьбы
two-conductor двухжильный кабель [провод]
two-operator двухпостовой
two-speed двухскоростной
two-ply двухслойный
two-unit двухсекционный; двухблочный
tye *геол.* точка пересечения двух жил
type 1. тип, типичный образец; вид; категория; серия 2. шрифт ‖ печатать на пишущей машинке
~ of drive тип привода; тип пластового режима [пластовой энергии]
extension ~ выдвижной, телескопический, раздвижной
improved ~ усовершенствованного типа, улучшенный
piercement ~ диапировый тип
traction ~ прицепное, тягового типа (*оборудование*)
transition ~ промежуточный тип
torsion ~ вращающегося типа
T-Z Pill *фирм. назв.* полимерный понизитель водоотдачи и загуститель безглинистых буровых растворов

ullage 1. определение объема нефтепродукта в резервуаре или цистерне путем измерения высоты паровоздушного пространства 2. утечка; нехватка 3. незаполненный объем (*цистерны, бака*)
ultimate 1. конечный, крайний, последний; окончательный, суммарный, итоговый; предельный 2. основной; первичный
ultrafiltration ультрафильтрация, фильтрование коллоидного раствора
ultramicrobalance ультрамикровесы
Ultra Seal *фирм. назв.* волокнистый материал из стекла (*нейтральный наполнитель для борьбы с поглощением бурового раствора*)

ultrasonic ультразвуковой
ultrasound ультразвук
ultraviolet ультрафиолетовый
umbilical:
armored electro-hydraulic ~ бронированный электрогидравлический шлангокабель (*системы дистанционного управления подводным устьевым оборудованием*)
unaccounted неучтенный
unadulterated 1. без наполнителя 2. неразбавленный
unaffected не подвергшийся воздействию
unapproachable 1. недоступный, недостижимый 2. несимметрия нагрузки
unassembled несобранный; в несмонтированном виде
unattended автоматический; не имеющий обслуживающего персонала; необслуживаемый; управляемый с диспетчерского пункта
unauthorized неразрешенный; запрещенный
unbaffled неэкранированный; без перегородки
unbalance нарушение равновесия; неуравновешенность; неравномерность; дисбаланс, рассогласование ǁ выводить из равновесия; нарушать равновесие
unbalanced 1. неуравновешенный, неравномерный (*напр. износ*), несимметричный 2. неотрегулированный
unbalancing неуравновешенность (*насосной установки*)
unbend 1. разгибать; выпрямлять 2. выправлять; править; рихтовать
unbonded несвязанный; не сцепленный с оболочкой (*о тепловыделяющем элементе*)
unbound несвязанный, свободный
uncased 1. необсаженный (*о стволе*) 2. распакованный, вынутый из ящика
unclamp разжимать, ослаблять зажим; освобождать
unclassified «незасекречено», «несекретно» ǁ несекретный
uncoil развертывать, разматывать; сматывать, травить (*канат*)
uncombined несвязанный, свободный
uncondensible неконденсирующийся
unconditional безусловный; не ограниченный условиями
unconfined неограниченный; свободно лежащий
unconformability *геол.* несогласное напластование, несогласное залегание
~ of dip *геол.* угловое несогласие
~ of (over)lap *геол.* трансгрессивное несогласие
unconformity *геол.* стратиграфическое [непараллельное] несогласие, несогласное напластование, угловое несогласие
~ by erosion *геол.* эрозионное несогласие
uncongealable незамерзающий
unconsolidated неуплотненный, рыхлый, несвязанный, несцементированный; незатвердевший; неустоявшийся; неспаянный
uncontaminated незагрязненный, не имеющий (*посторонних*) примесей
uncontrollable не поддающийся контролю [регулировке]; неконтролируемый; нерегулируемый; неуправляемый
uncouple развинчивать (*трубы*), отвинчивать; расцеплять; отсоединять; выключать
uncoupling 1. развинчивание (*труб*) 2. расцепка (*поезда*); отцепка (*вагонов*)
uncover обнажать; вскрывать; открывать
uncovering вскрыша, вскрытие, обнажение
unctuous маслянистый, жирный
unctuousness 1. маслянистость, жирность 2. смазывающие свойства
undamaged неповрежденный, целый
undercoating подслой, грунтовка
undercrossing подводное пересечение реки трубопроводом
undercurrent нижнее (*неповерхностное*) течение; глубоководное течение
undercut 1. зарубка 2. внутренняя выточка, заточка; подрез ǁ подрезать, образовывать подрезы ǁ подрезанный, подсеченный 3. ослабленный (*напр. сварной шов*)
mud ~ промывочная выемка (*на долоте*)
underdesigned обладающий недостаточным запасом прочности
underfeed подача (*питания*) снизу
undergo испытывать, претерпевать, подвергаться
underground *геол.* подпочва, нижние слои грунта ǁ подпочвенный, подземный
underlay 1. основание ǁ подпирать 2. подстилающий слой ǁ залегать ниже, подстилать
underlayer 1. нижний слой; подстилающий [нижележащий] слой 2. вертикальный ствол, пройденный до нижнего эксплуатационного горизонта
underload частичная [неполная, заниженная] нагрузка, недогрузка
underlying *геол.* подстилающий, нижележащий
underpressure вакуумметрическое давление, разрежение; пониженное давление, давление ниже атмосферного; вакуум
underpriming недостаточная заливка (*насоса*)
underrate недооценивать, не придавать должного значения; давать заниженные показания
underream расширять (*ствол скважины ниже башмака обсадной колонны*)
underreamer раздвижной расширитель (*ствола скважины*)
drag type ~ раздвижной лопастной расширитель
expansible ~ раздвижной расширитель
hydraulic ~ гидравлический расширитель
rock drilling type ~ *см.* rock-type underreamer

rock-type ~ раздвижной расширитель твердых пород
rotary ~ расширитель для вращательного [роторного] бурения
three-cutter ~ расширитель с тремя выдвижными режущими элементами [шарошками]

underreaming расширение ствола скважины ниже башмака обсадной колонны

undersealing негерметичное [недостаточное] уплотнение

undersize 1. потерявший диаметр (*о скважине, колонне или расширителе*); меньше номинального размера, неполномерный 2. часть просеиваемого материала, проходящая через сито 3. кабель или провод недостаточного сечения

underthrust *геол.* поддвиг

undertighten затягивать слишком слабо

undertightened недозатянутый

undertonging недокрепление труб (*при свинчивании*)

underwater поземная вода || подводный

underweight вес ниже нормального, недостаточный вес, недовес || неполновесный

undeterminable неопределенный; неопределимый, не поддающийся учету

undeveloped неразбуренный, неразработанный (*о месторождении*)

undissolved нерастворенный, нерастворившийся

undistorted неискаженный

undisturbed 1. недислоцированный, неразрушенный, спокойный, невозмущенный; нетронутый 2. не бывший в эксплуатации

undo разбирать, демонтировать, развинчивать, отпускать (*резьбовое соединение*)

undrillable не поддающийся разбуриванию

undrilled неразбуренный, не затронутый бурением

undue чрезмерный, ненормальный, несоответствующий

undulated 1. волнистый, волнообразный 2. пологоскладчатый (*о пласте*)

undulation 1. волнообразная неровность поверхности, волнистость 2. волнообразное движение

uneconomic неэкономичный, невыгодный

unefficient неэффективный, маломощный, малоэффективный

unequal неравный, неравномерный, неравноценный

uneven 1. нечетный 2. неровный 3. неравномерный

unevenness 1. шероховатость; неровность; степень шероховатости 2. неравномерность

unexplored неразведанный

unfair переходящий за предел упругости

unfasten ослаблять (*затяжку или крепление*); отпускать, развинчивать, отвинчивать, открeплять

unfinished недоведенный; недоделанный; недоконченный; неотработанный; неотшлифованный, грубый

unfreezing освобождение прихваченной колонны (*или инструмента*)

ungear выводить из зацепления, расцеплять, выключать, разъединять

ungrease обезжиривать

unguarded незащищенный

uniclinal *геол.* моноклинальный

unidirectional работающий [действующий] в одном направлении (*напр. перфоратор*), однонаправленный; с одной степенью свободы; односторонний

uniform однородный; равномерный; постоянный; ровный (*о температуре*); сплошной (*о покрытии*); однообразный

uniformity равномерность; однородность; единообразие

~ of texture однородность структуры

unilateral односторонний

unimpregnated непропитанный

uninterrupted непрерывный

union 1. штуцер; соединение; соединительная муфта; ниппель, патрубок, замок 2. союз
female ~ сгон, муфта с двусторонней внутренней резьбой
flange ~ фланцевое соединение
four-way ~ крест для соединения труб
male ~ ниппель, муфта с наружной нарезкой
quick ~ муфтовое или ниппельное соединение с многозаходной или ступенчатой резьбой
screwed nipple ~ ниппель

unipolar однополюсный, униполярный

unit 1. установка; комплект; агрегат; аппарат; прибор; элемент; секция 2. единица измерения 3. *матем.* единица 4. составная деталь, сборная часть, узел; блок 5. участок; забой; группа забоев 6. ячейка 7. индивидуальный

~ of consistency единица консистенции (*стандартная единица, соответствующая крутящему моменту, эквивалентному степени загустевания цементного раствора*)

~ of time единица времени
~ of volume единица объема
~ of weight единица веса
accumulator ~ аккумуляторная станция, аккумуляторная установка (*служащая для обеспечения системы управления подводным оборудованием рабочей жидкостью*)
acoustic measuring ~ блок акустического измерения
air powered accumulator ~ аккумуляторная станция с пневмоприводом
back-crank pumping ~ сдвоенная насосная установка
back pressure control ~ установка для измерения противодавления (*пласта*)
beam ~ см. beam-pumping unit
beam-pumping ~ станок-качалка

BOP operating ~ оборудование для закрытия противовыбросовых превенторов
box ~ коробчатая секция
British thermal ~ британская тепловая единица (эквивалентна 1055 Дж)
caisson-type leg ~ установка с опорной колонной кессонного типа
casing hanger packoff ~ уплотнительный узел подвесной головки обсадной колонны
central control ~ центральный блок управления; центральная станция управления (подводным устьевым оборудованием)
column-stabilized drilling ~ буровое основание, стабилизированное колоннами (плавучая полупогружная буровая платформа)
combination powered accumulator ~ аккумуляторная установка с комбинированным приводом
compression ~ компрессорная установка
control ~ узел управления; регулирующее устройство; блок управления
conventional pumping ~ станок-качалка
drill ~ буровой агрегат [установка]
electric survey ~ электроизмерительный блок (каротажного оборудования)
emergency storage ~ аварийный резервуар для хранения
feed ~ подающий механизм, механизм подач; коробка подач
gear reduction ~ редуктор с зубчатой передачей
geared pumping ~ редукторный станок-качалка
geologic-time ~ шкала геологического времени
heat ~ тепловая единица, калория
hydraulic pumping ~ гидравлическая насосная установка
hydroblast concrete removal ~ устройство для гидроструйного снятия бетонной рубашки (с подводного трубопровода в случае необходимости врезки отвода)
idle ~ неработающая [простаивающая] установка
infrared analyzer ~ инфракрасный анализатор
lowering ~ выносное устройство (одноточечного буя беспричального налива нефти в танкеры)
mat supported jack-up ~ самоподнимающаяся платформа с опорной плитой
mobile ~ подвижная установка
multiple well pumping ~ групповая насосная установка
normalized ~ приведенная единица
offshore mobile drilling ~ морская передвижная буровая установка, МПБУ
off-stream ~ бездействующая или простаивающая установка
open truss-type leg ~ платформа с опорами решетчатого типа
pan-tilt control ~ пульт управления поворотным механизмом (подводной телевизионной камеры)
portable pumping ~ передвижная насосная установка
post head ~ головка направляющей стойки (служащая для закрепления конца направляющего каната)
power ~ 1. силовой агрегат; силовая установка 2. единица мощности
pressure ~ датчик [индикатор] давления
proration ~ площадь, дренируемая скважиной
pumping ~ насосный агрегат, насосная установка; станок-качалка с индивидуальным двигателем
radiator-type cooling ~ охлаждающая установка радиаторного типа, радиаторная охлаждающая установка
rectifier ~ выпрямительная установка
remote pumping ~ насосная установка с дистанционным управлением
rotation set packing ~ уплотнительный узел, устанавливаемый вращением
sampler ~ пробоотборник (для отбора пробы пластовой жидкости)
seating and sealing ~ узел крепления насоса
self-propelled semisubmersible drilling ~ самоходная полупогружная буровая платформа
servicing ~ вспомогательная установка; установка для обслуживания скважин; установка для подземного ремонта скважин
sewage treatment ~ установка для очистки сточных вод; установка для обработки сточных вод
silt master ~ установка тонкой очистки (циркуляционной системы морских буровых установок)
single reduction gear ~ одноступенчатый редуктор
sonar ~ гидроакустическая установка
speed reduction ~ редуктор
test ~ испытательное устройство
three-joint ~ трехтрубная свеча (бурильных труб), трехтрубка
timing ~ 1. регулятор времени; реле времени 2. прерыватель 3. программное устройство
twin-hulled column-stabilized drilling ~ двухкорпусная буровая установка, стабилизированная вертикальными колоннами
underwater drilling ~ подводная буровая установка
upstream pumping ~ насосная установка, подающая нефтепродукт в гору
weight-set packing ~ уплотнительный узел, устанавливаемый под действием веса бурильной колонны
wellhead casing hanger packing ~ уплотнительный узел подвески обсадной колонны на подводном устье

United Gel *фирм. назв.* вайомингский (*высокодисперсный*) бентонит

Uni-Thin *фирм. назв.* щелочная вытяжка бурого угля (*аналог УЩР*)

unity *матем.* единица

unitization объединение отдельных участков месторождения для разработки и эксплуатации по единому проекту; централизованная эксплуатация (*нефтяного или газового месторождения*)

unitized 1. объединенный; скомпонованный в одно целое из нескольких деталей; блочный, комплексный 2. унифицированный

Universal White Magic *фирм. назв.* эмульгатор и разжижитель для эмульсионных буровых растворов

unladen ненагруженный, без нагрузки

unlatch отпирать, открывать (*запор или защелку*)

unload 1. выброс (*из скважины*) 2. разгружать, снимать нагрузку; выгружать

unloader 1. разгружатель, разгрузочная машина 2. понизитель давления, регулятор давления

unloading 1. откачка (*для понижения уровня жидкости в скважине*) 2. разгрузка, опорожнение 3. слив
offshore ~ слив (*нефтепродуктов*) по подводному трубопроводу

unlock отпирать; размыкать; разъединять; выключать

unlocking 1. освобождение, спуск 2. размыкание; расцепление; отблокирование

unmachined необработанный; незаконченный, неотделанный

unmanned 1. работающий без обслуживающего персонала 2. автоматический

unmixed несмешанный

unmixing распадение смеси, расслаивание (*напр. бетона*)

unprofitable непромышленный, невыгодный для эксплуатации (*участок месторождения*)

unreeve разобрать оснастку талевого блока

unrefined неочищенный, нерафинированный

unreliability ненадежность (*оборудования*)

unsafe ненадежный

unsatisfactory неудовлетворительный

unsaturated ненасыщенный

unscreened 1. неэкранированный 2. несортированный

unscrew развинчивать, отвинчивать, вывинчивать

unseat 1. поднять (*клапан с седла*) 2. стронуть с места (*пакер*) 3. приподнять с места посадки (*вставной насос*)

unserviceable непригодный к работе, вышедший из строя; ненадежный в эксплуатации

unsettled неотстоявшийся; неосевший (*о грунте*); неустойчивый (*о погоде*)

unsheltered незащищенный, неприкрытый

unshielded незащищенный, неэкранированный

unskilled неквалифицированный; необученный

unsound дефектный, недоброкачественный

unstable 1. неустойчивый, неустановившийся; нестабильный; нестойкий; нетвердый 2. *хим.* нестойкий
chemically ~ химически неустойчивый (*напр. буровой раствор*)

unstainable некоррозирующий, нержавеющий

unsteady неустойчивый, изменчивый, нестабильный, неустановившийся

unstrained 1. ненапряженный 2. недеформированный

unstreseed ненапряженный; без напряжения

unsupported безопорный; незакрепленный, свободный; без крепи

untapped не вскрытый (*скважиной*)

untested неразведанный, неопробованный; неиспытанный

unthreaded без нарезки, ненарезанный

untight негерметичный, незатянутый

untrained необученный

untreated 1. необработанный; сырой 2. неочищенный 3. термически необработанный 4. непропитанный

untrue 1. неверный, неправильный, неточный, отклоняющийся от образца; имеющий неточные размеры 2. эксцентричный; бьющий (*о вращающейся детали*); нецилиндрический

unused не бывший в употреблении

unwatched 1. автоматический 2. работающий без обслуживающего персонала

unweldable *св.* несвариваемый

unwelded *св.* несваренный

up 1. наверх, наверху, кверху, вверх 2. увеличить производительность скважины

upbuilding *геол.* накопление, наращивание

updip вверх по восстанию (*пласта*)

upflow восходящий поток

upfold *геол.* антиклиналь, антиклинальная складка

upgrade 1. верхний предел || высший 2. модернизировать 3. обогащать

upgrading 1. обогащение 2. модернизация

upheaval 1. поднятие (*земной коры*) 2. смещение пластов; сдвиг

uphill *св.* на подъем (*о направлении сварки*)

uphole вверх по стволу скважины

upkeep ремонт, наблюдение; уход, содержание (*в исправности*)

upleap 1. *геол.* взброс; верхнее крыло сброса 2. вертикальное перемещение пластов

uplift 1. *геол.* взброс 2. подъем || поднимать

uppermost самый верхний

uprated завышенной мощности; с завышенными номинальными данными

upright 1. прямой, отвесный, вертикальный || вертикальная стойка, вертикальный разрез 2. стойка, колонна

uprise восходящая [вертикальная] труба

‖восходящий, идущий вертикально вверх ‖ подъем

~ of salt masses подъем соляных масс

upset 1. высадка ‖ высаженный (*конец трубы, долота, бура*) ‖ осаживать, высадить 2. нарушить; опрокинуть, перевернуть 3. осадка; укорочение деталей при осадке ‖ производить осадку 4. расстроить (*систему*)

interior ~ высадка концов труб внутрь
internally ~ с внутренней высадкой

upslope вверх; по восстанию

upstream против течения; вверх по течению

upstroke движение, ход (*поршня, колонны или долота при ударном бурении*) вверх

upstructure вверх по восстанию пласта

upswell *геол.* раздув, вздутие

upthrow *геол.* взброс; поднятое [верхнее] крыло сброса

upthrust *геол.* взброс, крутой надвиг, горст

up-to-date современный

uptrusion *геол.* направленная вверх интрузия

upwarp *геол.* вспучивание ‖ вспучиваться

usable годный к использованию

use применять, употреблять ‖ употребление; применение, использование, эксплуатация

~ and application способ употребления и применения

used-up использованный до конца, отработанный, полностью изношенный

useful полезный; эффективный

utensils приборы; инструменты; аппаратура

utility 1. полезность 2. *pl* разные виды энергии, энергоисточники 3. *pl* подсобные цеха

utilization использование, применение, утилизация

utmost крайний, предельный

vacuum разрежение, пустота, вакуум, разреженное пространство ‖ вакуумный, разреженный

partial ~ частичный [неполный, парциальный] вакуум
perfect ~ полный [абсолютный] вакуум
high ~ высокий [глубокий] вакуум

value 1. величина, значение 2. оценка ‖ оценивать 3. стоимость, цена

absolute ~ абсолютное значение, абсолютная величина
acid ~ степень кислотности, кислотность; коэффициент кислотности
approximate ~ приближенная величина, приближенное значение
BTU ~ теплота сгорания газа в единицах БТЕ
calorific ~ теплотворная способность; теплота сгорания; теплопроизводительность
commercial ~ промышленная ценность
correlation ~ корреляционное значение
delivery ~ пропускная способность
economic ~ промышленная стоимость или ценность
effective ~ действующее значение; действующая величина (*тока, напряжения*)
equilibrium ~ равновесное значение
estimated ~ расчетная величина; экстраполированное или интерполированное значение
field ~s промысловые значения
gross ~ валовая ценность; валовая стоимость
heat ~ *см.* calorific value
heating ~ *см.* calorific value
hydrogen ionization ~ величина pH
incremental ~ прирост
instantaneous ~ мгновенное значение
limiting ~ предельное значение, ограничивающая величина
mean effective ~ среднее эффективное значение
numerical ~ числовое обозначение, числовая величина
observed ~ наблюденное или замеренное значение
prospective ~ предполагаемая (*или возможная*) ценность месторождения
rated ~ номинальное значение, номинальная величина
rating ~ номинальная характеристика основных параметров (*мощности, скорости и т. д.*), расчетная величина
root-mean-square ~ среднеквадратичное значение
scale ~ цена деления шкалы
shear ~ величина срезывающего усилия, величина статического напряжения сдвига
slaking ~ of clay числовой показатель размокания глины по времени
thermal ~ тепловая характеристика; теплота сгорания; теплопроизводительность
virtual ~ эффективное [действующее] значение
yield ~ динамическое сопротивление сдвигу (*бурового раствора*)

valve 1. клапан; вентиль; задвижка; шибер, заслонка; распределительный кран; золотник ‖ подавать [питать] через клапан 2. затвор

adjusting ~ регулирующий клапан
admission ~ впускной [всасывающий] клапан
air ~ пневматический [воздушный] клапан
angle ~ угловой клапан, угловой вентиль
angle needle ~ угловой предохранительный клапан игольчатого типа
atmospheric ~ воздушный клапан, выпускной клапан
automatic check ~ автоматический клапан
auxiliary ~ разгрузочный клапан, вспомогательный клапан

back ~ обратный клапан
back pressure ~ предохранительный затвор; возвратный клапан, обратный клапан
bailer ~ желоночный клапан
ball ~ шариковый [шаровой] клапан
bleeder ~ *см.* escape valve
block ~ клиновая задвижка, прямопроходная задвижка
blow-off ~ продувочный клапан; спускной клапан; вентиль для быстрого опоражнивания
bottom discharge ~ 1. забойный напорный клапан 2. затвор донного спуска
breather ~ дыхательный клапан (*резервуара*)
bucket ~ клапан поршня насоса, поршневой клапан
butterfly ~ дроссельная заслонка; дроссельный клапан, дроссель; двухстворчатый клапан; впускной клапан
bypass ~ перепускной клапан; разгрузочный клапан, циркуляционный клапан
cement ~ цементировочный обратный клапан (*у башмака цементируемой колонны*)
center ~ *см.* four-way valve
change-over ~ трехходовой клапан, многоходовой клапан
charging ~ загрузочный клапан; питательный клапан
check ~ 1. обратный клапан 2. запорный клапан; стопорный клапан; клапан, действующий только в одном направлении 3. контрольный клапан
chemical injector ~ клапан для нагнетания химреагентов (*при пробной эксплуатации подводных скважин*)
circulating ~ промывочный [циркуляционный] клапан
clapper ~ *см.* flapper valve
clutch application ~ клапан (*гидравлический или пневматический*) управления муфтой сцепления
compensation ~ уравнительный [компенсационный] клапан
cone ~ 1. конический клапан 2. шаровой затвор
control ~ распределительный [регулирующий] клапан; контрольный клапан
cross ~ трехходовой клапан
cross-over ~ трехходовой [перекидной] клапан
cup ~ 1. насосная манжета глубинного насоса 2. чашечный клапан
cut-off ~ запорный [стопорный] клапан; отсечной клапан
deadweight safety ~ предохранительный клапан с грузом (*противовесом*)
delivery ~ впускной, подводящий или снабжающий клапан; напорный клапан; нагнетательный клапан; выпускной клапан; спускной клапан
diaphragm ~ диафрагменный [мембранный] клапан

direct acting control ~ контрольный клапан прямого действия
discharge ~ 1. напорный или нагнетательный; клапан насоса 2. разгрузочный клапан
disk ~ тарельчатый [дисковый] клапан
displacement pump ~ 1. перемещающийся клапан (*в периодическом газлифте*) 2. клапан нагнетательного насоса
distribution ~ распределительный клапан; распределительный вентиль
double seat ~ двухопорный клапан, клапан с двойным седлом
drain ~ спускной клапан [вентиль], продувочный [дренажный] клапан
drill pipe safety ~ предохранительный клапан бурильной трубы
drilling ~ бурильная задвижка [вентиль]
dry back-pressure ~ сухой предохранительный затвор
dual ~ двойная [спаренная] задвижка
dual guided slush service ~ клапан бурового насоса с двумя направляющими
dump ~ сбросной [разгрузочный] клапан
eduction ~ *см.* escape valve
electric solenoid ~ электрический клапан
electro-hydraulic control ~ электрогидравлический регулятор
electro-pneumatic ~ электропневматический клапан
emergency ~ 1. аварийный клапан 2. предохранительный клапан
equalizing ~ уравнительный клапан
escape ~ выпускной клапан; спускной кран
feed ~ питательный [впускной] клапан
filling ~ *см.* feed valve
finger ~ распределительный клапан
flapper ~ шарнирный [откидной, створчатый] клапан; заслонка, дроссельная заслонка
float ~ обратный [поплавковый] клапан
floating regulating ~ поплавковый клапан [регулятор]
flow control ~ регулирующий вентиль
fluid ~ клапан гидравлической части насоса
flush bottom dump ~ донный разгрузочный клапан (*шламовой емкости или емкости для бурового раствора на морской буровой*)
foot ~ клапан в нижнем конце трубы
four-way ~ четырехходовой клапан
full-opening ~ полнопроходная задвижка
gas ~ вентиль для газа, газовый вентиль
gas check ~ газовый (*запорный*) клапан
gas control ~ газовый вентиль
gas relief ~ предохранительный [газоспускной] клапан
gas-saving shutoff ~ экономайзер
gauge ~ водопробный кран
geared ~ клапан с приводом; клапан, управляемый через систему рычагов
globe ~ 1. шаровой клапан 2. проходной вентиль

governor ~ регулирующий [дроссельный] клапан
grease ~ клапан для смазки
handwheel ~ вентиль с маховичком
hydraulic ~ гидравлический затвор [задвижка]; водяной клапан, водяной вентиль; гидравлический клапан
hydraulic back-pressure ~ водяной предохранительный затвор; гидравлический обратный клапан
hydrostatic back-pressure ~ водяной предохранительный затвор; гидравлический обратный клапан
induction ~ *см.* inlet valve
inlet ~ всасывающий [впускной] клапан
intake ~ *см.* inlet valve
intercepting ~ отсекающий или прерывающий клапан; трехходовой клапан; многоходовой клапан или вентиль
internal check ~ клапан (*резервуара*) с захлопкой
kelly ~ запорный клапан бурового раствора
kick off ~ пусковой клапан (*в газлифте*)
lift ~ подъемный клапан
lever safety ~ предохранительный рычажный клапан
linearised ~ трубопроводная задвижка с линейной характеристикой
lower ~ нижний клапан (*глубинного насоса*)
lower kelly ~ нижний клапан ведущей трубы (*закрываемый при подъеме ведущей трубы*)
magnet(ic) ~ электромагнитный клапан
main ~ главный впускной клапан; главный распределительный вентиль; основной клапан редуктора
main air stop ~ главный воздушный (запорный) клапан
manifold ~s гребенки (*для слива по нескольким патрубкам*)
master ~ фонтанная задвижка
mechanical inlet ~ впускной клапан с механическим приводом
metering ~ дозировочный клапан
motorized ~ приводная задвижка
mud ~ задвижка на выкидной линии бурового насоса
mud check ~ запорный клапан бурового раствора (*устанавливается в нижней части ведущей трубы и служит для автоматического закрытия ее полости при отсоединении рабочей трубы от бурильной колонны с целью предотвращения разлива бурового раствора*)
mud pump ~ клапан бурового насоса
mud relief ~ предохранительный клапан бурового насоса
multiple ~ многоходовой клапан
needle ~ игольчатый клапан или вентиль
non-return ~ обратный клапан
open and shut ~ двухпозиционный клапан (*открыт — закрыт*)

operating ~ распределительный золотник
orifice control ~ клапан с регулируемым сечением (*игольчатый клапан*)
outlet ~ выпускной клапан; спускной кран
overflow ~ сливной клапан; перепускной клапан
oxygen ~ кислородный вентиль
pass ~ пропускной клапан
РСТ ~ клапан для испытания (*скважины*) при контролируемом давлении
pilot ~ управляющий клапан
pipeline ~ задвижка для трубопровода
pipeline control ~s трубопроводная запорная и регулировочная арматура
pipe manifold ~s раздаточные гребенки, гребенки для раздачи нефтепродуктов
piston ~ поршневой золотник
piston operated ~ задвижка с пневматическим или гидравлическим приводом
plate ~ плоский [пластинчатый, откидной] клапан (*в воздухораспределительном устройстве бурильного молотка*), тарельчатый клапан
plug ~ конический вентиль, пробковый кран
plug-type ~ *см.* plug valve
plunger ~ плунжерный клапан (*со штоком-толкателем*)
pod selector ~ клапан для выбора коллектора (*установленный на пульте управления подводным оборудованием*)
pop ~ *см.* pop-off valve
pop-off ~ предохранительный клапан
pop safety ~ предохранительный пружинный клапан
poppet ~ 1. тарельчатый клапан 2. проходной [сквозной] клапан
popet type check ~ обратный клапан тарельчатого типа
pressure ~ нагнетательный клапан
pressure-and-vacuum release ~ *см.* pressure vent valve
pressure control ~ редукционный клапан
pressure reducer ~ детандер, редукционный клапан; газовый редуктор
pressure release ~ клапан для снижения давления
pressure relief ~ разгрузочный клапан; регулятор давления; перепускной клапан
pressure vent ~ дыхательный клапан (*резервуара*)
quantity control ~ контрольный клапан (*напр. автоцистерны*) для проверки уровня жидкости
quick opening ~ быстродействующая задвижка или вентиль
rack bar sluice ~ задвижка с кремальерой
ratio plug ~ клапан с равнопроцентным золотником (*при равных приращениях хода обеспечивает одинаковый процент приращения расхода*)
reducing ~ редукционный клапан; регулятор давления

valve

reduction ~ редукционный клапан
reflux ~ обратный клапан
regulating ~ распределительный [регулирующий] клапан; газовый редуктор
release ~ перепускной [предохранительный] клапан
relief ~ выпускной [перепускной] клапан; предохранительный клапан; спускной кран
retaining ~ обратный клапан
retrievable ~ съемный клапан
reverse flow ~ реверсивный клапан
reversing ~ золотник перемены хода (*поршня*), реверсивный золотник
rising stem ~ вентиль [задвижка] с выступающим из корпуса винтовым регулирующим стержнем
safety ~ предохранительный клапан; клапан-отсекатель
safety bleeder ~ предохранительный спускной кран
sand pump ~ клапан песочного насоса
self-closing ~ автоматический аварийный клапан, самозакрывающийся клапан
sequence ~ клапан, срабатывающий в определенной последовательности
shut off ~ запорный клапан (*или вентиль*), стопорный клапан
shuttle ~ золотниковый клапан (*в системе управления подводным оборудованием*)
sleeve ~ золотниковый клапан, клапан с гильзовым затвором
slide ~ задвижка, шибер; манжетный клапан
sliding ~ *см.* slide valve
solenoid shear ~ соленоидный срезной клапан
speed control ~ клапан, регулирующий скорость срабатывания пневматического или гидравлического устройства; дросселирующий клапан
stop ~ запорный клапан
subsea lubricator ~ подводный лубрикаторный клапан
subsea production ~ подводная эксплуатационная задвижка
suction ~ всасывающий клапан
T- ~ трехходовой клапан или кран
tap ~ кран (*водопроводный*)
three-way ~ трехходовой клапан
throttle ~ дроссельный клапан; дроссель
transfer ~ перепускной клапан; отводной кран
transforming ~ редукционный клапан
travelling ~ нагнетательный [подвижный] клапан глубинного насоса
trip ~ верхний клапан опробователя
tubing lubricator ~ гидравлическая задвижка насосно-компрессорной колонны
unloading ~ разгрузочный клапан
water ~ водяная задвижка
water knockout ~ водоспускная задвижка
wellhead control ~ задвижка, установленная на устье скважины

vein

wing ~ задвижка на отводящей линии
wing guided ~ клапан с крыльчатым направлением
working ~ рабочий регулировочный вентиль
working barrel ~ клапан глубинного насоса
vane 1. лопатка (*турбины*), лопасть ǁ лопастный, крыльчатый 2. вертушка 3. вентилятор 4. стабилизирующее оперение, стабилизатор 5. устройство для измерения прочности грунта на сдвиг в массиве
rotating ~ поворотный движитель полупогружной буровой платформы

vaporization испарение; парообразование; выпаривание
equilibrium ~ равновесное испарение
flash ~ однократное [мгновенное] испарение
vapour пар; пары ǁ испаряться
aqueous ~ водяной пар
saturated ~ насыщенный пар
variable переменный, изменяющийся ǁ переменная (*величина*)
complex ~ комплексная переменная (*величина*)
controlled ~ регулируемая переменная (*величина*); измеряемая переменная (*величина*)
dependent ~ зависимая переменная (*величина*)
independent ~ независимая переменная (*величина*)
random ~ случайная переменная (*величина*)
uncontrolled ~ переменная величина или фактор, не поддающийся контролю и регулировке
variation 1. изменение, перемена 2. вариант; разновидность 3. отклонение 4. колебание
continuous ~ *геол.* постоянное изменение
cycle ~ циклическое [гармоническое] колебание
discontinuous ~ *геол.* прерывное изменение
lateral ~ *геол.* изменчивость по простиранию
maximum storm tide ~ изменение прилива при жестоком шторме
permeability ~s различная проницаемость
permissible ~s допустимые отклонения
temperature ~ колебание температуры
variometer вариометр
H- ~ горизонтальный магнитный вариометр
vary 1. менять(ся), изменять(ся) 2. разнообразить
vehicle 1. средство передвижения, наземное транспортное средство, средство доставки, носитель 2. растворитель; связующее вещество
work ~ рабочий аппарат, рабочая камера (*для доставки обслуживающего персонала к подводному оборудованию, трубопроводу и т. п.*)
vein *геол.* жила; жила-сброс [трещина], выполненная минеральным веществом, пласт; прослоек, прожилок
banded ~ *геол.* ленточная [поясовая] жила
beaded ~ четковидная жила
bed(ded) ~ пластовая жила
blanket ~ *см.* bed(ded) vein
blind ~ слепая жила

velocity скорость; быстрота ‖ скоростной
annular ~ *см.* annular return velocity
annular return ~ скорость восходящего потока бурового раствора в затрубном пространстве
annulus ~ *см.* annular return velocity
apparent ~ кажущаяся скорость
ascending ~ скорость подъема, скорость восходящего потока
circulation ~ скорость возвратного потока бурового раствора (*в кольцевом пространстве*), скорость циркуляции
descending ~ скорость нисходящего потока
discharge ~ скорость истечения
exploitation ~ эксплуатационная скорость
free ~ произвольная скорость
initial ~ начальная скорость
inlet ~ скорость при впуске, скорость входа, скорость на входе
jet ~ скорость истечения струи из насадок долота, скорость промывочной струи (*в долоте*)
longitudinal ~ скорость продольных волн
nozzle ~ скорость струи в насадке
outlet ~ скорость на выходе; скорость истечения
radial ~ окружная [тангенциальная, касательная] скорость
reaction ~ скорость реакции
relative ~ относительная скорость
resultant ~ равнодействующая [результирующая] скорость
return ~ скорость восходящего потока (*бурового раствора*)
shear wave ~ скорость сдвиговых волн
slip ~ скорость осаждения, скорость проскальзывания (*частицы породы в промывочной жидкости*)
space ~ объемная скорость
uphole ~ *см.* annular return velocity
upward ~ *см.* annular return velocity
washover ~ скорость выноса на поверхность (*бурового шлама и т. п.*)
water ~ скорость потока воды

vent 1. отверстие (*входное или выходное*); вентиляционное отверстие, отдушина 2. удалять (*воздух*); выпускать (*газ*)
air ~ отверстие для спуска воздуха, отдушина; воздушный канал
free ~ свободный выпуск (*напр. в атмосферу*)
gas ~ вентиляционный выпуск газа (*на резервуарах и аппаратах*); сброс газа

versenate этилендиаминтетрауксусная кислота

vertical вертикаль, вертикальная линия; перпендикуляр ‖ вертикальный; отвесный

vessel 1. сосуд; резервуар; баллон 2. судно, корабль
anchor handling ~ судно для установки якорей (*полупогружной буровой платформы, бурового судна или трубоукладочной баржи*)
catamaran type drilling ~ буровое судно-катамаран
core-type drilling ~ судно для поискового бурения
drilling ~ плавучее буровое основание, буровое судно
exploratory drilling ~ разведочное буровое судно
multipurpose supply ~ судно снабжения многоцелевого назначения
pressure ~ сосуд, работающий под давлением
purpose support ~ специализированное судно обеспечения
service ~ вспомогательное судно (*для морских буровых оснований*)
settling ~ отстойник (*для очистки бурового раствора*)
single column semisubmersible drilling ~ одноколонная полупогружная буровая платформа
single-hulled drilling ~ однокорпусное буровое судно
storage ~ судно-хранилище
twin hull semisubmersible drilling ~ двухкорпусное полупогружное буровое основание
work ~ рабочее судно

vibrate вибрировать, колебать(ся); вызывать вибрацию

vibration вибрация, колебание; колебательное движение; дрожание; вибрирование
coupled ~s связанные колебания
elastic ~ упругое колебание
forced ~ вынужденное колебание
forced damped ~ вынужденное колебание при затухании
free harmonic ~ свободное гармоническое колебание
lateral ~ поперечное колебание
limiting ~ предельно допустимая вибрация
longitudinal ~ продольное колебание
sustained ~ незатухающая вибрация
torsional ~ крутильное колебание
transverse ~ *см.* lateral vibration

vibrodrill вибробур; машина для вибробурения

view вид; изображение; проекция
back ~ вид сзади
bird's eye ~ вид с птичьего полета
bottom ~ вид снизу
close ~ вид крупным планом
close-up ~ вид вблизи
plan ~ вид сверху, горизонтальная проекция
sectional ~ вид в разрезе
side ~ вид сбоку (*на чертеже*); профиль, вертикальный разрез
top ~ вид сверху

visco-elastic вязкоупругий
viscometer *см.* viscosimeter
viscometry *см.* viscosimetry
viscosifier загуститель
viscosimeter вискозиметр (*прибор для измерения вязкости*)
capillary ~ капиллярный вискозиметр

Engler ~ вискозиметр Энглера
Fann ~ вискозиметр Фэнна
funnel ~ полевой вискозиметр, вискозиметр Марша
rotary ~ ротационный вискозиметр
rotational ~ *см.* rotary viscosimeter
Saybolt ~ вискозиметр Сейболта
  viscosimetry вискозиметрия
  viscosity вязкость; внутреннее трение; тягучесть
absolute ~ абсолютная вязкость
anomalous ~ аномальная вязкость
apparent ~ кажущаяся вязкость
bit ~ вязкость в насадке долота
dynamic ~ динамическая вязкость
effective ~ эффективная вязкость
Engler ~ вязкость в условных градусах, вязкость по Энглеру
funnel ~ условная вязкость (*по вискозиметру Марша*)
gas-oil fluid ~ вязкость нефти, содержащей растворенный газ
initial ~ исходная вязкость
kinematic ~ кинематическая вязкость
low ~ малая вязкость
mud ~ вязкость бурового раствора
plastic ~ пластическая или структурная вязкость
relative ~ относительная вязкость
slurry ~ вязкость раствора (*бурового или цементного*)
specific ~ удельная вязкость (*отношение вязкости нефтепродукта к вязкости воды*)
turbulent ~ вязкость при турбулентном течении
  vise 1. тиски ‖ сжимать, стискивать, зажимать в тиски 2. клещи 3. зажимной патрон
chain pipe ~ цепные трубные тиски
pipe ~ трубные тиски (*для гибки*)
  void 1. полость; пора; карман (*в породе*) 2. пустота
  voidage объем пустот, пористость
reservoir ~ объем свободного порового пространства пласта (*не заполненного жидкостью*)
  volatile летучий, улетучивающийся, быстро испаряющийся
  voltage электрическое напряжение, разность потенциалов
running ~ рабочее напряжение
  volume 1. объем; масса 2. вместимость 3. том, книга
absolute ~ абсолютный объем
apparent ~ объем сыпучего тела, кажущийся объем
bulk ~ суммарный объем
circulation ~ объем подаваемого в скважину бурового раствора или газа в минуту
displacement ~ рабочий объем цилиндра
gas ~ объем газа
net ~ объем нетто
nominal ~ номинальный объем

partial ~ парциальный объем
pore ~ объем порового пространства
pore ~ of gas количество газа, выраженное в единицах объема пор
pump ~ объемная подача насоса
reservoir bulk ~ общий объем пласта
reservoir-face ~ объем нефти и газа из стенки скважины в продуктивном интервале
specific ~ удельный объем
tank ~ вместимость резервуара; объем нефти в резервуаре; объем нефти, приведенный к нормальным условиям
unit ~ 1. единица объема 2. объем, равный единице
void ~ объем пустот (*в породах*)
water ~ объем воды (*прокачиваемой насосом за единицу времени*)
  Volumemaster *фирм. назв.* 305-мм гидроциклон для очистки буровых растворов

  wage заработная плата
daily ~ поденная оплата
hourly ~ почасовая оплата
living ~ прожиточный минимум
  wagon 1. коляска; тележка 2. вагон
casing ~ ручная тележка для подвозки труб к скважине
  waist 1. сужение, суженная часть (*трубы*), шейка, перехват; горловина 2. уменьшить диаметр; делать шейку или перехват
  wait:
«~ and weight» метод ожидания и утяжеления (*метод управления скважиной в случае опасности выброса, при котором прекращают циркуляцию до приготовления бурового раствора необходимой плотности*)
  waiting:
~ on cement ожидание затвердения цемента, ОЗЦ
~ on plastic время ожидания затвердевания пластмассы (*при тампонировании скважины полимерами до получения прочности 7,0 МПа*)
  walk *см.* walkway
  walker 1. обходчик 2. шагающий экскаватор
line ~ *см.* pipeline walker
pipeline ~ линейный обходчик трубопровода
  walkway мостки (*на буровой*)
  wall 1. стенка (*скважины, трубы*); стена; перегородка; переборка 2. *геол.* боковая порода
~ off закрыть, закупорить (*трещины и пустоты в стенках скважины цементом или глиной*); перекрыть (*обсадными трубами*)
~ up глинизировать стенки скважины

deflecting ~ отражательная поверхность; топочный экран
fire ~ брандмауэр, пожарная стенка (*в резервуарных парках*)
hanging ~ висячий бок (*пласта*); верхнее крыло сброса
low ~ нижняя стенка (*наклонной скважины*)
pipe ~ стенка трубы
walling-up глинизация, образование глинистой корки (*на стенках скважины*); налипание частиц шлама на стенки скважины; заполнение трещин и пустот в стенках скважины (*цементом*)
warehouse пакгауз; склад, хранилище, складское помещение ‖ помещать в склад; хранить на складе
warp 1. коробление; искривление, поводка ‖ коробиться, деформироваться, перекашиваться 2. отклонение, величина отклонения скважины от заданного направления 3. *геол.* нанос, аллювий; аллювиальная почва
wash 1. промывка (*скважины*) ‖ промывать, вымывать (*выбуренную породу*) 2. размыв (*керна промывочной жидкостью*) ‖ размывать 3. песок; аллювий; наносы 4. тонкий слой ‖ покрывать тонким слоем 5. *св.* оплавлять поверхность шва
~ away вымывать
blow ~ добавление струи воды в грязную нефть для лучшего отделения воды и грязи
fluid ~ размыв (*керна, матрицы алмазной коронки*)
oil ~ газойль для промывки нефтяных цистерн
wash-around цикл промывки
washer 1. промыватель; моечное устройство; промывной аппарат; мойка 2. шайба; прокладка; подкладка 3. скруббер
cuttings ~ устройство для промывки шлама (*на морских буровых*)
diaphragm ~ уплотнительное кольцо мембраны
gas ~ скруббер, газопромывочная установка
packing ~ нажимная шайба сальника
spacing ~ установочная шайба, распорная шайба; распорное кольцо
washing 1. промывка; очистка 2. *св.* оплавление поверхности сварного шва 3. обогащение (*мокрым способом*)
washout 1. размыв, промыв (*резьбовых соединений*), эрозия (*ствола*), смыв 2. небольшое отверстие или щель в бурильной трубе, обычно около замка (*дефект высадки*)
washover вымывать (*породу вокруг прихваченного бурового инструмента*) ‖ промывка
wastage 1. потери (*от износа, утечки*) 2. отходы, отбросы
waste 1. отходы, отбросы 2. потери; ущерб; убыток; порча 3. пустая порода 4. обтирочный материал 5. негодный, бракованный 6. отработанный 7. бесполезно расходовать 8. портить 9. истощать
heat ~ потери тепла
oily ~ нефте(*масло*)содержащие сточные воды

power ~ потеря мощности [энергии]
utility ~ утиль
water вода ‖ увлажнять, смачивать, мочить
~ off прекратить подачу промывочной воды
~ on включить подачу промывочной воды
~ out обводниться
~ alone вода без каких-либо добавок, чистая вода
~ in suspension вода во взвешенном состоянии
~ of gelation вода, связанная в геле
~ of hydration гидратационная вода; вода гидратации
absorption ~ абсорбционная вода
aerated ~ аэрированная вода
artesian ~ артезианская вода
associated ~ попутная вода (*добываемая вместе с нефтью*)
backwash ~ вода для промывки фильтров
basal ~ основная вода, основной водоносный горизонт
bay ~ необработанная местная вода
bottom ~ 1. подошвенная вода (*в пласте*) 2. вода на дне (*нефтяного резервуара*)
bound ~ связанная [конституционная] вода
brine ~ пластовая вода
capillary ~ капиллярная вода
carbonated ~ вода, обогащенная углекислотой (*сатурированная*)
circulating ~ промывочная вода (*при алмазном бурении*)
clear ~ чистая вода
combined ~ связанная [кристаллизационная] вода
condensed ~ конденсированная вода
connate ~ погребенная [реликтовая] вода, связанная вода
cooling ~ оборотная [охлаждающая] вода
crystal ~ кристаллизационная вода
dirty ~ зашламованная вода; бедный [тощий] буровой раствор
discharge ~ отработанная [сточная] вода
drill ~ буровая вода
drilling ~ вода для промывки скважин; промывочная вода
edge ~ краевая [контурная] вода
exposed deep ~ открытое глубокое море
extraneous ~ посторонняя вода (*отличающаяся по характеристике от нормальной пластовой*)
feed ~ питательная вода
film ~ пленочная вода
flood ~ нагнетаемая вода (*при контурном заводнении месторождения*)
flushing ~ промывочная вода
free ~ свободная [несвязанная] вода; гравитационная вода
fresh ~ пресная вода
fringe ~ вода в зоне водонефтяного контакта
ground ~ грунтовая [почвенная] вода
gun barrel salt ~ промысловые соленые воды
hard ~ жесткая вода

injected ~ вода, нагнетаемая в пласт
intermediate ~ промежуточная вода
internal ~ 1. глубинная вода 2. осевая подача воды (*для промывки при бурении шпуров*)
interstitial ~ поровая [связанная] вода
invading ~ вытесняющая вода
irreducible ~ остаточная вода
jacket ~ оборотная [охлаждающая] вода (*в водяной рубашке*)
lead ~ порция воды, закачиваемой впереди цементного раствора
load ~ вода, закачиваемая в скважину при гидроразрыве
local ~ пластовая вода (*в скважине*)
make up ~ добавляемая вода (*при размешивании или разжижении*), вода затворения
minimum ~ минимальное содержание воды (*в цементном растворе*)
mixing ~ 1. вода для затворения (*цементного раствора*) 2. вода для замеса (*бетона*)
ocean ~ морская вода
oil-field ~ *см.* brine water
optimum ~ оптимальное количество воды (*количество воды в цементном растворе, обеспечивающее необходимые свойства для выполнения определенных работ*)
over ~ верхняя вода в нефтяной скважине
planar ~ адсорбированная вода (*напр. на поверхностях структурных чешуек глины*)
primary ~s первичные воды; воды, находившиеся в пласте до вскрытия его скважинами
process ~ *см.* service water
produced ~ пластовая вода; промысловые воды; попутно добываемая вода
rain ~ дождевая вода
recirculated ~ оборотная вода
recirculated cooling ~ оборотная охлаждающая вода
reclaimed waste ~ регенерированные сточные воды
return ~ обратная или отработанная вода, выходящая из скважины; сбросные воды; циркулирующая вода
running ~ проточная вода
salt ~ минерализованная [соленая] вода
sanitary ~ вода для бытового потребления
scale producing ~ жесткая вода, образующая накипь
secondary ~ вторичная вода
service ~ вода, пригодная только для технических целей; техническая вода
sludge ~ обратная [отработанная] вода со шламом (*выходящая из скважины*)
sweet ~ пресная вода
tide ~ подверженное действию прилива водное пространство
top ~ верхняя вода
treated ~ очищенная вода
under ~ краевая [контурная] вода
underground ~ подземная [артезианская] вода

upper ~ верхняя вода
wash ~ промывочная вода
wash-down *см.* wash water
waste ~ сточная вода; конденсационная вода
  water-absorbing гигроскопический
  water-carrying водоносный, содержащий воду (*пласт, горизонт*)
  watered содержащий воду, обводненный, смоченный
  water-free безводный
  watering разбавление водой (*напр. бурового раствора*)
  water-proof водонепроницаемый, герметичный
  water-resistant водостойкий
  water-saturated водонасыщенный
  water-sealed снабженный водяным затвором
  watershed 1. водораздел 2. бассейн реки; водосборная площадь, водосбор
  water-tight водонепроницаемый, герметичный
  waterway канавка, проход
expanding ~ промывочная канавка алмазной коронки, сечение которой увеличивается от внутреннего края торца к наружному
off-center ~ промывочная канавка, расположенная вне центра
  waterworn *геол.* размытый, изношенный действием воды
  watt ватт
  wattage число ватт; мощность в ваттах
  watt-hour ватт-час
  wave 1. волна 2. колебание; сигнал
~s of compression *см.* compression wave
~s of condensation *см.* compression wave
~s of distortion поперечные волны; волны сдвига, волны разрыва
alternating ~s обменные волны, перемежающиеся сейсмические волны
back ~ *сейсм.* отраженная волна
blast ~ взрывная волна; ударная волна
compression ~ *сейсм.* волна сжатия [сгущения], продольная волна, волна сжатия-расширения
continuous ~s незатухающие колебания
dilatational ~ *см.* compression wave
discontinuous ~s затухающие колебания [волны]
distortional ~ волна деформации
divergent ~ *сейсм.* расходящаяся волна
elastic ~ *сейсм.* упругая волна
longitudinal ~ продольная волна
near-surface ~s *сейсм.* околоповерхностные волны
one dimentional ~ одномерная волна
operating ~ рабочая волна
plane ~ плоская волна
predetermined ~ расчетная волна
reflected ~ *сейсм.* отраженная [пространственная] волна
resultant shock ~ равнодействующая ударная волна
seismic ~ сейсмическая волна

shear ~ *сейсм.* поперечная волна, волна сдвига, вторичная волна
shock ~ *сейсм.* ударная волна
spherical ~ сферическая волна
transformed ~s перемежающиеся (*сейсмические*) волны
transversal ~ поперечная волна, волна смещения [сдвига]
transverse ~ поперечная волна
travelling ~ 1. блуждающая волна (*перенапряжения*) 2. бегущая волна
undamped ~ *сейсм.* незатухающая волна

wax 1. озокерит; парафин; твердые углеводороды; воск 2. пластичная глина
ceresine ~ аморфный или микрокристаллический парафин
earth ~ *см.* mineral wax
fossil ~ *см.* mineral wax
mineral ~ горный воск, озокерит
rod ~ парафиновая пробка (*в насосно-компрессорных трубах*)

way 1. путь; дорога; проезд; ход 2. метод, средство, способ 3. область, сфера
half ~ на полпути; на пол-оборота, на 180°

weak слабый; мягкий; хрупкий; неустойчивый
weaken ослаблять
wear износ, изнашивание, выработка, истирание; срабатывание; амортизация || изнашиваться; срабатываться; истираться
~ away изнашиваться, срабатываться
~ off срабатываться, изнашиваться (*о долоте*)
~ out of gauge срабатываться до потери диаметра (*о долоте*)
abrasive ~ абразивный износ, истирание
barrel ~ износ втулок насоса
corrosive ~ коррозионный износ, износ от коррозии
even ~ *см.* uniform wear
fretting ~ фрикционный износ
lop-sided ~ односторонний износ
service ~ эксплуатационный износ
undue ~ чрезмерный [ненормальный] износ
uneven ~ неравномерный износ
uniform ~ равномерный износ

wear-and-tear износ, изнашивание, срабатывание, амортизация
wear-proof износоустойчивый, износостойкий; медленносрабатывающийся
weathering *геол.* выветривание; эрозия; дефляция
weather-proof закрытый, защищенный от атмосферных влияний; стойкий по отношению к атмосферным воздействиям
wedge 1. клин; отклоняющий клин || отклонять (*скважину при помощи клина*) 2. клинообразные осколки керна, заклинивающиеся в колонковой трубе || заклинивать
~ off искусственно отклонить скважину при помощи клина
~ out *геол.* выклиниваться

~ up заклинивать
casing cutter ~ клин труборезки
retractable ~ извлекаемый отклоняющий клин
ring-type ~ отклоняющий клин с верхним монтажным кольцом

wedged заклиненный, прихваченный
wedge-shaped клинообразный, клиновидный
wedging 1. отклонение скважины при помощи клиньев, искусственное искривление скважины 2. заклинивание в колонковой трубе
weigh 1. весить; взвешивать 2. поднимать (*якорь*)
weighing взвешивание
weight 1. вес, масса 2. плотность 3. тяжесть; груз; нагрузка 4. нагружать; утяжелять (*буровой раствор*)
~ applied to the bit осевое давление на коронку, нагрузка на долото
~ by volume per cent концентрация в граммах на 100 мл (*1 % weight by volume соответствует концентрации 10 г/л*)
~ on the bit нагрузка на долото
apparent ~ кажущаяся масса
atomic ~ атомная масса
balance ~ противовес, уравновешивающий груз
bit ~ 1. нагрузка на долото 2. общий вес алмазов в коронке (*в каратах*) 3. вес бурового снаряда (*при бурении сверху вниз*)
brake ~ противовес тормоза
bulk ~ насыпная плотность, средняя плотность сыпучего тела
buoyant ~ вес бурового снаряда в заполненной жидкостью скважине
damper ~ противовес (*заслонки*)
dead ~ собственный вес
design ~ расчетный вес
kill ~ увеличенная плотность бурового раствора, достаточная для глушения скважины
laden ~ вес в нагруженном состоянии
mud ~ плотность бурового раствора
mud ~in плотность бурового раствора на входе в скважину
mud ~out плотность бурового раствора на выходе из скважины
net ~ чистый вес, вес нетто
safety ~ 1. груз на предохранительном клапане (*парового котла*) 2. безопасная [допускаемая] нагрузка
shipping ~ вес с упаковкой, вес брутто
sole ~ нагрузка от собственного веса

specific ~ плотность
submerged ~ вес в воде, вес в погруженном состоянии
unit ~ средняя плотность
weighted 1. утяжеленный 2. нагруженный 3. взвешенный
~ volumetrically средневзвешенное по объему
weighting утяжеление (*раствора*)
bulk ~ весовой замер

weld сварной шов, сварное соединение ‖ сваривать(ся)
~ on наваривать, приваривать
~ to... приваривать к...
~ together сваривать, соединять сваркой, приваривать
~ up заваривать (*трещину*); сваривать; приваривать
all-around ~ сварной шов, наложенный по периметру
back ~ подварочный шов; контрольный шов
backing ~ *см.* back-up weld
back-up ~ подварочный шов
butt ~ стыковой шок; стыковое сварное соединение
cap ~ последний (*верхний*) слой многослойного шва
circular ~ кольцевой [круговой] шов
circumferential ~ *см.* circular weld
cracked ~ шов с трещинами
defective ~ дефектный [недоброкачественный] шов
flush ~ плоский сварной шов (*заподлицо с поверхностью основного металла*), шов без усиления
horizontal ~ горизонтальный шов
inside ~ внутренний шов; шов, накладываемый изнутри
intermittent ~ прерывистый шов
intermittent tack ~ прерывистый прихваточный шов, серия прихваток
joint ~ сварной шов, сварное соединение
lap ~ сварной шов внахлестку или внакидку
longitudinal ~ продольный шов
multilayer ~ многослойный шов
multipass ~ многопроходный шов
multiple-bead ~ *см.* multiple weld
multiple-layer ~ *см.* multilayer weld
multiple-pass ~ *см.* multipass weld
multirun ~ *см.* multipass weld
narrow ~ узкий шов
normal ~ нормальный шов
one-pass ~ однопроходный шов
outside ~ внешний [наружный] шов
overlapping ~ соединение внахлестку
poor ~ *см.* defective weld
practice ~ *см.* trail weld
principal ~ основной [несущий] нагрузку шов
reinforced ~ усиленный шов
sample ~ *см.* trial weld
sealing ~ 1. подварочный шов 2. уплотняющий шов
single-pass ~ *см.* one-pass weld
single-row ~s однорядное точечное соединение
single-run ~ *см.* one-pass weld
sound ~ шов без дефектов, плотный шов
tack ~ прихваточный шов, прихватка
temporary ~ *см.* tack weld
tension ~ шов, работающий на растяжение
tentative ~ *см.* trial weld

test ~ шов, выполняемый при испытании или пробе
tight ~ плотный [герметичный] шов
trial ~ пробный шов
unsound ~ шов с дефектами, неплотный шов
weak ~ непрочный [слабый] шов
weldability свариваемость
weldable поддающийся сварке, сваривающийся
welded сварной, сваренный; приваренный
arc ~ полученный дуговой сваркой
double ~ сваренный двусторонним швом; сваренный двумя швами
welder 1. сварщик 2. сварочная машина, сварочный агрегат; сварочный автомат 3. сварочный источник тока; сварочный трансформатор
arc ~ электросварщик, сварщик-дуговик
gas ~ газосварщик
manual ~ сварщик-ручник
welding сварка, сварочные работы ‖ сварочный
~ of pipe in fixed position сварка неповоротных стыков труб
AC ~ сварка на переменном токе
acetylene ~ ацетиленокислородная [газовая] сварка
aluminothermic ~ термитная сварка
arc ~ дуговая сварка
atomic-hydrogen ~ *см.* hydrogen arc welding
autogenous ~ *см.* gas welding
automatic ~ автоматическая сварка
automatic pressure butt ~ автоматическая стыковая сварка под давлением
automatic submerger arc ~ автоматическая сварка под слоем флюса
back hand ~ сварка слева направо
back-step ~ обратноступенчатая сварка; сварка «вперед»
backward ~ правая сварка
bead ~ сварка узким швом
bell hole ~ сварка секций трубопровода в траншее; потолочная сварка
bridge ~ сварка с накладками, сварка мостиками
built-up ~ наварка, наплавка
butt ~ сварка встык [впритык]
cold ~ холодная сварка (*давлением*)
dry atmosphere ~ сварка в герметизированном пространстве (*при подводной сварке*)
electric ~ электросварка
electric arc ~ электросварка, электродуговая [дуговая] сварка
electron-beam ~ сварка электронным лучом; электронно-лучевая сварка
electropercussive ~ ударная сварка
electroslag ~ электрошлаковая сварка
electrostatic ~ конденсаторная сварка
fire ~ *см.* forge welding
flame ~ *см.* gas welding
flash ~ сварка заподлицо; торцовая сварка

flash butt ~ сварка встык оплавлением
fluid ~ *см.* fusion welding
forge ~ кузнечная сварка
friction ~ сварка трением
fuse ~ *см.* fusion welding
fusion ~ сварка плавлением
gas ~ газовая [автогенная] сварка
girth ~ сварка круговых швов
heliarc ~ дуговая сварка в защитной атмосфере
hydrogen arc ~ атомно-водородная сварка
induction ~ 1. индукционная сварка, сварка с индукционным нагревом 2. сварка (*термопластов*) с нагревом проводником, находящимся в переменном магнитном поле
jam ~ сварка встык
laser ~ сварка лазером, сварка лучом лазера, лазерная сварка
machine ~ механизированная сварка; автоматическая сварка
manual ~ ручная сварка; полуавтоматическая (*дуговая*) сварка
metal arc ~ дуговая сварка металлическим электродом
overhead ~ потолочная сварка
oxy-acetylene ~ кислородно-ацетиленовая (*или автогенная*) сварка
percussive ~ *см.* forge welding
point ~ точечная сварка
position ~ позиционная сварка
pressure ~ газопрессовая сварка; сварка под давлением
pressure contact ~ контактная сварка под давлением
repair ~ ремонтная сварка
resistance ~ сварка сопротивлением; контактная сварка
resistanse butt ~ стыковая контактная сварка
rivet ~ пробочная [сквозная] сварка
roll ~ поворотная сварка; кузнечная сварка прокаткой между вальцами
seam ~ сварка непрерывным швом
shielded arc ~ дуговая сварка в атмосфере защитных газов
shielded inert gas metal arc ~ дуговая сварка в атмосфере инертных газов
shop ~ заводская сварка (*в отличие от монтажной*)
site ~ сварка на месте (*в отличие от заводской*)
tack ~ прихватка для временного скрепления свариваемых частей; узловая сварка
thermite ~ *см.* aluminothermic welding
torch ~ *см.* gas welding
tungsten arc ~ дуговая сварка вольфрамовым электродом
twinarc submerged arc ~ дуговая сварка под слоем флюса с двумя металлическими электродами
underwater ~ подводная сварка
weldless цельнотянутый, бесшовный, цельнокатаный

well 1. скважина 2. колодец 3. источник 4. отстойник, зумпф
~ in operation действующая скважина
~ off простаивающая скважина
~ out of control скважина, фонтанирование которой не удается закрыть; открыто фонтанирующая скважина
~ producing from... эксплуатационная скважина, проведенная на (*такой-то*) пласт
~ under control скважина с закрытым фонтанированием
abandoned ~ ликвидированная скважина
abandoned condensate ~ ликвидированная (газо)конденсатная скважина
abandoned gas ~ ликвидированная газовая скважина
abandoned oil ~ ликвидированная нефтяная скважина
absorption ~ 1. поглощающий колодец 2. поглощающая скважина
adjoining ~ смежная скважина
barren ~ *см.* dry well
beam ~ скважина, эксплуатирующаяся глубинным насосом
belching ~ пульсирующая скважина; скважина, периодически выбрасывающая жидкость
breakthrough ~ скважина, к которой подошел фронт рабочего агента (*при заводнении или нагнетании газа*)
brought in ~ скважина, вступившая в эксплуатацию
blow ~ *см.* blowing well
blowing ~ артезианский источник; артезианский колодец; артезианская скважина
borderline ~ краевая скважина
bore ~ буровая скважина; артезианский колодец
cable tool ~ скважина, бурящаяся канатным способом
cased ~ обсаженная скважина
cased through ~ обсаженная до забоя скважина
cemented up ~ забитая цементом скважина (*когда цементный раствор не проник в затрубное пространство и схватился в колонне*)
center ~ центральная шахта (*в корпусе бурового судна или плавучем полупогружном буровом основании, служащая для спуска через нее бурового инструмента и оборудования к подводному устью скважины*)
close-spaced ~s размещение скважин по плотной сетке
commercial ~ скважина, имеющая промышленное значение
completed ~ скважина, законченная бурением; освоенная скважина
condensate ~ конденсатная скважина
confirmation ~ доразведочная скважина
controlled directional ~ наклонно направленная скважина

converted gas-input ~ нефтяная скважина, превращенная в газонагнетательную
cored ~ скважина, пройденная с отбором керна
corrosive ~ скважина с агрессивной средой
curved ~ искривленная скважина
dead ~ заглохшая [истощенная] скважина
deep ~ глубокая скважина (*глубиной от 4500 до 6000 м*)
development ~ эксплуатационная скважина; оценочная скважина
directional ~ наклонно направленная скважина
discovery ~ скважина, открывшая новое месторождение; скважина-открывательница
disposal ~ скважина для поглощения сточных или промысловых вод
diving ~ водолазная шахта (*проем в корпусе бурового судна или плавучей полупогружной буровой платформы для спуска водолазного колокола*)
drilled gas-input ~ специально пробуренная газонагнетательная скважина
drilled water-input ~ специально пробуренная водонагнетательная скважина
drilling ~ буровая шахта (*в корпусе бурового судна или полупогружной буровой установки*)
drowned ~ обводненная скважина
dry ~ безрезультатная скважина (*не дающая промышленного количества нефти или газа*)
dual completion gas ~ газовая скважина, законченная в двух горизонтах
dual completion oil ~ нефтяная скважина, законченная в двух горизонтах
dually completed ~ двухпластовая скважина
dual pumping ~ скважина для одновременной раздельной насосной эксплуатации двух горизонтов
edge ~ краевая [приконтурная] скважина
exhausted ~ истощенная скважина (*дебит которой ниже экономического предела эксплуатации*)
exploratory ~ разведочно-эксплуатационная скважина
extension ~ оконтуривающая скважина
field ~ эксплуатационная скважина
fill-in ~ *см.* injection well
flowing ~ фонтанирующая скважина
gas ~ газовая скважина
geothermal ~ геотермальная скважина
gusher ~ *см.* flowing well
high pressure ~ скважина высокого давления, высоконапорная скважина
hypothetical ~ предполагаемая скважина
image ~ фиктивная [отображенная] скважина в системе зеркального отображения
imperfect ~ несовершенная скважина
inactive ~ бездействующая скважина
individual ~ отдельная скважина
infill ~ скважина, пробуренная при уплотнении первоначальной сетки размещения скважин
injection ~ нагнетательная скважина

input ~ *см.* injection well
intake ~ нагнетательная скважина (*для нагнетания жидкости в пласт*)
junked ~ 1. скважина, засоренная железным ломом 2. скважина, заброшенная вследствие безрезультатной ловли оборванного инструмента
key ~ 1. опорная скважина 2. нагнетательная скважина, скважина для нагнетания сжатого воздуха или газа (*в пласт*)
line ~s скважины, расположенные вдоль границ участка
low pressure ~ скважина с низким давлением, низконапорная скважина
marginal ~ малодебитная [близкая к истощению] скважина
mudded ~ скважина, бурящаяся с промывкой буровым раствором
mudded up ~ скважина, заполненная густой смесью глинистого раствора и шлама (*препятствующей бурению*)
multiple string small diameter ~ скважина, пробуренная для одновременной и раздельной эксплуатации нескольких продуктивных горизонтов, в которую спущено две и более эксплуатационных колонн малого диаметра
natural ~ скважина, выдающая нефть без кислотной обработки, гидроразрыва, прострела или без применения насосов
non-productive ~ *см.* dry well
observation ~ наблюдательная скважина
offset ~ 1. соседняя скважина; скважина, пробуренная вблизи другой скважины (*с расчетом подсоса нефти соседа или для уточнения контура рудного тела*); 2. скважина, расположенная вне нефтеносной структуры
offshore ~ морская скважина
off-structure ~ скважина, пробуренная за пределами нефтеносной структуры
oil ~ нефтяная скважина
on-structure ~ скважина, расположенная на нефтеносной структуре
outpost ~ оконтуривающая скважина
paying ~ окупающая себя [экономически выгодная] скважина
pinch out ~ скважина, определяющая границу нефтяной залежи; малопродуктивная скважина на границе залежи
pioneer ~ первая [разведочная] скважина
pressure ~ *см.* injection well
producing ~ продуктивная [эксплуатационная] скважина
prolific ~ многодебитная скважина
prospect ~ разведочная скважина
pumping ~ насосная скважина
recipient ~s скважины, на которые перераспределена норма отбора других скважин, закрытых по каким-то причинам
recovery ~ эксплуатационная скважина
relief ~ наклонная скважина, пробуренная для

глушения другой скважины (*в случае открытого фонтанирования, пожаров*), вспомогательная скважина; разгрузочная скважина
salt-dome ~ солянокупольная скважина
salt up ~ скважина, забитая каменной солью (*требующая очистки или перебуривания*)
salt water ~ скважина, выдающая соленую воду вместо нефти
salt water disposal ~ скважина для сброса соленой воды
sand(ed) ~ 1. скважина, в которой нефтеносным коллектором являются песчаники (*в отличие от скважины, где нефть содержится в известняках*) 2. скважина, в которую вместе с жидкостью поступает из пласта много песка
sanded up ~ скважина, заплывшая или засыпанная песком
sandy ~ скважина, в которую вместе с жидкостью поступает из пласта много песка
satellite ~ скважина-спутник
seabed oil ~ нефтяная скважина с устьем на дне моря
service ~ вспомогательная скважина
shut-in ~ закрытая скважина (*с остановленным фонтанированием*)
steam ~ паронагнетательная скважина
stripper ~ малодебитная скважина, дающая менее 1,5 м^3/сут нефти
superdeep ~ суперглубокая скважина (*глубиной от 6100 до 7500 м*)
test ~ разведочная скважина
tubed ~ скважина, в которую спущены насосно-компрессорные трубы
twin ~ 1. скважина, пробуренная в тех же условиях, что и другая скважина того же участка; скважина-близнец 2. нефтяная скважина, эксплуатирующая два горизонта 3. скважина, пробуренная близко к соседней скважине
ultradeep ~ ультраглубокая скважина (*глубиной свыше 7500 м*)
unloading ~ *см.* flowing well
untubed ~ скважина, в которую не спущены насосно-компрессорные трубы
upstream ~ скважина, расположенная вверх по течению подземных вод
waste disposal ~ скважина для закачки отходов (*сточных вод и т. п.*)
water ~ водяная скважина
water dependent ~ скважина с водонапорным режимом
water-free ~ безводная скважина
water supply ~ водозаборная скважина; скважина-водоисточник
wet ~ скважина с незакрытым притоком грунтовых вод
wide-spaced ~s скважины, размещенные по редкой сетке
wild ~ некаптированная скважина
wild gas ~ некаптированный газовый фонтан

wellhead устье скважины; оборудование устья скважины
clamp hub ~ устьевая головка со стыковочной втулкой
intermediate ~ промежуточное устьевое оборудование
well-spring 1. устье скважины 2. самоизлив, фонтан
wet смачивать; увлажнять, мочить ‖ мокрый; влажный; сырой
oil ~ смачиваемый нефтью, олеофильный
water ~ смачиваемый водой, гидрофильный
wettability смачиваемость
fractional ~ *см.* preferential wettability
preferential ~ избирательная смачиваемость
relative ~ относительная смачиваемость
wetted 1. смоченный 2. смачиваемый
preferentially ~by избирательно смачивающийся (*одной жидкостью из нескольких*)
wetting смачивание ‖ смачивающий
preferential ~ избирательное смачивание
selective ~ *см.* preferential wetting
wheel 1. колесо; колесико 2. зубчатое колесо, шестерня 3. маховик 4. маховичок 5. штурвал 6. *св.* роликовый электрод, сварочный ролик
balance ~ маховик
band ~ 1. барабан ленточного тормоза 2. главный привод в станке канатного бурения
bull ~ подъемный вал [барабан], инструментальный вал, бульвер (*станка канатного бурения*)
chain ~ цепное колесо, звездочка
gear ~ зубчатое колесо, шестерня
hand ~ ручной маховичок
idler ~ ведомый ролик
notch ~ *см.* rack wheel
pinion ~ ведущее зубчатое колесо пары
rack ~ храповик
worm ~ червячное колесо
whip 1. хлестание (*штанг о стенки скважины при бурении*) 2. бить, хлопать (*о ремне*)
whip-off повреждение или разрыв плохо зацементированных обсадных труб при подъемах бурильной колонны
whip-out местное расширение ствола, вызванное хлестанием штанг
whipstock отклонитель, извлекаемый отклоняющий клин, уипсток; клин для отвода в сторону оставшегося в скважине инструмента ударного бурения; отводной крюк ‖ отклонять скважину
collapsible ~ разъемный отклонитель
permanent ~ неизвлекаемый уипсток [отклоняющий клин], несъемный отклонитель
removable ~ съемный отклонитель, извлекаемый клин, уипсток
removable-type ~ *см.* removable whipstock
whipstocking искусственное отклонение скважины (*при помощи отклоняющего клина или уипстока*)

width 1. ширина 2. мощность (*пласта*)
pore ~ радиус пор
true ~ истинная мощность (*пласта*)
overall ~ габаритная ширина
wildcat разведочная скважина
new field ~ разведочная скважина-открывательница нового месторождения
new pool ~ *см.* new field wildcat
wildcatting разведочное бурение на новых площадях
winch лебедка, ворот || поднимать при помощи лебедки
abandonment ~ лебедка для временного спуска (*конца трубопровода на дно моря в случае шторма*)
automatic constant tension mooring ~ автоматическая швартовая лебедка постоянного натяжения (*в цепи, канате*)
combined cargo and mooring ~ комбинированная грузовая и швартовая лебедка
combined windlass and mooring ~ комбинированная цепная и канатная лебедка (*якорной системы различных нефтепромысловых плавсредств*)
constant-tension mooring ~ якорная лебедка с постоянным натяжением
hoisting ~ подъемная лебедка
positioning ~ лебедка позиционирования
recovering ~ вспомогательная лебедка (*для подачи буксирного троса на суда обслуживания*)
wind [wind] 1. ветер, поток [струя] воздуха || дуть, обдувать
maximum storm one minute ~ скорость ветра жесткого шторма при одноминутном осреднении
wind [waind] виток; оборот || крутить, наматывать
winding 1. обмотка; навивка; намотка 2. изгиб 3. обмоточный провод
~ up скручивание (*бурильных труб*)
windlass лебедка, ворот; брашпиль
combined winch and ~ комбинированная лебедка-брашпиль (*комбинированных якорных тросов, состоящих из каната и цепи*)
friction ~ фрикционная лебедка
window 1. окно 2. *геол.* тектоническое окно
geological ~ *см.* window 2
wing перо (*головки крестового бура*)
~ of anticline крыло антиклинали
core bit ~ резец колонкового бура
wiper резиновый диск с отверстием в центре, служащий для снятия грязи с буровых штанг, извлекаемых из скважины; скребок; приспособление для чистки

kelly ~ сальник для очистки рабочей [ведущей] трубы
key seat ~ устройство типа расширителя для сглаживания резких перегибов ствола и желобов
pipe ~ резиновый скребок для удаления бурового раствора с труб, извлекаемых из скважины
rod ~ сальник для насосных штанг
wire 1. проволока 2. проволочная сетка 3. провод || монтировать провода, делать проводку
pipeline ~ трубопроводный трос (*буя для маркировки уложенного временно на дне моря конца подводного трубопровода*)
recovery ~ подъемный трос (*для поднятия предметов из-под воды*)
well-measure ~ трос для измерения глубины скважины
wireless 1. радио (приемник) 2. радиограмма 3. беспроволочный
wiring 1. проводка электрической сети, электропроводная линия 2. армирование проволокой 3. электрическая монтажная схема
Witbreak *фирм. назв.* деэмульгатор для буровых растворов
Witcamine *фирм. назв.* ингибитор коррозии
Witcor *фирм. назв.* ингибитор коррозии
withdraw извлекать, вытягивать, вынимать; удалять; отводить
withdrawal откачка, отбор, извлечение (*нефти из пласта*); удаление
withstand противостоять; сопротивляться, выдерживать
wool 1. шерсть; шерстяная пряжа 2. вата
glass ~ стеклянная вата, стекловата
mineral ~ 1. шлаковая вата 2. минеральная вата (*заменитель асбеста*)
rock ~ минеральная силикатная шерсть

work 1. работа; труд 2. обработка || обрабатывать 3. обрабатываемое изделие 4. конструкция, сооружение 5. механизм 6. *pl* завод; фабрика; мастерская 7. действовать, двигаться, проворачиваться (*о подвижных частях механизмов*)
~ the pipe to free расхаживать прихваченные трубы
~ the pipe up and down расхаживать трубы
~ tight string up and down расхаживать туго идущую колонну
branch ~s подсобные мастерские
cable ~ канатная лебедка
clerical ~ канцелярская [конторская] работа
day ~ повременная [поденная] работа
field ~ разведка; работа в поле, полевая съемка
gas ~s газовый завод
input ~ индикаторная работа: полная работа машины, включая потери на трение
installation ~ работы по установке, монтажные работы
machine ~ механическая обработка
maintenance ~ текущий или профилактический ремонт
preliminary ~ подготовительные работы
reclamation ~ восстановительные работы
reconnaissance ~ предварительное исследование района
remedial ~s текущий ремонт, ремонтные работы

repair ~ ремонтная работа, ремонт, починка
research ~ исследовательская работа
schedule ~ работа по графику или плану, плановая работа
tail-in ~ последний [завершающий] этап работ
useful ~ полезная работа
wire ~ проволочная сетка
wire-line ~ работы в скважине, производимые при помощи инструментов, спускаемых на тросе
   workability обрабатываемость, способность поддаваться обработке
   workable поддающийся обработке, способный деформироваться
   worker рабочий; работник
half time ~ рабочий, занятый половину рабочего дня
   working 1. работа; действие; операция 2. эксплуатация; разработка 3. обработка
cold ~ наклеп (*холодная обработка*)
   workover ремонт, ремонтные работы; капитальный ремонт скважины; операции для увеличения дебита скважины (*дополнительная углубка, прострел, кислотная обработка и т. п.*)
wire-line ~ ремонт при помощи инструмента, спускаемого в скважину на тросе через насосно-компрессорные трубы
   workship-pipelayer рабочее судно-трубоукладчик
   workshop цех; мастерская
   worm 1. червяк, червячный винт 2. шнек
горе ~ штопор для ловли оборванного каната
   worn-out изношенный, сработанный, сработавшийся; обработанный
   wrapping 1. изолирование, изоляция 2. упаковка
pipe-line ~ изоляция трубопровода, изоляционное покрытие трубопровода
   wrap-up скручивание (*бурильной колонны*)
   wreck 1. повреждение; поломка; авария 2. обрушение
   wrecker 1. машина технической помощи 2. рабочий ремонтной (*или аварийной*) бригады

   wrench гаечный ключ || отвинчивать, вывинчивать
adjustable ~ раздвижной [разводной] гаечный ключ
alligator ~ раздвижной трубный ключ; ключ-аллигатор
barrel ~ специальный ключ для крепления седла клапана в корпусе глубинного насоса
bulldog ~ *см.* alligator wrench
chain type pipe ~ цепной ключ для труб
crescent ~ серпообразный ключ
monkey ~ *см.* adjustable wrench
pipe ~ *см.* chain type pipe wrench
ratchet chain ~ цепной ключ с храповиком
socket ~ торцевой ключ
spanner ~ 1. гаечный ключ 2. ключ для круглых гаек

tool ~ ключ для инструмента при канатном бурении
   wrinkle морщина; складка
upset ~s дефекты высадки (*труб*)
   wrinkled складчатый, сморщенный
   wrought 1. кованный 2. обработанный давлением

X-Pel *фирм. назв.* водорастворимый асфальтит [гильсонит] (*смазывающая добавка для буровых растворов*)
X-radiation рентгеновское излучение
X-radiography рентгенография
X-ray 1. просвечивать рентгеновскими лучами 2. *pl* рентгеновские лучи, рентгеновское излучение
X-rayed подвергнутый рентгеновскому контролю, просвеченный рентгеновскими лучами
X-raying просвечивание рентгеновскими лучами, рентгеновский контроль

yank рывок || дергать; рвануть
yard 1. ярд (*3 фута=0,9144 м*) 2. двор, склад
yardage объем в кубических ярдах, длина в ярдах, площадь в квадратных ярдах
yarding складирование (*укладка бурильных и обсадных труб на стеллажах бурового судна или плавучей полупогружной платформы*)
yardstick критерий, мерило; мерка; показатель
yaw рыскание; угол рыскания || рыскать; скользить
~ of drilling platform рыскание буровой платформы (*отклонение плавучей буровой платформы от заданного направления*)
yearly ежегодный, годовой
Yelflake *фирм. назв.* целлофановая крошка (*нейтральный наполнитель для борьбы с поглощением бурового раствора*)
Yel-Oil *фирм. назв.* буровой раствор на углеводородной основе
yield 1. текучесть (*металла*) 2. выход; выпуск продукции || давать, выдавать, производить, извлекать 3. пружинить, поддаваться
current ~ суточный дебит [отбор, добыча]
elastic ~ упругая деформация
gas ~ выход газа; количество добываемого газа
high ~ 1. высокий выход (*продукта*) 2. глино-

порошок, дающий большой выход бурового раствора
overall ~ общий выход
plastic ~ пластическое растяжение
safe ~ надежные запасы (*полезных ископаемых*)
slurry ~ выход раствора (*объем раствора, получаемый из одного мешка цемента или бентонита при перемешивании его с необходимым количеством воды и добавками*)
torque ~ крутящий момент на пределе текучести
ultimate ~ суммарный или конечный выход (*продукта*)

yielding 1. податливость ‖ мягкий, податливый; оседающий; неустойчивый 2. выход (*продукции*) 3. прогиб 4. растекание, текучесть

yoke 1. траверса (*механизма гидравлической подачи*) 2. вилкообразный хомут, давильный хомут (*для предупреждения выталкивания труб из скважины при цементировании под большим давлением*) 3. вилка, коромысло; скоба; серьга; обойма 4. направляющая траверса вентиля или задвижки 5. хобот; кронштейн; поперечина; траверса
mooring ~ швартовый хобот, швартовная траверса (*связывающая судно с якорем-колонной стояка*)
pulling ~ скоба для извлечения (*труб или штанг*)

Z

Zeogel *фирм. назв.* аттапульгитовый глинопорошок для приготовления солестойких буровых растворов

zechstein цехштейн, пермский известняк

zero 1. нулевая точка; начало координат; нуль шкалы 2. нуль
~ adjustment установка на нуль
~ creep смещение нулевой точки (*прибора*)
absolute ~ абсолютный нуль (—273 °C)
below ~ ниже нуля, отрицательный (*о температуре*)
scale ~ нуль шкалы

Zip-Sticks *фирм. назв.* твердое поверхностно-активное вещество, применяемое только при бурении с очисткой забоя газообразными агентами

zonal зональный, поясной

zone 1. зона, пояс: участок, район 2. интервал (*в скважине*)
~ of capillarity зона просачивания
~ of cementation зона сцементированных [монолитных] пород (*ниже зоны выветривания*)
~ of conductivity (токо)проводящая зона
~ of folding *геол.* зона складчатости
~ of fracture *геол.* зона разломов, трещиноватая зона, пояс раздробления
~ of intense fracturing зона интенсивной трещиноватости
~ of loss *см.* lost-circulation zone
~ of oxidation зона окисления
~ of percolation зона пропитания
~ of production *см.* pay zone
~ of saturation зона насыщения
~ of uplift *геол.* зона поднятия [взброса]
barren ~ непродуктивная зона или интервал
dead ~ мертвая зона
edge ~ краевая зона
fault ~ зона сбросовых нарушений, пояс сбросов
flushed ~ 1. промытая зона (*при заводнении*) 2. зона проникновения (*в электрокаротаже*)
frontal ~ фронт продвижения воды или газа (*в пласте*)
gas ~ газоносная зона, газовый пласт
intensity ~ зона интенсивности
invaded ~ зона инфильтрации, зона проникновения фильтрата (*бурового раствора*)
lost-circulation ~ зона поглощения [потери циркуляции] бурового раствора
marginal ~ периферийный участок месторождения; малорентабельный участок
oil ~ нефтеносная зона, нефтеносный участок
pay ~ продуктивная зона, продуктивный интервал
producing ~ *см.* pay zone
prolific ~ богатая (*нефте- или газоносная*) зона
rubble ~ *геол.* зона обломочных россыпей
shatter ~ *геол.* зона, заполненная дислокационной брекчией
shear ~ *геол.* нарушенная зона, зона смятия; зона раздробления вследствие тектонических процессов; зона сильно рассланцованных пород; зона тектонической брекчии
thief ~ *см.* lost-circulation zone
tidal ~ зона прилива
tide ~ *см.* tidal zone
trailing ~ «отстающая» зона при заводнении
transition ~ переходная зона
troublesome ~ зона нарушений [осложнений]
unaffected ~ зона, не подвергающаяся влиянию
weeping ~s зоны с просачивающейся (*в ствол скважины*) водой
weeping water ~ *см.* weeping zones
weld ~ зона сварного шва
wipe-out ~ промытая зона (*при заводнении*)

ПРИЛОЖЕНИЯ

Сокращения

В приложении даны сокращения, встречающиеся в нефтепромысловой литературе, а также на геологических картах и разрезах. Кроме того, приведены многочисленные сокращения, встречающиеся в отчетах, буровых журналах и иной документации по скважинам. Следует иметь в виду, что применение прописных и строчных букв, а также слитное и раздельное написание сокращений часто весьма произвольно.

A

AA [after acidizing] после кислотной обработки
AAODC [American Association of Oilwell Drilling Contractors] Американская ассоциация подрядчиков по бурению нефтяных скважин
AAPG [American Association of Petroleum Geologists] Американская ассоциация нефтяных геологов
abd [abandoned] скважина ликвидирована (заброшена)
abd-gw [abandoned gas well] ликвидированная газовая скважина
abd loc [abandoned location] ликвидированная буровая, оставленная буровая площадка
abd-ogw [abandoned oil and gas well] ликвидированная газонефтяная скважина
AC 1. [alternating current] переменный ток 2. [Austin chalk] Остин, остинский мел (группа верхнего отдела меловой системы)
acd [acidizing] кислотная обработка
acfr [acid fracture treatment] гидроразрыв с кислотной обработкой, гидроразрыв кислотой
ACM [acid-cut mud] кислый буровой раствор (содержащий кислоту)
ACR [attachment for continuous recording] приставка для непрерывной записи
ACT [automatic custody transfer] см. LACT
ACW [acid-cut water] кислая вода; вода, содержащая кислоту
AD 1. [anno Domini] нашей эры 2. [authorized depth] разрешенная глубина (санкционированная федеральными властями штата или землевладельцем)

ad [average depth] средняя глубина
ADDC [Association of Desk and Derrick Clubs of North America] Ассоциация клубов нефтяников США и Канады
adpt [adapter] переводник; переходник
ADT [applied drilling technology] технология практического бурения
AEL [acid-evaluation log] кислотный каротаж
AF 1. [acid fracturing] гидроразрыв жидкостью на кислотной основе 2. [after fracture] после гидроразрыва
AFD [annular flow dynamics] динамика затрубного пространства
AFE [authorization for expenditure] утверждение расходной сметы
AFP [average flowing pressure] 1. среднее гидродинамическое давление 2. среднее давление при откачке или заводнении 3. среднее давление на выкиде
AGA [American Gas Association] Американская газовая ассоциация
AGI [American Geological Institute] Американский геологический институт
aglm [agglomerate] брекчия из обломков вулканических пород, агломерат
AGU [American Geophysical Union] Американский союз геофизиков
A. I. Ch. E. [American Institute of Chemical Engineers] Американский институт инженеров-химиков
AIME [American Institute of Mining, Metallurgical and Petroleum Engineers] Американский институт инженеров горной, металлургической и нефтяной промышленности
AIMME см. **AIME**
AIR [average injection rate] средняя скорость закачки
Alb [Albany] олбани (свита среднего отдела девонской системы)
AMGA см. **AGA**
amt [amount] количество
ANGA [Americal Natural Gas Association] Американская ассоциация по природному газу
ANYA [allowable but not yet available] допустимый (или санкционированный), но еще не достигнутый (дебит месторождения или скважины)
AOF [absolute open flow] максимально возможный дебит (скважины)
AOR [air-oil ratio] воздухонефтяное соотношение
AOSC [Association of Oilwell Servicing Cont-

ractors] Ассоциация подрядчиков по ремонту нефтяных скважин
AOV [automaticaly operated valve] автоматический клапан
API [American Petroleum Institute] Американский нефтяной институт, АНИ
APIC [American Petroleum Institute's Committee] Комитет американского нефтяного института
app [appendix] приложение
APW [Association of Petroleum Writers] Ассоциация авторов книг по нефтегазовой промышленности
aq 1. [aqua] вода 2. [aqueous] водный
Ara [Arapahoe] арапахо (*свита нижнего отдела третичной системы*)
Arb [Arbucle] арбакл (*группа нижнего ордовика*)
arg [argillite] аргиллит, глинистый сланец
ark [arkose] аркозовый песчаник; полевошпатный песчаник
ARO [at rate of] с дебитом
AS 1. [after shot] после перфорирования, после торпедирования 2. [anhydrite stringer] пропласток ангидрита
ASA [American Standards Association] Американская ассоциация по стандартам
ASCE [American Society of Civil Engineers] Американское общество инженеров-строителей
ASK [automatic station keeping] автоматическое удержание на месте стоянки (*бурового судна или плавучей буровой платформы в процессе бурения и штормового отстоя*), автоматическое позиционирование
ASME [American Society of Mechanical Engineers] Американское общество инженеров-механиков
ASPG [American Society of Professional Geologists] Американское общество специалистов в области геологии
Assn [Association] ассоциация, общество
asph [asphalt] асфальт, нефтяной битум
ASTM [American Society for Testing Materials] Американское общество по испытанию материалов
astn [asphaltic stain] асфальтовое пятно; со следами асфальта
AT 1. [acid treatment] кислотная обработка 2. [after treatment] после обработки 3. [all thread] с нарезкой по всей длине; с нарезкой на обоих концах
At [Atoka] атока (*группа Пенсильванской системы*)
atm [atmosphere] атмосфера
ATP [apparent total porosity] полная кажущаяся пористость
at wt [atomic weight] относительная атомная масса
Aus *см.* **AS 2**
AV 1. [annular velocity] скорость в кольцевом [затрубном] пространстве 2. [Aux Vases sand] песчаник овазский
av. [average] средний; среднее
av eff [everage efficiency] средняя производительность
avg *см.* **av.**
AW [acid water] подкисленная вода; вода, содержащая кислоту
AWC [automatic winch control] автоматическое управление (якорной) лебедкой
AWG [American wire gauge] американский калибр проволок; американский сортамент проводов
AWS [American Welding Society] Американское общество специалистов по сварке

В

В [degree Beaumé] градус Боме
B/ [base; bottom] подошва пласта; нижняя ограничивающая поверхность пласта
BA [barrels of acid] ... баррелей кислоты
B & B [bell and bell] сварное раструбное соединение
B & F [ball and flange] сферическое фланцевое соединение
Ball [Balltown sand] болтаунский песчаник
Bar [Barlow lime] известняк барлоу
bar [barometric] барометрический
B & S [bell and spigot] раструбный (*о соединении*)
base [basement] подстилающая порода
BAT [before acid treatment] перед кислотной обработкой
BAW [barrels of acid water] ... баррелей подкисленной воды
BAWPD [barrels of acid water per day] ... баррелей подкисленной воды в сутки
BAWPH [barrels of acid water per hour] ... баррелей подкисленной воды в час
BAWUL [barrels of acid water under load] ... баррелей подкисленной воды, закачанной в скважину под давлением
BB [bridged back] затянутая (*о кровле пласта*)
B/B 1. [back to back] вплотную, впритык 2. [barrels per barrel] баррели на баррель
BBE [bevel both ends] коническими на обоих концах, со скосами на обоих концах
bbl [barrels] баррели
BC 1. [barrels of condensate] ... баррелей конденсата 2. [bottom choke] забойный штуцер
BCPD [barrels of condensate per day] ... баррелей конденсата в сутки
BCPH [barrels of condensate per hour] ... баррелей конденсата в час
BCPM [barrels of condensate per million] ... баррелей конденсата на миллион кубических футов газа

BCSG [buttress casing] обсадные трубы с трапецеидальной резьбой

BD [budgeted depth] проектная глубина (*в контракте на бурение с пометровой оплатой*)

B/D [barrels per day] ... баррелей в сутки

bd [barrels daily] ... баррелей суточной добычи

Bd'A [Bois d'Ark] буа-дарк (*свита нижнего девона*)

BDA [breakdown acid] кислота, применяемая для гидроразрыва

BDF [broken down formation] 1. пласт, подвергнутый гидроразрыву 2. сильнотрещиноватый пласт

BDO 1. [bentonite diesel oil] смесь бентонита с дизельным топливом 2. [barrels of diesel oil] ... баррелей дизельного топлива (*в буровом растворе*)

BDP [breakdown pressure] критическое давление, давление гидроразрыва

B/dry [bailed dry] оказавшаяся сухой (*скважина при пробной эксплуатации или испытании*)

BDT [blow-down test] испытание (*скважины*) с помощью продувки

BDS [buttress double seal] резьба трапецеидальная с двойным уплотнением

BDSA [Business and Defence Services Administration of the US Department of Commerce] Управление по координации условий и оборонной деятельности в составе Министерства торговли и промышленности в США

BE [bevelled end] со скошенным концом, с коническим концом

Be [Berea] береа (*свита миссисипской системы*)

Bé [degree Beaumé] градусы Боме

Bel F [Belle Fourch] бел-фоурч (*свита серии колорадо нижнего отдела меловой системы*)

Ben 1. [Benoist sand] бенойстский песчаник 2. [Benton] бентон (*свита глин верхнего отдела меловой системы*)

Bent [bentonite] бентонит

BF [barrels of fluid] ... баррелей флюида

BFO [barrels of fracturing oil] ... баррелей нефти, используемой для гидроразрыва

BFPD [barrels of fluid per day] ... баррелей флюида в сутки

BFPH [barrels of fluid per hour] ... баррелей флюида в час

BFW [barrels of formation water] ... баррелей пластовой воды

BH [Brinnel hardness number] твердость по Бринелю

BHA [bottom-hole assembly] 1. компоновка низа бурильной колонны, КНБК 2. оборудование низа обсадной колонны

BHC [bottom-hole choke] забойный штуцер

BHCT [bottom-hole circulating temperature] динамическая температура на забое, температура на забое при циркуляции жидкости

BHFP [bottom-hole flowing pressure] забойное гидродинамическое давление

BHL [bottom-hole location] местонахождение забоя

BHM 1. [bottom-hole money] себестоимость нефти на забое 2. [bottom-hole motor] забойный двигатель

BHn [Big Horn] биг-хорн (*свита среднего и верхнего отделов ордовикской системы*)

B. h. p. см. **BH**

BHP 1. [bottom hole pressure] забойное давление 2. [brake horsepower] тормозная лошадиная сила

BHPC [bottom-hole pressure, closed] забойное давление при закрытом устье (*скважины*)

BHPF [bottom-hole pressure, flowing] забойное гидродинамическое давление

BHPS [bottom-hole pressure survey] измерения забойного давления

BHSIP [bottom-hole shut-in pressure] забойное давление (*в скважине*) при закрытом устье

BHT [bottom hole temperature] статическая температура на забое, забойная температура

B. Inj [Big Injun] биг-инджен (*пачка свиты хайя-хога группы вейверли миссисипской системы*)

bitn [bitumen] битум

bkr [breaker] 1. доска для отвинчивания долота 2. дробилка

BL [barrels of load] ... баррелей жидкости (*закачиваемой в скважину при гидроразрыве*)

bl [barrel] баррель

bls см. **bbl**

BL & AW [barrels of load and acid water] ... баррелей подкисленной воды (*закачиваемой в скважину при гидроразрыве*)

bld [blind] глухой (*о фланце*)

bldg 1. [bleeding] выпуск воды и грязи через нижнюю задвижку резервуара 2. [bleeding gas] просачивающийся газ

bldg drk [building derrick] вышкомонтажные работы

bldo [bleeding oil] выделение небольших количеств нефти

bldrs [boulders] валуны

blg [bailing] оттартывание

Blk Lf [Black Leaf] блэк-лиф (*свита отдела колорадо меловой системы*)

blk lnr [blank liner] хвостовик без отверстий; сплошная часть хвостовика (*без перфораций*)

BLO [barrels of load oil] ... баррелей нефти, закачанной в скважину при гидроразрыве

blo [blow] 1. продувка 2. фонтан (*из скважины*)

BLOR [barrels of load oil recovered] ... баррелей нефти, полученной обратно после закачки для гидроразрыва

Blos [Blossom] блосом (*свита группы остин серии галф меловой системы*)

BLOYR [barrels of load oil yet to recover] ... баррелей нефти, закачанной для гидроразрыва, но еще не поступавшей на поверхность

blr [bailer] желонка

B. Ls [Big Lime(s)] известняк(и) биг (*отдела де-Мойн песильванской системы*)
blts [bullets] пули (*перфоратора*)
BLW [barrels of load water] ... баррелей воды, закачанной для гидроразрыва
BM 1. [barrels of mud] ... баррелей бурового раствора 2. [bench mark] репер, отметка высоты над уровнем моря 3. [bending moment] изгибающий момент 4. [«Black Magic»] блэк мэджик (*концентрат для приготовления РУО*)
B/M [bill of materials] спецификация на материалы
bmpr [bumper] 1. буфер, амортизатор, демпфер 2. тарелка клапана
BNO [barrels of new oil] ... баррелей нефти, поступившей из скважины сверх закачанной в нее при гидроразрыве
BO [barrels of oil] ... баррелей нефти
BOCD [barrels of oil per calendar day] ... баррелей нефти за календарный день
BOD *см.* **BOPD**
BOE 1. [bevel one end] с конусом на одном конце, со скосом на одном конце 2. [blowout equipment] противовыбросовое оборудование
Bonne [Bonneterre] бонтер (*формация верхнего кембрия, Среднеконтинентальный район*)
BOP [blowout preventer] противовыбросовый превентор
BOPCD *см.* **BOCD**
BOPD [barrels of oil per day] ... баррелей нефти в сутки
BOPH [barrels of oil per hour] ... баррелей нефти в час
BOPPD [barrels of oil per producing day] ... баррелей нефти за сутки добычи
BP 1. [back pressure] противодавление, обратное давление 2. [bridge plug] мостовая пробка 3. [bull plug] глухая пробка; глухая башмачная насадка 4. [bulk plant] нефтебаза, распределительный склад 5. [Bearpaw] бирпо (*свита серии монтана верхнего отдела меловой системы*) 6. [Base Pennsylvanian] основание пенсильванской свиты
bp [barometric pressure] барометрическое давление
BPC [British Petroleum Co.] Британская нефтяная компания
BPCD [barrels per calender day] объем за календарные сутки (*баррели*)
BPD [barrels per day] ... баррелей в сутки
BPH [barrels per hour] ... баррелей в час
BPLO [barrels of pipeline oil] ... баррелей чистой нефти (*поступившей в трубопровод*)
BPLOPD [barrels of pipeline oil per day] ... баррелей чистой нефти (*поступившей в трубопровод*) в сутки
BPM [barrels per minute] ... баррелей в минуту
BPSD [barrels per stream day] выход в баррелях за сутки работы (*установки*)
BPV [back pressure valve] обратный клапан, клапан для регулирования противодавления
BPWPD [barrels per well per day] ... баррелей на скважину в сутки
BR [building rig] вышкомонтажные работы
brec [breccia] брекчия
brg [bearing] 1. подшипник, опора 2. азимут
brid [bridger] закупоривающий (*поры породы и трещины*) материал
brkn [broken] разрушенный (*о породе*); ломаный (*о линии*)
brkn sd [broken sand) сильнотрещиноватый песчаник
brksh [brakish] солоноватый (*о воде*)
brn sh [brown shale] бурый сланец
Brom [Bromide] бромид (*свита средне-нижнего ордовика, Среднеконтинентальный район*)
Br. P. [British Patent] английский патент
BS 1. [basic sediment] основной осадок 2. [bottom sediment] донный осадок 3. [bottom settlings] донные осадки, грязь 4. [Bureau of Standards] Бюро стандартов (*США*)
BSE [bevel small end] с конусным концом меньшего диаметра
bsg [bushing] втулка; вкладыш; переходник
bskt [basket] 1. ловушка (*для извлечения небольших предметов с забоя скважины*) 2. цементировочная воронка [корзина]
Bslt [base of the salt] подошва соляного пласта; подошва соляного купола
BSME [Bachelor of Science in Mining Engineering] бакалавр горных наук
bsmt [basement] подстилающие [материковые] породы
BSPL [base plate] опорная фундаментная плита
BSW [barrels of salt water] ... баррелей соленой воды
BSWPD [barrels of salt water per day] ... баррелей соленой воды в сутки
BSWPH [barrels of salt water per hour] ... баррелей соленой воды в час
BT 1. [Benoist sand] бенойстский песчаник 2. [Bethel sand] бетельский песчаник
btm [bottom] забой
btm chk [bottom choke] забойный штуцер
btmd [bottomed] 1. спущенный на забой 2. пробуренный (*до*)
BTU [British Thermal Unit] Британская тепловая единица, БТЕ
Buck [Buckner] бакнер (*свита верхнего отдела юрской системы*)
Bull [bulletin] бюллетень
bunr [burner] горелка, форсунка
butt [buttress thread] трапецеидальная резьба
BV/WLD [bevelled for welding] скошенный под сварку, со скосами под сварку
BW 1. [barrels of water] ... баррелей воды 2. [butt weld] стыковой сварной шов
BW/D *см.* **BWPD**
BWIPD [barrels of water injected per day] ... баррелей воды, нагнетаемой в сутки

BWL [barrels of water load] ... баррелей воды, закачанной в скважину при гидроразрыве
BWOL [barrels of water over load] ... баррелей воды, закачанной в скважину после гидроразрыва пласта
BWPD [barrels of water per day] ... баррелей воды в сутки
BWPH [barrels of water per hour] ... баррелей воды в час
bx [box] 1. муфта замка бурильной трубы 2. соединение с внутренней замковой резьбой

C

C [centigrade] температурная шкала Цельсия ‖ стоградусный; со стоградусной шкалой
C/ [contractor] буровой подрядчик
C & C [circulating and conditioning] промывка ствола скважины с одновременной обработкой бурового раствора
C & P [cellar and pits] шурф под направление и амбары для бурового раствора
Cadd [Caddell] каддел (*свита группы джексон эоценского отдела третичной системы*)
CaH [calcium hardness] кальциевая жесткость (*воды*)
cal 1. [calcerenite] кальцеренит 2. [calcite] кальцит, известковый шпат 3. [caliche] известковые отложения 4. [caliper survey] кавернометрия
calc [calcareous] известковый, известковистый, богатый известью
calc OF [calculated open flow] расчетный дебит скважины (*потенциальный*)
Camb [Cambrian] кембрийский
CAODC [Canadian Association of Oilwell Drilling Contractors] Канадская ассоциация буровых подрядчиков
cap [capacity] вместимость
Cap [Capitan] кэпитен (*группа пермской системы Западного Техаса и Нью-Мексико*)
Car [Carlile] карлайл (*свита верхнего отдела меловой системы*)
Carm [Carmel] кармел (*свита группы сан-рафаэль среднего и нижнего отдела юры*)
Casp [Casper] каспер (*свита верхнего отдела пенсильванской системы*)
Cat Crk [Cat Creek] кэт-крик (*свита серии кутенай нижнего отдела меловой системы*)
CB 1. [changed bits] поднятые из скважины долота 2. [changing bits] смена долота 3. [circuit breaker] выключатель, размыкатель 4. [core barrel] керновый снаряд, грунтоноска 5. [counterbalance] противовес
CBL [cement bond log] 1. цементометрия 2. цементограмма
CC [cubic centimeter] *см.* cu cm
C Cal [contact caliper] контактный кавернометр, контактный щуп

CCD [casing cemented depth] глубина, на которой зацементирована обсадная колонна
CCHF [center of casing head flange] центр фланца головки обсадной колонны
Cck [casing choke] штуцер обсадной колонны (*сообщающийся с ее внутренним пространством*)
CCL [casing collar locator] локатор муфтовых соединений обсадной колонны
CCM 1. [condensate-cut mud] буровой раствор, содержащий конденсат 2. [cement-cut mud] буровой раствор, загрязненный цементом
CCPR [casing collar perforating record] регистрационная запись о перфорировании обсадной колонны с указанием положения перфорационных отверстий относительно ее соединения

CD 1. [contract depth] глубина скважины по контракту 2. [corrected depth] исправленная глубина скважины
CDC [computerized data collection] автоматизированная система управления с ручным вводом данных
CDMS [continuous dipmeter survey] непрерывная инклинометрия
CEC [cation exchange capacity] катионообменная емкость
cell [cellar] шахта под полом вышки, шурф или котлован под шахтное направление
Ceno [Cenozoic] кайнозойский
cent [centralizer] центратор, центрирующий фонарь
CERC [Coordinating Equipment Research Committee] Координационный исследовательский комитет по оборудованию
CF 1. [casing flange] фланец обсадной колонны 2. [clay filled] заполненный глинистым материалом
Cf [Cockfield] кокфилд (*свита группы клайборн эоцена третичной системы*)
CFBO [companion flanges bolted on] с соединенными на болтах двойными фланцами
CFG [cubic feet of gas] ... кубических футов газа
CFGH [cubic feet of gas per hour] ... кубических футов газа в час
CFGPD [cubic feet of gas per day] ... кубических футов газа в сутки
CFL [chromefree lignosulfonate] лигносульфонат, не содержащий хрома
CFM [cubic feet per minute] ... кубических футов в минуту
CFOE [companion flange on one end] с соединительным фланцем на одном конце
CFR [cement friction reducer] понизитель трения цементного раствора
CFS [cubic feet per second] ... кубических футов в секунду
cg 1. [center of gravity] центр тяжести 2. [coring] керновое бурение, бурение с отбором керна

CGA [Canadian Gas Association] Канадская газовая ассоциация

cglt [conglomerate] обломочная порода

c-gr [coarse-grained] крупнозернистый, грубозернистый

CH [casing head] головка обсадной колонны

C/H [cased hole] обсаженный ствол скважины

ch 1. [chert] кремнистый сланец 2. [choke] штуцер

Chapp [Chappel] чаппель (*группа миссисипской системы*)

Char [Charles] чарлз (*свита среднего отдела миссисипской системы*)

Chatt [Chattanooga shale] чаттанугский сланец (*свиты вудфорд верхнего девона*)

Cher [Cherokee] чероки (*группа отдела де-мойн пенсильванской системы, Среднеконтинентальный район*)

Ches [Chester] честер (*отдел и свита миссисипского отдела, Среднеконтинентальный район*)

CHDP [chip hold-down pressure] давление, позволяющее удерживать частицы шлама во взвешенном состоянии

CHF [casing head flange] фланец головки обсадной колонны

CHG [casing head gas] газ на выходе из обсадной колонны, попутный газ

Chim H [Chimney Hill] чимни-хилл (*свита нижнего силура, Среднеконтинентальный район*)

Chim R [chimney rock] трубообразный пласт, эоловый столб

chk [choke] штуцер

chkbd [checkerboard] в шахматном порядке

chky [chalky] меловой, известковый

chl [chloride(s)] хлорид(ы)

chl log [chlorine log] хлор-каротаж

Chou [Chouteau lime] известняк шуто (*группы отдела киндерхук миссисипской системы, Среднеконтинентальный район*)

CHP [casing head pressure] давление на устье обсадной колонны

chrm [chairman] председатель

cht *см.* **ch** 1

Chug [Chugwater] чагуотер (*серия триасовой системы*)

CI 1. [contour interval] контурный интервал 2. [cast iron] чугун

CIBP [cast-iron bridge plug] чугунная мостовая пробка

CIP 1. [to cement in place] цементировать при монтаже 2. [closed-in pressure] давление в скважине после ее остановки

cir 1. [circle] круг 2. [circular] круговой; циркулярный 3. [circuit] (*рад.*) схема; цепь

circ [circulating] пропускание через систему циркуляции

Cis [Cisco] циско (*свита верхнего карбона, шт. Техас*)

CIW [Cameron Iron Works, Inc.] фирма «Камерон айрон уоркс» (*фирма США по разработке и изготовлению оборудования для морского бурения и эксплуатации нефтяных и газовых скважин*)

Ck Mt [Cook Mountain] кук-маунтин (*свита группы клайборн, эоцен третичной системы*)

ck 1. [cake] фильтрационная корка на стенках ствола скважины 2. [check] проверка

CL 1. [center line] средняя (центральная) линия, ось 2. [chrome lignite] хромлигнит 3. [constant level] постоянный уровень 4. [car load] загрузка вагона

Clag [Clagget] клаггет (*свита серии монтана верхнего отдела меловой системы*)

Claib [Claiborn] клайборн (*серия среднего эоцена третичной системы*)

clas [clastic] кластический, обломочный

CLMPB [canvas-lined metal petal basket] цементировочная воронка с металлическими лепестками и брезентовым покрытием

Clov [Cloverly] кловерли (*свита верхнего отдела юрской системы*)

CLS [chrome lignosulphonate] хромлигносульфонат

clyst [claystone] аргиллит

cm [centimeter] сантиметр

CMC [carboxymethyl cellulose] карбоксиметилцеллюлоза, КМЦ

Cmchn [Comanchean] команчская системы чемберлена и солсбери (*нижний мел*)

CMHEC [carboxymethyl hydroxyethyl cellulose] карбоксиметилоксиэтилцеллюлоза, КМОЭЦ

cmpt [compact] 1. плотный; сплошной 2. твердосплавный зуб

cmt [cement] цемент

cmtd [cemented] зацементированный

cmtd csg [cemented casing] зацементированная колонна обсадных труб

cmtg [cementing] цементирование ‖ цементирующий ‖ цементировочный

cmtr [cementer] скважинное цементировочное устройство

CN [cetane number] цетановое число

CO 1. [circulated out] вынесенный на поверхность при циркуляции 2. [cleaning out] чистка скважины; очистка (*забоя от песка*) 3. [crude oil] сырая нефть

CO & S [clean out and shoot] очистить (*скважину*) и прострелять

COF [calculated open flow] расчетный дебит при фонтанной добыче

COH [coming out of hole] подъем из ствола скважины

col [column] 1. (*бурильная*) колонна 2. столбец, графа

colr [collar] муфта; хомут; кольцо; фланец

Com *см.* **Cmchn**

comp 1. [completed] скважина закончена 2. [completion] *а.* законченная скважина *б.* бурение в продуктивном пласте

comp nat [completed natural] (*скважина*), за-

конченная с естественным притоком нефти
compr [compressor] компрессорная (*добыча*)
compr sta [compressor station] компрессорная станция
con [consolidated] 1. сцементированный, уплотненный (*о породах*) 2. компактный (*о буровой установки*)
conc 1. [concentration] концентрация 2. [concretion] конкреция, минеральное включение
cond [conditioning] кондиционирование, обработка (*бурового раствора*)
condr [conductor] направляющая колонна, направление
cong [conglomerate] конгломерат
conn [connection] соединение, наращивание (*бурильной колонны*)
consol [consolidated] *см.* **con** 1
const. [constant] константа, постоянная величина ‖ постоянный
contr [contractor] подрядчик
contr resp [contractor's responsibility] ответственность подрядчика, обязательный для подрядчика
co. op. s. s. [company-operated service station] станция обслуживания, управляемая фирмой-производителем
COOH 1. [circulate out of hole] выкачать из ствола 2. *см.* **COH**
COP [crude oil purchasing] закупка сырой нефти
coq [coquina] ракушечник
corr [corrugated] гофрированный; рифленый
COTD [cleaned out to total depth] очищенная до конечной глубины (*скважина*)
Counc G [Council Grove] каунсил-гроув (*группа отдела вулфкэмп пермской системы, Средне-континентальный район*)
CP 1. [casing point] глубина спуска обсадной колонны 2. [casing pressure] давление в обсадной колонне 3. [centipoise] сантипуаз (*единица абсолютной вязкости*)
c. p. [circular pitch] шаг зацепления
CPA [Canadian Petroleum Association] Канадская нефтяная ассоциация
CPC 1. [casing pressure-closed] давление в обсадной колонне при закрытом устье 2. [computer production control] автоматизированная система управления добычей
CPF [casing pressure flowing] давление в обсадной колонне при свободном фонтанировании
CPG [cost per gallon] стоимость одного галлона
cplg [coupling] соединение; муфта
CPSI [casing pressure-shut in] давление в обсадной колонне при закрытом устье
CR [Cane River] кейн-ривер (*свита группы клайборн, эоцена третичной системы*)
c. r. 1. [compression ratio] степень сжатия 2. [core] керн
CRA [chemically retarded acid] смесь соляной кислоты с жидким органическим замедлителем
crbd [crossbedded] диагонально напластованный (*о пластах*); косослоистый (*о текстуре*)
crd [cored] пробуренный с отбором керна, пробуренный керновым инструментом
Cret [Cretaceous] меловой (*период*)
crg [coring] керновое бурение, бурение с отбором керна
crh [cored hole] ствол, пройденный с отбором керна
crkg [cracking] растрескивание, трещинообразование
crn blk [crown block] кронблок
crnk [crinkled] складчатый; извилистый; изогнутый
cryst [crystalline] кристаллический
CS 1. [casing seat] а) уступ в скважине для опоры башмака обсадной колонны б) упорное кольцо хвостовика 2. [centistokes] сантистокс (*единица кинематической вязкости*)
CSA [casing set at...] обсадная колонна спущена до глубины...
CSG обсадные трубы с короткой резьбой закругленного профиля
csg [casing] обсадная труба [колонна]
csg hd [casing head] головка обсадной колонны
csg press [casing pressure] давление в обсадной колонне
csg pt [casing point] глубина спуска обсадной колонны
CT [cable tools] инструмент для ударно-канатного бурения
CTD [corrected total depth] фактическая общая глубина скважины
C to C [center to center] (*расстояние*) между центрами
C to E [center to end] (*расстояние*) от центра до конца
C to F [center to face] (*расстояние*) от центра до торцевой поверхности
ctg(s) [cuttings] выбуренная порода, шлам
CTF [center of tubing flange] ось фланца насосно-компрессорных труб
CTP [cleaning to pits] очистка со сбросом выбуренной породы в отстойные амбары
CTT [consumer transport truck] грузовая автомашина потребителя
CTW [consumer tank wagon] железнодорожная цистерна потребителя
CU [clean up] откачка скважины до получения чистой нефти
cu [cubic] кубический
cu cm [cubic centimeter] кубический сантиметр
cu ft [cubic foot] кубический фут
cu in [cubic inch] кубический дюйм
cu m [cubic meter] кубический метр
Cur [Curtis] куртис (*свита группы сан-рафаэль верхнего отдела юры*)
cusec [cubic feet per second] кубические футы в секунду
Cutl [Cutler] катлер (*свита отдела вулфкэмп пермской системы*)

CV 1. [control valve] распределительный клапан, клапан управления 2. [Cotton Valley] коттон-вэлли (*серия верхнего отдела юрской системы*)

cvg [caving] обрушение, обвал (*стенок ствола скважины*)

cvgs [cavings] порода, обвалившаяся в ствол скважины

C/W [cement-water ratio] цементоводное отношение

CW [clockwise] по часовой стрелке

C/WOF [completion/workover fluids] жидкости для заканчивания и капитального ремонта скважин

CX [crossover] переход (*в трубопроводе*) ‖ переходной, перепускной

Cg Sd [Cypress sand] песчаник сайпрес (*свиты отдела честер миссисипской системы*)

Cz [Currizo] карризо (*свита группы уилкокс, эоцена третичной системы*)

D

D 1. [Darcy] дарси 2. [density] плотность

d 1. [day] день, сутки 2. [deep] глубокий 3. [depth] глубина, толщина, мощность 4. [diameter] диаметр 5. [direct] прямой, точный 6. [distance] расстояние 7. [double] двойной 8. [density] плотность

D-2 [diesel N2] дизель № 2 (*в приводе буровой установки*)

D & A [dry and abandoned] безрезультатная и ликвидированная (*скважина*)

DA 1. [daily allowable] суточная квота, разрешенная норма суточной добычи 2. [direct-acting] прямого действия 3. [double-acting] двойного действия

D & C [drill and complete] бурить и заканчивать

D & D [desk and derrick] (*нефтяники*), работающие в конторах и на промыслах

DAIB [daily average injection, barrels] среднесуточная закачка (*при заводнении*) (*баррели*)

Dak [Dakota] дакота (*песчаник верхнего мела, Среднеконтинентальный район*)

Dan [Dantzler] данцлер (*свита зоны уошито серии команче меловой системы*)

DAP [diammonium phosphate] диаммонийфосфат, диаммофос

DAR [discovery allowable requested] запрошенная при открытии месторождения квота на суточную добычу

Dar [Darwin] дарвин (*свита нижнего отдела пенсильванской системы*)

DART [data acquisition and radio transmission] система сбора данных и дальнейшей передачи их по радио

DB [drilling break] временная остановка при бурении

d. b. [double beat] двухседельный

DC 1. [dead center] «мертвая» точка 2. [decontamination] обеззараживание 3. [development well-carbon dioxide] скважина, в продукции которой содержится углекислый газ 4. [diamond core] керн, полученный при бурении алмазной коронкой 5. [direct current] постоянный ток 6. [drill collar] утяжеленная бурильная труба, УБТ 7. [dual completion] двухпластовая скважина 8. [dually complete] заканчивать скважину в двух горизонтах

DCB [diamond core bit] алмазное колонковое долото

DCLSP [digging cellar and slush pits] выкапывание шурфа под шахтное направление и амбаров для бурового раствора

DD 1. [double deck] двухъярусный, двухэтажный 2. [drilling detergent] поверхностно-активное вещество, буровой детергент

dd [dead] 1. не содержащий нефти, газа 2. глухой (*конец*)

d-d-1-s-1-e [dressed dimension one side and one edge] размер после заточки с одной стороны и по одной грани

d-d-4-s [dressed dimension four sides] размер после заточки с четырех сторон

ddc [diver decompression camera] водолазная декомпрессионная камера

DDL [direct digital logging] каротаж с непосредственным цифровым выходом

DE [double end] с нарезкой на обоих концах

Deadw [Deadwood] дедвуд (*свита серии эмерсон кембрийской системы*)

deg [degree] градус

Dela [Delaware] делавэр (*свита группы портаж верхнего отдела девонской системы*)

Del R [Del Rio] дель-рио (*свита зоны уошито серии команче меловой системы*)

den [density] плотность

DENL [density log] плотностной каротаж

Des M [Des Moines] де-мойн (*отдел пенсильванской системы*)

detr [detrital] детритовый, обломочный

Dev [Devonian] девонский

dev [deviation] отклонение

dewax [dewaxing] депарафинизация, обеспарафинирование

Dext [Dexter] декстер (*свита группа вудбайн серии галф меловой системы*)

DF [derrick floor] пол буровой

DFE [derrick floor elevation] высота пола буровой над уровнем земли

DFP [date of first production] дата начала добычи

DG [development gas well] эксплуатационная газовая скважина

DH [development well-helium] скважина, в продукции которой содержится гелий

DHC [dry hole contribution] увеличение числа сухих скважин

DHDD [dry hole drilled deeper] углубленная непродуктивная скважина
DHR [dry hole reentered] непродуктивная скважина, в которой продолжены бурение или иные работы
dia [diameter] диаметр
diam *см.* **dia**
dil(d) [diluted] разбавленный, разведенный, разжиженный
Din [Dinwoody] динвуди (*свита триасовой системы*)
dir sur [directional survey] инклинометрия
dis [discovery] скважина-открывательница
disch [discharge] 1. выкид; выгрузка 2. нагнетательный, напорный; разгрузочный
dism [disseminated] вкрапленный (*в породу*)
D/L *см.* **DENL**
DM 1. [dipmeter] пластовый наклономер 2. [drilling mud] буровой раствор
DMA [Defense Minerals Administration] Управление стратегического минерального сырья (*США*)
dmpr [damper] 1. амортизатор 2. задвижка; заслонка 3. увлажнитель
dnd [drowned] затопленный; утонувший
DO 1. [development oil] нефть из разрабатываемого пласта 2. [diesel oil] дизельное топливо 3. [drilling out] выбуривание, разбуривание
DOC [diesel oil cement] нефтецементная смесь, цемент с добавкой дизельного топлива
Doc [Dockum] доккум (*свита триасовой системы*)
DOD [drilled out depth] окончательная глубина бурения
DOE [Department of Energy] Департамент энергетических ресурсов (*США*)
d of c [diagram of connection] схема соединения
dolo [dolomitic] доломитовый, доломитизированный
DOP [drilled out plug] разбуриваемая пробка
Dorn H [Dornick Hills] дорник-хиллз (*свита отдела атока пенсильванской системы, Среднеконтинентальный район*)
Doug [Douglas] дуглас (*группа отдела вирджил пенсильванской системы, Среднеконтинентальный район*)
DP 1. [drill pipe] бурильная труба 2. [dynamic positioning] динамическое позиционирование (*буровых судов и оснований*)
D/P [drilling plug] разбуривание пробки
dpg [deepening] углубление
DPM [drill pipe measurement] измерение глубины по длине бурильной колонны; измерение бурильной трубы
dpn [deepen] углублять
DPS [differential pressure sticking] прихват (*инструмента*) под действием перепада давления, дифференциальный прихват
DPT [deep pool test] опорная скважина, пробуренная на глубоко залегающий коллектор

dpt rec [depth recorder] регистрирующий глубиномер
DPU [drill pipe unloaded] бурильная колонна, из которой откачана жидкость
dr [drive] вытеснение нефти; пластовый режим
Dr [drag bit] долото РХ («*рыбий хвост*»)
Dr Crk [Dry Creek] драй-крик (*свита верхнего отдела кембрийской системы*)
drk [derrick] буровая вышка
DRL [double random length] двухтрубные свечи из труб разной длины
drl [drill] бур, буровой инструмент
drld [drilled] пробуренный
drlg [drilling] бурение
drlr [driller] бурильщик
drng [drainage] дренирование, дренаж
drpd [dropped] упавший (*в скважину*)
DS 1. [directional survey] измерение азимута ствола скважины 2. [drill stem] бурильная колонна
DSI [drilling suspended indefinitely] бурение прекращено на неопределенное время
DSO [dead show of oil] нефтепроявление без газопроявления
DSS [days since spudded] время в сутках с момента забуривания скважины
DST [drill stem test] исследование скважины испытателем пласта, спущенным на бурильной колонне
dstr [downstream] вниз по течению
DSU [development well-sulphur] добывающая скважина с серосодержащей продукцией
DT [drilling time] время чистого бурения
D/T [driller's tops] отметки в буровом журнале о пластах, в которых осуществлялось бурение за смену
DTA [differential thermal analysis] дифференциально-термический анализ, ДТА
DTD [drilling total depth] конечная глубина бурения, бурение до конечной глубины
dtr [detrital] детритовый, обломочный
Dup [Duperow] дьюпероу (*свита верхнего отдела девонской системы*)
DV [differential valve] дифференциальный клапан
DWA [drilling with air] бурение с очисткой забоя воздухом
dwks [drawworks] буровая лебедка
DWM [drilling with mud] бурение с промывкой буровым раствором
DWO [drilling with oil] бурение с промывкой раствором на углеводородной основе
DWP [dual (double) wall packer] сдвоенный пакер (*для установки в открытом стволе*)
DWSW [drilling with salt water] бурение с промывкой соленой водой
DX [development well workover] капитальный ремонт эксплуатационной скважины
dx [duplex] двойной

E

E 1. [earth] земля, заземление 2. [East] восток 3. [elevation] высота над уровнем моря 4. [emergency] аварийный
e [efficiency] коэффициент полезного действия, производительность
E/2 [east half] восточная половина
E/4 [east quarter] восточная четверть
E/BL [east boundary line] линия восточной границы, восточная линия раздела

e. c. [earth current] земной ток
ECD [equivalent circulating density] эквивалентная плотность циркуляции
ECP [external casing packer] наружный трубный пакер, затрубный пакер
Ect [Ector] эктор (свита группы остин серии галф меловой системы)
Ed lm [Edwards lime] эдвардский известняк
Edw [Edwards] эдвардс (свита зоны фредериксберг серии команче меловой системы)
E/E [end to end] непрерывной цепью, впритык
EF 1. [Eagle Ford] игл-форд (свита глин верхнего отдела меловой системы) 2. [extra fine] очень мелкий (о материале); очень тонкий (об обработке)
e. f. см. EF 2
eff [efficiency] коэффициент полезного действия, производительность
effl [effuent] 1. вытекающий, просачивающийся; сточный 2. верхний слив гидроциклона
Egl [Eagle] игл (свита серии монтана верхнего отдела меловой системы)
EHP [effective horsepower] эффективная мощность в л. с.
eject [ejector] 1. струйный вакуумный насос 2. эжектор; отражатель
el [elevation] 1. возвышение, возвышенность 2. отметка высоты над уровнем моря
E/L [east line] восточная линия, восточная граница
Ellen [Ellenburger] элленбергер (свита серии канадиэн ордовикской системы)
ELSBM [exposed location single buoy mooring] якорное крепление с помощью открыто стоящего одиночного буя
EL/T [electric log top] глубина расположения верхних границ пластов по данным электрокаротажа
E. M. 1. [Mining Engineer] горный инженер 2. [Eagle Mills] игл-миллз (свита верхней серии триасовой системы)
EMC [Ellis-Madison contact] контакт серий эллис и мэдисон юрской системы
EMD [electromagnetic method of orientation] электромагнитный метод ориентирования (перфоратора)
emg [emergency] чрезвычайный, аварийный

End [Endicott] эндикот (серия раннего или среднего девона Аляски)
ENE [East-North-East] восток-северо-восток
Ent [Entrada] энтрада (свита группы сан-рафаэль верхнего отдела юры)
E/O [east offset] восточное ответвление
Eoc [Eocene] эоцен
e. o. d. [every other day] через день, раз в два дня
E of W/L [east of west line] к востоку от западной границы
EP 1. [explosion-proof] взрывозащищенный 2. [extreme pressure] противозадирный (о смазке)
EPA [Environmental Protection Agency] Управление по охране окружающей среды (США)
e p m [equivalent parts per million] грамм-эквиваленты на литр
eq [equation] уравнение
ERDA [Energy Research and Development Administration] Управление энергетических исследований и разработок (США) (в 1976 г. преобразовано в Департамент энергетических ресурсов, см. DOE)
Eric [Ericson] Эриксон (опустившийся континент между Северной Америкой и Гренландией)
ESD [emergency shutdown] аварийное отключение
ESE [East-South-East] восток-юго-восток
etc [et cetera] и так далее
EUE [external upset ends] наружная высадка концов (труб)
EW [exploratory well] разведочная скважина
exh [exhaust] 1. выхлоп; выпуск 2. откачивать, отсасывать
expl [exploration] разведка недр
exp plg [expendable plug] пробка одноразового применения
EYC [estimated yearly consumption] расчетное годовое потребление
EYE [electronic yaw equipment] электронное оборудование для измерения углов отклонения (для наклонно направленного бурения)

F

°F [degree Fahrenheit] градус Фаренгейта
F/ [flowing] фонтанирование с дебитом (о скважине)
f [foot] фут
F & S [flanged and spigot] с фланцем и центрирующим буртиком
FA & C [field assembly and checkout] сборка и проверка в промысловых условиях
F. A. C. [formation activity coefficient] коэффициент пластовой активности

FACO [field authorized to commence operations] промысел, на разработку которого дано официальное разрешение
FaE [Far East] Дальний Восток
Fahr [Fahrenheit] температура в градусах Фаренгейта
Farm [Farmington] фармингтон (*песчаник группы монтана меловой системы*)
FARO [flow(ed) at rate of] фонтанировать с дебитом
FBH [flowing by heads] (скважина), фонтанирующая с перерывами
FBHP [flowing bottom hole pressure] динамическое забойное давление
FBHPF [final bottom hole pressure flowing] конечное забойное давление при фонтанировании скважины
FBHPSI [final bottom hole pressure, shut-in] конечное забойное давление при закрытии скважины
FC 1. [filter cake] а) фильтрационная корка (*на стенке скважины*) б) остаток на фильтре 2. [float collar] муфта обсадной колонны с обратным клапаном
FCP [flowing casing pressure] гидродинамическое давление в обсадной колонне
FCV [flow control valve] фонтанная задвижка
FD 1. [floor drain] спускное отверстие в полу 2. [formation density] плотность пласта
FDL [formation density log] кривая плотностного гамма-гамма каротажа
FE/L [from east line] от восточной линии
FF 1. [fishing for] ловильные работы (*по извлечению из скважины чего-либо*) 2. [flat face] плоский торец 3. [frac finder] каротаж для определения трещиноватости 4. [full of fluid] заполненный флюидом
FFA [female to female angle] угольник с раструбами на обоих концах
FFG [female to female globe] шаровой (*клапан*) с раструбами на обоих концах
FFP [final flowing pressure] конечное давление фонтанирования
FG [fracture gradient] градиент давления при гидроразрыве
F/GOR [formation gas-oil ratio] газовый фактор пластовой нефти
f-gr [fine-grained] мелкозернистый
FGIH [finish going in hole] закончить спуск в скважину
FGIW [finish going in with] закончить спуск (*в скважину*) каким-либо действием
FH [full hole] 1. широкопроходное (*о соединении*) 2. бескерновое (*о бурении*)
FHP [final hydrostatic pressure] конечное гидростатическое давление
FI [flow indicator] указатель дебита
FIH [fluid in hole] флюид в скважине
fig [figure] 1. цифра 2. рисунок; схема
filt [filtrate] фильтрат

fin drlg [finished drilling] бурение закончено
FIRC [flow indicating ratio controller] регулятор, показывающий соотношение расхода
fis [fissure] разрыв, трещина (*в породе*)
fish [fishing] ловильный
fisl [fissile] расщепляющийся на пластины, сланцеватый
FIT [formation interval tester] тестер для поинтервального опробования пластов
FJ [flush joint] 1. полнопроходное или гладкопроходное соединение 2. раструбное соединение
FL 1. [floor] а) пол (*буровой вышки*) б) подстилающий пласт 2. [flow line] выкидная линия; напорная линия 3. [fluid level] уровень жидкости 4. [flush] заподлицо (*о соединении*)
fl [fluid] флюид; жидкость
fl/ *см.* **F/**
FLA 1. [fluid loss additive] реагент, снижающий водоотдачу; понизитель водоотдачи 2. [Ferry Lake anhydrite] ангидрит ферри-лэйк (*свиты тринити серии команче меловой системы*)
Flath [Flathead] флэтхед (*свита среднего отдела кембрийской системы*)
fld 1. [failed] вышедший из строя; неудавшийся, неудачный 2. [field] промысел ‖ промысловый, полевой; походный 3. [field-spar] полевой шпат
flg 1. [flowing] фонтанирующая (*о скважине*) 2. [flange] фланец
flgs [flanges] фланцы
flk [flaky] чешуйчатый, хлопьевидный
flo [flow] поток; расход
floc [flocculant] флокулянт
fl prf [flameproof] огнестойкий, огнеупорный
flshd [flushed] промытый (*сильной струей*)
flt [fault] сброс, сдвиг, разлом (*породы*)
fltg [floating] плавучий
flu *см.* **fl**
flwd [flowed] фонтанировавшая (*о скважине*)
flwg *см.* **flg 1**
Flwg Pr. *см.* **FP 2**
f'man [foreman] мастер
fm [formation] пласт, формация, свита
fmn *см.* **fm**
FmW [formation water] пластовая вода
FNEL [from northeast line] от северо-восточной линии
FNL [from north line] от северной линии
FNWL [from northwest line] от северо-западной линии
FO 1. [farmout] арендуемый участок 2. [fuel oil] жидкое топливо; котельное топливо 3. [full opening] полнопроходной
FOB [free on board] франко-борт парохода; с погрузкой на пароход
FOCL [focused log] боковой каротаж, электрокаротаж с экранировкой тока
FOE-WOE [flanged one end-welded one end] с фланцем на одном конце с привариваемым другим концом

fol [foliated] сланцеватый, слоистый
FOR [free on rail] франко-вагон; с погрузкой в вагон
foss [fossiliferous] содержащий окремнелости
FOT [flowing on test] фонтанирующая во время испытаний (*скважина*)
Fox H [Fox Hills] фокс-хиллз (*свита серии монтана верхнего отдела меловой системы*)
FP 1. [final pressure] конечное давление 2. [flowing pressure] гидродинамическое давление 3. [freezing point] точка замерзания
FPI [freezing point indicator] локатор точки прихвата
fpm [feet per minute] ... футов в минуту
FPO [field purchase order] заказ на поставку для промысла
fps [feet per second] ... футов в секунду
FPT [female pipe thread] внутренняя трубная резьба
FQG [frosted quartz grains] с вмороженными зернами кварца
FR 1. [feed rate] скорость подачи 2. [flow rate] дебит (*скважины или промысла*) 3. [flow recorder] регистрирующий расходомер
Fr [Fahrenheit] температура в градусах Фаренгейта
fr [front] передний, фронтальный
FRA [friction reducing agent] понизитель трения
frac 1. [fracture] трещина 2. [fracturing] гидроразрыв
fracd [fractured] 1. трещиноватый 2. подвергнутый гидроразрыву
Franc [Franconia] франкония (*свита верхнего кембрия*)
FRC [flow recorder controller] регистрирующий расходомер
Fred [Fredericksburg] фредериксберг (*зона серии команче нижнего отдела меловой системы*)
fr E/L [from east line] от восточной линии
fri [friable] ломкий, хрупкий
fr N/L [from north line] от северной линии
Fron [Frontier] франтиер (*свита верхнего отдела меловой системы*)
FRR [final report for rig] сводный отчет о работе буровой установки
fr S/L [from south line] от южной линии
Fruit [Fruitland] фрутлэнд (*свита группы монтана верхнего мела*)
FRW [final report for well] окончательный отчет о скважине (*после окончания ее эксплуатации*)
fr W/L [from west line] от западной линии
FS 1. [feasibility study] изучение возможности применения (*стадия технического проектирования*) 2. [field service] обслуживание в промысловых условиях 3. [float shoe] башмак с обратным клапаном
FS & WLs [from south and west lines] от южной и западной линий
FSEL [from south-east line] от юго-восточной линии

fsg [fishing] ловильные работы
FSIP [final shut-in pressure] конечное давление при закрытии (*скважины*)
FSL [from south line] от южной линии
FSP [flowing surface pressure] давление на устье (*скважины*) при фонтанировании
FSWL [from south-west line] от юго-западной линии
ft [foot, feet] фут, футы
ftg 1. [fittings] арматура (*трубопроводов*) 2. [footage] проходка в футах 3. [footing] основание, опора, подошва; грунт
ft lb [foot-pound] футо-фунт
ft m [feet per minute] футы в минуту
F to F [face to face] торец к торцу
FTP 1. [final tubing pressure] конечное давление в насосно-компрессорной колонне 2. [flowing tubing pressure] давление в насосно-компрессорной колонне при фонтанировании
ft s [feet per second] футы в секунду
FTS [fluid to surface] (*расстояние*) от уровня жидкости в скважине до дневной поверхности
FtU [Fort Union] форт-юнион (*свита палеоцена третичной системы*)
FU [fill up] 1. заполнение (*скважины буровым раствором или пласта нагнетаемой водой*) 2. образование угла естественного откоса (*при растекании раствора*)
Fus [Fuson] фусон (*свита серии иньякара нижнего отдела меловой системы*)
FVF [formation volume factor] объемный коэффициент пласта
FW 1. [field well] эксплуатационная скважина 2. [fresh water] пресная вода
FWC [field wildcat] доразведочная скважина
FWL [from west line] от западной линии
f-xln [finely-crystalline] мелкокристаллический

G

G 1. [gas] газ ∥ газовый 2. [Grashof] число Грасгофа
g 1. [gauge] манометр; калибр 2. [gram] грамм 3. [gravity] сила тяжести, тяготение, притяжение 4. [gulf] залив
GA [gallons of acid] ... галлонов кислоты
Gall [Gallatin] галлатин (*свита нижнего отдела ордовикской системы и верхнего отдела кембрийской системы*)
gal [gallon, gallons] галлон, галлоны
gal sol [gallons of solution] ... галлонов раствора
G & MCO [gas and mud-cut oil] газированная и загрязненная буровым раствором нефть
G & O [gas and oil] газ и нефть
G & OCM [gas and oil-cut mud] буровой раствор, содержащий газ и нефть

GB [gun barrel] отстойный (*о резервуаре*), сточный (*о промысловых водах*)
GBDA [gallons of breakdown acid] ... галлонов кислоты, применяемой для гидроразрыва
Gbo [gumbo] (*вязкая глина*) гумбо
GC 1. [gas-cut] газированный 2. [gas chromatography] газовая хроматография
GCAW [gas-cut acid water] газированная подкисленная вода
GCLO [gas-cut load oil] газированная нефть, закачиваемая в скважину при гидроразрыве
GCLW [gas-cut load water] газированная вода, закачиваемая в скважину при гидроразрыве
GCM [gas-cut mud] газированный буровой раствор
GCO [gas-cut oil] газированная нефть
GCPH [gallons of condensate per hour] галлоны конденсата в час
GCPD [gallons of condensate per day] галлоны конденсата в сутки
GCR [gas-condensate ratio] газовый фактор конденсата
GCSW [gas-cut salt water] газированная соленая вода
GCW [gas-cut water] газированная вода
GD [Glen Dean lime] известняк глендин (*свита отдела честер миссисипской системы, Среднеконтинентальный район*)
Gdld [Goodland] гудленд (*свита зоны фредериксберг серии команче меловой системы*)
GE [geological engineer] инженер-геолог
G Egg [Goose Egg] гус-эгг (*свита триасовой и пермской систем*)
gel [gelly-like colloidal suspension] гелевидная коллоидная суспензия
Geo [Georgetown] джорджтаун (*свита зоны уошито серии команче меловой системы*)
geog 1. [geography] география 2. [geographical] географический
geol 1. [geology] геология 2. [geological] геологический 3. [geologist] геолог
Geol Surv [geological survey] геологическая разведка, геологическая съемка
geophys 1. [geophysics] геофизика 2. [geophysical] геофизический
GGW [gallons of gelled water] ... галлонов загущенной воды
GH [Greenhorn] гринхорн (*известняки верхнего отдела меловой системы*)
GHO 1. [gallons of heavy oil] ... галлонов тяжелой нефти 2. ... галлонов тяжелого дизельного топлива
GI [gas injection] нагнетание газа в пласт
GIH [going in hole] спуск бурового инструмента в скважину
gil [gilsonite] гильсонит
GIW [gas-injection well] газонагнетательная скважина
GL 1. [gas lift] газлифт ‖ газлифтный 2. [ground level] уровень земли 3. [gathering line] сборная линия (*внутрипромысловой системы сбора нефти*)
glau [glauconite] глауконит
Glen [Glenwood] гленвуд (*свита отдела шамплейн среднего ордовика*)
Glna [Galena] 1. галена (*свита верхнесреднего ордовика, Среднеконтинентальный район*) 2. свинцовый блеск, галенит
Glor [Glorieta] глориета (*песчаник отдела леонард пермской системы, западный район Скалистых гор*)
GLR [gas-liquid ratio] газожидкостное соотношение, газожидкостный фактор
GM [gravity meter] гравитометр
GMA [gallons of mud acid] ... галлонов глинокислоты
gmy [gummy] липкий, клейкий
gnd 1. [grained] зернистый 2. [ground] молотый
gns [gneiss] гнейс
GO 1. [gallons of oil] ... галлонов нефти 2. [gelled oil] загущенная нефть
GOC [gas-oil contact] газонефтяной контакт
GOH [going out of hole] подъем бурового инструмента из скважины
Gol [Golconda lime] известняк свиты голконда (*отдел честер миссисипской системы*)
GOPD [gallons of oil per day] ... галлонов нефти в сутки
GOPH [gallons of oil per hour] ... галлонов нефти в час
GOR [gas-oil ratio] газовый фактор
GP 1. [gas pay] газоносный коллектор 2. [gasoline plant] газобензиновый завод, газобензиновая установка
g. p. [gauge pressure] манометрическое давление
G/P [gun perforate] простреливать пулевым перфоратором
GPC [gas purchase contract] контракт о закупке газа
GPD [gallons per day] ... галлонов в сутки
GPH [gallons per hour] ... галлонов в час
GPM 1. [gallons per minute] ... галлонов в минуту 2. [gallons per mile] ... галлонов на милю
gpM [gallons per thousand cubic feet] ... галлонов на тысячу кубических футов (*1 гал/1000 фут^3 = 1,337 л/10 м^3*)
GPS [gallons per second] ... галлонов в секунду
GR [Glen Rose] глен-роуз (*свита зоны тринити серии команче меловой системы*)
gr. 1. [gram] грамм 2. [gravity] сила тяжести; тяготение, притяжение; удельный вес 3. [grade] степень; категория, градус; сорт, марка нефти и нефтепродуктов
g. r. [gear ratio] передаточное отношение
GRA [gallons of regular acid] ... галлонов неконцентрированной и незамедленной кислоты
gran [granite] гранит
Gran W [granite wash] гранитная россыпь

Granos [Graneros] гранерос (*глины верхнего мела, Среднеконтинентальный район*)
grap [graptolite] граптолит
grav 1. [gravel] гравий ‖ гравийный 2. [gravity] вес; сила тяжести
Gray [Grayson] грейсон (*свита зоны уошито серии команче меловой системы*)
grd loc [grading location] выравнивание площадки
GRDL [guard log] электрокаротаж с экранированным электродом
GRk [gas rock] газоносная порода
Grn Riv [Green River] грин-ривер (*свита эоцена третичной системы*)
grn sh [green shale] зеленый сланец
gr roy [gross royalty] часть нефти или газа, передаваемая владельцу земли нефтегазодобывающей фирмой в оплату за аренду
Gr Sd [gray sand] серый песчаник
grty [gritty] песчанистый, содержащий песок
grvt [gravitometer] гравитометр
GS 1. [gas show] газопроявление, признаки газа 2. [Geological Society] Геологическое общество (*США*)
GSC [gas sales contract] контракт о продаже газа
GSG [good show of gas] заметные признаки газа
GSI [gas well shut-in] закрытая газовая скважина
GSO [good show of oil] заметные признаки нефти
GSW [gallons of salt water] ... галлонов соленой воды
gt [gross ton] длинная тонна
GTS [gas to surfase] прохождение газа до поверхности (*во времени*)
GTSTM [gas too small to measure] незначительные количества газа (*нерегистрируемые газоанализатором*)
GTU [guide line tensioning unit] натяжное устройство направляющих канатов
GU [gas unit] газобензиновая установка
GV [gas volume] объем газа
g. v. [gravimetric volume] гравиметрический объем
gvl [gravel] гравий
GVLPK [gravel pack] гравийный фильтр
GVNM [gas volume not measured] незамеренный объем газа
GW 1. [gallons of water] ... галлонов воды 2. [gas well] газовая скважина 3. [gelled water] загущенная вода
GWC [gas-water contact] газоводяной контакт
GWG [gas-well gas] газ из газовой скважины
GWL [ground water level] уровень грунтовых вод
GWPH [gallons of water per hour] ... галлонов воды в час
gypy [gypsiferous] гипсоносный

H

h [hour] час
HA [high angle] большой угол
Hackb [Hackberry] хэкберри (*свита среднего отдела олигоцена*)
Hara [Haragan] хараган (*свита нижнего девона, Среднеконтинентальный район*)
Haynes [Haynesville] хейнсвил (*свита серии коттон-вэлли верхнего отдела юрской системы*)
haz [hazardous] опасный; слабый (*о породе*)
HC [high capacity] большой вместимости, большой производительности, высокой пропускной способности
HD 1. [heavy duty] для тяжелых условий работы; тяжелый режим работы 2. [high detergent] высокоактивное моющее средство, диспергирующее средство 3. [Hydril] универсальный превентор фирмы «Хайдрил»
hdr [header] 1. коллектор (*труб*) 2. головная часть, насадка
hd sd [hard sand] твердый песчаник
Herm [Hermosa] хермоза (*свита отделов миссури, де-мойн, атока пенсильванской системы*)
HFC [high-frequency current] ток высокой частоты
HFO [hole full of oil] ствол, заполненный нефтью
HF Sul W [hole full of sulphur water] ствол, заполненный водой, содержащей сероводород
HFSW [hole full of salt water] ствол, заполненный соленой водой
HFW [hole full of water] ствол, заполненный водой
HGCM [heavily gas-cut mud] сильно газированный буровой раствор
HGCW [heavily gas-cut water] сильно газированная вода
HGOR [high gas-oil ratio] высокий газовый фактор
hgr [hanger] подвеска (*колонны*)
HH [hydrostatic head] гидростатическое давление
HHP [hydraulic horsepower] гидравлическая мощность
hky [hackly] шероховатый, зазубренный
HO & GCM [heavily oil-and-gas-cut mud] буровой раствор, насыщенный большим количеством нефти и газа
HOCM [heavily oil-cut mud] буровой раствор, сильно насыщенный нефтью
HOCW [heavily oil-cut water] вода, сильно насыщенная нефтью
Hon [honorary] почетный
Hox [Hoxbar] хоксбар (*группа отдела миссури пенсильванской системы, Среднеконтинентальный район*)
HP 1. [horsepower] лошадиная сила 2. [high pressure] высокое давление

HPF [holes per foot] ... перфораций на фут
HPG [high-pressure gas] газ высокого давления, газ под высоким давлением
HRD [high resolution dipmeter] пластовый наклономер с высокой разрешающей способностью
hrs [hours] часы
HSB [high strength bauxite] высокопрочный боксит
HSD [heavy steel drum] бочка из толстолистовой стали
HSR [high sulphate resistant] высокоустойчивый к воздействию сульфатной коррозии, сульфатостойкий
HTC [Hughes Tool Company] фирма «Хьюз тул компани»
HTHP [hight temperature and high pressure] (в условиях) высоких температур и давления (150 °C и 3,5 МПа)
HTSD [high temperature shutdown] выключение при высокой температуре
Hun [Hunton] хантон (свита нижнего и среднего девона, Среднеконтинентальный район)
HV 1. [high viscosity] высокая вязкость ‖ высоковязкий 2. [high voltage] высокое напряжение ‖ высоковольтный
HVJD [high velocity jet drilling] бурение с помощью высоконапорных струй жидкости
HWCM [heavily water-cut mud] буровой раствор, сильно разбавленный водой
HWP [hookwall packer] подвесной пакер
HYD [Hydril thread] (двухступенчатая) резьба фирмы «Хайдрил»
hyd [hydraulic] гидравлический
HYDA [Hydril type A joint] замковое соединение типа A фирмы «Хайдрил»
HYDCA [Hydril type CA joint] замковое соединение типа CA фирмы «Хайдрил»
HYDCS [Hydril type CS joint] замковое соединение типа CS фирмы «Хайдрил»

I

IADC [International Association of Drilling Contractors] Международная ассоциация буровых подрядчиков
IATM [International Association for Testing Materials] Международное общество испытания материалов
IB 1. [impression block] скважинная печать (для определения положения и состояния части бурильной колонны, оставшейся в скважине, или состояния обсадной колонны) 2. [iron body] стальной корпус (задвижки, клапана)
ib [ibidem] там же
IBBC [iron body, brass core] со стальным корпусом и латунным сердечником
IBBM [iron body, brass [bronze] mounted] со стальным корпусом и латунными [бронзовыми] соединительными деталями
IBHP [initial bottom-hole pressure] начальное забойное давление
IBHPF [initial bottom-hole pressure flowing] динамическое начальное забойное давление при открытом устье
IBHPSI [initial bottom-hole pressure shut-in] статическое начальное забойное давление (при закрытом устье)
IBM [international business machine] счетно-конторская машина
IC [iron case] стальной кожух; стальной корпус; стальная обшивка
ICC 1. [Interstate Commerce Commission] Государственная коммерческая комиссия, координирующая вопросы транспорта нефти (США) 2. [International Chamber of Commerce] Международная торговая палата
ID [inside diameter] внутренний диаметр
IDC [intangible drilling costs] незапланированные затраты на бурение
IE [index error] погрешность инструмента или прибора
i. e. [id est] то есть
IEE [Institution of Electrical Engineers] общество инженеров-электриков
IF [internal flush] гладкопроходное (о замковом соединении)
IFP [initial flowing pressure] начальное динамическое давление
IGOR [injection gas-oil ratio] газовый фактор при заводнении
IGT [Institute of Gas Technology] Институт технологии газа
IHP 1. [indicated horsepower] индикаторная мощность в лошадиных силах 2. [initial hydrostatic pressure] начальное гидростатическое давление
IJ [integral joint] соединение, изготовленное заодно (с трубой)
IMW [initial mud weight] начальная плотность бурового раствора
in [inch] дюйм
inbd [interbedded] перемежающийся, залегающий между пластами, прослоенный
incls [inclusions] (посторонние) включения
Inf. L. [inflammable liquid] легковоспламеняющаяся жидкость, огнеопасная жидкость
Inf. S. [inflammable solid] легковоспламеняющееся твердое вещество, огнеопасное твердое вещество
INGAA [Independent Natural Gas Association of America] Американская независимая ассоциация по природному газу
Inj Pr [injection pressure] давление нагнетания
inlam [interlaminated] переслаивающийся
INPE [installing pumping equipment] монтаж насосного оборудования
ins [inches] дюймы

instl [installation] установка (*оборудование*)
int [interval] промежуток, интервал
I/O [input/output] ввод/вывод
IOCC [Interstate Oil Compact Comission] Междуштатная нефтяная координирующая комиссия (*по сбыту*)
IOSA [International Oil Scouts Association] Международная ассоциация нефтеразведчиков
IP 1. [initial production] начальный дебит скважины 2. [initial pressure] начальное давление
IPAA [Independent Petroleum Association of America] Американская ассоциация независимых нефтепромышленников
IPAC [Independent Petroleum Association of Canada] Канадская ассоциация независимых нефтепромышленников
IPE 1. *см.* **INPE** 2. [International Petroleum Exposition] Международная выставка нефтяного оборудования
IPF [initial production flowing] начальный дебит при открытом устье
IPG [initial production gas lift] начальный дебит при газлифте
IPI [initial production on intermitter] начальный дебит при периодической системе эксплуатации
IPL [initial production plunger lift] начальный дебит при добыче с помощью насосов-качалок
IPP [initial production pumping] начальный дебит при насосной эксплуатации
IPS [initial production swabbing] начальный дебит после поршневания
i. p. s. 1. [inches per second] ... дюймов в секунду 2. [internal pipe size] внутренний диаметр трубы
IPT [Institution of Petroleum Technologists] Нефтяной технологический институт
IR [injection rate] скорость нагнетания закачки
IRC [Internal Revenue Code] закон о внутренних доходах
ISIP 1. [initial shut-in pressure] начальное давление при закрытии (*в испытателе пластов, спускаемом на бурильной колонне*) 2. [instantaneous shut-in pressure] мгновенное давление после закрытия устья при гидроразрыве
ISO [International Standards Organization] Международная организация по стандартам
ISP [intermediate strength proppant] расклинивающий агент средней прочности
IT [interfacial tension] натяжение на поверхности раздела
ITD [intention to drill] предполагается начать бурение (*далее следуют число, месяц и год*)
IUE [internal upset ends] высаженные внутрь концы (*труб*)
IVP [initial vapor pressure] начальное давление паров
IW [injection well] нагнетательная скважина

J

J & A [junked and abondoned] заброшена вследствие неудачной ловли (*по техническим причинам*)
Jack [Jackson] джексон (*группа верхнего эоцена третичной системы*)
Jasp [Jasperoid] джаспероид (*плотная кремнистая порода*)
Jax 1. [Jackson sand] джексонский песчаник 2. *см.* **Jack**
JB [junk basket] ловильный паук (*для удаления из скважины мелких предметов*)
Jdn [Jordan] джордан (*песчаник верхнего кембрия, Среднеконтинентальный район*)
Jeff [Jefferson] джефферсон (*свита нижнего ордовика, Среднеконтинентальный район*)
jnk [junked] (*скважина*), засоренная металлоломом
JP [jet perforated] (*обсадная колонна*), простреленная с помощью кумулятивного перфоратора
JP/ft [jet perforations per foot] ... перфорационных отверстий на погонный фут, полученных с помощью кумулятивного перфоратора
JPT [Journal of Petroleum Technology] «Джорнал оф петролеум текнолоджи» (*название американского нефтяного журнала*)
JSPF [jet shots per foot] ... взорванных кумулятивных зарядов на погонный фут
Jud R [Judith River] джудит-ривер (*свита серии монтана верхнего отдела меловой системы*)
Jur [Jurassic] юрский ‖ юрский период, юра

K

Kay [Kayenta] кайента (*свита группы гленканьон среднего и нижнего отдела юры*)
KB [kelly bushing] вкладыш ротора под ведущую трубу
KBM [kelly bushing measurment] определение длины части колонны, спущенной в скважину, с помощью отметок на трубах у входа во вкладыш ведущей трубы
KC [Kansas City] канзас-сити (*группа отдела миссури пенсильванской системы, Среднеконтинентальный район*)
KD [Kincaid] кинкайд (*свита известняков группы мидуэй отдела палеоцен третичной системы*)
KDB [kelly drive bushing] *см.* **KB**
KDB-LDG FLG [kelly drive bushing to landing flange] расстояние от верхнего торца вкладыша под ведущую трубу до фланца подвески (*обсадной или насосно-компрессорной колонны*)
KDB-MLW [kelly drive bushing to mean low water] расстояние от верхнего торца вкладыша

под ведущую трубу до среднего уровня малых вод

KDB-Plat [kelly drive bushing to platform] расстояние от верхнего торца вкладыша под ведущую трубу до верхней палубы морской буровой платформы

KDBE [kelly drive bushing elevation] высота расположения верхнего торца вкладыша под ведущую трубу

Keo-Bur [Keokuk-Burlington] кеокук-берлингтон (*свита отдела осседж миссипской системы, Среднеконтинентальный район*)

Kg/Ko обозначение относительной проницаемости

Kg/s [kilograms per second] ... килограммов в секунду

Kg/sq. m. [kilograms per square meter] ... килограммов на квадратный метр

Khk [Kinderhook] киндерхук (*серия нижнего карбона миссипской системы*)

Kib [Kibbey] киббей (*свита серии честер верхнего отдела миссипской системы*)

Kid [killed] заглушенная (*о скважине, в которой произошел выброс*)

Kin *см.* **KD**

Kip-ft [kilopounds-foot] ... тысяч фунто-футов

Kips [kilopounds] ... тысяч фунтов

KO 1. [kicked off] резко изменивший направление (*о стволе скважины*) 2. [knocked out] отсепарированный (*газ*)

Koot [Kootenai] кутеней (*свита нижнего отдела меловой системы*)

KOP [kickoff point] точка начала резкого искривления ствола скважины

Kts [knots] морские узлы

KW [killed well] заглушенная скважина

L

L [lime] известь
l [liter] литр
LA 1. [level alarm] сигнализатор изменения уровня 2. [load acid] кислота, заливаемая в скважину для последующего гидроразрыва пласта

LACT [lease-automatic-custody-transfer] автоматическая откачка нефти с промысла потребителю по закрытой системе (*с регистрацией объема, плотности, температуры, содержания донных осадков и воды*)

Lak [Lakota] лакота (*свита серии кутеней нижнего отдела меловой системы*)

L Alb [Lower Albany] нижний олбани (*свита среднего отдела девонской системы*)

La Mte [La Motte] ламот (*песчаник верхнего кембрия, Серднеконтинентальный район*)

Lans [Lansing] лансинг (*группа отдела миссури Пенсивальской системы, Среднеконтинентальный район*)

LAS 1. [liquid additive system] система ввода (*в раствор*) жидких добавок 2. [lower anhydrite stringer] нижнее ответвление ангидрита

LB [light barrel] американский баррель ($0,159$ м^3)

lb [pound] фунт
lb-ft [pound-foot] фунто-фут
lb-in [pound-inch] фунто-дюйм
lb/cu ft [pounds per cubic foot] ... фунтов в кубическом футе

lb/gal [pounds per gallon] ... фунтов в галлоне
lbm *см.* **lb**
lb/sq. in [pounds per square inch] ... фунтов на квадратный дюйм

lbs [pounds] фунты
lbs/bl [pounds per barrel] ... фунтов в барреле
LC 1. [lease crude] нефть, добытая на данном участке 2. [long coupling] длинномуфтовое соединение для обсадных труб 3. [lost circulation] потеря циркуляции, поглощение бурового раствора

LCG [lost circulation gum] смола для борьбы с поглощением

lchd [leached] выщелоченный (*о зоне*)
LCM [lost circulation material] материал для борьбы с поглощением, экранирующий наполнитель

L Cret [lower Cretaceous] нижний мел
LCSG [long thread casing] обсадные трубы с длинной резьбой закругленного профиля
LCT [landing craft tank] десантная баржа, применяемая в морском бурении для снабжения буровых

LD [laid down] уложенный; опущенный, заложенный (*о фундаменте*)

LDC [laid down cost] стоимость (*участка*) с учетом штрафа за потраву

LDDCs [laying down drill collars] укладка утяжеленных бурильных труб

LDDP [laying down drill pipe] укладка бурильных труб

Leadv [Leadville] ледвил (*свита серии киндерхук миссипской системы*)

Len [Lennep] леннеп (*свита серии монтана верхнего отдела меловой системы*)

lg [level glass] водомерное стекло, уровнемер, указатель уровня

LGD [lower Glen Dean] нижний глендин (*свита отдела честер миссипской системы, Среднеконтинентальный район*)

LHC [liquid hydrocarbon cement] смесь цемента с жидким углеводородом

LI [level indicator] индикатор указатель уровня
li [limestone] известняк
lig [lignite] лигнит, бурый уголь
LIH [left in hole] оставлены в стволе скважины (*об инструменте, бурильных трубах*)

LLC [liquid level controller] регулятор уровня жидкости

L Mn [lower Menard] нижний менард (*свита отдела честер миссисипской системы*)

LMTD [log mean temperature difference] разность средних температур, определенная при температурном каротаже

lmy sh [limy shale] известковистый сланец

LNG [liquefied natural gas] сжиженный природный газ, СПГ

Lnr [liner] хвостовик

lns [lens] чечевицеобразная залежь, линза

LO [load oil] нефть, закачиваемая в скважину при гидроразрыве

loc 1. [location] местоположение 2. [local] местный 3. [locality] местность

loc abnd [location abandoned] оставленная точка бурения

loc gr [location graded] снивелированная буровая площадка

LoI [lost on ignition] потери при прокаливании

LP [Lodge Pole] лодж-пол (*свита нижнего отдела миссисипской системы*)

LPG [liquefied petroleum gas] сжиженный нефтяной газ, СНГ

ls [limestones] известняки

LSM [landing ship medium] десантная баржа среднего размера (*для обслуживания морских буровых*)

LT [low tension] низкое напряжение

LT & C [long thread and collar] длинная резьба и муфта (*обсадных труб*)

LTD [log total depth] конечная глубина каротажа

LTSD [low temperature shut-down] простой оборудования из-за холодной погоды

LTS unit [low temperature separation unit] низкотемпературный сепаратор

L Tus [lower Tuscaloosa] нижняя тускалуса

LU [lease use (gas)] (*газ*), используемый на арендованной площади

LW 1. [lapwelded] внахлестку 2. [load water] вода, закачиваемая в скважину при гидроразрыве

Lwdp [light weight drill pipe] бурильная труба облегченного веса, облегченная бурильная труба

LWL [low water loss] низкая водоотдача, с низкой водоотдачей

M

M 1. [member] член общества 2. [meridian] меридиан 3. [module] модуль

m 1. [meter] метр 2. [mile] миля

MA 1. [mud acid] глинокислота, грязевая кислота 2. [massive anhydrite] мощная свита ангидритов

M & BS [mechanical and bottom sludge] механические и донные осадки

Mad [Madison] мэдисон (*свита доломитов отделов осседж и киндерхук миссисипской системы*)

M & F [male and female (joint)] охватываемое и охватывающее соединение

M & FP [maximum and final pressure] максимальное конечное давление

Mann [Manning] мэннинг (*свита верхнего отдела миссисипской системы*)

m. a. p. [manifold air pressure] давление на всасывании

Maq [Maquoketa] макокета (*свита цинцинатского отдела миссисипской системы*)

Mar [Maroon] мэрун (*свита нижнего отдела пенсильванской системы*)

Marm [Marmaton] марматон (*группа отдела де-мойн пенсильванской системы, Среднеконтинентальный район*)

MAW [mud acid wash] промывка глинокислотой

May [Maywood] мейвуд (*свита нижнего отдела девонской системы*)

MB [Moody's Branch] мудис-бранч (*свита группы джексон эоцена третичной системы*)

M. B. P. D. [mille barrels per day] ... тысяч баррелей в сутки

MC [mud cut] загрязненный буровым раствором

MCA 1. [mud cleanout agent] реагент для очистки от бурового раствора 2. [mud-cut acid] кислота, загрязненная буровым раствором

McEl [McElroy] макэлрой (*свита группы джексон эоцена третичной системы*)

MCF [mille cubic feet] ... тысяч кубических футов ($28,32$ $м^3$)

MCF(C)D [mille cubic feet per (*calendar*) day] ... тысяч кубических футов в (*календарные*) сутки

McL [McLeash] маклиш (*свита средненижнего ордовика, Среднеконтинентальный район*)

MCO [mud-cut oil] нефть, загрязненная буровым раствором

MCSW [mud-cut salt water] соленая вода, загрязненная буровым раствором

MCW [mud-cut water] вода, загрязненная буровым раствором

mD [millidarcy] миллидарси

MDDO [maximum daily delivery obligation] максимальная обязательная суточная поставка

md wt [mud weight] плотность бурового раствора

Mdy [Muddy] мадди (*свита серии колорадо нижнего отдела меловой системы*)

ME 1. [mining engineer] горный инженер 2. [Middle East] Средний Восток; Ближний Восток

Mech DT [mechanical down time] время простоя оборудования

Med [Medina] медайна (*отдел силура, западный район Скалистых гор*)

med-gr [medium-grained] среднезернистый

Meet [Meeteetse] мититс (*свита серии монтана верхнего отдела меловой системы*)
MEG [methane-rich gas] газ, богатый метаном
Men [Menard] известняк менард (*свита отдела честер миссисипской системы*)
m. e. p. [mean effective pressure] среднее эффективное давление
MER 1. [maximum efficient rate] а) максимальная эффективная норма (*отбора нефти и газа*) б) максимальная пропускная способность 2. [maximum efficiency of reservoir] максимальная производительность пласта
Mer [Meramec] мерамек (*серия миссисипской системы*)
MERP 1. [maximum efficient rate of penetration] максимальная эффективная скорость проходки 2. [maximum efficient rate of production] максимальная эффективная норма отбора (*нефти или газа из пласта*)
MF [mud filtrate] фильтрат бурового раствора
MFA [male to female angle] угол между охватываемой и охватывающей деталями
MFP [maximum flowing pressure] максимальное динамическое давление
MG [multi-grade] состоящий из многих фракций, многофракционный
MgH [magnesium hardness] магниевая жесткость (*воды*)
MHD [magnetohydrodynamic] магнитогидродинамический
MHF [massive hydraulic fracturing] массированный гидроразрыв (*пласта*)
MI [moving in] доставка на буровую (*напр. оборудования*)
MICT [moving in cable tools] доставка на буровую оборудования для ударного бурения
MICU [moving in completion unit] доставка на буровую установки для заканчивания
MIDDU [moving in double drum unit] доставка на буровую установки с двухбарабанной лебедкой
MIM [moving in materials] доставка на буровую материалов
MI Min E [Member of the Institute of Mining Engineers] член Института горных инженеров
min 1. [minimum] минимум 2. [minute] минута
Minl [Minneluse] миннелуза (*свита верхнего отдела пенсильванской системы*)
Mio [Miocen] миоцен
MIOP [Mandatory Oil Import Program] обязательная программа импорта нефти
MIPU [moving in pulling unit] доставка на буровую установки для капитального ремонта
MIRT [moving in rotary tools] доставка на буровую оборудования для роторного бурения
MIRU [moving in and rigging up] доставка на буровую и монтаж
Mise [Misener] мизнер (*свита верхнего девона, Среднеконтинентальный район*)
MISR [moving in service rig] доставка на буровую установки для профилактического ремонта
Miss [Mississipian] миссисипская система
MIST [moving in standard tools] доставка на буровую стандартного оборудования
MIT [Massachusets Institute of Technology] Массачусетский технологический институт
Mkta [Minnekahta] миннеката (*свита отдела леонард пермской системы*)
ML [mud logger] установка для контроля состояния и свойств бурового раствора
MLU [mud logging unit] установка для контроля состояния и свойств бурового раствора
MLW-Plat [mean low water to platform] расстояние от уровня малой воды до низа буровой платформы
MMCF [millions of cubic feet] ... миллионов кубических футов
mm Hg [millimeters of mercury] ... миллиметров ртутного столба
MMSCFD [millions of standard cubic feet per day] миллионы нормальных кубических футов в сутки
MO [moving out] вывоз (*оборудования*) с буровой
mo [month] месяц
MOCT [moving out cable tools] вывоз с буровой инструмента для ударного бурения
MOCU [moving out completion unit] вывоз с буровой установки для заканчивания
Moen [Moenkopi] моенкопи (*свита нижнего отдела триасовой системы*)
Mol [Molas] молас (*свита отделов атока и морроу пенсильванской системы*)
mol [molecule] молекула
Mont [Montoya] монтоя (*свита отдела цинциннати верхнего ордовика*)
Moor [Mooringsport] мурингспорт (*свита зоны тринити серии команче меловой системы*)
MOR [moving out rig] вывоз с буровой бурового станка
Mor [Morrow] морроу (*серия и свита нижнего отдела пенсильванской системы*)
Morr [Morrison] моррисон (*свита верхней юры западных штатов США*)
MORT [moving out rotary tools] вывоз с буровой инструмента для роторного бурения
mos [months] месяцы
Mow [Mowry] маури (*свита нижнего отдела мела*)
m. p. 1. [medium pressure] среднее давление 2. [manifold pressure] давление на всасывании
mph [miles per hour] ... миль в час
MPY [mills per year] ... милов в год (*измерение скорости коррозии*)
MR 1. [marine rig] морская буровая установка, морское буровое основание 2. [meter run] рейс измерительного зонда в скважину
mrlst [marlstone] глинистый известняк
MRP [mean reservoir pressure] среднее пластовое давление

MS 1. [Master of Science] магистр (точных) наук 2. [metric system] метрическая система
m/s 1. [meters per second] ... метров в секунду 2. [miles per second] ... миль в секунду
MSA [multiple service acid] многоцелевая кислота для профилактического ремонта скважин (смесь уксусной кислоты с поверхностно-активным веществом)
MSP [maximum surfase pressure] максимальное давление на устье
MT 1. [macaroni tubing] насосно-компрессорные трубы диаметром менее 50 мм 2. [marine terminal] портовая нефтебаза
Mt [mountain] гора ‖ горный
MTD [measured total depth] измеренная конечная глубина (скважины)
MTP 1. [maximum top pressure] максимальное давление в верхней части (сосуда, установки) 2. [maximum tubing pressure] максимальное давление в насосно-компрессорной колонне
MTS [mud to surface] восходящий поток бурового раствора
M. Tus [Marine Tuscaloosa] морской тип тускалузы (группа серии галф меловой системы)
Mvde [Mesaverde] месаверде (свита верхнего мела)
MVT [mud volume totalizer] сумматор объемов бурового раствора
MW 1. [muddy water] илистая вода 2. [molecilar weight] молекулярная масса
MWD [measuring while drilling] измерение забойных параметров в процессе бурения
MWE [manned work enclosure] обитаемая рабочая камера (устанавливаемая на подводном устье скважины с целью размещения в ней обслуживающего персонала)
MWPE [mill wrapped plain end] гладкий конец (трубы) с заводской обмоткой
MWY [Midway] мидуэй (группа палеоцена третичной системы)

N

N [North] север
n 1. [n] частота вращения 2. [refractive index] показатель [коэффициент] лучепреломления 3. [normal] нормальный
N/2 [north half] северная половина
N/4 [north quarter] северная четверть
NA [not available] нет данных, нет в наличии
Nac [Nacatoch] накаточ (свита группы наварро серии галф меловой системы)
NACE [National Association of Corrosion Engineers] Национальная ассоциация инженеров-коррозионистов
NAG [no appreciable gas] газ в непромышленных количествах

nap [naphtha] лигроин; дистиллят
nat [natural] естественный, природный
Nav [Navajo] наваxo (свита группы глен-каньон среднего и нижнего отделов юры)
nav [naval] морской
Navr [Navarro] наварро (группа верхнего отдела меловой системы)
NB 1. [new bit] новое долото 2. [nota bene] обратите внимание
NBS [National Bureau of Standards] Национальное бюро стандартов (США)
NC 1. [normally closed] а) нормально закрытый (о клапане) б) нормально замкнутый (о контакте) 2. [no core] без отбора керна, с нулевым отбором керна
NCT [non-contiguous tract] несоприкасающийся участок
ND 1. [non-detergent] не обладающий поверхностной активностью 2. [not determined] неизмеряемая [некритичная] (о величине); не определенный (о параметре) 3. [not drilling] простаивающая (в процессе бурения) скважина
NDBOPs [nipple down blowout preventers] противовыбросовые превенторы с ниппельной частью соединения внизу
NDP [non-dispersed, dual-action polymer] недиспергирующийся полимер двойного действия
NDT [non-destructive testing] испытание без разрушения (образца)
NE [non-emulsifying (agent)] неэмульгирующий (агент)
NE/4 [north-east quarter] северо-восточный угол
NEA [non-emulsion acid] неэмульгируемая кислота
NEC [north-east corner] северо-восточный угол
NEL [north-east line] северо-восточная линия
NEP [net effective pay] суммарные извлекаемые запасы
New Alb [New Albany shale] сланец нью-олбани (свиты верхнего девона)
NF 1. [natural flow] естественный приток, естественное течение; фонтанирование 2. [no fluid] флюид отсутствует 3. [no fluorescence] флуоресценция отсутствует
NFD [new field discovery] открытие нового месторождения
NFW [new field wildcat] разведочная скважина-открывательница нового месторождения
NG 1. [natural gas] природный газ 2. [no gauge] диаметр меньше номинального
NGAA [Natural Gasoline Association of America] Американская Ассоциация по газобензиновому производству
NGL [natural gas liquids] природный газоконденсат, газоконденсатные жидкости
NGTS [no gas to surface] газ на поверхность не поступает
Nig [Niagara] ниагара (серия силура в штатах

Нью-Йорк, Мичиган, Огайо, Висконсин и Иллинойс)
Niob [Niobara] ниобара (*свита верхнего отдела меловой системы*)
NL [north line] северная линия
NL gas [non-led gas] газ, поступающий из пространства за обсадной колонной
NLGL Национальный институт смазочных материалов (*США*)
NML [nuclear magnetic logging] ядерно-магнитный каротаж
NNE [North-North-East] северо-северо-восток
NO [normally open] нормально открытый
No [number] 1. число 2. номер
N/O [north offset] ближайший с севера
nod [nodule] включение, конкреция
NOMADS [National Oil Equipment Manufactures and Delegates Society] Национальное общество изготовителей нефтяного оборудования (*США*)
nonf G [non-flammable gas] несамовозгорающийся газ
no rec [no recovery] нулевой выход керна
NP 1. [no production] продукция отсутствует 2. [non-porous] не имеющий пор, плотный 3. [not prorated] не ограниченная государством (*о добыче полезных ископаемых*) 4. [not pumping] простаивающая (*о скважине с насосной установкой*)
NPA [National Petroleum Association] Национальная нефтяная ассоциация (*США*)
NPC [National Petroleum Council] Национальный нефтяной совет (*США*)
NPD [new pool discovery] открытие нового месторождения
NPI [National Petroleum Institute] Национальный нефтяной институт (*США*)
NPRA [National Petroleum Refiners Association] Национальная ассоциация нефтепереработчиков (*США*)
NPT [American standard taper pipe thread] Американская нормальная коническая трубная резьба
n. p. t. [normal pressure and temperature] нормальное давление и температура
NPTF [National pipe thread, female] внутренняя нормальная коническая трубная резьба (*США*)
NPTM [National pipe thread, male] наружная нормальная коническая трубная резьба (*США*)
NPW [new pool wildcat] разведочная скважина — открывательница нового месторождения
NPW [new pool exemt] не подлежащая обложению налогом добыча на новом месторождении
NR 1. *см.* no rec 2. [no returns] без выхода циркуляции, катастрофическое поглощение 3. [non-returnable] срабатываемый полностью; затрачиваемый; невозвратный
nr 1. [near] вблизи, около 2. [number] а) число б) номер
NRB [National Resources Board] Национальное управление стратегических ресурсов (*США*)
NRC 1. [National Research Council] Национальный научно-исследовательский совет 2. [National Resources Comittee] Национальный комитет стратегических ресурсов (*США*)
NRS [non-rising stem] заело стержень (*в клапане*)
NS [no shows] проявления в скважине отсутствуют
NSG [no shows of gas] газопроявления отсутствуют
NSO [no shows of oil] нефтепроявления отсутствуют
NSO & G [no shows of oil and gas] нефте- и газопроявления отсутствуют
NTD [new total depth] новая конечная глубина
N/tst [no test] испытания не проводились
NU 1. [nipple up] с ниппельной деталью соединения в верхней части 2. [non-upset] с невысаженными концами
NUBOPs [nipple up blowout preventers] противовыбросовые превенторы с ниппелем в верхней части
NUE [non-upset ends] невысаженные концы
NVP [no visible porosity] без заметной пористости
NW 1. [North-West] северо-запад 2. [no water] вода отсутствует
NW/4 [north-west corner] северо-западная четверть
NW/C [north-west corner] северо-западный угол
NWL [north-west line] северо-западная линия
N-W-S collar [no wall stick collar] утяжеленная бурильная труба со спиральной канавкой

O

O [oil] нефть
oad [overall dimension] полный размер
Oakv [Oakville] оуквил (*свита нижнего отдела миоцена*)
OAW [old abandoned well] истощенная ликвидированная скважина
O & G [oil and gas] 1. нефть и газ 2. нефтегазовый
O & GCM [oil and gas-cut mud] газированный буровой раствор, загрязненный нефтью
O & GC SULW [oil and gas-cut sulphur water] сероводородная вода, содержащая нефть и газ
O & GCSW [oil and gas-cut salt water] соленая вода, содержащая нефть и газ
O & GCW [oil and gas-cut water] вода, содержащая нефть и газ
O & GL [oil and gas lease] участок, сдаваемый в аренду для добычи нефти и газа

O & SW [oil and salt water] нефть и соленая вода
O & SWCM [oil and sulphur water-cut mud] буровой раствор, загрязненный нефтью и сероводородной водой
O & W [oil and water] нефть и вода
OB [off bottom] не доходя до забоя, на (*некотором*) расстоянии от забоя, выше забоя
OBM [oil base mud] буровой раствор на углеводородной основе, РУО
OC 1. [oil cut] загрязненный нефтью 2. [on centers] между центральными осями, между центрами 3. [operations commenced] работы начаты
OCM [oil-cut mud] буровой раствор, загрязненный нефтью
OCMA [Oil Companies Materials Association] Американская ассоциация по снабжению нефтяных фирм
OCS [outer continental shelf] глубоководный континентальный шельф
OCSW [oil-cut salt water] соленая вода, загрязненная нефтью
OD [outside diameter] наружный диаметр
OE [oil emulsion] нефтяная эмульсия, масляная эмульсия
OEB [other end bevelled] с фаской на другом конце
OEEC [Organization for European Economic Cooperation] Экономическая комиссия ООН для Европы
OEM [oil emulsion mud] нефтеэмульсионный буровой раствор
OF 1. [oil-filled] маслонаполненный 2. [open flow] открытое фонтанирование
OFL [overflushed] подвергнутый дополнительной промывке
OFME [oil field machinery and equipment] нефтепромысловое оборудование и механизмы
OFOE [orifice flange one end] с фланцем, имеющим на одном конце диафрагму
OFP [open flow potential] потенциальный дебит при фонтанировании
OGD [Oil and Gas Division] отдел нефти и газа Министерства внутренних дел США
OGJ [Oil and Gas Journal] «Ойл энд гэс джорнал» (*название американского нефтяного журнала*)
OH [open hole] необсаженный интервал ствола скважины
OIA [Oil Import Administration] администрация по импорту нефти
OIC 1. [Oil Industry Commission] Комиссия Конгресса США по делам нефтяной промышленности 2. [Oil Information Committee] Комитет по информации нефтяной промышленности
OIH [oil in hole] нефть в стволе скважины

Oil Cr [Oil Creek] ойл-крик (*свита средне-нижнего ордовика, Среднеконтинентальный район*)

OIP [oil in place] пластовая нефть, нефть в пласте
OIPA [Oklahoma Independent Petroleum Association] Ассоциация независимых нефтедобывающих фирм штата Оклахома
Olig [Oligocene] олигоцен
OMC [oil mud conditioner] кондиционер бурового раствора на углеводородной основе
O. N. [octane number] октановое число
OOC [Offshore Operators Committee] Комитет подрядчиков по бурению скважин в море
ooc [oolicastic] ооликастическая (*о пористости*)
ool [oolitic] оолитовый (*яйцевидного или зернистого строения*)
oom [oolimoldic] с яйцеобразными раковинами
OP 1. [oil pay] нефтяной коллектор 2. [outpost (*well*)] оконтуривающая (*скважина*) 3. [overproduced] добытый сверх установленной нормы
OPBD [old plug-back depth] глубина (*скважины*) до установки цементного моста (*с целью эксплуатации вышележащего горизонта*)
OPC [Oil Policy Committee] Комитет по нефтяной политике (*США*)
OPEC [Organization of Petroleum Exporting Countries] Организация стран-экспортеров нефти, ОПЕК
OPI [oil payment interest] доля от продажи нефти
OPT [official potential test] официальные испытания на потенциальный дебит
Orisk [Oriskany] орискани (*свита нижнего девона восточных штатов США*)
orth [orthoclase] ортоклаз
OS [oil show] признак нефти
Os [Osage] осейдж (*серия нижнего карбона миссисипской системы*)
OSA [oil soluble acid] растворимая в масле [нефти] кислота
OS & Y [outside screw and yoke (*valve*)] с наружными винтом и направляющей траверсой (*о вентиле*)
OSF [oil string flange] фланец эксплуатационной колонны
OSI [oil well shut-in] нефтяная скважина с закрытым устьем
OSTN [oil stain] нефтяное пятно
OSTOIP [original stock tank oil in place] первоначальные запасы нефти, приведенные к нормальным условиям
Osw [Oswego] освего (*группа отдела де-мойн пенсильванской системы, Среднеконтинентальный район*)
OT [open tubing] открытая насосно-компрессорная колонна
OTD [old total depth] конечная глубина (*до углубления*)
OTS [oil to surface] нефть, поступающая на поверхность
OWC [oil-water contact] водонефтяной контакт, ВНК

OWDD [old well drilled deeper] углубленная старая скважина
OWF [oil well flowing] фонтанирующая нефтяная скважина
OWG [oil well gas] попутный газ из нефтяной скважины
OWPB [old well plugged back] старая скважина с мостом, установленным для разработки вышележащего горизонта
OWWO [old well worked over] старая скважина после капитального ремонта
oz [ounce, ounces] унция, унции (28,35 г)

P

P [pressure] давление
p 1. [page] страница 2. [power] мощность 3. [pressure] давление
P & A [plugged and abandoned] ликвидированная с установкой мостовой пробки скважина
P & NG [petroleum and natural gas] нефтяной и природный газ
P & P [porosity and permeability] пористость и проницаемость
p. a. [per annum] в год, ежегодно
PAB [per acre bonus] добавочная арендная плата за акр участка, оказавшегося нефте- или газоносным
PAD [Petroleum Administration for Defence] Нефтяное стратегическое управление (*США*)
Paha [Pahasapa] пахасапа (*свита среднего отдела миссисипской системы*)
Pal [Paluxy] палакси (*свита зоны тринити серии команче меловой системы*)
Pan L [Panhandle lime] пэнхэдлский известняк
Park C [Park City] парк-сити (*свита верхнего отдела пермской системы*)
PAW [Petroleum Administration for War] Нефтяное управление военного времени (*США*)
PB [plugged back] затрамбована для эксплуатации вышележащего горизонта
PBHL [proposed bottom hole location] предполагаемое местонахождение забоя
PBP [pulled big pipe] поднятая длинная колонна
PBR [packer bore receptacle] приемное гнездо пакера
PBTB [plugged back total bottom] глубина скважины после установки забойного моста
PC 1. [Paint Creek] пэйнт-крик (*свита отдела честер миссисипской системы*) 2. [Porter Creek] портер-крик (*свита группы мидуэй палеоцена третичной системы*)
p. c. [per cent] процент
PCD [polycrystalline diamond] поликристаллический алмаз
PCT [pressure controlled test] опробование, управляемое давлением

PD [proposed depth] предполагаемая глубина
p. d. [pulley drive] передача при помощи шкивов
p. d. meter [positive displacement meter] объемный счетчик с принудительным наполнением
PE 1. [petroleum engineer] инженер-нефтяник 2. [plain end] гладкий [ненарезанный] конец 3. [pumping equipment] насосное оборудование
PEB [plain end bevelled] гладкий конец со снятой фаской
PEMEX [Petroleos Mexicanos] государственная нефтяная корпорация Мексики «Петролеос Мехиканос»
Penn [Pennsylvanian] пенсильванская система, соответствующая среднему и нижнему карбону
per ann. [per annum] в год
Perm [Permian] пермский
perf csg [perforated casing] перфорированная обсадная колонна

PESA [Petroleum Equipment Suppliers Association] Ассоциация поставщиков нефтяного оборудования
pet. [petroleum] нефть
pet. prod [petroleum products] нефтепродукты
petrf [petroliferous] нефтеносный, нефтяной
PEW [pipe electric weld] электросварная труба
PFT [pumping for test] пробная откачка, испытание откачкой
PG [Pecan Gap] пекан-гэп (*свита группы тейлор серии галф меловой системы*)
PGC [Pecan Gap Chalk] мел пекан-гэп
pH показатель концентрации водородных ионов
p. h. [per hour] в час
PHG [prehydrated gel] гидратированный бентонит
Phos [Phosphoria] фосфория (*свита пермской системы*)
PHPA [partially hydrolized polyacrylamide] частично гидролизованный полиакриламид
PI [productivity index] коэффициент продуктивности
PIB [polyisobutylene] полизобутилен
pibd [pounds per inch of bit diameter] нагрузка на долото в фунтах на дюйм диаметра долота
Pic Cl [Pictured Cliff] пикчерд-клифф (*свита группы монтана верхнего мела*)
PIEA [Petroleum Industry Electrical Association] Ассоциация по электрооборудованию для нефтяной промышленности
PIP 1. [production-injection packer] эксплуатационный нагнетательный пакер 2. [pump-in pressure] давление нагнетания
PJ 1. [pump jack] качалка скважинной насосной установки 2. [pump job] откачка
pkgd [packaged] блочной конструкции
pkr [packer] пакер
PL [pipeline] трубопровод
plag [plagioclase] плагиоклаз
platf [platform] платформа, морское основание
PLCA [Pipeline Contractors Association] Ассо-

циация подрядчиков по строительству трубопроводов
pld [pulled] 1. натянутый 2. поднимаемый из скважины
PLE [plain large end] гладкий [ненарезанный] конец большого диаметра
Pleist [Pleistocene] плейстоцен
plg [pulling] подъем инструмента из скважины
PLI [production life index] индекс добычи (*отношение извлекаемых запасов к годовому объему добычи*)
PLO 1. [pipeline oil] чистая сырая нефть; нефть, перекачиваемая по трубопроводу 2. [pumping load oil] закачка нефти в скважину для гидроразрыва
PLT [pipeline terminal] конечная станция трубопровода
PLUTO [pipeline under the ocean] океанский подводный трубопровод для нефтепродуктов
PLW [pipe, lapwelded] труба, сваренная внахлестку
p. m. 1. [per minute] в минуту 2. [past meridiem] пополудни
PNW [present net worth] чистая прибыль от текущих поступлений
PO 1. [pulled out] поднятый из скважины 2. [pumps off] насосы остановлены
POB 1. [plug on bottom] пробка села в посадочное седло (*при продавливании цементного раствора*) 2. [pump on beam] насосная добыча с помощью станка-качалки
POE [plain one end] без нарезки на одном конце
POGW [producing oil and gas well] скважина, добывающая нефть и газ
POOH [pull out of hole] поднять [извлечь] из ствола скважины
pot [potential] потенциальный дебит
POW [producing oil well] добывающая нефтяная скважина
POWF [producing oil well flowing] фонтанирующая добывающая нефтяная скважина
POWP [producing oil well pumping] насосная добывающая нефтяная скважина
PP 1. [production payment] оплата за продукцию 2. [pulled pipe] поднятая труба; натянутая труба
pp. [pages] страницы
p. p. a. [per cent per annum] процентов в год
ppb [pounds per barrel] фунтов на баррель
ppg [pounds per gallon] фунтов на галлон
ppf [pounds per foot] фунтов на фут, фунтофутов
PPH [petroleum pipehead] приемная сторона нефтепровода
PPI [production payment interest] доля в оплате продукции
ppm 1. [parts per mille] частей на тысячу 2. [parts per million] частей на миллион

PR [polished rod] полированный шток глубинного насоса
PR & T 1. [pull rods and tubing] поднимать насосные штанги и насосно-компрессорные трубы 2. [pulled rods and tubing] поднятые насосные штанги и насосно-компрессорные трубы
Pre Camb [Pre-Cambrian] докембрий
prem [premium] улучшенный, повышенного качества; высококачественный
press [pressure] давление
pro [prorated] разрешенный (*дебит*)
Protero [Proterozoic] протерозойский
PRPT [preparing to take potential test] подготовка к испытанию на потенциальный дебит
prtgs [partings] 1. обрывы колонн 2. прослои
p. s. [per second] в секунду
PSA [packer set at...] пакер установлен на... (*такой-то глубине*)
PSB [precision slurry blender] прецизионный цементосмеситель
PSE [plain small end] конец трубы малого диаметра без резьбы
psf [pounds per square foot] фунтов на квадратный фут
psi [pounds per square inch] давление в фунтах на квадратный дюйм
psia [pounds per square inch absolute] абсолютное давление в английских фунтах на квадратный дюйм
psig [pounds per square inch gauged] манометрическое давление в фунтах на квадратный дюйм
PSM [pipe, seamless] бесшовная труба
PT [potential test] испытание на потенциальный дебит
pt 1. [part] часть; доля 2. [point] точка 3. [pint] пинта
PTB [personnel transfer bell] колокол для транспортировки обслуживающего персонала к подводному устьевому оборудованию
PTC [personnel transfer chamber] камера для транспортировки людей
PTFE [polytetrafluoroethylene] политетрафторэтилен, ПТФЭ, тефлон
PTG [pulling tubing] подъем насосно-компрессорных труб
PTR [pulling tubing and rods] подъем насосно-компрессорных труб и насосных штанг
pts [parts] части, частей
PTS pot [pipe to soil potential] разность потенциалов «труба — земля»
PTTF [potential test to follow] последует испытание на потенциальный дебит
PU 1. [picked up] приподнятый (*об инструменте, колонне*) 2. [pulled up] натянутый вверх, растянутый 3. [pumping unit] насосная установка
PV 1. [plastic viscosity] пластическая [структурная] вязкость 2. [pore volume] поровое пространство

PVT 1. [pit volume totalizer] сумматор объемов бурового раствора в емкостях 2. [pressure-volume-temperature] соотношение давление-объем-температура
PWC [permanent well completion] заканчивание скважины при стационарном оборудовании; заканчивание скважины после спуска НКТ
pwr [power] сила, мощность
pyrbit [pyrobitumen] пиробитум
pyrclas [pyroclastic] пирокластический

Q

Q. City [Queen City] куин-сити (*свита группы клайборн эоцена третичной системы*)
QRC [quick ram change] быстрая смена плашек превентора
qtzose [quartzose] содержащий кварц

R

R 1. [Reamur] температурная шкала Реомюра 2. [rock bit] шарошечное долото
r 1. [river] река 2. [radius] радиус
R & L [road and location] дорожные работы и работы по подготовке площадки
R & T [rods and tubing] насосные штанги и трубы
RALOG [running radioactive log] проведение радиоактивного каротажа
RB [rock bit] шарошечное долото
RBM [rotary bushing measuring] проведение измерения на роторе
RBP [retrievable bridge plug] извлекаемая [съемная] мостовая пробка
RBSOF [rubber balls-sand-oil fracturing] гидроразрыв пласта с применением резиновых шариков и песка в качестве расклинивающих агентов и нефти в качестве жидкости-носителя
RBSWF [rubber balls-sand-water fracturing] гидроразрыв пласта с применением резиновых шариков и песка в качестве расклинивающих агентов и воды в качестве жидкости-носителя
RC 1. [remote control] дистанционное управление 2. [reverse circulation] обратная промывка 3. [running casing] спуск обсадной колонны
RCK [riser pipe with integral choke and kill lines] секция водоотделяющей колонны с выполненными заодно с ней линиями штуцерной и для глушения скважины
RCO [returning circulation oil] нефть, поступившая из скважины при обратной промывке
RCR [reverse circulation rig] установка для бурения с обратной промывкой
RD [rigging down] демонтаж

RDACS [remote data acquisition and control system] система дистанционного сбора данных и контроля
RDB [rotary drive bushing] вкладыш ротора под ведущую трубу
Rd Bds [red beds] глинистый красный песчаник; красноцветные отложения
RDB-GD [rotary drive bushing to ground] расстояние от низа вкладыша ротора под ведущую трубу до земли
rdg [reading] показание прибора
Rd Pk [Red Peak] ред-пик (*свита серии чагуотер триасовой системы*)
RDSU [rigged down swabbing unit] демонтированное свабирующее устройство
rd tp [round trip] спускоподъемная операция, СПО
Re [Reynolds Number] число Рейнольдса
read [reacidizing] повторная кислотная обработка
Reag [Reagan] риган (*песчаник верхнего кембрия, Среднеконтинентальный район*)
rec 1. [recovery] отдача, нефтеотдача; восстановление; утилизация отходов 2. [recovering] ловильный (*об устройстве*)
recirc [recirculate] повторно пропускать через циркуляционную систему, рециркулировать
recomp [recompleted] повторно законченная (*скважина*)
recp [receptacle] 1. приемное гнездо 2. приемный резервуар
RED [rod end down] штоком вниз (*расположение цилиндра натяжного устройства*)
REL [running electric log] проведение электрокаротажа
Rel [Relay] рилей (*группа верхнего отдела кембрийской системы*)
Ren [Renault] рено (*свита отдела честер миссисипской системы, Среднеконтинентальный район*)
reperf [reperforated] вторично перфорированная (*скважина*)
res 1. [research] научно-исследовательский 2. [reservoir] коллектор (*нефтяной или газовый*)
res bbl [reservoir barrels] ... баррелей в пластовых условиях
retr ret [retreivable retainer] извлекаемый (*цементировочный*) пакер
REU [rod end up] штоком вверх (*расположение цилиндра натяжного устройства*)
RF 1. [radio frequency] высокая частота, радиочастота 2. [rig floor] пол буровой установки, пол буровой
RFFE [raised face flanged end] фланцевый конец торцом вверх
RFT [repeat formation tester] испытатель пластов многократного действия
RFWN [raised face weld neck] конец трубы под сварку торцом вверх
RH 1. [rat hole] *а.* шурф под квадрат *б.* ствол

малого диаметра 2. [right hand] с правой резьбой; правосторонний
RHC [remote hydraulic control] дистанционное гидравлическое управление
RHM [rat hole mud] буровой раствор, скопившийся в шурфе под квадрат
RHR [remote-hydraulically-releasable] гидравлический дистанционно отсоединяемый
RI [royalty interest] доля оплаты за право разработки недр
Rier [Rierdon] риердон (*свита серии эллис верхнего отдела юрской системы*)
rig rel [rig released] освободившаяся (*от бурения*) буровая установка
RIH [ran in hole] спущенный в скважину
RJFE [ring joint flanged end] фланцевый конец, присоединяемый с помощью приварного кольца
RL [random length (of pipe)] (*трубы*) разного класса по длине
RLT [reservoir limit test] 1. определение границ пласта, ОГП 2. оконтуривающая разведочная скважина
rng [running] спуск в скважину
Rod [Rodessa] родесса (*свита зоны тринити серии команче меловой системы*)
ROL [rig on location] буровая установка на буровой площадке
ROP [rate of penetration] механическая скорость проходки
RP 1. [reciprocation] расхаживание (*колонны*) 2. [rock pressure] пластовое давление
RPM [revolutions per minute] частота вращения в минуту, 1/мин
RR [rig released] освободившаяся (*от бурения*) буровая установка
RR & T [run(ning) rods and tubing] спускать насосные штанги и насосно-компрессорные трубы
RS 1. [rig skidded] буровая установка, снятая со скважины 2. [Royal Society] Королевское научное общество (*Великобритания*)
RSU [released swab unit] освобожденное свабирующее устройство
R test [rotary test] разведочная скважина, пробуренная вращательным [роторным] способом
RT 1. [rotary table] роторный стол, ротор 2. [rotary tools] оборудование [инструмент] для роторного бурения
RTG 1. [radioisotope thermoelectric generator] радиоизотопный термоэлектрический генератор 2. [running tubing] спуск (*колонны*) насосно-компрессорных труб
RTTS [retrievable test-treat-squeeze] извлекаемый (*пакер*), применяемый при испытании, обработке и цементировании скважин
RTU [remote terminal unit] пульт дистанционного управления
RU 1. [rigged up] смонтированное оборудование, смонтированная установка 2. [rigging up] монтаж оборудования установки 3. [rotary unit]

установка для вращательного роторного бурения
RUCT [rigging up cable tools] монтаж оборудования для ударно-канатного бурения
RUDAC [remote underwater drilling and completion] подводное бурение и заканчивание с дистанционным управлением устьевым оборудованием
RUP [rigging up pump] монтаж насоса
RUR [rigging up rotary (*table*)] монтаж ротора
RURT [rigging up rotary tools] монтаж оборудования для вращательного [роторного] бурения
RUSR [rigging up service rig] монтаж установки для профилактического ремонта скважин
RUST [rigging up standard tools] монтаж стандартного оборудования
RUT [rigging up tools] монтаж оборудования
RVS [rotary vibrating shale shaker] ротационное вибросито
RVT [retrievable valve tester] извлекаемый испытатель пластов с клапанным устройством
RWTP [returned well to production] скважина, возвращенная в число действующих

S

S/ [swabbed] свабирована (*о скважине*); поршневание (*скважины*) проведено
s. [second] секунда
S/2 [south half] южная половина
s. a. 1. [self acting] автоматический 2. [sectional area] площадь поперечного сечения
SAA [surface active agent] поверхностно-активное вещество
Sab [Sabinetown] сабинтаун (*свита группы уилкокс эоцена третичной системы*)
SAE [Society of Automotive Engineers] Общество инженеров-транспортников
S & F [swab and flow] фонтанирование после поршневания
Sana [Sanastee] сэнэсти (*свита группы колорадо верхнего мела*)
SAPP [sodium acid pyrophosphate] кислый пирофосфат натрия
Sara [Saratoga] саратога (*свита группы тейлор серии галф меловой системы*)
Saw [Sawatch] сэуотч (*свита песчаников нижнего кембрия*)
sb [sub] переводник; переходник
SBHP [static bottom-hole pressure] статическое давление на забое
SC [shows of condensate] признаки конденсата в скважине
Sc 1. [scale] шкала, масштаб 2. [science] наука 3. [scientific] научный
Sc. M. [Master of Science] магистр точных наук

scf [standard cubic foot] кубический фут в стандартных условиях, нормальный кубический фут
scr [scratcher] скребок
SDA [shut down to acidize] остановка скважины для проведения кислотной обработки пласта
SD Ck [side door choke] штуцер с боковой дверцей
SDF [shut down to fracture] прекращение испытания скважины для проведения гидроразрыва
sdfract [sand fracturing] гидроразрыв с применением песка в качестве расклинивающего агента
SDL [shut down to log] прекращение работ с целью проведения каротажа
SDO [shows of dead oil] признаки дегазированной нефти
sdoilfract [sand and oil fracturing] проведение гидроразрыва смесью нефти и песка
SDON [shut down overnight] прекращение работ в ночное время
SDPA [shut down to plug and abandon] прекращение работ для установки пробки и ликвидации скважины
SDPL [shut down for pipeline] прекращение работ для подключения к внутрипромысловой сети трубопроводов
SDR [shut down for repairs] прекращение работ для проведения ремонта
Sd SG [sand showing gas] песчаник с признаками газа
Sd SO [sand showing oil] песчаник с признаками нефти
sdtrk [sidetracking] забуривание бокового ствола, обход боковым стволом
SDW [shut down for weather] прекращение работ по погодным условиям
SDWO [shut down awaiting orderds] прекращение работ в ожидании распоряжений
sdwtrfract [sand and water fracturing] гидроразрыв смесью песка с водой
SE 1. [secondary emulsifier] вторичный эмульгатор 2. [south-east] юго-восток
SE/4 [south-east quarter] юго-восточная четверть
SE/C [south-east corner] юго-восточный угол
sec. 1. [second] секунда 2. [secondary] вторичный, второстепенный 3. [section] отдел; раздел; секция; сечение, профиль, разрез 4. [secretary] секретарь
SEG [Society of Exploration Geophysicists] Общество геофизиков-разведчиков (*специалистов по разведочной геофизике*)
SEM [scanning electron microscope] сканирующий электронный микроскоп
SE NA [Screw End American National Acme Thread] конец с резьбой по стандарту Американского института инженеров-механиков
SEP [self-elevating platform] самоподнимающаяся буровая платформа
SEPM [Society of Economic Paleontologists and Mineralogists] Общество специалистов по экономической палеонтологии и минералогии
seq [sequence] разрез (*напр. осадочных отложений*)
Serp [serpentine] серпентин, змеевик; офит
SF [sand fracturing] *см.* sdfract
s. f. [self-feeding] с автоматической подачей, с автоматическим питанием
SFL [starting fluid level] начальный уровень флюида в скважине
SFO [shows of free oil] признаки свободной от газа нефти
SG 1. [shows of gas] признаки газа в скважине 2. [specific gravity] удельная плотность 3. [surface geology] геология поверхности
SG & C [shows of gas and condensate] признаки газа и конденсата
SG & O [shows of gas and oil] признаки газа и нефти
SG & W [shows of gas and water] признаки воды и газа
SGA [stable gelled acid] стабильная загущенная кислота
SGCM [slightly gas-cut mud] слабогазированный буровой раствор
SGCO [slightly gas-cut oil] слабогазированная нефть
SGCW [slightly gas-cut water] слабогазированная вода
SGCWB [slightly gas-cut water blanket] слабогазированная вода, закачиваемая в скважину для увеличения противодавления на пласт
sgls [singles] однотрубные свечи (*бурильных труб*), однотрубки
SHDP [slim hole drill pipe] бурильная труба малого диаметра
Shin [Shinarump] шайнарамп (*свита среднего отдела триасовой системы*)
s. h. p. [shaft horse power] мощность на валу
SHT [straight hole test] испытание непосредственно в скважине
SI [shut in] закрытая, остановленная (*скважина*)
SIBHP [shut in bottom hole pressure] статическое забойное давление
SICP [shut in casing pressure] статическое давление в обсадной колонне
SIGW [shut in gas well] закрытая газовая скважина
Sil [Silurian] силурийский
Simp [Simpson] симпсон (*свита серии шамплейн ордовикской системы*)
SIOW [shut in oil well] закрытая нефтяная скважина
SITP [shut in tubing pressure] статическое давление в насосно-компрессорных трубах
SIWHP [shut in well head pressure] статическое давление на устье скважины
SIWOP [shut in-waiting on potential] скважина

закрыта для проведения испытания на потенциальный дебит
sk [sack] мешок
Sk Crk [Skull Creek] скалл-крик (*свита нижнего отдела меловой системы*)
skim [skimmer] катер-нефтесборщик (*пролитой на поверхности моря нефти*)
skt [socket] ловильный колокол, раструб; овершот
SL [south line] южная линия; южная граница
Sli [Sligo] слиго (*свита зоны тринити серии команче меловой системы*)
Slt Mt [Salt Mountain] солт-маунтин (*свита групп уилкокс и мидуэй эоцена или палеоцена третичной системы*)
SMB [State Mining Bureau] Горное бюро штата
Smk [Smackover] смаковер (*свита верхнего отдела юрской системы*)
SMP [sodium metaphosphate] метафосфат натрия
SN [seating nipple] посадка ниппеля в муфту
SND [sand] песок
SO 1. [shake out] удаленная (*с помощью вибросита*) твердая фаза 2. [shows of oil] признаки нефти 3. [south offset] ближайший в южном направлении
SO & G [shows of oil and gas] признаки нефти и газа
SO & GCM [slightly oil and gas-cut mud] буровой раствор со следами нефти и газа
SO & W [shows of oil and water] признаки нефти и воды
SOC [Standard Oil Company] нефтяная фирма «Стандард ойл»
SOCAL [Standard Oil Company of California] нефтяная фирма «Стандард ойл компани оф Калифорния»
SOCM [slightly oil-cut mud] буровой раствор, содержащий небольшие количества пластовой нефти
SOCONY [Standard Oil Company of New York] нью-йоркская нефтяная компания «Стандард ойл»
SOCW [slightly oil-cut water] вода, слегка загрязненная нефтью
SOE [screwed on one end] с резьбой на одном конце
SOF [sand and oil fracturing] гидроразрыв смесью нефти и песка
SOH [shot open hole] перфорирование открытого [необсаженного] ствола
sonar [sound operation, navigation and range] система звуковой локации; гидролокатор
SOHIO [Standard Oil of Ohio] фирма «Стандард ойл оф Огайо»
SP 1. [set plug] установка временной мостовой пробки 2. [shot point] место перфорирования 3. [spontaneous polarization] спонтанная поляризация, ПС 4. [spontaneous potential, self-potential] естественный потенциал 5. [straddle packer] сдвоенный пакер 6. [surface pressure] давление на устье скважины
Sp [Sparta] спарта (*свита группы клайборн эоцена третичной системы*)
sp. [specific] удельный
SPA [sodium polyacrylonitrile] полиакрилонитрил натрия
Spd [spudder] установка для забуривания скважины
SP-DST [straddle packer drill stem test] опробование пласта испытателем, спущенным на бурильных трубах со сдвоенным пакером
SPE [Society of Petroleum Engineers] Общество инженеров-нефтяников Американского института горных инженеров
SPEE [Society of Petroleum Evaluation Engineers] Общество инженеров по оценке запасов нефти и газа
Spf [Spearfish] спирфиш (*свита нижнего отдела триасовой системы*)
spm [strokes per minute] ... ходов плунжера в минуту
Spring [Springer] спрингер (*свита отдела честер миссисипской системы, Среднеконтинентальный район*)
SPS [submerged production system] подводная система эксплуатации скважин
SPT [shallower pay test] испытание вышележащего коллектора
SPWLA [Society of Professional Well Log Analysts] Общество специалистов по анализу данных промысловой геофизики
sq. [square] квадратный
sq. ft. [square foot] квадратный фут
sq. in. [square inch] квадратный дюйм
sq pkr [squeeze packer] пакер для цементирования под давлением
sq(z) [squeezed] 1. закачанный под давлением 2. вытесненный давлением
SR [sieve residue] 1. выбуренная порода (*остающаяся на сетке вибросита*) 2. ситовый остаток (*при лабораторных исследованиях*)
SR log [sieve residue log] каротаж по выбуренной породе
SS 1. [single shot] одноточечный (*об инклинометре*) 2. [slow set] медленносхватывающийся 3. [string shot] небольшой заряд ВВ, взрываемый (*в случае прихвата*) для ослабления резьб труб, находящихся в скважине
ss. [sands] песчаники
SSE [South-South-East] юго-юго-восток
SSG [slight shows of gas] слабые признаки газа
SSO [slight shows of oil] слабые признаки нефти
SSUW [salty sulphur water] соленая сернистая вода
SSW [South-South-West] юго-юго-запад
ST 1. [short thread] короткая резьба 2. [side-tracking] *см.* **sdtrk**

S/T [sample tops] верхняя граница интервалов, из которых взята проба
sta [station] 1. станция (*насосная, компрессорная и т. д.*) 2. визирный пункт 3. место работы морской передвижной буровой установки
STC [short thread and collar] короткая резьба и муфта обсадной трубы
Stan [Stanley] стенли (*свита группы барнет миссипской системы*)
STB [stock tank barrels] ... баррелей в нормальных стандартных условиях на поверхности; ... нормальных баррелей нефти, приведенной к нормальным условиям
STB/D [stock tank barrels per day] ... нормальных баррелей в сутки
Std [standard] стандарт || стандартный
stdg [standing] всасывающий (*о клапане скважинного насоса*)
stds [stands] свечи бурильных труб
STD WT [standard weight] стандартного веса
St. Gen. [Saint Genevieve] сент-женевьев (*свита отдела мерамек миссипской системы*)
Stg *см.* dtrk
STH [sidetracked hole] скважина с боковым стволом
stk [stuck] прихваченный (*об инструменте в стволе скважины*)
St L [Saint Louis lime] известняк сент-луис (*свита отдела мерамек миссипской системы*)
STOIP [stock tank oil in place] запасы товарной нефти в пласте
STP [standard temperature and pressure] нормальные условия (*0 °C и 760 мм рт. ст.*)
St Ptr [Saint Peter] сент-питер (*свита ордовикской системы*)
strd [straddle] сдвоенный (*о пакере*)
strg [stringer] 1. пропласток 2. трубоукладчик 3. малодебитная скважина
STTD [sidetracked total depth] конечная глубина бокового ствола
Sub Clarks [Sub-Clarksville] саб-кларксвил (*свита группы игл-форд серии галф меловой системы*)
Sum [Summerville] саммервил (*свита группы сан-рафаэль верхнего отдела юры*)
Sund [Sundance] санданс (*серия верхнего отдела юрской системы*)
svcu [service unit] установка для профилактического ремонта скважин
SW 1. [salt wash] промывка соленой водой 2. [sidewall] боковой (*отбор керна*) 3. [south-west] юго-запад 4. [spiral weld] спиральный сварной шов
SW/4 [south-west quarter] юго-западная четверть
SW/C [south-west corner] юго-западный угол
SWB [to swab] подвергнуть свабированию (*вызывать приток нефти из пласта поршневанием*)

swbd [swabbed] подвергнутый свабированию [поршневанию]
swbg [swabbing] свабирование, поршневание
swc [sidewall cores] керны, отобранные боковым грунтоносом
SWDW [salt water disposal well] скважина для сброса соленой воды
SWF [sand and water fracturing] гидроразрыв смесью песка и воды
swg [swage] 1. инструмент для правки деформированных труб 2. переходный ниппель; глухой патрубок
SWS [sidewall samples] пробы, взятые в стенке ствола скважины
SWTS [salt water to surface] соленая вода, поступающая на поверхность земли
SWU [swabbing unit] установка для свабирования [поршневания]
sx [sacks] мешки
Syc [Sycamore] сикамор (*свита отделов мерамек и осейдж миссипской системы, Среднеконтинентальный район*)
Syl [Sylvan] сильван (*свита девона*)

T

T/ [top of formation] кровля пласта
TA [temperarily abondoned] временно оставленная [законсервированная] (*скважина*)
T & BC [top and bottom chokes] устьевой и забойный штуцеры
T & C [threaded and coupled] с резьбой и муфтой
Tamp [Tampico] тампико (*свита группы эллис среднего отдела юрской системы*)
T & R [tubing and rods] насосно-компрессорные трубы и насосные штанги
T & W [tarred and wrapped] покрытый битумом и обернутый изоляционной лентой (*трубопровод*)
Tay [Taylor] тейлор (*группа верхнего отдела меловой системы*)
TB 1. [tank battery] резервуарный парк 2. [thin bedded] тонконапластованный, тонкослойный
TBA [temporary blocking agent] материал для временного блокирования поглощающего горизонта
TBE [threaded both ends] с резьбой на обоих концах
tbg [tubing] насосно-компрессорные трубы гладкие
tbg chk [tubing choke] штуцер насосно-компрессорной колонны
tbg press [tubing pressure] давление в насосно-компрессорной колонне
TC 1. [tool closed] (*скважинный*) инструмент закрыт 2. [top choke] верхний [устьевой] шту-

цер 3. [tubing choke] штуцер насосно-компрессорной колонны
TCI [tungsten carbide inserts] вставки долота, изготовленные из карбида вольфрама
TD [total depth] общая глубина; проектная глубина
TDS 1. [total dissolved salts] общее количество растворенных солей 2. [tubing double seal] резьба для насосно-компрессорных труб с двойным уплотнением
TDT [thermal decay time] время термического распада
Tel Cr [Telegraph Creek] телеграф-крик (*свита верхнего отдела меловой системы*)
temp. [temperature] температура
Tens [Tensleep] тенслип (*свита верхнего отдела пенсильванской системы*)
term [terminal] перевалочная база; тупиковый склад
t. f. [time factor] время, фактор времени
TFks [Three Forks] три-форкс (*свита верхнего отдела девонской системы*)
TFL [flow-line tool] инструмент для ремонта подводных скважин, закачиваемый через выкидную линию
tfs [tuffaceous] туфовый; туфогенный
TH [tight hole] 1. сужение ствола скважины 2. скважина с отсутствующей документацией
THF [tubing head flange] фланец головки насосно-компрессорной колонны
THFP [top hole flow pressure] динамическое давление в верхней части скважины
TIH [trip in hole] спуск в скважину (*инструмента, зонда и т. д.*)
Timpo [Timpoweap] тимпоуип (*свита нижнего отдела триасовой системы*)
TLC [temporary loss control] временная изоляция зоны поглощения
TLDI [tubing load distribution indicator] индикатор распределения нагрузки на насосно-компрессорные трубы в двухпластовых скважинах
TLE [thread on a large end] с резьбой на конце трубы большого диаметра
TLH [top of liner hanger] верх подвески хвостовика
TLI [tank level indicator] индикатор уровня жидкости в резервуаре
TM 1. [ton-miles] тонно-мили 2. [trade mark] фирменный знак
t. m. [twisting moment] крутящий момент
TN [technical note] техническая заметка
tn [ton] тонна
tndr [tender] 1. партия нефтепродуктов, перекачиваемая по трубопроводу 2. тендерное судно
TNS [tight, no shows] полное отсутствие проявлений
TO [tool open] (*забойный*) инструмент открыт
TOB [time on bottom] продолжительность нахождения инструмента на забое

TOBE [thread on both ends] с резьбой на обоих концах
TOC [top of cement] верхняя граница цементного кольца
TOCP [top of cement plug] верхняя граница цементной пробки
TOE [threaded one end] с резьбой на одном конце
TOF [top of fish] верх оставленного в скважине инструмента
TOH [trip out of hole] подъем инструмента из скважины
TOL [top of liner] верх хвостовика
TOP [testing on pump] испытание с помощью откачек
Toro [Toroweap] тороуип (*свита отдела леонард пермской системы*)
TORT [tearing out rotary tools] демонтаж оборудования для роторного бурения
TP 1. [technical paper] техническая статья 2. [tool pusher] буровой мастер 3. [tubing pressure] давление в насосно-компрессорных трубах
T/pay [top of pay] кровля продуктивного пласта
TPC [tubing pressure-closed] статическое давление в насосно-компрессорных трубах, давление в НКТ при закрытом устье
TPF 1. [threaded pipe flange] трубный фланец с резьбой 2. [tubing pressure-flowing] динамическое давление в насосно-компрессорных трубах
tph [tons per hour] тонн в час
TPSI [tubing pressure, shut-in] статическое давление в насосно-компрессорных трубах в остановленной скважине
TR [ton of refrigeration] тонна охлаждения (*англ.*=3320 *ккал/час, амер.*=3024 *ккал/час*)
tr 1. [traces] следы 2. [tract] участок площадью 40 акров (*16 га*)
trans. [transactions] труды
Tren [Trenton] трентон (*известняки отдела шамплейн ордовикской системы*)
Tri [Triassic] триасовый
trip [tripping] спускоподъемные операции, СПО
Trn *см.* **Tren**
TS [Tar Springs] песчаник тар-спрингс (*свита отдела честер миссисипской системы*)
T/S [top of salt] кровля соляного пласта
TSD [temporarily shut down] временно остановленная (*скважина*)
TSE [thread small end] с резьбой на конце малого диаметра
TSE-WLE [thread small end, weld large end] с резьбой на конце малого диаметра и разделкой под сварку на конце большого диаметра
TSI [temporarily shut in] временно остановленная (*скважина*)
TSITC [temperature survey indicated top cement at...] термометрия показала, что верх цементного кольца находится на глубине...

TSPP [tetrasodium pyrophoshate] тетрапирофосфат натрия
tst [test] разведочная скважина
TT [through tubing] через насосно-компрессорные трубы
TTTT [turned to test tank] переключенный на испытательный резервуар
tuf *см.* **tfs**
Tul Cr [Tulip Creek] тьюлип-крик (*свита средне-нижнего ордовика, Среднеконтинентальный район*)
Tus [Tuscaloosa] тускалуза (*группа серии галф меловой системы*)
TVD [true vertical depth] фактическая вертикальная глубина (*скважины*)
Tw Cr [Twin Creek] туин-крик (*свита нижнего отдела юрской системы*)
twst off [twisted off] поломанные вследствие скручивания (*бурильные трубы*)

U

UD [under digging] ведется рытье траншей (*при прокладке трубопровода*)
UG [under gauge] 1. ниже номинального диаметра 2. потеря диаметра (*о долоте*)
U/L [upper and lower] верхний и нижний
Ulseal [ultralong spaced electrode logging] метод электрокаротажа с далеко расположенными электродами
unconf [unconformity] несогласное напластование, угловое несогласие, непараллельное несогласие
uncons [unconsolidated] несцементированный
UOP [Universal Oil Product company] фирма «Юниверсал ойл продакт компани»
UP TBG [upset tubing] насосно-компрессорные трубы с высаженными наружу концами
UR [underreaming] расширение ствола
USBM [United States Bureau of Mines] Горнорудное управление США
USBS [United States Bureau of Standards] Бюро стандартов США
U/Simpson [Upper Simpson] верхний симпсон
USP [United States Patent] патент США
UTS [ultimate tensile strength] временное сопротивление разрыву, предел прочности на разрыв

V

V 1. [variable] переменная величина 2. [velocity] скорость 3. [volt] вольт 4. *см.* vol.
VAC [volts of alternating current] вольт переменного тока

ver *см.* **vs**
v-f-gr [very fine-grained] тонкозернистый, очень мелкозернистый
v-HOCM [very heavily oil-cut mud] буровой раствор с очень высоким содержанием пластовой нефти
Vi [Viola] виола (*свита верхне-среднего ордовика*)
Virg [Virgelle] вирджил (*серия верхнего отдела пенсильванской системы*)
visc [viscosity] вязкость
viscap [viscous and capillary forces] вязкостные и капиллярные силы
Vks [Vicksburg] виксберг (*группа нижнего олигоцена*)
VOC [variable operating costs] эксплуатационные расходы (*на промысле*)
vol. [volume] 1. объем 2. том
VP [vice-president] вице-президент
VPS [very poor sample] очень плохой образец, очень плохая проба
VRU [vertical reference unit] устройство для отсчета вертикальных перемещений (*напр. морского бурового основания*)
vs [versus] в зависимости, в противоположность; по сравнению с...
VSGCM [very slight gas-cut mud] буровой раствор с очень слабыми признаками газа
VSSG [very slight shows of gas] очень слабые признаки газа
VSSO [very slight shows of oil] очень слабые признаки нефти
v. v. [vice versa] наоборот; обратно, в обратном направлении

W

W 1. [wall] стенка трубы 2. [watt] ватт 3. [West] запад
w 1. [water] вода 2. [week] неделя 3. [weight] вес
W/2 [west half] западная половина
Wab [Wabaunsee] уэбонси (*группа отдела вирджил пенсильванской системы, Среднеконтинентальный район*)
Wap [Wapanucka] уапанука (*свита серии морроу пенсильванской системы*)
War [Warsaw] уорсоу (*свита отдела мерамек миссисипской системы*)
Was [Wasatch] усатч (*красноцветная порода эоцена и палеоцена третичной системы*)
Wash [Washita] уошито (*зона серии команче верхнего отдела меловой системы*)
WB [Woodbine] вудбайн (*песчаник верхнего мела*)
WBIH [went back in hole] (*инструмент*) вновь спущен в скважину

WBT [water breakthrough] момент подхода фронта [прорыв] воды

WC 1. [water cushion] водяная подушка (*при опробовании испытателем пласта на бурильных трубах*) 2. [water cut] обводненная (*нефть*) 3. [wildcat] разведочная скважина

WCM [water-cut mud] обводненный буровой раствор

WCO [water-cut oil] обводненная нефть

WCr [Wall Creek] уолл-крик (*свита верхнего отдела меловой системы*)

WD [water disposal (*well*)] (*скважина*) для сброса сточных вод

Wdfd [Woodford] вудфорд (*свита верхнего девона*)

Wd R [Wind River] уинд-ривер (*свита эоцена третичной системы*)

WE [weld ends] концы под сварку

Web [Weber] вебер (*свита песчаников нижнего отдела пермской системы*)

Well [Wellington] веллингтон (*свита отдела леонард пермской системы, Среднеконтинентальный район*)

WF 1. [waterflood] заводнение 2. [wide flange] широкий фланец

W-F [Washita-Fredericksburg] уошито-фредериксберг (*переходная зона серии команче верхнего отдела меловой системы*)

WFD [wildcat field discovery] открытие месторождения скважиной, пробуренной без детальной предварительной разведки

whip [whipstock] отклоняющий клин, отклонитель, уипсток

WI 1. [washing in] заглубление свай путем размыва дна моря 2. [water injection] нагнетание воды в пласт

Wich [Wichita] уичита (*свита среднего отдела девонской системы*)

WIH 1. [water in hole] вода в скважине 2. [went in hole] спущен в ствол скважины

Willb [Willburne] уилберн (*группа верхнего отдела кембрийской системы*)

Win [Winona] уинона (*свита группы клайборн эоцена третичной системы*)

Winn [Winnipeg] виннипег (*свита среднего отдела ордовикской системы*)

wkor [workover rig] установка для ремонта скважин

WL 1. [water loss] водоотдача 2. [West line] западная граница

W/L [water load] количество воды, нагнетаемой в скважину

WLC [wire line coring] отбор керна с помощью съемного керноотборника

WLT [wire line test] опробование испытателем пласта, спускаемым на тросе

WLTD [wire line total depth] конечная глубина скважины, измеренная зондом, спущенным на тросе

WNW [west-north-west] запад-северо-запад

WO 1. [washover] промывочный (*о трубах*) 2. [workover] а) капитальный ремонт скважины б) операции по увеличению скважины 3. [work order] наряд на работу

W/O [west offset] соседний к западу

WOA 1. [waiting on acid] ожидание окончания кислотной обработки 2. [waiting on allowable] ожидание допустимой нормы добычи

WOB [weight on bit] нагрузка на долото

WOC [waiting on cement] ожидание затвердения цемента, ОЗЦ

WOCR [waiting on completion rig] ожидание установки для заканчивания скважины

WOCT 1. [waiting on cable tools] ожидание доставки на буровую оборудования для ударно-канатного бурения 2. [waiting on complettion tools] ожидание доставки на буровую оборудования для заканчивания скважины

WODP [without drill pipe] без бурильной колонны

WOG [water, oil and gas] вода, нефть и газ

Wolfc [Wolfcamp] вулфкэмп (*серия пермской системы, Западный Техас*)

Wood [Woodside] вудсайд (*свита глин нижнего отдела триасовой системы*)

Woodf *см.* **Wdfd**

WOP 1. [waiting on permit] ожидание разрешения 2. [waiting on pipe] ожидание труб 3. [waiting on pump] ожидание насоса

WOPE [waiting on production equipment] ожидание оборудования для добычи

WOPT [waiting on potential test] ожидание испытания на потенциальный дебит

WOPU [waiting on pumping unit] ожидание насосной установки

WOR 1. [waiting on rig] ожидание доставки буровой установки 2. [waiting on rotary] ожидание доставки роторной буровой установки 3. [water-oil ratio] водонефтяной фактор

WORT [waiting on rotary tools] ожидание оборудования для роторного бурения

WOS [washover string] промывочная колонна

WOSP [waiting on state potential] ожидание разрешенного потенциального дебита

WOST [waiting on standard tools] ожидание стандартного оборудования

WOT 1. [waiting on test] ожидание окончания испытания 2. [waiting on tools] ожидание инструмента [оборудования]

WOW [waiting on weather] ожидание погоды

WP 1. [wash pipe] промывочная труба; грязевая труба вертлюга 2. [working pressure] рабочее давление

WPCF [Water Pollution Control Federation] Федерация организаций по борьбе с загрязнением воды (*США*)

WR [White River] уайт-ривер (*свита олигоцена*)

wrp [wrapper] обмоточный узел (*изолировочной машины*); обмоточная машина

WS [whipstock] отклоняющий клин, отклонитель, уипсток
WSD [whipstock depth] глубина (*установки*) отклонителя
WSO [water shut off] закрытие воды, изоляция водопроявляющего пласта
WSONG [water shut off no good] безуспешная изоляция водопроявляющего пласта
WSOOK [water shut off OK] успешная изоляция водопроявляющего пласта
W/SSO [water with slight shows of oil] вода со слабыми признаками нефти
WSW 1. [water supply well] водозаборная скважина 2. [west-south-west] запад-юго-запад
WT [wall thickness] толщина стенки (*трубы*)
wthd [weathered] выветренный (*пласт*)
WTS [water to surface] вода, поступающая на поверхность
WW 1. [wash water] промывочная вода 2. [water well] водозаборная скважина, скважина-водоисточник
WX [Wilcox] уилкокс (*серия отдела эоцена третичной системы*)

X

X-bdd [crossbedded] косослоистый, перекрестно-наслоенный
X-bdding [crossbedding] косая [диагональная] слоистость
XCSG [extreme line casing] обсадные трубы с трапецеидальной резьбой
X-line [extreme line] безмуфтовые с трапецеидальной резьбой (*трубы*)
X-over [crossover] переходный, перепускной
Xing [crossing] пересечение препятствия (*при прокладке трубопровода*); переход
Xlam [cross-laminated] косослоистый
Xln [crystalline] кристаллический
X-tree [christmas tree] фонтанная устьевая арматура

Y

yd [yard] ярд
Yoak [Yoakum] иоахим (*свита средне-нижнего ордовика, Среднеконтинентальный район*)
YP [yield point] предел текучести, динамическое сопротивление сдвигу, предельное напряжение сдвига
yr [year] год
Yz [Yazoo] язоу (*свита группы джексон эоцена третичной системы*)

Z

zen [zenith] зенитный угол
Zil [Zilpha] зилфа (*свита группы клайборн эоцена третичной системы*)

Таблица 1

НЕМЕТРИЧЕСКИЕ ЕДИНИЦЫ, ПРИМЕНЯЕМЫЕ В США И ВЕЛИКОБРИТАНИИ

Величина	Единица		Значение в единицах СИ, кратных и дольных от них
	Наименование	Обозначение	
Длина	лига морская (межд.)	n. league (Int)	5,55600 км
	лига законная (США)	st. league (US)	4,82803 км
	миля морская (Великобр.)	n. mile (UK)	1,85318 км
	миля морская (межд.)	n. mile (Int) }	1,852 км (точно)
	миля морская (США)	n. mile (US)	
	миля законная (США)	mile, mi (US)	1,60934 км
	фарлонг	fur	201,168 м (точно)
	кабельтов (межд.)	cab (Int)	185,2 м (точно)
	чейн	ch	20,1168 м (точно)
	род, поль или перч	rod, pole or perch	5,0292 м
	фатом (морская сажень)	fath	1,8288 м
	ярд	yd	914,4 мм (точно)
	фут	ft	304,8 мм (точно)
	спэн	span	228,6 мм
	линк	li	201,168 мм
	хэнд	hand	101,6 мм (точно)
	дюйм	in	25,4 мм (точно)
	линия большая (1/10 дюйма)	l gr	2,54 мм (точно)
	линия (1/12 дюйма)	l	2,117 мм
	калибр (1/100 дюйма)	cl	254 мкм (точно)
	мил (1/1000 дюйма)	mil	25,4 мкм (точно)
	микродюйм ($1 \cdot 10^{-6}$ дюйма)	μin	25,4 нм (точно)
	пика, цицеро (полигр.)	pica, cicero	4,21752 мм
	точка (полигр.)	pt	351,460 мкм
Площадь	тауншип	township	93,2396 км^2
	квадратная миля (США)	mi^2 (US)	2,58999 км^2
	акр	ac	4046,86 м^2 = 0,404686 га
	руд	rood	1011,71 м^2
	квадратный чейн	ch^2	404,686 м^2
	квадратный род, поль или перч	rod^2, pole^2 or perch^2	25,2929 м^2
	квадратный фатом	fath^2	3,34451 м^2 (точно)
	квадратный ярд	yd^2	0,836127 м^2
	квадратный фут	ft^2	929,030 см^2
	квадратный дюйм	in^2	645,16 мм^2 (точно)
	квадратный мил	mil^2	645,16 мкм^2 (точно)
	круговой мил	c. mil	506,708 мкм^2
Объем, вместимость	акр-фут	ac·ft	1233,48 м^3
	кубический фатом	fath^3	6,11644 м^3
	корд (Великобр.)	cd, cord	3,62456 м^3
	тонна регистровая	ton reg.	2,83168 м^3
	кубический ярд	yd^3	0,764555 м^3
	кубический фут	ft^3	28,3169 дм^3
	кубический дюйм	in^3	16,3871 см^3
	баррель нефтяной (США)	bbl (US)	158,987 дм^3
	баррель сухой (США)	bbl dry (US)	115,627 дм^3
	бушель (Великобр.)	bu (UK)	36,3687 дм^3
	бушель (США)	bu (US)	35,2391 дм^3
	пек (Великобр.)	pk (UK)	9,09218 дм^3
	пек (США)	pk (US)	8,80977 дм^3
	галлон (Великобр.)	gal (UK)	4,54609 дм^3
	галлон жидкостный (США)	gal (US)	3,78541 дм^3
	галлон сухой (США)	gal dry (US)	4,40488 дм^3
	кварта (Великобр.)	qt (UK)	1,1361 дм^3
	кварта сухая (США)	qt dry (US)	1,10122 дм^3
	кварта жидкостная (США)	qt liq (US)	0,946353 дм^3
	унция жидкостная (Великобр.)	fl oz (UK)	28,4130 см^3
	унция жидкостная (США)	fl oz (US)	29,5735 см^3
	пинта (Великобр.)	pt (UK)	0,568261 дм^3
	пинта сухая (США)	pt dry (US)	0,550610 дм^3

Продолжение табл. 1

Величина	Единица		Значение в единицах СИ, кратных и дольных от них
	Наименование	Обозначение	
Масса	пинта жидкостная (США)	pt liq (US)	0,473176 дм³
	тонна длинная (Великобр.) (2240 фунтов)	ton (UK)	1,01605 т
	тонна короткая (США) (2000 фунтов)	ton (US)	0,907185 т
	центнер длинный (Великобр.)	cwt (UK)	50,8023 кг
	центнер короткий (США), квинтал	cwt (US), qwintal	45,3592 кг
	слаг	slug	14,5939 кг
	квартер	qr	12,7006 кг
	фунт (торговый)	lb	0,453592 кг
	фунт тройский или аптекарский	lb, tr, lb ap	0,373242 кг
	унция	oz	28,3495 г
	унция тройская или аптекарская	oz tr, ozap	31,1035 г
	тонна пробирная (США)	ton (assay) (US)	29,1667 г
	тонна пробирная (Великобр.)	ton (assay) (UK)	32,6667 г
	драхма тройская или аптекарская	dr tr, drap	3,88793 г
	драхма (Великобр.)	dr (UK)	1,77185 г
	пеннивейт	pwt	1,55517 г
	скрупул аптекарский	s. ap	1,29598 г
	гран	gr	64,7989 мг
Плотность	фунт на кубический фут	lb/ft³	16,0185 кг/м³
	слаг на кубический фут	slug/ft³	515,379 кг/м³
	унция на кубический фут	oz/ft³	1,00116 кг/м³
Линейная плотность	фунт на фут	lb/ft	1,48816 кг/м
	фунт на ярд	lb/yd	0,496055 кг/м
Поверхностная плотность	фунт на квадратный фут	lb/ft²	4,88249 кг/м²
	фунт на квадратный ярд	lb/yd²	0,542492 кг/м²
Удельный объем	кубический фут на фунт	ft³/lb	62,428 дм³/кг
	кубический фут на унцию	ft³/oz	0,99883 м³/кг
Динамический момент инерции (момент инерции)	фунт-фут в квадрате	lb·ft²	42,1401 г·м²
	слаг-фут в квадрате	slug·ft²	1,35582 кг·м²
Скорость	фут в час	ft/h	0,3048 м/ч (точно)
	фут в секунду	ft/s	0,3048 м/с (точно)
	миля в час	mile/h, mi/h	1,60934 км/ч = = 0,47704 м/с
	миля в секунду	mile/s, mi/s	1,60934 км/с = = 5793,64 км/ч
Ускорение	фут на секунду в квадрате	ft/s²	0,3048 м/с² (точно)
Массовый расход	фунт в час	lb/h	0,453592 кг/ч = = 0,125998 г/с
	фунт в секунду	lb/s	0,453592 кг/с
	тонна в час (Великобр.)	ton/h (UK)	1,01605 т/ч = 0,28224 кг/с
	тонна в час (США)	ton/h (US)	0,907185 т/ч = = 0,251996 кг/с
Объемный расход	кубический фут в минуту	ft³/min	28,3168 дм³/мин = = 0,471947 дм³/с
	кубический фут в секунду	ft³/s	28,3168 дм³/с
	кубический ярд в минуту	yd³/min	0,764555 м³/мин = = 12,7426 дм³/с
	кубический ярд в секунду	yd³/s	0,764555 дм³/с

Продолжение табл. 1

Величина	Единица Наименование	Единица Обозначение	Значение в единицах СИ, кратных и дольных от них
Сила, вес	тонна-сила длинная (Великобр.)	tonf (UK)	9,96402 кН
	тонна-сила короткая (США)	tonf (US)	8,89644 кН
	фунт-сила	lbf	4,44822 Н
	паундаль	pdl	0,138255 Н
	унция-сила	ozf	0,278014 Н
Линейная сила	фунт-сила на фут	lbf/ft	14,5939 Н/м
Момент силы, момент пары сил	фунт-сила-фут	lbf·ft	1,35582 Н·м
	паундаль-фут	pdl·ft	42,1401 мН·м
Удельный вес	фунт-сила на кубический фут	lbf/ft^3	157,087 Н/м^3
	паундаль на кубический фут	pdl/ft^3	4,87985 Н/м^3
Давление, механическое напряжение	фунт-сила на квадратный дюйм	lbf/in^2	6,89476 кПа
	фунт-сила на квадратный фут	lbf/ft^2	47,8803 Па
	фунт-сила на квадратный ярд	lbf/yd^2	5,32003 Па
	паундаль на квадратный фут	pdl/ft^2	1,48816 Па
	унция-сила на квадратный дюйм	ozf/in^2	430,922 Па
	фут водяного столба	ft H$_2$O	2,98907 кПа
	дюйм водяного столба	in H$_2$O	249,089 Па
	дюйм ртутного столба	in Hg	3,38639 кПа
Работа и энергия, количество теплоты	фунт-сила-фут	lbf·ft	4,35582 Дж
	паундаль-фут	pdl·ft	42,1401 мДж
	британская единица теплоты	Btu	1,05506 кДж
	британская единица теплоты (термохим.)	Btuth	1,05435 кДж
Мощность, тепловой поток	фунт-сила-фут в секунду	lbf·ft/s	1,35582 Вт
	фунт-сила-фут в минуту	lbf·ft/min	22,5970 мВт
	фунт-сила-фут в час	lbf·ft/h	376,616 мкВт
	паундаль-фут в секунду	pdl·ft/s	42,1401 мВт
	лошадиная сила британская	hp	745,700 Вт
	британская единица теплоты в секунду	Btu/s	1055,06 Вт
	британская единица теплоты в час	Btu/h	0,293067 Вт
Динамическая вязкость	фунт-сила-час на квадратный фут	lbf·h/ft^2	172,369 кПа·с
	фунт-сила-секунда на квадратный фут	lbf·s/ft^2	47,8803 Па·с
	паундаль-секунда на квадратный фут	pdl·s/ft^2	1,48816 Па·с
	слаг на фут-секунду	slug/(ft·s)	47,8803 Па·с
Кинематическая вязкость, коэффициент диффузии, температуропроводность	квадратный фут на час	ft^2/h	25,8064 мм^2/с
	квадратный фут на секунду	ft^2/s	929,030 см^2/с
Температура	градус Ренкина	°R	$T_K = T_R/1,8$ $t_C = T_R/1,8 - 273,15$
	градус Фаренгейта	°F	$T_K = (t_F + 459,67)/1,8$ $t_C = (t_F - 32)/1,8$
Разность температур	градус Ренкина	ΔT_R	$\Delta T_K = \Delta t_C = \Delta T_R/1,8$
	градус Фаренгейта	Δt_F	$\Delta T_K = \Delta t_C = \Delta t_F/1,8$

Окончание табл. 1

Величина	Единица		Значение в единицах СИ, кратных и дольных от них
	Наименование	Обозначение	
Удельная энергия; удельное количество теплоты	британская единица теплоты на фут	Btu/lb	2,32601 кДж/кг
Объемное количество теплоты	Британская единица теплоты на кубический фут	Btu/ft^3	37,2589 кДж/м^3
Поверхностное количество теплоты	британская единица теплоты на квадратный фут	Btu/ft^2	11,3566 кДж/м^2
	британская единица теплоты на квадратный дюйм	Btu/in^2	1,63535 МДж/м^2
Удельная теплоемкость	британская единица теплоты на фунт-градус Фаренгейта	Btu/(lb·°F)	4,1868 кДж/(кг·К) (точно)
Удельная энтропия	британская единица теплоты на фунт-градус Ренкина	Btu/(lb·°R)	4,1868 кДж/(кг·К) (точно)
Поверхностная плотность теплового потока	британская единица теплоты в час на квадратный фут	Btu/(h·ft^2)	3,15461 Вт/м^2
	британская единица теплоты в секунду на квадратный фут	Btu/(s·ft^2)	11,3566 кВт/м^2
Теплопроводность	британская единица теплоты в час на фут-градус Фаренгейта	Btu/(h·ft·°F)	1,73073 Вт/(м·К)
	британская единица теплоты в секунду на фут-градус Фаренгейта	Btu/(s·ft·°F)	6,23064 кВт/(м·К)
Коэффициент теплообмена (теплоотдачи) и теплопередачи	британская единица теплоты в час на квадратный фут-градус Фаренгейта	Btu/(h·ft^2·°F)	5,67829 Вт/(м^2·К)

Таблица 2

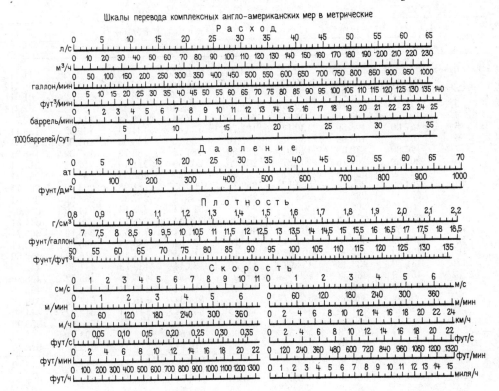

Шкалы перевода комплексных англо-американских мер в метрические

Таблица 3

ДЕСЯТИЧНЫЕ ЭКВИВАЛЕНТЫ ДОЛЕЙ ДЮЙМА

Доли дюйма	Десятичный эквивалент	Доли дюйма	Десятичный эквивалент	Доли дюйма	Десятичный эквивалент	Доли дюйма	Десятичный эквивалент
1/64	0,01562	17/64	0,26562	33/64	0,51562	49/64	0,76562
1/32	0,03125	9/32	0,28125	17/32	0,53125	25/32	0,78125
3/64	0,04688	19/64	0,29688	35/64	0,54688	51/64	0,79688
1/16	0,0625	5/16	0,3125	9/16	0,5625	13/16	0,8125
5/64	0,07812	21/64	0,32812	37/64	0,57812	53/64	0,82812
3/32	0,09375	11/32	0,34375	19/32	0,59375	27/32	0,84375
7/64	0,10938	23/64	0,35938	39/64	0,60938	55/64	0,85938
1/8	0,125	3/8	0,375	5/8	0,625	7/8	0,875
9/64	0,14062	25/64	0,39062	41/64	0,64062	57/64	0,88062
5/32	0,15625	13/32	0,40625	21/32	0,65625	29/32	0,90625
11/64	0,17188	27/64	0,42188	43/64	0,67188	59/64	0,92188
3/16	0,1875	7/16	0,4375	11/16	0,6875	15/16	0,9375
13/64	0,20312	29/64	0,15312	45/64	0,70312	61/64	0,95312
7/32	0,21875	15/32	0,46875	23/32	0,71875	31/32	0,76875
15/64	0,23438	31/64	0,48438	47/64	0,73438	63/64	0,98438
1/4	0,25	1/2	0,5	3/4	0,75	1	1,0

ПЕРЕВОД ДЮЙМОВ И 16-х ДОЛЕЙ ДЮЙМА В МИЛЛИМЕТРЫ

дюймы	0	1/16	1/8	3/16	1/4	5/16	3/8	7/16
	мм							
0	0,000	1,587	3,175	4,762	6,350	7,937	9,525	11,112
1	25,400	25,987	28,574	30,162	31,749	33,337	34,924	36,512
2	50,799	52,387	53,974	55,561	57,149	58,736	60,324	61,911
3	76,199	77,786	79,374	80,961	82,549	84,136	85,732	87,311
4	101,60	103,19	104,77	106,36	107,95	109,54	111,12	112,71
5	127,00	128,59	130,17	131,76	133,35	134,94	136,52	138,11
6	152,40	153,98	155,57	157,16	158,75	160,33	161,92	163,51
7	177,80	179,38	180,97	182,56	184,15	185,73	187,32	188,91
8	203,20	204,78	206,37	207,96	209,55	211,13	212,72	214,31
9	228,60	230,18	231,77	233,36	234,95	236,53	238,12	239,71
10	254,00	255,58	257,17	258,76	260,35	261,93	263,52	265,11
11	279,39	280,98	282,57	284,16	285,74	287,33	288,92	290,51
12	304,79	306,38	307,97	309,56	311,14	312,73	314,32	315,91
13	330,19	331,78	333,37	334,96	336,54	338,13	339,72	341,31
14	355,59	357,18	358,77	360,36	361,94	363,53	365,12	366,71
15	380,99	382,58	384,17	385,76	387,34	388,93	390,52	392,11
16	406,39	407,98	409,57	411,16	412,74	414,33	415,92	417,50
17	431,79	433,38	434,97	436,55	438,14	439,73	441,32	442,90
18	457,19	458,78	460,37	461,95	463,54	465,13	466,72	468,30
19	482,59	484,18	485,77	487,35	488,94	490,53	492,12	493,70
20	507,99	509,58	511,17	512,75	514,34	515,93	517,52	519,10
21	533,39	534,98	536,57	538,15	539,74	541,33	542,92	544,50
22	558,79	560,38	561,96	563,55	565,14	566,73	568,31	569,90
23	584,19	585,78	587,36	588,95	590,54	592,13	593,71	595,30
24	609,59	611,18	612,76	614,35	615,94	617,53	619,11	620,70
25	634,99	636,58	638,16	639,75	641,34	642,93	644,51	646,10
26	660,39	661,98	663,56	665,15	666,74	668,33	669,91	671,50
27	685,79	687,38	688,96	690,55	692,14	693,72	695,31	696,90
28	711,19	712,77	714,36	715,95	717,54	719,12	720,71	722,30
29	736,59	738,17	739,76	741,35	742,94	744,52	746,11	747,70
30	761,99	763,57	765,16	766,75	768,34	769,92	771,51	773,10
31	787,39	788,97	790,56	792,15	793,74	795,32	796,91	798,50
32	812,79	814,37	815,96	817,55	819,14	820,72	822,31	823,90
33	838,18	839,77	841,36	842,95	844,53	846,12	847,71	849,30
34	863,58	865,17	866,76	868,35	869,93	871,52	873,11	874,70
35	888,98	890,57	892,16	893,75	895,33	896,92	898,51	900,10
36	914,38	915,97	917,56	919,15	920,73	922,32	923,91	925,50
37	939,78	941,37	942,96	944,55	946,13	947,72	949,31	950,90
38	965,18	966,77	968,36	969,94	971,53	973,12	974,71	976,29
39	990,58	992,17	993,76	995,34	996,93	998,52	1000,1	1001,7
40	1016,0	1017,6	1019,2	1020,8	1022,3	1023,9	1025,5	1027,1
41	1041,4	1043,0	1044,6	1046,2	1047,7	1049,3	1050,9	1052,5
42	1066,8	1068,4	1070,0	1071,6	1073,1	1074,7	1076,3	1077,9
43	1092,2	1093,8	1095,4	1097,0	1098,5	1100,1	1101,7	1103,3
44	1117,6	1119,2	1120,8	1122,4	1123,9	1125,5	1127,1	1128,7
45	1143,0	1144,6	1146,2	1147,8	1149,3	1150,9	1152,5	1154,1
46	1168,4	1170,0	1171,6	1173,2	1174,7	1176,3	1177,9	1179,5
47	1193,8	1195,4	1197,0	1198,6	1200,1	1201,7	1203,3	1204,9
48	1219,2	1220,8	1222,4	1224,0	1225,5	1227,1	1228,7	1230,3
49	1244,6	1246,2	1247,8	1249,4	1250,9	1252,5	1254,1	1255,7
50	1270,0	1271,6	1273,2	1274,8	1276,3	1277,9	1279,5	1281,1

Таблица 4

1/2	9/16	5/8	11/16	3/4	13/16	7/8	15/16	дюймы
12,700	14,287	15,875	17,462	19,050	20,637	22,225	23,812	0
38,099	39,687	41,274	42,862	44,449	46,037	47,624	49,212	1
63,499	65,086	66,674	68,261	69,849	71,436	73,024	74,611	2
88,898	90,486	92,073	93,661	95,248	96,836	98,423	100,01	3
114,30	115,89	117,47	119,06	120,65	122,24	123,82	125,41	4
139,70	141,28	142,87	144,46	146,05	147,63	149,22	150,81	5
165,10	166,68	168,27	169,86	171,45	173,03	174,62	176,21	6
190,50	192,08	193,67	195,26	196,85	198,43	200,02	201,61	7
215,90	217,48	219,07	220,66	222,25	223,83	225,42	227,01	8
241,30	242,88	244,47	246,06	247,65	249,23	250,82	252,41	9
266,70	268,28	269,87	271,46	273,05	274,63	276,22	277,81	10
292,09	293,68	295,27	296,86	298,44	300,03	301,62	303,21	11
317,49	319,08	320,67	322,26	323,84	325,43	327,02	328,61	12
342,89	344,48	346,07	347,66	349,24	350,83	352,42	354,01	13
368,29	369,88	371,47	373,06	374,64	376,23	377,82	379,41	14
393,69	395,28	396,87	398,46	400,04	401,63	403,22	404,81	15
419,09	420,68	422,27	423,85	425,44	427,03	428,62	430,20	16
444,49	446,08	447,67	449,25	450,84	452,43	454,02	455,66	17
469,89	471,48	473,07	474,65	476,24	477,83	479,42	481,00	18
495,29	496,88	498,47	500,05	501,64	503,23	504,82	506,40	19
520,69	522,28	523,87	525,45	527,04	528,63	530,22	531,80	20
546,09	547,68	549,27	550,85	552,44	554,03	555,61	557,20	21
571,49	573,08	574,66	576,25	577,84	579,43	581,01	582,60	22
596,89	598,48	600,06	601,65	603,24	604,83	606,41	608,00	23
622,29	623,88	625,46	627,05	628,64	630,24	631,81	433,40	24
647,69	649,28	650,86	652,45	654,04	655,63	657,21	658,80	25
673,09	674,68	676,26	677,85	679,44	681,03	682,61	684,20	26
698,49	700,07	701,66	703,25	704,84	706,42	708,01	709,60	27
723,89	725,47	727,06	728,65	730,24	731,82	733,41	735,00	28
749,29	750,87	752,46	754,05	755,64	757,22	758,81	760,40	29
774,69	776,27	777,86	779,45	781,04	782,62	784,21	785,80	30
800,09	801,67	803,26	804,85	806,44	808,02	809,61	811,20	31
825,49	827,07	828,66	830,25	831,83	833,42	835,01	836,60	32
850,88	852,47	854,06	855,65	857,23	858,82	869,41	862,00	33
876,28	877,87	879,46	881,05	882,63	884,22	885,81	887,40	34
901,68	903,27	904,86	906,45	908,03	909,62	911,21	912,80	35
927,08	928,67	930,26	931,85	933,43	935,02	936,61	938,20	36
952,48	954,07	955,66	957,25	958,83	960,42	962,01	963,60	37
977,88	979,47	981,06	982,64	984,23	985,82	987,41	988,99	38
1003,3	1004,9	1006,5	1008,1	1009,6	1011,2	1012,8	1014,4	39
1028,7	1030,3	1031,9	1033,5	1035,0	1036,6	1038,2	1039,8	40
1054,1	1055,7	1057,3	1058,9	1060,4	1062,0	1063,6	1065,2	41
1079,5	1081,1	1082,7	1084,3	1085,8	1087,4	1089,0	1090,6	42
1104,9	1106,5	1108,1	1109,7	1111,2	1112,8	1114,4	1116,0	43
1130,3	1131,9	1133,5	1135,1	1136,6	1138,2	1139,8	1141,4	44
1155,7	1157,3	1158,9	1160,5	1162,0	1163,6	1165,2	1166,8	45
1181,1	1182,7	1184,3	1185,9	1187,4	1189,0	1190,6	1192,2	46
1206,5	1208,1	1209,7	1211,3	1212,8	1214,4	1216,0	1217,6	47
1231,9	1233,5	1235,1	1236,7	1238,2	1239,8	1241,4	1243,0	48
1257,3	1258,9	1260,5	1262,1	1263,6	1265,2	1266,8	1268,4	49
1282,7	1284,3	1285,9	1287,5	1289,0	1290,6	1292,2	1293,8	50

Таблица 5

ПЕРЕВОД ФУТОВ В МЕТРЫ

футы	0	1	2	3	4	5	6	7	8	9	футы
						м					
0	—	0,305	0,610	0,914	1,219	1,524	1,829	2,134	2,438	2,743	0
10	3,048	3,353	3,658	3,962	4,267	4,572	4,877	5,182	5,486	5,791	10
20	6,096	6,401	6,706	7,010	7,315	7,620	7,925	8,230	8,534	8,839	20
30	9,144	9,449	9,754	10,058	10,363	10,668	10,973	11,278	11,582	11,582	30
40	12,192	12,497	12,802	13,106	13,411	13,716	14,021	14,326	14,631	14,935	40
50	15,240	15,545	15,850	16,154	16,459	16,764	17,069	17,374	17,678	17,983	50
60	18,288	18,593	18,898	19,202	19,507	19,812	20,117	20,422	20,726	21,031	60
70	21,336	21,647	21,946	22,250	22,555	22,860	23,165	23,470	23,774	24,079	70
80	24,384	24,689	24,994	25,298	25,603	25,908	26,213	26,518	26,822	27,127	80
90	27,432	27,737	28,042	28,346	28,651	28,956	29,261	29,566	29,870	30,175	90

Таблица 6

ПЕРЕВОД ФУНТОВ В КИЛОГРАММЫ

фунт	0	1	2	3	4	5	6	7	8	9	фунт
					кг						
0	—	0,45359	0,90718	1,36078	1,81437	2,26796	2,72155	3,17515	3,62874	4,08233	0
10	4,53592	4,98952	5,44311	5,89670	6,35029	6,80389	7,25748	7,71107	8,16466	8,61826	10
20	9,07185	9,52544	9,97903	10,43263	10,88622	11,33981	11,79340	12,24700	12,70052	13,15418	20
30	13,60777	14,06137	14,51496	14,96855	15,42214	15,87573	16,32933	16,78292	17,23651	17,69010	30
40	18,14370	18,59729	19,05088	19,50447	19,95807	20,41166	20,86525	21,31884	21,77244	22,22603	40
50	22,67962	23,13321	23,58681	24,04040	24,49399	24,94758	25,40118	25,85477	26,30836	26,76195	50
60	27,21555	27,66914	28,12273	28,57632	29,02992	29,48351	29,93710	30,39069	30,84429	31,29788	60
70	31,75147	32,20506	32,65865	33,11225	33,56584	34,01943	34,47302	34,92662	35,38021	35,83380	70
80	36,28739	36,74099	37,19458	37,64817	38,10176	38,55536	39,08895	39,46254	39,91613	40,36973	80
90	40,82332	41,27691	41,73050	42,18410	42,63769	43,09128	43,54485	43,99847	44,45206	44,90565	90

Таблица 7

ПЕРЕВОД ФУНТОВ НА 100 КВАДРАТНЫХ ФУТОВ В КИЛОПАСКАЛИ

фунт/100 фут^2	0	1	2	3	4	5	6	7	8	9	фунт/100 фут^2
	\multicolumn{10}{c	}{кПа}	
0	0,00	0,48	0,96	1,44	1,92	2,39	2,87	3,35	3,83	4,31	0
10	4,79	5,27	5,75	6,22	6,70	7,18	7,66	8,14	8,62	9,10	10
20	9,58	10,05	10,53	11,01	11,49	11,97	12,45	12,93	13,41	13,89	20
30	14,36	14,84	15,32	15,80	16,28	16,76	17,24	17,72	18,19	18,67	30
40	19,15	19,63	20,11	20,59	21,07	21,55	22,02	22,50	22,98	23,46	40
50	23,94	24,42	24,90	25,38	25,86	26,33	26,81	27,29	27,77	28,25	50
60	28,73	29,21	29,69	30,16	30,64	31,12	31,60	32,08	32,56	33,04	60
70	33,52	33,99	34,47	34,95	35,43	35,91	36,39	36,87	37,35	37,83	70
80	38,30	38,78	39,26	39,74	40,22	40,70	41,18	41,66	42,13	42,61	80
90	43,09	43,57	44,05	44,53	45,01	45,49	45,96	46,44	46,92	47,40	90

Таблица 8

ПЕРЕВОД АМЕРИКАНСКИХ (КОРОТКИХ) ТОНН НА КВАДРАТНЫЙ ФУТ В КИЛОНЬЮТОНЫ НА КВАДРАТНЫЙ МЕТР

т/фут^2	0	1	2	3	4	5	6	7	8	9	т/фут^2
	\multicolumn{10}{c	}{кН/м^2}	
0	0,00	95,79	191,59	287,38	383,17	478,96	574,76	670,55	766,34	862,13	0
10	957,93	1053,72	1149,51	1245,31	1341,10	1436,89	1532,68	1628,48	1724,27	1820,06	10
20	1915,85	2011,55	2107,44	2203,23	2299,03	2394,82	2490,61	2586,40	2682,20	2777,99	20
30	2873,78	2969,57	3065,37	3161,16	3256,95	3352,75	3448,54	3544,33	3640,12	3735,92	30
40	3831,71	3927,50	4023,29	4119,09	4214,88	4310,67	4406,47	4502,26	4598,05	4693,84	40
50	4789,64	4885,43	4981,22	5077,01	5172,81	5268,60	5364,39	5460,19	5555,98	5651,77	50
60	5747,56	5843,36	5939,15	6034,94	6130,73	6226,53	6322,32	6418,11	6513,91	6609,70	60
70	6705,49	6801,28	6897,08	6992,87	7088,66	7184,45	7280,25	7376,04	7471,83	7567,63	70
80	7663,42	7759,21	7855,00	7950,80	8046,59	8142,38	8238,17	8333,97	8429,76	8525,55	80
90	8621,35	8717,14	8812,93	8908,72	9004,52	9100,31	9196,10	9291,89	9387,69	9483,48	90
100	9579,27	9675,07	9770,86	9866,65	9962,44	10058,24	10154,03	10249,82	10345,61	10441,41	100

Таблица 9

ПЕРЕВОД КУБИЧЕСКИХ ФУТОВ В КУБИЧЕСКИЕ МЕТРЫ

фут³	0	1	2	3	4	5	6	7	8	9	фут³
					м³						
0	—	0,0283	0,0566	0,0850	0,1133	0,1416	0,1699	0,1982	0,2265	0,2549	0
10	0,2832	0,3115	0,3398	0,3681	0,3964	0,4248	0,4531	0,4814	0,5097	0,5380	10
20	0,5663	0,5947	0,6230	0,6513	0,6796	0,7079	0,7362	0,7646	0,7929	0,8212	20
30	0,8495	0,8778	0,9061	0,9345	0,9628	0,9911	1,0194	1,0477	1,0760	1,1044	30
40	1,1327	1,1610	1,1893	1,2176	1,2459	1,2743	1,3026	1,3309	1,3592	1,3875	40
50	1,4159	1,4442	1,4725	1,5008	1,5291	1,5574	1,5858	1,6141	1,6424	1,6707	50
60	1,6990	1,7273	1,7557	1,7840	1,8123	1,8406	1,8689	1,8972	1,9256	1,9539	60
70	1,9822	2,0105	2,0388	2,0671	2,0955	2,1238	2,1521	2,1804	2,2087	2,2370	70
80	2,2654	2,2937	2,3220	2,3503	2,3786	2,4069	2,4353	2,4636	2,4919	2,5202	80
90	2,5485	2,5768	2,6052	2,6335	2,6618	2,6901	2,7184	2,7468	2,7751	2,8034	90
100	2,8317	2,8600	2,8884	2,9167	2,9450	2,9733	3,0016	3,0300	3,0583	3,0866	100

Таблица 10

ПЕРЕВОД ГАЛЛОНОВ В МИНУТУ В ЛИТРЫ В СЕКУНДУ

галлон/мин	0	1	2	3	4	5	6	7	8	9	галлон/мин
					л/с						
0	—	0,63	0,126	0,189	0,252	0,315	0,378	0,441	0,504	0,567	0
10	0,630	0,693	0,756	0,819	0,882	0,945	1,008	1,071	1,134	1,197	10
20	1,260	1,323	1,386	1,449	1,512	1,575	1,638	1,701	1,764	1,827	20
30	1,890	1,953	2,016	2,079	2,142	2,205	2,268	2,331	2,394	2,457	30
40	2,520	2,583	2,646	2,709	2,772	2,835	2,898	2,961	3,024	3,087	40
50	3,150	3,213	3,276	3,339	3,402	3,465	3,528	3,591	3,654	3,717	50
60	3,780	3,843	3,906	3,969	4,032	4,095	4,158	4,221	4,284	4,284	60
70	4,410	4,473	4,536	4,599	4,662	4,725	4,788	4,851	4,914	4,977	70
80	5,040	5,103	5,166	5,229	5,292	5,355	5,418	5,481	5,544	5,607	80
90	5,670	5,733	5,796	5,859	5,933	5,985	6,048	6,111	6,174	6,237	90

Таблица 11

ПЕРЕВОД БАРРЕЛЕЙ (НЕФТЯНЫХ) В КУБИЧЕСКИЕ МЕТРЫ

баррели	0	1	2	3	4	5	6	7	8	9	баррели
						$м^3$					
0	—	0,15899	0,31798	0,47696	0,63595	0,79494	0,95393	1,11292	1,27190	1,43089	0
10	1,58988	1,74887	1,90786	2,06684	2,22583	2,38482	2,54381	2,70280	2,86178	3,02077	10
20	3,17976	3,33875	3,49774	3,65672	3,81571	3,97470	4,13369	4,29268	4,45166	4,61065	20
30	4,76964	4,92863	5,08762	5,24660	5,40559	5,56458	5,72357	5,88256	6,04154	6,20053	30
40	6,35952	6,51851	6,67750	6,83648	6,99547	7,15446	7,31345	7,47244	7,63142	7,79041	40
50	7,94940	8,10839	8,26738	8,42636	8,58535	8,74434	8,90333	9,06232	9,22130	9,38029	50
60	9,53928	9,69827	9,85726	10,01624	10,17523	10,33422	10,49321	10,65220	10,81118	10,97017	60
70	11,12916	11,28815	11,44714	11,60612	11,76511	11,92410	12,08309	12,24208	12,40106	12,56005	70
80	12,71904	12,87803	13,03702	13,19600	13,35499	13,51398	13,67297	13,83196	13,99094	14,14993	80
90	14,30892	14,46791	14,62690	14,78588	14,94487	15,10386	15,26285	15,42184	15,58082	15,73981	90

Таблица 12

ПЕРЕВОД ФУНТОВ НА КВАДРАТНЫЙ ДЮЙМ В КИЛОПАСКАЛИ

фунт/дюйм²	0	1	2	3	4	5	6	7	8	9	фунт/дюйм²
						кПа					
0	0,000	6,895	13,790	20,684	27,579	34,474	41,369	48,263	55,158	62,053	0
10	68,948	75,842	82,737	89,632	96,527	103,421	110,316	117,211	124,106	131,000	10
20	137,895	144,790	151,685	158,579	165,474	172,369	179,264	186,158	193,053	199,948	20
30	206,843	213,737	220,632	227,527	234,422	241,316	248,211	255,106	262,001	268,896	30
40	275,790	282,685	289,580	296,475	303,369	310,264	317,159	324,054	330,948	337,843	40
50	344,738	351,633	358,527	365,422	372,317	379,212	386,106	393,001	399,896	406,791	50
60	413,685	420,580	427,475	434,370	441,264	448,159	455,054	461,949	468,843	475,738	60
70	482,633	489,528	496,423	503,317	510,312	517,107	524,002	530,896	537,791	544,686	70
80	551,581	558,475	565,370	572,265	579,160	586,054	592,949	599,844	606,739	613,633	80
90	620,528	627,423	634,318	641,212	648,107	655,002	661,897	668,791	675,686	682,581	90

Таблица 13

ПЕРЕВОД ФУНТОВ НА БАРРЕЛЬ В КИЛОГРАММЫ НА КУБИЧЕСКИЙ МЕТР

фунт/баррель	0	1	2	3	4	5	6	7	8	9	фунт/баррель
					кг/м³						
0	0,000	2,853	5,706	8,559	11,412	14,265	17,118	19,971	22,824	25,677	0
10	28,530	31,383	34,236	37,089	39,942	42,795	45,648	48,501	51,354	54,207	10
20	57,060	59,913	62,766	65,619	68,472	71,325	74,178	77,031	79,884	82,737	20
30	85,590	88,443	91,296	94,149	97,002	99,855	102,708	105,561	108,414	111,267	30
40	114,120	116,973	119,826	122,679	125,532	128,385	131,238	134,091	136,944	139,797	40
50	142,651	145,504	148,357	151,210	154,063	156,916	159,769	162,622	165,475	168,328	50
60	171,181	174,034	176,887	179,740	182,593	185,446	188,299	191,152	194,005	196,858	60
70	199,711	202,564	205,417	208,270	211,123	213,976	216,829	219,682	222,535	225,388	70
80	228,241	231,094	233,947	236,800	239,653	242,506	245,359	248,212	251,065	253,918	80
90	256,771	259,624	262,477	265,330	268,183	271,036	273,889	276,742	279,595	282,448	90
100	285,301	288,154	291,007	293,860	296,713	299,566	302,419	305,272	308,125	310,978	100

Таблица 14

ПЕРЕВОД ФУНТОВ НА КВАДРАТНЫЙ ФУТ В НЬЮТОНЫ НА КВАДРАТНЫЙ МЕТР

фунт/фут²	0	1	2	3	4	5	6	7	8	9	фунт/фут²
					Н/м²						
0	0,000	47,880	95,761	143,641	191,521	239,401	287,282	335,162	383,042	430,922	0
10	478,803	526,683	574,563	622,443	670,324	718,204	766,084	813,964	861,845	909,725	10
20	957,605	1005,485	1053,366	1101,246	1149,126	1197,007	1244,887	1292,767	1340,647	1388,528	20
30	1436,408	1484,288	1532,168	1580,049	1627,929	1675,809	1723,689	1771,570	1819,450	1867,330	30
40	1915,210	1963,091	2010,971	2058,851	2106,731	2154,612	2202,492	2250,372	2298,252	2346,133	40
50	2394,013	2441,893	2489,774	2537,654	2585,534	2633,414	2681,295	2729,175	2777,055	2824,935	50
60	2872,816	2920,696	2968,576	3016,456	3064,337	3112,217	3160,097	3207,977	3255,858	3303,738	60
70	3351,618	3399,498	3447,379	3495,259	3543,139	3591,019	3638,900	3686,780	3734,660	3782,541	70
80	3830,421	3878,301	3926,181	3974,062	4021,942	4069,822	4117,702	4165,583	4213,463	4261,343	80
90	4309,223	4357,104	4404,984	4452,864	4500,744	4548,625	4596,505	4644,385	4692,265	4740,146	90

Таблица 15

ПЕРЕВОД ПЛОТНОСТЕЙ ЖИДКОСТЕЙ

фунт/галлон	фунт/фут³	фунт/дюйм² 100 фут	г/см³	фунт/галлон	фунт/фут³	фунт/дюйм² 100 фут	г/см³
0,0	0,00	0,00	0,00	5,4	40,39	28,05	0,65
0,1	0,75	0,52	0,01	5,5	41,14	28,57	0,66
0,2	1,50	1,04	0,02	5,6	41,89	29,09	0,67
0,3	2,24	1,56	0,04	5,7	42,64	29,61	0,68
0,4	2,99	2,08	0,05	5,8	43,39	30,13	0,69
0,5	3,74	2,60	0,06	5,9	44,13	30,65	0,71
0,6	4,49	3,12	0,07				
0,7	5,24	3,64	0,08	6,0	44,68	31,17	0,72
0,8	5,98	4,16	0,10				
0,9	6,73	4,68	0,11	6,1	45,63	31,69	0,73
				6,2	46,38	32,21	0,74
1,0	7,48	5,19	0,12	6,3	47,13	32,73	0,75
1,1	8,23	5,71	0,13	6,4	47,88	33,25	0,77
1,2	8,98	6,23	0,14	6,5	48,62	33,77	0,78
1,3	9,72	6,75	0,16	6,6	49,37	34,29	0,79
1,4	10,47	7,27	0,17	6,7	50,12	34,81	0,80
1,5	11,22	7,79	0,18	6,8	50,87	35,32	0,81
1,6	11,97	8,31	0,19	6,9	51,62	35,84	0,83
1,7	12,72	8,83	0,20				
1,8	13,46	9,35	0,22	7,0	52,36	36,36	0,84
1,9	14,21	9,87	0,23	7,1	53,11	36,88	0,85
				7,2	53,86	37,40	0,86
2,0	14,96	10,39	0,24	7,3	54,61	37,92	0,87
2,1	15,71	10,91	0,25	7,4	55,36	38,44	0,89
2,2	16,46	11,43	0,25	7,5	56,10	38,96	0,90
2,3	17,21	11,95	0,28	7,6	56,85	39,48	0,91
2,4	17,95	12,47	0,29	7,7	57,60	40,00	0,92
2,5	18,70	12,99	0,30	7,8	58,35	40,52	0,93
2,6	19,45	13,51	0,31	7,9	59,10	41,04	0,95
2,7	20,20	14,03	0,32				
2,8	20,95	14,55	0,34	8,0	59,84	41,56	0,96
2,9	21,69	15,06	0,35	8,1	60,59	42,08	0,97
				8,2	61,34	42,60	0,98
3,0	22,44	15,58	0,36	8,3	62,09	43,12	0,99
3,1	23,19	16,10	0,37	8,4	62,84	43,64	1,01
3,2	23,94	16,62	0,38	8,5	63,58	44,16	1,02
3,3	24,69	17,14	0,40	8,6	64,33	44,68	1,03
3,4	25,43	17,66	0,41	8,7	65,08	45,19	1,04
3,5	26,18	18,18	0,42	8,8	65,83	45,71	1,05
3,6	26,93	18,70	0,43	8,9	66,58	46,23	1,07
3,7	27,68	19,22	0,44				
3,8	28,43	19,74	0,46	9,0	67,32	46,75	1,08
3,9	29,17	20,26	0,47	9,1	68,07	47,27	1,09
				9,2	68,82	47,79	1,10
4,0	29,92	20,78	0,48	9,3	69,57	48,31	1,11
4,1	30,67	21,30	0,49	9,4	70,32	48,83	1,13
4,2	31,42	21,82	0,50	9,5	71,06	49,35	1,14
4,3	32,17	22,34	0,52	9,6	71,81	49,87	1,15
4,4	32,91	22,86	0,53	9,7	72,56	50,39	1,16
4,5	33,66	23,38	0,54	9,8	73,31	50,91	1,17
4,6	34,41	23,90	0,55	9,9	74,06	51,43	1,19
4,7	35,16	24,92	0,56				
4,8	35,91	24,93	0,58	10,0	74,81	51,95	1,20
4,9	36,65	25,45	0,59	10,1	75,55	52,47	1,21
				10,2	76,30	52,99	1,22
5,0	37,40	25,97	0,60	10,3	77,05	53,51	1,23
5,1	38,15	26,49	0,61	10,4	77,80	54,03	1,25
5,2	38,90	27,01	0,62	10,5	78,55	54,55	1,26
5,3	39,65	27,53	0,64	10,6	79,29	55,06	1,27

Продолжение табл. 15

фунт/галлон	фунт/фут³	фунт/дюйм² 100 фут	г/см³	фунт/галлон	фунт/фут³	фунт/дюйм² 100 фут	г/см³
10,7	80,04	55,58	1,28	16,1	120,44	83,64	1,93
10,8	80,79	56,10	1,29	16,2	121,18	84,16	1,94
10,9	81,54	56,62	1,31	16,3	121,93	84,68	1,95
11,0	82,29	57,14	1,32	16,4	122,68	85,19	1,97
				16,5	123,43	85,71	1,98
11,1	83,03	57,66	1,33	16,6	124,18	86,23	1,99
11,2	83,78	58,18	1,34	16,7	124,92	86,75	2,00
11,3	84,53	58,70	1,35	16,8	125,67	87,27	2,01
11,4	85,28	59,52	1,37	16,9	126,42	87,79	2,03
11,5	86,03	59,74	1,38	17,0	127,17	88,31	2,04
11,6	86,77	60,26	1,39				
11,7	87,52	60,78	1,40	17,1	127,92	88,83	2,05
11,8	88,27	61,30	1,41	17,2	128,66	89,35	2,06
11,9	89,02	61,82	1,43	17,3	129,41	89,87	2,07
				17,4	130,16	90,39	2,08
12,0	89,77	62,34	1,44	17,5	130,91	90,91	2,10
				17,6	131,66	91,43	2,11
12,1	90,51	62,86	1,45	17,7	132,40	91,95	2,12
12,2	91,26	63,38	1,46	17,8	133,15	92,47	2,13
12,3	92,01	63,90	1,47	17,9	133,90	92,99	2,14
12,4	92,76	64,42	1,49				
12,5	93,61	64,93	1,50	18,0	134,65	93,51	2,16
12,6	94,25	65,45	1,51				
12,7	95,00	65,97	1,52	18,1	135,40	94,03	2,17
12,8	95,75	66,49	1,53	18,2	136,15	94,55	2,18
12,9	96,50	67,01	1,55	18,3	136,89	95,06	2,19
				18,4	137,64	95,58	2,20
13,0	97,25	67,53	1,56	18,5	138,39	96,10	2,22
				18,6	139,14	96,62	2,23
13,1	97,99	68,05	1,57	18,7	139,89	97,14	2,24
13,2	98,74	68,57	1,58	18,8	140,63	97,66	2,25
13,3	99,49	69,09	1,59	18,9	141,38	98,18	2,26
13,4	100,24	69,61	1,61				
13,5	100,99	70,13	1,62	19,0	142,13	98,70	2,28
13,6	101,73	70,65	1,63				
13,7	102,48	71,17	1,64	19,1	142,88	99,22	2,29
13,8	103,23	71,69	1,65	19,2	143,63	99,74	2,30
13,9	103,98	72,21	1,67	19,3	144,37	100,26	2,31
				19,4	145,12	100,78	2,32
14,0	104,73	72,73	1,68	19,5	145,87	101,30	2,34
				19,6	146,62	101,82	2,35
14,1	105,48	73,25	1,69	19,7	147,37	102,34	2,36
14,2	106,22	73,77	1,70	19,8	148,11	102,86	2,37
14,3	106,97	74,29	1,71	19,9	148,86	103,38	2,38
14,4	107,72	74,80	1,73				
14,5	108,47	75,32	1,74	20,00	149,61	103,90	2,40
14,6	109,22	75,84	1,75				
14,7	109,96	76,31	1,76	20,1	150,36	104,42	2,41
14,8	110,71	76,88	1,77	20,2	151,11	104,93	2,42
14,9	111,46	77,40	1,79	20,3	151,85	105,45	2,43
				20,4	152,60	105,97	2,44
15,0	112,21	77,92	1,80	20,5	153,35	106,49	2,46
				20,6	154,10	107,01	2,47
15,1	112,96	78,44	1,81	20,7	154,85	107,53	2,48
15,2	113,70	78,96	1,82	20,8	155,59	108,05	2,49
15,3	114,45	79,48	1,83	20,9	156,34	108,57	2,50
15,4	115,20	80,00	1,85				
15,5	115,95	80,52	1,86	21,0	157,09	109,09	2,52
15,6	116,70	81,04	1,87				
15,7	117,44	81,56	1,88	21,1	157,84	109,61	2,53
15,8	118,19	82,08	1,89	21,2	158,59	110,13	2,54
15,9	118,94	82,60	1,91	21,3	159,33	110,65	2,55
				21,4	160,08	111,17	2,56
16,0	119,69	83,12	1,92	21,5	160,83	111,69	2,58

Окончание табл. 15

фунт/галлон	фунт/фут^3	фунт/дюйм^2 100 фут	г/см^3	фунт/галлон	фунт/фут^3	фунт/дюйм^2 100 фут	г/см^3
21,6	161,58	112,21	2,59	23,4	175,04	121,56	2,80
21,7	162,33	112,73	2,60	23,5	175,79	122,08	2,82
21,8	163,07	113,25	2,61	23,6	176,54	122,60	2,83
21,9	163,82	113,77	2,62	23,7	177,29	123,12	2,84
22,0	164,51	114,29	2,64	23,8	178,04	123,64	2,85
				23,9	178,78	124,16	2,86
22,1	165,32	114,80	2,65				
22,2	166,07	115,32	2,66	24,0	179,53	124,67	2,88
22,3	166,82	115,84	2,67				
22,4	167,56	116,36	2,68	24,1	180,28	125,19	2,89
22,5	168,31	116,88	2,70	24,2	181,03	125,71	2,90
22,6	169,06	117,40	2,71	24,3	181,78	126,23	2,91
22,7	169,81	117,92	2,72	24,4	182,52	126,75	2,92
22,8	170,56	118,44	2,73	24,5	183,27	127,27	2,94
22,9	171,30	118,96	2,74	24,6	184,02	127,79	2,95
23,0	172,05	119,48	2,76	24,7	184,77	128,31	2,96
				24,8	185,52	128,83	2,97
23,1	172,80	120,00	2,77	24,9	186,26	129,35	2,98
23,2	173,55	120,52	2,78				
23,3	174,30	121,04	2,79	25,0	187,01	129,87	3,00

ПЕРЕВОД ФУТОВ В МИНУТУ В МЕТРЫ В СЕКУНДУ

Таблица 16

фут/мин	м/с	фут/мин	м/с	фут/мин	м/с	фут/мин	м/с
0	0,000	300	1,524	600	3,048	900	4,572
10	0,051	310	1,575	610	3,099	910	4,623
20	0,102	320	1,626	620	3,150	920	4,674
30	0,152	330	1,676	630	3,200	930	4,724
40	0,203	340	1,727	640	3,251	940	4,775
50	0,254	350	1,778	650	3,302	950	4,826
60	0,305	360	1,829	660	3,353	960	4,887
70	0,356	370	1,880	670	3,404	970	4,928
80	0,406	380	1,930	680	3,454	980	4,978
90	0,457	390	1,981	690	3,505	990	5,029
100	0,508	400	2,032	700	3,556	1000	5,080
110	0,559	410	2,083	710	3,607	1010	5,131
120	0,610	420	2,134	720	3,658	1020	5,182
130	0,660	430	2,184	730	3,708	1030	5,232
140	0,711	440	2,235	740	3,759	1040	5,283
150	0,762	450	2,286	750	3,810	1050	5,334
160	0,813	460	2,337	760	3,861	1060	5,385
170	0,864	470	2,388	770	3,912	1070	5,436
180	0,914	480	2,438	780	3,962	1080	5,480
190	0,965	490	2,489	790	4,013	1090	5,537
200	1,016	500	2,540	800	4,014	1100	5,588
210	1,067	510	2,591	810	4,115	1110	5,639
220	1,118	520	2,642	820	4,166	1120	5,690
230	1,168	530	2,692	830	4,216	1130	5,740
240	1,219	540	2,743	840	4,267	1140	5,791
250	1,270	550	2,794	850	4,318	1150	5,842
260	1,321	560	2,845	860	4,369	1160	5,893
270	1,372	570	2,896	870	4,420	1170	5,944
280	1,422	580	2,946	880	4,470	1180	5,994
290	1,473	590	2,997	890	4,521	1190	6,045

Продолжение табл. 16

фут/мин	м/с	фут/мин	м/с	фут/мин	м/с	фут/мин	м/с
1200	6,096	1800	9,144	2400	12,192	3000	15,240
1210	6,147	1810	9,195	2410	12,243	3010	15,291
1220	6,198	1820	9,246	2420	12,294	3020	15,342
1230	6,248	1830	9,296	2430	12,344	3030	15,392
1240	6,299	1840	9,347	2440	12,395	3040	15,443
1250	6,350	1850	9,398	2450	12,446	3050	15,494
1260	6,401	1860	9,449	2460	12,497	3060	15,545
1270	6,452	1870	9,500	2470	12,548	3070	15,596
1280	6,502	1880	9,550	2480	12,598	3080	15,646
1290	6,553	1890	9,601	2490	12,649	3090	15,697
1300	6,604	1900	9,652	2500	12,700	3100	15,748
1310	6,655	1910	9,703	2510	12,751	3110	15,799
1320	6,706	1920	9,754	2520	12,802	3120	15,850
1330	6,756	1930	9,804	2530	12,852	3130	15,900
1340	6,807	1940	9,855	2540	12,903	3140	15,951
1350	6,858	1950	9,900	2550	12,954	3150	16,002
1360	6,909	1960	9,957	2560	13,005	3160	16,053
1370	6,960	1970	10,008	2570	13,056	3170	16,104
1380	7,010	1980	10,058	2580	13,106	3180	16,154
1390	7,061	1990	10,100	2590	13,157	3190	16,205
1400	7,112	2000	10,160	2600	13,208	3200	16,256
1410	7,163	2010	10,211	2610	13,259	3210	16,307
1420	7,214	2020	10,262	2620	13,310	3220	16,358
1430	7,264	2030	10,312	2630	13,360	3230	16,408
1440	7,315	2040	10,363	2640	13,411	3240	16,459
1450	7,366	2050	10,414	2650	13,462	3250	16,510
1460	7,417	2060	10,465	2660	13,513	3260	16,561
1470	7,468	2070	10,516	2670	13,564	3270	16,612
1480	7,518	2080	10,566	2680	13,614	3280	16,662
1490	7,569	2090	10,617	2690	13,665	3290	16,713
1500	7,620	2100	10,668	2700	13,716	3300	16,764
1510	7,671	2110	10,719	2710	13,767	3310	16,815
1520	7,722	2120	10,770	2720	13,818	3320	16,866
1530	7,772	2130	10,820	2730	13,868	3330	16,916
1540	7,823	2140	10,871	2740	13,919	3340	16,967
1550	7,874	2150	10,922	2750	13,970	3350	17,018
1560	7,925	2160	10,973	2760	14,021	3360	17,069
1570	7,976	2170	11,024	2770	14,072	3370	17,120
1580	8,026	2180	11,074	2780	14,122	3380	17,170
1590	8,077	2190	11,125	2790	14,173	3390	17,221
1600	8,128	2200	11,176	2800	14,224	3400	17,272
1610	8,179	2210	11,227	2810	14,275	3410	17,323
1620	8,230	2220	11,278	2820	14,326	3420	17,374
1630	8,280	2230	11,328	2830	14,376	3430	17,424
1640	8,331	2240	11,379	2840	14,427	3440	17,475
1650	8,382	2250	11,430	2850	14,478	3450	17,526
1660	8,433	2260	11,481	2860	14,529	3460	17,577
1670	8,484	2270	11,532	2870	14,580	3470	17,628
1680	8,534	2280	11,582	2880	14,630	3480	17,678
1690	8,585	2290	11,663	2890	14,681	3490	17,729
1700	8,636	2300	11,684	2900	14,732	3500	17,780
1710	8,687	2310	11,735	2910	14,783	3510	17,831
1720	8,738	2320	11,786	2920	14,834	3520	17,882
1730	8,788	2330	11,836	2930	14,884	3530	17,932
1740	8,839	2340	11,887	2940	14,935	3540	17,983
1750	8,890	2350	11,938	2950	14,986	3550	18,034
1760	8,941	2360	11,989	2960	15,037	3560	18,085
1770	8,992	2370	12,040	2970	15,088	3570	18,136
1780	9,042	2380	12,090	2980	15,138	3580	18,186
1790	9,093	2390	12,141	2990	15,189	3590	18,237

Окончание табл. 16

фут/мин	м/с	фут/мин	м/с	фут/мин	м/с	фут/мин	м/с
3600	18,288	3950	20,066	4300	21,844	4650	23,622
3610	18,339	3960	20,117	4310	21,895	4660	23,673
3620	18,390	3970	20,168	4320	21,946	4670	23,724
3630	18,440	3980	20,218	4330	21,996	4680	23,774
3640	18,491	3990	20,269	4340	22,047	4690	23,825
3650	18,542	4000	20,320	4350	22,098	4700	23,876
3660	18,593	4010	20,371	4360	22,149	4710	23,927
3670	18,644	4020	20,422	4370	22,200	4720	23,978
3680	18,694	4030	20,472	4380	22,250	4730	24,028
3690	18,745	4040	20,523	4390	22,301	4740	24,079
3700	18,796	4050	20,574	4400	22,352	4750	24,130
3710	18,847	4060	20,625	4410	22,403	4760	24,181
3720	18,898	4070	20,676	4420	22,454	4770	24,232
3730	18,948	4080	20,726	4430	22,504	4780	24,282
3740	18,999	4090	20,777	4440	22,555	4790	24,333
3750	19,050	4100	20,828	4450	22,606	4800	24,384
3760	19,101	4110	20,879	4460	22,657	4810	24,435
3770	19,152	4120		4470	22,708	4820	24,486
3780	19,202	4130	20,980	4480	22,758	4830	24,536
3790	19,253	4140	21,031	4490	22,809	4840	24,587
3800	19,304	4150	21,082	4500	22,860	4850	24,638
3810	19,355	4160	21,133	4510	22,911	4860	24,689
3820	19,406	4170	21,184	4520	22,962	4870	24,740
3830	19,456	4180	21,234	4530	23,012	4880	24,790
3840	19,507	4190	21,285	4540	23,063	4890	24,841
3850	19,558	4200	21,336	4550	23,114	4900	24,892
3860	19,609	4210	21,387	4560	23,165	4910	24,943
3870	19,660	4220	21,438	4570	23,216	4920	24,994
3880	19,710	4230	21,488	4580	23,266	4930	25,044
3890	19,761	4240	21,539	4590	23,317	4940	25,095
3900	19,812	4250	21,590	4600	23,368	4950	25,146
3910	19,863	4260	21,641	4610	23,419	4960	25,197
3920	19,914	4270	21,692	4620	23,470	4970	25,248
3930	19,964	4280	21,742	4630	23,520	4980	25,298
3940	20,015	4290	21,793	4640	23,571	4990	25,349
						5000	25,400

Таблица 17

ПЕРЕВОД ТЕМПЕРАТУР

°F	°C	K	°F	°C	K	°F	°C	K
−459,69	−273,16	0,0	−40	−40,0	233,1	21	−6,1	266,9
−450	−267,8	5,3	−39	−39,4	233,6	22	−5,6	267,5
−440	−262,2	10,8	−38	−38,9	234,2	23	−5,0	268,1
−430	−256,7	16,4	−37	−38,3	234,7	24	−4,4	268,6
−420	−251,1	21,9	−36	−37,8	235,3	25	−3,9	269,2
−410	−245,6	27,5	−35	−37,2	235,8	26	−3,3	269,7
−400	−240,0	33,1	−34	−36,7	236,4	27	−2,8	270,3
−390	−234,4	38,6	−33	−36,1	236,9	28	−2,2	270,8
−380	−228,9	44,2	−32	−35,6	237,5	29	−1,7	271,4
−370	−223,3	49,7	−31	−35,0	238,1	30	−1,1	271,9
−360	−217,8	55,3	−30	−34,4	238,6	31	−0,6	272,5
−350	−212,2	60,8	−29	−33,9	239,2	32	0,0	273,2
−340	−206,7	66,4	−28	−33,3	239,7	33	0,6	273,7
−330	−201,1	71,9	−27	−32,8	240,3	34	1,1	274,3
−320	−195,6	77,5	−26	−32,2	240,8	35	1,7	274,8
−310	−190,0	83,1	−25	−31,7	241,4	36	2,2	275,4
−300	−184,4	88,6	−24	−31,1	241,9	37	2,8	275,9
−290	−178,9	94,2	−23	−30,6	242,5	38	3,3	276,5
−280	−173,3	99,7	−22	−30,0	243,1	39	3,9	277,0
−270	−167,8	105,3	−21	−29,4	243,6	40	4,4	277,6
−260	−162,2	110,8	−20	−28,9	244,2	41	5,0	278,2
−250	−156,7	116,4	−19	−28,3	244,7	42	5,6	278,7
−240	−151,1	121,9	−18	−27,8	245,3	43	6,1	279,3
−230	−145,6	127,5	−17	−27,2	245,8	44	6,7	279,8
−220	−140,0	133,1	−16	−26,7	246,4	45	7,2	280,4
−210	−134,4	138,6	−15	−26,1	246,9	46	7,8	280,9
−200	−128,9	144,2	−14	−25,6	247,5	47	8,3	281,5
−190	−123,3	149,7	−13	−25,0	248,1	48	8,9	282,0
−180	−117,8	155,3	−12	−24,4	248,6	49	9,4	282,6
−170	−112,2	160,8	−11	−23,9	249,2	50	10,0	283,2
−160	−106,7	166,8	−10	−23,3	249,7	51	10,6	283,7
−150	−101,1	171,9	−9	−22,8	250,3	52	11,1	284,3
−140	−95,6	177,5	−8	−22,2	250,8	53	11,7	284,8
−130	−90,0	183,1	−7	−21,7	251,4	54	12,2	285,4
−120	−84,4	188,6	−6	−21,1	251,9	55	12,8	285,9
−110	−78,9	194,2	−5	−20,6	252,5	56	13,3	286,5
−100	−73,3	199,7	−4	−20,0	253,1	57	13,9	287,0
−90	−67,8	205,3	−3	−19,4	253,6	58	14,4	287,6
−80	−62,2	210,8	−2	−18,9	254,2	59	15,0	288,2
−70	−56,7	216,4	−1	−18,3	254,7	60	15,6	288,7
−60	−51,1	221,9	0	−17,8	255,3	61	16,1	289,3
−59	−50,6	222,5	1	−17,2	255,8	62	16,7	289,8
−58	−50,0	223,1	2	−16,7	256,4	63	17,2	290,4
−57	−49,4	223,6	3	−16,1	256,9	64	17,8	290,9
−56	−48,9	224,2	4	−15,6	257,5	65	18,3	291,5
−55	−48,3	224,7	5	−15,0	258,1	66	18,6	292,0
−54	−47,8	225,3	6	−14,4	258,6	67	19,4	292,6
−53	−47,2	225,8	7	−13,9	259,2	68	20,0	293,2
−52	−46,7	226,4	8	−13,3	259,7	69	20,6	293,7
−51	−46,1	226,9	9	−12,8	260,3	70	21,1	294,3
−50	−45,6	227,5	10	−12,2	260,8	71	21,7	294,8
−49	−45,0	228,1	11	−11,7	261,4	72	22,2	295,4
−48	−44,4	228,6	12	−11,1	261,9	73	22,8	295,7
−47	−43,9	229,2	13	−10,6	262,5	74	23,3	296,5
−46	−43,3	229,7	14	−10,0	263,1	75	23,9	297,0
−45	−42,8	230,3	15	−9,4	263,6	76	24,4	297,6
−44	−42,2	230,8	16	−8,9	264,2	77	25,0	298,2
−43	−41,7	231,4	17	−8,3	264,7	78	25,6	298,7
−42	−41,1	231,9	18	−7,8	265,3	79	26,1	299,3
−41	−40,6	232,5	19	−7,2	265,8	80	26,7	299,8
			20	−6,7	266,4	81	27,2	300,4

Продолжение табл. 17

°F	°C	K	°F	°C	K	°F	°C	K
82	27,8	300,9	143	61,7	334,8	204	95,6	368,7
83	28,3	301,5	144	62,2	335,4	205	96,1	369,3
84	28,9	302,0	145	62,8	335,9	206	96,7	369,8
85	29,4	302,6	146	63,3	336,5	207	97,2	370,4
86	30,0	303,2	147	63,9	337,0	208	97,8	370,9
87	30,6	303,7	148	64,4	337,6	209	98,3	371,5
88	31,1	304,3	149	65,0	338,2	210	98,9	372,0
89	31,7	304,8	150	65,6	338,7	211	99,4	372,6
90	32,2	305,4	151	66,1	339,3	212	100,0	373,2
91	32,8	305,9	152	66,7	339,8	213	100,6	373,7
92	33,3	306,5	153	67,2	340,4	214	101,1	374,3
93	33,9	307,0	154	67,8	340,9	215	101,7	374,8
94	34,4	307,6	155	68,3	341,5	216	102,2	375,4
95	35,0	308,2	156	68,9	342,0	217	102,8	375,9
96	35,6	308,7	157	69,4	342,6	218	103,3	376,5
97	36,1	309,3	158	70,0	343,2	219	103,9	377,0
98	36,7	309,8	159	70,6	343,7	220	104,4	377,6
99	37,2	310,4	160	71,1	344,3	221	105,0	378,2
100	37,8	310,9	161	71,7	344,8	222	105,6	378,7
101	38,3	311,5	162	72,2	345,4	223	106,1	379,3
102	38,9	312,0	163	72,8	345,9	224	106,7	379,8
103	39,4	312,6	164	73,3	346,5	225	107,2	380,4
104	40,0	313,2	165	73,9	347,0	226	107,8	380,9
105	40,6	313,7	166	74,4	347,6	227	108,3	381,5
106	41,1	314,3	167	75,0	348,2	228	108,9	382,0
107	41,7	314,8	168	75,6	348,7	229	109,4	382,6
108	42,2	315,4	169	76,1	349,3	230	110,0	383,2
109	42,8	315,9	170	76,7	349,8	231	110,6	383,7
110	43,3	316,5	171	77,2	350,4	232	111,1	384,3
111	43,9	317,9	172	77,8	350,9	233	111,7	384,8
112	44,4	317,6	173	78,3	351,5	234	112,2	385,4
113	45,0	318,2	174	78,9	352,0	235	112,8	385,9
114	45,6	318,7	175	79,4	352,6	236	113,3	386,5
115	46,1	319,3	176	80,0	353,2	237	113,9	387,0
116	46,7	319,8	177	80,6	353,7	238	114,4	387,6
117	47,2	320,4	178	81,1	354,3	239	115,0	388,2
118	47,8	320,9	179	81,7	354,8	240	115,6	388,7
119	48,3	321,5	180	82,2	355,4	241	116,1	389,3
120	48,9	322,0	181	82,8	355,9	242	116,7	389,8
121	49,4	322,6	182	83,3	356,5	243	117,2	390,4
122	50,0	323,2	183	83,9	357,0	244	117,8	390,9
123	50,6	323,7	184	84,4	357,6	245	118,3	391,5
124	51,1	324,3	185	85,0	358,2	246	118,9	392,0
125	51,7	324,8	186	85,6	358,7	247	119,4	392,6
126	52,2	325,4	187	86,1	359,3	248	120,0	393,2
127	52,8	325,9	188	86,7	359,8	249	120,6	393,7
128	53,3	326,5	189	87,2	360,4	250	121,1	394,3
129	53,9	327,0	190	87,8	360,9	251	121,7	394,8
130	54,4	327,6	191	88,3	361,5	252	122,2	395,4
131	55,0	328,2	192	88,9	362,0	253	122,8	395,9
132	55,6	328,7	193	89,4	362,6	254	123,3	396,5
133	56,1	329,3	194	90,0	363,2	255	123,9	397,0
134	56,7	329,8	195	90,6	363,7	256	124,4	397,6
135	57,2	330,4	196	91,1	364,3	257	125,0	398,2
136	57,8	330,9	197	91,7	364,8	258	125,6	398,7
137	58,3	331,5	198	92,2	365,4	259	126,1	399,3
138	58,9	332,0	199	92,8	365,9	260	126,7	399,8
139	59,4	332,6	200	93,3	366,5	261	127,2	400,4
140	60,0	333,2	201	93,9	367,0	262	127,8	400,9
141	60,6	333,7	202	94,4	367,6	263	128,3	401,5
142	61,1	334,3	203	95,0	368,2	264	128,9	402,0

Продолжение табл. 17

°F	°C	K	°F	°C	K	°F	°C	K
265	129,4	402,6	326	163,3	436,5	387	197,2	470,4
266	130,0	403,2	327	163,9	437,0	388	197,8	470,9
267	130,6	403,7	328	164,4	437,6	389	198,3	471,5
268	131,1	404,3	329	165,0	438,2	390	198,9	472,0
269	131,7	404,8	330	165,6	438,7	391	199,4	472,6
270	132,2	405,4	331	166,1	439,3	392	200,0	473,2
271	132,8	405,9	332	166,7	439,8	393	200,6	473,7
272	133,3	406,5	333	167,2	440,4	394	201,1	474,3
273	133,9	407,0	334	167,8	440,9	395	201,7	474,8
274	134,4	407,6	335	168,3	441,5	396	202,2	475,4
275	135,0	408,2	336	168,9	442,0	397	202,8	475,9
276	135,6	408,7	337	169,4	442,6	398	203,3	476,5
277	136,1	409,3	338	170,0	443,2	399	203,9	477,0
278	136,7	409,8	339	170,6	443,7	400	204,4	477,6
279	137,2	410,4	340	171,1	444,3	401	205,0	478,2
280	137,8	410,9	341	171,7	444,8	402	205,6	478,7
281	138,3	411,5	342	172,2	445,4	403	206,1	479,3
282	138,9	412,0	343	172,8	445,9	404	206,7	479,8
283	139,4	412,6	344	173,3	446,5	405	207,2	480,4
284	140,0	413,2	345	173,9	447,0	406	207,8	480,9
285	140,6	413,7	346	174,4	447,6	407	208,3	481,5
286	141,1	414,3	347	175,0	448,2	408	208,9	482,0
287	141,7	414,8	348	175,6	448,7	409	209,4	482,6
288	142,2	415,4	349	176,1	449,3	410	210,0	483,2
289	142,8	415,9	350	176,7	449,8	411	210,6	483,7
290	143,3	416,5	351	177,2	450,4	412	211,1	484,3
291	143,9	417,0	352	177,8	450,9	413	211,7	484,8
292	144,4	417,6	353	178,3	451,5	414	212,2	485,4
293	145,0	418,2	354	178,9	452,0	415	212,8	485,9
294	145,6	418,7	355	179,4	452,6	416	213,3	486,5
295	146,1	419,3	356	180,0	453,2	417	213,9	487,0
296	146,7	419,8	357	180,6	453,7	418	214,4	487,6
297	147,2	420,4	358	181,1	454,3	419	215,0	488,2
298	147,8	420,9	359	181,7	454,8	420	215,6	488,7
299	148,3	421,5	360	182,2	455,4	421	216,1	489,3
300	148,9	422,0	361	182,8	455,9	422	216,7	489,8
301	149,4	422,6	362	183,3	456,5	423	217,2	490,4
302	150,0	423,2	363	183,9	457,0	424	217,8	490,9
303	150,6	423,7	364	184,4	457,6	425	218,3	491,5
304	151,1	424,3	365	185,0	458,2	426	218,9	492,0
305	151,7	424,8	366	185,6	458,7	427	219,4	492,6
306	152,2	425,4	367	186,1	459,3	428	220,0	493,2
307	152,8	425,9	368	186,7	459,8	429	220,6	493,7
308	153,3	426,5	369	187,2	460,4	430	221,1	494,3
309	153,9	427,0	370	187,8	460,9	431	221,7	494,8
310	154,4	427,6	371	188,3	461,5	432	222,2	495,4
311	155,0	428,2	372	188,9	462,0	433	222,8	495,9
312	155,6	428,7	373	189,4	462,6	434	223,3	496,5
313	156,1	429,3	374	190,0	463,2	435	223,9	497,0
314	156,7	429,8	375	190,6	463,7	436	224,4	497,6
315	157,2	430,4	376	191,1	464,3	437	225,0	498,2
316	157,8	430,9	377	191,7	464,8	438	225,6	498,7
317	158,3	431,5	378	192,2	465,4	439	226,1	499,3
318	158,9	432,0	379	192,8	465,9	440	226,7	499,8
319	159,4	432,6	380	193,3	466,5	441	227,2	500,4
320	160,0	433,2	381	193,9	467,0	442	227,8	500,9
321	160,6	433,7	382	194,4	467,6	443	228,3	501,5
322	161,1	434,3	383	195,0	468,2	444	228,9	502,0
323	161,7	434,8	384	195,6	468,7	445	229,4	502,6
324	162,2	435,4	385	196,1	469,3	446	230,0	503,2
325	162,8	435,9	386	196,7	469,8	447	230,6	503,7

Продолжение табл. 17

°F	°C	К	°F	°C	К	°F	°C	К
448	231,1	504,3	509	265,0	538,2	569	298,3	571,4
449	231,7	504,8	510	265,6	538,7	570	298,9	572,0
450	232,2	505,4	511	266,1	539,3	595	312,8	585,9
451	232,8	505,9	512	266,7	539,8	620	326,7	599,8
452	233,3	506,5	513	267,2	540,4	645	340,6	613,7
453	233,9	507,0	514	267,8	540,9	670	354,4	627,6
454	234,4	507,6	515	268,3	541,5	695	368,3	641,5
455	235,0	508,2	516	268,9	542,0	720	382,2	655,4
456	235,6	508,7	517	269,4	542,6	745	396,1	669,3
457	236,1	509,3	518	270,0	543,2	770	410,0	683,2
458	236,7	509,8	519	270,6	543,7	795	423,9	697,0
459	237,2	510,4	520	271,1	544,3	820	437,8	710,9
460	237,8	510,9	521	271,7	544,8	845	451,7	724,8
461	238,3	511,5	522	272,2	545,4	870	465,6	738,7
462	238,9	512,0	523	272,8	545,9	895	479,4	752,6
463	239,4	512,6	524	273,3	546,5	920	493,3	766,5
464	240,0	513,2	525	273,9	547,0	945	507,2	780,4
465	240,6	513,7	526	274,4	547,6	970	521,1	794,3
466	241,1	514,3	527	275,0	548,2	995	535,0	808,2
467	241,7	514,8	528	275,6	548,7	1020	548,9	822,0
468	242,2	515,4	529	276,1	549,3	1045	562,8	835,9
469	242,8	515,9	530	276,7	549,8	1070	576,7	849,8
470	243,3	516,5	531	277,2	550,4	1095	590,6	863,7
471	243,9	517,0	532	277,8	550,9	1120	604,4	877,6
472	244,4	517,6	533	278,3	551,5	1145	618,3	891,5
473	245,0	518,2	534	278,9	552,0	1170	632,2	905,4
474	245,6	518,7	535	279,4	552,6	1195	646,1	919,3
475	246,1	519,3	536	280,0	553,2	1220	660,0	933,2
476	246,7	519,8	537	280,6	553,7	1245	673,9	947,0
477	247,2	520,4	538	281,1	554,3	1270	687,8	960,9
478	247,8	520,9	539	281,7	554,8	1295	701,7	974,8
479	248,3	521,5	540	282,2	555,3	1320	715,6	988,7
480	248,9	522,0	541	282,8	555,9	1345	729,4	1002,6
481	249,4	522,6	542	283,3	556,4	1370	743,3	1016,5
482	250,0	523,2	543	283,9	557,0	1395	757,2	1030,4
483	250,6	523,7	544	284,4	557,5	1420	771,1	1044,3
484	251,1	524,3	545	285,0	558,1	1445	785,0	1058,2
485	251,7	524,8	546	285,6	558,7	1470	798,9	1072,1
486	252,2	525,4	547	286,1	559,2	1495	812,8	1085,9
487	252,8	525,9	548	286,7	559,8	1520	826,7	1099,8
488	253,3	526,5	549	287,2	560,3	1545	840,6	1113,7
489	253,9	527,0	550	287,8	560,9	1570	854,4	1127,6
490	254,4	527,6	551	288,3	561,4	1595	868,3	1141,5
491	255,0	528,2	552	288,9	562,0	1620	882,2	1155,4
492	255,6	528,7	553	289,4	562,5	1645	896,1	1169,3
493	256,1	529,3	554	290,0	563,1	1670	910,0	1183,2
494	256,7	529,8	555	290,6	563,7	1695	923,9	1197,0
495	257,2	530,4	556	291,1	564,2	1720	937,8	1210,9
496	257,8	530,9	557	291,7	564,8	1745	951,7	1224,8
497	258,3	531,5	558	292,2	565,3	1770	965,6	1238,7
498	258,9	532,0	559	292,8	565,9	1795	979,4	1252,6
499	259,4	532,6	560	293,3	566,4	1820	993,3	1266,5
500	260,0	533,2	561	293,9	567,0	1845	1007,2	1280,4
501	260,6	533,7	562	294,4	567,5	1870	1021,1	1294,3
502	261,1	534,3	563	295,0	568,1	1895	1035,0	1308,2
503	261,7	534,8	564	295,6	568,7	1920	1048,9	1322,0
504	262,2	535,4	565	296,1	569,2	1945	1062,8	1335,9
505	262,8	535,9	566	296,7	569,8	1970	1076,7	1349,8
506	263,3	536,5	567	297,2	570,3	1995	1090,6	1363,7
507	263,9	537,0	568	297,8	570,9	2020	1104,4	1377,6
508	264,4	537,6						

Окончание табл. 17

°F	°C	K	°F	°C	K
2045	1118,3	1391,5	2245	1229,4	1502,6
2070	1132,2	1405,4	2270	1243,3	1516,5
2095	1146,1	1419,3	2295	1257,2	1530,4
2120	1160,0	1433,2	2320	1271,1	1544,3
2145	1173,9	1447,0	2345	1285,0	1558,2
2170	1187,8	1460,9	2370	1298,9	1572,0
2195	1201,7	1474,8	2395	1312,8	1585,9
2220	1215,6	1488,7	2420	1326,7	1599,8

Таблица 18

ТЕМПЕРАТУРНЫЙ ГРАДИЕНТ

Δ °F/100 футов	0,0	0,1	0,2	0,3	0,4	0,5	0,6	0,7	0,8	0,9	Δ °F/100 футов
					Δ °C/100 м						
0	0,00	0,18	0,36	0,55	0,73	0,91	1,09	1,28	1,46	1,64	0
1	1,82	2,00	2,19	2,37	2,55	2,73	2,92	3,10	3,28	3,46	1
2	3,65	3,83	4,01	4,19	4,37	4,56	4,74	4,92	5,10	5,29	2
3	5,47	5,65	5,83	6,01	6,20	6,38	6,56	6,74	6,93	7,11	3
4	7,29	7,47	7,66	7,84	8,02	8,20	8,38	8,57	8,75	8,93	4
5	9,11	9,30	9,48	9,66	9,84	10,02	10,21	10,39	10,57	10,75	5
6	10,94	11,12	11,30	11,48	11,67	11,85	12,03	12,21	12,39	12,58	6
7	12,76	12,94	13,12	13,31	13,49	13,67	13,85	14,03	14,22	14,40	7
8	14,58	14,76	14,95	15,13	15,31	15,49	15,68	15,86	16,04	16,22	8
9	16,40	16,59	16,77	16,95	17,13	17,32	17,50	17,68	17,86	18,04	9

Таблица 19

АМЕРИКАНСКИЙ СТАНДАРТ НА СИТА

Номер сита	Диаметр отверстия, мм	Номер сита	Диаметр отверстия, мм	Номер сита	Диаметр отверстия, мм	Номер сита	Диаметр отверстия, мм
2,5	8,00	10	2,00	35	0,50	120	0,125
3	6,73	12	1,68	40	0,42	140	0,105
3,5	5,56	14	1,41	45	0,35	170	0,088
4	4,76	16	1,19	50	0,297	200	0,074
5	4,00	18	1,00	60	0,25	230	0,062
6	3,36	20	0,84	70	0,21	270	0,053
7	2,83	25	0,71	80	0,177	325	0,044
8	2,38	30	0,59	100	0,149	400	0,037

ВЛИЯНИЕ ДОБАВОК ВОДЫ НА ПЛОТНОСТЬ БУРОВОГО РАСТВОРА

Таблица 20

$\dfrac{\text{м}^3 \text{ воды}}{100 \text{ м}^3 \text{ раствора}}$	Плотность получившегося раствора, г/см³							
0	1,20	1,32	1,44	1,56	1,68	1,80	1,92	2,04
5	1,19	1,30	1,42	1,53	1,65	1,76	1,87	1,99
10	1,18	1,29	1,40	1,51	1,62	1,72	1,83	1,94
15	1,17	1,28	1,38	1,48	1,59	1,69	1,80	1,90
20	1,17	1,27	1,36	1,46	1,56	1,66	1,76	1,86
25	1,16	1,25	1,35	1,45	1,54	1,64	1,73	1,83
30	1,15	1,24	1,34	1,43	1,52	1,61	1,71	1,80
35	1,15	1,24	1,32	1,41	1,50	1,59	1,68	1,77
40	1,14	1,23	1,31	1,40	1,48	1,57	1,66	1,74
45	1,14	1,22	1,30	1,38	1,47	1,55	1,63	1,72
50	1,13	1,21	1,29	1,37	1,45	1,53	1,61	1,69
55	1,13	1,21	1,28	1,36	1,44	1,51	1,59	1,67
60	1,12	1,20	1,27	1,35	1,42	1,50	1,57	1,55
65	1,12	1,19	1,27	1,34	1,41	1,48	1,56	1,63
70	1,12	1,19	1,26	1,33	1,40	1,47	1,54	1,61
75	1,11	1,18	1,25	1,32	1,39	1,46	1,52	1,59
80	1,11	1,18	1,24	1,31	1,38	1,44	1,51	1,58
85	1,11	1,17	1,24	1,30	1,37	1,43	1,50	1,56
90	1,10	1,17	1,23	1,29	1,36	1,42	1,48	1,55
95	1,10	1,16	1,22	1,29	1,35	1,41	1,47	1,53
100	1,10	1,16	1,22	1,28	1,34	1,40	1,46	1,52

ВЛИЯНИЕ ДОБАВОК НЕФТИ НА ПЛОТНОСТЬ БУРОВОГО РАСТВОРА

Таблица 21

$\dfrac{\text{м}^3}{100 \text{ м}^3}$	Объемная доля, %	Плотность получившегося раствора, г/см³								
0	0,0	1,20	1,32	1,44	1,56	1,68	1,80	1,92	2,04	2,16
1	1,0	1,19	1,31	1,43	1,55	1,67	1,79	1,91	2,03	2,14
2	2,0	1,19	1,31	1,43	1,54	1,66	1,78	1,90	2,01	2,13
3	2,9	1,19	1,30	1,42	1,54	1,65	1,77	1,89	2,00	2,12
4	3,8	1,18	1,30	1,41	1,53	1,64	1,76	1,88	1,99	2,11
5	4,8	1,18	1,29	1,41	1,52	1,64	1,75	1,87	1,98	2,09
6	5,7	1,18	1,29	1,40	1,52	1,63	1,74	1,86	1,97	2,08
7	6,5	1,17	1,29	1,40	1,51	1,62	1,73	1,85	1,96	2,07
8	7,4	1,17	1,28	1,39	1,50	1,61	1,73	1,84	1,95	2,06
9	8,3	1,17	1,28	1,39	1,50	1,61	1,72	1,83	1,94	2,05
10	9,1	1,16	1,27	1,38	1,49	1,60	1,71	1,82	1,93	2,04
11	9,9	1,16	1,27	1,38	1,49	1,59	1,70	1,81	1,92	2,02
12	10,7	1,16	1,27	1,37	1,48	1,59	1,69	1,80	1,91	2,01
13	11,5	1,16	1,26	1,37	1,47	1,58	1,69	1,79	1,90	2,00
14	12,3	1,15	1,26	1,36	1,47	1,57	1,68	1,78	1,89	1,99
15	13,0	1,15	1,25	1,36	1,46	1,57	1,67	1,77	1,88	1,98
16	13,8	1,15	1,25	1,35	1,46	1,56	1,66	1,77	1,87	1,97
17	14,5	1,14	1,25	1,35	1,45	1,55	1,66	1,76	1,86	1,96
18	15,3	1,14	1,24	1,34	1,45	1,55	1,65	1,75	1,85	1,95
19	16,0	1,14	1,24	1,34	1,44	1,54	1,64	1,74	1,84	1,94
20	16,7	1,14	1,24	1,34	1,44	1,54	1,64	1,74	1,84	1,93
21	17,4	1,13	1,23	1,33	1,43	1,53	1,63	1,73	1,83	1,93
22	18,0	1,13	1,23	1,33	1,43	1,52	1,62	1,72	1,82	1,92
23	18,7	1,13	1,23	1,32	1,42	1,52	1,62	1,71	1,81	1,91
24	19,4	1,13	1,22	1,32	1,42	1,51	1,61	1,71	1,80	1,90
25	20,0	1,12	1,22	1,32	1,41	1,51	1,60	1,70	1,79	1,89

ОГЛАВЛЕНИЕ

Предисловие	5
О пользовании словарем	6
Сокращенные обозначения, принятые в словаре	7
Приложения	326
Сокращения	326
Неметрические единицы, применяемые в США и Великобритании	359
Шкалы перевода комплексных англо-американских мер в метрические	363
Десятичные эквиваленты долей дюйма	363
Перевод дюймов и 16-х долей дюйма в миллиметры	364
Перевод футов в метры	366
Перевод фунтов в килограммы	367
Перевод фунтов на 100 квадратных футов в килопаскали	368
Перевод американских (коротких) тонн на квадратный фут в килоньютоны на квадратный метр	368
Перевод кубических футов в кубические метры	369
Перевод галлонов в минуту в метры в секунду	369
Перевод баррелей (нефтяных) в кубические метры	370
Перевод фунтов на квадратный дюйм в килопаскали	370
Перевод фунтов на баррель в килограммы на кубический метр	371
Перевод фунтов на квадратный фут в ньютоны на квадратный метр	371
Перевод плотностей жидкостей	372
Перевод футов в минуту в метры в секунду	374
Перевод температур	377
Температурный градиент	381
Американский стандарт на сита	381
Влияние добавок воды на плотность бурового раствора	382
Влияние добавок нефти на плотность бурового раствора	382

СПРАВОЧНОЕ ИЗДАНИЕ

Булатов Анатолий Иванович
Пальчиков Вячеслав Викторович

**СЛОВАРЬ
АНГЛО-РУССКИЙ
ПО БУРЕНИЮ И ЗАКАНЧИВАНИЮ
СКВАЖИН**

Заведующий редакцией *Л.Н. Аважанская*
Редактор издательства *Т.А. Чопорова*
Переплет художника *В.П. Христинина*
Художественный редактор *В.В. Шутько*
Технический редактор *Л.А. Мурашова*
Корректор *В.И. Сафелкин*

ИБ № 8472

Сдано в набор 01.12.89. Подписано в печать 25.09.90. Формат $70 \times 100^1/_{16}$. Бумага офсетная № 1. Гарнитура Литературная. Печать офсетная. Усл. печ. л. 31,2. Усл. кр.-отт. 62,4. Уч.-изд. л. 49,55. Тираж 12900 экз. Заказ 75 /2495-4. Цена 6 руб.

Ордена "Знак Почета" издательство "Недра"
Москва, 125047, Тверская застава, 3

Набрано в ленинградской типографии № 2 головное предприятие ордена Трудового Красного Знамени Ленинградского объединения "Техническая книга" им. Евгении Соколовой Государственного комитета СССР по печати. 198052, г. Ленинград, Л-52, Измайловский пр., 29.

Отпечатано в московской типографии № 6 Государственного комитета СССР по печати. 109088, Москва, Южнопортовая, 24